版编目（CIP）数据

鉴.2017 / 永嘉县地方志编纂委员会编.—
志出版社，2017.12
978-7-5144-2836-0

①永… Ⅱ.①永… Ⅲ.①永嘉县—2017—年鉴
525.54

国版本图书馆CIP数据核字（2017）第321340号

永嘉年鉴（2017）

编　　者：永嘉县地方志编纂委员会
责任编辑：罗　滔
出 版 人：冀祥德
出 版 者：方 志 出 版 社
地址　北京市朝阳区潘家园东里9号（国家方志馆4层）
邮编　100021
网址　http://www.fzph.org
发　　行：方志出版社发行中心
（010）67110500
经　　销：各地新华书店
印　　刷：温州市北大方印务有限公司
开　　本：889×1194　1/16
印　　张：28.5
字　　数：847千字
版　　次：2017年12月第1版　2017年12月第1次印刷
印　　数：0001～1000册
ISBN　978-7-5144-2836-0　定价：180.00元

2017
永嘉年
YONGJIA YEAR BOOK

永嘉县地方志编纂委员会　编

图书在
永嘉年
北京：方
ISBN
Ⅰ.
Ⅳ. ①Z
中

方志出版社
Publishing House of Local Records

编辑说明

一、《永嘉年鉴》是记载永嘉县经济和社会发展的主要情况，收录年度性主要文献，具有汇集资料、信息、史实等功能。为各级党政机关、研究部门和社会各界人士及中外投资者了解、认识、研究永嘉提供较全面、系统的信息资料，并为永嘉积累史料。

二、《永嘉年鉴（2017）》以邓小平理论、“三个代表”重要思想、科学发展观、习近平新时代中国特色社会主义思想为指导，坚持辩证唯物主义和历史唯物主义立场、观点和方法，全面客观地记载2016年永嘉人民投身改革开放和深入实施“大都市核心区、大生态旅游区 、大统筹示范区”三大战略以及着力推进“三生相融·幸福永嘉”建设中所取得的新成就、新经验，以及在前进中所遇到的新情况和新矛盾，使年鉴既能为现实服务，又能为后人提供借鉴。

三、《永嘉年鉴》框架按类目、分目、条目设计，以条目为主要载体。2017年卷共设35个类目，依次是特载、特辑、大事记、基本县情、机构设置和领导名录、中国共产党永嘉县委员会、永嘉县人民代表大会、永嘉县人民政府、中国人民政治协商会议永嘉县委员会、中国共产党永嘉县纪律检查委员会（监察局）、民主党派·社会团体、法治、军事、社会事务、农村经济、工业经济、永嘉企业、交通·邮政·信息产业、城乡建设、国土资源、环境保护、旅游、重点工程建设、商务、市场、财政·税务、金融业、经济管理、教育、科学技术、文化·新闻、体育、卫生、功能区镇（街道）、异地永嘉商会选介。除内文外，特留若干篇幅，刊载反映永嘉自然生态环境、人文景观、经济社会发展、人民生活、当年举办的大型活动和突发事件等照片资料。

四、《永嘉年鉴》所刊内容由永嘉县各有关部门、单位指定专人负责撰写。经供稿单位领导审核后由《永嘉年鉴》编辑部定稿。

五、《永嘉年鉴》所采用的数据，除国家统计部门正式公布的外，均由永嘉县各有关部门和行业协会提供，并经供稿单位领导审核。由于数据来源、统计方法、使用角度等方面原因，如遇同一数据不一致的情况，以县统计局数据为准。

六、《永嘉年鉴（2017）》收录范围，以永嘉县现有行政区划为界，以2016年1月1日至12月31日为限，个别事物不受时间、地域限制。

类　目

雨后彩虹（叶新人 摄）

4月8日，国家发改委处长马强（前右2）一行到永嘉调研“多规合一”工作

9月20日，国家民政部救灾专员方志勇（前左1）一行到永嘉县岩坦镇下坑村察看灾情

6月15日，浙江省人大常委会副主任程渭山（前右2）到永嘉调研“五水共治”和美丽乡村建设工作

8月3日，浙江省副省长熊建平（右3）率省、市治水办、“三改一拆”办等相关部门负责人到永嘉督查“五水共治”工作

12月7日，浙江省政协副主席、党组副书记王建满（前左3）率政协调研组到永嘉调研“大拆大整”专项行动及小城镇环境综合整治工作情况

12月15日，浙江省政协副主席陈加元（前左2）到永嘉调研旅游开发和“大拆大整”开展情况

5月23日，原浙江省委常委、杭州市委书记、杭州市第十一届人大常委会主任，浙江省咨询委副主任王国平（左3）到永嘉调研

4月5日，浙江省残联党组书记、理事长郑瑶（左1）率省政府残工委调研组一行到永嘉调研残疾人工作

5月12日，浙江省司法厅厅长马柏伟（前左2）一行到永嘉调研司法行政工作

7月20日，浙江省政协常委、委员工作委员会主任朱贤良（前左1）到永嘉调研玩具制造小镇建设情况

8月28日，浙江省建设厅厅长钱建民（左3）到永嘉调研楠溪江旅游发展情况

9月22日，浙江省水利厅厅长陈龙（前右3）到永嘉县岩坦镇下坑村指导救灾工作

9月27日，浙江省教育工委书记、省教育厅厅长刘希平（右3）一行到永嘉检查2016年秋季开学工作

3月9日，由浙江省经信委副巡视员池美华为组长的省验收组到永嘉考核验收“三改一拆”和“两路两侧”工作

5月24日，浙江省人大常委会办公厅副巡视员杜方文率省“三改一拆”“五水共治”督查组一行到永嘉开展2016年第一轮督查

7月20日，由浙江省爱卫发展中心副主任高奕（左1）带队的国家卫生县城省级考核组一行到永嘉，就创建国家卫生县城工作进行省级技术评估

7月28日，浙江省治水办主任、省环保厅副巡视员许履中（前右3）率督察组到永嘉督查调研“清三河”工作

8月3日，浙江省委组织部副部长邹晓东率市、县、乡换届工作督查组到永嘉督查指导换届工作

10月10日，浙江省“四边三化”专项组副组长张宇（前左4）率省督导组到永嘉开展“三比三看一规范”活动，温州、丽水、衢州三地有关人员参加活动

11月1日，全省农村文化礼堂建设工作推进会在永嘉召开。浙江省委宣传部副部长唐中祥（前左4）讲话，温州市委常委、宣传部部长胡剑谨主持，永嘉县委副书记、县长姜景峰致辞，永嘉县委常委、宣传部部长何莉平作典型交流发言

11月1日，浙江省旅游局副局长杨建武（右3）率队到永嘉调研旅游项目建设情况

12月1日，浙江省人民政府督学、浙江广播电视大学原党委书记方志刚率省基础教学重点县督查验收组到永嘉开展督查验收工作

8月4日，浙江省国土资源厅耕保处副处长钟天明（左4）率省督导服务组到永嘉开展扩大有效投资重大项目用地督导服务调研

8月25日，浙江省消防总队副政委虞益元（右2）率省消安委督导组到永嘉督导消防安保工作

4月7日，温州市委副书记、市长张耕（右2）到永嘉调研工业发展情况

5月16日，温州市人大常委会主任葛益平（右3）到永嘉调研人大工作

9月7日，温州市政协主席余梅生（前左2）率市政协调研组到永嘉开展精准扶贫和古村落保护开发调研活动

2月4日，温州市委常委、公安局局长黄宝坤（右2），市人大常委会副主任卓高柱率有关单位企业负责人到永嘉鹤盛镇扶贫

3月22日，温州市副市长陈建明（前左2）率队到永嘉调研重大交通项目建设情况

3月29日，温州市委常委、纪委书记宋志恒（前左2）携省党校领导干部进修班到永嘉调研农村产权交易工作

8月2日，温州市委常委、统战部部长施艾珠（前右2）到永嘉督查半年度工作

8月10日，温州市委常委、常务副市长陈作荣（前右3）到永嘉开展夏季消防工作督查

8月25日，温州市副市长苗伟伦（前右3）率市维稳办、公安、经信、市监、交通、中石化等有关部门负责人，到永嘉就成品油市场专项整治行动开展情况进行督查

11月15日，温州市委常委、公安局局长罗杰（左3）到永嘉调研公安工作

9月18日，永嘉县委书记娄绍光（右3）率有关部门负责人到桥头、桥下镇指导救灾工作

11月22日，永嘉县委书记姜景峰（左）走访看望老干部

12月26日，永嘉县委副书记、代县长林万乐（前左5）率队督查杭温高铁一期工程开工仪式永嘉现场准备工作

目　录

特载

特　辑

大事记

基本县情

机构设置和领导名录

中国共产党永嘉县委员会

永嘉县人民代表大会

永嘉县人民政府

中国人民政治协商会议永嘉县委员会

中国共产党永嘉县纪律检查委员会（监察局）

法　治

目录

军事

社会事务

农村经济

工业经济

永嘉企业

交通·邮政·信息产业

城乡建设

国土资源

环境保护

旅　游

重点工程建设

商　务

市　场

财政·税务

金融·保险·证券

经济管理

教　育

科学技术

文化·新闻

体　育

卫　生

功能区镇（街道）

异地永嘉商会选介

特载

精准发力补短板对标提速抓落实
全力推进永嘉高质均衡发展

——在县委十二届十一次全体（扩大）会议上的报告

（2016年6月16日）

中共永嘉县委书记　娄绍光

这次县委全会的主要任务是，认真贯彻落实省委、市委全会精神，研究部署我县补短板工作，审议通过《中共永嘉县委关于补短板的实施意见》，动员全县上下进一步增强看齐意识，树立问题导向，推动工作落实，努力开创永嘉转型发展新局面。

一、充分认识补短板的重大意义，真正做到态度坚决、行动果断

县委开展补短板工作，是根据中央和省委、市委的决策部署，为解决我县事关全局性、长远性、基础性、根本性的突出问题，高质量推进落实“十三五”规划、高水平全面建成小康社会的重要举措。各地各部门必须深刻认识补短板的重大意义，以全局高度、发展眼光，以更高标准、更大力度抓好补短板工作，真正把县委的决策部署落到实处。

第一，补短板是贯彻上级精神，适应改革发展新形势的必然要求。党的十八大以来，习总书记就补短板作出了一系列新论述，深刻阐明了补短板的重大意义、主要任务和具体要求。省委在深刻领会习总书记重要讲话精神的基础上，总结发展实践、遵循发展规律、顺应发展变化、适应新的发展要求，作出了开展补短板工作的重大决策部署。当前，我县经济下行压力依然很大，社会不稳定因素仍然较多，表面上是受经济进入换挡期、社会进入转型期的影响，但实际上是多年积累的矛盾短板在不断释放反向拉力。只有领会上级精神，全力补齐短板，才能减少短板对发展的负面作用，为永嘉转型发展汇聚强大的正能量。

第二，补短板是破解瓶颈制

约，推进“三区两美”建设的关键举措。当前，我县经济社会领域存在的短板，有些成为了制约改革创新、协调发展的难点瓶颈，有些成为了引发风险、影响稳定的心头之患，有些成为了群众最不满意、意见最大的沉疴旧疾，这些短板绕不过去、也回避不了。现在，全县上下正在加快实施“三区两美”战略举措，目的是通过三大产业集聚区和美丽永嘉建设，促进经济平衡、协调、可持续发展，打造高水平的生态宜居环境，最终为群众创造高品质的美好生活，这与补短板强调的“高质量、均衡性”发展的基本要求高度契合。因此，补短板既是解决制约发展突出问题的当务之急，也是加快“三区两美”建设的题中之义，必须全力以赴抓好落实。

第三，补短板是增进百姓福祉，高水平全面建成小康社会的根本之策。习总书记强调，全面建成小康社会突出的短板主要在民生领域，发展不全面的问题很大程度上也表现在不同社会群体民生保障方面。省委提出打造全面建成小康社会的标杆省份，并以查补短板开启“十三五”的历史进程，就是为了切实解决影响小康社会“全面性”的瓶颈制约问题，千方百计让群众有更多的实际感和获得感。区域发展不平衡是永嘉最大的县情，公共服务供给不均等是我县民生领域最大的短板。只有把短板补齐，缩小城乡差距、促进均衡发展，才能体现“高水平”和“全面性”。

补短板是一项发现问题和解决问题的系统工程，不仅需要集中破难，还需要常抓不懈。在实施过程中，必须做到三个结合：

一是坚持把握当前与着眼长远相结合。补短板要遵循问题导向，既要补当下出现的短板、又要补长期积累的短板，既要补近期就能见效的短板、又要补为长远发展打基础的短板。对那些当前亟待解决，并“跳一下够得着”的，必须集中资源全力攻坚；对那些由于客观条件限制，短期内无法解决的，必须做好基础性工作，为将来发力做准备。同时，要制定近期、中期和远期相配套的目标体系，持续推进补短板工作。

二是坚持点上突破和面上提升相结合。短板的存在不是一个孤立的现象，它与我们的工作思路、发展理念、实践路径都有着紧密联系。因此，补短板不能就事论事，不能眉毛胡子一把抓，必须认清补短板在全局工作中的地位，把握补短板与推进中心工作的关系，把主要精力放在解决一些深层性、关键性、决定性的短板上，不断积小胜为大胜，以点带面提升整体工作水平。

三是坚持补齐短板和放大优势相结合。就是要正确处理好短板和长板的关系。现在越是短板，越有后发优势，越能发挥四两拨千斤的效果，通过全力补齐短板，可以实现后发赶超；今天的长板，如果不能与时俱进，继续做强做大，也可能沦为明天的短板。要坚持“两手抓、两手硬”，在补齐短板的同时，以“归零”的心态，把长板拉得更“长”，决不能顾此失彼。

二、牢牢把握补短板的工作重点，全力推进高质发展、均衡发展

县委从全县大局高度，决定着重补齐科技创新、生态资源转化、有效投资、交通发展、城市转型、环境整治、民生保障、农民增收、改革落地“九大短板”。各地各部门必须按照县委的既定部署，集中力量克难攻坚，聚焦重点精准施策，全力以赴加以补齐。

（一）全力补齐科技创新短板，加快推动经济转型升级。发展是硬道理，创新是真功夫。要把科技创新作为转型发展的第一动力，作为必须补齐的第一短板，加快推动经济转入创新驱动、内生增长的发展轨道。

重点要抓好五项工作：一要加快创新平台建设。发挥好温州系统流程装备科学研究院的龙头作用，推动技术、研发、检测等公共平台建设，进一步完善公共技术服务体系。要加快科创型特色小镇和众创空间建设，争取桥下玩具智造小镇列入省级创建计划，积极吸引创新项目、创新团队、创新人才入驻，形成“大众创业、万众创新”的生动局面。二要继续深化各级试点。利用好生态工业发展和“机器换人”省级试点这一机遇，加快推进全省“两化”深度融合国家示范区建设，积极开展“互联网+”行动，引导传统产业加快转型升级。要抓住列入“浙江制造”试点县这一契机，大力实施“三强一制造”行动，切实抓好质量、标准和品牌建设，进一步打响“永嘉制造”品牌。三要激发企业创新活力。突出企业在科技创新中的主体地位，全面落实科技创新各类优惠政策，支持企业加强自主研发机构建设，鼓励企业深化产学研协同创新，解决企业创新能力偏弱的问题。要做强高新技术企业这支科技创新的“主力军”，做大领军企业这支“先锋队”，做优科技型中小企业这支“潜力股”，深入实施相关三年行动计划和科技企业“双倍增”行动计划，培育壮大企业创新梯队。四要营造良好创新环境。继续加大政府研发投入力度，做好财政科技资金整合和管理文章，坚决杜绝与科技研发无关的支出。要实施人才生态优化工程，深化人才体制机制改革，妥善解决人才住房、子女入学、医疗保障等问题，确保人才能够引得进、留得住。要加大知识产权司法保护、行政保护力度，及时打击假冒侵权行为，切实保护好创新主体的积极性。五要加大企业帮扶力度。帮扶不能搞形式、走过场。要深入推进企业降成本行动，帮助解决用地、融资等现实难题，真正为企业排忧解难、暖心鼓劲。要分类化解企业“两链”风险，在维护区域金融安全稳定的基础上，通过兼并重组、破产重整等手段，稳妥处置“僵尸企业”、长期亏损企业和低效无效资产，进一步提升资源配置效率。

（二）全力补齐生态资源转化短板，积极培育经济新增长点。要坚持把提升旅游业作为补齐这一短板的关键，举全县之力、集全民之智，将旅游业打造成为永嘉发展最大的亮点，真正使绿水青山变成金山银山。

重点要抓好“四个化”：一要推进景区精品化。针对楠溪江“处处是景、处处不是景”的问题，要围绕打造全国著名旅游目的地目标，实施旅游发展三年行动计划，加快国家AAAAA级旅游景区创建，带动景区配套基础设施和接待服务水平提升，尽快补齐核心景区这个缺失的一环。要高质量建设国际标准的自行车栈道，以此串联整合楠溪江分散的旅游景点，综合展示楠溪江独特的自然人文景观，使之成为浙江乃至全国旅游的金名片。二要推进旅游全域化。景区内外环境一体化是实现全域旅游的前提。要以省级美丽乡村示范县创建为载体，把“四头”作为村庄环境整治的切入点，大力度推进“三百三千”创建活动，全方位整治沿路、沿溪周边环境，加快实现全域景观化，为景点旅游向全域旅游转变打牢环境基础。要把旅村融合发展作为全域旅游的长远之策，健全旅游景区利益分配机制，精心打造5条全省领先、令人震撼的美丽乡村精品线，同步抓好沿线特色文化植入和特色产业培育，切实发挥旅游的富民效应，实现产业的持续发展。三要推进产业融合化。做好“旅游+”发展文章，进一步拉长旅游产业链。要深化“旅游+农业”的融合，重点抓好现代农业观光园建设，争取每个地方都打造1～2个特色成品。要放大“旅游+养生”的效应，以省级森林休闲养生试点县建设为抓手，在“不越法律底线、守住生态红线”的前提下，积极创新项目投资、建设和经营模式，加快建成北郊、大若岩、龙湾潭三大森林休闲养生旅游板块。四要推进开发市场化。旅游开发要坚持资源导向和市场导向相结合，加强与国内外旅游龙头企业合作，有针对性地开发适销对路的旅游产品，进一步打响楠溪江旅游品牌。要加快旅游综合执法体制改革，严厉查处扰乱旅游市场秩序行为，促进旅游管理规范化。

（三）全力补齐有效投资短板，不断强化县域发展支撑。必须抓住国家在促投资稳增长方面集中发力的大好时机，加快建设一批重大基础设施、重大产业项目和重大民生工程，为永嘉长远发展打好基础。

重点要抓好三个方面：一要抓好项目谋划储备。按照“抓当年、谋明年、想三年”的要求，找准项目与国家政策、产业导向、自身优势和企业愿景的对接点，进一步充实重大项目储备库，形成“谋划一批、筹备一批、建设一批”的梯队发展格局。要精心做好项目的策划包装，着力增强招商项目的吸引力、申报项目的竞争力，争取更多项目进入上级的规划笼子、计划盘子和政策圈子。要有“前期就是投资”的观念，做深做细项目前期工作，确保条件一旦成熟，项目就能上马。二要提高民间投资比重。既要发挥政府性投资“四两拨千斤”的作用，更要激发社会投资主体的活力，通过完善投资政策、创新投资机制、拓宽投资领域，加快引导民间资本转化为有效投资，确保民间投资比重稳定在72%以上。要抓牢招商选资这条“生命线”，瞄准休闲旅游、养生养老、文化创意、现代物流等产业，努力招引一批对地区发展影响力大、税收贡献度高的优质项目。要树立“项目为王、落地为本”的理念，严格落实常态化推进机制，通过现场联合办公、组团上门服务等措施，力促项目尽早开工建设、投产达效。三要增强要素保障能力。项目融资要坚持争取政策和拓宽渠道“两条腿”走路，积极推广政府债券、PPP等新型融资模式，用好用足重大基础设施、棚户区改造、停车场建设等优惠政策，最大限度争取国家专项建设基金、国家政策性银行贷款等资金“蛋糕”。土地保障要坚持开源与节流并重，全力抓好“旱改水”、标农提升、土地清理等工作，健全完善建设用地全过程监管机制，争取楠溪小镇坡地村镇项目列入省级试点。

（四）全力补齐交通发展短板，全面构建大交通格局。要牢固确立交通导向的城市发展模式，把现代综合交通摆到优先发展的位置，按照“加密干道、完善路网、建设枢纽”的思路，加快扭转交通基础设施滞后的局面。

重点要抓好四项工作：一要完善对外交通体系。按照建设温州北部交通枢纽的定位，积极争取杭温高铁设站黄田，提早谋划市域铁路S3线等项目前期，全力推进七都北汉桥、104国道西过境永嘉段、乐清湾港区铁路支线等工程建设，加快融入全省“1小时交通圈”，实现与温州市区同城化发展。二要加密县内骨干路网。围绕“五纵五横”交通大框架布局，重点抓好333省道桥下至桥头段、上塘至大若岩公路、大若岩至巽宅公路、巽宅至桥下公路等项目前期，加快推进上塘至瓯北公路、223省道沙头至福佑段改建等工程建设，切实改变县内区域交通发展不平衡的格局。三要统筹城乡交通发展。通村公路是农村的脱贫路、致富路和小康路。要加快通村公路改造提升、养护管理和安保工程建设，提高通达深度、通行能力和安全等级，为发展乡村旅游、壮大村集体经济、促进农民增收奠定基础。要促进城乡公交服务均等化，总结推广“乡村小巴”试点经验，加强乡镇客运站场和港湾式停靠站建设，切实解决山区群众“出行难”问题。四要强化交通拥堵治理。坚持疏堵结合、建管联动，大力实施停车场建设三年行动计划，加快单行线设置、交通堵点整治等城区交通“微循环”建设，加强“四小车”、乱停车等违规乱象治理，确保交通出行文明有序。要优化公交线网布局，增加公交班线和公交运力，开通上塘、乌牛至温州的城际快线，进一步提高公共交通分担率。

（五）全力补齐城市转型短板，有效提升城市综合品质。要按照跨江融合发展的理念，立足永嘉地理区位优势，提升城市规划建设管理水平，努力打造向温州市区看齐的城市形态。

重点要做到“四个高”：一要高起点规划城市发展。好的规划能引领城市朝着正确目标快速发展。我们要进一步拉高城市规划的起点，扩宽城市开发建设的视野，明确永嘉在全省坐标系中的定位，找准自身比较优势和实施路径，切实发挥好规划的龙头作用。要积极申报“多规合一”国家试点，全力做好县域总体规划与城乡、土地、环保、林业等各项规划的科学对接，探索建立县域“一张图”管理体系。二要高标准打造亮点区块。山水智城楠溪新区是永嘉城市建设的重中之重，黄田区块是站城融合发展的样板示范，要抓住温州都市大公园、楠溪江河口大闸、航空小镇等重大项目，全力以赴加快推进建设，努力打造温州北部新城。在建设中要牢固树立精品意识，更加重视城市空间品质的塑造，更加注重历史文化元素的融入，努力建成一批高水平、高质量的作品，使亮点区块成为永嘉乃至温州城市形象和品位的标志性、引领性工程。三要高强度推进城市更新。把道路综合整治作为推进城市有机更新的突破口，同步抓好路面工程、景观绿化、立面改造、夜景工程、架空线路“上改下”综合整治，确保沿江镇街每年打造1～2条精品街。要确立“大拆大发展”的理念，抓住清水埠等21个整村改造和连片改造项目，坚持“签、腾、拆、建”环环相扣、一气呵成，统筹做好征地拆迁、土地储备和挂牌出让，全力打造“三改一拆”升级版。四要高水平抓好城市管理。要围绕“两城一市”创建目标，全面开展城市治乱行动，联合整治卫生脏乱、设施破乱、绿地杂乱等城市乱象，使市容市貌得到明显改观。要综合运用行政、经济等手段，健全完善网格化、精细化、数字化长效管理机制，实现城市管理从突击式向常态化转变。

（六）全力补齐环境整治短板，持续深化美丽永嘉建设。按照“绝不把违法建筑、污泥浊水和脏乱差环境带入全面小康”的目标要求，全力打好生态环境治理持久战，切实守护好老祖宗传下来的绿水青山。

重点要抓好“三个强化”：一要强化污染源头治理。治理环境污染，必须标本兼治、正本清源。要坚持泥水同治、水岸齐抓，重点抓好河塘湖库清淤和污泥处理利用，继续推进污水处理厂和配套管网建设，加快消除劣V类水质，确保创成“清三河”达标县。要紧盯违法建筑这个污染源，打好“拆、改、用、控”组合拳，加快建成无违建县。要深化“四边三化”“两路两侧”行动，整体推进平原绿化、山地改造、绿网建设，积极推广农村垃圾分类处理，全力消除脏乱差现象。二要强化青山白化治理。这是保护土地资源，改善生态环境的有力抓手。要加大“禁新改旧”综合治理力度，以零容忍的态度禁止私坟新建、翻新，加快推进旧坟生态化改造，牢牢堵住青山白化的源头。要大力倡导厚养薄葬和文明祭祀，严格规范丧葬用品市场经营行为，努力形成生态文明殡葬新风尚。三要强化环境监察执法。要加强环境治理的制度供给，实施差别化地价、差别化电价、阶梯式水价等政策，倒逼生态保护和经济转型。要实行最严格的环境监管制度，加大综合惩处和刑事打击力度，重拳整治非法采砂、畜禽养殖污染、弃土弃渣随意倾倒等行为，坚决关闭能耗高、污染重、治理无望的企业，逐年淘汰一批落后产能。要刚性执行环境损害问责机制和环境保护“一票否决”制度，严格落实领导干部生态环境保护责任终身追究制度，对任何企业和个人决不姑息、决不手软。

（七）全力补齐民生保障短板，切实提高群众获得感。要坚持普惠性、保基本、均等化、可持续方向，加快推进社会事业发展，不断完善公共服务体系，更好地回应群众新期待、新要求。

重点要抓好三项工作：一要推进公共服务均等化。始终把教育摆在优先发展的战略地位，以教育现代化县创建为抓手，加快义务教育标准化学校建设，深化学前教育和职业教育民办改革，形成公办与民办学校良性竞争、相互促进的格局，带动全县教育质量整体提升。要继续抓好医药卫生体制改革，积极实行分级诊疗制度，全力推进医联体扩面提质，促进“双下沉、两提升”工作再上新台阶。要深化农村文化体育建设，坚持政府主导、民间主办的原则，进一步整合社会各类资源，健全工作长效机制，推动工作重心下移，实现文体活动增量提质。二要健全保障救助体系。重点要推进各类医疗保险制度统筹整合，逐步提高大病保险统筹层次和最高补偿限额，实现大病保险和社保制度全覆盖。要统筹相关部门的救助资源，建立“一门受理、协同办理”机制，增强救助的精准度和有效性。三要维护社会安全稳定。坚持把平安维稳作为头等大事来抓，确保圆满完成G20峰会安保任务。要强化基层社会治理“一张网”建设，加大初信初访办理力度，坚决遏制进京非访、赴省群体访。要深化社会治安防控体系建设，严厉打击暴力恐怖和各类违法犯罪活动，确保永嘉没有涉暴恐之人、涉暴恐之物。要深入开展安全生产、消防安全、食品安全等专项整治行动，集中解决影响公共安全的突出问题。

（八）全力补齐农民增收短板，逐步缩小城乡收入差距。要把促进农民持续增收作为一项重要的政治责任，深入实施低收入农户收入倍增计划，千方百计拓宽农民增收渠道，不让一户老百姓在全面建成小康社会中掉队。

重点要抓好三项工作：一要拓宽农民增收渠道。以增强农民自我造血能力为根本目的，坚持产业帮扶、就业帮扶、创业帮扶多条腿走路。要发挥自然资源和生态优势，以发展美丽经济为重点，鼓励发展乡村旅游、农家乐、民宿经济，广开农民增收致富门路。要继续扶持农村电子商务发展，积极培育一批特色鲜明、优势明显的电商镇、淘宝村，使信息经济成为农户增收的重要渠道。要深入实施“农村劳动力素质培训工程”，提高农民的就业技能和就业层次，让农民分享转型升级带来的劳动报酬增长。二要壮大村级集体经济。坚持农民增收与集体增利相统一、强村与富民相结合，实施强村惠民“三年行动计划”，完善项目支持、资金扶持、人才支撑等系列政策，鼓励探索各具特色的村级集体经济发展之路。要把选优扶贫致富带头人作为重点来抓，培养一批懂市场、善经营、会管理的乡村能人，组织和带领农户增收致富，实现“村富民富共同富”。三要创新扶贫体制机制。加快整合相关部门的扶贫资金和数据资源，实行扶贫资金与脱贫任务相挂钩，提高扶贫的精准度和资金的使用效率。要完善教育、医疗等公共服务帮扶机制，最大限度消除因学因病致贫因素，切实阻断贫困代际传递。要创新社会化帮扶机制，建立政府主导、社会参与的扶贫模式。

（九）全力补齐改革落地短板，争创体制机制新优势。要聚焦重点领域和关键环节，大力发扬钉钉子的精神，逐项落实方案，逐个破解难题，确保各项改革任务落地生根、取得实效。

重点要抓好三个方面：一要找准问题。坚持从问题出发，对改革项目进行全面梳理，看改革措施是否落实、效果怎样、还存在哪些问题，做到有的放矢、对症下药。要围绕转变政府职能，着重查找在行政审批制度改革、政府效能提升等方面存在的问题，真正把简政放权落到位、把行政效能提上来。要围绕经济转型升级，着重查找在供给侧改革、科技体制改革、投融资体制改革等方面存在的问题，坚决破除存在的体制机制障碍。要围绕保障和改善民生，着重查找教育改革、养老体制改革、基层卫生计生改革等方面存在的问题，大力推进基本公共服务标准化、均等化。二要抓实项目。重点要盯住市级“1+3”品牌改革项目，坚持上下联动、集中发力，确保各个项目百分之百落实到位。要深化国有森林公园旅游经营开发管理体制改革，推动以政府投入为主向政府引导、社会投入为主转变。要抓好敬老院公办民营改革试点，加快敬老院向区域性护理型养老服务机构转型，构建以居家为基础、社区为依托、机构为支撑的养老服务体系。要推进社区教育综合改革，探索实践多元化运行模式，不断扩大社区教育网络覆盖面。要加快农村产权交易市场体系建设，实现农村要素优化配置。三要健全机制。建立县领导联系重点突破改革项目制度，实行“一个项目、一名领导、一个团队、一抓到底”，打造上下贯通、层层负责的责任链条。要健全改革考核评价体系，实行第三方评估机制，强化对领导干部的改革实绩考核。要建立改革容错免责机制，严格区分干部改革失误与失职渎职行为，形成允许试错、宽容失败的创新环境。

三、始终坚持全面从严治党，切实为补短板工作打牢基础、提供保障

补齐短板，推动发展，关键在党，关键在干部。要把全面从严治党贯穿于补短板的全过程，贯穿于党的建设和党内生活的各方面，不断增强党建工作的针对性、有效性。

一要提升思想建设的引导力。坚持把思想建设放在首位，深入开展“两学一做”学习教育，常态推行学原文、读原著、悟原理“三原学习法”，以党的最新理论成果武装头脑、激励人心、凝聚力量。按照谁主管谁负责和属地管理原则，严格落实党委（党组）意识形态工作责任制，切实维护意识形态领域安全。始终保持清醒的政治头脑，对重大政治原则问题要立场正确、态度坚定，对各类错误思潮要勇当战士、敢于亮剑。

二要提升基层组织的凝聚力。以“农村党建工作深化年”为载体，以“示范、达标、整转”三大行动为抓手，全面落实基层党建责任清单，大力开展农村基层党建巡查，严格执行“三会一课”“五议两公开”等制度，努力实现“整乡推进、整县提升”。以村级组织换届为契机，畅通不合格村专职干部“出口”，切实选好基层带头人。推进村级组织活动场所“达标创建”，真正实现村民中心建、管、用“三位一体”。

三要提升干部队伍的战斗力。深入开展“选人用人管人规范年”活动，通过上下并重、选育并举、管爱并行，不断激发干部队伍活力。坚持好班长、好班子、好梯队的标准导向，精心做好乡镇换届各项工作，确保在过程上做到风清气正，在结果上实现选优配强。积极鼓励三类干部到基层一线“三重岗位”实战历练，刚性执行干部能上能下制度，努力打造一支作风过硬，担当实干的“永嘉铁军”。

四要提升执纪监督的震慑力。严格落实“两个责任”，推行主体责任和监督责任清单管理，加强机关单位“三重一大”决策规范化建设，全面提升党风廉政建设水平。深入开展“敢担当、树标杆”作风建设五大行动，切实加大机关作风巡查力度，严格实行“一案双查”，以铁腕问责倒逼作风改善。完善“农村基层巡查+片区纪工委”模式，深化村务监督质询工作，努力打造清廉如水的基层政治生态。始终保持高压惩处态势，坚决做到有案必查、违纪必究。

目标既已明确，关键就在落实。各地各部门必须始终坚持效果导向，向县委部署看齐，向先进标杆看齐，铆足干劲、满弓发力，确保各项工作任务落地见效。

一是不搬不套勇于创新。于非常之事，须有非常之策。要打赢补短板这场战役，墨守成规没有出路，生搬硬套不能成事，必须以创新开路、以改革破题。要跳出部门区域界限来审视，摆脱传统思维定式来谋划，盯牢主要矛盾和关键环节，打破原有条条框框，创新工作方式方法，做到件件抓到要害处、招招盯在节骨点，确保在较短时间内取得实质性突破。

二是不等不靠主动作为。补短板慢不得、等不起。各地各部门必须发扬说了就办、定了就干的作风，决不能坐而论道、光说不练，决不能坐失机遇、贻误发展。要围绕大局、靠前作为，对县委的决策部署，不能一味等待指示、不能永远只会跟跑，要提高独立解决问题的能力，敢于下先手棋、打主动仗。要围绕群众、靠前服务，把服务当成自己的本职，变被动为主动、变坐等为上门，切实用真心换真情，用实绩暖民心。

三是不推不躲敢于克难。惟其艰难，方显勇毅；惟其磨砺，始得玉成。各地各部门要勇于涉险滩，善于打硬仗，做到责任面前不推脱，矛盾问题不回避，推进落实无条件，真正把一线当考场，在现场解难题，以实干促成效。领导干部要喊响“向我看齐”，发挥“关键少数”的模范带头作用，把广大干部的精力集中到补短板上来，把社会各界的智慧汇聚到补短板上来。

四是不折不扣一抓到底。补短板是一个动态过程，不可能一蹴而就、一步到位，也不能浅尝辄止、半途而废，必须一锤接着一锤敲、一颗接着一颗钉。各地各部门要坚持从细处入手、从实处着力，把每一个方案考虑好，把每一项步骤设定好，步步为营、久久为功。要盯牢每个阶段、每个环节的进度，把督查抓到底，把板子打到底，不获全胜决不收兵。

同志们，补短板的战鼓已经擂响，号角已经吹起。让我们在省市委的正确领导下，以虎口夺食的气魄，以猛虎扑食的干劲，坚决打赢补短板攻坚战持久战，为加快推进“三区两美”建设，高水平全面建成小康社会再立新功！

苍山瀑布（叶新人　摄）

永嘉县人民代表大会常务委员会工作报告

——永嘉县人大常委会主任在永嘉县第十五届人民代表大会第五次会议上

永嘉县人大常委会主任 谢崇福

过去的一年，常委会在中共永嘉县委的坚强领导下，认真履行宪法和法律赋予的职责，围绕“三区两美”战略目标，坚持依法履职、为民履职，敢于监督，善于建言，共召开常委会议9次，听取和审议工作报告36个，作出决定决议10项，任免国家机关工作人员62名，为全县经济社会发展发挥了积极作用。

一、以县委为核心，支持改革开放，助推经济平稳发展

坚持正确的政治方向，是做好人大工作的根本。常委会坚持以县委为核心，以经济建设为中心，以改革发展为第一要务，寓支持和服务于监督之中，助力全县改革、发展、稳定大局。

（一）注重稳基础，高度关注财政运行。财政安全是全面深化改革、实现转型升级的基础。常委会高度关注财政运行，加强财政预决算监督，审议通过县政府财政收支、预算执行情况等报告，审查批准财政决算和债券预算调整，督促县政府优化财政资金配置，规范财政资金支出，提高资金使用绩效。重视和支持审计工作，督促县政府及有关部门认真整改审计查出的问题，维护审计的严肃性。高度重视政府性债务风险管控，要求县政府健全债务管理制度，严控新上政府性投资项目和新增债务，保障财政安全平稳运行。加大部门预算监督力度，开展县经信局、交通局等23个部门预算重点审查，助推政府部门理财规范化和精细化。

（二）适应新常态，突出经济转型升级。常委会密切关注经济运行和年度目标任务完成情况，听取和审议“十二五”规划执行和县政府半年度经济社会发展报告，开展“转型升级十大组合拳”、重点工程建设等监督活动，要求县政府重视解决实体经济发展中遇到的问题，帮助企业解“套”转贷，并购重组，共渡难关。开展教玩具产业调研，督促建设教玩具产品质检、产品展示、物流仓储“三大中心”，加强配套服务，为教玩具产业转型升级、做大做强提供要素保障。开展小微企业创业园调研，要求加快园区建设、制定入园标准，引进科技含量高、创新能力强、低耗高效的企业，增强实体经济发展后劲。开展现代农业发展调研，督促县政府围绕生态、高效、增收目标，大力发展现代农业、品牌农业，落实农业增效、农民增收措施，助推传统农业向现代农业转型。

（三）着眼可持续，保护绿水青山生态环境。绿水青山就是金山银山。常委会秉持科学发展、永续利用的理念，对“青山、绿水、蓝天”进行全方位、立体式监督。围绕“青山”，开展生态公益林保护和森林公园开发利用调研，要求县政府科学处理保护与发展、开发与利用、生态与效益的关系，发挥永嘉林地资源丰富的优势，用足用好森林休闲养生试点县政策，开发低丘缓坡，打造特色鲜明、高雅时尚的养生度假和森林旅游，做好“山”字文章。围绕“绿水”，开展“五水共治”专项督查，组织四级人大代表监督“已治理的河”，督促县政府坚持源头治污，探索建立治水长效监管机制，做到绿水长流；实地核查污水处理设施工程质量和运行效果，要求按照科学规划、合理布局、先急后缓、量力而行的原则，确保建成一个，发挥效益一个。围绕“蓝天”，开展大气污染防治监督，建议突出防治重点，注重源头治理，依法加强监管。县政府制订了2015年大气污染防治计划，开展了能源结构调整、机动车尾气和工业污染防治等六大行动，坚持标本兼治，联防联控，改善了大气环境质量，全年空气优良率达95.1%。

（四）坚持办实事，倾力完成县委交办的工作。常委会自觉服从服务于全县工作大局，亲力亲为，敢于担责，干净干事，积极为县委、县政府分忧解难。深入开展“九联系”挂钩走访，按照经常联系、定期走访、上门服务的要求，密切关注企业生产经营，关心帮助挂钩农户增收，协助解决小微企业创业园、地下人防商业街等工程征地拆迁、政策处理、手续办理实际困难。认真落实“河长制”，不定期组织河道巡查，监督落实河道保洁措施，督促拆除沿河畜禽养殖场。支持县政府推进电大办学体制改革，听取和审议改制方案，统一思想，形成共识，实现电大平稳改制。

二、以法治永嘉为目标，依法行使职权，维护社会公平正义

常委会积极发挥在法治永嘉建设中的作用，支持和督促“一府两院”依法行政、公正司法，积聚维护社会公平正义正能量。

（一）立足全局，依法决定重大事项。常委会坚持从全局出发，对事关全县长远发展和人民福祉的问题，依法行使重大事项决定权，保证县委的重大决策部署通过人大的法定程序转变为全县人民的共同意志。深入镇街调研，听取行政区划调整意见，如实反映社会各界的呼声和诉求，协助做好思想工作，依法作出行政区划调整的决议。认真审查永嘉县环境功能区划和枫林镇历史文化名镇保护规划，依法作出决定。开展“十三五”规划纲要编制专题调研，认真审查规划纲要内容，把脉未来五年永嘉发展蓝图。

（二）严督实导，提高依法行政能力。常委会运用工作评议、执法检查、规范性文件备案审查等载体，以点带面，由表及里，推动政府部门依法行政水平的提高。围绕贯彻执行国家有关法律法规、落实县委决策部署和解决人民群众反映强烈的问题，对县住建局、文广新局、国土资源局开展为期9个月的工作评议，组织干部谈话100余人次，征集意见建议20条，提出整改意见15条，努力推动被评议单位改进作风、改善服务、提高办事效率和依法行政能力。组织《中华人民共和国环境保护法》《红十字会法》执法检查，助推各项法律法规的贯彻实施，特别是《中华人民共和国环境保护法》执法检查，对工业、畜禽养殖业、餐饮业、农业面源等重点行业进行抽查，对污水处理设施、垃圾收集与处理组织调查，对饮用水源保护持续跟踪督查，有效推动了《中华人民共和国环境保护法》的进一步实施。严格落实规范性文件备案审查，全年共备案审查规范性文件31件，维护法制统一。

（三）持之以恒，追求社会公平正义。公平与正义，既是人民群众代代企盼的愿望，也是司法工作的永恒追求。常委会围绕司法权力运行和监督机制，首次开展以政治业务素质、依法履行职责、秉公执法、勤政廉政为内容的法官履职评议，随机抽取6名法官，调阅案卷64宗，观看庭审录像12场、干部谈话44人次，提出整改意见12条。上下联动开展公检法司机关“依法履职、公正司（执）法”情况同步监督，通过走访基层单位、检查台账、征询意见、满意度测评等方式，全面“体检”公检法司机关公正司（执）法情况，提出整改意见12条，并听取整改落实情况报告，发挥了人大监督在司法改革、维护司法公正中的作用。

三、以民生为重点，回应社会关切，助力民生改善

群众利益无小事。常委会始终把民生问题放在重要位置，围绕民生热点难点开展监督，推动群众最关心、最直接、最现实问题的解决。

（一）专题询问严督民生热点。瓶装燃气市场监管问题是人民群众、人大代表、政府企盼解决的民生热点。针对瓶装燃气价格虚高、管理无序、垄断经营等问题，常委会组织调查组深入调研，倾听意见，分析原因，查找症结，召开专题询问会，要求县政府加强市场监管，打破市场垄断，规范市场秩序。县政府高度重视，“堵、疏、防”三管齐下：“堵”，成立联合执法领导小组，开展持续4个月的专项整治，查处无证经营户28户，违章和非法运输危险品案57件，截扣过期钢瓶1309支，排除安全隐患28处，行政治安拘留5人；“疏”，授权管道燃气公司经营瓶装燃气，增设供应站点9个，实行储配站直销零售配送，平抑市场价格；“防”，建立每月价格监测预警机制、市场监管联席会议制度。通过整治，瓶装燃气价格全面下降，公平有序竞争格局初步形成，人民群众反映良好。

（二）重点调研助解民生难点。开展看病难、看病贵问题专题调研，深入查找看病难看病贵的问题根源，建议县政府深化公立医院综合改革，完善分级诊疗制度，调整住院、门诊报销比例，解决过度医疗、浪费医疗资源问题。持续发力，跟踪监督食品安全，助力县政府加快食品安全监管体制改革和职能整合、推进基层责任网络建设，捍卫人民群众“舌尖安全”。坚持问题导向，发动四级代表深入基层一线查找群众办事审批难事项，共征集调查问卷256份，汇总问题66项，转有关部门处理。开展“年收入4600元以下贫困人口脱贫情况”视察核查，组织四级代表533人，走访核查6500户共13744人，全面排摸低收入人群数量、分布、生产和生活状况，为县委综合施策、精准扶贫提供决策依据。

（三）深入一线回应民生诉求。常委会把信访作为服务民众、体察民情、回应民声的重要窗口，专题听取县政府信访工作报告，坚持在干中监督，在监督中支持，在支持中服务，在服务中指导，牵头调解岩坦镇上岙村、岩头镇溪南村村民邻里纠纷，督促解决鹤盛镇箬袅村失地保险冒名顶替、瓯江治理工程黄田段拆迁补偿等信访件。全年共受理来信98件，接待来访162人次，承接上级人大转办来信15件，做到件件有交代。积极回应群众呼声，组织省、市、县三级人大代表视察沙头镇岭下村、泰石草坪和永嘉书院周边环境，以主任会议专题纪要交办整治意见，多次跟踪，严督实导，拆除临时棚106个共530平方米，违章建筑10处共565平方米，为保护母亲河——楠溪江尽绵薄之力。

四、以作风建设为抓手，加强自身建设，全力推动人大工作上新台阶

自身建设关系事业兴衰成败。常委会把加强自身建设作为内强素质、外塑形象的重要保障，不断提高新形势下依法履职的能力和水平。

（一）加强机关建设，夯实履职基础。一是建章立制促规范。出台了《中共永嘉县人大常委会党组议事规则》和《关于对“一府两院”执行和落实县人大常委会决议、决定和审议意见情况的票决办法》，推进常委会履职更加制度化、规范化。二是完善要素强功能。在县委的高度重视和大力支持下，增设了预算工作委员会，配齐预算监督力量；重新核定人大机关编制，解决了人大机关“官多兵少”、缺编缺人问题；改版永嘉县人大常委会门户网站，促进人大工作更加公开透明。三是改进作风增合力。以“三严三实”专题教育为契机，鼓励广大人大干部把学习教育与人大工作实践结合起来，倡导真抓实干、积极有为，把严的要求，高的标准，实的作风贯穿到人大履职全过程，增强人大工作合力。

（二）加强代表工作，保障代表权利。常委会高度重视建议办理工作，以提高建议办理满意率、建议问题解决率和建议成果转化率为目标，采取领导领衔督办、代表满意度测评、不满意办理件再交办、主办单位和协办单位捆绑式考核等措施，对176件代表建议逐件督办，得到解决或部分解决的75件，计划解决的56件，留作参考的45件，分别占总数的42.6%、31.8%、25.6%。注重发挥闭会期间代表作用，以代表小组活动为主阵地，积极组织代表参与监督活动，征集监督议题及线索202条、“转型升级十大组合拳”问题169个，“已治理的河”巡查意见83条、被评议单位和个人意见118条，代表主体作用得到有效发挥。

（三）加强上下联动，推进镇街人大工作。自觉接受上级人大的工作指导，积极配合上级人大开展的履职活动，及时反映工作中遇到的困难和问题，争取支持。充分发挥代表联络站听民声、汇民意、集民智、解民忧的作用，广大代表践行“人民选我当代表，我当代表为人民”的承诺，全年代表进站活动1311人次，收集群众反映问题406个，协调解决354个，解决率达到87.2%，《人民代表报》专题刊登桥头镇人大代表联络站为民办事先进事迹。认真贯彻中央《关于加强县乡人大工作和建设的若干意见》文件精神，定期召开镇街人大主席（主任）联席会议，总结经验，交流做法，指导支持镇街人大主动履职，敢于监督，做到有为有位。

各位代表，常委会过去一年取得的成绩是县委正确领导、高度重视的结果，是县人民政府、人民法院、人民检察院密切配合、大力支持的结果，是县人大常委会组成人员务实创新、依法履职的结果，是全县各级人大代表和广大人民群众积极参与、充分信任的结果。在此，我谨代表永嘉县人大常委会，向所有关心支持人大工作的领导和同志们，表示衷心的感谢并致以崇高的敬意！

各位代表，在肯定成绩的同时，我们也清醒地认识到，常委会的工作与全面建设“三区两美”新永嘉的目标，与县委对人大工作的要求和人民群众对人大的期盼尚有较大差距，主要表现为：重大事项决定的制度还需进一步规范，监督工作的力度和实效还需进一步增强，同代表和人民群众的联系还需进一步密切，常委会依法履职能力和水平还需进一步提高等等。所有这些，我们将在今后的工作中认真加以整改。

各位代表，2016年是实施“十三五”规划的开局之年，也是推进“三区两美”建设的重要之年。今年人大常委会工作的总体要求是：认真贯彻落实十八大和十八届三中、四中、五中全会精神，按照县委十二届十次全会的部署，紧紧围绕“三区两美”战略目标，坚持依法履职、为民履职、务实履职，为实现经济、城市、社会转型跨越发展做出贡献！

一、围绕深化改革新要求，着力推进经济社会协调发展

自觉坚持党的领导，主动把“十三五”规划实施等相关重大决策部署，通过人大的法定程序转化为全县人民的共同行动，积极营造与县委同频共振、同心同行，敢于担当、克难攻坚的干事创业氛围。围绕县委“三区两美”战略目标，积极履职，主动作为，协助推进重大基础设施建设、国家级生态县、省级园林城市、国家AAAAA级旅游景区、美丽乡村示范县创建等重点工作，努力为“十三五”规划开好局、起好步。注重提高人大监督实效，运用专题询问、工作评议、满意度测评、部门负责人约谈、重大事项票决等手段，督促代表建议、审议意见、专题纪要、决定决议的落实，切实增强人大监督的严肃性。认真落实新任命国家机关工作人员向宪法宣誓制度，加强干部任后监督，激发干部依法履职，秉公办事，积极有为。继续保持干事创业的一线精神状态，尽职尽责做好县委交办的工作，努力为全县经济社会发展添砖加瓦。

二、坚持发展新理念，着力提高监督实效

围绕改革、发展、稳定大局，加强和改进监督工作，加大对“一府两院”的监督力度，支持落实改革发展举措。听取县政府经济社会发展、森林休闲养生、生态工业、旅游业和城市化建设等专项报告，组织实体经济金融风险防范、现代农业发展、生态环境修复调研，助推实体经济发展。围绕新《中华人民共和国预算法》的实施，开展政府重大投资项目审查，加强对政府全口径预决算的审查监督，严格预算约束，提高财政资金的使用绩效。围绕法治永嘉建设，组织《中华人民共和国安全生产法》《政府信息公开条例》、大气污染防治“一法一条例”执法检查，开展公安立案工作调研和部分检察官履职评议，助推民主法治进程。

三、回应人民群众新期盼，着力践行为民履职理念

围绕“十三五”规划实施，开展山水智城楠溪新区、重大基础设施和产业集聚建设情况视察，着力培育新兴产业和新的经济增长点，推进城乡协调发展。围绕提高群众幸福指数，督促县政府落实低收入人群增收措施，跟踪落实食品安全和《中华人民共和国环境保护法》执法检查审议意见；针对丧事大操大办、讲排场、比阔气的问题，组织殡葬改革专题调研，大力倡导以孝为先、崇俭耻奢、厚养薄葬的传统美德；重视社会事业均衡发展，加强对教育、体育、社会保障、医疗卫生等工作监督，推进基本公共服务均等化，努力让全民共享改革成果。重视村“两委”换届选举工作，加强对选举工作的法律指导和法律解释，为全县村“两委”按时顺利换届提供法律服务。加强涉法涉诉信访的督办，切实维护人民群众的合法权益。

四、顺应人大工作新形势，着力提升依法履职能力

加强人大机关作风建设和勤政廉政教育，深入学习党的十八大和十八届三中、四中、五中全会精神及习近平总书记系列重要讲话精神，学习党章党规，学习宪法法律，巩固“三严三实”专题教育成果，提升干部队伍的政治意识、大局意识、责任意识，不断增强依法监督的底气、敢于监督的正气、创新监督的勇气。密切与代表的联系，组织代表对口视察，丰富代表闭会期间活动，保障代表知情咨政权利；按照行政区划调整后的新格局，加强对县乡两级人大代表换届选举工作的指导，严格把好人大代表“入口关”，着力营造风清气正的选举环境。高度重视代表建议办理，注重提高代表建议质量，探索进一步提高建议落实率、问题解决率、代表满意率的可行办法。深入贯彻落实中央《关于加强县乡人大工作和建设的若干意见》，规范乡镇人大主席团、乡镇人代会、人大代表小组活动和代表联络站工作，支持乡镇、街道人大依法履职，积极有为，提高人大工作整体水平。

各位代表，再创辉煌，自当扬帆破浪;任重道远，更须奋鞭策马。让我们紧密地团结在以习近平同志为总书记的党中央周围，在中共永嘉县委的领导下，凝心聚力，团结奋进，开拓创新，务实有为，为实现“十三五”良好开局而努力奋斗！

政府工作报告

——永嘉县县长在永嘉县第十五届人民代表大会第五次会议上

永嘉县县长　姜景峰

一、“十二五”发展和2015年工作回顾

“十二五”时期，是我县经济社会发展极不平凡的五年。面对错综复杂的宏观环境和艰巨繁重的改革发展任务，我们在中共永嘉县委的正确领导下，在县人大、县政协的监督支持下，团结和依靠全县广大人民，主动适应经济发展新常态，众志成城、砥砺奋进，较好地完成了“十二五”规划确定的主要目标任务，在全面建设小康社会的道路上迈出了坚实步伐。2015年，全县实现地区生产总值330.92亿元，是2010年的1.6倍，年均增长9.3%；财政总收入45.88亿元，其中一般公共预算收入 26.36亿元，分别是“十一五”期末的1.7倍和1.9倍；社会消费品零售总额134.99亿元，年均增长13.8%；外贸出口总额6.26亿美元，年均增长4.4%；城镇居民人均可支配收入35161元，农村居民人均可支配收入16938元，年均分别增长9.5%和14.1%，城乡居民收入比从2.55下降到2.08，成功摘掉“欠发达县帽子”。

（一）全力推进结构调整，大产业布局不断优化。坚持“三二一”产业结构调整导向，三次产业结构从3.8：58.8：37.4优化为3.2：51.7：45.1。大力推进工业转型升级，系统流程装备省级高新技术产业化基地、全国泵阀产业知名品牌示范区创建加快推进，竣工工业项目131个，新增亿元以上企业23家、高新技术企业29家，完成“个转企”3380户、“小升规”126家、企业股改50家，上市企业总数排名全市第二位。大力发展现代服务业，建成瓯北商务中心、桥头维多利广场、斯多纳商业中心、五洲货运中心综合物流基地，新增各类金融机构20家，跻身中国电子商务发展百佳县行列。楠溪江国际房车露营基地、永嘉书院、百丈瀑等一批景区建成开放，全县游客数、旅游总收入年均分别增长23.3%和25.1%，楠溪江入选全国最受欢迎景区、全国乡村旅游度假目的地，成功培育国际户外运动赛事品牌，跻身浙江旅游发展十佳县行列。扎实推进农业“两区”建设，建成粮食生产功能区5533.3公顷、省市级现代农业园区37个，新增土地规模流转5666.7公顷。着力强化科技人才支撑，建成国家阀门质检中心、温州系统流程装备科学研究院等公共服务平台，入选“国千”“省千”6人，2013年、2014年连续两年人才工作考核位居全市第一，顺利创成省级科技强县。

（二）全力推进城乡一体，大统筹框架初步形成。大力推进上塘–瓯北核心城市建设，突出新区拓展和旧城改造并举，三江、黄田等重点区块开发全面提速，一批城市综合体和高品质商住项目加快建设，县城建成区面积从6.44平方千米扩展到10.84平方千米。坚持以重点突破之功形成带动全局之效，建成诸永高速延伸线（瓯越大桥）、41省道（S223）瓯沙段改建、41省道南复线岩头至大若岩段、雁楠公路等一批重大交通项目，瓯江两岸“九桥相连”、沿江山区互联互通、大源小源直线连接的发展格局初步形成。建成瓯北西段标准堤、乌牛新闸、县三塘隧洞分洪应急、楠溪江供水、西向供水、220千伏楠江变扩建、县垃圾焚烧发电厂等重点项目，城镇防洪、供水、供电和环保设施不断完善。顺利实施乡镇行政区划调整，城乡行政管理体制进一步优化。

（三）全力推进项目建设，大投资格局全面巩固。坚持扩大投资需求和优化投资结构并重，累计完成限额以上固定资产投资1009.12亿元，是“十一五”的5.1倍，年均增长43.1%，民间投资比重达到69.1%。招商选资工作持续走在省市前列，累计签约项目86个、实际履约70个，实到资金311.16亿元，荣获全省浙商回归创业创新组织奖、全省吸引浙商设立功能性机构优秀单位称号。着力强化重大项目支撑，成功申报省重点工程、省重大产业项目20个，争取上级“戴帽”土地指标393.3公顷、资金补助31亿元，位居全省前列。大力开展造地、低丘缓坡开发和闲置土地清理，完成耕地垦造629.67公顷、高标准基本农田建设7720公顷、标农提升1173.3公顷。完善政府投融资平台，积极开展与金融机构的战略合作，五年融资到位资金80亿元。

（四）全力推进全域整治，大环境建设喜见成效。深入开展“三县三城联创”，完成电镀、造纸、化工、印染、合成革等五大重污染行业整治提升，主要污染物总量减排完成上级下达指标，万元生产总值能耗累计下降18.6%，城市人均公园绿地面积提高到14.29平方米，全县森林覆盖率达到73.1%，顺利创成省级生态县、省级森林城市、省级卫生县城和省级文明县城。坚持系统治水、治污先行，完成“五水共治”投资71.37亿元，建成10个镇污水处理厂（站），新建和改造城镇污水管网256.7千米，城镇污水处理率从88%提高到90.1%，完成393个村生活污水治理设施建设、受益农户6万多户，整治黑臭河51.84千米，全面消除垃圾河，解决和改善28.48万农村人口饮水安全问题，成功入选浙江最具魅力新水乡。统筹抓好“三改一拆”“四边三化”，完成“三改”1579.96万平方米、“拆违”728.26万平方米，全县国省道公路、铁路及沿线河道、矿山“脏乱差”问题得到有效整治。持续推进美丽乡村建设，建成“美丽乡村”精品线3条、精品村20个，获得省级美丽乡村创建先进县称号。创新实施环境管护市场化运行机制，垃圾无害化处理率、农村环卫设施覆盖率和行政村保洁队伍覆盖率实现“三个100%”。

（五）全力推进社会治理，大民生发展阔步前行。全县财政用于民生支出148.85亿元，年均增长11.8%，占支出总量的72.7%。社会事业稳步发展，高考成绩连续六年创历史新高，创成全国义务教育发展基本均衡县和省级文化先进县、省级卫生强县、省级体育强县、省级卫生应急示范县，获评全省农村文化礼堂建设先进县和第二批省级传统戏曲特色县。加快构筑大社保体系，建成公共租赁、廉租住房和经济适用房930套，完成农村困难群众住房救助1000户，新增各类保险参保人数58.8万人、城镇就业岗位6.1万个，城乡居民医保人均筹资水平达到740元，累计支出医保基金18.6亿元，城乡低保人均补差水平提高2.2倍，创成省级扶残助残爱心城市。全县百岁老人从2010年年末的29人增加到100人，永嘉成为全省首个“中国长寿之乡”。“单独二孩”政策顺利实施，出生人口性别比实现“五连降”。平安建设成效显著，大调解体系建设和维稳风评工作成为省市典型，信访积案化解和非访打击走在省市前列，安全生产三项指标整体持续下降，社会治安形势明显好转，食品药品安全、防灾减灾等公共安全体系建设扎实推进，成功夺取全省平安“六连创”铜鼎，群众安全感满意率保持在95%以上。加强国防动员和后备力量建设，圆满完成征兵任务，获评全省、全市征兵工作先进单位。民族宗教、双拥、外事、侨务、对台、人防、移民、气象、统计、档案、地方志等工作取得新成绩，共青团、妇女、儿童、老龄、关心下一代、残疾人、红十字、扶贫、慈善事业得到发展。

（六）全力推进改革创新，大服务理念引领转型。坚持重大事项向人大报告、政协通报，自觉接受县人大及其常委会的法律监督、工作监督和县政协的民主监督，共办理人大代表建议882件，政协提案1349件。深化行政审批制度改革，推进“四单一网”建设，县级部门行政权力压缩48.9%。坚持用制度管人管权管事，建立机关事务“六统一”管理机制，全面运行国库集中支付系统，所有县级部门预决算全部公开，清理在编不在岗人员240名、编外人员1499名，“三公”经费持续下降。深入开展“千人评议机关中层和基层站所”，创新实施全媒体问政。深入推进办学办医改革，民办教育改革永嘉样板享誉全国，温州翔宇中学成为全市民办教育改革示范学校，县人民医院、县中医院与市级医院合作办医成效显著。加强地方金融改革，规范和发展民间融资，改制成立永嘉农商银行，组建小额贷款公司3家。全力推进“六统六分”养老服务改革，建成民办养老服务机构25家、居家养老服务照料中心261家。深化农村资产确权赋权活权改革、国资国企管理体制改革，为永嘉发展注入新的动力。

2015年是全面完成“十二五”规划的决战之年。我们紧紧围绕县委总体部署和县“两会”确定的目标，全力推进“三区两美”建设，重点抓了六个方面工作：一是突出抓好经济平稳增长。坚持凝心聚力保增长，全面落实重点企业“新春走访”、企业金融风险化解、政府税收优惠政策等一揽子措施，全力打好政府资金应急转贷、工业企业产权分割、中小企业应收账款抵押融资、企业专利权和商标专用权质押融资“组合拳”，着力形成政银企法联动的保增长工作格局。全年地区生产总值同比增长8.5%，限额以上固定资产投资增长13.6%，社会消费品零售总额增长12.7%，一般公共预算收入增长8.2%，银行贷款不良率持续保持在1%左右的低位运行。二是突出抓好重点产业培育。红蜻蜓成功登陆A股主板，新增省级企业研究院2家、国家知识产权优势企业1家，4个市级示范小微园开工建设，工业供地量创五年新高。获批组建省装备制造业阀门产业技术联盟，泵阀行业列入全省“机器换人”十大试点，成功入选浙江省“两化”深度融合国家示范区和全市唯一的省级生态工业发展试点单位。大力发展休闲度假旅游业，完成省级森林休闲养生试点县规划编制，成功举办2015中国·楠溪江休闲文化旅游节系列活动，创建“中国乡村旅游金牌农家乐”4家，悦庭楠舍荣获“浙江最具特色十佳民宿”称号，楠溪江进入国家AAAAA级旅游景区后备名录。切实抓好网络经济培育，创成全市首个省级电子商务示范村，新增省电子商务示范企业2家，全县网络零售额突破100亿元。全面启动生态循环农业先行区建设，建成示范主体9个，南陈农业旅游观光园等9个标杆项目加快推进，创成沿江省级现代农业综合园区。三是突出抓好重大项目攻坚。深入推进征地拆迁“清零”活动，三江国际商贸城、育才教育装备、永嘉国际大酒店、科信大厦、乐清湾港区铁路支线永嘉段、七都北汊桥、温州市监管中心、上塘至瓯北公路、永临大道二期等10个重大项目顺利开工，甬台温天然气管道永嘉段、县公共文化活动中心、县城体育两馆、县委党校及教育研训大楼、县公安三所迁建、上塘永建路A区旧城改造、三江12#地块安置房建成主体工程，三李公路、瓯北大桥、瓯北阳光大道东向延伸、永缙线巽宅经金溪至界坑公路改建、永缙线碧莲过境段改建等项目建成通车，41省道南复线溪南段等5个道路拆迁瓶颈顺利打通，县行政中心建成投用，南岸水库、楠溪江河口大闸等项目前期进展顺利。四是突出抓好全域环境整治。创成国家级生态镇街5个，淘汰黄标车7565辆，淘汰改造高污染燃料锅炉111台，生态环境公众满意度大幅提升。大力推进“清三河”治理，瓯北片区18条河道生态清淤和桥头菇溪河流域环境综合治理喜见成效，分散式农村治污模式走在全市前列，蝉联全省农村生活污水治理先进县称号。高标准完成“三改一拆”“四边三化”和“两路两侧”整治任务，全市占地面积最大的清水埠城中村改造项目顺利启动，创成无违建镇街4个、无违建村378个。全力推进国家卫生县城创建，突出抓好上塘、瓯北、桥头等城区环境整治，新建改建城区道路18条、打通断头路和瓶颈路6条，新增公共停车位603个。五是突出抓好重点领域改革。深入推进政府自身改革，组建运行县卫计局、外事侨务办、综合行政执法局，建立镇（街道）权力清单和政府职能向社会组织转移“第五张清单”，全面实施企业登记“五证合一、一照一码”制度，推行负面清单外企业投资不再审批。深化国资国企管理体制改革，建立健全国有资产监管制度。积极创新融资模式，在黄田、江东污水处理厂和上塘至瓯北公路率先开展PPP试点。深入推进社会事业领域改革，顺利完成电大改制和二职托管，在全省率先开展职业教育PPP模式办学，创新实施永嘉籍医学专家人才柔性引进机制，率全市之先组建县级城乡医联体。六是突出抓好民生福祉改善。深入开展农村文化体育建设提升年活动，成功打造18个文化样板村，新建农村文化礼堂20所。完善公共租赁住房保障政策，启动实施被征地农民社会保障转职工养老保险政策，在全省率先出台社会救助工作责任追究办法，全面消除家庭人均年收入4600元以下贫困现象。着力保障公共安全，深入实施“两打两治”、消防双月攻坚、肉品和水产品专项整治等系列行动，获评全省千万学生饮食安全工作先进单位。

各位代表，过去的五年是我县综合实力提升最快、改革开放力度最强、城乡面貌改观最大、人民群众得益最多的五年，成绩来之不易、经验弥足珍贵，这得益于县委的正确领导和科学决策，凝聚着全县广大干部群众的心血和汗水。在此，我代表县人民政府，向在各行各业辛勤劳动的全县人民和外来建设者，致以崇高的敬意！向给予政府工作大力支持的人大代表、政协委员、各民主党派、工商联、无党派人士、各人民团体、离退休老同志，向驻永嘉部队、武警官兵、政法干警，向所有关心支持永嘉发展的海内外朋友们，表示衷心的感谢！

我们也清醒地看到，前进道路上还面临许多困难和问题，政府工作还存在许多差距和不足。主要是：经济发展面临稳增长与调结构的双重压力，部分企业生产经营困难，“两链三险”尚未根本化解，“十二五”规划纲要确定的27项主要指标中，还有城镇化率、社会消费品零售总额、外贸出口年均增长率、研发经费支出占生产总值比重、活立木蓄积量等5项指标没有完成；我县城乡统筹发展水平仍处于整体协调阶段，城市规划建设管理水平有待提升，基础设施和公共服务配套仍然滞后，山区和沿江的发展还有较大差距，“半城市化”问题突出；土地制约仍然严重，特别是实行“占优补优”“占水补水”以后，优质标农和水田的“占补平衡”成为最大的发展瓶颈；“土地财政”难以为继，政府可用财力十分有限，财政收支平衡面临较大压力；基层基础相对薄弱，社情舆情比较复杂，因环境整治、项目建设、制度改革等引发的矛盾问题仍然不少；政府自身建设还存在薄弱环节，“中梗阻”问题仍然比较突出，办事难问题没有得到有效解决，消极腐败现象和“四风”问题还不同程度存在。对此，我们一定高度重视，采取有效措施，努力加以解决。

二、“十三五”时期的奋斗目标和主要任务

“十三五”时期，我县将进入三大转型机遇期、城乡统筹关键期、全面小康决胜期和改革创新深化期，既面临着世界多极化、经济全球化、文化多样化、社会信息化的深刻变革，承受着新常态“九大趋势性变化”的深层次影响，又迎来了跨江发展的区位红利、新型城镇化的政策红利、绿水青山的生态红利和改革创新的制度红利。根据中共永嘉县委《关于制定永嘉县国民经济和社会发展第十三个五年规划的建议》，县政府制订了《永嘉县国民经济和社会发展第十三个五年规划纲要（草案）》，提请大会审议。经本次大会批准后，县政府将认真组织实施。

根据县委十二届十次全会精神，我县“十三五”发展的指导思想是：高举中国特色社会主义伟大旗帜，以马克思列宁主义、毛泽东思想、邓小平理论、“三个代表”重要思想、科学发展观为指导，深入贯彻习近平总书记系列重要讲话精神，以“四个全面”战略布局和“五大发展理念”为引领，按照省市委决策部署，深入实施“三区两美”战略举措，坚持发展第一要务，坚持转型升级不动摇，紧扣提高经济发展质量和效益这一中心，加快形成引领经济发展新常态的体制机制和发展方式，统筹推进经济建设、政治建设、文化建设、社会建设、生态文明建设和党的建设，高水平全面建成小康社会，为建设现代化山水宜居城市打下更加坚实的基础。

“十三五”发展的主要目标是：全县生产总值年均增长7%左右；到2020年，全县生产总值达到465亿元，人均生产总值达到48600元，城镇和农村居民人均可支配收入分别达到51000元和26000元，实现“四翻番”；社会保障覆盖率达到100%，研发经费支出占生产总值比重达到2.1%，一般公共预算收入超过35亿元，限额以上固定资产投资累计达到1650亿元，使永嘉综合实力更强、城乡区域发展更协调、生态环境更优美、人民生活更幸福、治理体系更完善。

为实现上述奋斗目标，我们必须进一步强化战略定力、坚定赶超信念，因势而谋、顺势而为、乘势而上，努力集聚新优势、实现新跨越、再创新辉煌。重点把握以下四个方面：

*一是在经济增速换档中加速动力转换。*坚持换挡不失速、调速不减势、量增质更优,以三大产业集聚区建设为主平台，充分发挥投

资的关键作用、消费的基础作用和出口的促进作用，全力推进“永嘉制造”向“永嘉智造”、传统服务业向现代服务业、楠溪江观光旅游向生态休闲旅游转型，努力变要素驱动为创新驱动、变潜在优势为现实动力，全力打造县域转型赶超新引擎。

二是在城乡统筹协调中加速一体发展。坚持跨江融合、区域协同、城乡一体，联动推进瓯江北岸跨江融合发展、上塘瓯北联体同城发展、沿江山区协调互动发展，吸引高端资源要素向永嘉流动，促进人口和产业向核心城区集聚，推进社会公共服务向农村延伸，努力在协调发展中拓展空间，在补齐短板中增强后劲，全力开创县域统筹发展新局面。

三是在生态全面治理中加速模式转型。坚持绿色发展、循环发展、低碳发展，以国家生态县创建为总载体，全力打好环境综合整治“组合拳”，系统抓好治水、治气、治土，全面摒弃“先污染后治理”的老路，加速推动生态效益向经济效益转化，努力优化人居环境、改善民生福祉、促进群众增收，全力构筑县域生态治理新格局。

四是在深化改革开放中加速优势积聚。坚持问题导向、效果导向、市场导向，深入推进供给侧结构性改革，充分激发各类市场主体活力，用改革的办法破解难题、用开放的思维集聚资源，通过集成改革红利、市场潜力和创新动力，努力把内外永嘉人优势转变为永嘉发展优势，加快培育县域创新创业新动能。

“十三五”时期，我县经济社会发展的主要任务是：

（一）以三大产业集聚区建设为引领，打造现代产业体系。坚持先进制造业和现代服务业两轮驱动，依托特色产业基础和空间平台资源，全力推进三大产业集聚区建设，确保第三产业增加值占生产总值比重达到48%以上。一是全力打造先进制造业集聚区。坚持“一园多点”发展布局，以永嘉工业园区向经济开发区转型升级为引领，加快建设上塘滨江、乌牛岭下、桥下八里、三江罗东等工业新区，联动推进旧工业区“退二优二”“腾笼换鸟”，大力建设一批小微企业创业园，切实形成定位清晰、分工明确的制造业空间架构。全面对接“互联网+双创+中国制造2025”等政策，推进泵阀产业向智能化、成套化、网络化的系统流程装备产业转型，鞋服、辅料、教玩具等传统轻工产业向时尚智造产业转型，加快发展生产设备、工艺处理等一批配套关联产业，培育新能源、新材料等多领域新兴产业，建成省“两化”深度融合国家示范区、省级生态工业发展县。深入实施“四换三名”“三转一市”，培育一批领军企业和专精特新成长型企业，新增上市企业3家、产值超亿元企业10家以上。二是全力打造沿江现代服务业集聚区。坚持“一核四圈”发展布局，以重点区块开发引领服务业转型，加快培育产城融合的新型城市经济，努力创成省级服务业强县。全面打响现代居住、高端商务、总部经济特色品牌，加快建设三江立体城、永嘉世贸中心、温州国际商贸中心、永嘉国际大酒店、巴菲特金融大厦等重大项目，促进传统商业街向时尚和特色街区转变。大力发展现代物流业，推进黄田商贸物流园区建设，建成乐清湾铁路支线永嘉段、乌牛港口作业区，谋划建设一批物流中心、专业市场和仓储基地，做大做强产业集群物流、电子商务物流和专业物流。超常规发展网络经济“一号新产业”，加快形成一批区域性网络供应基地和农村电商发展集聚地。健全金融商务体系，做大做强小额贷款、借贷服务、民资管理等新型金融组织，吸引和集聚一批银行、保险、证券机构。三是全力打造楠溪江生态休闲业集聚区。坚持“一主四园”发展布局，立足于雁楠一体、大小源联动，创新推行旅游“主业化”“全域化”发展模式，全力创成国家AAAAA级旅游景区，力争2020年接待游客数突破1000万人次，旅游总收入超过100亿元。围绕新旅游发展“六要素”，积极引进高端社会资本，加快建设楠溪江旅游集散中心，建成石桅岩旅游服务区、楠溪江景区绿道和“四宾馆三中心”等项目，培育一批特色精品民宿和专业导游队伍，全力提升楠溪江旅游品质。以省级森林休闲养生试点县建设为引领，发挥“中国长寿之乡”品牌优势，加快建设楠溪云岚养生度假中心、楠溪江健康养生基地、南陈温泉小镇、屿北古村落文化旅游区、珍溪·文化产业园等重大项目，促进休闲度假、健康养生、户外运动、红色旅游、航空体验、现代农业等产业融合发展。加快建设智慧景区，全面开启“互联网+旅游”营销管理新模式。

（二）以瓯江—楠溪江两轴联动为抓手，推进城乡一体发展。坚持区域协同、优势互补，依托“四百里瓯江—楠溪江发展轴”，通过整合空间资源、集聚发展动能，全力打造温州山水智城·楠溪新区，加快形成“一主两辅多极”

交通导向型城乡空间格局，确保常住人口城市化率达到66%以上。一是全力推进瓯江北岸跨江融合发展。立足瓯江两岸“九桥相连”、三江-瓯北一桥相通的发展基础，强化三江商务区城市化标杆引领作用，全力打造乌牛和桥头-桥下东西两翼都市新区，加快推进104国道西过境永嘉段、七都北汊桥、市域铁路S3线、甬台温铁路配套道路网、绕城高速乌牛互通、49省道（S333）改建、上塘至乌牛隧道及连接线、上塘至桥下公路、桥头至桥下隧道及连接线、壬田至黄坦公路、罗黄大桥、楠溪江河口大闸、瓯江治理工程和菇溪、西溪、乌牛溪综合治理工程等项目建设，着力构筑瓯江北岸都市带全岸线跨江发展新格局。二是全力推进上塘瓯北联体同城发展。坚持“拉框架、强功能、优环境”，依托上塘政治文化中心和瓯北经济中心的突出地位，切实发挥黄田综合交通枢纽优势和中间地带的承接作用，全面形成41省道、上塘至瓯北公路、三李公路“三线连接”交通网络，制订实施沿线区块功能布局规划，积极引导城市功能向中间地带和关键节点集聚，努力把上塘-瓯北打造成充满活力的中等规模城市。三是全力推进沿江山区协调互动发展。坚持以交通等基础设施向农村延伸为突破口，加快推进上塘至大若岩、S220巽宅至桥下段、白泉至桥下、李浦至枫林、张溪经岩坦至巽宅、沙头石埠至西垟、花坦珍上线拓宽、岩头至表山改建、坦五线大若岩至巽宅段改建、大岙至应坑、雁楠公路南陈连接线等一批交通项目建设，统筹推进农村公路提升改造，全面形成沿江、大源、小源交通互联互通、产业融合互补、要素双向流动的发展新格局，加快打造一批产镇互动、功能完善、生态优美、文明和谐的特色乡镇。

*（三）以美丽永嘉美好生活创建为目标，夯实民生幸福基石。*坚持以民生福祉改善为根本，全力推进公共服务均等化，让人民群众有更多的获得感和幸福感。一是完善生态治理体系。巩固提升“三县三城联创”和美丽乡村创建成果，提高城乡污水和垃圾分类处理能力，建立健全楠溪江生态补偿机制并积极争取立法保护，强化水体、大气、固废、土壤的污染治理和生态修复，全力打造国家级生态文明示范区，决不把违法建筑、污泥浊水、脏乱差的环境带入全面小康。二是完善民生服务体系。坚持教育优先发展，普及高中阶段教育，积极发展职业教育、继续教育和学前教育，全力打造社区教育国家实验区，创成教育现代化县。深化医药卫生体制改革，完成县人民医院、县二医迁建，大力推进县乡村卫生一体化管理。积极应对人口老龄化，适当提高生育水平，进一步降低出生人口性别比。深入开展群众性文化体育活动，新建一批以农村文化礼堂为重点的农村文化综合体，实现流动文化和数字文化服务全覆盖。推进社保低保扩面工程，积极扩大社会就业，完善“六统六分”养老服务新模式，构建多层次安居保障体系。全方位组织实施精准扶贫计划，全面落实产业扶贫、搬迁扶贫、挂钩帮扶等各项到村到户措施，确保低收入群体收入增长高于居民收入平均增长。三是完善社会治理体系。着力构筑社会治理“一张网”，健全社会治安治理、矛盾纠纷排查化解、信访秩序管控、网上网下舆情应对处置等长效机制，切实强化新居民、留守人员等弱势群体和特殊人群服务管理，全力抓好生产、交通、消防、食品药品等公共领域安全，夺取平安建设十二连创“金鼎”。着力构建“四位一体”社会信用体系，创成国家信用城市。加强人民武装工作，积极动员和组织民兵为改革发展稳定做贡献。

*（四）以改革创新和内外开放为突破，激发科学发展动力。*坚持改革联动、创新驱动、开放带动，再创体制机制、对外开放新优势。一是全面深化改革。深化简政放权、放管结合、优化服务改革，全面推进涉批中介机构服务市场化改革，实行“五张清单”动态调整。大力推进经济体制创新，建立健全以亩产效益为导向的资源要素差别化配置机制，探索实施用能权、用水权、排污权、碳排放权交易制度。深化社会领域改革，引导更多社会资本进入教育、医疗、养老等领域。深化农村综合改革和户籍制度等配套改革，加快推进农业转移人口市民化。深化国资国企管理体制改革，大力发展社区金融、农村金融，推广PPP等投融资模式，全面提升金融服务保障水平。二是实施创新驱动战略。全面实施特色小镇建设、众创空间建设三年行动计划，整合提升温州系统流程装备科学研究院等创新平台，试点推广新型孵化模式，大力发展众创、众包、众扶、众筹空间，培育一批高新技术企业、创新型企业和科技型中小企业。深化人才强县战略，吸引集聚一批高技能、高层次科技人才。三是提高对外开放水平。深化高铁时代背景下永嘉与长三角经济带、海西经济区的关系，全面促进对外合作交流。实施市场

多元化战略，重视打造支柱产业出口基地，加快建设跨境电子商务区和对韩、对台合作平台，大力发展出口、进口、转口贸易，积极开拓国内外市场。

三、2016年的重点工作

2016年是“十三五”的开局之年，也是县镇村三级换届之年。良好开端是成功的一半，我们必须始终做到清醒、坚定、实干、聚力，稳中求进优发展，统筹兼顾促协调，做强实体拓市场，守牢底线保平安，努力向全县人民交出一份满意的答卷。综合各方面因素，建议今年全县经济社会发展的主要预期目标是：地区生产总值增长8%左右，一般公共预算收入增长7%，限额以上固定资产投资增长12%以上，城镇和农村居民人均可支配收入分别增长8%和9%，完成省市下达的节能减排任务。

今年，重点是做好以下九方面工作：

（一）大力发展先进制造业。深化工业强县、强镇、强企创建，力争实现工业总产值590亿元。着力拓展工业发展空间，扎实推进乌牛岭下新区开发，鼓励实施“零土地”技改，加快启动瓯北“退二优二”试点，建成科福龙、鲍斯高等一批“空间换地”项目，确保完成工业性投资64亿元，技改投资占工业性投资比重达到70%以上。完善小微企业创业园招商标准和入园评估办法，开工建设桥头服装辅料、瓯北塘头铸造小微园，加快打造桥下“玩具智造”特色小镇。大力推进自主创新，推广应用创新券，力争开工科技企业孵化器二期，新增高新技术企业5家、省级企业研究院1家。联动实施企业上市和区域资本市场建设、领军工业企业培育、高成长型工业企业培育及小微企业成长三年行动计划，全年实现“个转企”100户、“小升规”25家、企业股改10家，新增企业报会上市1家，推动11家企业在新三板、区域性股权交易平台挂牌。开展降低实体企业成本专项行动，分类处置化解企业“两链”风险，全面落实税费减免政策，合力营造企业发展良好环境。

（二）大力发展现代服务业。全力争取首批省级服务业强县培育试点，力争全年服务业增加值占GDP比重提高1个百分点以上。以三江现代服务业核心区建设为重点，启动实施楠溪新区建设三年行动计划，开工建设永嘉世贸中心一期、三江立体城二期、三江商务区基础设施配套一期、三江立体城周边“三路一带”EPC项目和三江13#、14#地块安置房，完成三江立体城三期项目地块出让，扎实做好三江商务中心、总部经济园、北岙航空城等项目前期工作。启动实施商贸业发展三年行动计划，加快推进永嘉国际大酒店、上塘商业步行街、科信大厦、金三角大酒店等项目建设，开工建设温州国际商贸中心、巴菲特金融大厦、桥头商贸城改造、黄屿建材家居市场等项目，启动一批传统商业街区改造，促进商贸业转型升级。科学制定做地、收储和出让计划，有序有效发展房地产市场。大力发展网络经济，深入实施电子商务进万村工程，继续培育一批淘宝镇、淘宝村，加快推进阿里巴巴·永嘉产业带、奥康物流中心、桥下小微电商园和“电商街”建设，建成淘宝网“特色中国永嘉馆”、红蜻蜓研发配送中心项目一期工程，积极鼓励优质企业入驻电商平台。

（三）大力发展楠溪江生态休闲业。启动实施旅游业发展三年行动计划，狠抓国家AAAAA级旅游景区创建，建成芙蓉山庄、楠溪山居酒店、市消防培训中心等项目，开工建设楠木博物馆，全年接待游客数达到750万人次，旅游总收入超过60亿元。坚持内涵拓展和品质提升两手抓，抓好重点景区周边环境整治，全力办好第三届楠溪江国际户外嘉年华活动，加快推进岩头芙蓉、岩坦茶园坑、张溪林坑等古村落的保护开发和利用，切实做好楠溪夜游特色文章，力争创成全省首批美丽乡村示范县。启动实施养老服务业培育、森林休闲养生试点县建设三年行动计划，编制生命健康产业发展规划，开工建设珍溪生态养生农业产业园和柚木馆休闲养生项目，提升森林休闲养生区5处，修复森林古道2条，建成森林人家2个。认真落实粮食安全责任制，启动实施现代生态循环农业三年行动计划，建成示范区1个、示范镇2个、示范主体3个，现代农业综合园区5个，力争每个镇街都打造1～2个特色成品。

（四）着力抓好有效投资增长。启动实施重大项目建设三年行动计划，突出抓好南岸水库、楠溪江河口大闸、49省道改建、上塘综合客运站等一批项目前期工作，加快推进三江标准堤、41省道福佑至沙头段改建、110千伏中塘变等23个续建重点项目，开工建设清水埠城中村改造一期、县职工活动中心、县图书馆-档案馆、垃圾焚烧发电厂二期扩建、乌牛溪治理工程、乌牛电力路西段等项目，建成县人民医院急诊综合楼、县中医院综合医疗大楼、县城体育两馆、县公共文化活动中心、瓯江治理、菇溪河道综合治理、西溪主河道三期防洪等项目，完成新一轮城镇和农村电网改造升级，确保全年实现限额以上固定资产投资310亿元，民间投资比重保持在72%以上。建立健全精准招商工作机制，完善前期项目库，突出抓好在外永商投资、公益、贸易、文化四大回归，确保完成浙商回归到位资金50亿元。统筹做好地下空间、低丘缓坡开发利用，启动实施耕地垦造工作三年行动计划，积极争取“坡地村镇”试点，完成“旱改水”53.33公顷，低效利用建设用地再开发40公顷，转而未供土地供地率达到100%，供而未用土地开工处置率达到90%以上。

（五）着力抓好城市有机更新。启动实施城中村改造三年行动计划，抢抓国家棚户区改造政策机遇，坚持突出重点、集中发力、连片改造、快出形象，全力推进清水埠、中后村等22个旧城旧村改造，确保全年完成改造2801户，面积49万平方米。以交通治堵为突破口，启动实施城市道路整治建设三年行动计划，持续“打卡口、接断路、建环线”，全年打通瓶颈路、断头路3条，完成交通堵点整治3个，尽快形成上塘“七纵四横一环”、瓯北“五横十二纵”城区道路网格局。启动实施停车场建设三年行动计划，充分利用旧城改造、城区闲置地，因地制宜建设停车库和立体停车场，系统规划道路停车位划设，着力缓解行车难、停车难问题。启动实施市政架空线路“上改下”三年行动计划，加快推动一批城市主干道和“背街小巷”改造。进一步提升城市能级，完善环卫、燃气、饮水、电网等城市公共服务设施，加强“脏乱差”现象整治，建成投用上塘综合农贸市场，确保创成国家卫生县城、省级园林城市。

（六）着力抓好环境综合整治。深化“五水共治”“水岸同治”，启动实施水污染治理三年行动计划，严格实行河道“三长”常态化管理，完成瓯北18条河道生态清淤，全面推开“清淤固化一体化”技术，治理生态河道6.1公里，投运9个中心镇污水处理厂（站），建成临时污水处理终端8个、农村生活污水治理村141个，新建改建污水管网55公里，创成“清三河”达标县。联动推进“三改一拆”“四边三化”和“两路两侧”专项整治，完成“三改”128万平方米、违建处置160万平方米，创成无违建镇街3个。严格落实“环保一票否决”，深入实施大气污染防治三年行动计划，建立环境监测和气象信息联合发布机制，严禁农作物秸秆焚烧，淘汰改造高污染燃料锅炉123台，确保空气优良率达到90%以上，创成国家生态县。深化殡葬改革和丧葬陋习整治，建成生态公墓18个。深入开展非法采砂、开矿、筑坝、捕捞、排污专项整治，坚决关闭禁养区内畜禽养殖场，确保生态资源永续利用。

（七）着力抓好重点领域改革。巩固民办社会事业改革成效，加快推进东方医院、同安医院项目前期工作，力争引进2所高端优质民办学校，开工建设崇德实验学校项目。深化民政综合改革，加快推进公建民营养老服务改革试点，力争引进社会资本建设1～2家区域性高端养老服务机构。深化投融资体制改革，支持国有资本、民营资本及其他资本设立产业基金，出台风险企业资产收购盘活细则，撬动更多社会资本支持实体经济发展。推进国资管理体制和国企负责人薪酬制度改革，完善分类考核评价体系。加大农村资产确权赋权活权改革力度，确保农村承包土地“确权登记、入册上图”完成率达60%以上。推进旅游体制机制改革，探索建立景区综合执法体制，完成旅村融合发展新模式试点。

（八）着力抓好民生福祉改善。加快推进教育现代化县创建，启动实施教育发展三年行动计划，全力推进名校长队伍建设，开工建设罗东职教中心和岩头镇中、大若岩镇中、瓯北三小、中塘小学迁扩建工程，建成桥头三小，申报创建标准化学校7所，改造农村薄弱学校20所，新建公办幼儿园3所，确保完成基础教育重点县两年提升计划任务。深入开展省级分级诊疗试点，加快推进县人民医院迁建前期工作。稳妥有序实施“全面两孩”政策，引导群众按政策、有计划生育。开展农村文化体育建设深化年活动，扩面提质做好学校体育设施向社会开放工作。大力推进县级大学生创业创新等平台建设，全年新增就业8000人，确保城镇失业率控制在4%以内。加强低收入群体增收帮扶，全面落实被征地农民社会保障转职工养老保险政策，实现大病保险全覆盖，城乡居保和城乡医保稳定在95%以上，新增公租房24套。加快发展慈善、残疾人事业，切实保障妇女、儿童合法权益，努力创成省级红十字工作示范县。

同时，全力办好十大民生实事：1.实施“电子商务进万村工程”，新建农村电商服务点80个。2.新建停车场5个，增加停车位3000个，其中公共停车位300个。3.开设“四点半”学校20所，解决2万个家庭孩子放学后“接管难”

问题。4.新建、改建民安视频监控601个。5.解决和改善2万农村人口饮水安全问题。6.实施农村公路改造提升工程，完成农村公路提升建设30公里。7.实施学校食品安全智慧监管工程，将30家以上学校食堂和食品店纳入智慧监管。8.加快推进“放心肉”工程，改造提升千石肉联厂，新建牛羊屠宰厂1个，实现定点屠宰率96%以上。9.建设农村文化礼堂20个，创建文化样板村20个。10.新建居家养老服务照料中心50个，新增社会养老福利床位500张。

（九）着力抓好社会治理创新。加强立体式治安防控体系建设，创新社会治安物联网管控模式，依法惩治违法犯罪活动。启动实施餐桌安全治理三年行动计划，持续推进安全生产十大重点领域专项整治，深入开展以出租房、合用场所为重点的消防安全整治，确保不发生重特大公共安全事故。强化大调解体系建设，抓好信访积案化解和非访问题整治，坚决杜绝重大舆情事件、群体性事件发生。改善新居民服务与管理，完善人才积分制为主体的居住证制度。加强居民村民自治机制建设，平稳推进村级组织换届工作，建立居委会、村委会和社区依法协助行政事项清单机制。进一步加强应急管理、防汛防台抗旱、气象灾害预警防御、森林消防和动植物防疫工作。加强国防动员和后备力量建设，深化国防教育，推进军民融合深度发展。认真做好双拥优抚、外事侨务、对台事务、民族宗教、人民防空、统计、档案、气象、老龄、关心下一代等各项工作。支持工会、共青团、妇联等群团组织开展工作。

四、建设人民满意政府

针对新阶段、新形势、新任务、新要求，着力推动政府治理体系和治理能力现代化，努力建设为人民服务、受人民监督、让人民满意的“善为善治”政府。

（一）弘扬法治，作依法行政的表率。坚持法定职责必须为、法无授权不可为，自觉接受人大监督、民主监督、司法监督、社会监督和舆论监督，高质量办理建议提案，加快推进政府机构、职能、权限、程序、责任法定化，健全依法决策程序，推行综合执法机制，加大纠错追责力度，全面落实好行政首长出庭应诉机制和败诉问责机制，确保依法行政贯穿于政府工作全过程。

（二）崇尚实干，作高效务实的表率。坚持以政府执行力建设为核心，自觉践行“三严三实”要求，健全完善任务分解、过程管理、倒查问责一体化的网格化责任体系和考绩督办体系，全面运行“互联网+”电子政务督办系统，强化重大决策、重要工作、重点项目和“三会一批”督办落实，坚决杜绝议而不决、决而不行、行而不果，加快推进政府治理从粗放式向精细化转变。

（三）追求卓越，作改革创新的表率。坚持以改革创新破除惯性思维，扫清发展障碍，进一步理顺行政管理体制，健全跨区域跨部门沟通协调机制，加快权力清单向乡镇延伸，优化政府购买社会服务模式和公共品供给质量，实现从重点突破向系统创新跃升。建立健全容错免责机制，承认和鼓励一切有利于改革发展的探索和创新，努力形成追求卓越、锐意进取的干事创业氛围。

（四）心系民生，作为民服务的表率。坚持从群众利益出发谋划推动工作，以增进民生福祉为使命，以回应民生关切为重点，实现精细管理、精准管理和便捷服务、优质服务。深入基层问政、问需、问计，进一步畅通县长热线、“永嘉聚焦”、“全媒体问政”等群众诉求反映渠道，健全三级便民服务联动机制，着力保障群众合法权益，切实解决好群众关注的重点难点热点问题。

（五）恪守勤廉，作从严治政的表率。坚持依法用权，严管队伍，强化纪律和规矩的刚性约束，全面加强工程建设招投标、国有土地出让、国有产权转让、政府采购等重点领域的行政监察和审计监督，完善机关事务服务管理工作机制，严格控制行政经费和一般性开支，始终保持惩治腐败的高压态势，严肃查处违法违纪案件，着力营造干部清正、政府清廉、政治清明的良好风尚。

各位代表，时代赋予我们重任，人民寄予我们厚望。让我们在中共永嘉县委的坚强领导下，主动肩负历史使命，振奋精神、求真务实、开拓进取，凝心聚力谋发展、励精图治谱新篇，为建设“三区两美”新永嘉、实现转型赶超新跨越而努力奋斗！

中国人民政治协商会议
第九届永嘉县委员会常务委员会工作报告
——永嘉县政协主席在政协第九届永嘉县委员会第五次会议上

永嘉县政协主席 陈建良

2015年工作回顾

2015年是全面完成“十二五”规划的收官之年，是我县全面推进“三区两美”建设并取得丰硕成果的一年。一年来，政协常委会深入学习贯彻中共十八大、十八届三中、四中、五中全会和习近平总书记系列重要讲话精神，坚决拥护并认真贯彻落实中共永嘉县委各项决策部署，主动服务改革发展大局，着力促进社会和谐稳定，积极探索协商民主实践，不断提高履职能力水平，为永嘉的全面小康建设做出了积极贡献。

一、拓展协商领域发展政治文明

我们把发展协商民主作为履职重点和主要抓手，着力拓展协商领域，丰富协商内容，创新协商载体，增加协商密度，提高协商实效。形成以全体会议为龙头，以常委会议和专题协商会议为重点，以对口协商、界别协商、提案办理协商为常态的协商议政格局。认真制定并实施年度协商计划，按照县委总体工作部署做好政协协商工作。全年就“三区两美”战略布局、政府工作报告、年度发展计划、财政预算、基层政权建设、行政区划调整、固定资产投资与重点工程建设、电大改制、县城治堵、安全生产等10多项议题开展专题协商。各专委会切实加强工作主动性，与党政相关部门保持经常性沟通联系，发现倾向性苗头性问题主动协商建言。各界别增加了活动密度，不定期就界别共同事务和行业发展问题开展协商。加强了提案办理协商和督办力度，突出重点提案，兼顾一般提案，分部门分领域召开系列提案办理协商会议，与相关部门开诚布公商讨办理问题。全年召开各类协商会议94次，其中专题协商13次，对口协商10次，界别协商36次，提案办理协商35次。

高度重视协商质量和成果转化。协商之前深入调研，做到情况明、建言准。协商会议之后，及时形成协商意见，报送相关领导和部门，或转化为提案、社情民意信息加以反映，全年多数协商意见得到党政机关采纳，使有关决策方案更加完善。譬如加快推进新型城镇化建设、完善旧城旧村改造若干政策、加强县城治堵工作、推动桥下和桥头融合发展等一批建言成果都得到较好的落实。

二、聚焦改革发展广泛参政监督

面对经济发展新常态，我们围绕稳增长、调结构、防风险建言献策。召开宏观经济分析座谈会，加强动态研究。就应对经济下行压力，加强创新驱动、赶超发展提出建议。组织部分企业家委员赴中国石化工业协会、北京石油机械厂等单位考察，研讨泵阀及系统流程装备产业的发展方向，寻找相互合作的结合点与切入点。全年安排11个课题深入调研，提交或发表调研报告和理论文章11篇。针对“十三五”规划的编制，提出了注重底线思维、注重关键内容、注重多规合一，增强程序刚性、时间刚性、执行刚性的建议；针对县城停车难问题，提出了建设屿山地下工程的建议；针对危化品和古村落安全隐患，提出了应对的政策与操作路径；针对产业发展，提出了加快泵阀产业向系统流程装备产业转型、加强人才队伍建设驱动经济赶超发展、推动融合发展打造特色小镇等多篇建议；针对镇街行政区划调整，提出了积极稳妥、切合实际的建议；针对社会建设，提出了更好发挥行业协会在产业链整合中作用的具体建议。

围绕县委、县政府重大决策的落实，我们切实加强民主监督工作。组织200名政协委员编组分片，由主席会议成员牵头对“五水共治”开展经常性的明察暗访，发现违法排污、违法建筑、违法采砂、违法养殖之类的问题，通过电话、信息、提案、座谈会等形式举报和督办，促进整改落实。全年累计有45批次的委员对治水工作进行视察，发现问题43个，提出整改建议50条，多数得到有关部门和镇街的落实。对于“四张清单一张网”的建设，我们召开动员会议，组织5个调研视察组，深入相关领域调研视察，发现一些问题和不足，对照相关法律和政策提出了6个方面的建议和措施。譬如针对房产评估市场竞争机制不全，导致评估收费过高的问题，我们通过提案、社情民意信息和专题座谈会提出具体建议，引起县委、县政府高度重视，县委主要领导明确批示，县政府专题研究，有关部门联合发文采取了具体的解决办法。面对招商引资和永商回归工作存在的困难和问题，我们组织全方位视察，分析情况，提出对策，向县委、县政府报送视察报告。一年来，我们还视察了50多个重点工程、小微创业园、养老服务机构和其他重点工作。对机关行政审批服务、税务、消防、电力工作开展民主评议，参与机关重点科室干部督考和政风行风评议。在民主监督工作中，我们坚持点面结合、明察暗访结合、鼓励鞭策结合，注重与纪检监察机关、新闻媒体的联合联动，提高监督实效。

在参政建言和民主监督的同时，我们坚持以“一线”的干劲和“一线”的作风投入全县中心工作。以“九联系”为载体，帮助挂钩联系的功能区、镇街、企业、商会、后进村党支部排忧解难，精心参与7个重点工程、7个招商项目、12家企业的基建与技改、3个旧城旧村改造项目和一批“三改一拆”“四边三化”“五水共治”项目的建设和治理工作。主席会议成员担任6条黑臭河、垃圾河治理的“河长”，切实履行掌握情况、出谋划策、协调关系、督促落实的职责。

三、坚持履职为民增进民生福祉

我们坚持履职为民理念，把维护和实现人民群众的根本利益作为一切工作的出发点和落脚点。着眼教育优先发展战略和扩大就业发展战略，开展系列调研视察活动。针对医疗、社会保障等重大民生问题，围绕完善医疗机构补偿机制、构建医养结合型养老护理模式、健全残疾人权益保障制度、支持社会组织健康发展等出谋划策。充分发挥提案和反映社情民意信息在解决民生问题中的重要作用。以提高提案质量和办理实效为中心，加强和改进提案的征集引导、审查立案、办理协商、领办督办工作。全年经立案的提案214件，全部按时协商办复。其中涉及民生的149件，占全部提案的69.6%，特别是县领导领办督办的28件重点民生提案，内容涵盖环境保护、食品安全、医疗卫生、文化教育和交通保畅等各个方面，办理成效突出。全年编报社情民意信息91期，向上级政协报送68篇，其中被全国政协采用3篇，被省政协采用8篇，被市政协采用47篇，多数信息获省、市、县主要领导批示，多数意见被采纳并得到落实，信息工作考核连续四年获全市一等奖。

组织委员赴桥头、鹤盛、岩坦、碧莲等地开展义诊送药、送体育器材、送优质课程的“三下乡”活动6次，面对面服务群众。深入山区进村入户，广泛而细致地检查消贫情况。开展扶贫济困和“联村、包村、蹲村、强村”工作。鼓励委员开展公益捐资和各种帮扶活动，资助“五水共治”、美丽乡村建设和各类公益事业，走访慰问老红军、老党员、抗日老兵、孤寡老人和留守儿童，为困难群众送温暖。全年政协委员公益捐资总额2130多万元。

四、加强联谊联合广泛凝聚力量

我们坚持把团结和民主贯穿于政协工作的始终，充分发挥大团结大联合的组织优势，为推动我县改革发展稳定凝聚正能量。

加强界别联合。坚持和完善常委联系委员、委员联系群众制度，建立定期走访制度，加强沟通联系，凝聚各界共识，扩大合作基础。鼓励和保障民主党派、工商联、人民团体和无党派人士在政协发挥重要作用，安排他们在政协各种会议上充分发表意见，邀请他们参加调研、视察、专项民主监督等集体活动，支持他们踊跃表达诉求和主张。加强与民族宗教界人士和爱国华侨的沟通协作，组织委员专题调研民族宗教和侨界工作，赴天台、新昌、舟山等地视察宗教文化发展。分组分片参与宗教场所教育引导和管理工作，主动参与涉宗违法建筑的处置，发挥宗教积极作用，抑制消极影响，促进民族团结与宗教和睦。

扩大交流联谊。发挥人民政协对外交流点多面宽、亦官亦民的优势，务实开展联谊交流。主动加强与上级政协、兄弟县（市、区）政协的联系，协助省、市政协来永就产业转型、金融风险化解、“五水共治”“四单一网”、城乡养老服务体系建设、民宿发展等内容开展调研视察；经常性走访党外知名人士，鼓励他们创新创业；接待外地考察团组70多批次。在交流合作中积极宣传永嘉，提高永嘉的知名度和美誉度。

致力文化传承。发挥文史资料“存史资政、鉴往知来、团结育人”的作用，征编出版《永嘉文史资料》第28辑，与温州大学专家合作编撰出版《徐定超集》，配合市政协做好史料永嘉部分的征集。注重传统文化的弘扬，组织开展浙江省“兰亭奖”中小学生书法大赛永嘉赛区工作，选拔17名选手到温州参赛并取得优异成绩，2人获得一等奖。重视政协工作宣传，通过政协网站、新闻媒体，广泛宣传政协工作和政协委员的风采。

五、顺应时代要求夯实履职基础

我们坚持把“一线”意识和作风教育作为推动政协工作的动力，不断加强自身建设，为政协履职提供有力保障。

加强理论学习研究。坚持理论联系实际，利用理论学习中心组、机关读书会、委员学习会等载体和形式，深入学习中共十八大、十八届三中、四中、五中全会精神和习近平总书记系列重要讲话。围绕中央“十三五”规划建议、乡村归属感、人口形势与计划生育、“电商换市”、“互联网+”、留守儿童问题、农村指导员工作等主题举办政协讲坛11次。通过学习研讨，提高理论素质，坚定理想信念，增强政治鉴别力。鼓励政协委员和机关干部，围绕政协理论前沿与热点问题开展专题研究。获市政协理论研究论文优秀奖1篇，在《联谊报》等省级以上报刊发表理论文章5篇。

强化委员主体作用。坚持把发挥委员主体作用作为自身建设的重点，不断激发委员履职积极性、主动性和创造性。在全会期间，增加大会发言人数、设立即席发言环节，鼓励委员踊跃发言。召开常委会议表彰优秀委员，规范完善委员履职统计和自评制度，激发委员履职热情。健全委员活动制度，提高委员参与调研视察和各类会议的频率，为委员知情明政、履职尽责创造条件。广大政协委员在认真履行政协职责的同时，在各自岗位充分体现精英和骨干作用。一年来，机关事业单位委员获得县级及以上各种奖励237项，其中国家和省级奖励55项；企业界委员创办的企业二、三产业总产出96.4亿元，缴纳税收5.43亿元，增幅均高于全县平均值。

提升机关服务能力。深化党的群众路线和“三严三实”教育实践活动，严格执行中央八项规定和县委有关加强作风建设具体办法，全面落实整改措施。改进调查研究，规范会议活动，精简文件简报，严控“三公”经费，推进作风建设常态化、长效化。加强机关队伍建设，着力提高机关干部的全局观念、敬业意识、服务协调能力，切实把政协机关建成“委员之家”。

各位委员，同志们！过去一年我们取得的成绩，是中共永嘉县委正确领导、高度重视的结果，是县政府大力支持、社会各界热情帮助的结果，是政协各参加单位和全体政协委员团结协作、共同奋斗的结果。在这里，我代表县政协常委会，向所有关心、支持政协工作，为政协事业发展做出贡献的同志们、朋友们，表示崇高的敬意和衷心的感谢！

在肯定成绩的同时，我们也清醒地看到政协工作还存在一些差距和不足。履职能力建设与形势任务要求还不完全适应，协商议政活动效能有待提高，民主监督需要切实加强，界别的优势和作用尚未得到充分发挥，服务联系委员工作有待改善，这些都需要我们在今后的工作中努力改进，真诚希望各位委员和同志们热情帮助。

2016年工作任务

2016年是“十三五”规划的开局之年，是协调推进“四个全面”战略布局，加快建设“三区两美”新永嘉的关键一年。县政协工作的总体要求是：高举中国特色社会主义伟大旗帜，深入贯彻中共十八大、十八届三中、四中、五中全会和习近平总书记系列重要讲话精神，牢牢把握团结和民主两大主题，根据县委战略部署，围绕高水平全面小康总目标，聚焦深化改革与依法治县，全面履行政治协商、民主监督、参政议政职能，发出政协好声音，凝聚社会正能量，为推进我县“三区两美”建设贡献智慧和力量！

一、牢牢把握政协事业前进方向

把中国特色社会主义和爱国主义作为巩固共同思想政治基础的主轴，组织和推动广大政协委员深入学习中共十八大和十八届三中、四中、五中全会精神，学习习近平总书记系列重要讲话，学习统一战线和政协知识，掌握县委十二届十次全会战略部署。坚持每年举办全体委员学习会，每半年分界别举办学习会，每季度召开常委学习会，每月举办政协讲坛等多种形式开展丰富多彩的学习研讨活动，打造学习型政协。提高理论素质，把握正确方向，在工作中切实做到“五个坚持五个避免”：坚持党的领导、增强政治定力，避免方向迷失，力量涣散；坚持围绕中心、服务大局，避免偏离主线，干扰大局；坚持尽责履职、善于担当，避免消极懈怠、无所作为；坚持求真务实、讲实情建真言，避免虚假迎合、敷衍应付；坚持团结民主、理性宽容，避免固执偏见、刻薄极端。运用正确的方式方法，切实把各参加单位、广大委员和各界人士的思想行动统一到中央和县委的决策部署上来，把智慧和力量凝聚到实现“三区两美”各项目标任务上来，在全社会汇聚克难攻坚、团结奋进、共创伟业的强大力量。

二、紧紧围绕发展大局议政建言

充分发挥人民政协人才荟萃、智力密集、位置超脱的独特优势，进一步强化大局意识、责任意识。紧扣县委、县政府中心工作，凝聚各方力量，分工协作，就永嘉产业转型升级和防范金融风险、加快推进城乡一体化、新常态下资源要素的保障、生态保护与旅游业发展、深化教育改革提高教育质量、应对老龄化加快养老服务业发展等课题深入开展调查研究，广泛听取意见，吸纳各方智慧，通过调查报告、提案、建议案和会议发言等形式，务求提出若干切实管用、有针对性的意见建议，当好县委、县政府参谋，助推永嘉经济转型发展和社会文明进步。

三、不断推进协商民主有序发展

人民政协作为专门协商机构，发挥着协商民主重要渠道作用，这是职责，也是义务。我们要深入学习习近平总书记关于协商民主重要论述，全面贯彻落实中共中央《关于加强人民政协协商民主建设的实施意见》，进一步提高协商民主制度化、规范化、程序化水平。协助县委、县政府制定实施年度协商计划。精心谋划，重点就县委全会重大决策、“十三五”规划纲要及重点专项规划、政府工作报告、国民经济和社会发展年度计划、财政预算、重点建设与政府投资项目、全面消除贫困、若干重点调研成果转化等议题开展专题协商。同时，增加对口协商、界别协商、提案办理协商密度。全年协商活动不少于70次。要把政治协商过程有效转化为集中各方智慧、统一民众思想与行动的过程，做到开门议政。建立健全协商议题提出、协商组织、成果采纳落实和反馈机制。邀请社会各界人士参与协商、助力协商，探索透明、高效的协商民主模式，引导人民群众通过政协协商平台实现有序政治参与。

四、强化民主监督助推决策落实

不断完善民主监督的组织领导、权益保障、知情反馈、沟通协调机制。把推动工作落实作为民主监督的出发点和落脚点，抓住影响赶超发展的突出问题，特别是“五单一网”“五水共治”“三改一拆”“四边三化”“四换三名”“三转一市”等重点工作，经常性开展明察暗访。科学运用会议协商监督、专项集体监督、委员视察监督、民主评议监督、提案监督、反映社情民意监督等方式，扩大监督影响力。注重民主监督与党内监督、权力监督、行政监督、舆论监督、社会监督的联动联合，取长补短，增强效力。对党委政府正确决策有令不行、有禁不止、推诿扯皮、敷衍塞责现象要重点聚焦，组织委员问事、问效、问责，提出建设性批评意见。对部门不作为、乱作为问题进行专项评议，促进机关勤政廉政，形成敢于担当、善于担当的氛围。努力使民主监督成为推动党政决策落实、提高工作效率、改进工作作风、增进民生福祉的重要手段。

五、弘扬团结民主促进社会和谐

充分发挥政协组织优势，善做协调关系、化解矛盾、解疑释惑、促进和谐的工作，广泛凝心聚力，增进最大共识，为促进社会稳定贡献力量。持续关注民生改善，把解决民生领域的问题作为履职的重点，围绕群众最关心的环境保护、交通治堵、食品安全、医疗服务、教育改革、社会公平等问题，综合运用视察、提案、专项民主监督、反映社情民意信息等形式建言献策，为增进人民福祉、促进公平正义发挥应有作用。改进联系群众方式方法，鼓励委员开展“六下乡”和社会公益活动。发挥政协“连心桥”“预警器”“减压阀”“润滑剂”的作用。加强与民主党派、工商联和无党派人士的沟通联系，建立健全联动调研、联合监督、联络联谊等工作机制，支持他们通过政协平台发表意见、表达诉求、发挥作用，发挥社会各界政治热情，最大限度为改革发展增添助力，增强合力。

六、着眼创新加强履职能力建设

我们要以改革思维、创新理念和务实举措，切实加强履职能力建设。不断提高政治把握能力、调查研究能力、联系群众能力、合作共事能力。打造开放透明、务实高效的政协组织。彰显委员主体作用，不断拓展知情明政、议政建言平台，促进委员提高素质、尽责履职；加强学习培训，尊重和保障委员民主权利，鼓励委员讲真话、建诤言；提高委员联络服务水平，创新委员活动方式，加强委员履职考评与管理，引导委员珍惜荣誉。发挥界别优势，拓展界别功能，认真组织开展具有界别特点的专题协商、提案督办、调研视察等活动，推动界别履职常态化、多样化、组织化。加强专委会建设，突出专业优势，提高议政水平，密切专委会与有关部门的工作交流，确保专委会工作与全县重点工作同步对接。强化机关队伍建设，更加严格地执行中央八项规定和县委相关要求，不断改进作风，提高服务能力，努力营造敢于担当、崇尚实干、注重落实的良好风尚，切实发挥政协机关在政协工作中的参谋助手、综合协调和服务保障作用。

各位委员、同志们！我们的事业宏伟壮丽，我们的使命艰巨光荣。让我们紧密团结在以习近平同志为总书记的中共中央周围，高举中国特色社会主义伟大旗帜，在中共永嘉县委的坚强领导下，同心同德、奋发有为、敢于担当、开拓进取，更加自觉地把政协工作融入全县工作大局，为建设“三区两美”，推进永嘉赶超发展做出新的贡献！

2016年永嘉县国民经济和社会发展统计公报

2016年，全县上下认真贯彻省、市决策部署，坚持稳中求进工作总基调，坚持新发展理念，积极推进供给侧结构性改革，坚定不移打好转型升级组合拳，全面推进“三区两美”建设，经济运行稳走向好，社会发展和谐稳定，实现了“十三五”良好开局。

一、综合

初步核算，2016年全县生产总值（GDP）359.27亿元，比上年增长8.6%。其中，第一产业增加值13.31亿元，增长4.3%；第二产业增加值176.98亿元，增长7.0%；第三产业增加值168.97亿元，增长10.6%。按户籍人口计算，人均地区生产总值37104元，增长8.9%。国民经济三次产业结构由上年的3.2∶51.7∶45.1调整为3.7∶49.3∶47.0，第三产业比重比上年提升1.9个百分点。

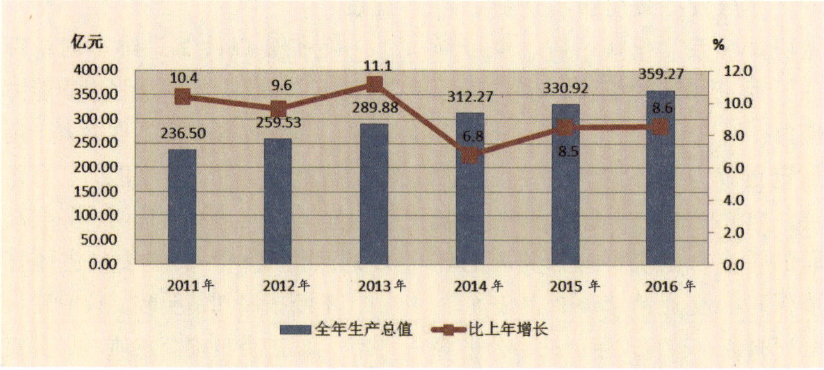

图1　2011—2016年地区生产总值及其增长速度图

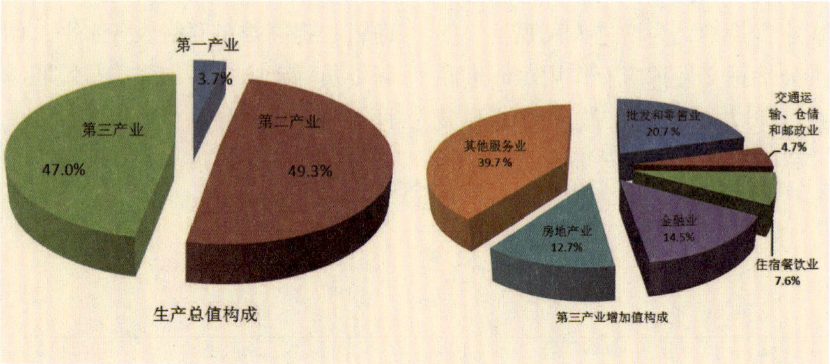

图2　2016年地区生产总值及第三产业增加值构成图

全年居民消费价格比上年上涨1.4%。八大类商品和服务价格呈现“五涨三跌”态势。其中教育文化和娱乐、食品烟酒、其他用品和服务、衣着、医疗保健类同比分别上涨4.8%、3.8%、2.7%、2.0%和0.6%；交通和通信、生活用品及服务、居住类分别下降1.8%、0.9%和0.7%。全年工业生产者出厂价格比上年下降2.0%，工业生产者购进价格下降1.4%。

二、农业和新农村建设

全县粮食播种面积为25.2万亩，比上年增长4.2%；粮食总产量10.3万吨，比上年增长9.4%；粮食亩产408公斤，比上年增长5.0%。在经济作物中，蔬菜播种面积8.7万亩，增长3.9%；油菜籽3.3万亩，增长13.8%；中草药材1.5万亩，增长20.6%；花卉苗木0.3万亩，增长15.6%。

全年肉类总产量1.49万吨，比上年下降22.4%。其中，猪肉产量1.0万吨，下降33.2%；牛肉产量0.1万吨，下降11.9%；禽肉产量0.4万吨，增长18.1%。全年水产品总产

表1

2016年永嘉县主要国民经济指标一览表

指　标	单 位	2016年	2015年	比上年增长%
生产总值	亿元	359.27	330.92	8.6
其中：第一产业	亿元	13.31	10.67	4.3
第二产业	亿元	176.98	171.15	7.0
第三产业	亿元	168.97	149.10	10.6
人均生产总值	元	37104	34087	8.9
财政总收入	亿元	49.09	45.88	6.6
其中：一般预算收入	亿元	29.59	26.36	11.5
出口总额	亿元	41.25	38.82	6.3
社会消费品零售总额	亿元	157.83	134.99	14.4
固定资产投资总额	亿元	311.45	273.88	13.7
金融机构人民币存款余额	亿元	542.13	469.33	15.5
金融机构人民币贷款余额	亿元	487.65	467.35	4.3
城镇常住居民人均可支配收入	元	38446	35161	8.8
农村常住居民人均可支配收入	元	18391	16938	8.6

表2

2016年永嘉县主要农产品产量一览表

指标	产量（万吨）	比上年增长（%）
粮食	10.3	9.4
水果	9.0	6.3
蔬菜	11.9	3.4
油菜籽	0.4	4.1
茶叶	0.06	-10.1

量0.4万吨，比上年增长10.5%。

2016全年全县累计建成粮食生产功能区8.6万亩；累计建成现代农业园区53个，总面积5.5万亩；拥有市级以上示范家庭农场3家、示范农民合作社19家、农业龙头企业115家；实现土地流转率61.9%，累计流转面积17.4万亩；投入美丽乡村建设资金10.00亿元，新增农村生活污水治理村534个；开展农村垃圾减量化资源化处理试点村286个。全县在建省历史文化村落保护利用重点村3个、保护利用一般村6个，农家乐特色村8个、示范点（各类农庄、山庄、渔庄）29个，创建美丽乡村标杆乡镇1个、特色精品村46个。全年异地生态搬迁 4632人，“千万农民素质提升工程”培训总人数为1380人。

三、工业和建筑业

全年全县实现工业总产值为556.93亿元，比上年增长8.9%。实现规模以上工业总产值398.42亿元，增长10.3%，其中轻、重工业总产值分别为207.52和190.91亿元，分别增长10.8%和9.7%。规模以上工业销售产值383.05亿元，增长10.4%，其中出口交货值39.02亿元，同比下降2.2%。新产品产值128.27亿元，增长10.8%；新产品产值率为32.2%，比上年下降0.2个百分点。鞋业、服装、泵阀、纽扣拉链、教玩具五大产业产值307.39亿元，增长9.7%，占全部规上工业增加值比重77.2%。全年工业产值超亿元企业达95家，比上年净增加7家。

实现工业增加值143.12亿元，比上年增长7.6%。规模以上工业企业362家，实现规模以上工业增加值92.22亿元，同比增长8.1%。规模以上工业中，高新技术产业增加值37.67亿元，增长9.8%，占规模以上工业的比重为40.8%；装备制造业增加值35.35亿元，增长9.4%，占规模以上工业的比重为38.2%；战略性新兴产业增加值1.28亿元，增长9.5%，占规模以上工业的比重为1.4%。

全年规模以上工业企业实现利润28.77亿元，比上年增长14.9%。其中，国有企业0.84亿元，增长255.2%；股份制企业9.20亿元，增长14.2%；外商及港澳台投资企业29.7亿元，下降11.8%；私营企业6.29亿元，增长15.3%。规上工业全员劳动生产率为13.98万元/人，按可比价计算增长9.2%。

全年实现建筑业增加值33.95亿元，比上年增长4.5%。具有总承包和专业承包资质的建筑企业46家，全年建筑业签订合同额148.26亿元，比上年增长14.68%，其中本年新签订合同额78.46亿元，增长15.86%，完成建筑业总产值89.24亿元，增长36.20%；利润总额2.94亿元，增长5.76%。

四、固定资产投资和房地产业

全年完成固定资产投资311.45亿元，比上年增长13.7%。其中国有投资110.17亿元，增长53.3%；民间投资201.08亿元，同比下降0.5%。

在固定资产投资中，第一产业投资20.92亿元，比上年下降1.4%；第二产业投资61.67亿元，增长6.2%；工业投资61.67亿元，增长6.2%，其中工业技改投资47.70亿元，增长16.0%；第三产业投资228.86亿元，增长17.6%。

在重点领域投资中，重大基

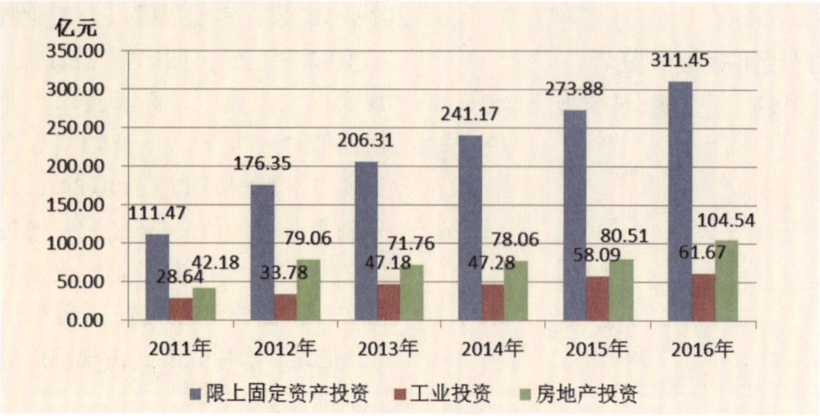

图3　2011-2016年固定资产投资图

础设施投资22.65亿元，比上年增长21.4%；重大产业项目投资53.88亿元，增长44.5%；高新技术产业投资14.73亿元，增长131.8%；生态环保投资2.55亿元，增长1351.7%。

全年房地产开发投资104.54亿元，比上年增长29.9%；房屋施工面积536.94万平方米，增长16.3%，竣工面积130.14万平方米，增长200.6%；商品房销售面积68.57万平方米，增长31.4%。

五、国内贸易和旅游

全年社会消费品零售总额157.83亿元，比上年增长14.4%。其中，城镇消费品零售额134.4亿元，增长14.4%；乡村消费品零售额23.4亿元，增长14.2%。按行业分，批发零售贸易业零售额138.0亿元，增长14.3%；住宿餐饮业零售额19.8亿元，增长14.6%。全县限上网络零售额12.6亿元，增长34.1%。

限额以上批发零售业零售额中，汽车类零售额15.5亿元，比上年增长33.1%；石油及制品类零售额1.6亿元，增长16.1%；粮油及食品类增长23.7%，日用品类增长24.5%，金银珠宝类下降37.9%，鞋服、针纺织品类增长29.4%，通信器材类下降0.2%。

全年接待海内外游客755.62万人次，实现旅游总收入81.61亿元，分别比上年增长21.1%和65.8%。其中接待国内旅游人数750.82万人次，增长21.0%，国内旅游收入81.34亿元，增长67.7%；接待入境游客4.79万人次，增长20.3%，国际旅游外汇收入1414.44万美元，增长22.0%。

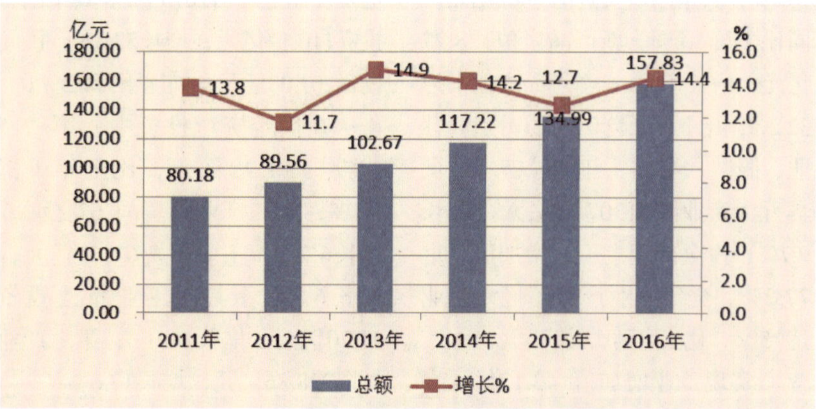

图4　2011—2016年社会消费品零售总额图

六、对外经济

全年进出口总额466328万元，比上年增长5.6%。其中进口总额53782万元，同比增长0.6%；出口总额412546万元，同比增长6.3%。从出口贸易方式看，一般贸易出口402805万元，占出口总额的97.6%，同比增长9.9%，加工贸易出口9730万元，占出口总额的2.4%，同比下降55.4%；从主要出口市场看，美国79670万元，占19.3%，同比增长17.3%；欧盟75468万元，占18.3%，同比下降8.9%；东盟46723万元，占11.3%，同比增长42.3%，俄罗斯28427万元，占6.9%，同比下降10.5%。全年新批外资项目2个，全年实际利用外资150万元，比上年下降56.8%。

七、交通、邮电和电力

年末，全县境内公路总里程为2723公里，其中高速公路110公里。机动车保有量23.45万辆，比上年末减少1.45万辆，其中载客汽车16.17万辆，载货汽车2.41万辆。私人汽车17.34万辆，增加1.78万辆。完成各种货物运输周转量77860万吨公里，其中：公路67294万吨公里；水路10566万吨公里。旅客运输周转量83919万人公里，其中：公路旅客运输周转量82675万人公里。

全县邮政业务总收入（含快递）4.03亿元，比上年增长28.3%，其中快递业务收入3.19亿元，增长59.8%。

全年电信业务总收入8.22亿元，同比下降7.6%。年末固定电话用户数12.44万户，比上年减少

1.75万户；移动电话用户数90.70万户，比上年增加1.89万户；固定互联网宽带接入用户23.97万户，比上年增加2.55万户。

八、财政、金融和保险

2016年，全县完成财政总收入49.09亿元，同比增长6.6%，一般公共预算收入29.59亿元，增长11.5%；其中：税收收入23.60亿元，增长4.5%。全县一般公共预算支出60.86亿元，增长13.3%。公共安全、教育、科技、文化体育与传媒、社保就业、医疗卫生、节能环保、城乡社区、农林水事务和住房保障等十项重点民生支出48.45亿元，增长22.5%。

年末金融机构本外币存款余额1037.53亿元，比上年末增长10.0%，其中人民币存款余额542.13亿元，增长15.5%。年末住户人民币存款余额358.82亿元，增长15.0%。年末金融机构本外币贷款余额487.84亿元，增长4.3%，其中人民币贷款余额487.75亿元，增长4.3%。

全年保险业保费收入13.91亿元，比上年增长15.7%。其中人身险保费收入8.40亿元，增长33.1%；财产险保费收入5.51亿元，同比下降3.7%。支付各类赔款及给付4.54亿元，比上年增长28.3%，其中人身险赔付1.14亿元，增长37.5%；财产险赔款3.40亿元，增长25.4%。

表3

2016年金融机构人民币存贷款情况一览表

指标	2016年年末数（亿元）	比上年末增长（%）
各项存款余额	542.13	15.5
#住户存款	358.82	15.0
非金融企业存款	96.66	14.4
各项贷款余额	487.65	4.3
#住户贷款	275.94	17.8
非金融企业及机关团体贷款	211.71	−9.1

九、教育、科学技术和人才

2016年末，全县共有幼儿园160所，在园幼儿2.89万人；小学64所，在校生6.32万人，小学学龄人口入学率达100%；普通中学46所，在校生4.45万人，其中普通初中38所，在校生3.07万人，初中学龄人口入学率100%，初中毕业生升学率97.51%，比上年提高0.01个百分点。全县幼儿园教职工3022人，其中专任教师1533人；小学专任教师3749人；普通中学专任教师3690人。

小学体育运动场面积31.16万平方米，电脑11889台，其中教学用电脑11263台，各类图书167.88万册；初中体育运动场面积30.8万平方米，电脑8726台，其中教学用电脑7965台，各类图书128.43万册；高中体育运动场13.64万平方米，电脑3136台，其中教学用电脑3085台，各类图书61.08万册。

2016年，全县公共财政预算支出中，科学技术经费支出7114万元，同比下降10.5%。全年下达科技计划项目二批共91项，安排科技经费2564万元，其中工业项目9项，安排经费144万元；农业项目32项，安排经费175万元；社会项目8项，安排经费29万元；专利技术产业化项目3项，安排经费70万；科技创新奖励项目21项，安排经费1110.5万元;创新平台建设项目16项，安排经费984万元;科技创新专项及配套项目2项，安排经费51万元。全年新增市级以上科技计划项目共62项，其中省级新产品试制计划项目41项、省级科技特派员项目15项，市级重大科技专项2项、市级科技特派员项目4项，共争取上级补助经费525万元。

2016年积极推进温州市人才"新政十条"在永嘉落地生根。机关事业单位对口精准引进硕士研究生11名，共为9家企业申报引进国外技术、管理人才共15个项目。已建博士后工作站7家，其中国家级2家、省级4家、市级1家。

十、文化、卫生和体育

2016年，文化建设迈上了新台阶，取得了新成效。成功举办了第二届农民文化节、第二届全民阅读节两大主题活动，因地制宜，注重特色，形成一批地方人文品牌活动，成功打造农民排舞展演、农民大合唱、群众歌手大赛、"舞动花季"少儿舞蹈大赛、未成年人读书节系列活动等品牌赛演活动，并通过音乐、舞蹈、戏剧、美术、摄影、书法、阅读、创意设计等各类赛事展览近百项活动。2016年共完成文艺下乡326场。观众累计人数达到17100余人；开展30场非遗曲艺下乡巡演，开展村级文化走亲51场，完成送书下乡32040册次。公共图书馆藏书476千册，比上年增加70千册。广播覆盖率为100%；电视覆盖率为99.0%。年末全县有线电视用户20.38万户，入户率为69.7%。世界、国家、省、市级非物质文化遗产分别为1项、2项、8项和76项。

年末，全县共有各类卫生机构527家，其中综合性医院5家，中医医院1家，公共卫生机构4所，卫生院37家，社区卫生服务中心6家，民营医院9家，门诊部43家，个体诊所91家，社区卫生服务站47家，村卫生室284家，医务室12家。卫生机构实有床位1716张，执业医师和执业助理医师有2032人，每万人拥有医生数为21人，注册护士1350人。

2016年，永嘉县竞技体育取得优异成绩。运动员在浙江省比赛中共获得14枚金牌、17枚银牌、11枚铜牌。在全国比赛中共获得4枚金牌、3枚银牌、4枚铜牌。亚洲级比赛获得1枚金牌。成功举办第三届楠溪江国际户外休闲嘉年华活动主题赛事“2016‘楠溪24TH’极限越野跑、2016‘益行永嘉’大型徒步活动和2016楠溪江国际桨板公开赛”等。完成国民体质测试工作1179人次，《浙江省3～69周岁公民体质评价等级标准测试》4936人次。新建了31片门球场。全县共有游泳、攀岩两个项目12家经营场所。

十一、人民生活和社会保障

2016年城镇常住居民人均可支配收入38246元，比上年增长8.8%；城镇常住居民人均消费支出25512元，同比增长5%；恩格尔系数为34.1%。城镇常住居民每百户拥有家用汽车41.6辆，家用电脑95.9台，空调169.1台，移动电话241.7部。城镇常住居民人均住房建筑面积47.28平方米。

农村常住居民人均可支配收入18391元，比上年增长8.6%；人均消费支出为13394元，同比增长7.8%；恩格尔系数为36.5%。农村常住居民每百户拥有家用汽车21辆，家用电脑33.3台，空调83台，移动电话205.8部。农村人均住房居住面积54.52平方米。

年末，城镇职工基本养老保险参保人数20.39万人，比上年减少1.48万人；城镇职工基本医疗保险参保人数11.34万人，增加0.76万人；失业保险参保人数9.12人，增加0.236万人；工伤保险人数参保23.83万人，增加0.32万人；农村社会养老保险参保人数37.37万人，减少2.19万人；城乡居民基本医疗保险参保人数79.95万人，增加0.02万人。

2016年年末，全县社会福利机构43家，床位数5132张。年末在册低保对象2.84万人，比上年增加3.7%，其中农村居民低保人数2.74万人。全年发放低保金9625.45万元，比上年增长31.1%；其中，城镇月人均低保金补助385元，增长3.5%；农村月人均低保金补助288元，增长2.1%。全年县慈善总会捐赠收入共3144.99万元，同比减少12.6%；累计专款支出3229.89万元，同比减少22.5%。新建成社区（含村级）居家养老服务照料中心160个。

十二、生态建设、环境保护和其他社会事业

2016年年末，城镇建成区面积10.84平方公里，新建城镇供水管网30.91公里，改造12.8公里。供水综合生产能力4万立方米/日。公园绿地面积147公顷，建成区绿化覆盖面积383公顷。完成6座滨水公园的改造和提升。

全县PM2.5均值31μg/m3，比上年同期下降18.4%，全县空气优良率99%，比上年提高4个百分点。县级以上集中式饮用水源地水质达标率100%。

2016年全县单位GDP能耗降低率为2.0%，规上工业单位增加值能耗降低率为-2.5%。

2016年，全年工矿、道路交通、水上交通三大领域共发生各类生产安全事故37起、死亡37人，未发生较大以上事故。

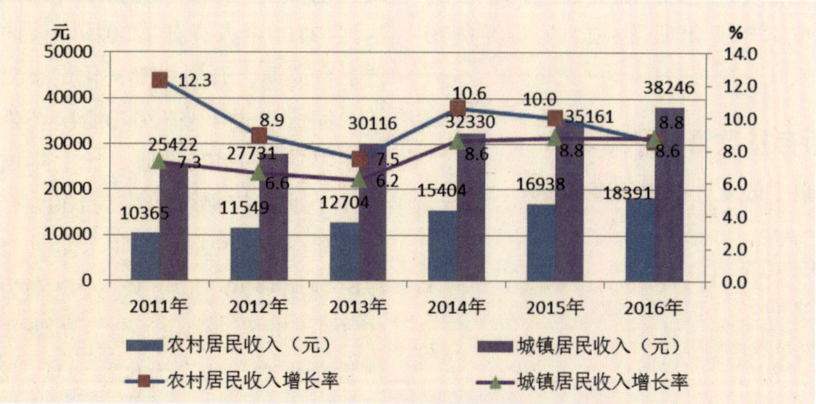

图5 2011-2016年城乡居民人均收入图

注：

1.本公报所列部分数据为年度初步统计数据，部分数据因四舍五入的原因，存在着与分项合计不等的情况。

2.地区生产总值和各产业增加值绝对数按现行价格计算，增长速度按不变价格计算，三次产业划分执行国家统计局2012年制定的《三次产业划分规定》。

（徐安妮）

表4

基本数据

2016年永嘉县县情数据

项　目	单　位	2016年	项　目	单　位	2016年
土地面积	万公顷	26.77	社会消费品零售总额	亿元	157.83
林地	万公顷	18.85	进出口总额	亿元	46.63
农作物播种面积	万公顷	2.56	出口总额	亿元	41.25
粮食播种面积	万公顷	1.68	进口总额	亿元	5.38
粮食总产量	万吨	10.30	接待游客	万人次	755.62
总户数	万户	29.26	接待境外游客	万人次	4.79
总人口	万人	97.17	旅游总收入	亿元	81.61
人口自然增长率	‰	8.70	财政总收入	亿元	49.09
人口密度	人/平方千米	36.30	公共财政预算收入	亿元	29.59
生产总值	亿元	359.27	公共财政预算支出	亿元	60.86
第一产业增加值	亿元	13.31	教育事业费支出	亿元	16.98
第二产业增加值	亿元	176.98	科技事业费支出	亿元	0.71
第三产业增加值	亿元	168.97	社会保障和就业支出	亿元	5.56
人均生产总值	元	37104	医疗卫生支出	亿元	6.25
工农业总产值	亿元	578.01	节能环保支出	亿元	1.12
工业总产值	亿元	556.93	年末金融机构本外币各项存款余额	亿元	1037.53
农业总产值	亿元	21.08	年末住户存款	亿元	358.82
用电总量	亿千瓦时	25.70	年末金融机构本外币各项贷款余额	亿元	487.84
工业用电量	亿千瓦时	15.00	城镇居民人均可支配收入	元	38246
限额以上固定资产投资额	亿元	311.45	农村居民人均可支配收入	元	18391

大事记

2016年大事记要

1月

1月4日，永嘉县省重点交通项目上塘至瓯北公路工程开工。

1月8日，县委副书记、县长姜景峰率党政考察团一行考察部分在沪永商企业。

1月18日，永嘉县十五届人大常委会召开第三十二次会议。

是日，永嘉县委召开2015度镇街道书记抓基层党建工作述职评议考核会。

1月19日，永嘉县委召开十二届十次全体（扩大）会议，审议通过《中共永嘉县委关于制定永嘉县国民经济和社会发展第十三个五年计划的建议》

1月20日，永嘉工商联（总商会）召开十届五次执委会，县委副书记、县长姜景峰到会祝贺。

1月22日，县委常委会召开专题民主生活会，市委常委、统战部部长施艾珠到会指导。

1月25日，市委召开“抗寒潮和雨雪冰”电视电话会议，县领导姜景峰、吕伟雄在永嘉分会场参加会议。

1月29日，县委书记娄绍光主持召开县委常委会，传达贯彻省两会和市委全会精神。县委副书记、县长姜景峰及县委常委出席会议。

是月，永嘉县“二孩”政策全面落地。

2月

2月2日，永嘉县委、县政府举行功能区、镇（街道）2015年度述政活动。县委书记娄绍光点评各地发展，县委副书记、县长姜景峰主持会议，谢崇福、陈建良、胡晓东等四套班子领导参加会议。

2月3日，永嘉县纪委十二届六次（扩大）会议召开。县四套班子领导参加会议。

是日，娄绍光、姜景峰、谢崇福、陈建良、胡晓东等县领导分赴各地各单位开展新春慰问活动。

2月4日，市委常委、公安局长黄宝坤，市人大常委会副主任卓高柱率有关单位企业负责人到永嘉鹤盛镇扶贫。

是日，省、市安全生产工作电视电话会议召开。县委副书记、县长姜景峰在永嘉分会场参加会议。

2月14日，市委常委、统战部部长施艾珠、市人大常委会副主任卓高柱率队到永督查重点项目建设。

2月15日，市委副书记、代市长张耕率市发改、经信、交通、水利等部门负责人到永嘉调研。

2月16日，县委书记娄绍光主持召开县级领导干部会议，宣布市委干部人事任免决定。项光夫任永嘉县委常委、组织部部长；提名黄天集为永嘉县政协副主席候选人。县四套班子领导参加会议。

是日，永嘉县委、县政府召开世界永商大会。

2月21日，永嘉县政协九届五次会议在大会堂开幕。县委书记娄绍光到会作重要讲话，县领导姜景峰、谢崇福、胡晓东到会祝贺，县政协主席陈建良作工作报告，县政协副主席金盾作提案工作报告，县政协副主席厉明富主持会议。

2月22日，永嘉县第十五届人大五次会议在大会堂开幕，县委副书记、县长姜景峰作政府工作报告，县领导娄绍光、陈建良、胡晓东等出席，县人大常委会主任谢崇福主持会议。

是月，2015年温州市老龄事业统计公布，永嘉百岁老人全市最多。

是月，“2014—2015绿色中国人年度人物”提名名单揭晓：陈飞、杨建南榜上有名。

3月

3月2日，县委书记娄绍光率队到沙头、大若岩、鹤盛等地调研。

3月8日，永嘉县委、县政府召开南陈温泉小镇项目方案汇报会。县委副书记、县长姜景峰主持会议，县领导谢崇福、陈建良、郑焕东、戴晓勇、王晓雄参加会议。

3月9日，由省经信委副巡视员池美华为组长的省验收组到永嘉考核验收“三改一拆”和“两路两侧”工作。县领导娄绍光、曾瑞华、王晓雄参加汇报会。

是日，省水利厅厅长陈龙到永调研督导重大水利工程建设。市委常委任玉明、县委书记娄绍光、副县长林建波陪同。

是日，县四套班子领导率先参加义务植树活动，拉开全县2016年绿化造林的序幕。

3月16日，永嘉县委、县政府召开全县旅游工作和美丽乡村示范县及精品线路创建工作汇报会。县委书记娄绍光讲话，县委副书记、县长姜景峰主持，县领导胡晓东、郑焕东、林建波参加会议。

3月22日，副市长陈建明率队到永嘉调研重大交通项目建设情况。

3月23日，市委副秘书长、市委农办（农业局）主任（局长）张亨利到永调研标准农田和美丽乡村建设工作。

3月28日，永嘉县作风巡查工作暨县纪委派驻机构全覆盖工作动员部署会召开。县委书记娄绍光讲话，县委常委、常务副县长陈志斌主持会议，县领导项光夫、林兴欢、林建波参加会议。

3月29日，市委常委、纪委书记宋志恒携省党校领导干部进修班到永调研农村产权交易工作。

是月，永嘉成功入选“浙江制造”试点县。

是月，楠溪江国家AAAAA级景区通过“初考”。

是月，永嘉县平安建设顺利实现“七连创”。

4月

4月5日，永嘉县“推进‘三年行动’计划、加快‘三区两美’建设”主题实践活动动员大会召开。县委书记娄绍光作重要讲话，县委副书记、县长姜景峰主持会议，谢崇福、陈建良、胡晓东等四套班子领导参加会议。

是日，省残联党组书记、理事长郑瑶率省政府残工委调研组一行到永嘉调研残疾人工作。

4月7日，市委副书记、市长张耕到永嘉调研工业发展情况。

4月8日，国家发改委马强处长一行到永嘉调研“多规合一”工作。县委副书记、县长姜景峰，县委常委、常务副县长陈志斌陪同。

4月11日，县委书记娄绍光率队到G1513高速永嘉段开展“路长制”工作督查。

4月12日，县委副书记、县长姜景峰到诸永高速永嘉段开展“路长制”工作督查。

4月14日，省政府咨询委到永调研指导综合交通规划布局。市县领导陪同。

4月17日，县委副书记、县长姜景峰率队到黄田街道调研重点项目建设情况。

4月22日，永嘉县建设平安永嘉暨平安护航G20行动誓师大会召开。县委书记娄绍光讲话，县委副书记、县长姜景峰主持，县领导谢崇福、陈建良、胡晓东等参会。

5月

5月9日，永嘉县委召开全面深化改革领导小组第六次会议。县四套班子领导参加会议。

5月10日，永嘉县行政区划调整动员大会召开。县委书记娄绍光讲话，县委副书记、县长姜景峰主持，谢崇福、陈建良、胡晓东等参加会议。

5月11日，县委副书记、县长姜景峰主持召开县政府第49次常务会议。讨论研究《永嘉县教育局关于开展“四点半学校”建设实施方案》等相关事宜。

5月12日，省司法厅厅长马柏伟一行到永嘉调研司法行政工作。

是日，温州市统计局到永调研专题统计工作。县领导姜景峰、郑焕东、王国强、厉明富陪同。

5月16日，温州市人大常委会主任葛益平到永嘉调研人大工作。县委书记娄绍光、县人大常委会主任谢崇福等陪同。

5月23日，原省委常委、杭州市委书记、杭州市第十一届人大常委会原主任，省咨询委副主任王国平到永嘉调研。

5月24日，省人大常委会办公厅副巡视员杜方文率省“三改一拆”“五水共治”督查组一行到永嘉开展2016年第一轮督查。县领导胡晓东、王国强、林建波参加汇报会。

5月26日，温州市市委常委、统战部部长施艾珠到永嘉督查人大和统战工作。县领导娄绍光、陈建良、陈志斌、胡宝锋、潘统龙参加汇报会。

是日，永嘉县十五届人大常委会召开第三十五次会议。

是月，“2016美丽浙江——外国人眼中最美乡村”评选出炉：岩头镇苍坡村入选12强名单。

是月，《一切唯心造》在永嘉大若岩百丈瀑开机。

是月，温州市侨界28位艺术家到永嘉采风。向世人传播永嘉文化，展示楠溪江美景。

6月

6月7日，永嘉县委书记娄绍光、县委副书记、县长姜景峰率队督查国家卫生县城创建工作。

是日，2016年高考开考。

6月15日，省人大常委会副主任程渭山到永调研“五水共治”和美丽乡村建设工作。县领导娄绍光、项光夫陪同。

6月16日，永嘉县委召开十二届十一次全体（扩大）会议。县委常委会主持会议，娄绍光作工作报告，审议通过《中共永嘉县委关于补短板的实施意见》

6月22日，省政协副主席、瓯江省级河长陈艳华到永嘉主持召开瓯江流域“河长制”暨水环境治理工作座谈会。

6月23日，高考成绩揭晓，永嘉县高考再创辉煌。

是月，永昆《满床笏卸甲封王》入选昆曲传统折纸戏录制。

是月，红蜻蜓鞋业入选国家两化融合试点。

是月，苍坡村入选中央财政支持村落名单，屿北村入选全国100个“最美古村落”。

是月，永嘉三品牌（奥康、报喜鸟、红蜻蜓）荣登中国500最具价值品牌。

7月

7月6日，县委书记娄绍光主持召开县委全面深化改革第七次全体会议。县四套班子领导参加会议。

7月7日，县领导娄绍光姜景峰胡晓东分赴各地检查防汛抗台工作。

7月15日，省委召开法治浙江建设十周年纪念大会暨“七五”法治宣传教育部署会。县领导娄绍光、姜景峰、陈建良、胡晓东、何莉平、吕伟雄、吕庆行、黄天集在永嘉分会场参加会议。

7月19日，县政协召开九届二十二次常委会议。县委副书记、县长姜景峰出席会议，县政协主席陈建良主持会议，县政协副主席金盾、黄天集参加会议。

7月20日，省政协常委、委员工作委员会主任朱贤良到永嘉调研教玩具智色小镇建设情况。市政协副主席王益琪、县委书记娄绍光、县政协主席陈建良、副主席金盾陪同。

是日，由省爱卫发展中心副主任高奕带队的国家卫生县城省级考核组一行到永嘉，就创建国家卫生县城工作进行省级技术评估。县委副书记、县长姜景峰陪同。

7月21日，省人大常委会党组书记、副主任茅临生到永嘉调研乡镇人大换届情况和信访督导工作。省人大常委会秘书长厉月姿、市人大常委会主任葛益平、市人大常委会副主任李步鸣，县领导娄绍光、谢崇福、胡晓东、郑焕东、林建波陪同。

7月28日，县十五届人大常委会召开第三十六次会议。县人大常委会主任谢崇福、副主任吕庆行、潘统龙、胡明凯、季健中参加会议。

是日，省治水办主任、省环保厅副巡视员许履中率督察组到永嘉督查调研“清三河”工作。县领导娄绍光、姜景峰、林建波、曾瑞华、傅朝宗陪同。

是月，永嘉入选省级农产品市场体系建设试点县。

8月

8月2日，温州市委常委、统战部部长施艾珠到永嘉督查半年度工作。县领导娄绍光、胡晓东、陈志斌、胡宝锋、郑焕东、林建波、曾瑞华陪同。

8月3日，省委组织部副部长邹晓东率省委市县乡换届工作督查组到永嘉督查指导换届工作。温州市委常委、组织部部长姚高员，县领导娄绍光、胡晓东、林志佩、项光夫、林兴欢、潘统龙参加座谈会。

是日，副省长熊建平率省、市治水办、三改一拆办等相关部门负责人到永嘉督查“五水共治”工作。县领导娄绍光、姜景峰等陪同。

8月4日，省国土资源厅耕保处副处长钟天明率省督导服务组到永开展扩大有效投资重大项目用地督导服务调研。县委副书记、县长姜景峰、副县长曾瑞华陪同。

8月10日，温州市委常委、常务副市长陈作荣到永嘉开展夏季消防工作督查。县领导娄绍光、陈志斌陪同。

8月15日，由省人大常委会办公厅副巡视员杜方文为组长的省“三改一拆”“四边三化”“五水共治”督查组到永嘉开展2016年第二轮督查。县委书记娄绍光、县委副书记、县长姜景峰等参加汇报会。

8月22日，永嘉县政府第九次全体（扩大）会议，研究部署下半年工作任务。

8月25日，温州市副市长苗伟伦率市维稳办、公安、经信、市监、交通、中石化等有关部门负责人，到永嘉就成品油市场专项整治行动开展情况进行督查。县委副书记、县长姜景峰，县委常委、县政府党组副书记郑焕东陪同。

是日，省消防总队副政委虞益元率省消安委督导组到永嘉督导消防安保工作。县委常委、常务副县长陈志斌，县委常委、副县长吕伟雄陪同。

8月28日，省建设厅厅长钱建民到永嘉调研楠溪江旅游发展情况。县领导娄绍光、陈志斌、郑焕东、曾瑞华陪同。

是月，永嘉县举行2016美丽乡村“呑运会”。

是月，永嘉县政府通令嘉奖永嘉中学。

9月

9月7日，温州市政协主席余梅生率市政协调研组到永嘉开展精准扶贫和古村落保护开发调研活动。县领导娄绍光、陈建良、林建波陪同。

9月8日，永嘉县召开庆祝第三十二个教师节座谈会，县委书记娄绍光、县委副书记、县长姜景峰、县人大常委会主任谢崇福、县政协主席陈建良等参加会议。

是日，县委书记娄绍光主持召开县委常委会，传达贯彻《中共中央关于辽宁拉票贿选案查处情况及其教训警示的通报》文件精神。县委副书记、县长姜景峰及其他常委出席会议。县人大、县政协等县四套班子领导列席会议。

9月12日，永嘉县五届人大常委会召开第三十七次会议。县人大主任谢崇福，副主任王国强、潘统龙、胡明凯、季健中出席会议；县委常委、副县长吕伟雄列席会议。

9月13日，2016年名会长中秋茶话会在三江商务区原野农庄举行。娄绍光、姜景峰、谢崇福、陈建良、胡晓东、陈志斌等县四套班子领导出席活动。

9月17日，县委召开常委扩大会议，专题研究部署抗灾救灾工作。县委书记娄绍光讲话，县委副书记、县长姜景峰主持会议。谢崇福、陈建良、胡晓东、陈志斌等县四套班子领导参加会议。

9月18日，县委书记娄绍光率有关部门负责人到桥头、桥下镇指导救灾工作。县委常委、组织部部长项光夫、副县长曾瑞华陪同。

是日，县委副书记、县长姜景峰率有关部门负责人到岩坦镇下坑村调研台风受灾情况。县领导林建波、曾瑞华陪同。

9月19日，温州市委副书记、市长张耕到永嘉岩坦镇下坑村检查指导水毁公路和救灾安置情况。县委书记娄绍光，县委副书记、县长姜景峰，县委常委、副县长吕伟雄陪同。

9月20日，省委、省政府召开G20杭州峰会浙江省总结表彰大会。娄绍光、姜景峰、谢崇福、陈建良、胡晓东、陈志斌等县四套班子领导在永嘉分会场参加会议。

是日，民政部救灾专员方志勇一行到永嘉县岩坦镇下坑村察看灾情。县领导陈志斌、吕伟雄陪同。

9月22日，第二届中国报业新闻社会活动融合发展论坛暨全国媒体看温州（永嘉）活动拉开帷幕。报业协会理事长、人民日报社副社长张建信贺信，温州市委书记徐立毅致辞，市委常委、宣传部部长胡剑谨主持，县委书记娄绍光致欢迎辞，县委常委、宣传部部长何莉平出席活动。

是日，省水利厅厅长陈龙到永嘉县岩坦镇下坑村指导救灾工作。市县领导任玉明、姜景峰、林建波陪同。

9月27日，省教育工委书记、省教育厅厅长刘希平一行到永嘉检查2016年秋季开学工作。市县领导郑朝阳、吴小英、周俊武陪同。

9月29日，全省召开防汛救灾紧急动员视频会议。县领导娄绍光、何莉平、吕伟雄、林建波、曾瑞华等在永嘉分会场参加会议。

10月

10月10日，中国铁路总公司工程鉴定中心副总工程师俞祖法率杭温高铁可研评审团专家组，到永嘉就杭温高铁永嘉段项目可研评审进行实地现场踏勘调研。市县领导陈建明、姜景峰、陈志斌、曾瑞华陪同。

是日，省“四边三化”专项组副组长张宇率省督导组到永嘉开展“三比三看一规范”活动，温州、丽水、衢州三地有关人员参加活动。副县长曾瑞华陪同。

10月14日，永嘉县召开G20杭州峰会维稳安保工作总结大会。县委书记娄绍光讲话，县委副书记、县长姜景峰主持会议，陈建良、胡晓东、陈志斌等县四套班子领导参加会议。

是日，县政协召开九届二十三次常委会。

10月20日，县综合行政执法局正式挂牌。县委书记娄绍光授牌，县委副书记、县长姜景峰讲话，县委副书记胡晓东主持。

10月25日，永嘉县召开“大拆大整”专项行动动员部署会。县委书记娄绍光讲话，县委副书记、县长姜景峰作具体部署，县领导谢崇福、胡晓东、陈志斌等参加会议。

10月26日，温州市委常委、常务副市长陈作荣率队到永嘉调研楠溪新区、特色小镇建设。县领导姜景峰、陈志斌、曾瑞华陪同。

10月27日，温州市委书记徐立毅到永嘉检查调研“大拆大整”专项行动开展情况。县领导娄绍光、姜景峰、林志佩、曾瑞华陪同。

10月30日，省人大常委会办公厅副巡视员杜方文为组长的省委“三改一拆”“四边三化”“五水共治”督查组到永嘉开展2016年第三轮督查。县领导姜景峰、王国强、林建波、曾瑞华参加汇报会。

是月，美国作家协会会员一行到楠溪江古村落采风。

11月

11月1日，省旅游局副局长杨建武率队到永嘉调研旅游项目建设情况。县委副书记、县长姜景峰，县委常委、县政府党组副书记郑焕东陪同。

是日，县十五届人大常委会召开第三十八次会议。

是日，全省农村文化礼堂建设工作推进会在永嘉召开。省委宣传部副部长唐中祥主持会议并讲话，市委常委、宣传部部长胡剑谨主持，县委副书记、县长姜景峰分别致辞，县委常委、宣传部部长何莉平代表永嘉作典型交流发言。

11月3日，温州市委副书记钱三雄到永嘉检查调研“大拆大整”专项行动工作。县领导娄绍光、曾瑞华陪同。

11月8日，省级园林城市创建迎来专家组考评。县委副书记、县长姜景峰等陪同。

是日，全国第十七个记者节。县委副书记、县长姜景峰看望慰问全体新闻采编人员，县委常委、宣传部部长何莉平陪同。

11月13日，温州市委书记徐立毅到五号馆展区永嘉馆参观。市县领导胡剑谨、仇杨均、任玉明、娄绍光、姜景峰、林建波陪同。

11月15日，温州市委常委、公安局局长罗杰到永嘉调研公安工作。县领导姜景峰、林志佩陪同。

11月18日，永嘉县委召开全县领导干部会议，宣布省市对县委、县政府主要领导变动的决定。经省委研究决定：姜景峰任中共永嘉县委书记，娄绍光任中共温州市瓯海区委委员、常委、书记，免去其中共永嘉县委书记、常委、委员职务；提名林万乐为永嘉县县长候选人，提议姜景峰不再担任永嘉县县长职务。

11月21日，县委书记姜景峰主持召开换届选举工作领导小组会议。县领导林万乐、谢崇福、陈建良等参加会议。

11月22日，县委书记姜景峰走访看望部分老干部。县委常委、组织部部长项光夫陪同。

是日，2016农村文化体育建设深化年暨第二届农民文化节闭幕式颁奖晚会在大会堂举行。姜景峰、林万乐、谢崇福、陈建良等四套班子领导出席晚会。

11月23日，县十五届常委会召开第三十九次会议，决定林万乐代理县长职务。

11月27日，国务院、省、市先后召开安全生产电视电话会议。县委副书记、代县长林万乐在永嘉分会场参加会议。

11月28日，姜景峰主持召开县委常委会，传达贯彻省委十三届全体（扩大）会议有关精神。县人大常委会主任谢崇福、县政协主席陈建良等县四套班子领导列席会议。

11月29日，全省卫生与健康电视电话会议召开。姜景峰、林万乐、谢崇福、陈建良等县四套班子领导在永嘉分会场参加会议。

是月，岩头镇、大若岩镇荣获首批“省美丽乡村示范乡镇”称号。

12月

12月1日，省督学、浙江广播电视大学原党委书记方志刚率省基础教学重点县督查验收组到永开展督查验收工作。县委副书记、代县长林万乐，副县长周俊武参加督导验收汇报会。

12月2日，县委书记姜景峰主持召开领导干部见面会，宣布市委决定：黄慧任县委副书记。县四套班子领导参加会议。

12月6日，温州市“学标杆、补短板”宣传思想文化工作比学赶超活动走进永嘉。市委常委、宣传部部长胡剑谨率市委宣传部班子成员、各县（市、区）委宣传部部长和市级宣传文化单位负责人参加考察。县委书记姜景峰，县委常委、宣传部部长何莉平参加活动。

12月7日，省政协副主席、党组副书记王建满率政协调研组到永调研“大拆大整”专项行动及小城镇环境综合整治工作情况。市县领导余梅生、陈浩、王益琪、姜景峰、陈建良、黄慧、何莉平、王高博陪同。

12月10日，县委书记姜景峰主持召开县委常委会，研究审议《县党代表候选人预备人选名单》等事宜。县委副书记、代县长林万乐，县委副书记黄慧及县委常委参加会议。县政协主席陈建良列席会议。

12月12日，市委书记徐立毅到永嘉调研。县领导姜景峰、林万乐、林志佩、何莉平、周俊武陪同。

是日，市委宣讲团到永嘉宣讲中共十八届六中全会精神。姜景峰、陈建良等县四套班子领导参加会议，县委副书记黄慧主持会议。

12月15日，省政协副主席陈加元到永嘉调研旅游开发和“大拆大整”开展情况。市政协副主席章方璋，县委书记姜景峰、县政协主席陈建良陪同。

12月18日，乌鲁木齐市考察团到永嘉调研“大拆大整”专项行动开展情况。市县领导仇杨均、姜景峰、何莉平陪同。

12月21日，市政协主席余梅生率团到岩坦镇开展扶贫帮扶慰问活动，并送上130万元帮扶资金。县领导姜景峰、陈建良陪同。

12月22日，县委副书记、代县长林万乐主持召开县政府第52次常务会议，研究部署安全生产工作等相关事宜。林建波、吕伟雄、吴小英、王高博、周俊武、黄方雷、胡宋孝等出席会议。

12月26日，永嘉县第十三次党代会隆重开幕。姜景峰代表十二届县委作报告，林万乐主持。

12月28日，永嘉县第十三次党代会胜利闭幕。选举产生新一届县委常委会，姜景峰当选为县委书记，林万乐、黄慧当选为县委副书记。通过县纪委一次全会选举产生了新一届县纪委领导班子。

是月，杭温高铁可行性报告获国家发改委批复。

（刘仁章）

基本县情

历史沿革

永嘉县历史悠久。1953年，罗浮、上塘、永临等地陆续出土的石器、陶器、青铜器，证明县境内早在新石器时代晚期就有先民在这里生息繁衍。

唐、虞、周三代属扬州之域。少康封庶子无馀于会稽以奉禹祀。周敬王时，无馀二十余世至勾践称王。显王三十五年（前334年），“楚威王兴兵而伐之，大败越，杀王无彊，尽取故吴地至浙江，北破齐于徐州。而越以此散，诸族子争立，或为王，或为君，滨于江南海上，服朝于楚。”秦始皇二十六年（前221年），置三十六郡，最后使尉屠睢平百越，废为君长，以期地置闽中郡，治东冶（今福建省福州市），属闽中郡。

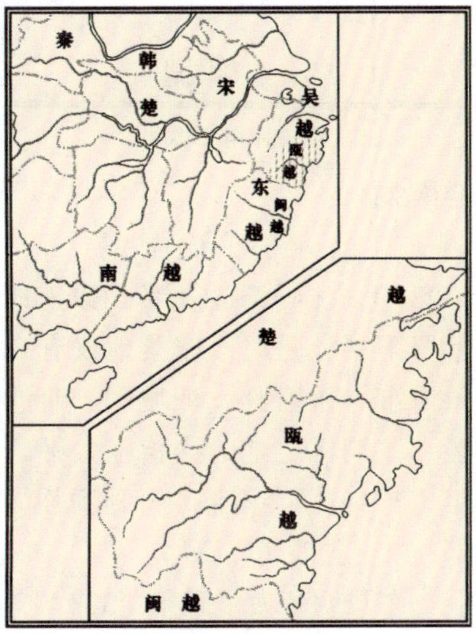

春秋时期的瓯越

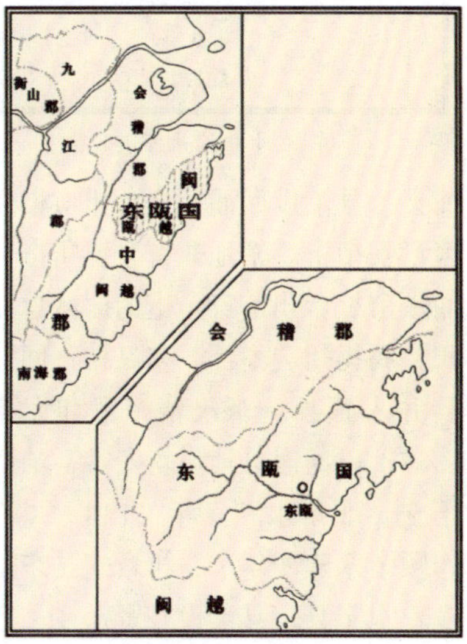

西汉时期的东瓯

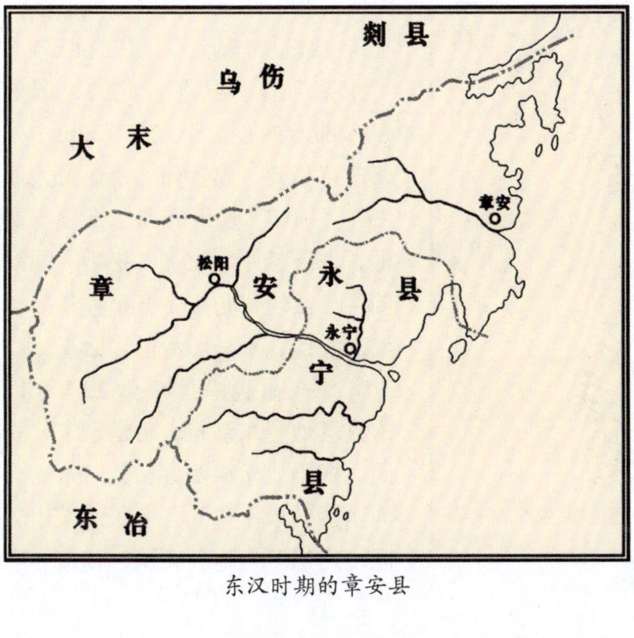

东汉时期的章安县

汉初，越王勾践后裔驺摇佐汉有功，汉惠帝三年（前192年）封为东海王，建都东瓯（今永嘉县境内），俗称东瓯王。汉武帝建元三年（前138年）闽越王发兵攻东瓯，东瓯被围，派人向西汉中央求援，汉武帝遣庄助持节发会稽兵，取海道救援东瓯，但是援兵未至，闽越已引兵而去。东瓯解围后，请求迁居内地，武帝允其请，东瓯王驺望率族属吏卒4万余人内迁至江淮间庐江郡（今安徽省西南部地区），东瓯国除。其地为闽越控制。建元六年（前135年），闽越王郢被杀，闽越分越繇和东越两部，东瓯故地属东越。元封元年（前110年），汉王朝以越人经常互相攻击，再诏东越闽越两地吏民迁江淮间，东越地遂虚。汉昭帝始元二年（前85年），以东瓯地设回

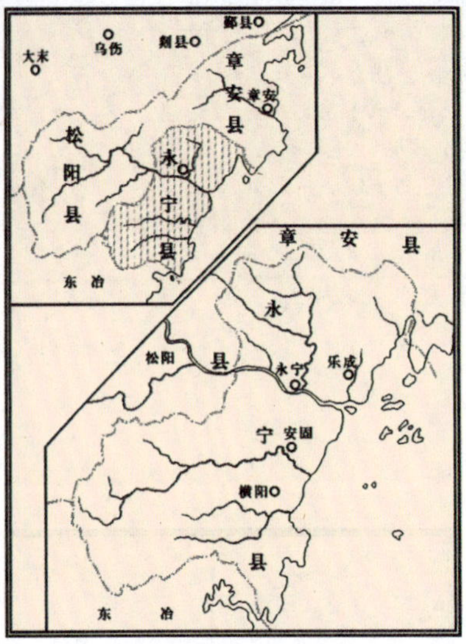

东汉时期的永宁县

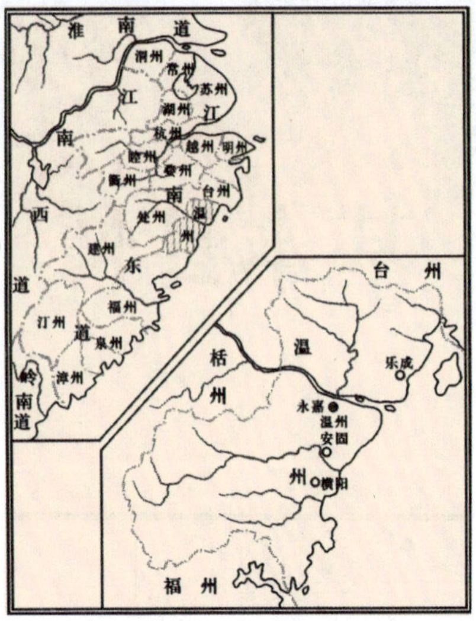

唐宋时期的温州

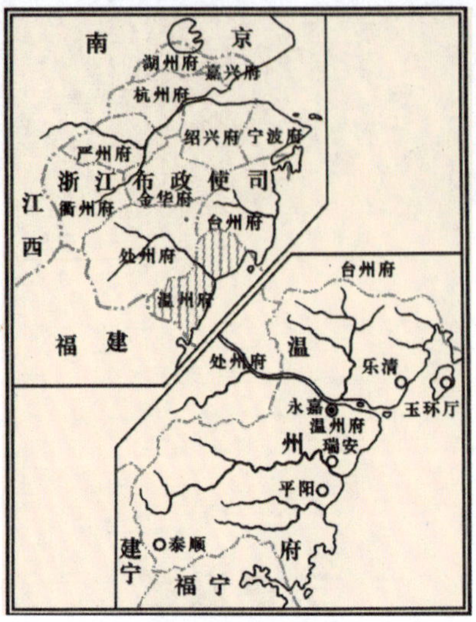

明清时期的温州府

浦县，县治设回浦（今台州市椒江区章安镇）。辖地兼有今温州市、丽水市、台州市三个市的区域总面积，属扬州会稽郡。东汉初，回浦县并入鄞县。东汉章帝章和元年（87）以回浦县地设章安县，治所不变。顺帝永和三年（138）（一作顺帝永建四年），析章安县东瓯乡置永宁县，县治设在贤宰乡（今瓯北城市新区境内）。永宁县地兼有今温州市、丽水市两地，属扬州会稽郡。

三国吴大帝赤乌二年（239），析永宁县大罗山以南地置罗阳县，是时永宁县地仅有今乐清市、永嘉县、鹿城区、瓯海区、龙湾区之地，会稽王太平二年（257）以会稽郡东部地为临海郡，永宁县改属临海郡。

东晋明帝太宁元年（323），析临海郡南部地永宁、安固、松阳、横阳置永嘉郡，永宁县属永嘉郡，“永嘉”作为郡名自此始。郭璞卜筑郡城，郡治设城中，永宁县治亦随之从瓯江下游北岸迁入城中。孝武帝宁康二年（374），析永宁县地置乐成县，是时永宁县境与今永嘉县、鹿城区、瓯海区、龙湾区同。

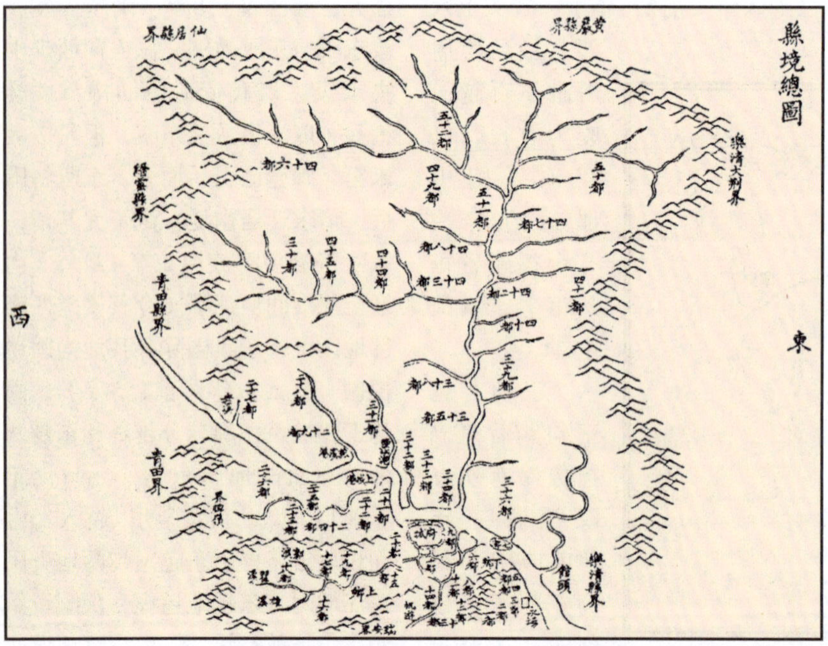

清永嘉县境总图（清光绪《永嘉县志》）

隋文帝开皇九年（589）平陈后，罢天下郡县制，以州统县，改永宁县为永嘉县，撤安固、横阳、乐成入永嘉，是时永嘉兼有今永嘉、乐清、瑞安、平阳、苍南、文成、泰顺、洞头、鹿城、龙湾、瓯海等二市、六县、三区之地。县治在今温州市鹿城区，县沿郡名，“永嘉”作为县名自此始，属处州，郡治括苍。十二年（592）处州改称括州，属括州。隋炀帝大业三年（607）改州为郡、恢复永嘉郡，郡统括苍、永嘉、松阳、临海四县，县境仍与文帝开皇九年同，属永嘉郡，永嘉郡治仍驻括苍。

唐高祖武德五年（622），以永嘉县地置东嘉州，析辖永宁、安固、横阳、乐成四县，此时永嘉分为永嘉、永宁二县，今瓯北城市新区境内当时有地名新城，相传为唐初立县之所，属东嘉州，隶括州总管府。武德七年（624），改永宁县为永嘉县，乐成县入永嘉县，属东嘉州、隶括州都督府。太宗贞观元年（627）废东嘉州入括州，撤横阳、永宁二县，是时永嘉县境犹吴大帝时之永宁县境，以永嘉县属括州，隶江南道越州都督府。高宗上元二年（675），析括州地永嘉、安固二县置温州，州治设永嘉县城区（今鹿城区），属温州，隶江南道都督府，“温州”得名自此始。唐武后载初元年（689），复置乐成县，从此县境兼有今永嘉县、鹿城区、瓯海区、龙湾区一县三区之地，属温州、隶江南道都督府。玄宗天宝元年（742），改温州为永嘉郡，改刺史为太守，永嘉县属永嘉郡，县境未变。肃宗乾元元年（758），复为温州，永嘉县属温州，先后隶浙江东、西道。

唐末，温州先后为朱褒兄弟交替割据达22年，至哀帝天祐四年（907）三月，钱镠命子元瓘率兵讨伐，四月攻占温州。于是，温州为吴越王地，设温州制置使，永嘉县属之，上隶东府。后晋天福四年（939），升温州为静海军节度州，永嘉县属之。县境均同武后载初元年复置乐成县之后地同。

北宋太宗太平兴国三年（978），吴越王钱俶纳土降宋，温州节度州降为温州军事州，属温州军事州，隶两浙路。徽宗政和七年（1117）温州军额为应道军节度，升温州军事州为应道军节度州，永嘉县属之。南宋高宗建炎三年（1129）罢应道军军额，温州由节度州又降为军事州，永嘉县属之，隶两浙东路。度宗咸淳元年（1265），以度宗潜官邸升温州为瑞安府，永嘉县属之，县境仍前未有变动。

元世祖至元十三年（1276）七月，在扬州设立行中书省，称江淮行省。同年，改瑞安府为温州路，隶江淮行省。二十一年（1284）二月，江淮行省治迁杭州，称江浙行省。二十三年（1286）七月，忽必烈同意江浙行省官员奏议，改江浙行省为江淮行省。二十八年（1291）十二月，又改江淮行省为江浙行省，治仍在杭州。成宗大德三年（1299）二月，置福建行省，以其地属江浙行省。永嘉县属温州路，隶江淮行省、江浙行省。县境与宋同。

明太祖洪武元年（1368）废路置府，温州路改为温州府，永嘉县属温州府，隶浙江行省，洪武十五年（1382）改隶浙江布政使司。成祖永乐年间（1403—1424），布政使司下设道，永嘉县隶温处道。至明末，其名称隶属和县境无变。

清世祖顺治三年（1646）春，清军入浙，七月下温州，入清版图。清沿明制，永嘉县属温州府，隶浙江布政使司分巡温处道，县境无变。

民国元年（1912），实行省、县二级制，永嘉县直属浙江省。民国3年（1914）5月23日，颁发《道官制》，归瓯海道管辖，隶浙江省，道尹行政公署设永嘉县城（今鹿城区）。民国16年（1927）4月，南京国民政府成立，继而废除《道官制》，再实行省、县二级制，隶浙江省政府，先后归浙江省第十县政督察区、第四特区、第三特区、永嘉行政督察区、第八行政督察区、第五行政督察区管辖。专员公署设永嘉县城（今鹿城区）。民国37年（1948）8月，石染、西岙、温溪3个乡划归青田县管辖。

1949年5月，永嘉县全境解放，瓯江以北地置双溪县，治设岩头镇。8月，永嘉县城区及城郊、梧埏、永强、三溪、藤桥、西岸5个区划出设立温州市，直属浙江省人民政府。双溪县属浙江省人民政府第五区专员公署，隶浙江省人民政府。9月21日，双溪县复称永嘉县，移治枫林镇，翌年6月迁治罗浮龙桥，12月21日迁治温州市九山。1950年5月，梧埏、永强、三溪、藤桥4个区复归永嘉县。1958年8月，永嘉县治由温州九山迁上塘。9月1日，经浙江省人民委员会批准，将永强、梧埏、三溪、藤桥4个区和永中、瞿溪2个镇划归温州市管辖。1961年，青田县的西岙、石染、上横3个公社划归永嘉县管辖（上横公社划归后并入石染公社）。2001年7月，七都镇划归温州市鹿城区管辖。2013年年底，县境东至乐清市，南至瓯江与鹿城、瓯海、龙湾三区为邻，西至青田县、缙云县，北至仙居县、黄岩区，总面积2674.3平方千米。先后归温州专员公署、温州地区行政公署（温州地区革命委员会）、温州市人民政府管辖。隶浙江省政府。

地理环境

永嘉县位于浙江省南部，瓯江下游北岸。东邻乐清市，南与鹿城区、瓯海区、龙湾区隔江相望，西接青田县、缙云县，北连仙居县和黄岩区。县境位于北纬27° 58′ 40″ ~28° 36′ 54″，东经120° 19′ 34″ ~120° 59′ 19″之间。最长直线距离，南北69.5千

明万历三年（1575）温州府境

清乾隆二十七年（1762）温州府境

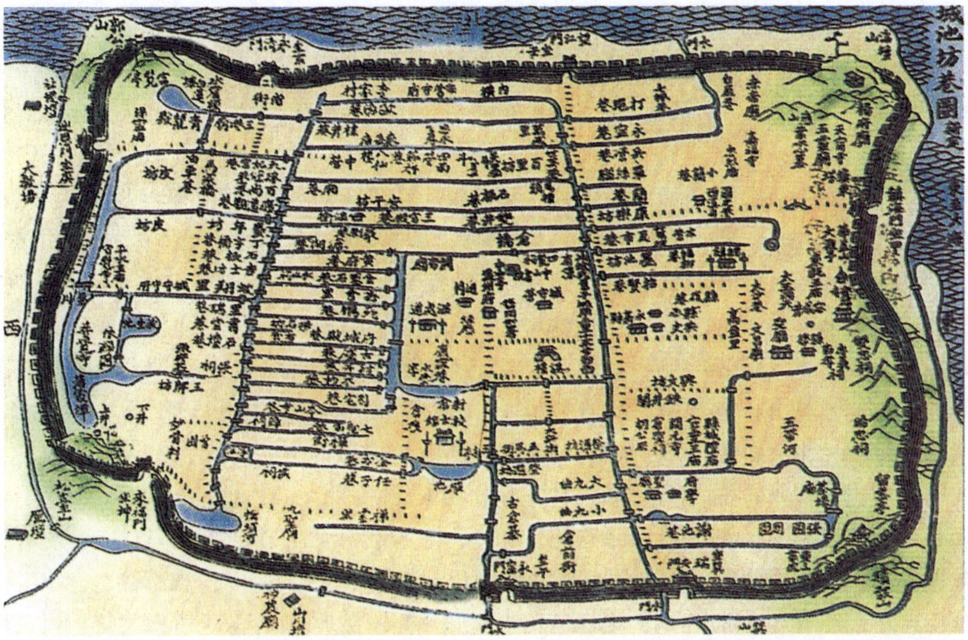

清光绪八年（1882）城池坊巷

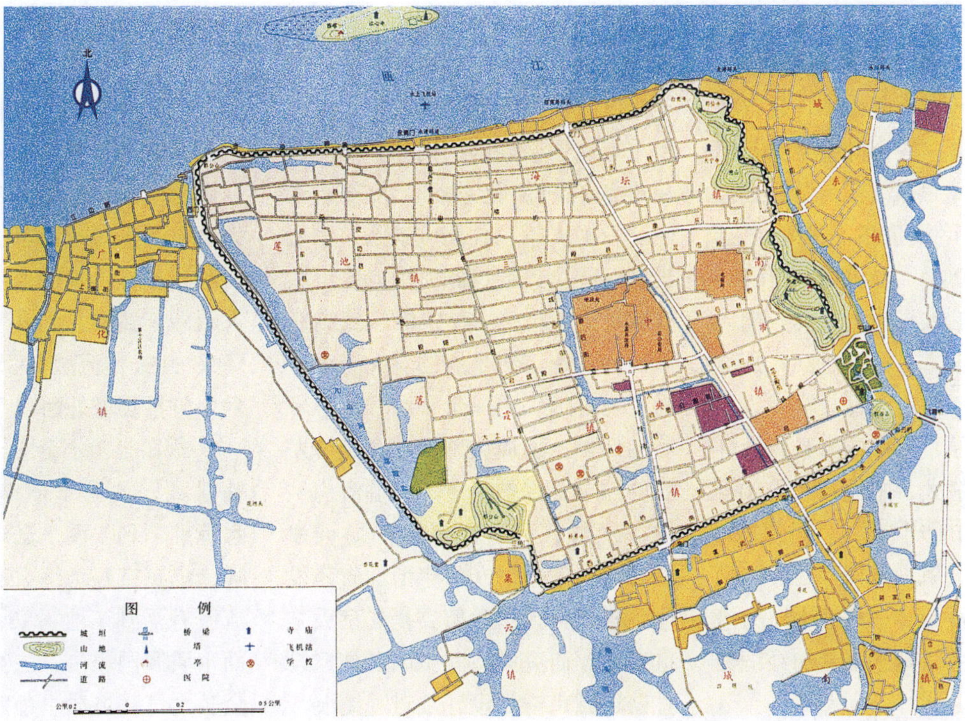

民国26年（1937）城厢街巷

米，东西61.3千米，总面积2674.3平方千米。2014年年末，永嘉县辖3个功能区、10个中心镇、8个街道，904个建置村，总人口96.95万人。永嘉县人民政府驻上塘中心城区，距省会杭州约240千米。

永嘉县属中国东南沿海丘陵地形区，境内有山地丘陵2308.5平方千米，占全县面积的86.32%，平原265.0平方千米，占全县面积的9.91%，河流湖泊100.8平方千米，占全县面积的3.77%。北部、西部括苍山脉盘踞，东部北雁荡山脉伸延，地势自北向南倾斜。北部山地属括苍山脉，起自溪下乡和仙居县交界的鸭坑岭，逶迤向东至张溪乡和黄岩区接壤的大寺尖与北雁荡山脉相接。构成县境北部一天然屏障，成为楠溪江与灵江上游永安溪的分水岭。东部山地属北雁荡山脉，起自岭头乡的高尖岩，逶迤向南至乌牛镇境内破岩以南，成为楠溪江与乐清市境内诸溪流的分水岭。西部山地属括苍山脉，起自溪下乡的大青岗，逶迤向南至瓯北镇的大坟山，成为楠溪江与缙云县、青田县境内诸溪流的分水岭。县境内海拔1000米以上的山峰有123座，1271米的大青岗为最高。楠溪江自北向南纵贯，注入瓯江。县境南部和楠溪江两岸为低丘宽谷、盆地、冲积平原，其中的岩头、枫林河谷平原为最大，平原东西长10千米，南北宽10.5千米，总面积27.0平方千米。上塘、黄田、江北、乌牛、桥下、桥头、三江等平原为沿江工业经济带，是永嘉县的经济发达地区。

永嘉县地势自北向南倾斜，随着括苍山脉、北雁荡山脉的延伸，形成楠溪江、西溪、菇溪、乌牛溪四大水系。大小溪流百余条，呈南北—东南、东北—西南走向，“两山四水汇瓯江”是永嘉县的山川大势。楠溪江最大，干流长139.8千米。发源于溪下乡的罗垟岭西侧，东流至溪口乡溪口村纳岩坦溪后蜿蜒南下，沿途纳张溪、东皋溪、五溪、孤山溪、花坦溪、小楠溪、古庙溪、陡门溪、路口溪、中塘溪、横溪诸溪流，在瓯北城市新区清水埠注入瓯江。支流成扇形分布，东岸支流河短流急，西岸支流河长湾多。流域面积2489.97平方千米（包括县境外的212.3平方千米），平均比降7.41‰，中、上游平均河宽50米，下游平均河宽375米。平均年径流量28.6亿立方米，根据石柱水文站实测，最大流量发生在1965年8月20日，为9430立方米/秒；最小流量发生在1967年10月7日，为1.03立方米/秒，属山溪性河流。流域境内“水秀、岩奇、瀑多、村古、滩林美”，1988年8月1日，被国务院列为第二批国家重点风景名胜区，划分为楠溪江及沿江农村文化景区、大若岩景区、石桅岩景区、北坑景区、水岩景区、陡门景区、四海山景区，共有800余个景点，其中价值较高，被列为一、二级景点的有70多个。为了更好地促进风景资源和生态环境的保护，适应旅游和社会经济发展的需求，保护特色、挖掘潜力、发挥优势，实现风景区的协调发展和综合效应，2009年浙江省建设厅、永嘉县人民政府委托北京大学世界遗产研究中心和中国对外建设总公司城市规划设计院对《楠溪江风景名胜区总体规划（修编）》再次修编。2011年5月23日经国务院批复通过。《楠溪江风景名胜总体规划（修编）》共分为规划文本、规划图集、规划说明书、专题考察报告、基础资料汇编五个部分。把楠溪江风景名胜区分为大楠溪、大若岩、石桅岩、四海山、太平岩、岩坦溪源头、珍溪等景区。西溪发源于巽宅镇外宕村西北，由西北向东南流经桥下镇，在垟塆附近入注瓯江。主流长32.5千米，平均比降29.90‰，流域面积166.05平方千米，上游源短流急，谷深滩险。下游从西岸村至河口是感潮河段，长5.9千米，可通小货轮至温州。流域境内有西溪景区，与楠溪江相类似，兼具岩奇、水秀、瀑多等特点。较具代表性的有红岩、吊坦、娄川和石柱岩、小天池等。菇溪发源于青田县峰山村东侧，流经青田县吴坑乡后进入永嘉县，由西北向东南，斜贯桥头镇，在朱涂村附近注入瓯江。主流长35.15千米，平均比降25.10‰，流域面积为153.29平方千米（包括县境外面积）。桥头镇驻地至河口，为感潮河段，可通小货轮至温州。乌牛溪发源于乌牛街道境内北部的乌岩村东北面，为永嘉、乐清两县市的界河，由北向南流，在乌牛街道码道村附近注入瓯江。主流长21.1千米，平均比降26.11‰，流域面积87.63平方千米（包括县境外面积）。

永嘉县山水奇丽，环境优美。楠溪江、西溪水质基本符合二类水标准，乌牛溪、菇溪水质有所下降，仍属良好。绝大多数的山涧溪流没有受到工业污染，80%以上地面水质属国家一、二类水质标准。全县大气环境质量稳定，一般达到国家二级标准。

气象特征

概况 永嘉地处浙江省南部，瓯江下游北岸，属于亚热带季风气候，温暖湿润，四季分明，无霜期长，年温差较小，雨水充沛，热量丰富，十分利于农作物生长。根据常年历史记录，年平均气温18.5℃。一年中1月最冷，月平均气温8.2℃；7月最热，月平均气温28.6℃。极端最高气温42.1℃，出现在2003年7月15日；极端最低气温-4.8℃，出现在1999年12月23日。春季日平均气温稳定通过10℃的平均回暖初日在3月18日，平均终日出现在12月2日。平均无霜期281天，平均初霜日在12月5日，平均终霜日在2月22日。年平均降水量1743.9毫米，并且年际间差异特显著。1973年最多达2592.7毫米，1986年最少仅有1193.6毫米。一年中8月平均降水量最多，高达278.0毫米，6月次之，主要是受台风和梅雨的影响；12月最少，仅45.2毫米，其次是1月。年平均雨日171.1天。年平均日照1775.7小时，其中以7月和8月最多，分别高达225.2小时和211.9小时；而2月和3月最少，分别为92.0小时和103.9小时。年平均蒸发1421.9毫米。年平均相对湿度77%。主要灾害性天气有暴雨、冰雹、干旱、台风、洪涝、雷电和大风等。

2016年气候特点 2016年年平均气温偏高，年降水量略偏少，年日照明显偏少，年蒸发量明显偏少，年雨日略偏多。2016年1月下旬受寒潮影响，出现极端低温天气过程，枇杷、大棚蔬菜、小麦等出现了严重冻害。4月至5月上旬出现罕见连阴雨天气，降水量较常年同期明显偏多，湿度高，日照少，导致部分农作物病害发生较为严重，但田间管理开展及时、有效，病虫害影响得到最大程度的降低；梅雨期间（6月11日至7月1日）降水偏少，且多为弱降水过程，虽山区出现局地强对流，降水强度大，但由于影响范围小，持续时间短，未造成大范围杨梅落果烂果。7—10月接续共有7个台风影响永嘉县，由于降水大且集中导致部分水塘淹没、水稻倒伏，影响产量。总体来说，2016年的气候对农业生产弊大于利。

2016年主要气象要素评述 温度。2016年年平均温度19.6℃，比常年平均偏高1.1℃，为近三十年历史最高值。近三十年年平均气温呈波动上升趋势，其中2010—2012年年平均气温接近常年平均值，而2013年起各年均较常年值偏高。常年月平均最高温度一般出现在7月，8月次之；月平均最低温度一般出现在1月，2月次之。2016年月平均气温最高出现在7月为30.1℃，最低出现在1月为8.8℃，变化规律总体符合常年趋势。纵观全年可以看出，全年各月平均气温基本上处于偏高趋势，仅2月略偏低，其中7月气温居历史同期第三位，8月居历史同期第二，10月居历史同期第一。年最高气温39.5℃，出现在7月28日；年最低气温-5.1℃（破历史同期极端最低纪录），出现在1月25日。降水。2016年年降水量1727.0毫米，比常年平均（1743.9毫米）偏少0.97%。年降水日数194天，比常年平均（171.1天）偏多13.4%。常年降水量主要分布在3—9月，而2016年降水量变化趋势未明显呈现出此特征，其大强度降水主要集中在两个时段：4—5月上旬出现罕见连阴雨天气，降水量较常年同期明显偏多（破近30年历史同期纪录）；9-10月受多个台风接续影响，使月降水总量均较常年偏多超过1倍。2016年年内降水量分布严重不均，其主要分布态势为：3月、6月、7月、8月、12月明显偏少，其中7月为近三十年第六低值；2月、5月接近常年；1月、4月、9月、10月、11月则明显偏多，其中1月为近三十年第一高值，9月为近三十年第二高值。2016年月降水量最大值为415.0毫米（9月），最小值为12.9毫米（12月）；日降水量最大值为108.2毫米（9月15日）。

2016年主要气候事件：(1)超级寒潮。受超级寒潮影响，1月25日早晨永嘉全境最低气温均降至-5℃以下，水管纷纷爆裂，影响十分严重。县城（上塘气象站）最低气温达-5.1℃，破本站历史极端最低气温纪录。岩坦镇黄南社区（道基气象站，海拔683米）最低气温达-12.4℃，破温州地区历史极端最低气温纪录。此外，1月21—26日永嘉还出现了严重的低温雨雪冰冻天气，北部山区普降中到大雪，个别高山出现暴雪，积雪最深达22厘米。受雨雪冰冻和道路结冰影响，全县先后封道71条，山区374个村、56556户出现供水管网结冰，受灾人口达214068人，农林牧养殖业直接经济损失达1.185亿元。(2)阴雨寡照。4月1日至5月10日，永嘉出现罕见的持续阴雨寡照天气，雨量较常年同期明显偏多。县城（上塘气象站）累计降水量为332毫米，较常年同期（211.5毫米）偏多57%，为近30年以来最多；全县日照为90.6小时，较常年同期（150.3小时）偏少50%，破历史同期纪录。由于长期连续阴雨，日照极为缺乏，相对湿度偏高，对农业生产带来非常不利的影响。农作物病害发生较为严重，小麦赤霉病、番茄灰霉病、油菜菌核病等较为多发；瓜果类落花落果多，结实率低，果实和籽粒小，产量和品质均有较大影响。（3）不典型梅雨。2016年永嘉县梅汛期特征（6月11日至7月1日）不明显，梅雨期降水量明显偏少，全县面雨量190.0毫米，县城（上塘气象站）累计降水量136.1毫米，较常年（277.2毫米）明显偏少50%。虽然，梅汛期降雨总体偏少，未造成全域或小流域洪涝灾害，但山区频繁出现短时强对流天气，气象灾害防御形势持续紧张。在6月28—29日的午后局地强对流天气过程中，大若岩镇出现直径1～2厘米的冰雹，乌牛街道出现小时雨量高达104.4毫米的短时强降雨，但影响范围较小、出现时间较短，未造成大面积受灾的情况。（4）台风。①尼伯特。受超强厄尔尼诺事件影响，2016年台风姗姗来迟，上半年西北太平洋洋面上竟无任何台风生成。1号台风"尼伯特"于7 月3 日8时开始编号，生成时间仅早于1998年7月9日生成的"NICHOLE"台风，成为生成时间历史第二晚的台风。7月9日13时45分"尼伯特"台风在福建省泉州石狮市登陆。受台风外围云系影响，永嘉大部分地区出现中到大雨局部暴雨，防汛防台形势总体平稳。8日20时至10日8时，累计雨量最大站为云岭乡九龙山茶园（57.0毫米），共计4个站点出现6级大风，最大测值为12.0米/秒（桥头镇沈岗村）。②莫兰蒂。第14号台风"莫兰蒂"于9月15日凌晨3时在福建省厦门市翔安区沿海登陆。受其影响，永嘉普降暴雨到大暴雨局部特大暴雨，损失极为严重。14—16日面雨量达253.4毫米，全县52个气象观测站共有28个站过程雨量超过250毫米，其中有2个站超过400毫米（云岭乡九龙山茶园443.9毫米，岩头镇表山村425.4毫米）。岩头镇表山村最大一小时雨量达91.8毫米，超100年一遇；岩头镇表山村站最大时雨量155.6毫米，达30年一遇。受"莫兰蒂"影响，全县受灾乡镇（街道）15个，倒塌房屋209间，紧急转移安置人口4595人，受灾人口144109人，直接经济损失45678万元。农作物受灾面积2504公顷，毁坏耕地34公顷，死亡大牲畜42头、羊273只；公路水毁塌方104处，供电中断31条次，通信中断1条次；损坏堤防9处总长3千米，堤防决口1处，损坏护岸4处，冲毁塘坝3座，损坏灌溉设施36处，损坏水电站3座。③马勒卡。第16号台风"马勒卡"于9月18日在台湾北部海域转东北方向移动，未登陆我国大陆。受其外围云系影响，永嘉南部普降大雨，个别站点出现暴雨，中北部地区雨量较小，降雨时段主要集中在17日上午到傍晚。其中，三江街道（龙头村气象站）过程雨量达83.3毫米，瓯北街道（第一小学气象站）过程雨量达80.4毫米，1小时最大雨强达58毫米（瓯北第一小学气象站17日14—15时）。由于"马勒卡"紧随"莫兰蒂"台风之后，出现灾害叠加现象，短时强降雨造成瓯北街道和三江街道出现严重城市内涝，多处低洼路段积水严重，给老百姓出行带来十分不利的影响。④鲇鱼。第17号台风"鲇鱼"于9月28日04时40分在福建省泉州市惠安县沿海登陆。受其影响，永嘉普降暴雨局部大暴雨，降水时段主要集中在27日夜里到28日白天，由于过程雨量、降雨强度相对偏小，总体防汛防台形势较为平稳。据统计，27日08时至29日08时，全县面雨量83.0毫米。全县52个自动站均出现50毫米以上降水，其中8个站点出现100毫米以上降水，累积雨量最大值出现在茗岙乡岩山村（122.3毫米）。⑤艾利。第19号台风"艾利"（热带风暴级）于10月6日8时在巴士海峡海面上生成，此后在南海海面东逛西逛，方向琢磨不定，最终于10月10日在南海海面减弱消失，始终未登陆我国大陆。受台风"艾利"外围东风气流和北方冷空气共同影响，全县普降暴雨，局部大暴雨，降水时段主要集中在7日下午到夜里。据统计，7日08时至8日08时，全县面雨量89.8毫米，52个自动站共有50个站点出现50毫米以上降水，其中17个站点出现100毫米以上降水，累积雨量最大值出现在桥头镇林下村（195.9毫米）。⑥海马。第22号台风"海马"于10月21日中午12点40分在广东省汕尾市海丰县鲘门镇登陆，是罕见的汛期结束（10月15日）之后对永嘉县有影响的台风。由于"海马"登陆位置偏南且从浙江东移出海，造成明显的两段降雨，中间出现长达一天的降雨空档期。受台风"海马"外围影响，全县普降大雨，局部暴雨，面雨量34.4毫米（19日20时至23日08时），降水大值区集中在东部地区。全县52个自动站共有6个站点出现50毫米以上降水，其中1个站点出现100毫米以上降水（云岭乡九龙山茶园110.4毫米）。

（徐婵婵）

行政区划

2016年，永嘉县设4个功能区（上塘中心城区、瓯北城市新区、楠溪江风景旅游区、三江商务区），11个中心镇（桥头镇、桥下镇、岩头镇、沙头镇、枫林镇、岩坦镇、大若岩镇、碧莲镇、巽宅镇、鹤盛镇、金溪镇），5个街道（东城街道、南城街道、北城街道、乌牛街道、黄田街道），4个乡（云岭乡、茗岙乡、溪下乡、界坑乡）。下辖82个社区（其中城市社区17个、农村社区65个），904个村民委员会。

青山挡不住（叶新人　摄）

机构设置和领导名录

县级机构

中共永嘉县第十二届委员会

书　记　娄绍光（—2016.11）
　　　　姜景峰（2016.11—2016.12）
副书记　姜景峰（—2016.11）
　　　　林万乐（2016.11—2016.12）
　　　　胡晓东（—2016.11）
　　　　黄　慧（女，2016.11—2016.12）
常　委　陈志斌（—2016.11）
　　　　胡宝锋（—2016.12）
　　　　林志佩（—2016.12）
　　　　郑焕东（—2016.11）
　　　　项光夫（2016.01—2016.12）
　　　　何莉平（女，—2016.12）
　　　　林兴欢（—2016.12）
　　　　罗晴军（—2016.12）
　　　　林建波（2016.11—2016.12）
　　　　王高博（2016.11—2016.12）
　　　　胡　琦（挂职，—2016.07）
　　　　吕伟雄（挂职，—2016.12）
　　　　吴小英（女，挂职，2016.07—2016.12）
　　　　毛红杏（女，挂职，2016.11—2016.12）

中共永嘉县第十三届委员会

书　记　姜景峰（2016.12—）
副书记　林万乐（2016.12—）
　　　　黄　慧（女，2016.12—）
常　委　林志佩（2016.12—）
　　　　项光夫（2016.12—）
　　　　何莉平（女，2016.12—）
　　　　林兴欢（2016.12—）
　　　　林建波（2016.12—）
　　　　王晓雄（2016.12—）
　　　　王高博（2016.12—）
　　　　吕伟雄（挂职，2016.12—）
　　　　吴小英（女，挂职，2016.12—）
　　　　毛红杏（女，挂职，2016.12—）

中共永嘉县纪律检查委员会

书　记　林兴欢
副书记　章　明（女，—2016.11）
常　委　胡寿旺（—2016.03）
　　　　陈智勇
　　　　徐志光
　　　　金亦山（—2016.03）
　　　　胡朝曦（2016.06—）
　　　　金志敏（2016.06—）

中共永嘉县委工作部门及直属单位

办公室

主　任　黄天集（—2016.03）
　　　　李永绍（2016.03—）
副主任　李成良（—2016.03）
　　　　刘超军（2016.04—）
　　　　刘丐武（兼）
　　　　李　敏（女，兼，—2016.03）
　　　　李晓平（女，兼，—2016.01）
　　　　林建杭（兼，—2016.01）
　　　　林久区（兼）
　　　　应旭明
　　　　应忠敏（2016.03—）

县委机要局（县密码管理局）

局　长　邹增理

县纪委派驻第一纪检组（驻县委办纪检组）

组　长　李月道
副组长　潘微微（女）
县深改办常务副主任　林久区（2016.03—）

考绩委员会办公室
主　任　李成良（—2016.03）
　　　　刘丐武（2016.03—）
副主任　胡文聪
　　　　金　海

政策研究室
主　任　李　敏（女，—2016.03）
　　　　李永绍（2016.03—）
副主任　林久区（2016.03—）
　　　　滕翀敏
政策研究中心主任　叶圣义（—2016.05）

接待办
主　任　叶卫周

组织部（非公有制经济组织和社会组织工作委员会）
部　长　项光夫（2016.03—）
常务副部长　陈立新
副部长　缪士毅
　　　　潘教逊（兼，—2016.01）
　　　　吴中枢（兼）
　　　　潘　健（兼）
　　　　徐良明（兼，2016.04—）
　　　　戴德明（兼，2016.05—）
　　　　陈晓平（女）

非公有制经济组织和社会组织工作委员会
书　记　潘　健
副书记　郑　力（兼）
　　　　刘大力（兼，—2016.03）
　　　　胡建平（2016.03—）

人才工作办公室
主　任　陈　忠

组织员管理办公室
主　任　李丁俊

县纪委派驻第三纪检组（驻县委组织部纪检组）
组　长　郑建南
副组长　李益峰

宣传部
部　长　何莉平（女）
常务副部长　谷胡方（—2016.04）
　　　　谢向东（2016.04—）
副部长　谢向东（—2016.04）
　　　　谷铁荣
　　　　徐志勇（—2016.04）
　　　　钱建山（2016.06—）
　　　　吴荣贵（兼）
　　　　单爱东（兼，2016.06—）
外宣中心主任　单爱东（—2016.06）
网信办主任　单爱东（2016.06—）

县纪委派驻第四纪检组（驻县委宣传部纪检组）
组　长　金亦山（2016.03—）
副组长　金亦山（—2016.03）
　　　　谢一蓬

统战部
部　长　胡宝锋
常务副部长　王澄荣
副部长　谢承宇
　　　　谢永青
　　　　黄少林
　　　　郑　力（兼）
　　　　胡程远

台湾工作办公室
主　任　谢承宇

民族宗教事务局
局　长　谢永青
　　　　谷华鲁
　　　　朱立仁
　　　　胡长友

外事侨务办公室
主　任　黄少林
副主任　李光训

县纪委派驻第五纪检组（驻县委统战部纪检组）
组　长　徐浙南（—2016.06）
　　　　叶胜杰（2016.06—）
副组长　朱志坚

政法委员会
书　记　胡晓东（—2016.11）
　　　　黄　慧（女，2016.12—）
副书记　陈志斌（—2016.11）
　　　　林建波（2016.12—）
　　　　林志佩
　　　　陈洪恩
　　　　徐学多（—2016.03）
　　　　刘大力（2016.03—）
　　　　胡龙德（2016.03—）
政治处主任　麻晓彬
专职委员　朱　捷（女，—2016.05）
　　　　张建国（2016.05—）

县社会治安综合治理委员会办公室
主　任　胡龙德（2016.03—）
副主任　郑光明

县委防范和处理邪教问题领导小组
主　任　徐　翔

县委维护稳定工作领导小组办公室
主　任　徐学多（—2016.03）
　　　　刘大力（2016.03—）
副主任　胡建平（—2016.03）
　　　　张光辉（2016.03—）

县纪委派驻第六纪检组（驻县委政法委纪检组）
组　长　杜国平
副组长　朱书贤（女）

直属机关工作委员会
书　记　吴中枢
副书记　叶欣灿（—2016.04）
　　　　李金杰
　　　　高哲熙（2016.04—）
纪工委书记　朱立新

老干部局
局　长　潘教逊（—2016.01）
　　　　徐良明（2016.04—）
副局长　尤银平（女）
　　　　陈忠德

农村工作办公室
主　任　徐贤博
副主任　林建杭
　　　　陈继平
　　　　金贤贵（—2016.01）
　　　　汤志远（—2016.01）
　　　　金连顺
县纪委驻县委农办纪检组组长
　　　　麻益宪

信访局
局　长　潘陈一
副局长　金少伟（—2016.01）
　　　　刘大力（兼，—2016.03）
　　　　吴学龙
　　　　胡建平（2016.03—）

编委办
主　任　戴德明
副主任　刘晓丽（女）
　　　　刘　华

县委党校(县行政学校)
党校校长　项光夫（2016.03—）
行政学校校长　陈志斌（兼，—2016.11）
　　　　林建波（兼，2016.12—）
常务副校长　徐朝新
副校长　潘洁容（女）
　　　　陈　剑

党史研究室
主　任　缪士毅（兼，—2016.06）
　　　　谢向荣（2016.06—）
副主任　谢向荣（—2016.06）
　　　　潘统才（2016.06—）

档案局（馆）
局（馆）长　麻久燎
副局（馆）长　谢李忠
　　　　郑　哲

精神文明建设指导委员会办公室
主　任　吴荣贵
副主任　盛定海
　　　　胡志杰

广播电视台
台　长　郑焕益
副台长　徐胜勇
　　　　徐银良
纪委书记　金　灿
总工程师　陈伯乐

新闻信息中心
主　任　徐建强（—2016.05）
副主任　施建静
　　　　王志书
　　　　谷小东

永嘉县第十五届人民代表大会常务委员会
主　任　谢崇福
党组副书记　潘浪国（—2016.09）
副主任　潘浪国（—2016.07）
　　　　吕庆行
　　　　王国强
　　　　潘统龙
　　　　胡明凯
　　　　季健中

县人大常委会工作部门

办公室
主　任　陈剑林（—2016.01）
　　　　潘长建（2016.01—）
副主任　陈继楼（—2016.01）
　　　　麻永锋
　　　　汤志远（2016.01—）

办公室信访办
主　任　易　峰（女）

代表工作委员会
主　任　谷胡坚
副主任　孙小芬（女）

法制工作委员会
主　任　李炳建
副主任　潘长建（—2016.04）
　　　　李福华（2016.04—）

财政经济工作委员会
主　任　王林海（2016.01—）
副主任　王林海（—2016.01）
　　　　林剑英

科教文卫工作委员会
主　任　鲍福星
副主任　朱千俊

农村和资源保护工作委员会
主　任　朱清岩（—2016.01）
　　　　郑顺益（2016.01—）
副主任　朱海峰

城乡建设环境保护工作委员会
主　任　戴银良（—2016.01）
　　　　李　平（2016.01—）
副主任　叶见克

永嘉县人民政府
县　长　姜景峰（—2016.11）
代县长　林万乐（2016.11—）
副县长（常务）　陈志斌（—2016.11）
　　　　林建波（2016.11—）
党组副书记　陈志斌（—2016.11）
　　　　郑焕东（—2016.11）
　　　　林建波（2016.11—）
副县长　王高博（2016.11—）
　　　　胡　琦（挂职，—2016.07）
　　　　吕伟雄（挂职）
　　　　吴小英（女，挂职，2016.07—）
　　　　毛红杏（女，挂职，2016.11—）
　　　　戴晓勇（—2016.06）
　　　　周俊武
　　　　林建波（—2016.11）
　　　　曾瑞华（—2016.11）
　　　　王晓雄
　　　　帕尔亥提·吐尔逊江（挂职，—2016.04）

温州系统流程装备科学研究院
院长、党委书记　胡宋孝
副院长　柯一杭（2016.01—）
办公室主任　金建荣
检验检测中心主任　陈敬秒

县南岸水库项目建设办公室
主　任　林万乐（兼，2016.11—）
常务副主任　徐霖森
前期办党组书记　徐霖森
前期办副主任　潘永胜（—2016.06）
　　　　梅银富（—2016.03）
　　　　陈晓友（2016.03—）

楠溪江风景旅游区
书　记　施宏光（—2016.01）
　　　　李晓平（女，2016.01—）
副书记　王晓峰（—2016.01）
　　　　李　埃
纪委书记　邹光远
党委委员　王　贵
　　　　夏益平
　　　　谢　静
　　　　邹光远
主　任　王晓峰（—2016.01）
副主任　李　埃
　　　　夏益平
　　　　谢　静
　　　　李春敏
总工程师　胡旭明

县人民政府工作部门及直属单位

办公室(法制办)
主　任　董庆标
副主任　周凌力
　　　　邹淑龙（兼）
　　　　林雪艳（女）
　　　　徐建斌（—2016.04）
　　　　汪庆珍
　　　　朱建权（兼）
　　　　黄鹤楼
　　　　金家彪
　　　　汪长新
　　　　徐建光（挂职）

县纪委派驻第二纪检组（驻县府办纪检组）
组　长　李庆孟
副组长　陈建章（—2016.06）
法制办
主　任　董庆标
副主任　邹淑龙
　　　　周智发

人民防空办公室（县民防局）
主　任　周凌力
应急办主任　李威
县城乡建设综合治理协调中心主任　麻海涌（—2016.03）

发展和改革局（粮食局）
局　长　冯学夫
党委副书记　施旭顶
副局长　金成龙
　　　　王　健（女）
　　　　林淡秋

县纪委派驻第八纪检组（驻县发改局纪检组）
组　长　胡约素（2016.03—）
重大项目建设稽查特派员　施旭顶
重大项目前期工作办公室主任　徐宗钦
服务业发展办公室主任　陈胜前

粮食局
局　长　冯学夫
副局长　金　一（—2016.04）
　　　　叶欣灿（2016.04—）

经济商务和信息化局（网络经济局）
局　长　麻伯崇
副局长　叶长志
　　　　周望佐

葛志武
陈建夫
县纪委驻县经济商务和信息化局纪检组组长　麻荣庆
总经济师　葛志武（—2016.03）
二轻工业服务中心主任　厉进荣（—2016.01）
县贸促会专职副会长　厉进荣（2016.01—）

网络经济服务局

局　长　叶长志（兼）
副局长　柯一杭（—2016.01）

教育局(政府教育督导室)

局　长　戴春光（2016.01—）
党委副书记　朱旭东
周丐亮（兼，—2016.06）
副局长　朱旭东
周丐亮（兼，—2016.06）
瞿晓敏
吴理俊（2016.01—）
翁志奔（—2016.01）
余承宽
县纪委派驻县教育局纪检组组长　郑志雄
县教师发展中心主任　李河海（—2016.03）

政府教育督导室

主　任　周俊武（兼）
副主任　戴春光（兼，2016.01—）
季建波

科学技术局

局　长　潘宏雷
党组副书记　郑玉眉（女，—2016.01）
叶　武（—2016.04）
副局长　郑玉眉（女，—2016.01）
叶　武（—2016.04）
陈三豹
朱建权（2016.04—）
县纪委派驻县科技局纪检组组长　陈典妮（女）

公安局

局　长　林志佩
政　委　谢黎明
党委副书记　谢黎明
何　磊
常务副局长　何　磊
副局长　陈久辉
胡伯枢
黄逸蓬（—2016.04）
陈成辉
林　光（兼）
林　峰（挂职，—2016.04）
王　羽（挂职，2016.04—）
纪委书记　陈时巨
政治处主任　叶国赛

监察局

局　长　章　明（女，2016.05—2016.11）
副局长　胡寿旺（—2016.03）
陈智勇
吴晓仙（女，2016.03—）
胡朝曦（2016.06—）

民政局（老龄委办、社工局）

局　长　刘招贤
副局长　周崛华
周益国（—2016.06）
朱清东
潘永胜（2016.06—）

老龄委办
副主任　金朝熑（—2016.06）
戴光辉（2016.06—）

社工委办
主　任　刘招贤（兼）
副主任　李旭林

社工局
局　长　刘招贤
副局长　李旭林

司法局

局　长　金翎翼
副局长　孙　明
徐聪男（女，—2016.03）
侯国省
潘珊瑚（女，2016.03—）
纪检组组长　刘伟都
政治处主任　邵飞跃（女）

财政局（地税局）

局　长　陈芝双
党委副书记　柯温临
财政局副局长　谢纯定
徐忠诚
叶显勇
吕金满（2016.01—）
叶玉庭
县纪委派驻第九纪检组（驻县财政局纪检组）组长　谢选年
总会计师　叶玉庭（—2016.03）
叶强忠（2016.03—）
预算局局长　叶强忠（—2016.03）
林文胜（2016.03—）
预算执行局局长　戚显义
财政监督局局长　戴锦鸥（—2016.03）
钱文锋（2016.03—）
地税局副局长　柯温临
林贤武
地税局总会计师　叶加瑜

地税稽查局局长　戴晓明
地税局瓯北税务分局局长　徐建斌
地税局上塘税务分局局长　叶加春
地税规费管理局局长　叶长达

人力资源和社会保障局
局　长　潘剑永
党组副书记　张文广
副局长　张文广
　　陈晓明
　　虞秀建
县纪委派驻县人力资源和社会保障局纪检组组长　陈建光
瓯北分局局长　周伟峰（—2016.06）
社会保险事业管理中心主任
　　林正茂（—2016.06）

国土资源局
局　长　郑德思
党委副书记　陈亚忠
副局长　陈亚忠
　　陈献锋
　　王志煦
　　郑依群
纪委书记　金国飞
瓯北分局局长　周杰斌

住房和城乡规划建设局
局　长　李圣积
党委副书记　金卓民（2016.01—）
副局长　金卓民（2016.01—）
　　卢少敏（—2016.01）
　　胡兴旺
　　周耀东
　　周　涛（女）
县纪委派驻县住房和城乡规划建设局纪检组组长　徐顺儒
总工程师　朱建权（—2016.04）
　　金　亮（2016.04—）
县政府房屋征收办副主任　李乐峰
农村住房改造建设办公室副主任
　　陈文勇（—2016.04）
　　胡培通（—2016.04）
上塘中心城区城市管理综合执法局局长　潘云祥（—2016.04）

交通运输局
局　长　郑文荣
党委副书记　叶圣敏
副局长　叶圣敏
　　汤光漫（—2016.06）
　　吴理俊（—2016.01）
　　郑　锋
　　徐李喜（兼）
　　林　峰（兼，—2016.01）
　　麻九龙（—2016.01）
　　胡志衡（2016.06—）
县纪委驻县交通运输局纪检组组长
　　周建飞
总工程师　郑　锋（兼，—2016.01）
　　戴春敏（2016.01—）
县交通项目前期工作办公室主任
　　徐李喜（—2016.01）

水利局
局　长　戴本石
党组副书记　周寿宪（—2016.01）
副局长　周寿宪（—2016.01）
　　金建宙
　　汤文斌（—2016.01）
　　胡国湊
　　谢清华（兼，—2016.01）
　　梅银富（2016.03—）
县纪委驻县水利局纪检组组长
　　刘鹤鸣
总工程师　陈　北（2016.01—）
县水利项目前期工作办公室主任
　　谢清华（—2016.01）

农业局
局　长　徐贤博
党委副书记　林建杭
副局长　林建杭
　　陈继平
　　金贤贵（—2016.01）
　　汤志远（—2016.01）
　　金连顺
　　杨胜运
总工程师　戴成新

林业局
局　长　李佩瑶
党委副书记　胡培春（2016.03—）
副局长　胡培春
　　徐贤喜
　　邹寿锡
县纪委驻县林业局纪检组组长
　　章春爱（女）
总工程师　吕裕通（—2016.04）
　　叶银强（2016.04—）

文化广电新闻出版局
局　长　胡佐光（—2016.01）
　　陈贤立（2016.03—）
副局长　戴华章
　　程爱兴（—2016.06）
　　陈文若
　　虞振卯（2016.06—）
县纪委驻县文化广电新闻出版局纪检组组长　陈凤娇（女）

卫生和人口计划生育局
局　长　黄振才
党委书记　黄振才
党委副书记　应海龙
副局长　李世鹏
　　林长寿
　　潘齐忠（—2016.04）
　　施秀跃
　　黄贤琴

陈贤锋（—2016.03）
县纪委派驻县卫生和人口计划生育局纪检组组长　柯彩玲（女）
县计生协会专职副会长
刘　建（2016.04—）

审计局

局　长　汪显华
副局长　夏尧来
周小巧（女）
县纪委驻县审计局纪检组组长
陈益珍
总审计师　戴晓宇
经济责任审计局局长　吴　勇

统计局

局　长　黄大善
党组副书记　谢小和
副局长　谢小和
戴明峰（—2016.05）
吴进光
徐建光（2016.05—）
县纪委驻县统计局纪检组组长
金　凡（女）
总统计师　吴晓仙（女，—2016.03）
胡　强（2016.05—）

环境保护局

局　长　周功巨
党组副书记　戴元兴
副局长　戴元兴
虞金定
王银海
县纪委驻县环境保护局纪检组组长
王　舒
总工程师　阮泽永
瓯北分局局长　刘晓勇（—2016.05）

安全生产监督管理局

局　长　王柏青
党组副书记　蒋孔助（—2016.06）
副局长　蒋孔助（—2016.06）
叶长河
戴海浪
总工程师　章常泽（2016.06—）

市场监督管理局（工商行政管理局、食品药品监督管理局、县质量技术监督局、食安办）

党委书记　王云
局　长　林增丰（—2016.11）
党委副书记　徐柏东
周启德
副局长　徐柏东
周启德
林　操
叶兆荣
李飞云
林铁群
县纪委派驻县市场监督管理局纪检组组长　张维员
总工程师　周忠明

食安办

主　任　林增丰（兼，—2016.11）
专职副主任　邵　展

综合行政执法局

局　长　李金星
副局长　杨春谱
厉建兴
麻海涌（2016.03—）
吴　坚（2016.04—）
县纪委派驻第十纪检组（驻县综合行政执法局纪检组）
组　长　谢　琼（女，2016.04—）

体育事业发展局

局　长　潘教勤
副局长　叶龙飞
陈苍良
纪检组长　谷明陆

经济技术协作办公室（招商服务局）

主任（局长）　李晓平（女，—2016.01）
李　敏（女，2016.03—）
副主任　陈定洲
副主任（副局长）　谢纯武（—2016.04）
戴章云
吴介甫
（挂职，—2016.06）
周俊晓
（2016.04—）

县机关事务管理局

局　长　孙少峰
党组副书记　张建荣
副局长　张建荣
王中林
汪益新
郑洪勇
纪检组组长　吴　昊

移民安置办公室

主　任　李　平（—2016.01）
赵利国（2016.01—）
副主任　谷中旭
陈志尧

供销合作社联合社（农合联）

主　任　滕强授（—2016.03）
徐学多（2016.03—）
党委副书记　潘荣荣（女）
副主任　潘荣荣（女）
朱贤泽
吴祖党

农合联
主　任　滕强授（兼，—2016.03）
　　　　徐学多（2016.03—）
副主任　潘荣荣（女，兼）
　　　　朱贤泽
　　　　吴祖党
纪委书记　吴万洲

行政审批管理办公室
党组书记　张家强
主　任　汪金琰
副主任　高哲熙（—2016.04）
　　　　季东升

金融工作办公室
主　任　陈丐法（—2016.03）
　　　　李成良（2016.03—）
副主任　吴凤菇（女）
　　　　潘来毅
　　　　张　凯（挂职）
总经济师　胡文显

科技开发服务中心
主　任　郑玉眉（女，—2016.01）
　　　　李国算（2016.03—）
副主任　李国算（—2016.03）

地方志编纂委员会办公室
主　任　应海龙（—2016.03）
　　　　胡寿旺（2016.03—）
副主任　郑　阳（—2016.03）
　　　　李河海（2016.03—）

公共资源交易管理委员会办公室
主　任　潘康容（2016.03—）
党组副书记　潘康容（—2016.03）
副主任　潘康容（—2016.03）
　　　　季益良
　　　　陈文勇（2016.04—）

新居民服务管理局
局　长　卢银林
党组副书记　林　光
副局长　林　光
　　　　钱建山（—2016.06）
　　　　余承宽（兼）
　　　　虞秀建（兼）
　　　　徐定其（2016.06—）
纪检组组长　朱志坚（—2015.06）
　　　　　　杨立勇（2015.06—）

县工务局
局　长　汤光漫（2016.06—）
副局长　陈　斌（2016.06—）
　　　　周国栋（2016.06—）
　　　　周成标（2016.06—）

县国有资产管理办公室
党组副书记　吕金满（—2016.01）
副主任　吕金满（—2016.01）
　　　　钱文锋（—2016.03）
　　　　林文胜（—2016.03）

罗东科教园办公室（温州职业技术学院永嘉学院建设工程领导小组办公室）
主　任
副主任　谢韦斌（—2016.05）
　　　　陈雷振（—2016.05）
　　　　徐定其（—2016.06）
总工程师　陈雷振（—2016.05）

县政府驻杭州办事处
党组副书记　周俊晓（—2016.04）
副主任　周俊晓（—2016.04）
　　　　吴振生（—2016.06）

县政府驻上海工作处
主　任　叶云飞（—2016.06）

农村能源办公室
主　任　叶　帆（—2016.03）
　　　　李　飞（2016.03—）

永嘉中学
校　长　周丐亮

交通警察大队
大队长　金一洋
教导员　戴建林

县道路运输管理局
局长、党支部书记　黄天真

县公路管理局
局长、党支部书记　胡志衡（—2016.06）
　　　　徐椒聊（2016.06—）

县港航管理局
局长、党支部书记　林　峰（—2016.01）
　　　　徐李喜（2016.01—）

县长运公司
经理、党支部书记　黄晓东（—2016.06）
　　　　黄孙亮（2016.06—）

畜牧兽医局（动物卫生监督所）
局（所）长　金连顺（兼）

四海山林场
场长、党支部书记　朱晓亮

正江山林场
场长、党支部书记　郑文杰

公共资源交易中心

主　任　陈风雷（2016.06—）

政协永嘉县第九届委员会

主　席　陈建良

副主席　厉明富（—2016.06）
　　　　金　盾
　　　　傅朝宗
　　　　钱金波（兼）
　　　　虞绍榜（—2016.07）
　　　　黄天集（2016.02—）

秘书长　周　伟（—2016.01）
　　　　施宏光（2016.01—）

县政协工作部门及负责人

办公室

主　任　汪少超

副主任　周淑苗（女）

提案（港澳台侨）委员会

主　任　徐时聪

文史（学习）委员会

主　任　徐崇统

社会发展法制（教文卫体）委员会

主　任　周万青

经济科技（人口资源环境）委员会

主　任　徐青青（女）

委员工作委员会

主　任　刘一春

永嘉县人民法院

院　长　胡丕敢

党组副书记　吴孙程

副院长　吴孙程
　　　　徐建宇
　　　　徐晓琳
　　　　徐蓬勇
　　　　曹启东（挂职，2016.05—）

县纪委派驻县人民法院纪检组组长　胡忠杰

政治处主任　徐立众

执行局局长　陈小成

审判管理办公室主任　潘志尧

审判委员会专职委员　蒋忠克
　　　　陈群雾
　　　　陈俏云（女）

城郊人民法庭庭长　季章期

瓯北人民法庭庭长　谢玉平（女）

永嘉县人民检察院

检察长　黄通荣

党组副书记　叶朝勇

副检察长　叶朝勇
　　　　林　森
　　　　单振乐
　　　　陈　哲

县纪委派驻县人民检察院纪检组组长　叶确健

政治处主任　祁胜道

反贪局局长　徐同良

反渎职侵权局局长　李　聪

检察委员会专职委员　戴德华
　　　　张华满（2016.06—）

瓯北检察室主任　张华满（—2016.06）
　　　　李鹏飞（2016.06—）

人民武装部、公安消防局和武警中队

县人民武装部

部　长　许文宝

政治委员　罗晴军

县公安消防局（县消防大队）

局　长　徐　进

政治委员　陈培文

副局长　董智洪

武警永嘉中队

中队长　董石元

指导员　王　涛

人民团体及其他

县总工会

主　席　郑顺益（—2016.01）
　　　　王晓峰（2016.01—）

副主席　汪庆幸
　　　　邹爱妙（女）

共青团永嘉县委员会

书　记　胡月珍（女）
　　　　邹姗珊（女，2016.03—）

副书记　单飞杰
　　　　沙　静（女）
　　　　李　政（女，挂职）

县妇女联合会

主　席　陈晓芬（女）

副主席　潘珊瑚（女,—2016.03）
　　　　卢玲玲（女）
　　　　王和静（女，2016.03—）

县科学技术协会

主　席　叶太琴

副主席　曾　理

县工商业联合会（总商会）

主　席　钱金波（兼）

党组书记　郑　力

副主席　郑　力
　　　　邵玉平（女）

县文学艺术界联合会
主　席　郑碧碧（女，2016.04—）
党组书记　杨大力
副主席　杨大力（—2016.04）

县归国华侨联合会
主　席　王萍萍（女）
副主席　吕裕通（2016.04—）

县残疾人联合会
理事长　郑文杰
副理事长　陈雪明
　　　　　虞道存
　　　　　陈量涵

县红十字会
会　长　何莉平（女，兼，—2016.01）
　　　　曾瑞华（兼，2016.01—）
常务副会长、党组书记　刘永万（—2016.01）
　　　　金贤贵（2016.01—）
副会长　徐　俊

县社会科学界联合会
主　席　虞建远（—2016.04）
　　　　徐建强（2016.05—）
副主席　余桂芳（女，—2016.05）
　　　　叶圣义（2016.05—）

县关工委
主　任　项光夫（2016.03—）
专职副主任　金光明（—2016.03）
　　　　　　虞建远（2016.04—）
办公室主任　金光明（—2016.03）
　　　　　　虞建远（2016.04—）
办公室副主任　胡　冬

民主党派

农工民主党永嘉县委员会
主　委　傅朝宗
副主委　杨　丕
　　　　陈丏良

县属企业单位

永嘉投资集团有限公司
董事长　陈献锋（挂职）
总经理　徐晓红（女，2016.03—）

水务集团有限公司
董事长　王建新
总经理　郑碧碧（女，挂职，—2016.04）
　　　　徐　晓（2016.04—）
纪委书记　徐　晓（挂职，—2016.04）

县交通投资集团有限公司
董事长　汤光漫（挂职，—2016.06）
副总经理　赵利国（挂职，—2016.01）
　　　　　陈　斌（挂职）
　　　　　金晓波（挂职，—2016.05）
总工程师　陈　斌（挂职）

县城市投资集团有限公司
董事长　郑寿侃（挂职，—2016.06）
副总经理　汪　帆（挂职，—2016.05）

永嘉旅游投资集团有限公司
董事长　王　贵（挂职，—2016.01）
　　　　戴锦鸥（2016.03—）
总经理　戴锦鸥（2016.03—2016.05）
　　　　陈雷振（2016.05—）
副总经理　潘统才（挂职，—2016.06）
　　　　　郑志勇（挂职，—2016.05）
　　　　　徐晓红（女，—2016.03）

县水利投资集团有限公司
董事长、总经理　潘永胜（挂职，—2016.06）
副总经理　高敏速

县管道燃气经营有限公司
董事长　胡朝曦（挂职，—2016.06）
　　　　胡崇武（2016.06—）
副总经理　潘海熊（2016.03—）

垂直单位

国家税务局
局　长　徐郑克
副局长　夏次文
　　　　朱　斌
　　　　孙宏光
　　　　麻群力

国家统计局永嘉调查队
队　长　金建华
副队长　孙宏豪
　　　　徐　俊（挂职，2016.06—）

气象局
局　长　侯球锋（—2016.04）
副局长　王海东
　　　　金锦辉
　　　　程　瀛

温州市住房公积金管理中心永嘉分中心
主　任　潘丽川（女）
副主任　胡永暖

邮政局
局　长　麻纯斌
副局长　陈正灵
　　　　叶幸凯

中国电信永嘉分公司
总经理　缪新飞
副总经理　王晓峰
　　　　　杨朝军（—2016.06）
　　　　　林金阳（2016.06—）

中国移动永嘉分公司
总经理　蔡湘微（女）
副总经理　张　华

中国联通永嘉分公司
总经理　王　智
副总经理　汪　银
　　　　　冯慧锋

国网浙江永嘉县供电公司
总经理　陈　浩（—2016.09）
　　　　李建宇（2016.09—）
党委书记　李建宇
党委副书记　陈　浩（—2016.09）
　　　　　　徐青青（女）
副总经理　李建宇
　　　　　潘志强
　　　　　金维灶
　　　　　陈建胜
　　　　　陈　峰
纪委书记　徐青青（女）

温州市烟草公司永嘉分公司
局长（经理）　邢加平
副局长　胡胜岳
副经理　潘　明

中国石化永嘉石油分公司
总经理　陈继光

盐务管理局
局　长　马利民

永嘉华数广电网络公司
董事长、总经理　吕银显
副总经理（常务）　马荣邦
副总经理　谢忠浩
　　　　　陈新浙

金融系统

中国人民银行永嘉县支行
行　长

银监会温州监管分局永嘉办事处
主　任　陆　平

中国工商银行股份有限公司永嘉县支行
行　长　钟世华

中国农业银行永嘉县支行
行　长　陈延德

中国建设银行股份有限公司永嘉支行
行　长　李文勇

中国银行股份有限公司永嘉县支行
行　长　刘晓波

永嘉农村商业银行
董事长　苏加标
行　长　徐剑杰

中国农业发展银行永嘉县信贷组
主　任　方崇伟

中国邮政储蓄银行永嘉县支行
行　长　周志良

浦发银行永嘉支行
行　长　潘晓微

温州银行永嘉支行
行　长　周元辉

兴业银行永嘉支行
行　长　钱春雷

招商银行永嘉支行
行　长　叶志杰

交通银行永嘉支行
行　长　章　科

华夏银行永嘉支行
行　长　朱晓明

永嘉恒升村镇银行
董事长　朱爱萍

中国人民财产保险公司永嘉支公司
总经理　郑林海

中国人寿财产保险公司永嘉县支公司
总经理　金建满

中国太平洋财产保险公司永嘉县支公司
总经理　徐胜武

中国人寿保险公司永嘉县支公司
经　理　周玉鹏

中国人民人寿保险公司永嘉支公司
总经理　林　聪

2016年度功能区、乡镇（街道）

上塘中心城区

书　记　胡克祥
副书记　汤森海
　　　　金建军
纪委书记　胡永樟
党委委员　胡永樟
　　　　　金卓民（—2016.01）
　　　　　陈炳华
　　　　　黄国飞
　　　　　季巧云（女）
　　　　　麻永铭
　　　　　徐华东
主　任　汤森海
常务副主任　金卓民（—2016.01）
副主任　陈炳华
　　　　黄国飞
　　　　季巧云（女）
总工程师　麻永铭

瓯北城市新区（瓯北街道）

书　记　戴源涌
副书记　朱佩珍（女）
　　　　傅道碎（—2016.04）
　　　　李小攀（—2016.11）
　　　　潘朝阳（2016.04—）
纪（工）委书记　杨　瑛（—2016.01）
　　　　　　　　谢云多（2016.04—）
党（工）委委员　杨　瑛（—2016.01）
　　　　　　　　谢云多（2016.04—）
　　　　　　　　陈东勇（—2016.04）
　　　　　　　　李小攀（—2016.11）
　　　　　　　　应国华（—2016.04）
　　　　　　　　戴晓智（—2016.04）
　　　　　　　　郑有龙（—2016.04）
　　　　　　　　戴建波（2016.04—）
　　　　　　　　汪远增（2016.04—）
　　　　　　　　汤裕铨（2016.04—）
　　　　　　　　余澄宇（2016.04—）
　　　　　　　　李　坤（2016.05—）
主　任　朱佩珍（女）
常务副主任　陈东勇（—2016.04）
　　　　　　戴建波（2016.04—）
副主任　李小攀（—2016.04）
　　　　应国华（—2016.04）
　　　　戴晓智（—2016.04）
　　　　郑有龙
　　　　郑乐海（2016.04—）
　　　　陈丐良（2016.04—）
人大工委主任　谷胡方（2016.04—）
人大工委副主任　谢品东（2016.04—）
总工程师　叶劲彤（—2016.04）

三江商务区（三江街道）

书　记　季洪海
副书记　徐时斌
　　　　胡益智（—2016.03）
　　　　滕建辉（—2016.04）
　　　　陈双义
纪（工）委书记　周娟娓（女）
党（工）委委员　周娟娓（女）
　　　　　　　　黄胜览
　　　　　　　　金　灿（2016.11—）
　　　　　　　　陈　晓
　　　　　　　　余钢梁（2016.06—）
　　　　　　　　全正超（2016.06—）
　　　　　　　　戴建波
　　　　　　　　郑晓天（—2016.11）
　　　　　　　　汤裕铨（—2016.04）
　　　　　　　　谢永长（—2016.06）
　　　　　　　　林　利（派出所所长）
人大工委主任　胡利生（—2016.04）
　　　　　　　傅道碎（2016.04—）
人大工委副主任　郑建良
　　　　　　　　吴建勇（—2016.01）
　　　　　　　　郑爱聪（2016.06—）
主　任　徐时斌
常务副主任　黄胜览
副主任　陈　晓（—2016.06）
　　　　全正超（—2016.06）
　　　　陈　超（—2016.06）
　　　　叶劲彤（2016.06—）
　　　　廖远新（2016.06—）
　　　　陈　凯（2016.06—）
总工程师　王　琛（—2016.05）
“两新”工委书记　季洪海
“两新”工委副书记　金立斌（—2016.01）

桥头镇

书　记　何学考（—2016.11）
　　　　尤建夏（2016.11—）
副书记　林　杰

胡月珍（—2016.04）
徐贤友（2016.04—）
王利友（2016.04—）
纪委书记 王利友（—2016.04）
徐大林（2016.06—）
党委委员 徐贤友
王利友
徐大林（2016.06—）
谢 琼（女）（—2016.04）
黄品辉（2016.06—）
徐胜飞
潘崇相
叶丽华（女）
胡黎民（2016.06—）
黄红光（派出所所长）
人大主席 施正文
人大副主席 周秀杰
潘海峰（—2016.05）
朱众和（—2016.05）
施秀顺（2016.06—）（2016.12.24当选）
镇 长 林 杰
常务副镇长 谢 琼（女）（—2016.04）
黄品辉（2016.06—）（2016.12.24当选）
副镇长 徐贤友（—2016.04）
徐建光（—2016.05）
黄品辉（—2016.06）
廖远新（—2016.06）
吴振生（2016.06—）（2016.12.24当选）
林正茂（2016.06—）（2016.12.24当选）
郑志勇（2016.06—）（2016.12.24当选）
“两新”工委书记 何学考（—2016.11）
尤建夏（2016.11—）
“两新”工委副书记 徐大林（—2016.06）

桥下镇

书 记 周望欣
副书记 唐红专
周 智（2016.05—）
谢纯武（2016.04—）
孙 剑（市下派农村指导员）
王志煦（县下派农村指导员）
季益良（县下派农村指导员）
纪委书记 滕显峰（—2016.04）
王天强（2016.05—）
党委委员 滕显峰（—2016.04）
杜亦游（—2016.05）
王天强
卢徐伟
郑钟南（—2016.04）
张海鸥（—2016.05）
吴若平（女）（2016.05—）
徐 昶（2016.05—）
陈伯聪（2016.05—）
谷 利
叶不凋（派出所所长）
人大主席 周福巧（—2016.04）
徐浙忠（2016.04—）（2016.07.28当选）
人大副主席 麻永国（—2016.05）
金可群（—2016.05）
卓丐岭（—2016.04）
朱众和（2016.05—）（2016.07.28当选）
厉 化（2016.05—）（2016.07.28当选）
镇 长 唐红专
常务副镇长 杜亦游（—2016.05）
卢徐伟（2016.05—）（2016.07.28当选）
副镇长 王天强（—2016.05）
厉 化（—2016.05）
陈伯聪（—2016.05）
李 淼
金成有（2016.05—）（2016.07.28当选）
吕包琬（2016.05—）（2016.07.28当选）
“两新”工委书记 周望欣
“两新”工委副书记 吕包琬（—2016.05）

岩头镇

书 记 戴春光（—2016.01）
黄金锡（2016.03—）
副书记 黄金锡（—2016.03）
周旭亮
章海鸥
徐志光（县下派农村指导员）
纪委书记 汤晓雅（女）（—2016.04）
朱陈敏（女）（2016.06—）
党委委员 汤晓雅（女）（—2016.04）
王富强（援疆）
朱陈敏（女）
吕巧锋（2016.06—）
戴建武（—2016.06）
张晓松
朱建平（2016.06—）
汤向阳
郑 洌（2016.06—）
周庆利
郭乐家（市下派农村指导员）
人大主席 汪国勇
人大副主席 方寿弟（—2016.05）
金国勇

郑　洌
（—2016.06）
卢苍忠
（2016.06—）（2016.12.24当选）
镇　长　黄金锡（—2016.03）
周旭亮
（2016.03—）（2016.04.12当选）
常务副镇长　吕巧锋
（2016.06—）（2016.12.24当选）
副镇长　金云平（—2016.06）
汤向阳（—2016.06）
吕巧锋（—2016.06）
金成有（—2016.05）
陈　义（2016.05—）
（2016.12.24当选）
金晓波（2016.05—）
（2016.12.24当选）
胡建伟（2016.06—）
（2016.12.24当选）

沙头镇

书　记　金哲旺
副书记　李新聪
叶集成（—2016.01）
吴志远（2016.04—）
袁青怀（市下派农村指导员）
纪委书记　周公理
党委委员　周公理
包　雷
谢月微（女）
叶宝益（2016.06—）
陈国忠（2016.05—）
潘理民
潘海闯
李　敏（—2016.05）
邵胜进（派出所所长）
人大主席　朱文广
人大副主席　叶宝益（—2016.06）
刘志铙（—2016.06）
徐利星（2016.06—）
（2016.12.24当选）
吴介甫（2016.06—）
（2016.12.24当选）
镇　长　李新聪
常务副镇长　吴志远（—2016.04）
包　雷（2016.06—）
（2016.12.24当选）
副镇长　卓成春（女）
（—2016.06）
徐利星（—2016.06）
吴介甫（—2016.06）
金云平（2016.06—）
（2016.12.24当选）
刘文表（2016.06—）
（2016.12.24当选）
刘志铙（2016.06—）
（2016.12.24当选）
“两新”工委书记　金哲旺
“两新”工委副书记　刘文表
（—2016.06）

枫林镇

书　记　叶胜杰（—2016.04）
戚永东（2016.04—）
副书记　金世炊
金文达（—2016.04）
戴光辉（—2016.06）
李理明（2016.06—）
方裕安（省下派农村指导员）
纪委书记　吴　敏（—2016.06）
廖朝阳（2016.06—）
党委委员　廖朝阳（2016.06—）
吴　敏
金爽爽
潘　怡（女）
陈鲜庭
谢益浩（2016.06—）
金雄浩
人大主席　沙定锚（—2016.04）
苏　勇（2016.04—）
（2016.12.22当选）
人大副主席　谢益浩（—2016.06）
刘三相（—2016.06）
陈敏坚（2016.06—）
（2016.12.22当选）
镇　长　金世炊
常务副镇长　吴　敏（2016.06—）
（2016.12.22当选）
副镇长　陈敏坚（—2016.06）
卢苍忠（—2016.06）
谷建坤
刘三相（2016.06—）
（2016.12.22当选）
章剑海（2016.06—）
（2016.12.22当选）

岩坦镇

书　记　徐　翔（2016.03—）
副书记　徐　翔（—2016.03）
戴立敏（—2016.03）
胡高丰
金　勇（省下派农村指导员）
潘微微（县下派农村指导员）
纪委书记　谢殿忠
党委委员　谢殿忠
金郑献
陈建静（—2016.04）
何海静（—2016.05）
廖朝阳（—2016.06）
胡朝辉（2016.05—）
麻希滕
戴建方（2016.05—）
金雷波（2016.05—）
胡云帆
朱晓彤（派出所所长）
人大主席　郑建国
人大副主席　胡朝晖（—2016.05）
叶益林（—2016.05）
陈伯华（—2016.05）

邵建军（2016.05—）
（2016.07.28当选）
镇　长　徐　翔（—2016.03）
张德周（2016.03—）
（2016.04.20当选）
常务副镇长　金郑献（2016.05—）
（2016.07.28当选）
副镇长　何海静（—2016.04）
金郑献（—2016.05）
戴建方（—2016.05）
邹姗珊（女）
（—2016.03）
叶益林（2016.05—）
（2016.07.28当选）
陈伯华（2016.05—）
（2016.07.28当选）
陈　瑜（女）
（2016.05—）（2016.07.28当选）

大若岩镇

书　记　周旭丹（女）
（—2016.06）
副书记　麻光胜（—2016.06）
廖海东
林宣贤（省下派农村指导员）
纪委书记　麻炳彪
党委委员　麻炳彪
谢选仲（2016.06—）
丁晓平
何海静（2016.06—）
陈武鹤
张仁谦（—2016.05）
谷舜斌（—2016.04）
程忠义（2016.06—）
刘昌东
人大主席　钱建文（—2016.04）
滕建辉（2016.04—）
（2016.12.24当选）
人大副主席　李秀嫦（女）
（—2016.05）
林光益（—2016.06）
吕伯相（2016.05—）
（2016.12.24当选）
潘跃忠（2016.06—）
（2016.12.24当选）
镇　长　周旭丹（女）
（—2016.03）
戴立敏（2016.03—）
（2016.04.19当选）
常务副镇长　谢选仲（2016.06—）
（2016.12.24当选）
副镇长　张仁谦（—2016.05）
李海朋（—2016.05）
程忠义（—2016.06）
谢选仲（—2016.06）
吕克腾
林光益（2016.06—）
（2016.12.24当选）
孙　睿（2016.06—）
（2016.12.24当选）

碧莲镇

书　记　徐良明（—2016.04）
朱晨霞（女）
（2016.04—）
副书记　朱晨霞（女）
（—2016.04）
戴晓智（2016.04—）
刘庆贵（—2016.06）
戴建光
纪委书记　郑　岳（—2016.04）
麻永丰（2016.06—）
党委委员　郑　岳（—2016.04）
金艳艳（女）
（—2016.06）
胡永相（—2016.05）
李理明（—2016.06）
胡黎民（—2016.06）
麻永丰（2016.06—）
陈光旭（2016.06—）
刘建群（2016.06—）
陈益丰（2016.06—）
谷常有（2016.06—）
李志旭（2016.06—）
潘　书
郑智勇（派出所所长）
人大主席　孙　锋（—2016.04）
周耀明（2016.04—）
（2016.12.24当选）
人大副主席　陈益丰（—2016.06）
董　益（—2016.06）
汪海敏（2016.06—）
（2016.12.24当选）
镇　长　朱晨霞（女）
（—2016.04）
戴晓智（2016.04—）
（2016.12.24当选）
常务副镇长　李理明（—2016.06）
陈光旭（2016.06—）
（2016.12.24当选）
副镇长　陈光旭（—2016.06）
麻永丰（—2016.06）
谷常有（—2016.06）
刘建群（—2016.06）
董　益（2016.06—）
（2016.12.24当选）
陈文达（2016.06—）
（2016.12.24当选）
胡军勇（2016.06—）
（2016.12.24当选）

巽宅镇

书　记　周宁国
副书记　肖良建
汤小巧（—2016.04）
麻云平（—2016.04）
叶　俊（2016.04—）
杨忠源（省下派农村指导员）
叶　繁（市下派农村指导员）
纪委书记　陈国忠（—2016.05）

杨　义（2016.05—）
党委委员　陈国忠（—2016.05）
胡永存（—2016.04）
杨　义
吴佰友
陈　静
王　琼（女）
邵剑锋（2016.05—）
邵锦闹（2016.05—）
陈吕好
人大主席　刘　建（—2016.04）
麻云平（2016.04—）
（2016.07.28当选）
人大副主席　金锡矿
吕伯相（—2016.05）
谷明宝（2016.05—）
（2016.07.28当选）
镇　长　肖良建
常务副镇长　胡永存（—2016.04）
吴佰友（2016.05—）
（2016.07.28当选）
副镇长　吴佰友（—2016.05）
陈　义（—2016.05）
陈文波（—2016.05）
邵锦闹（—2016.05）
吕长平（2016.05—）
（2016.07.28当选）
卢伯成（2016.05—）
（2016.07.28当选）
朱国敏（2016.05—）
（2016.07.28当选）

鹤盛镇

书　记　李永绍（—2016.03）
王长江（2016.04—）
副书记　王长江（—2016.04）
全旭东（2016.04—）
周俊雅（—2016.04）
朱海兵（—2016.04）
郑　岳（2016.04—）
陈卫星（市下派农村指导员）
纪委书记　邹显义（—2016.05）
李志正（2016.05—）
党委委员　邹显义（—2016.05）
吴若平（女）
（—2016.05）
朱建平（—2016.05）
池兴荣（—2016.04）
李志正
董建新（2016.05—）
胡　琼（女）
陈文波（2016.05—）
蒋建聪（2016.05—）
汪　帆（2016.05—）
周红权
金衍孟（派出所所长）
人大主席　全旭东（—2016.04）
朱　捷（女）
（2016.05—）（2016.07.27当选）
人大副主席　陈　剑（—2016.04）
谢国强（—2016.05）
胡贤都（2016.05—）
（2016.07.27当选）
周旭养（2016.05—）
（2016.07.27当选）
镇　长　王长江（—2016.04）
全旭东（2016.04—）
（2016.07.27当选）
常务副镇长　吴若平（女）
（—2016.05）
董建新（2016.05—）
（2016.07.27当选）
副镇长　李志正（—2016.05）
蒋建聪（—2016.05）
张　克（—2016.05）
陈苍环（—2016.05）
卢金海（2016.05—）
（2016.07.27当选）
谢国强（2016.05—）
（2016.07.27当选）
朱海兵（2016.05—）
（2016.07.27当选）

金溪镇

书　记　徐志勇（2016.04—）
副书记　潘齐忠（2016.04—）
郑钟南（2016.04—）
纪委书记　胡永相（2016.05—）
党委委员　胡永相（2016.05—）
张仁谦（2016.05—）
谢韦斌（2016.05—）
邹显义（2016.05—）
潘海峰（2016.05—）
刘晓勇（2016.05—）
人大主席　沙定锚（2016.04—）
（2016.07.26当选）
人大副主席　李秀嫦（女）
（2016.05—）（2016.07.26当选）
镇　长　潘齐忠（2016.04—）
（2016.07.26当选）
副镇长　陈锦琰（2016.05—）
（2016.07.26当选）
董丽荷（女）
（2016.05—）（2016.07.26当选）
陈　斌（2016.05—）
（2016.07.26当选）

东城街道

书　记　陈贤立（—2016.03）
周聘磊（2016.03—）
副书记　周聘磊（—2016.03）
陈贤锋（2016.03—）
张建国（—2016.05）
周献华（—2016.05）
陈建章（2016.06—）
潘欣欣（女）（市下派农村指导员）
纪工委书记　陈光荣
党工委委员　陈光荣
周献华（—2016.05）
周红光
金艳艳（女）

（2016.06—）
卢跃明（—2016.05）
王海欧
汪　扬
王贤芬（女）
谢永长（2016.06—）
厉建森（兼）
（—2016.06）
人大工委主任　谢纯意
（—2016.04）
刘聪雷
（2016.04—）
人大工委副主任　汤奥姆
（—2016.05）
李秀华
戴凌云
（2016.06—）
主　任　周聘磊（—2016.03）
陈贤锋（2016.03—）
常务副主任　周献华（—2016.05）
周红光（2016.06—）
副主任　周红光（—2016.06）
汤嗣强（—2016.01）
林圣洁
郑玉乾
戴建武（2016.06—）
“两新”工委书记　陈贤立
（—2016.03）
周聘磊
（2016.03—）
“两新”工委副书记　郭丽芝
（女）（—2016.01）

南城街道

书　记　麻曙明（—2016.03）
周　陈（2016.04—）
副书记　周　陈（—2016.04）
叶　武（2016.04—）
汤志远
张金文（—2016.01）
纪工委书记　罗一相
党工委委员　罗一相
叶少军
李奕普（2016.06—）
鲍顺利
周灵芬（女）
（2016.06—）
陈光仲（2016.06—）
叶丽珍（女）
（—2016.01）
胡建武（—2016.05）
陈列重
王建光（—2016.06）
人大工委主任　王兴郎
（—2016.01）
陈继楼
（2016.01—）
人大工委副主任　王新育
徐巧贵
（—2016.05）
陈永华
（2016.06—）
主　任　周　陈（—2016.04）
叶　武（2016.04—）
常务副主任　叶少军（2016.06—）
副主任　胡建武（—2016.05）
叶少军（—2016.06）
朱清化（—2016.06）
郑华乾
李晓明（2016.06—）
叶升川（2016.06—）
“两新”工委书记　麻曙明
（—2016.03）
周　陈
（2016.04—）
“两新”工委副书记　周灵芬
（女）（—2016.06）

北城街道

书　记　陈海州
副书记　麻智慧
苏　勇（—2016.04）
金文达（2016.04—）
徐银周（—2016.01）
陈　剑（县下派农村
指导员）
纪工委书记　陈永华（—2016.06）
徐建胜（2016.06—）
党工委委员　陈永华（—2016.06）
徐建胜
朱清化（2016.06—）
王建忠
麻益领
袁守谦
张海鸥（2016.06—）
全海驰
郑寒虎（—2016.06）
邵方仕（兼）
（—2016.06）
人大工委主任　李培熙
（—2016.11）
李小攀
（2016.11—）
人大工委副主任　谷国华
（—2016.01）
麻菊棉（女）
叶集成
（2016.01—）
主　任　麻智慧
常务副主任　徐建胜（—2016.06）
朱清化（2016.06—）
副主任　金巧娇（女）
全海驰（—2016.06）
邵益华
邵方仕（2016.06—）
“两新”工委书记　陈海州
“两新”工委副书记　叶升川
（—2016.06）

乌牛街道

书　记　金绯宇（2016.03—）
副书记　金绯宇（—2016.03）
胡益智（2016.03—）

张德周（—2016.03）
金　一（2016.04—）
王　伟（市下派挂职，—2016.07）
纪工委书记　徐飞平（女）
党工委委员　徐飞平（女）
周耀明（—2016.04）
夏岳良（2016.06—）
王　俊
滕玲玲（女）
余钢梁（—2016.06）
陈苍国（—2016.06）
金教育（—2016.06）
刘庆贵（2016.06—）
郑寒虎（2016.06—）
谢清华（2016.06—）
徐顺海（派出所所长）
人大工委主任　徐浙忠（—2016.04）
孙　锋（2016.04—）
人大工委副主任　陈中奇（—2016.05）
周星金（—2016.01）
金教育（2016.06—）
麻光胜（2016.06—）
主　任　金绯宇（—2016.03）
胡益智（2016.03—）
常务副主任　周耀明（—2016.04）
夏岳良（2016.06—）
副主任　金教育（—2016.06）
夏岳良（—2016.06）
李晓明（—2016.06）
陈　北（—2016.01）
陈苍环（2016.06—）
谢秀杰（2016.06—）
陈忠平（女）（2016.06—）
“两新”工委书记　金绯宇（2016.03—）
“两新”工委副书记　麻向华（女）（—2016.06）

黄田街道

书　记　陈群锋
副书记　戚永东（—2016.04）
戴普查（—2016.04）
徐建斌（2016.04—）
戴国光
纪工委书记　吴臣浩（—2016.06）
吴活机（2016.06—）
党工委委员　吴臣浩（—2016.06）
陈岩斌（—2016.06）
郑爱聪（女）（—2016.06）
吴活机
陈　超（2016.06—）
卓成春（女）（2016.06—）
陈苍国（2016.06—）
王天龙
陈光仲（—2016.06）
王建光（2016.06—）
潘良民
人大工委主任　刘聪雷（—2016.04）
戴普查（2016.04—）
人大工委副主任　郑玄生（—2016.05）
郑岩标（—2016.01）
吴臣浩（2016.06—）
陈岩斌（2016.06—）
主　任　戚永东（—2016.04）
徐建斌（2016.04—）
常务副主任
副主任　吴活机（—2016.06）
陈光仲（—2016.06）
金　磊（—2016.04）
郑利雨（—2016.04）
麻向华（女）（2016.06—）
厉建淼（2016.06—）
张　克（2016.06—）
“两新”工委书记　陈群锋
“两新”工委副书记　胡永杰（—2016.01）

云岭乡

书　记　周俊雅（2016.04—）
副书记　朱琳哲（女）（2016.04—）
陈　剑（2016.04—）
纪委书记　吴飞舟（2016.05—）
党委委员　吴飞舟（2016.05—）
徐象俊（2016.05—）
周　觉（2016.05—）
刘碧芳（女）（2016.05—）
人大主席　池兴荣（2016.04—）（2016.07.26当选）
人大副主席　邵晓达（2016.05—）（2016.07.26当选）
乡　长　朱琳哲（女）（2016.04—）（2016.07.26当选）
常务副乡长　周　觉（2016.05—）（2016.07.26当选）
副乡长　徐　兴（2016.05—）（2016.07.26当选）
厉金荣（2016.05—）（2016.07.26当选）
虞志远（2016.05—）（2016.07.26当选）

茗岙乡

书　记　钱建文（2016.04—）

副书记　滕显峰（2016.04—）
卓丐岭（2016.04—）
纪委书记　周　平（2016.05—）
党委委员　周　平（2016.05—）
陈　逊（2016.05—）
金传克（2016.05—）
朱家豹（2016.05—）
人大主席　汤晓雅（女）（2016.04—）（2016.07.26当选）
人大副主席　吴林克（2016.05—）（2016.07.26当选）
乡　长　滕显峰（2016.04—）（2016.07.26当选）
常务副乡长　陈　逊（2016.05—）（2016.07.26当选）
副乡长　徐齐有（2016.05—）（2016.07.26当选）
李素洁（2016.05—）（2016.07.26当选）

溪下乡

书　记　朱海兵（2016.04—）
副书记　谷舜斌（2016.04—）
陈建静（2016.04—）
纪委书记　陈瓯鹏（2016.05—）
党委委员　陈瓯鹏（2016.05—）
陈信德（2016.05—）
人大主席　胡永存（2016.04—）（2016.07.29当选）
乡　长　谷舜斌（2016.04—）（2016.07.29当选）
常务副乡长
副乡长　龚拯民（2016.05—）（2016.07.29当选）
谢周鹏（2016.05—）（2016.07.29当选）
金建秋（2016.05—）（2016.07.29当选）

界坑乡

书　记　胡月珍（女）（2016.04—）
副书记　金　磊（2016.04—）
纪委书记　戴鹏程（2016.05—）
党委委员　戴鹏程（2016.05—）
鲍凌云（2016.05—）
金耀旭（2016.05—）
人大主席　汤小巧（2016.04—）（2016.07.28当选）
人大副主席　吕小龙（2016.05—）（2016.07.28当选）
乡　长　郑利雨（2016.04—）（2016.07.28当选）
常务副乡长　鲍凌云（2016.05—）（2016.07.28当选）
副乡长　叶洁琼（女）（2016.05—）（2016.07.28当选）
戚胜宇（2016.05—）（2016.07.28当选）
邵建妙（2016.05—）（2016.07.28当选）
虞树立

大地朝晖（叶新人　摄）

中国共产党永嘉县委员会

综 述

2016年，中共永嘉县委认真贯彻落实中央和省、市的各项决策部署，坚持稳中求进的总基调，主动适应经济发展新常态，深入开展“推进‘三年行动计划’，加快‘三区两美’建设”主题实践活动，联动推进经济、城市、社会“三大转型”，全力抓好改革发展稳定各项工作，经济社会保持平稳健康发展的势头。2016年，全县实现生产总值359亿元，同比增长8.6%；财政总收入49.1亿元，其中公共财政预算收入18.14亿元，分别增长6.6%和11.5%；社会消费品零售总额157.8亿元，增长14.4%；城镇居民人均可支配收入38246元，农村居民人均纯收入18391元，分别增长8.8%和8.6%。

“推进‘三年行动计划’，加快‘三区两美’建设”主题实践活动深入贯彻落实党的十八届五中全会精神和省、市决策部署，紧紧围绕“实施‘三区两美’战略举措，建设现代化山水宜居城市”的目标，在全县上下树立目标意识、项目导向，营造你追我赶、力争上游的浓厚干事创业氛围，全面调动广大干部群众的积极性和创造性，推动永嘉转型发展。认真开展党的十八届五中全会和习近平总书记系列重要讲话精神学习、“三问自己·如何担当”解放思想大讨论、重点工作“三年行动计划”、发展环境优化等活动，干部干劲进一步激发。全力打好扩大有效投资、经济转型升级、城市转型发展、环境综合整治、民生事业建设等五场硬仗，各项重点工作顺利推进。制定出台《永嘉县“狮子型”“老黄牛型”干部选拔培养工作办法》，开展“敢担当、树标杆”作风建设五大行动，进一步完善片区纪工委工作体制，继续推进行政审批制度改革，极大改善干部作风转变和县域发展环境。

经济转型升级推动制造业提质发展，主动顺应“互联网+”的跨界式、开放式创新趋势，在全市率先培育国家智能制造示范企业、创成知名品牌示范区、获批建设“浙江制造”试点县，新增拟上市企业5家、“新三板”挂牌2家，成为全省首批产业集群跨境电子商务发展试点县，网络零售额排名全省26个加快发展县第2位，“两化”融合指数跨入全省一类地区行列。推动旅游业全域发展，楠溪江成功列入国家全域旅游示范区创建，顺利通过国家AAAAA级景区创建省级评审，全县接待游客数突破750万人次，旅游总收入超过80亿元，分别增长21.1%和65.8%。推动现代农业提升发展，全县创成省级生态循环农业示范主体10个、示范项目5个，建成现代农业园区5个，获评全市唯一一个“2016年浙江省休闲农业与乡村旅游示范县”。着力优化企业发展环境，创新实施工业用地宗地分割，设立全国首个中小企业融资扶持专项基金5亿元，联动推进政府资金应急转贷、中小企业应收账款抵押融资和企业商标专利质押融资，全年为41家困难企业转贷125笔9.67亿元，为16家企业通过商标专利质押授信0.59亿元，金融生态继续保持全市最优水平。

城乡统筹发展顺利完成部分行政区划调整，谋划实施“一带两城五组团”的城乡空间布局，明确瓯江北岸城市带、两大功能城区、山区五大组团的功能定位、发展方向和实施路径。狠抓重点项目落地，全力推进重点工程“清零”行动，三江世贸中心一期、立体城二期、巴菲特金融大厦、清水埠城中村改造项目等11个重点项目开工建设（建成6个），全县39个重点工程均超额完成年度投资任务，南岸水库、楠溪江河口大闸等重大项目前期工作有序推进，成功争取杭温高铁设站黄田、楠溪江。加快城市有机更新，在全市率先获批10亿元停车场专项债券额度和12亿元棚户区改造融资贷款，上塘综合农贸市场建成投用，新建改建道路8条，新增停车位5502个，瓯北社区巴士投入运行，智慧交通入选省级示范推广项目。深化美丽乡村建设，创新开展“三百三千”创建活动，打造美丽乡村精品村61个，建成美丽乡村精品线1条，入选省级特色精品村5个，创成省级美丽乡村示范镇2个，获评全市唯一的省休闲农业与乡村旅游示范县。

环境综合整治全力开展“大拆大整”专项行动，成功打造“龙下样板”“安丰规模”和“珠岙速度”，顺利夺取“大拆大整”单项指标“七个全市第一”（城镇危旧房治理完成率、农村D级危房腾空率、拆违任务完成量、拆违任务完成率和居住出租房、合用场所、民宿整治合格率），成功打造“瓯窑小镇”，获评全市“大拆大整”专项行动先进单位。统筹推进“五水共治”“四边三化”“三改一拆”等专项行动，开工精品街区6条、建成精品河道2条，完成城镇污水处理厂（站）全覆盖，城市污水处理率达到86.8%，引入市场化机制，实现河道保洁常态化，创成省级园林城市，国家卫生县城创建顺利通过省级技术评估，生态环境公众满意度提升幅度全市第一。创新出台环境保护“一票否决”制度，联动推进楠溪江流域资源管理、水上沿溪无序经营整治，环境违法行政拘留数全市第一，违法采砂刑事打击全省第一。

平安建设坚持以“两护两强”（维稳护航、创新护鼎、强基创优、强警铸魂）工程为主载体，全力打击突出违法犯罪活动，全年刑事治安警情、两抢警情、盗窃警情、黄赌警情分别同比下降17.78%、59.74%、23.93%、25.09%，各项数据降至近十年最低点，全县3个治安乱点全部整治到位，食品安全刑事案件查办走在全市前列，深入开展安全生产排查专项整治，全县安全生产事故起数、死亡人数分别下降4.8%、5.6%，均创历史最低，全县社会总体保持和谐稳定。成功实现平安建设“八连创”，夺取“平安银鼎”进入决胜期。完善涉稳研判“六部门联席会议”机制，坚持“零报告”和“日会商”制度，深化“一三五”应急处置机制建设，稳妥处置重大案事件，圆满完成G20杭州峰会和第三届世界互联网大会安保任务，得到省、市领导充分肯定，妥善处置信访问题，创造连续28个月实现进京“零非访”纪录。

民生和谐圆满完成2016年十大民生实事。完成机关事业单位养老保险改革，实施被征地农民转保职工养老保险，建成居家养老服务照料中心160家，城乡基本社会保险覆盖面达到97.3%，城镇登记失业率维持全市较低水平。县级医疗资源下沉实现全覆盖，县人民医院急诊综合大楼扩建工程建成投用，出生人口性别比实现“五连降”，医药卫生体制改革走在全市前列。开工县图书馆、档案馆，建成县公共文化活动中心主体工程，农村文化礼堂建设成为全省样板。创成国家级农村职业和成人教育示范县，高考成绩连续7年创历史新高。人民武装、双拥优抚、人民防空、人口计生、统计、档案、地方志、移民、应急、民族宗教、外事侨务、对台等工作取得新成绩，工青妇、老龄、关心下一代等事业健康发展。

党的建设深化“两学一做”学习教育活动，认真学习贯彻中共十八届五中全会和习近平总书记系列重要讲话精神，县委书记带头上党课，组织全县党员干部进行集中式夜学夜考，开展“千名农村青年党员上党课”活动，牢牢把住“思想开关”。大力开展“基层党建深化年”活动，健全完善县委常委抓基层党建“五项制度”，建立县乡村三级书记党建责任清单、书记领办项目、基层党建报表等机制，通过开展示范培育、落后整转和达标创建等“三大行动”，建成市县乡三级示范点180个、样板村30个，整转软弱落后村46个，创建达标村724个，不断夯实党的基层基础。不断加强干部队伍管理，开展“为官不为”专项治理，列出4大类27种不适宜担任现职的情形，创新推出不适任村干部“五退出五劝退”机制，明确村干部退出和劝退的“10种情形”，畅通干部“下”的渠道。持续深化党风廉洁建设，严格落实“两个责任”，率先推出党风廉政建设主体责任清单式管理，探索“四种形态”实践运用，全面实行“一案双查”，严格落实中央“八项规定”，保持反腐败的高压态势。扎实做好换届工作，制定人选资格审查的“46项清单”，建立“四级联审联查”机制，严把人选关，“零容忍”打击违纪行为，确保换届环境风清气正。

（李忠录）

2016年县委主要会议

县委工作务虚会暨2016年第一季度县委常委工作分析会 2016年1月3日上午召开。会议主要内容：交流前阶段“十三五”课题调研成果，着重谋划永嘉“十三五”及2016年的工作思路，研究部署一季度的重点任务，确保实现“十三五”良好开局，确保实现“开门红”。县委书记娄绍光出席会议并作重要讲话。县四套班子领导，各功能区党委书记、管委会主任，各镇（街道）党（工）委书记、镇长（主任）；县直属有关单位主要负责人，重点工程建设指挥部负责人参加会议。

县委十二届十次全体(扩大)会议 2016年1月19日上午召开。会议主要内容：认真贯彻落实中央和省、市委系列决策部署，回顾2015年工作，谋划“十三五”发展，部署2016年任务，审议《中共永嘉县委关于制定永嘉县国民经济和社会发展第十三个五年规划的建议》，动员全县上下进一步抢抓机遇，锐意改革，奋发进取，全面开启永嘉“十三五”发展新征程。县委书记娄绍光出席会议并作重要讲话。县四套班子领导，担任过副县级实职以上的党员老干部，县纪委委员，各功能区党委书记、管委会主任，各镇（街道）党（工）委书记、镇长（主任），县直属各单位主要负责人，金融系统、重点工程建设指挥部主要负责人，县直重点部门班子成员，部分县第十二次党代会代表。

2015年度县委常委会专题民主生活会 2016年1月21日上午召开。会议主要内容：认真贯彻落实中央和省、市委的部署要求，对照“严以修身、严以用权、严以律己，谋事要实、创业要实、做人要实”的要求，聚焦对党忠诚、个人干净、敢于担当，本着严肃认真、实事求是、民主团结的原则，以整风精神开展批评与自我批评，深入查找县委常委班子及成员存在的“不严不实”问题，深刻剖析问题产生的根源，从严从实抓好思想教育、党性分析、整改落实和立规执纪，确保专题教育活动取得实效，努力打造“忠诚干净担当”干部队伍。县委书记娄绍光出席会议并作对照检查。县四套班子主要领导，县委常委，县委办、县委组织部负责人参加会议。

中共永嘉县第十二届纪律检查委员会第六次全体（扩大）会议 2016年2月3日上午召开。会议主要内容：深入学习贯彻习近平总书记重要讲话和十八届中央纪委六次全会、省纪委十三届五次全会、市纪委十一届六次全会精神，回顾总结2015年永嘉县党风廉政建设和反腐败工作，研究部署2016年工作任务。县委书记娄绍光出席会议并作重要讲话。县四套班子领导，各功能区党委书记，纪委书记、副书记、监察室主任，各镇（街道）党（工）委书记、纪（工）委书记、副书记、监察室主任；县直属各单位主要负责人，纪委书记（纪检组长）、副书记（副组长），监察室主任；县属投资公司主要负责人；重点工程建设指挥部负责人；金融系统主要负责人；县纪委监察局机关全体干部，县纪委派驻机构全体纪检干部，各片区纪工委全体干部参加会议。

世界永商大会 2016年2月16日下午召开。会议主要内容：整合发挥“永嘉人”资源，提炼弘扬“永嘉人精神”，凝聚人心，共同致力发展，全面宣传永嘉，吸引更多在外永嘉人回乡投资创业，回归家乡建设与发展，进一步推进永嘉人经济转变为永嘉经济，加快永嘉县经济和社会各项事业持续快速健康发展。县委书记娄绍光出席会议并作重要讲话。县四套班子领导，各功能区党委书记或管委会主任，各镇（街道）党（工）委书记或镇长（主任），县直属有关单位主要负责人，世界永嘉人联谊总会第一届理事会第五次会议的全体人员，在外永嘉籍商会会长及知名人士（侨界、工商界等），县内功勋企业负责人、重点行业代表，重点浙商回归项目业主及签约单位，先进集体与先进个人，特邀人士参加会议。

全县作风效能建设暨2015年度考绩表彰大会 2016年2月17日上午召开。会议主要内容：一是传达贯彻落实温州市作风效能建设大会精神；二是通过表彰先进、树立标杆，体现激励先进、奖罚分明的鲜明导向，进一步掀起比学赶超、奋勇争先的浓厚氛围；三是动员全县上下迅速走出节日气氛、进入工作状态，确保实现“开门红”。县委书记娄绍光出席会议并作重要讲话。县四套班子领导，各功能区、镇（街道）班子成员，县直属各单位中层以上干部；金融系统、县属投资公司、重点工程建设指挥部主要负责人，担任过副县级（实职）以上退休老干部，规模以上企业负责人，部分重点村（居）党支部书记和村委会主任，先进代表参加会议。

全县农村工作暨“五水共治”“三改一拆”工作会议 2016年3月17日

下午召开。会议主要内容：一方面是按照省、市相关会议精神，结合永嘉实际，研究部署2016年重点工作任务。另一方面是通过表彰先进，在全县掀起“对标比学”抓落实的浓厚氛围。县委书记娄绍光出席会议并作重要讲话。县四套班子有关领导，县直有关单位主要负责人，各功能区党委或政府主要负责人，各镇（街道）党委或政府主要负责人、分管农村、治水、“三改一拆”工作的领导参加会议。

全县党建工作会议 2016年3月25日下午召开。会议主要内容：深入贯彻上级党建工作系列会议精神，总结分析党建工作形势，研究部署2016年重点任务，动员全县上下提振精神、凝心聚力，开拓创新、真抓实干，以党建工作新业绩提升经济社会发展的新成效。县委书记娄绍光出席会议并作重要讲话。县四套班子主要领导，县委常委，各功能区党委书记、分管领导，各镇（街道）党（工）委书记、组织委员、宣传委员、统战委员、“两新”工委副书记，县直有关单位主要负责人，县委组织部、县委宣传部、县委统战部部务会议成员参加会议。

全县“推进‘三年行动计划’，加快‘三区两美’建设”主题实践活动动员大会 2016年4月5日上午召开。会议主要内容：借助这个活动载体，通过这次动员会议，对年初县委全会确定的重点任务进行再部署、再落实，在全县上下树立起目标意识、项目导向，营造大干快上的浓厚氛围。县委书记娄绍光出席会议并作重要讲话。县四套班子领导，各功能区、镇（街道）党委和政府主要负责人，县直属各单位主要负责人，部分重点村（居）党支部书记和村委会主任参加会议。

县委建设法治永嘉工作领导小组会议 2016年4月18日下午召开。会议主要内容：学习贯彻中央和省、市委的部署要求，总结2015年法治永嘉建设工作，研究部署2016年工作任务。县委书记娄绍光出席会议并作重要讲话。县四套班子有关领导，县委建设“法治永嘉”工作领导小组成员单位和其他相关部门主要负责人参加会议。

全县“两学一做”专题党课暨学习教育部署会 2016年5月3日上午召开。会议主要内容：既是“两学一做”的专题党课，也是一次工作部署会，标志着永嘉县“两学一做”学习教育的全面启动。县委书记娄绍光出席会议并作重要讲话。县四套班子有关领导，各功能区党委书记，各镇（街道）党（工）委书记、组织委员，县人大、县政协各委（室）主要负责，县直属有关单位主要负责人参加会议。

2016年第二季度县委常委工作分析会暨第一季度经济形势分析会 2016年5月10日下午召开。会议主要内容：总结分析一季度工作情况，特别是一季度经济形势，研究部署下步重点工作，对年初确定的各项目标任务进行再督促、再落实。县委书记娄绍光出席会议并作重要讲话。县四套班子主要领导，县委常委、副县长，各功能区、乡镇（街道）党委和政府主要负责人，县直属有关单位主要负责人参加会议。

县委十二届十一次全体(扩大)会议 2016年6月16日上午召开。会议主要内容：认真贯彻落实省委、市委全会精神，研究部署补短板工作，审议通过《中共永嘉县委关于补短板的实施意见》，动员全县上下进一步增强看齐意识，树立问题导向，推动工作落实，努力开创永嘉转型发展新局面。县委书记娄绍光出席会议并作重要讲话。县委委员、候补委员，县纪委委员，县人大常委会主任、副主任，县政府副县长，县政协主席、副主席；担任过副县级实职以上的党员老干部，县直属各单位主要负责人，各功能区党委书记、管委会主任，各乡镇（街道）党（工）委书记、乡镇长（主任），县直重点部门班子成员，部分县第十二次党代会代表参加会议。

永嘉县庆祝中国共产党成立95周年暨“七一”表彰大会 2016年6月30日下午召开。会议主要内容：共同庆祝中国共产党成立95周年，回顾党的光荣历史，缅怀党的丰功伟绩，表彰一批先进典型，进一步激励广大党员振奋精神、敬业奉献、创先争优。县委书记娄绍光出席会议并作重要讲话。县四套班子领导，各功能区党委书记、分管副书记，各乡镇（街道）党（工）委书记、副书记、组织委员，县直属各单位主要负责人，先进集体和优秀个人代表，党员代表参加会议。

全县第二季度党建工作现场会暨农村文化体育深化年活动推进会 2016年7月28日上午召开。会议主要内容：总结分析前阶段工作情况，研究部署下阶段重点任务。县四套班子有关领导，各功能区、乡镇（街道）党（工）委书记，宣传委员或文体分管负责人，县直属有关单位主要负责人参加会议。

2016年第三季度县委常委工作分析会暨半年度经济形势分析

会　2016年8月8日下午召开。会议主要内容：总结分析上半年工作情况，特别是半年度经济运行形势，研究部署下半年重点工作任务。县委书记娄绍光出席会议并作重要讲话。县四套班子领导，各功能区、乡镇（街道）党委和政府主要负责人，县直属有关单位主要负责人参加会议。

2016年全县招商选资工作领导小组第二次(扩大)会议　2016年8月16日上午召开。会议主要内容：一方面是通过每季度召开一次招商选资工作领导小组会议，把这种常态化推进招商工作的机制坚持下来，确保招商工作思想不松、力度不减。另一方面是分析2016年以来招商工作面临的形势和存在的问题，增强下阶段招商工作的针对性和实效性，提高全县招商工作整体水平。县委书记娄绍光出席会议并作重要讲话。县四套班子有关领导，各功能区、乡镇（街道）党委或政府主要负责人，县直属有关单位主要负责人参加会议。

永嘉县庆祝第32个教师节暨先进表彰大会　2016年9月8日下午召开。会议主要内容：在教师节来临之际，欢聚一堂，以共同庆祝全国第32个教师节，共商教育发展大计。县委书记娄绍光出席会议并作重要讲话。县四套班子有关领导，各功能区党委书记或管委会主任，各镇（街道）党（工）委书记或镇长（主任），县直属有关单位主要负责人，县教育局全体干部，各学区正副主任、政工干部，直属学校校长、书记，全县片中心以上学校校长，2015学年各类先进教师、业务骨干及退离休教师代表参加会议。

全县房屋安全隐患排查和风险防范工作暨“三改一拆”“五水共治”工作推进会　2016年10月12日下午召开。会议主要内容：一方面是传达市委常委会扩大会议有关精神；另一方面是对“五水共治”“三改一拆”等重点工作进行再部署。县委书记娄绍光出席会议并作重要讲话。县四套班子领导，各功能区党委书记、管委会主任，各乡镇（街道）党（工）委书记、乡镇长（主任），城建工作分管领导，县直属有关单位主要负责人参加会议。

全县G20杭州峰会维稳安保工作总结大会　2016年10月14日下午召开。会议主要内容：深入学习贯彻习总书记重要批示精神，认真贯彻落实省、市G20杭州峰会表彰总结大会精神，进一步鼓足干劲、乘势而上、善作善成，用服务保障G20峰会的精神，凝聚起投身永嘉事业的激情和干劲，把服务保障G20的举措，落实到抓好各项工作任务上来。县委书记娄绍光出席会议并作重要讲话。县四套班子领导，各功能区党委书记、管委会主任，各乡镇（街道）党（工）委书记、乡镇长（主任），政法副书记，县直属有关单位主要负责人，先进集体和个人代表参加会议。

全县“大拆大整”专项行动动员部署会　2016年10月25日上午召开。会议主要内容：按照市委、市政府部署要求，进一步统一思想、凝聚共识，全面动员、全面部署，举全县之力打好“大拆大整”这场攻坚战役。县委书记娄绍光出席会议并作重要讲话。县四套班子领导，各功能区、乡镇（街道）党（工）委书记，县直属有关单位主要负责人相关单位班子成员和中层干部，各乡镇（街道）班子成员，各基层站所负责人，村（居）两委主要负责人参加会议。

2016年第四季度县委常委工作分析会暨半年度经济形势分析会　2016年10月28日上午召开。会议主要内容：总结分析前三季度工作情况，特别是分析经济运行形势和重点考绩指标情况，研究部署年内重点工作任务，争取在最后的2个多月时间里，加码加力、冲刺一把，确保夺取“全年红”。县委书记娄绍光出席会议并作重要讲话。县四套班子领导，各功能区、乡镇（街道）党委和政府主要负责人，县直属有关单位主要负责人参加会议。

县换届选举工作领导小组会议　2016年11月21日下午召开。会议主要内容：讨论县委和各乡镇（街道）党（工）委拟提名的县人大代表建议人选名单。县委书记姜景峰出席会议并作重要讲话。县四套班子有关领导，县直属有关单位主要负责人参加会议。

永嘉县农村党风廉洁建设现场会　2016年11月23日下午召开。会议主要内容：一是党风廉洁建设是全面从严治党的重要内容，而农村更是党风廉洁建设的基础部分。通过召开这次会议，以实际行动贯彻落实中共十八届六中全会精神，推动全面从严治党向基层延伸。二是对农村党风廉洁建设进行再部署、再落实，为下步村级换届选举营造风清气正的良好环境。县委书记姜景峰出席会议并作重要讲话。市巡察组全体成员，县四套班子有关领导，各功能区、乡镇（街道）党（工）委书记、纪委书记，县直属有关单位主要负责人，片区纪工委书记参加会议。

县委工作务虚会暨2016年全县考绩形势分析会 2016年12月9日下午召开。会议主要内容：既是抓当前，部署落实全年的考绩工作；也是谋长远，通过思想交流和头脑风暴，进一步理清今后五年的发展思路。县委书记姜景峰出席会议并作重要讲话。县四套班子领导，各功能区、乡镇（街道）党委和政府主要负责人，县直属有关单位主要负责人参加会议。

县委全委（扩大）会议 2016年12月10日上午召开。会议主要内容：根据中央和省、市委的统一部署，县委按照《中国共产党地方委员会工作条例》《中国共产党地方组织选举工作条例》《党政领导干部选拔任用条例》的要求，全额酝酿推荐第十三届县"两委"委员候选人初步人选。县委书记姜景峰出席会议并作重要讲话。县委委员，候补委员，县纪委常委，县人大、政府、县政协党员领导成员，副县长级党员领导干部，拟新进县四套班子党员领导人选，各功能区、乡镇（街道）党政正职党员领导干部，县直属各单位主要党员领导干部，县人大各委（办）党员主任，县政协秘书长、各委（办）党员主任，担任过副县级实职以上的党员老同志参加会议。

中共永嘉县委十三届一次全会 2016年12月28日下午召开。会议主要内容：选举产生新一届县委常委会和县委书记、副书记，通过了县纪委一次全会选举产生的新一届县纪委领导班子。县委书记姜景峰出席会议并作重要讲话。县委委员、候补委员、纪委委员参加会议。

（伍斌斌）

政策与经济研究

概况 2016年，县委政研室（改革办）认真贯彻落实省、市和县委工作部署，坚持服务经济社会发展大局，扎实推进调查研究，全力推进改革任务落地生根，圆满地完成了县委交办的任务，为县委科学民主决策发挥了积极有效的参谋助手作用。全面深化改革工作获得市对县改革考核全市B组第一，连续两年夺冠。

围绕县委全面深化改革工作当好助手 一是统筹谋划，力促改革落地。提出县委全面深化改革领导小组2016年工作要点的11个改革专项领域共73项任务，逐项分解到11个牵头单位和68个责任单位，为全年改革发展定基调、定方向。提出2016年永嘉县"4+16"市县级重点突破改革项目，聚焦改革重点，以点带面激发改革动力。筹备召开第六、第七次县委深化改革领导小组会议和县委改革办联席会议，建立重点改革项目督察机制，完善改革考核体系，开展改革满意度评估工作，开展"不忘改革初心、争当改革先锋"活动，全力推动改革举措早落地、早见效。二是先行先试，激发创新活力。全年新增省级改革试点项目9个。大力开展"浙江制造"试点县建设，团体标准立项、发布数量全市第一。加快推进省级产业集群跨境电商试点县建设，全县网络零售额超144.17亿元，居全省26个加快发展县第二位。深入实施"两化"深度融合国家示范区建设，新增省"两化"融合示范企业3家，报喜鸟集团在国内服装行业率先实现"工业4.0"智能制造。获批全市唯一的省级村级公共设施运行管护机制试点，全年投入管护资金4050万元，有效改善全县农村人居环境。深入推进敬老院公办民营改革试点，永嘉县在全省养老服务工作会议上作典型发言。三是服务全局，释放改革成效。在列入市对县线上考核的10个专项小组中，有5个位居B组第一。在全市首创基层矛盾人民调解"4+1"模式，全县信访积案化解全市排名第一，涉访矛盾纠纷化解全市排名第二。农村文化体育建设活动有声有色，全省农村文化礼堂建设推进会在永嘉县召开。深入推进社区教育综合改革，永嘉县连续四年获得全市社区教育考核一等奖。深化卫生计生综合改革，全市"双下沉、两提升"暨分级诊疗工作现场会在永嘉县召开。深入推进农村产权交易平台建设，打造全市运转最优的县级农村产权服务中心。设立全市首家中小企业金融服务公司，新增"新三板"挂牌企业2家，全县上市企业总数名列全市第二。全面推广全程电子化登记和电子营业执照应用，企业网上登记率达45%，居全市第一。成功列入第二批国家全域旅游示范区创建名单，获评全市唯一的省休闲农业与乡村旅游示范县，楠溪江顺利通过国家AAAAA级旅游景区景观质量省级评审。

围绕县委重大决策部署做好参谋服务 着眼于发展短板和明年发展方向，谋划县领导重点调研课题17项，并及时转化经济、政治、文化、社会、生态等领域的政策参考和决策部署。紧紧抓住牵动全局的关键点、党委领导的关注点，深入开展现代农业、科技创新、商业模式等10多个案例研究，做到参到点子上、谋到关键处。针对国有森林旅游开发现状，争取森林旅游体制改革、民宿发展提升思考两个课题在市决咨委课题立项，成功通过市级评审结题，并获得评审专家的高度评价。扎实推进全县大调研格局建设，要求各地各部门结合岗位职能，深入实际开展调研，全年上报50多篇调研文章供领导参阅，调研工作的热情和水平不断提高。加强调研联络员队伍建设，围绕群众关注的热点难点，建立调研联系点79个。

围绕县委科学民主决策提供信息服务 着重打造《永嘉通讯》《永嘉政研》《永嘉改革》和《调查与思考》这几个辅政平台，为县领导决策提供参谋服务。刊出《永嘉通讯》3期，围绕全年工作思路、补短板促发展等主题，图文并茂宣传永嘉县阶段性重点工作成效与亮点经验，向社会传递正能量。刊出《永嘉政研》20期，适时刊登领导关注的和事关百姓热点难题的调研文章，及时有效转化优秀调研成果，提供决策依据。新创《永嘉改革》内刊，刊出农村产权交易平台新模式、人民调解“4+1”模式等6期，宣传改革成果、遇到的难题以及其他地区的改革经验。评选出全县党政系统优秀调研成果45篇，将其中25篇与21篇县领导重点调研课题一起编辑成《调查与思考》，为领导决策提供事实参考和科学依据。

围绕县委中心工作精心起草重要文稿 根据农村文化体育建设活动如火如荼开展的实际情况，撰写信息稿上报省委主要领导，永嘉县做法得到省委主要领导的批示肯定,要求推广。以获批建设“浙江制造”试点县为契机，结合工作实际，撰写改革案例《永嘉县以“浙江制造”试点县建设推动产业转型升级》，在《浙江改革》专报刊出。聚焦新的发展理念，撰写《践行五大发展理念 加快“三区两美”建设》《永嘉:全力打造美丽乡村升级版》等署名文章共18篇，被《政策瞭望》《温州决策科学》《求真》等有关刊物录用11篇，获得温州发展研究奖二等奖1篇。立足永嘉县发展的现实基础和历史方位，起草《中共永嘉县委关于补短板的实施意见》，找准发展短板，精准谋划发展的新优势。为更好推动各项改革举措落地生根，起草《关于进一步健全完善改革工作制度的通知》，严格责任制落实、项目化管理。按照上级部署安排,认真完成《浙江年鉴》《浙江政策年鉴》等材料15篇。

（潘啸啸）

组织工作

概况 2016年，县委组织部紧紧围绕“十三五”发展大局，按照“五大发展理念”要求，贯穿全面从严治党主线，坚决扫清干扰换届各种障碍，全力抓好村级组织换届前期准备工作；扎实开展“农村基层党建深化年”，着力夯实基层基础；深入推进“选人用人管人规范年”，切实加强领导班子和干部队伍建设；搭建聚才引才平台，努力打造人才工作新生态，为永嘉成功实现“十三五”完美开局提供坚强的组织保障。

村级组织换届 2016年，组织开展村级组织换届百日攻坚，创新“5+1”风险防控分级管理，强势推进“清底”“清风”“清障”“清账”“清仓”等“五清”行动，“一村一策”制订攻坚方案，推行“1个乡镇领导+1套攻坚方案+1个驻村攻坚组”责任捆绑模式，取得阶段性显著成效。截至2016年12月底，共整顿转化换届重点难点村202个，化解重点难点问题370个，作风巡查村131个，打击影响干扰换届对象336名，清核村账904个，化解信访积案110件。开展村级老年协会资金资产专项治理，对全县797家村级老人协会的资金资产进行全面清查。开展“账户归并”工作，对老人协会原来设置的账户一律进行注销，依法将老人协会资金和收入全部移交到村集体，实行统一管理。开展“资产归还”工作，根据清产核资结果实行分类处置，目前村级老人协会的资产已全部移交给村集体统一管理，实现“颗粒归公”。实施“强村惠民三年行动”计划，把壮大村级集体经济作为执政基础来抓，确保3年内减少省定薄弱村180个以上，人口规模1500人以上的村基本达到集体经济年收入20万元以上且经营性年收入5万元以上，实现“不把空壳村带入小康社会”的目标。2016年，落实财政扶持资金2985万元，已超额完成80个“经营性收入5万元以下”的村的转化。细致排摸村干部初步人选，制定《永嘉县村干部初步人选排摸指导规程》，明确人选排摸的摸底调查、人选酝酿、资格初审、组织研判、调研考察、党委决定、后续管理等七步走措施，制定村干部任职资格负面清单，明确18种负面情形，从严指导各乡镇（街道）严格规范抓好人选排摸工作。经五轮排查，全县904个村主职干部初步人选已全部到位，完成率100%,共确定村主职干部初步人选数1768人，其中受过党政纪处分及其他处罚的对象41人，占比2.3%。同时，建立村主职干部初步人选负面清单，采取一人一表、即时入档、动态管理的办法，全面强化对人选的实时了解和掌控，并通过参与村级项目建设协调、列席乡镇（街道）村级干部会议等措施，有意识地予以压担培养。《温州日报》对永嘉县的村干部初步人选排摸工作作了报道。

基层组织建设 2016年，创新制定“基层组织建设路径保障图”，建立农村基层党建巡查制度，已对549个村次进行督查，共查出并反馈问题1356个，下发问题交办单51张，完成整改事项1032项，对季度党建考核末3位的乡镇（街道）予以红、橙、黄预警，对排名最后的乡镇（街道）书记进行了末位谈话。精心组织“两学一做”学习教育，既按规定动作抓落实，通过上门讲课、结对帮学、网上推送等方式，实现全县各个领域党员学习覆盖；又有自选动作创特色，组织开展“千名青年党员上党课”“真爱暖人心”“美丽乡村建设做排头兵”等活动，涌现出爱剪报的91岁老党员陈其东、农村建设“带头人”陈浩等一批身边先进典型。“做好联系服务群众工作”的做法被《省“两学一做”学习情况通报》专题刊发。全力抓好基层党建“示范、达标、整转”三大行动，大力推进“一核三沿”基层党建示范点建设，逐步建成市级示范点30个、县级示范点50个、乡级示范点100个，创建样板村5个、精品线3条、示范片4个；深入实施达标行动，目前通过达标验收的村650个；推行“1名乡镇领导+1个驻村攻坚组+1名第一书记”责任捆绑模式，全县46个软弱落后村实现整顿转化，举全县之力打造出永嘉山清水秀的美丽党建好风景。强化村干部的规范管理，建立村干部干事、负面等清单，积极落实村干部坐班值班等制度刚性落实的督查、通报、问责，制定出台《不适任村干部“五退出五劝退”办法》，全面建立不适任村干部退出机制，对存在“不在岗、不同心、不作为、不守规矩”等问题的村干部逐一建档，采取约谈、告诫、停职、免职等组织措施，已累计启动处置不适任村干部57名。加强党员队伍建设，全面推行入党积极分子“党员推荐、群团组织推优”双推制度和发展党员预审、全程纪实、无记名票决等制度，探索县乡村三级审核和三级公示，不断优化党员行业分布和结构比例，从源头上把好党员发展入口关，至年底共发展党员750名。开展党员组织关系集中排查，深化党员信教参教问题整治，排查出失联党员166名，已全部采取相应联系或处置措施；排查确定2名参教信教党员，其中已改正1名、除名1名，真正做到党员“零失联”和“零信教”。全面提升“两新”工作水平，研究出台“红色动力工程”实施方案，制定22项建设任务清单，全面开展以“组织亮牌子、党员亮形象、工作亮承诺”为主要内容的“三亮”工作，统一制作党员形象牌。全面深化“党建需求库”，将党建需求库建设成一个党组织、党员“线上发布、线下实施”“线上点单、线下参与”的互动平台。大力建设“两新党群服务中心”，在省级示范点“瓯北党群服务中心”积极探索心常态化运营保障机制和“开放式”服务运行制度，有效保障中心顺畅运行，提升党群服务中心服务承载力，推出了学习教育、公益服务等7大类24项固定志愿服务项目，将中心打造成为服务全县两新组织及群众的前沿阵地。

干部队伍建设 2016年，全面整改落实省委巡视组和市委选人用人专项检查组反馈意见。一方面，重点做好超职数配备干部整改消化工作。75名省通报整改基数通过到龄改非、职数核定、空缺补缺、畅通干部下的渠道等方式，已全部消化整改到位。市整改消化基数121名已消化118名。另一方面，大力清理规范企业兼职等行为。对115名领导干部在社团兼职问题进行全面排查梳理和整改落实，对违规在25个社团中兼职的71名领导干部进行了清理，县政府撤销7个镇新农村建设投资公司，免去新农投等投融资平台企业兼职领导干部84名，通过平级转任、转为企业身份、免职等措施消化所有在县属国有企业违规挂职的干部17名。加强换届风气监督工作，切实把严肃换届纪律工作做到实处，联合下发《关于加强换届风气监督确保换届风清气正的通知》，认真落实“五类责任主体”责任，县乡村三级层层签订承诺书，成立3个督导组，对全县15个乡镇全额定向民主推荐、换届考察、乡镇两代表推举酝酿选举中，不定期开展巡回督查。严格代表委员资格审查，明确代表委员人选资格审查“四级联审联查”机制，制定人选资格审查“46项清单”，严格执行省委要求不得推荐的“十种情形”。对县乡换届“两代表”等人选把关、整改工作得到市委常委、组织部长姚高员的批示肯定。严把选人用人关，贯彻落实《干部任用条例》和《温州市领导干部选拔任用“五个实施细则”》，规范化做好干部动议、推荐、考察、讨论决定、任职等环节工作，从严落实“四个凡提比”等要求，坚决防止“带病提拔”。在2016年的干部选拔任用过程中，切实加强审核把关，因档案审核发现问题、信访举报等中止5人，公示期间举报查核取消任用1人。同时，“痕迹化”记录干部考察档案，2016年，对考察的158名领导干部均建立“一人一档”纪实档案。大力推进干部“能上能下”工作，把解决干部“能下”问题作为从严治吏的重要突破口，重点突出对“不作为”的严肃问责，严格落实中央和省市委的“硬性”红线，结合县内干部实际，对不适宜担任现职情形进行细化，分门别类列出4大类27种不适宜担任现职的情形。通过免职、降职、改非、调整岗位等方式，共计“下”了63名乡科级领导干部。

党管人才工作 2016年，创新推出“1+3”人才新政，针对原有政策相对分散、力度小、市场化手段缺乏等不足，创新推出“1+3”人才新政，包括《关于实施“永嘉人才新政十二条”推进领军型人才团队建设的若干意见》等4个新政文件，首次引入科技经费管理新模式，首创企业柔性引才奖励机制，完善人才生活保障和配套服务，推出10项10条新举措，初步形成具有永嘉特色的人才创业创新政策体系，做法被《浙江组织情况》刊登。重点抓好重大人才工程，申报市“580计划”4人、市领军型创业团队14支、领军型人才创业项目11个；完成高技能人才发证数775人、完成率110%，技能人才自主评价企业42家、完成率105%。加快重点创业创新平台建设，奥康鞋业获批设立省级博士后工作站，东蒙等3家公司成立省级企业研究院，原野园林院士专家工作站成功签约，创成永嘉县第1家“众创空间”。致力改善人才创业创新环境，接收新引进人才专项奖励、政府人才津贴、科研效益类奖励等人才待遇申请173人次，各项人才经费兑现320余万元。修订《永嘉县企业人才子女入学管理办法》，帮助解决137位企业人才子女入学问题，开展第一批人才住房保障政策享受对象申报工作，共52人申报高端人才购房补贴和住房租赁补贴政策待遇。建立人才“服务清单”，用“真情实意”感召人才、留住人才，切实营造人才“引得进、留得住、富得起”的生态环境。

（虞树立）

宣传工作

概况 2016年,全县宣传思想战线牢固树立“四个意识”，坚持把牢方向、拉高标杆、补齐短板、改革创新，宣传思想文化工作取得显著成绩。全年共获得省、市委领导批示肯定8次，经验交流推广4项，荣获温州市文化礼堂建设工作先进县、温州市未成年人思想道德建设工作先进县等一系列荣誉称号，成功承办了中国报业发展论坛暨全国媒体看永嘉、全省农村文化礼堂建设推进会、全市宣传文化系统“比学赶超”等重大活动，在市对县年度工作考核中，连续第五年同组第一，意识形态工作全市第一。

思想引领工作 把学习宣传贯彻习近平总书记系列重要讲话精神作为重中之重，深入开展党中央治国理政新理念新思想新战略、中国梦重大主题宣传教育，广泛开展中共十八届六中全会精神及省、市、县委全会精神宣讲，广大干部群众的“四个自信”进一步增强。举办“三问自己·如何担当”“大拆大整”等解放思想大讨论586场，参与讨论2万多人次。围绕中心、服务大局，大力加强社科研究，共完成76项课题。推动文化人回归工程，组建“永嘉在外文化名人智库”，打造“楠溪讲坛”学习品牌。获得了全省基层宣讲工作先进集体、全市党委(党组)理论学习中心组先进单位。

主题宣传工作 以助推中心工作为导向，组织开展“十三五”规划、“大拆大整”“五水共治”“美丽乡村”等重大主题宣传，唱响转型发展好声音，县内媒体全年共播发各类报道14000多篇。办好《永嘉聚焦》《问政永嘉》《督考进行时》等建设性舆论监督栏目，助推难点工作进展，全年开展“大拆大整”全媒体记者在行动活动和市民监督团活动200余次。积极对接中央和省市级主流媒体，讲好永嘉好故事、传播永嘉好声音。举办“第二届中国报业发展论坛暨全国媒体看永嘉”“2016浙江发布系统永嘉采风行”等大型外宣活动。县级以上主流媒体涉永正面报道4200多条（篇），其中央视《新闻联播》4条、浙江卫视《新闻联播》191条，《浙江日报》76

篇、《温州日报》200多篇。中央电视台《行进中国精彩故事》《记住乡愁》《江河万里行》，浙江电视台《两山路上看变迁》等知名节目栏目聚焦永嘉，县广播电视台外宣工作走在全省前列。

舆论引导工作 坚持把做好G20峰会宣传工作作为全年最大政治任务，精心部署、全力以赴，启动长达55天的一级舆情应急响应机制，圆满完成维稳护航任务。强化机构、充实力量，成立县网信办、县舆情应急中心和县互联网发展促进会；进一步完善网络舆情监测工作体系，建立县委常委会定期汇报制度，全年共编发舆情日报412期，抄告94期，组织重大舆论引导381次，联合公安等部门查处网络谣言案件7起，永久关闭负面微信公众号1家，被评为全市网络时评赛先进集体。

价值引领工作 在全社会，围绕庆祝中国共产党成立95周年、纪念红军长征胜利80周年，组织开展“重走红军路”、主题展览等宣传活动。在机关，推动“最美人物”向“最美行业”延伸拓展，全县共有17个行业开展“最美”系列评选活动，成功举办首届“最美”年度盛典，昆剧团由腾腾获评“最美浙江人——2016青春领袖”。在农村，开展“百村传立家风家训”活动，全县共有1.7万余条家训家规得到固化。在学校，在全市率先开展“四品八德”教育，翔宇中学被授予市级德育基地，成为温州市基层宣传思想文化工作十大示范项目。在企业，深入开展“形势教育聚共识，人文关怀聚人心”主题教育实践活动，弘扬工匠精神，激发企业内在动力。

文化建设工作 以壮大主流舆论为目标，组建永嘉传媒集团，媒体融合迈出实质性步伐。借势“大拆大整”，培育瓯窑特色文化小镇，得到省、市、县各级领导的点赞肯定。坚持政府主导、民间主办，组织开展农村文化体育建设深化年活动，新建文体样板村20个、农村文化礼堂42所，组建乡镇（街）文体联合会22个、乡村文体俱乐部568个，举办各类文体活动2100多场次，通过量大面广的文体赛演活动。得到了省委夏宝龙书记等省、市主要领导的批示肯定，被评为温州市宣传思想文化工作十大创新项目。加强精品创作，全年共创作文艺精品节目109个，其中获省级金奖6个、银奖8个，永昆《张协状元》亮相紫金京昆艺术节并摘得紫金奖。

荣誉录 荣获温州市文化礼堂建设工作先进县、温州市未成年人思想道德建设工作先进县等荣誉称号

（郑胜勇）

统战工作

民主党派和党外知识分子工作 一是全面落实支持民主党派和无党派人士参政议政和民主监督。2016年2月21—24日，在永嘉县第十五届人大五次会议、政协九届五次会议召开期间，党外代表人士共上交人大议案27个，政协提案169个。2016年向党外代表人士协商通报4次：1月8日，召开县委十二届十次全会报告征求党外人士意见座谈会；6月14日，组织召开县委协商通报会，12名党外代表人士参与会议，对全会报告和《中共永嘉县委关于补短板的实施意见》提出了意见建议；7月15日，召开县纪委、县法院、县检察院工作情况通报会，民主党派、无党派人士和工商联共50人参加；12月15日，召开县第十三次党代会报告(征求意见稿)座谈会，听取各民主党派、工商联和无党派人士意见建议。2016年党外代表人士开展民主监督活动：7月7日，党外代表人士对县瓯江治理工程千石段、瓯北小微企业创业园、上塘至瓯北公路瓯北段等项目建设情况进行实地督查。二是民主党派和无党派人士服务社会活动。1月19日，县新联会与温州市委统战部、市新联会联合打造的“乡村读书计划”在乌牛仁浦校区启动。1月21日，县新生代企业家联谊会赴楠溪小源片的巽宅镇、碧莲镇慰问7位百岁老人。1月23日，县网联会联合永嘉城市网开展“抗寒潮，送温暖”活动，慰问鹤盛镇山根村、填洋村等10户困难户，并送上1万元慰问金。1月28日，县网联会给县重度残疾人托养中心捐赠全新冬装棉服。1月30日，县网联会公益“爱心墙”在上塘和瓯北正式投入运行，市民通过爱心墙可以将自己闲置的衣服挂上，有需要的人则可以随时取走。三是扎实推进民主党派加强自身建设。1月23日，民建永嘉支部委员在永嘉县政府会议中心召开2015年度总结大会暨2016迎新年会。截至2016年12月31日，民建永嘉支部委员共有26名正式党员1名后备党员。4月20日，召开农工党永嘉县委会六届二次党员大会，大会增补1名县委会副主委，1名县委会委员。至年底农工党永嘉县委会有6个支部139名党员。

民族宗教工作 一是推进民族团结进步事业。进一步发展少数民族文化体育事业，促进少数民族地区经济发展，完成小长坑民族村畲族风情馆预算322万元项目公开招投标，帮助小长坑民族村获得"五水共治五教同行"公益慈善金30万元资助费。12月22日，永嘉县少数民族联谊会成功换届。二是加强宗教管理工作。7月8日，永嘉县佛教协会顺利换届，8月26日召开全县宗教工作会议。2016年，全县按"八个一"高标准创建规范化宗教活动场所示范点53处。2016年，宗教（民间信仰）活动场所"大排查、大整治"工作顺利进行，排查治理场所1181家，隐患数392项，整改数384项。三是扎实推进宗教宣传工作。全年开展"寻梦中国·正言正行"系列活动，8月5—6日"融合·传承·创新"——2016中国（温州）新媒体和道教文化发展高峰论坛在永嘉县东蒙山天然道观隆重举行。

非公有制经济领域统战工作 一是4月6日，召开学习贯彻习近平总书记3月4日重要讲话精神。着重学习"一个坚持""两个毫不动摇""三个没有变"、新型政商关系以及如何解决好民营企业发展中的"五大问题"等内容。二是建立县领导与企业界结对联系交友机制。出台《2016年县领导"九联系"方案》（永委办发〔2016〕8号）、《永嘉县"五帮五助"助企服务月活动实施方案》（永委办发〔2016〕45号）三是2016年确定18个贫困村为精准扶贫工作的结对村，7月成立永嘉县"会企扶村"精准扶贫行动协调小组。四是开展非公有制经济代表人士综合评价工作。8月开始对全县418名非公有制经济代表人士开展综合评价工作。五是9月23日在瓯北召开县工商联第十一次会员代表大会，顺利完成县工商联换届工作。

港澳台及海外人士统战工作 一是引进9个总金额达40.6亿元的涉侨台投资项目，实际到位资金10.8亿元。二是开展爱国主义和中华文化宣传教育活动。开展海外华裔青少年"中国寻根之旅"夏令营活动，承接7个营共350余名海外华裔青少年走进永嘉，感悟家乡山水，体会中华文化。5月18—21日，《魅力东方 走进永嘉》专题宣传活动在永嘉开展。三是加强交流联谊。8月16日，永嘉县与西班牙巴达洛纳市建立友好交流关系城市。2016年接待外宾8批154人次，共主办或协办"世界永嘉人大会"等涉侨活动46次。接待西班牙永嘉总商会、法国永嘉华侨联合总会等海外侨团41个，海外侨胞1689余人次，培训侨领22人次。接待台胞台属28批360人次。四是积极引导华侨参与家乡建设。2016年华侨捐赠累计折合人民币2365.35万余元（其中"百侨助百村"结对5个村共480万元，"助学圆梦"捐赠129.44万元，帮扶学生500余人）。

党外代表人士队伍建设 2016年4月23—28日，在重庆大学举办第四期世界永嘉人暨党外代表人士高级研修班，60余人参加，加强党外代表人士的管理培养。8月17日召开县委组织部县委统战部两部联席会议，进一步加强新形势下党外干部队伍建设。截至2016年年底，永嘉县有党外干部处级4名，科级24名（正科4名、副科20名）。

（章　辉）

信访工作

概况 2016年，永嘉县信访工作在县委、县政府的正确领导和上级信访部门的大力支持下，在全县乡镇（街道）各部门的齐心协力下，信访工作以领导干部接访、信访积案化解、体制机制创新为抓手，深入开展"补短板、化积案、创标杆"为主题的信访督查"百千万"专项行动，化解信访积案"百日攻坚"专项行动，村级组织信访积案"清仓"专项行动，在信访规范化建设、信访积案化解、敏感节点信访维稳等方面取得巨大进步，为全国两会及省、市、县"两会"的召开、G20杭州峰会的顺利举行营造了和谐的社会环境，为构建和谐平安永嘉做出积极贡献。

热情接待来访 2016年，信访工作认真贯彻落实中央和省、市信访工作部署，坚持用群众路线统揽信访的指导思想，全县信访态势良好。群众进京赴省到市来县共1332批次2378人次（初访832批次1684人次、重访437批次704人次、集体访63批次852人次）。其中：进京26批次32人次，同比批次下降16.1%，人次下降17.9%。赴省74批次110人次，同比批次下降16.9%；人次下降34.1%；到市160批次379人次，同比批次下降14.0%；人次下降24.7%。根据以上统计数据，到市以上总数与2015年同期相比，呈下降趋势。来县上访较去年有一定增加，属正金字塔现象，情况较为乐观。特别是2014年10月份以来，已连续实现无进京非正常上访，多次受到县市相关领导肯定。

认真办理来信和网上信访 一是及时处理县内来信。2016年，共收到县内群众来信（书信、电话短信）111件，均得到及时处理，全部办结。二是高度重视上级转交办信。2016年以来，共收到省、市以及有关领导重要批件471件，全年已结471件，未结0件，办结率达到100%。三是全年共收到网上信访件554件，其中包括由浙江省统一政务咨询投诉举报平台网上投诉、网上举报、省长信箱等296件，县本级领导信箱登记件258件，投诉量与2015年同期相比大幅增长，按期处理率100%。

复查复核工作有序开展 2016年度，县信访事项复查复核办公室共接收复查案件咨询52件,接到信访事项复查书面申请2件，较去年下降了68.75%；其中受理复查申请1件，较2015年相比下降72.73%，不予受理1件，与2015年同期持平，现2件均已办结，并已经全部录入系统，系统录入率100%。在2件复查案件中，维持处理意见书0件，撤销原处理意见书1件，较2015年相比下降66%，不予受理1件，与2015年持平。2016年，永嘉县信访事项复查复核息诉罢访案件1件，事权单位作出处理意见后信访人表示不服但未进入复查程序的信访件9件。2016年全县无报送省信访局会审案件。

积极开展县级领导信访包案活动 根据中央、省、市关于领导包案的要求，结合永嘉县实际，按照“县委常委带片，副县长管线，人大政协领导个案重点督办”的工作机制，县级领导包案督办100件。持续性、常态化开展县级领导包案活动，将历年来累积的信访老、大、难案件及当期摸排的信访突出问题，分别落实县级领导和具体责任单位、责任人，并定期协调落实处置到位。县领导高度重视积案化解工作，通过专题调研、协调会商等方式，切实推动案件化解。2016年，县主要领导针对具体化解工作先后作出批示26次，包案县领导先后186次牵头召开案件化解专题协调会，明确化解途径，有效推进化解1999年退伍西藏兵、新桥村安置房、五星安置房等集体访事件。

信访机制建设 2016年，县委、县政府先后出台《县委办公室县府办公室关于进一步做好领导信访接待日工作的通知》《关于开展农村涉纪信访化解“双月攻坚”活动的通知》《关于县党政领导开展疑难突出信访问题包案调处督查工作的通知》等多个重要文件。为进一步贯彻落实中央和省有关信访工作决策部署，引导和支持群众理性表达诉求，更好地运用法治思维和法治方式化解社会矛盾，让信访工作更高效、阳光和精准。永嘉县县公安局、县国土局、县住建局等18个县直职能部门完成法定途径分类处理的信访投诉请求清单梳理，经县法制办审定通过，并及时向社会公开。县信访工作联席会议就敏感节点、重大政治活动期间的信访维稳工作专门下发多个文件。2016年，永嘉县进一步完善县领导信访接待日，年初在中国永嘉公务网上公布全年度县级领导接待群众安排表，引导群众根据县领导的工作分工，结合自己信访诉求，有针对性地选择接访领导，逐渐合理分流县领导信访接待日信访总量过大的问题，全年县领导信访接待日共接待群众652批次1023人次。在完善县领导每月15日信访接待日的基础上，县委、县政府专门发文规定每个星期二为乡镇（街道）主要领导信访接待日，必须按照县领导信访接待日的规格安排此项工作，尽最大可能把矛盾消灭在萌芽状态，把人员吸附在当地，切实杜绝矛盾纠纷，严防初信初访演变成重信重访，最后积重难返。2016年实施以来，全县22个乡镇（街道）党政“一把手”共接待来访群众636批1723人次，179个问题得到直接解决。

信访积案化解 2016年，县、乡镇（街道）、村三级按照“属地管理、分级负责”和“谁主管、谁负责”的原则，严格落实“四包一”措施，逐案落实信访积案属地责任、部门责任、单位责任和领导责任，提出工作要求和化解时限，组织下基层督导，及时进行通报，切实有效推动信访积案工作。是年，在“两学一做”学习中开展的以“补短板、化积案、创标杆”为主题的信访督查“百千万”专项行动中，以解决问题为根本，以案结事了、息诉罢访为最终目的，真正推进信访规范化办理，阳光信访、精准信访的工作水平。2016年，信访积案实体化解134件，位居全市第一，其中化解10年以上积案3件（大若岩镇陈某信访件、瓯北章某信访件、上塘功能区虞某信访件），5年以上9年以下积案17件，1年以上4年以下积案114件，省级挂牌3件，市级挂牌10件，市清仓10件，群众性案件5件。市领导包案督查件3件已全部化解完毕。涉及94个行政村的村级组织换届选举“清仓”信访件110件，已全部化解完毕，其中涉及村级财务50余件、土地征地20余件、拆迁安置10

余件，群体性9件，永嘉县信访联席办被浙江省信访联席评为信访督查“百千万”专项行动先进集体。

领导干部下访约访 2016年，县委常委会共9次专题听取信访工作汇报，就全国“两会”、县级领导包案、G20峰会、第三届世界互联网大会、中共第十八届六中全会等工作作出统一部署。县委、县政府主要领导亲自批阅群众来信51件，县领导信访接待日共接待群众652批次1023人次。在日常的下访约访中，17位县级党政领导共接待信访对象175批次293人次。全县22个乡镇（街道）党政“一把手”共接待来访群众636批1723人次，179个问题得到直接解决。

2016年，县委、县政府主要领导对典型信访积案化解工作作出10多次批示；特殊时期，6人研判小组（县两办、县政法委、宣传部、信访局、公安局）每周牵头研判分析隐患，落实责任单位，要求事权单位在规定时间内向6人小组汇报进度及处置情况，倒逼案件落实。通过领导干部接访下访、组建工作专班等有效形式，加大对疑难复杂信访案件的攻坚力度。为了促进积案化解工作，信访局印发《“补短板、化积案、创标杆”为主题的信访督查“百千万”专项督查实施方案》，下发《关于开展化解信访积案“百日攻坚”专项行动的通知》，做7次《关于积案实体化解和涉访矛盾纠纷调处进度情况通报》，确保省级交办积案件，化解疏导率100%；市县交办积案件，化解疏导率90%以上，市级换届“清仓”件化解率100%。同时，按照法定途径分类处理信访投诉请求的要求，严格落实初信初访首办责任制，按时办结率100%，差错率100%，确保“件件有回音、事事有着落、环环入系统”，从根本上减少群众越级上访的库存风险，维护了群众的合法权益。

强化宣传引导结合宣传贯彻《浙江省信访条例》，通过开展网上信访集中宣传日、媒体推介、常态化宣传等各种形式广泛宣传网上投诉和电话咨询的便捷优势、操作流程，提高群众知晓率和参与度，让广大群众愿用会用，相信“网上信访e线牵，省钱省力省时间”，引导群众少上访、多上网。2016年，县信访局围绕打造“阳光信访”“责任信访”“法治信访”，积极探索创新在社会矛盾纠纷多元化化解、网上信访、公开听证等方面的新思路、新办法、新举措。加快推进信访法治化建设，发挥好法治的引领保障作用，进一步理清信访与行政、司法等其他法定渠道的界限，引导群众通过理性、合法的方式表达诉求，推动信访依法回归本位。积极打造“信访+”X模式，充分发挥信访部门承上启下的桥梁纽带作用，主动协调好职能部门，耐心引导好信访群众，真正把信访工作链条接起来、作用发挥好、服务做到位，力促信访事项落地，确保“案结事了”。强化典型示范，积极做好典型经验的挖掘总结、提升推广工作，以点带面、促进全盘。2016年4月、8月先后举办专题培训班，邀请温州市信访局业务专家能手来永授课，全县140多位信访分管领导、信访干部参加培训学习。县信访局共12批次58人次的信访干部参加省市相关培训学习，就法治信访、阳光信访、精准信访等业务进行学习深造。除了开展学习培训外，县信访局业务科室负责人通过电话、手机、微信等方式经常性地指导基层信访干部开展信访工作。

经验被推广 《永嘉：2015年实现进京“零非访”》《永嘉围绕四个“抓手” 推动信访生态良序发展》《千里迢迢赴北安 众志成城披荆棘——县信访局成功化解潘秀芝“三跨三分离”信访案件》等6篇工作经验、典型案例得到省信访局的肯定，并在省信访局网站交流推广。

老干部工作

概 况 2016年，永嘉县委老干部局全面贯彻中共十八大和十八届四中、五中、六中全会精神，深入学习贯彻习近平总书记系列重要讲话精神，坚持以人为本、服务为先，牢牢把握为党和人民事业增添正能量的价值取向，全面贯彻落实《关于进一步加强和改进离退休干部工作的意见》（中办发〔2016〕3号）文件精神，切实加强离退休干部党的建设，改进创新服务管理，补短板、敢担当、争标杆，实现老干部工作新发展，为“十三五”开局起步、“三区两美”建设广泛凝聚智慧力量。2016年，永嘉县老干部工作受到上级部门和县委、县政府的高度肯定，县委老干部局被省委老干部局评为“全省老干部工作先进集体”，荣获县级考绩“优秀单位”称号。

思想政治工作 县委老干部局按照“全面从严治党”的要求，采取多种措施进一步强化离退休干部“两项建设”，引导广大离退休

县委书记慰问老干部

干部增强政治意识、大局意识、核心意识、看齐意识。一是摸清基本情况。年初，对全县离退休干部和离退休干部党员进行摸底登记，建立信息数据库。据了解，全县共有离退休干部6855人，其中党员3460人。离退休干部党支部70个，管理离退休党员1534人。另外还有1926名离退休干部党员分散在村居、社区、两新组织党支部。二是建好工作组织网。对全县76个涉老单位要求明确分管领导和专兼职工作人员，建立全县老干部工作者QQ群和离退休党支部书记、学习片长微信群。对全县20个有离退休党员3人以上、可以单设离退休党支部的单位加强督促指导，成功新设3个离退休党支部——审计局、环保局、机关事务局离退休党支部。同时，进一步加强县老年大学临时党支部的示范引领作用，在县老干部书画协会创建临时党小组。三是深入推进“两学一做”。在全县老干部工作考绩指标中突出“两学一做”有关内容，要求各单位党委（组）、乡镇街道党（工）委切实担负起离退休党组织建设主体责任，支持帮助老干部广泛开展“两学一做”。严格落实老干部听报告、参加重要会议、理论学习等制度，使老同志始终保持政治坚定、思想常新、理想永存。开好妇女离休干部会议（3月6日）、老干部工作年度会议（ 5月20日）、上半年经济社会发展情况通报会（8月2日），为老干部征订《温州都市报》《今日永嘉》《温州商报》等各类报刊2241多份，帮助老干部深入了解党情、国情、县情。同时，突出理想信念教育和党性教育，使老干部坚定理想信念、保持政治本色。督促全县16个老干部学习大片、101个学习小组的片组长落实一月一学制度。举办离退休党支部书记及骨干培训班，9月邀请县委党校常务副校长解读《中国共产党纪律处分条例》和《中国共产党问责条例》，11月邀请市委党校教授作中共十八届六中全会精神主题讲座。

生活待遇落实 全面编织倾情关爱、生活关爱和困难帮扶“三张网”，为离退休干部提供更周到、更细致的服务。一是维护好老干部的合法权益。巩固和完善离休干部“三个机制”，按照政策要求提高老干部的工资待遇，保障离退休干部共享改革发展成果。核实并补发329名离休干部（包括已经离世）通讯费和交通费147万元。贯彻落实《关于提高我省部分离休干部医疗待遇的通知》（浙老干〔2016〕10号）文件精神，为全县165位解放战争时期参加革命工作的离休干部核实上报落实副厅级医疗待遇。二是用心用情为老同志办实事解难事。健全老干部医疗保健、生病探望和丧事关怀制度，落实经费291万元组织全县5291名离退休干部健康体检，老干部活动中心医务室方便离休干部就诊取药2575人次135万元、为78位离休干部建立健康日记档案，为18位高龄老干部集体祝寿，看望住院离休干部 54人次，做好19名亡故离休干部的善后和家属抚慰工作。加强人文关怀和精神慰藉，年底继续组织开展“家访慰问”活动，对全县所有离休干部和副县实职的老干部进行逐一上门走访，把组织的关怀传递给老干部。更加重视特殊困难离休干部帮扶，落实特困帮扶经费20多万元，为131名退休干部发放回农村住房修缮补助费13.69万元。接待老干部来信来访23件次，并圆满解决。三是探索社会化服务模式。与绿文公益志愿者工作室合作，将特殊困难老干部关爱行动纳入其“同心圆·双服务”爱心包服务计划。不定期为老干部开展走访慰问、情感援助、经济帮扶等多种形式的关爱活动。绿文志愿者为离退休党支部书记征订《中国法制报》66份。同时，进一步加强与县邮储银行志愿队伍合作，深化“携手老干部·公益行”志愿服务品牌合作创建。

“四大行动”实施 在全县离退休干部中实施“红色典藏”“走基层、看变化、促发展”“争做最美老干部”“银色人才志愿”四大行动，进一步凝聚理解支持服务“四个全面”战略布局，助推“三区两美”建设的强大力量。一是举办“纪念建党95周年、红军长征胜利80周年”征文活动。3月—9月，联合县党史办、县新四军研究会等单位开展主题征文活动，共征集文章、书画作品88篇。9月8日，召开专题座谈会，表彰征文比赛获奖作品，同时与会老同志和党史爱好者回顾党的光辉历程，抒发对党的深厚感情，畅想国家发展的美好未来。二是开展“走、看、促”活动。6月15日，围绕“五水共治”“民生工程”两大主题，组织担任过副县级以上实职老干部赴上塘功能区，考察鹅浦溪柯师湾段河道治理、县城排涝仁堂凹拉钩工程等4个在建工程项目。10月19—20日，以“我看从严治党”为主题，组织副县级以上实职老干部赴鹤盛、云岭，重点考察基层党建工作情况、行政区划调整后运行情况等。县委常委、县委组织部部长项光夫同志高度重视此次活动，在鹤盛考察期间，亲自陪同并介绍全县基层党建有关情况，认真听取老同志意见建议。12月7日，组织老干部学习片长赴沙头镇考察永嘉书院。三是选树“最美”老干部典型。发文表彰2015年度全县“双先”。做好全市最美老干部、最美老干部贴心人推荐评选工作，推荐党校离退休党支部书记徐宝聪和桥头镇离退休党支部书记金国林为省、市“最美老支书”。四是推进“银色人才志愿”行动。全年“银色人才”新增入库39人，人才库收录银色人才达到140人，在上一年的基础上增长30%以上。积极引导银色人才发挥优势服务经济社会发展，2016年入库银色人才共开展各类活动40多场。同时，局机关培育苍松网宣队，首批核心成员近30人，建立微信群、微信号，在网络空间传递正能量。

系列活动开展 6月17日，与县委组织部联合印发《关于在全县离退休干部党员中开展“银耀楠溪·增添正能量”系列活动的通知》（永组发〔2016〕65号），启动“银耀楠溪·增添正能量”，鼓励和引导离退休干部党员继续发挥政治优势、经验优势、威望优势，为党的事业增添正能量。“银耀楠溪·增添正能量”系列活动由主题书法比赛，“好家训”“好家风”征集，“好感言”征集，“走基层、看变化、促发展”，红色故事“三进”，“护航G20”等六大行动构成。局机关广泛动员，积极推动，全县广大离退休干部积极参与，各项主题活动圆满完成，并取得较大反响。“两学一做”主题书画比赛收到老干部作品78幅，其中获奖作品与全市“纪念建党95周年、红军长征胜利80周年”优秀作品在县行政中心联合展出，观展党员干部2000多人次。“好家风”“好家训”征集56篇，“好家训”书法作品36幅，送展进学校、进农村、进社区6次。“好感言”征集108篇，其中大部分都是老同志亲自手写。开展“护航G20”活动，组织老干部宣讲团8月份赴法院、岩头、退教协等集中开展6场宣讲活动。同时各地老干部纷纷参加当地“护航G20”誓师大会，开展平安、环保、宣讲等志愿活动。

活动中心建设 充分发挥阵地功能，打造文化品牌，搭建活动舞台，为老干部教、学、乐、为创造良好条件，为“文化养老”营造良好氛围。一是做好经常性文体赛事的组织指导工作，让老干部们乐享晚年。举办系列文体赛事活动：全县离退休干部钓鱼比赛（4月19日）、象棋比赛（9月27日—28日）、门球比赛（10月19日）、“银耀楠溪·情满端午”公益行（6月8日），及主题书画摄影展览等。同时，组织老干部参加市、县各类文体活动，如市交谊舞比赛、县“庆三八”服饰展等。二是支持和帮助老干部群团组织树立活动品牌，以品牌活动为永嘉发展汇聚更多正能量。县退教协打造“老园丁”活动品牌，积极参与关心下一代工作，开展“两史三爱”主题宣讲近百场，受教育学生8.6万人次，同时1300名老教师与1300名贫困学子结对助学。老卫协打造“仁心护苗”活动品牌，为全县8家民办学校6000多名学生提供免费上门体检。县老干部书画协会打造“翰墨耀楠溪”活动品牌，争创“三位一体”五优团队，举行送春联下乡、进文化礼堂、“好家训”作品进学校等活动20多场，送出作品近600幅。三是突出思想引领，县老年大学进一步提高办学质量。全年开办音乐、戏曲、电脑、书画、太极、器乐、健身舞与球操等专业课程，招收学员1000人次以上。开展多种形式的红色教育，提高老干部的思想觉悟。通过歌唱班学“红歌”、电脑班上“红网”、书法班开“两学一做”主题书法课等方式强化课堂渗透。举办“纪念建党95周年、红军长征胜利80周年”主题文艺会演，让学员们在演出《十送红军》《歌唱祖国》《杨开慧》《为了谁》等节目的过程中升华对党和人民的深厚感情。开展送课下乡活动，向基层老年大学送去“网络舆论是把双刃剑”和“全面从严治党开启新征程”两场主题讲座。

部门作风建设 落实“全面从严治党”要求，以“两学一做”学习教育为载体切实加强机关党建，并通过党建带动锻造“双优”老干部工作队伍，提升局机关服务管理水平。一是开展“两学一做”，提高党性觉悟。组织集中学习14次，督促全体党员干部（21人）开展自学总计100多次，开展大讨论6次，收到党员干部“两学一做”心得体会19篇。以党章党规和习近平总书记系列讲话精神为重点，全体工作人员通过学习《党章》《廉政准则》《纪律处分条例》《关于新形势下党内政治生活的若干准则》《中国共产党党内监督条例》等党内规章制度，观看《镜鉴》《郑义门》《做合格党员》《永远在路上》等专题电教片，开展“三问三查”“五个能否”“四种意识”等主题大讨论，到红十三军革命纪念馆接受红色教育洗礼等，补足精神钙片，增强宗旨意识，强化责任担当，优化服务管理。二是开展“敢担当、树标杆”作风建设行动，补足工作短板。印发《开展“敢担当、树标杆”作风建设五大行动工作方案》的通知（永老干〔2016〕10号），在全局开展“大起底、大巡查、大整治、大推进、大评议”作风建设五大行动。对照“四面镜子”和“陈规陋习”，各科室起出作风方面的问题16条，领导干部晒出不足8条，干部职工人均找出不足1条以上。针对查找出的问题，制定整改措施，限定整改时间，积极开展整改行动。年终全面整改完成，局机关工作风作进一步改进，工作人员服务水平进一步提高。三是践行群众路线，做好服务工作。以主题活动解决好服务群众“最后一公里”问题。6月，开展 “结对帮扶·情暖夕阳”活动，按照“五联四访”的要求，局长徐良明、副局长尤银平、局下派“第一书记”陈忠德分别领导工作人员慰问全县离退休困难党员、本局困难党员和下岭根村困难党员，共走访28人，落实慰问金近3万元。开展“双百结对扶残助残”活动，局机关党员志愿者赴碧莲镇大岙村看望残疾人吕晓素，送上慰问金，并鼓励她勇敢面对生活。开展党员志愿服务活动。组建机关党员志愿服务队，每月至少开展一次志愿活动，共开展党员志愿活动25次。四是加强信息调研，助推老干部工作转型创新发展。建立调查研究和信息宣传常态化机制，不断提高信息调研工作水平。完成市局重点课题3个，顺利完成县社会科学立项课题2个。信息工作全省老干部工作系统进入前20，全市排名第二，全年累计上报信息182条，将近翻了一番。积极参加省局征文比赛，做好永嘉3位百岁老干部事迹采访并报省老年报刊登，同时争取省老年报专版刊登永嘉老干部“纪念建党95周年、红军长征胜利80周年”书画作品、文章等。

（黄晓琼）

党校工作

干部培训工作 2016年，县委党校坚持以中共十八届五中、六中全会精神和习总书记系列讲话精神为指导，深入开展“两学一做”学习教育，围绕县委、县政府重点难点工作，举办待岗人员继续教育、生态文明示范区建设等专题研讨班。据统计，全年共举办各类培训班 36期，3570人次，其中举办主体班次11期，1086人次；与有关部门联合办班培训 25期，2484人次。

农村学历教育 2016年，县委党校根据永嘉县农村干部实际需要，开展优秀农村干部学历培训，组织2014级301名学员参加学业测评，并做好毕业相关工作，有效提升教学质量。

教学改革创新 2016年，县委党校积极创新教学模式，在第二十期中青班等主体班次中深化情景模拟、案例教学和专题研讨式等教学方法。推进课堂“1+X”教学模式，拓展现场教学基地。组织党员干部到农村实践基地、廉政教育基地清正园、红十三军军部旧址，重走红军路，增强党性。在中青班教学中开展与农民群众同吃、同住、同劳动、同谋划、同担当的“五同教育”，强化宗旨意识。相关做法被浙江卫视等媒体报道，并在《浙江组工》上刊发。在年轻干部培训班教学中开发一线实战历练课程，进一步提高培训的针对性和实效性，攻坚组协助瓯北街道共拆除违章建筑42万平方米，安丰片区成为全市单个区块拆违体量最大的项目，信访攻坚组的学员深入农户，开展调查调解工作，有效稳控了信访户特别是大拆大整工作中出现的信访问题，得到市委常委、组织部部长姚高员的充分肯定。浙江公共新闻频道以《永嘉：将课堂搬到一线，年轻干部班学员助力“大拆大整”》为题进行刊播。

师资队伍建设 2016年，县委党校落实年轻教师跟班学习制度，选派优秀教师42人次到中央、省、市等党校参加再学习，并组织教师在校内开展了中共十八届五中、六中精神学习交流会，组织骨干教师参加县重点工程和“两学一做”办公室挂职锻炼，选派3名干部到农村经济薄弱村担任第一书记。落实领导干部到党校上课制度，时任县委书记娄绍光于年初为领导干部班作“十三五发展规划”专题讲座，时任县长姜景峰于8月为城建业务培训班作专题报告。县政协主席陈建良为中青班等主体班次作专题讲座，内容涉及环境保护，县委常委组织部部长项光夫、县委常委纪委书记林兴欢、县委常委人武部政委罗晴军等县领导多次为主体班次作专题讲座。副县长周俊武亲自带领主体班学员到翔宇中学现场考察，并作民办教育改革专题讲座。

科研咨政工作 2016年，县委党校围绕“三区两美”建设、网络经济等县委重大部署，在全体教师中落实年度调研任务。全年完成调研论文18篇，其中在全省党校系统研讨会荣获三等奖1个、入选2个；市级三等奖1个，县三等级奖3个。获省级课题立项1个，结题2个，获市级课题立项2个，结题2个（其中1个优秀，1个良好），获县级课题立项6个，结题6个。编发理论季刊《探索与思考》4期。

政策理论宣讲 2016年，县委党校组建县委党校宣讲团，鼓励和支持教师到机关、社区、农村、学校开展中共十八届五中、六中全会精神及“两学一做”宣讲，累计开展政策宣讲22场次。

信息化建设 2016年，县委党校抓好信息化在教学中的应用，及时加强信息报送，上报信息68条，获省、市党校网站采纳30篇，《永嘉信息》专报1期、工作情况交流2 篇。升级改版党校网站，更好地整合干部教育资源，开辟新栏目，更新网站信息67条，发布政务微博92余条。

基建后勤保障 2016年，县委党校与教育研训大楼工程已顺利结顶，并在机关事务局介入下基本完成了装修工程。岩头干训部本着务实、节俭、高效原则强化行政后勤工作，不断改善办公环境和条件，有效保障了各项教学培训任务的顺利完成。加强对岩头干训部的教室门窗、食堂、卫生间、学员宿舍排查和维修，定期开展治安防范措施落实情况的检查，签订卫生承包协议书，开展节能减排。完善招待所社会承包制度，提高优质化服务水平，提供学员食宿服务2760人次，并强化精细化管理。

“两学一做”学习教育 2016年，县委党校按照县委的部署要求，扎实开展“两学一做”学习教育，紧抓学习讨论和专题党课环节，累计开展10次，其中专题学习讨论4次，并开展“三问三查”解放思想大讨论，观看《永远在路上》专题教育片。组织全体党员到潘坑谢文锦烈士纪念碑、屿北烈士纪念碑进行党性教育，增强党纪管理。

机关效能建设 2016年，县委党校深化“勤廉机关”创建。不断完善校务内部议事和决策机制，进一步建立健全考勤、财务管理等廉政配套制度，严格“三公”管理，精简文件会议活动，开展正风肃纪督查21次，切实改进学风会风文风。广泛开展蹲点调研活动，走访行政村8个，走访企0业55家，走访群众122人次，解决群众重点问题3个。

荣誉 2016年，县委党校荣获全省党校系统省级优胜单位和市级科研组织管理先进集体；荣获县级绩效考核一等奖、党风廉政建设先进集体。

（李丰丰）

党史研究

概　况 2016年，永嘉县委党史研究室根据中央和省、市委党史工作会议精神，在永嘉县委的正确领导下，在温州市委党史研究室的具体指导下，在认真做好党史征集、编研的同时，加大党史胜迹保护和党史宣传教育力度，各项工作任务圆满完成。永嘉县委党史研究室在年度考核中荣获2016年度县直单位工作考绩优秀单位、2016年度全市党史地方志工作先进单位。

党史编撰 6月，经县委同意，历时六年编写的《中国共产党永嘉历史》第二卷（1949—1978）率全市之先由中共党史出版社公开出版发行。该书全面记录1949年至1978年，在中国共产党的带领下，永嘉人民进行社会主义革命和建设的艰苦奋斗历程，全书分4编22章71节，共41万余字。

党史研究 一是《永嘉县抗日战争时期人口伤亡和财产损失》一书已提交中央党史研究室审核，并按照其要求修改和完善书稿，进入出版程序。二是《谢文锦烈士纪念文集》已交中共党史出版社审核，进入出版程序。三是与县委宣传部等一起编写的《民族忠魂——吴超征纪念画册》已内部出版。四是指导做好对永嘉籍新四军老战士有关资料进行抢救性收集，形成13位老战士个人专访的文字、音频和视频材料。五是做好永嘉县改革开放以来党史专题的编写工作。重点修改完善7个永嘉县改革开放以来党史专题，为《中国共产党永嘉历史》（第三卷）的编写打好各方面基础。

党史征编 一是做好《中共永嘉县委文件选编（第一辑）》（1979—1981）的出版发行工作。该书主要收录1979年1月以来的永嘉县委文件和县委负责人的讲话、文章以及温州地委的有关批示、批复。本册选编为第一辑，共52万余字，2016年10月内部出版发行。二是做好《中共永嘉县委文件选编（第二辑）》（1982—1985）的文字录入工作，已形成初稿。三是做好其他党史资料的征编工作，及时完成《永嘉县“五水共治”文件汇编》。

党史宣传 一是以县革命历史纪念馆为主阵地，开展党史普及宣传教育工作。2016年以来，县革命历史纪念馆共接待9万多人次的参观活动。二是举办永嘉县包产到户60周年纪念活动。4月，举办“永嘉‘包产到户’与中国农村改革”学术研讨会暨纪念永嘉县包产到户60周年座谈会取得圆满成功，来自全国各地从事政治学、中共党史、中国农村改革问题等相关学科的20余位专家学者出席会议，开展学术研讨，并编辑形成《永嘉包产到户与中国农村改革论文集》初稿。三是以纪念建党95周年和红军长征胜利80周年为主线，开展了包括纪念建党95周年和红军长征胜利80周年征文活动、千人“重走红军路”“两史三爱”知识竞赛、纪念中国共产党建党95周年座谈会等系列活动。还运用“互联网+”技术，与浙江日报报业集团温州分社合作在浙江新闻客户端推出“红色温州·品读红十三军”专栏，向广大网络用户和手机用户定期推送红十三军相关知识，极大地创新了党史宣传的方式方法，扩大了永嘉红色品牌的影响力。四是加强纪念和交流活动。“清明节”期间，为了缅怀革命先烈，党史研究室组织人员到乐清市大荆镇开展悼念“隘门岭事件死难红军将士”活动。五是高度重视信息宣传工作，2016年共编写工作动态信息35条，被各级刊物和网站刊发48条次；编写微博信息99条，录用14条。

党史规范 一是编写《红色印记——永嘉县革命老区村斗争史选编》。搜集资料、编写好16个永嘉革命老区村的革命斗争史，已形成初稿，服务永嘉红色旅游发展。二是完成与浙江理工大学合作的《永嘉农村改革风云研究》《永嘉纽扣产业发展报告》2个研究课题，助推永嘉经济转型升级。另外，2016年完成7篇课题研究文章，6篇入选省、市各类刊物，多篇在《今日永嘉》《温州史志》《足迹》等报纸杂志上刊出。三是抢救党史档案老资料。对本室20世纪80年代以来形成的300多卷4000多件业务档案资料进行全面整理、补救和规范。

党史保护 一是加强工作指导。下基层走访调研党史胜迹保护工作，走访包括金贯真烈士墓、红十三军军部旧址、屿北抗日武装起义纪念馆等革命遗址和爱国主义教育基地，深入一线掌握有关情况。二是加大保护利用。完成县革命历史纪念馆消防设备器材完善更换更新和纪念馆场景布景更新工作。积极加强与省、市党史研究室的沟通联系，成功完成永嘉县革命历史纪念馆申报第三批省级党史教育基地的工作。三是做好布展提升工作。参与和指导做好屿北抗日武装起义纪念馆、谢文锦烈士纪念馆的前期布展准备工作，努力完成资料、图片的搜集等相关工作。

（林　雪）

永嘉县直机关工委工作

概　况 截至2016年12月底，中共永嘉县直机关工委现有编制9人，下辖部门机关党委31个、党总支19个，党支部480个，党员7627人。2016年，县直机关工委以“干在实处永无止境、走在前列要谋新篇”的标准严格要求自己，扎实推进“两学一做”学习教育，努力打造机关党建“升级版”，连续三年获得全县考绩一等第一名。

党建制度建设 3月，永嘉县直机关工委创新建立“主题党日”制度，充分发挥机关党员的先锋模范作用和基层党组织的战斗堡垒作用，切实推进机关党建走前头、做表率。4月，推出发展党员跨部门“公推优选”机制，通过民主测评、个人展示、知识测试、素质比选等举措，把竞争择优机制引入发展党员的前置环节，做到“好中选优”。坚持不懈狠抓党建责任清单、党内政治生活、党务干部配备等管党治党制度落实到位。在全市首创开展机关党建述职评议工作，80个列入县委考绩的机关部门“一把手”进行党建书面述职或会议述职，县委书记在会上作点评、提要求，县委领导、镇（街）党（工）委书记和党员代表评议赋分，真正使“抓好党建就是最大的政绩”理念落到实处。在县委考绩项目增加、总分数减少的严峻形势下，机关党建考绩分数依然有45分，切实提高机关党建的影响力。优化考绩细则，分发《机关党建工作记事本》，实行全程纪实制度、痕迹化管理；强化结果运用，使机关党建“软任务”变成“硬指标”。

基层组织建设 永嘉县直机关工委举办入党积极分子培训班，99名入党积极分子参与培训，举办党务干部培训班，来自各机关单位的88名党务干部参加培训。开展党员组织关系集中排查工作，共找回失联党员105人；为落实全面从严治党要求，严肃党的纪律，进一步加强对党员的管理，联合县委组织部联合开展永嘉县党员违法违纪情况排查。同时，开展对基层党组织按期换届情况进行专项检查，顺利督促23个基层党组织按期整改完成换届工作。举办机关党员“学党章党规学系列讲话”知识竞赛选拔赛，全县共17个单位、50余名选手参加选拔赛。同时，为深入推进“两学一做”学习教育，隆重纪念中国共产党建党95周年，提高党性修养，在永嘉县红十三军军部旧址组织开展党员集中宣誓等教育活动。

创新党群活动 坚持每月举办一期机关党务干部“明德·读书会”集中读书活动，2016年，顺利举办12期读书会，尽量将党员干部从“两局一场所”拉回到读书修身养性中来。5月，下发《2016年永嘉县机关党建调研课题实施方案》，进一步加大重点调研课题奖励力度，连续五年作为先进参加“全省机关党建理论研讨会”交流。持续开展“红色暖心”行动，春节、“七一”期间为机关老弱病残的特困党员每人送上3000元—10000元不等慰问金，四年来，“党内关爱基金”累计支出130多万元、慰问358人次。7月，连续第五年开展“双百结对、扶残助残”主题活动，组织100支机关党员志愿者服务队与100户镇街低保残疾家庭结对，每年送出慰问金10万多元和大米、棉被、食用油等生活用品。8月，组建机关党员爱心团队，发动企业成立助学基金，每年筹集80万元资助家庭贫困、品学兼优的大学生和高中生共50多人。同月，举办“牵手青春·相约七夕”单身青年联谊活动，共120余名单身青年参加。9月，举办了机关干部职工网球培训班，共393人参加，分3期举行，进一步丰富了广大机关干部职工的业余生活。

党风廉政建设 在法定节假日和“510”思廉日活动月期间，共计向全县1400多名中层以上干部发送了4300余条“清风寄语”廉政短信。5月，联合县纪委开展“我爱记廉词”网络有奖知识竞答、“好家规家训、好家风故事、好家风短片”征集等活动。9月，开展全县机关党员党章党规党纪知识测试，以闭卷形式来检验党员干部学习教育成果，共有137名党员干部参加，并将考试成绩发文通报。年末，牵头负责全县机关部门的政风行风民主评议工作，在社会问卷评议、领导干部评议、行政相对人满意度评议、综合检查评议四大块评议的基础上，增加“政务督办评议”，充分运用县政府电子政务督办系统，使政风行风民主评议更科学、更全面地融入全县效能建设大评议活动中。定期牵头开展“正风肃纪每月行动”，共处理责任人38人（其中党政纪处分3人，诫勉谈话1人，通报批评8人，口头效能告诫6人，其他处理20人），坚决遏制“四风”反弹。

（王培培）

精神文明建设

概　况 2016年，永嘉县文明办在县委、县政府的正确领导下，以中共十八届六中全会精神为指导，紧扣中华民族伟大复兴的中国梦这个主题，以培育和践行社会主义核心价值观为根本，以省级文明县城创建、“五美乡村”建设为载体，团结带领全办干部职工，认真履行职能，广泛开展群众性精神文明创建活动，切实加强公民思想道德建设，努力提高市民文明素质和社会文明程度，助推三区两美建设，在市对县考核中连续三年位列B类第一，较好地完成了全年工作目标。

身边好人不断涌现 一是发现“身边好人”，树立道德典范。做好“温州好人”“浙江好人”和“中国好人”等的组织推荐工作，组织推荐各类身边好人32人次，感动温州人物6人；入围“中国好人”候选1人、“浙江好人”候选5人，其中赵丽娟等3人当选“浙江好人”；组织开展永嘉县第三届道德模范评选活动，共评出县级道德模范10个、提名奖10位，道德模范集体2个。联合县委宣传部和各职能部门在卫生系统、金融、教育等17个行业和部门，系统性地开展“学先进、树标杆——寻找行业‘最美人物’”系列活动；表彰2016年度最美永嘉人4人。二是宣传身边好人，发挥道德引领作用。建立文明永嘉公众微信号，完善永嘉文明网，与县电视台、“今日永嘉”合作，设置“身边好人”专栏和专题，共宣传报道各类“身边好人”达50余人。配合“温州好人”栏目组制作专题3期，共同组织主题活动2次。组织陈九彰等3位“永嘉好人”开展好人进校园、进礼堂活动，共开展宣讲活动38场次。三是关爱身边好人，提高好人社会礼遇。为大力加强《“最美永嘉人·永嘉好人”关怀帮扶工作实施意见》宣传力度，提高好人的社会礼遇。精心组织开展“道德模范”新春慰问、“万朵鲜花送雷锋”等关爱活动。为6位道德模范、“浙江好人”等对象送去慰问金2万元，见义勇为老人叶玉良送上“永嘉好人”荣誉证书和慰问金；联合县电视台在“3·5”学雷锋日期间为30个“身边的雷锋”送去了鲜花；针对近5年内的道德模范、感动人物等“永嘉好人”组织开展免费体检、赠送话费等多项关爱活动；

文明行动不断深入 一是开展文明出行志愿服务活动。县文明办联合夕阳红志愿者服务队在县城建行路口、国土局路口等主要交通路口开展为期6个月的文明出行志愿服务，于每日的早、中、晚上下班高峰期对闯红灯等不文明行为进行劝导。联合团县委、县义工联开展“礼让斑马线、文明伴我行”活动，印发车贴5000份。联合县广播电视台、县交警大队在县城主要交通路口对车辆在斑马线前不礼让行人、行人闯红灯等行为进行抓拍和批评教育。联合县公安局、县教育局、县综合行政执法局，以城西小学为示范，在全县范围开展校园周边交通秩序治理活动，有效改善校园周边出行秩序和出行环境。二是开展“文明餐桌”规范食堂创建活动。为大力倡导积极向上、科学健康的生活方式，全面提升全县各机关、事业单位食堂的规范化建设，确保用餐人员的饮食安全，提升就餐卫生环境，逐步形成文明用餐、节俭消费、尊重劳动的良好氛围，联合县机关事务管理局，推出“永嘉县2016年‘文明餐桌’规范食堂创建活动”，共有22个乡镇（街道）、4个县直部门参与创建，并将该项活动纳入2016年精神文明年度考核。三是组织“文明旅游”服务活动。通过张贴文明旅游公益海报、设置文明旅游提示牌，开展“文明旅游”讲座，在龙湾潭、石门台、永嘉书院、枫林北坑等景区开展“文明旅游”志愿劝导活动，联合永嘉县绿色环保志愿者协会、县治水办、县环保局、楠溪江旅游管委会、县机关工委、团县委等单位组织近千名来自全县各地的志愿者在岩头镇等地的楠溪江滩林，开展台风灾后溪流两岸清理垃圾助力文明旅游活动等形式，全年共开展文明旅游服务活动60余场次，有近3000人次参加，有效传播了文明旅游理念，提升了市民文明旅游素质，改善了旅游环境。四是文明服务和文明有礼活动。组织各级文明单位开展做“文明有礼浙江人”，并结合“文明服务”活动予以延伸，全县文明单位率先垂范，引领活动，共组织各类志愿服务活动达200多次，有6000多人参加服务，充分展示中华礼仪之邦的风采和浙江人的文明素养，以良好的文明风尚迎接G20杭州峰会。

乡风文明不断进步 一是开展乡风文明示范村创建。持续推进以核心价值观、身边好人评选、志愿服务和乡风评议为主要内容的“乡风文明示范村”创建活动，指导镇（街道）规范“十星文明户”评选和命名工作，各地共评出镇（街道）“十星文明户”1592户。在2015年的基础上新培育大若岩镇水云村等22个“乡风文明示范村”样板村，在水云村开展“村风建设我参与、和字寄语进礼堂”活动，筛选167户的和字寄语进入水云村礼堂，组织志愿者服务群众、开展道德讲堂进村活动，改变10多年来因村内矛盾而没有服务进村活动的状况，扩大农村精神文明创建影响面。二是开展五美乡村创建。以民风村风建设为重点，强化五美乡村建设。培育大若岩镇大元下、鹤盛镇岩上村等11个村参与温州“五美”乡村评选活动。乡风文明示范村的创建模式成为全市五美乡村创建标准，7月全市文明办系统现场会在永嘉召开，会上重点介绍永嘉县的五美乡村建设经验。三是开展四头建设。为打造乡村“最美风景线”，补齐农村乡风文明建设的短板。以美丽乡村示范县创建为契机，用群众身边的门头、村头、桥头和田头作为建设点，以环境卫生为重点，大力提升乡村面貌、文化品位和旅游形象。县文明办牵头作好特色村头和休闲桥头建设。大力整治和美化村头环境，建设和完善村名牌、景观物、文化墙等设施，将村头打造成展示村风民情特色窗口。选取有建设空间的村庄小桥和村民集聚的休闲场所，打造100个别具一格的休闲“桥头”。因地制宜建设桥头休闲小公园、设置文化长廊（橱窗），展示文明公约、乡贤故事和其他乡风文明的内容，把“休闲桥头”打造成“集聚民众、了解民情、体察民意、沟通民心、展现民风”的“联心桥头”。抓好面上美丽田头和精致门头建设，加大日常环境考核力度和创建过程环境卫生督查力度，推出一批特色的“四头”典型。县文明办报送的“巧抓四头、助推五美”做法材料得到徐立毅书记的批示。

文明细胞不断增加 一是开展文明村镇创建。以突出文明风尚，开展文明村和文明镇创建工作，2016年新增县级文明村28个，文明镇3个。二是加强文明单位创建。2016年文明单位申报8家、复评25家、重申107家，考核初步确定新增文明单位申报7家、复评通过23家、重申考核通过82家。设置“道德讲堂”分堂，让文明单位动起来。“道德讲堂”分堂建设也是永嘉县2016年行业文明创建的重点工作和创新项目。在前期试点的基础上，把全县229家文明单位分设成38个分堂，其中县直5个分堂、行业9个分堂、镇（街道）24个分堂，建立分堂活动轮流主办制，每季开展至少一次集中活动。建立分堂联系挂钩制度，安排全办人员分别挂钩各分堂，督促指导分堂教育活动；建立主持人培训制度，在5月16日，召开永嘉县精神文明建设工作会议暨“道德讲堂”培训会，对各地精神文明创建工作人员和114名“道德讲堂”分堂主持人进行培训；建立活动开展情况审核制，把各期的活动准备、主题、组织、活动情况先予审核，不偏离主题；建立一把手必须要参加活动制度，对一把手全年不参加道德讲堂活动的单位，评审予以一票否决。2016年开展120余场的活动，都得到大家的一致好评。创新县级文明单位复评办法。对全县前十九批（2012年前的）136家县级文明单位实施全部重评，不重新申报评选或未达标，一律撤销文明单位称号，在申报阶段就对29家不报的单位直接予以除名。对复评和重新申报测评不合格的27个单位，取消文明单位荣誉资格。这样有利于整合创建资源，培育创建精品，迫使文明单位变被动守摊为主动创建，形成你追我赶的良好创建局面。三是强化幸福社区创建。2016年有12个社区申报创建星级幸福社区，其中向市文明委推荐3个社区最终创成1个，其余2个因计生问题被否决。县内9个社区，已创成幸福社区4个。

文明县城不断提升 县城的文明建设既是群众的现实需要，也是承担市对县文明指数测评考核的需要。一是提升环境卫生。借永嘉县创建国家卫生县城、创建全省园林城市的载体，进一步改善县城环境卫生。全面提高保洁标准，开展固定机扫、专人包扫和流动清扫相结合，对县城主要道路保洁标准从原来的14小时不到，现在达到18小时；改变保洁模式，把原来自己雇环卫工人打扫的方式变成公开发包给丽水市红花保洁有限公司；经费投入从原来的每平方米5.5元提升到11元左右。完善和细化网格化责任管理模式，建立扫、管、督机制，把保洁责任落实到点到人。强化部门监管，推进鹅浦公园等卫生乱点、难点的整治。二是改善公共秩序。借大拆大整之机，把县前路2处、永建路3处、自来水厂前2处、达得利农家乐、永兴路鸿鑫公馆售楼处、图书馆后等13处违章建筑和国有危房进行拆除和整治，共拆除建筑面积16880平方米，新增公共停车位431个。新增专用停车位2100个，缓解停车难问题。投入260多万元用于文明出行的标志标线改造，进一步提升文明出行硬件设施设备。确定县前路、环城西路、环城北路和永兴街等3条交通严管街，对违章停车进行严管。打通仁堂凹拉钩工程、环城北路卡口、墩西路等3条断头路。对屿后巷、县前路东段实行单向行驶，在明珠花园建立交通微循环，解决交通堵塞。印制“礼让斑马线、文明伴我行”车贴1万份，发放到文明出行志愿者，张贴到公交车、出租车及机关事务局公务车上。三是增加公益广告。增加戈田路、科研路等主要道路8条文化墙，累计文化墙18条；在屿山公园、中塘溪公园、鹅浦河公园等公共场所公益广告牌3500多个，刊载播放公益广告2.5万多条次。制作8000份“光盘行动、节俭用餐”公益宣传单；公共自行车车篮上印制公益广告，宣传文明出行；制作“遵德守礼”牌5500个，张贴到社区。让城市公益广告遍布大街小巷、让公民随时接触文明提醒。

未成年人工作不断推进 一是开展春泥提升行动。开展百地“春泥计划”提质扩面行动。开展650

场“春泥计划”主题宣讲活动进中小学、乡村少年宫、文化礼堂、村居及社区活动。把社会主义核心价值观不断植入到村居、社区及文化礼堂的各项活动载体中，及时挖掘“春泥计划”实施过程中的成功经验和先进典型，提升“春泥计划”工作实效。二是开展经典诵读行动。开展“品味经典，传承美德”主题教育活动84场，邀请县儒学会何可永、黄大锚、徐鑫、县志办高远等专家及永中语文高级老师朱建红等志愿者分别到全县中小学、幼儿园、社区及文化礼堂给孩子授课。联合教育局举办第十一届“品读经典文章·培育四品八德”学生读书节活动，全县中小学近12万多未成年人参加读书征文、经典朗诵比赛、古诗文经曲诵读知识竞赛等项目。有效促进了学生语文修养和阅读能力的提高，也同时影响了学生气质修养和行为习惯的变化。三是开展阵地强化行动。思想教育基地不断增加。不仅成功创建县泥塑中塘胡氏传承展示基地等十大县级未成年人思想教育基地，建立市级未成年人思想教育基地——翔宇中学（未成年人思想道德教育基地），其中的书法馆、灯谜馆、昆虫馆和贝壳馆在全省或全国都走在前列。建立了对外接待预约制度，全年接待外来学生达377批次共1.8万人次。督促相关部门全部落实爱国主义教育示范基地和公益性文化设施向未成年人免费开放，充分发挥其对未成年人进行思想道德教育的重要作用。不断提升红十三军旧址、县革命历史纪念馆、楠风营地、渔田未成年人活动中心、山坑未成年人艺术中心、龙湾潭森林公园、永嘉书院、岩头古村落等8个县级精品爱国教育基地，完善基地常态化志愿服务队伍。深化乡村（城市）学校少年宫建设。新建4所乡村（城市）学校少年宫，现在全县累积已有35所乡村（城市）学校少年宫，其中国家彩票公益金支持项目5所，全县乡村（城市）学校少年宫累计开设活动项目达316个，惠及未成年人24512人。建立“一对一”互助平台16个，示范点与在建点结对4对。在人口聚集村、社区及校区设立48个公益培训点，使少年宫特色项目惠及更多未成年人。未成年人心理咨询辅导阵地日趋完善。为进一步健全县未成年人心理健康辅导站建设，县文明办招募15名心理辅导志愿者充实县未成年人心理健康辅导站的心理辅导师资队伍。切实形成面对未成年人的学校三级心理辅导网络与社会二级心理辅导网络联动的新格局。常设瓯北未成年人心理健康辅导分站、上塘心海公益心理辅导分站等两个县级未成年人心理健康辅导咨询公益机构，每周六上午免费面向未成年人开放，2016年已为572名心理障碍未成年人提供免费辅导与咨询服务。同时，还开展送未成年人心理健康知识进社区、进学校活动152场，加强了未成年人心理健康知识宣传与教育。四是开展环境净化行动。为扎实推进未成年人思想道德建设，县文明办联合多部门开展净化校园周边社会文化环境活动92次，对校园周边查缴清理色情书刊、淫秽色情光碟、盗版教材等不健康读物，清查校园周边场所117家，核查1647人。并联合县司法、检察、法院、公安、交警等部门进社区村居、文化礼堂、进校园开展普法、文明礼仪、交通秩序等宣传活动，发放普法宣传资料1.7万余册、文明礼仪小读本2万余册。给学生提供健康、文明的学习环境，潜移默化中培养未成年人的思想道德品质，切实促进未成年人健康成长。为有效帮助部分未成年人走出学习、物质、情感生活的困惑，促进身心健康成长，永嘉县开展城乡结对“情暖童心，共享蓝天”关爱行动。不仅对未成年人进行资金资助，还将向社会招募“爱心妈妈爸爸”和“成长伙伴”，与困境儿童开展“2+1”结对工作。还招募“爱心志愿者”组建“爱心志愿服务队”对困境儿童开展教育帮扶活动。为1284名山区留守儿童提供关爱与援助，更好地优化了未成年人健康成长的社会环境。

第八批县级文明乡镇、第二十四批县级文明村、第二十三批县级文明单位和星级幸福社区命名名单

一、第八批县级文明乡镇（3个）

枫林镇、碧莲镇、界坑乡

二、第二十四批县级文明村（28个）

桥头镇（3个）：金村、梨村、朱涂村

桥下镇（2个）：小旦岙村、塘坑村

岩头镇（2个）：苍坡村、碎坑村

沙头镇（3个）：泰石村、古庙口村、岭下村

枫林镇（2个）：兆潭村、孤山村

岩坦镇（3个）：寺后村、金钟村、理只村

碧莲镇（2个）：邵园村、鱼仓村

巽宅镇（2个）：横彭村、金溪村

鹤盛镇（3个）：岩上村、岩舟村、箬袅村

北城街道（2个）：下湾村、岭山村

茗岙乡（1个）：茗中村

云岭乡（2个）：蔡岙村、金墩村

溪下乡（1个）：溪下村

三、第二十三批县级文明单位（92家）

县直属单位（9家）：县委政法委、县委老干部局、团县委、县民政局、县审计局、县水务集团、永嘉农村商业银行、招商银行永嘉支行、中国人民财产保险永嘉支公司

瓯北城市新区（瓯北街道）（12家）：瓯北中心幼儿园、瓯北第四小学、县第三职业学校、瓯北第一中学、瓯北第五中学、瓯北地税分局、瓯北电信支局、县联运公司、永嘉农村商业银行清水埠支行、瓯北自来水有限公司、科信小额贷款股份有限公司、温州嘉成工程项目管理有限公司

三江商务区（三江街道）（2家）：瓯北第八小学、三江住建所

桥头镇（8家）：桥头镇第二小学、桥头镇第六小学、桥头派出所、桥头城镇管理大队、建设银行永嘉桥头支行、桥头供电管理所、温州银行永嘉桥头小微企业专营支行、温州新城纽扣饰品有限公司

桥下镇（7家）：桥下镇第二小学、桥下镇中学、桥下工商所、桥下供电管理所、农业银行永嘉永临支行、凯奇集团有限公司、奇特乐集团有限公司

岩头镇（7家）：岩头人民法庭、岩头派出所、岩头交警中队、岩头工商所、农业银行永嘉岩头支行、鲤溪中学、县第二高级中学

沙头镇（3家）：沙头镇中心小学、沙头中学、永嘉农村商业银行沙头支行

岩坦镇（3家）：岩坦镇溪口小学、岩坦中学、岩坦张溪卫生院

碧莲镇（6家）：碧莲镇大岙小学、碧莲镇中心小学、碧莲镇中心卫生院、碧莲工商所、碧莲供电管理所、碧莲供电所大岙供电服务站

巽宅镇（3家）：巽宅镇中学、巽宅镇中心卫生院、永嘉农村商业银行巽宅支行

金溪镇（1家）：西溪供电服务站

东城街道（6家）：上塘峙口小学、县社会福利中心、县文化馆、永嘉宾馆、电力实业公司路灯管理所、县新华书店有限公司

南城街道（10）：县机关幼儿园、县机关第二幼儿园、县实验中学、公安局刑事侦查大队、电力实业有限公司、东城供电管理所、县殡仪馆、武警永嘉县中队、中国银行永嘉上塘支行、温州开诚机械有限公司

北城街道（2家）：县职业中学、县疾病预防控制中心

乌牛街道（4家）：乌牛国税分局、乌牛第一小学、乌牛供电管理所、永嘉农村商业银行乌牛支行

黄田街道（6家）：千石小学、黄田中学、黄田街道社区卫生服务中心、黄田供电管理所、农业银行永嘉黄田支行、温州鹏程控股集团有限公司

茗岙乡（1家）：茗岙卫生院

溪下乡（1家）：溪下学校

界坑乡（1家）：界坑中学

四、一星级幸福社区（2个）

瓯北城市新区（瓯北街道）（1个）：金瓯社区

岩头镇（1个）：五尺社区

五、二星级幸福社区（1个）

瓯北街道（1个）：镇西社区

六、三星级幸福社区（1个）

巽宅镇（1个）：巽宅社区

（吴　斌）

关心下一代工作

概　况　2016年，县关心下一代工作委员会（以下简称关工委）在省、市关工委指导下，在县委、县政府领导下，认真学习贯彻中共十八届六中全会精神，贯彻落实习近平总书记重要指示，围绕中心，服务大局，充分发挥“五老”优势和作用，深入开展社会主义核心价值观教育，切实加强青少年法制教育，大力为青少年办实事做好事解难事，研究新形势，探索新载体，拓展新领域，不断提高全县关心下一代工作水平，为推动永嘉“三区两美”建设做出新贡献。

组织建设　2016年，县关工委继续推进关工委组织建设工作，坚持突出重点，组织推进，典型带动，持续深化组织建设、班子建设、队伍建设，组织工作成效得到有效巩固和加强。进一步深化网络组织建设，全县复评第一、二批“五好”关工委236家，创建验收县级“五好”基层关工委89家，村、企关工委组织进一步健全，夯实了“横向到边，纵向到底”的组织网络。

人员配备　2016年，是各地乡镇（街道）区划调整和集中换届之年，县关工委及时督促各地抓住时机，建立和健全关工委组织建设。及时建立金溪、云岭等5个乡镇关工委组织，确保新成立或调整之后的乡镇（街道）关工委组织同步建

设到位。进一步配齐配强关工委班子，各级关工委班子达到“321”〔县级班子30人，镇（街道）20人，部门、村、学校、医院、企业10人〕配备要求。

队伍建设 2016年，围绕学习贯彻习近平总书记重要指示、上级关工委有关文件精神、关工委业务知识等专题，对全县各功能区、乡镇（街道）、县直机关关工委专职副主任、办公室主任全员集中培训。委托县溪山人文社科志愿者服务队对全县30个乡镇（街道）、社区万名（10263名）“五老”轮流培训家庭护理、心理健康、防拐防骗、交通消防安全知识，增强“五老”安全防范能力，提高“五老”服务关心下一代能力。全县各级关工委积极响应，组织开展专题学习培训60多次，参加学习培训5000多人次。进一步稳固大队、支队、中队、分队四级“五老护苗”志愿队框架，对“五老”队员实行动态管理，吸收年富力壮、能干事、乐干事的老同志充实到“五老护苗”志愿队中来，现有队员20424人，保证了“五老”作用。

制度建设 2016年，县关工委始终重视思想政治、规章制度、工作作风等建设。一是认真组织“两学一做”教育活动。按照县委统一部署，各级关工委深入开展学党章党规、学系列讲话精神、做合格党员学习教育活动。二是认真开展解放思想大讨论活动。县关工委认真贯彻县委、县政府部署，结合工作实际，组织开展“三问自己·如何担当”解放思想大讨论活动，引导广大干部进一步增强担当意识，提升发展理念，拉高工作标杆，强化执行落实，为实现“三区两美”战略部署提供有力思想保证。三是全面落实党风廉政建设责任制。认真组织学习贯彻《中国共产党廉洁自律准则》和《中国共产党纪律处分条例》。开展“敢担当、树标杆”作风建设五大行动。认真履行“一岗双责”，切实抓好党风廉政建设主体责任落实。严格按照党章规定，组织党支部民主生活会，倾听党员建议和意见，增强党内团结。

“五好”关工委创建 2016年，县关工委认真贯彻上级部署要求，按照既定总体思路，进一步加强组织领导，持续深化“五好”关工委创建工作。年初召开“五好”创建工作部署会，深入宣传发动“五好”争先创优活动，为持续推进“五好”创建工作创造浓厚氛围。按照既定计划，进一步规范细化“五好”标准，年初动员部署，落实目标责任，年中指导督促，分解创建任务，年终复评验收，严把创建复评质量关，经过各级关工委的争优创先活动，全县复评第一二批“五好”关工委236家，创建验收县级“五好”基层关工委89家，补齐了基层短板，激发了基层活力，夯实了基层基础。

主题教育 2016年县关工委以“党史、国史”和“爱学习、爱劳动、爱祖国”为主题，周密部署，精心组织，积极发动“五老”宣讲员发挥优势，开展各类主题教育和实践活动。据统计，全年举办各类报告会及主题实践活动379场次，受教育青少年10.3万多人次。由李林贵老师作《学习改变命运》精品报告会，在永嘉中学举办启动百场报告会活动。创新利用微信公众号平台，开展“两史三爱”知识竞赛活动，参与青少年2402人。各地各部门“五老”宣讲员，深入学校、社区、农村讲党史国史、永嘉革命斗争史，作主题报告175场。组织开展建党95周年和红军长征胜利80周年系列活动，组织学生参观革命历史纪念馆，听先辈英勇故事，传革命传统精神，让青少年切身感受，增加教育效果。联合县文明办、教育局等部门，以“做一个有道德的人”为主题，组织开展“体验耕读乡风、传承中华美德”“关爱留守儿童、新居民子女”“‘亲情中华’侨界留守儿童快乐营”“国学启蒙、博文公益”等夏令营活动20多场。以学习雷锋精神活动月为契机，通过召开主题班会、道德宣讲、社会实践等系列主题实践活动，落小落细落实到行动上，使教育内化于心外化于行。联合县文广新局、公路局举办公路杯中小学生硬笔书法大赛，深入学习公路法律法规，建设美丽公路。发动县绿色环保志愿者协会开展“五水共治进校园”“环保灯谜闹元宵”“环保亲子游戏”“环保游艺”等活动30多场次，参与学生3.7万多人次。各地关工委组织“五老”、学生、青年志愿者配合有关部门开展“护航G20”、卫生县城创建、“大拆大建”等系列志愿者服务活动120多场次，在实践中践行社会主义核心价值观。

关爱帮扶 2016年，全县各级关工委积极发挥“五老”政治、威望、经验、时空、亲情优势，广泛发动和组织“五老”调查摸底，掌握2463名失学类、失管类、失亲类、失足类、失范类、失能类等六类困境青少年儿童基本情况，建立动态管理数据库，积极开展关爱帮扶活动，助力健康成长。县关工委拓宽助困资金渠道，争取到市福彩130名助困名额，每人专项资助金1000元，共13万元，大学生福彩助学18名，共9万元。关爱分会募捐善款21万元，资助贫困生200多名（其中卫计局捐款7.97万元）。叶康松捐资400万元，委托启动叶康松慈善基金会永嘉“树人计划”，培养100名品学兼优贫困的初中生直至大学毕业。鹤盛楠溪情发放奖学奖教金近60万元；岩头向个体户募资2.28万元；财政局、林业局、经信局及茗岙、溪下、界坑等各地乡镇（街道）在“六一”儿童节慰问40多场次，累计慰问物资80多万元；各地关工委利用地方基金会、各类社会资源，帮扶青少年资金320多万元。

品牌建设 2016年，县关工委根据上级关工委有关要求，紧密结合县情实际，按照青少年需求，积极搭建工作载体树立工作品牌，努力推进一地一品工作，形成百花齐放的良好格局。一是宣传工作载体有所突破。创新载体，开通青少年工作网站、微信公众号、建立QQ、微信工作群，刊出《永嘉青少年》工作简报，印发宣传稿酬制度，全媒体宣传关心下一代工作、“五老”典型，引导青少年绿色上网、健康上网，生动形象地弘扬主旋律、传播正能量。印发简报4万份，被省关工委网站录用信息90多条，下半年连续保持全省前三。二是动员“五老”参与“四点半学校”管理，解决家长的后顾之忧。县政府把“四点半钟学校”作为十大民生实事工程之一，落实教育行政部门牵头办理，县关工委积极发动“五老”参与24所“四点半学校”的服务管理，解决1.1万个家庭孩子放学后“接管难”问题。各地关工委根据量力而行原则，在假期开办假日学校19所，参加学生数1210人，参加服务管理的“五老”人员共有30多人，解决假期部分青少年无人管问题。三是成立永嘉县女童保护公益服务联合会，为女童成长撑起保护伞。县关工委为业务指导单位，牵头发动有女童保护相关知识储备、热爱女童保护公益事业的“五老”、机关干部、学校教师、社会各界人士200多人，在民政部门注册登记，12月4日召开成立大会，市关工委、县领导出席并作重要讲话。联合会成立后，迅速开展专题讲座、主题沙龙、心理咨询、法律援助、个别结对等活动，提升女童自我保护意识，减少侵害女童事件的发生。四是组织万名新居民子女免费健康体检活动，关爱身体健康。一直来，新居民子女没有享受到免费体检项目。为填补该项目空白，县关工委组织县卫计局关工委86多名老专家对慧才学校、振兴学校、群英学校、金瓯学校、育民学校、东方外国语学校、翔宇学校、恒和学校等8所民办中小学校近1万名新居民学生进行免费健康体检，全面掌握新居民子女身体健康状况，建立健康档案，使患病的学生及时得到诊治，保障了学生的身体健康。五是深化“五老”结对农村未成年人活动。以六类困境青少年中的失亲、留守、服刑人员子女、病残青少年等为重点，开展思想引导、文化辅导、心理疏导、行为指导和困难帮扶，全县累计结对3700多对。鹤盛镇推出菜单式服务项目，由“五老”根据自身实际、能力特长在“菜单”中选择一至两个项目，就近就地服务青少年、结对关爱青少年483人次，充分发挥农村“五老”的作用。六是建立“两失”联席会议制度，引导失范、失足青少年走上正确道路。县关工委协调县委政法委牵头公检法司、功能区、乡镇（街道），建立联席会议制度，加强失足、失范青少年帮教工作中的相互协调、紧密配合，提升失足、失范青少年帮教工作水平。带领公检法司关工委专职副主任到温岭学习先进经验，调查摸底掌握43名“两失”青少年情况，由2名驻会“五老”负责，推出帮教措施，长效有序教育、引导、关爱“两失”青少年。

（朱郑孝）

水上公园（叶新人　摄）

永嘉县人民代表大会

永嘉县第十五届人民代表大会及其常务委员会会议

县十五届人大五次会议 2016年2月22日—24日在县城上塘举行，应出席代表307人，列席人员173人。会议听取和审查永嘉县人民政府工作报告，审查、批准永嘉县国民经济和社会发展第十三个五年规划纲要；审查永嘉县2015年国民经济和社会发展计划执行情况与2016年国民经济和社会发展计划草案的报告，批准永嘉县2015年国民经济和社会发展计划执行情况的报告、2016年国民经济和社会发展计划；审查永嘉县2015年预算执行情况和2016年预算草案的报告，批准永嘉县2015年预算执行情况的报告和2016年预算；听取和审查县人民代表大会常务委员会工作报告、县人民法院工作报告、县人民检察院工作报告；补选永嘉县第十五届人民代表大会常务委员会委员、县人民法院院长、县人民检察院检察长。会议共举行4次全体会议、4次主席团会议、1次计划预算审查委员会会议、1次代表议案审查委员会会议。本次大会收到代表10人以上联名提出的议案 33 件。其中：政治法制方面 2 件，工交财贸方面19件，农林水方面 2 件，教科文卫体方面 3 件，城建环资方面 7 件。根据《地方组织法》《代表法》和《永嘉县人民代表大会代表议案处理办法》的有关规定，经代表议案审查委员会审查讨论，大会主席团决定将王振义等15位代表提出的《关于加快化解村级安置房建设若干历史遗留问题的议案》（第1002号）交由县人大常委会审议，审议结果报告下一次县人民代表大会会议。其他32件代表议案，转作代表建议、批评和意见，连同大会期间收到的141件代表建议、批评和意见，由县人大常委会办事机构交有关机关、组织研究处理并负责答复代表。县委书记娄绍光致闭幕词。

县第十五届人大常委会第三十二次会议 2016年1月15日举行。主要议题是：1. 听取县政府工作思路及有关工作情况的报告；2. 审议县人大常委会及“一府两院”工作报告；3. 听取和审议县政府关于“十二五”规划纲要实施情况和“十三五”规划纲要编制情况的报告；4. 审查县2016年国民经济和社会发展计划草案（重点是政府性投资项目安排情况）；5. 审查县政府关于2015年预算执行情况和2016年财政预算（草案）的说明；6. 听取2015年地方政府债务限额的说明；7. 审议关于许可对县十五届人大代表张志乐采取强制措施的报告，并表决通过决定（草案）；8. 听取关于代表变动情况的报告；9. 审议通过关于召开县十五届人大五次会议有关事项；10. 人事任免。会议经过审议、表决，决定委托县人大常委会主任谢崇福在县十五届人大五次会议上作县人大常委会工作报告，通过《永嘉县人大常委会关于许可对县第十五届人大代表张志乐依法采取行政拘留及强制戒毒的决定》、关于代表变动情况的报告、关于召开县十五届人大五次会议有关事项，批准了2015年地方政府债务限额，免去吴孙有的永嘉县人民法院审判员职务。

县第十五届人大常委会第三十三次会议 2016年2月6日举行。主要议题是：1. 审议通过关于召开永嘉县第十五届人民代表大会第五次会议的决定（草案）；2. 对许可永嘉县第十五届人大代表周少刚采取刑事强制措施的批复给予确认；3. 人事任免；4. 宪法宣誓。会议经过审议、表决，通过了《永嘉县人大常委会关于对县第十五届人大代表周少刚依法采取刑事强制措施的批复给予确认的决定》《永嘉县人大常委会关于召开永嘉县第十五届人民代表大会第五次会议的决定》；任命潘长建为永嘉县人民代表大会常务委员会办公室主任，汤志远为永嘉县人民代表大会常务委员会办公室副主任，王林海为永嘉县人民代表大会常务委员会财政经济工作委员会主任，郑顺益为永嘉县人民代表大会常务委员会农村和资源保护工作委员会主任，李平为永嘉县人民代表大会常务委员会城乡建设环境保护工作委员会主任，陈继楼为永嘉县人大常委会南城街道工作委员会主任，叶集成为永嘉县人大常委会北城街道工作委员会副主任；决定任命戴春光为永嘉县教育局局长；免去陈剑林的永嘉县人民代表大会常务委员会办公室主任职务，陈继楼的永嘉县人民代表大会常务委员会办公室副主任职务，朱清岩的永嘉县人民代表大会常务委员会农村和资源保护工作委员会主任职务，戴银良的永嘉县人民代表大会常务委员会城乡建设环境保护工作委员会主任职务，王兴郎的永嘉县人大常委会南城街道工作委员会主任职务，谷国华的永嘉县人大常委会北城街道工作委员会副主任职务，汤光胜的永嘉县人大常委会江北街道工作委员会主任职务，徐建峰的永嘉县人大常委会江北街道工作委员会副主任职务，周星金的永嘉县人大常委会乌牛街道工作委员会副主任职务，吴建勇的永嘉县人大常委会三江街道工作委员会副主任职务，郑岩标的永嘉县人大常委会黄田街道工作委员会副主任职务；决定免去胡佐光的永嘉县文化广电新闻出版局局长职务。

县第十五届人大常委会第三十四次会议　2016年3月31日举行。主要议题是：1. 听取和审议县政府关于大若岩镇中学迁建工程防洪评价报告的议案；2. 听取和审议县公安局关于立案工作情况的报告；3. 听取和审议县法院关于请求许可对县第十五届人大代表缪云宝依法采取司法拘留措施的报告；4. 听取和审议县人大常委会关于提请设立永嘉县人大常委会瓯北街道工作委员会和撤销江北街道、东瓯街道工作委员会的议案及说明；5. 人事任命；6. 宪法宣誓。会议经过审议、表决，通过了《永嘉县人大常委会关于许可对县第十五届人大代表缪云宝依法采取司法拘留措施的决定》《永嘉县人大常委会关于设立永嘉县人大常委会瓯北街道工作委员会和撤销江北街道、东瓯街道工作委员会的决定》，决定任命陈贤立为永嘉县文化广电新闻出版局局长。

县第十五届人大常委会第三十五次会议　2016年5月26日举行。主要议题是：1. 听取和审议县政府关于提请批准永嘉县上塘至瓯北公路工程政府和社会资本合作（PPP）项目政府购买服务费纳入中长期财政预算的议案；2. 听取和审议县政府关于实体经济发展情况的报告；3. 听取和审议县政府关于学前教育发展情况的报告；4. 听取和审议县政府关于低收入农户增收情况的报告；5. 听取和审议县人大常委会议案调研组关于加快化解村级安置房建设若干历史遗留问题议案的调研报告；6. 审议通过关于乡镇人民代表大会换届选举有关事项的决定（草案）；7. 审议通过关于设立乡镇选举委员会的决定（草案）；8. 审议通过关于永嘉县各乡镇人民代表大会代表名额的决定（草案）；9. 审议关于许可人大代表李松定依法采取刑事强制措施的请示，并表决通过决定（草案）；对许可永嘉县第十五届人大代表戴王林采取刑事强制措施的批复给予确认；10. 人事任免；11. 宪法宣誓。会议经过审议、表决，通过《永嘉县人大常委会关于批准上塘至瓯北公路工程政府和社会资本合作（PPP）项目政府购买服务费纳入中长期财政预算的决议》《永嘉县人大常委会关于乡镇人民代表大会换届选举有关事项的决定》《永嘉县人大常委会关于设立乡镇选举委员会的决定》《永嘉县人大常委会关于永嘉县各乡镇人民代表大会代表名额的决定》《永嘉县人大常委会关于设立瓯北街道工作委员会和撤销江北街道、东瓯街道工作委员会的决定》《永嘉县人大常委会关于许可对县第十五届人大代表李松定依法采取取保候审强制措施的决定》《永嘉县人大常委会关于对县第十五届人大代表戴王林依法采取刑事强制措施的批复给予确认的决定》；任命李福华为永嘉县人大常委会法制工作委员会副主任，谷胡方为永嘉县人大常委会瓯北街道工作委员会主任，刘聪雷为永嘉县人大常委会东城街道工作委员会主任，孙锋为永嘉县人大常委会乌牛街道工作委员会主任，傅道碎为永嘉县人大常委会三江街道工作委员会主任，戴普查为永嘉县人大常委会黄田街道工作委员会主任，谢品东为永嘉县人大常委会瓯北街道工作委员会副主任，叶云山为永嘉县人大常委会瓯北街道工作委员会副主任，曹启东为永嘉县人民法院副院长、审判委员会委员（挂职时间两年）；决定任命章明为永嘉县监察局局长；决定免去帕尔亥提·吐尔逊江的永嘉县副县长职务，夏宗明的永嘉县监察局局长职务；免去潘长建的永嘉县人大常委会法制工作委员会副主任职务，刘聪雷的永嘉县人大常委会黄田街道工作委员会主任职务，谢纯意的永嘉县人大常委会东城街道工作委员会主任职务，金玉寿的永嘉县人大常委会江北街道工作委员会副主任职务，徐浙忠的永嘉县人大常委会乌牛街道工作委员会主任职务，胡利生的永嘉县人大常委会三江街道工作委员会主任职务，陈丐良的永嘉县人大常委会东瓯街道工作委员会副主任职务，郑玉准的永嘉县人大常委会东瓯街道工作委员会副主任职务，汤奥姆的永嘉县人大常委会东城街道工作委员会副主任职务，徐巧贵的永嘉县人大常委会南城街道工作委员会副主任职务，陈中奇的永嘉县人大常委会乌牛街道工作委员会副主任职务，郑玄生的永嘉县人大常委会黄田街道工作委员会副主任职务，陈律的永嘉县人民法院审判员职务，李晓静的永嘉县人民法院审判员职务。

县第十五届人大常委会第三十六次会议　2016年7月28日举行。主要议题是：1．听取和审议县政府关于2016年上半年全县经济社会发展情况和下半年政府工作的报告；2．听取和审议县政府关于污水处理设施建设情况的报告；3．听取和审议县政府关于提请批准温州市七都大桥北汊桥工程（PPP）项目政府购买服务费纳入年度和中长期财政预算的议案及说明；4．听取和审议县政府关于2015年县级财政预算执行情况及其他财政收支的审计报告，并批准县政府关于2015年县级财政决算的报告；5．听取和审议县政府关于2016年上半年县财政预算执行情况的报告；6．审查批准2016年地方政府新增债券预算调整（草案）；7．对县检察院部分检察官开展履职评议；8．人事任免；9．宪法宣誓。会议经过审议、表决，通过《永嘉县人大常委会关于批准永嘉县2015年财政决算的决议》《永嘉县人大常委会关于批准2016年地方政府新增债券预算调整的决议》《永嘉县人大常委会关于接受潘浪国请求辞去永嘉县第十五届人大常委会副主任职务的决定》，否决《永嘉县人大常委会关于批准温州市七都大桥北汊桥工程（PPP）项目政府购买服务费纳入年度和中长期财政预算的决议》；决定任命吴小英为永嘉县人民政府副县长；任命戴凌云为永嘉县人大常委会东城街道工作委员会副主任，陈永华为永嘉县人大常委会南城街道工作委员会副主任，金教育为永嘉县人大常委会乌牛街道工作委员会副主任，麻光胜为永嘉县人大常委会乌牛街道工作委员会副主任，吴臣浩为永嘉县人大常委会黄田街道工作委员会副主任，陈岩斌为永嘉县人大常委会黄田街道工作委员会副主任，郑爱聪为永嘉县人大常委会三江街道工作委员会副主任；决定免去戴晓勇、胡琦的永嘉县人民政府副县长职务；免去徐海帆、邵露露的永嘉县人民检察院检察员职务。会议对县检察院部分检察官开展履职评议，听取四位被评议检察官的履职报告以及县人大常委会履职评议工作组的调查报告，并对被评议检察官开展测评，测评结果皆为满意。

县第十五届人大常委会第三十七次会议　2016年9月12日举行。主要议题是：1．听取和审议县政府关于全县重点工程建设情况的报告（重点听取政府性重大投资项目建设情况）；2．听取和审议县政府关于殡葬改革情况的报告；3．听取和审议县政府关于推进医疗服务发展，缓解“看病难、看病贵”工作进展情况的报告；4．听取和审议县政府关于在全县公民中开展法制宣传教育第七个五年规划（2016—2020）的报告；5．审议县政府关于提请批准温州市七都大桥北汊桥工程（PPP）项目政府购买服务费纳入年度和中长期财政预算的议案，表决相关决议（草案）；6．提请审议永嘉县人大常委会关于许可对县第十五届人大代表周寿孟、胡孝楚等采取强制措施的批复给予确认的议案，表决相关决定（草案）；会议经过审议、表决，通过《温州市七都大桥北汊桥工程（PPP）项目政府购买服务费纳入年度和中长期财政预算的决议》《永嘉县人民代表大会常务委员会关于开展第七个五年法治宣传教育的决议》《永嘉县人大常委会关于县第十五届人大代表周寿孟采取强制措施的批复给予确认的决定》《永嘉县人大常委会关于县第十五届人大代表胡孝楚采取强制措施的批复给予确认的决定》。

县第十五届人大常委会第三十八次会议　2016年11月1日举行。主要议题是：1．审议通过永嘉县人大常委会关于县乡两级人民代表大会换届选举的决定；2．审议通过永嘉县人大常委会关于设立县、镇选举委员会的决定；3．人事任命；4．宪法宣誓。会议经过审议、表决，通过了《永嘉县人大常委会关于县乡两级人民代表大会换届选举的决定》《永嘉县人大常委会关于设立县、镇选举委员会的决定》；任命张虹为永嘉县人民检察院副检察长、检察委员会委员、检察员。

县第十五届人大常委会第三十九次会议 2016年11月23日举行。主要议题是：1. 听取和审议县政府关于2015年度财政预算执行情况及其他财政收支情况审计工作报告整改意见落实情况的报告；2. 审议表决县政府关于2016年财政预算收支调整的议案；3. 人事任免；4. 宪法宣誓。会议经过审议、表决，通过了《永嘉县人大常委会关于批准2016年财政预算收支调整的决议》；决定任命林万乐为永嘉县人民政府副县长；接受姜景峰辞去永嘉县人民政府县长职务的请求；决定由林万乐副县长代理永嘉县人民政府县长职务。

县第十五届人大常委会第四十次会议 2016年12月12日举行。主要议题是：1. 听取和审议县政府关于加快化解村级安置房建设若干历史遗留问题议案的调研报告审议意见落实情况的报告；2. 听取和审议县政府关于代表建议办理情况的报告；3. 听取和审议县人大常委会执法检查组关于《中华人民共和国安全生产法》在永嘉县贯彻实施情况的执法检查报告；4. 审议通过关于召开永嘉县第十六届人民代表大会第一次会议的决定；5. 人事任免；6. 宪法宣誓。会议经过审议、表决，通过《永嘉县人大常委会关于召开永嘉县第十六届人民代表大会第一次会议的决定》，决定任命王高博、毛红杏、黄方雷为永嘉县人民政府副县长；任命李小攀为永嘉县人大常委会北城街道工作委员会主任；决定免去陈志斌、曾瑞华的永嘉县人民政府副县长职务；免去李培熙的永嘉县人大常委会北城街道工作委员会主任职务。

监督工作

法治监督 开展公安受立案工作调研。听取县公安局受立案工作情况报告，提出要规范受立案工作流程、加强受案立案监督管理、完善行政执法和刑事司法衔接工作机制等审议意见，提升公安机关受立案工作水平。对部分检察官开展履职评议。围绕依法履职、秉公执法、勤政廉政等内容，采取调阅案卷、干部谈话、满意度测评、落实整改意见等办法，以点带面提升检察官队伍的整体素质。实施法律法规执法检查。开展《信息公开条例》《中华人民共和国安全生产法》实施情况执法检查，查找执法过程中的差距和问题，有针对性地提出整改意见，推动法治政府建设。作出《永嘉县人民代表大会常务委员会关于开展第七个五年法治宣传教育的决议》，保障全县法制宣传教育第七个五年规划顺利实施，继续在服务我县经济社会发展、维护社会和谐稳定、促进法治建设中发挥作用。做好楠溪江生态保护立法调研的前期工作。成立楠溪江生态保护立法领导小组，提前介入调研，着力提高立法质量，使法规符合永嘉的实际，以良法推动新发展理念的贯彻落实。

工作监督力促经济发展 围绕“十三五”规划实施，开展山水智城楠溪新区、重大基础设施和产业集聚建设情况视察，着力培育新兴产业和新的经济增长点，推进城乡协调发展。听取县政府经济社会发展、全县重点工程建设情况、森林休闲养生、生态工业、社会资本投资旅游业、民宿发展情况等专项报告，组织实体经济金融风险防范调研，深化县政府关于教玩具产业转型升级议案审议意见落实进展情况跟踪监督，助推实体经济转型发展。进一步推进全口径预算审查监督，深化部门预算分项审查，突出对政府重大投资项目、财政专项资金的审查监督，强化预算约束、绩效监督，促进预算公开。助推城乡发展。围绕县委“三区两美”战略目标，积极履职，主动作为，听取县政府关于城市化建设情况、村级安置房建设情况的调研报告，协助推进重大基础设施建设、国家级生态县、省级园林城市、国家AAAAA级旅游景区、美丽乡村示范县创建等重点工作，助力提高县城综合品质。借力省、市、县三级人大联动，以综合整治、结构调整、健全机制、加强监管等为主要内容，开展大气污染防治“一法一条例”执法检查，促进大气环境质量优化。贯彻省委、市委、县委“五水共治”工作部署，听取和审议县政府关于城镇污水处理设施建设情况的报告，深化重点督办事项的跟踪监督，促进浙南美丽水乡建设。助力社会转型。督促县政府落实低收入人群增收措施，跟踪落实食品安全和缓解“看病难、看病贵”工作进展情况，针对丧事大操大办、讲排场、比阔气的问题，组织殡葬改革专题调研，倡导以孝为先、崇俭耻奢、厚养薄葬的传统美德。重视社会事业均衡发展，加强对学前教育、社会保障、医疗卫生等工作监督，推进基本公共服务均等化，努力让全民共享改革成果。

人事任免及常委会日常工作

人事任免　常委会坚持党管干部和人大依法任免相结合的原则，认真落实任前法律知识考试、任前承诺，任后宪法宣誓和工作监督，2016年依法任免国家机关工作人员82人次。

人大宣传　常委会深化监督公开，健全监督项目向社会公开征集、发布等机制，坚持在永嘉人大网上发布人代会、常委会、主任会议等会议内容以及常委会监督工作动态，增强人大工作的透明度。

信访工作　常委会把督办群众来信来访作为解决群众合法合理诉求的有效途径，按照“分级负责、归口管理、及时转办、跟踪督办、认真答复”的要求，累计受理群众来信和省、市人大常委会批转的信件121件，接待群众来访200多人次，签字批转办理38件，尤其对涉法涉诉信访件进行重点督办，努力为保障群众合法权益、化解社会矛盾、维护社会稳定发挥作用。

代表工作

加强代表工作　实行县政府领导领衔办理重点督办建议、代表满意度全员测评、不满意件再办理等措施，在实现代表建议答复率100%的基础上，切实提高满意率和成果转化率。率全省之先督办人代会期间代表口头建议，十五届人大五次会议期间代表口头建议82条，利用县政府电子政务督办系统自动督办、五色预警，大大提升了建议督办的时效性和落实率。注重发挥代表主体作用，积极组织代表参与监督活动，推广应用浙江人大代表履职服务平台等方式，拓宽代表知情咨政渠道，保障代表知情咨政。全面推进人大代表联络站扩面提质，实现镇街人大代表联络站全覆盖，拓展了基层人大的监督功能，增强了人大工作的整体合力。

代表选举情况　本次县乡人大换届选举因我县部分行政区划调整，分别于7月底完成涉及行政区划调整的9个新组建乡镇人大换届选举工作，12月底同步完成县人大代表和未涉及行政区划调整的6个镇人大代表选举工作。据统计，全县共选出县人大代表303名，乡镇人大代表993名。妇女代表和一线工人、农民、专业技术人员占比明显上升，代表结构明显改善，较好地体现了上级对代表构成比例和代表先进性、纯洁性的要求，为加强基层组织建设，保障人民当家做主打下坚实的基础。

自身建设

巩固理想信念　深入开展“两学一做”学习教育，认真学习贯彻中共十八大精神和习近平总书记系列重要讲话，对照新修订的《中国共产党廉洁自律准则》《中国共产党纪律处分条例》要求，高质量开好专题民主生活会，深挖思想根源，认真整改落实，做到牢记宗旨不忘初心，努力树立政治立场坚定、政治纪律严明和政治规矩严守的人大形象。

提升工作效能　开展“敢担当、树标杆”作风建设，聚焦作风建设中的短板，查找深层次、根本性的作风问题，倡导务实、高效、担当的工作作风，要求执法检查、专题调研、视察督查等履职工作，做到事前有计划、事中有调研、事后有建议，努力提高工作成效。

创新工作方法　积极探索行之有效的监督办法，实行部门负责人约谈、建议办理县长总负责制和领导“进站制”，试行代表口头建议督办、建议网上督办，有效增强了人大监督实效，推动了地方人大工作发展。

（陈赛群）

永嘉县人民政府

永嘉县人民政府常务会议

概况 2016年，永嘉县人民政府共召开6次政府常务会议，形成常务会议纪要6份，讨论研究142个重要议题，主要涉及产业发展、重点工程建设、城乡建设、新农村建设、计划生育、社会保障、教育卫生等关系全县经济社会发展以及民生福祉方面的重要问题。

县人民政府第47次常务会议 2016年2月3日。会议审议《永嘉县公共财政补助民办教育实施办法》。会议审议《永嘉县（2016—2020）生猪定点屠宰场设置规划实施方案》。会议听取县科技局关于2015年度县级企业技术（研发）中心评审有关情况的汇报。会议听取县经信局关于2015年度“三名”工程培育企业综合评价有关情况的汇报。会议审议《工业固定资产投资项目节能评估和审查实施细则》。会议审议《永嘉县上塘中心城区中后村旧城区改造工程征收集体土地涉及房屋补偿方案》《永嘉县上塘中心城区中后村旧城改造工程范围内国有土地上房屋征收与补偿安置实施方案》。会议审议《永嘉县水土保持规划》。会议审议《永嘉县环境保护“一票否决”实施办法（试行）》。会议听取三江商务区关于提前回购12#地块安置房施工单位部分垫资有关情况的汇报。会议听取三江商务区关于13#、14#地块安置房代建合同中止有关情况的汇报。会议听取三江商务区关于南方投资集团永嘉化工厂三江厂区征收有关情况的汇报。会议听取县市场监管局关于 2015年永嘉县县长质量奖评审结果的汇报。会议听取县招商局关于2015年吸引浙商设立功能性机构专项奖励资金使用方案的汇报。会议讨论研究关于给予谢纯定、潘德朔撤职处分的相关事宜。会议审议《永嘉县水库移民后期扶持“十三五”规划》。会议听取了县住建局关于过渡期间城市管理职能委托代管有关情况的汇报。

县人民政府第48次常务会议 2016年3月29日。会议审议《2016年永嘉县初中毕业升学考试与高中招生实施方案》。会议审议《永嘉县教育现代化县创建工作行动计划》。会议听取县发改局关于2016年度重大项目前期工作计划有关情况的汇报。会议审议《永嘉县楠溪江河口大闸枢纽工程项目建议书》。会议听取县府办关于枫林镇临江小庄违建处置有关情况的汇报。会议听取县住建局关于继续执行购买商品住房享受补助政策有关情况的汇报。会议审议《永嘉县村级生活污水处理设施运行维护管理工作实施办法（试行）》。会议审议《永嘉县存量违建住宅处置办法（试行）》。会议审议《永嘉县工业企业用地宗地分割登记暂行规定》。会议审议《关于推进众创空间建设的实施意见》。会议听取永嘉旅投集团关于若干项目建设有关情况的汇报。会议审议《永嘉县扶持中小企业融资专项基金管理办法》。会议审议《2016年度永嘉县县级财政资金第一期竞争性存放实施方案》。会议听取县财政局关于永嘉县国有公司和国开行合作投资有关情况的汇报。会议审议《永嘉县区域“乡村小巴”客运安全管理暂行办法》。会议审议《永嘉县化工行业安全发展规划》。会议审议《永嘉县职业病危害事故应急预案》。会议听取县交投集团关于提前偿还福沙段工程垫资有关情况的汇报。会议听取楠溪江风景旅游区关于县旅游公司处置有关情况的汇报。会议听取楠溪江风景旅游区关于直接委托方式落实楠溪江风景名胜区太平岩渠口文化景观区详细规划编制单位有关情况的汇报。

县人民政府第49次常务会议 2016年5月11日。会议审议《关于进一步加强政府督查工作实施方案》。会议审议《关于开展“四点半学校”建设实施方案》。会议审议《永嘉县扶持普惠性民办幼儿园发展奖补暂行办法》。会议讨论研究关于给予李秀正开除处分的相关事宜。会议审议《永嘉县创建全国基层中医药工作先进单位活动实施方案》。会议审议《关于调整永嘉县计划生育利益导向政策的通知》。会议审议《永嘉县2016年度乡镇街道计划生育目标管理责任制考核办法》《关于调整计划生育工作预警指标的通知》。会议审议《关于永嘉县媒体融合方案》。会议听取县财政局关于要求明确编制外用工人员待遇有关情况的汇报。会议审议《关于公布2015年县属民办学校教师工资指导线（最低标准）的通知》。会议听取县“三改一拆”办关于永嘉县农村历史遗留违法用地处置有关情况的汇报。会议听取县“三改一拆”办关于对永嘉县“无违建”创建“一户一档”调查工作进行劳务外包有关情况的汇报。会议审议《永嘉县住宅房屋征收市场化安置实施意见（试行）》。会议听取瓯北城市新区关于瓯北码道村城中村改造有关情况的汇报。会议审议《永嘉县农村生活垃圾减量化资源化利用工作实施方案》。会议审议《永嘉县美丽田园（田头）建设实施方案》。会议审议《全县居住出租房、合用场所消防安全综合治理工作方案》。会议审议枸杞干红酒销售中心、BAOOLI表销售中心、威英外贸综合服务企业等3个项目的《在外永商回归战略合作框架协议》。会议审议《永嘉县网络经济发展规划（2015-2020）》。会议审议《关于进一步深化丧葬礼俗整治工作的实施意见》《关于永嘉县殡葬管理工作责任追究办法（试行）》。会议听取县外侨办关于永嘉县与西班牙巴达洛纳市建设友好交流关系有关情况的汇报。会议听取楠溪江风景旅游区关于美丽乡村精品线等项目设计有关问题的汇报。会议听取瓯北城市新区关于瓯北示范河工程施工招投标有关问题的汇报。

县人民政府第50次常务会议 2016年6月27日。会议听取县安监局关于2016年上半年安全生产工作情况的专题汇报。会议审议《关于在全县开展“审计整改落实年”活动的实施意见》。会议听取县综合行政执法局关于明确辅助执法人员待遇有关问题的汇报。会议审议《关于实施“永嘉人才新政十二条”推进领军型人才团队建设的若干意见》。会议审议《关于推进责任医生签约服务的实施意见》。会议审议《关于提高乡镇（街道）机关事业单位工作人员经济待遇的意见》。会议听取县财政局关于企业扶持奖励资金兑现方案有关情况的汇报。会议听取县财政局关于永嘉县中小企业融资扶持专项基金合作相关协议有关情况的汇报。会议审议《永嘉县环境监管网格化管理实施方案》。会议审议《永嘉县2016年创建省级“清三河”达标县实施方案》。会议听取县住建局关于永嘉县垃圾焚烧发电厂改造提升工程有关问题的汇报。会议听取县经信局关于泵阀、铸造等行业环保治理有关问题的汇报。会议听取县经信局关于千石肉联厂改造提升有关问题的汇报。会议审议《关于建设浙江省两化深度融合国家综合性示范区的实施意见》。会议审议《关于进一步降低企业成本减轻企业负担的若干意见》。会议审议《永嘉县领军与高成长型工业企业培育实施方案》。会议审议《关于支持大众创业促进就业的实施意见》。会议审议《永嘉县社会信用体系建设“十三五”规划》。会议听取瓯北城市新区关于瓯北示范河工程施工招投标有关问题的汇报。会议听取县府办关于美丽乡村精品线项目建设有关问题的汇报。会议审议《关于加快推进森林休闲养生试点县建设的实施意见》。会议听取上塘中心城区关于上塘屿门-黄屿农房集聚建设项目有关问题的汇报。会议审议《关于对上塘中心城区中后村旧城区改造工程范围内国有土地上房屋实施征收的决定》。会议听取县住建局关于精品街区项目有关问题的汇报。会议听取县住建局关于永嘉县历史遗留违法处置有关问题的汇报。会议听取县府办关于全县早年已立项的28个低产林改造暨耕地开垦项目历史遗留问题的汇报。会议听取县府办关于瓯北新桥村安置房历史遗留问题的汇报。会议审议《永嘉县建筑渣土和泥浆处置暂行管理办法》。

县人民政府第51次常务会议 2016年8月16日。会议审议《2015年冬季退役士兵安置方案》。会议审议《关于进一步明确永嘉县分布式光伏发电项目2016年补贴政策的通知》。会议听取县发改局关于大若岩至上塘公路工程有关情况的汇报。会议审议《永嘉县全面推进水利工程标准化管理实施方案（2016—2020）》。会议听取县审计局《关于2015 年度县本级财政预算执行情况和其他财政收支的审计结果报告》的汇报。会议还专门研究部署工程项目招投标和建设管理问题。会议讨论研究关于给予胡佐朋开除处分的相关事宜。会议讨论研究关于给予王显群开除处分的相关事宜。会议听取县教育局关于要求增加教育系统安保经费有关情况的汇报。会议审议《2017年永嘉县部门预算编制工作方案》。会议审议《关于进一步扶持和促进中医药事业发展的实施意见》。会议听取县财政局关于三江整体城市化等6个工程项目融资有关问题的汇报。会议听取县财政局关于永嘉县社会保险基金保值增值运作建议方案有关情况的汇报。会议审议《永嘉县国有土地使用权出让收支管理办法》。会议审议《永嘉县环境保护“十三五”规划》。会议审议《2016年永嘉县大气污染防治实施计划》。会议听取县林业局关于龙湾潭森林公园旅游经营开发PPP模式实施方案有关情况的汇报。会议听取县府办关于回收浙南电力实训基地土地有关问题的汇报。会议审议《永嘉县质量与品牌奖励资金管理方法（2016年修订）》《永嘉县县长质量奖评审管理办法》《永嘉县县长质量奖评审管理实施细则》。会议审议《永嘉县农贸市场改造升级三年行动计划（2016—2018年）》。会议审议《永嘉县生猪散养户整治工作实施方案》。会议审议《永嘉县省级农产品质量安全放心县创建实施方案》。会议审议《永嘉县耕地保护补偿机制实施办法》。会议审议《永嘉县采矿权出让程序及政策处理暂行规定》。会议审议《永嘉县瓯北城市新区清水埠地块城中村改造补偿安置方案中涉及公寓式住宅及有关问题补充规定》。会议听取县住建局关于简化减免市政基础设施配套费审批流程有关情况的汇报。会议审议《关于进一步加强村庄规划编制、农房设计和建设管理工作的意见》。会议审议《永嘉县工程项目建设涉及零星拆迁房屋补偿安置实施方案》。会议审议《永嘉县公务用车制度改革实施方案》。会议听取县住建局关于杭温高铁规划建设涉及黄田街道农村私人建房审批有关问题的汇报。会议讨论研究温州瓯江通道建设有限公司董事长人选推荐工作的相关事宜。会议讨论研究南陈温泉小镇项目建设的相关事宜。

县人民政府第52次常务会议 2016年12月22日。会议听取县安监局关于安全生产工作的专题汇报。会议审议《永嘉县企业信用联合奖惩办法（试行）》。会议审议《永嘉县特色小镇建设三年行动计划（2016—2018年）》。会议审议《永嘉县服务业发展“十三五”规划》。会议审议《永嘉县政府投资项目审计办法（试行）》。会议听取县人力社保局关于2017年城乡医保筹资报销测算相关事宜。会议讨论研究给予县公安局工作表彰相关事宜。会议审议《永嘉县小城镇环境综合整治行动实施方案》。会议审议《永嘉县妇女发展规划（2016—2020年）》和《永嘉县儿童发展规划（2016—2020年）》。会议审议《永嘉县饮用水水源突发污染事件应急预案》。会议审议《永嘉县房屋征收安置补偿权益质押登记与管理办法》。会议审议《永嘉县城乡危房治理改造若干意见》。会议审议《永嘉县农业和农村经济发展“十三五”规划》。会议审议《永嘉县气象事业发展“十三五”规划》。会议审议《永嘉县生态文明建设规划（2016-2025年）》。会议审议《关于加快推进科技创新的“新八条”政策（试行）》。会议审议《永嘉县科技创新投资基金管理办法（试行）》。会议审议《永嘉县科技创新“十三五”规划》。

（池　玲）

2016年重要政事

全县22家企业列入市领军企业和高成长企业名单 2016年1月4日，温州市政府公布市领军工业培育企业和高成长型工业培育企业名单，永嘉浙江红蜻蜓鞋业股份有限公司等8家企业列入市领军工业培育企业，方正阀门集团有限公司等14家企业列入市高成长型工业培育企业。市县相关部门将利用市场机制和政策扶持等手段，进一步优化资源配置，在用地保障、融资渠道、人才支撑、技术创新、品牌建设等多方面对领军工业企业和高成长型工业企业进行培育扶持，充分发挥领军企业和高成长型企业的引领、示范和带动作用，不断增强永嘉工业经济综合实力，推动永嘉经济转型赶超发展。

开建首个以PPP模式建设的省重点交通项目 2016年1月5日，上塘至瓯北公路工程正式开工建设。上瓯公路交通项目作为永嘉“四纵五横一连”公路网中的一连，是全县首个经省发改委同意以PPP模式建设的省重点交通项目。该项目总投资19.85亿元，起点位于上塘环城北路，终点位于瓯北园区大道与104国道交叉处，是联系金丽温高速公路、诸永高速公路、104国道及41省道四条纵向交通通道的重要连接线。工程建成后，上塘到瓯北两地行车时间将缩短至10分钟左右，能有效分配交通流量，减轻41省道的交通压力，改善上塘、瓯北城区之间的交通基础设施条件，提高现有的104国道、41省道的通行能力，有利于区域交通网络化的实现，对完善永嘉公路网总体布局具有十分重要的意义。

首个跨出永嘉走向异地的青联组织诞生 2016年1月6日，永嘉首个跨出永嘉走向异地的青联组织上海永嘉青联正式成立。上海永嘉青联作为永嘉县青年联合会的一个派出机构，是以在沪永嘉优秀青年人士为主体的联合组织。该组织以“集聚人才、联络交流、奋发作为、创新发展”为宗旨，以务实、服务、诚信为原则，致力于为在沪永嘉青年的成长和发展服务，对于构筑在沪永嘉青年人才高地，为促进永沪两地交流合作和共同发展具有重要意义。

再获“2015年度全省农村生活污水治理工作优胜市县” 2016年1月15日，省委、省政府发文对2015年全省农村生活污水治理工作优胜市县进行表彰，永嘉在2014年优胜的基础上，2015年再次获得“全省农村生活污水治理工作优胜县”称号。2014年以来，永嘉深入贯彻省委、省政府关于“五水共治，治污先行；治污之要，在于农村”的决策部署，当年就完成了146个建制村的农村生活污水治理年度目标工作，2015年继续完成247个建制村的农村生活污水治理年度目标工作，投入资金2.45亿元，新增受益农户24479户，农村的水环境、生态环境和人居环境得到了进一步提升。

部分行政区划调整获得省政府批复 2016年1月23日，永嘉县部分行政区划调整获浙江省人民政府批复同意，增设金溪镇、茗岙乡、云岭乡、溪下乡和界坑乡，调整后永嘉县辖7个街道11个镇4个乡。此次行政区划调整有利于优化空间布局，最大限度地激发乡镇活力；有利于进一步理顺体制机制，提高乡镇调控能力；有利于优化资源配置，缩小行政管理服务半径，为永嘉勾勒了新的发展格局、拉开了新的竞争序幕、搭建了新的赶超擂台。同时，此次行政区划调整涉及的各类机构将按照“精简、统一、效能”的原则设置，严格遵循国务院“约法三章”的要求，不新建政府性楼堂馆所，不增加财政供养人员，不增加“三公”经费。

桥下镇成为省级特色小镇培育单位 2016年1月26日，桥下镇玩具智造小镇被列入第二批省级特色小镇培育名单。该小镇规划总用地面积约3.44平方公里，总投资50.2亿元，以建设“国际教玩具众创基地、中国游乐玩具智造基地、区域性儿童乐游目的地”为目标，计划于2020年建成融研发设计、互联创业、商贸物流、休闲游乐、农业观光、生活居住、社区服务等功能为一体的教玩具综合智造城。

永嘉泵阀产业聚集区荣获2015年区域品牌价值评价证书 2016年2月26日，在中国质量认证中心召开的全国知名品牌创建示范区区域品牌价值提升经验交流会上，永嘉泵阀产业聚集区荣获2015年区域品牌价值评价证书。据评估，永嘉泵阀品牌价值为5.73亿元，年平均超额收益为1.14亿元，品牌强度得分604分，成为荣获此项殊荣的全国119个园区之一。至年底，永嘉泵阀产业聚集区是全省获准筹建的5个“全国知名品牌创建示范区”之一，也是温州市唯一一个。近年来，永嘉泵阀产业规模不断扩大，产品体系日渐完善。全县共有泵阀及相关配套企业1115家，拥有规上企业80家，规模超亿元企业21家，能够生产阀门产品3000多个品种、4万多种规格，生产工业泵产品800多个品种、1万多种规格，国内市场占有率达30%以上。

获批建设“浙江制造”试点县 2016年3月22日，省质监局正式公布全省第二批“浙江制造”试点县名单，永嘉成功入选“浙江制造”试点县。“浙江制造”是浙江省在全国率先推出的以“区域品牌、先进标准、市场认证、国际认同”为核心的“浙江制造”品牌建设制度体系，是实施创新驱动发展战略，促进质量效益提升和打造浙江经济升级版的一项重要举措。今后，永嘉将以获批建设“浙江制造”试点县为契机，认真组织实施《永嘉县推进“浙江制造”品牌建设实施方案》，争取到2020年，全县形成一定数量的品质卓越、自主创新、管理先进、美誉度高、带动力大、竞争力强，占据国内市场话语权、能够比肩国际先进水平的“浙江制造”品牌，努力促进全县支柱产业质量效益提升。

楠溪江国家AAAAA级景区创建通过省级景观质量评审 2016年3月24日，省旅游局副局长杨建武率省评审组到永嘉评审楠溪江国家AAAAA级景区创建景观质量，经过实地考察和资源评审，评审组认为楠溪江景区基本具备国家AAAAA级景区创建资源条件。楠溪江景区作为国家AAAA级旅游景区、世界地质公园，是全国唯一以山水田园风光见长的国家级风景名胜区，也是中国山水诗的发源地。下一步，永嘉将全力做好点面结合、资源整合、产业融合、区域联合、营销综合、力量总合等多篇文章，集全民之智、举全县之力全力以赴创建，确保楠溪江国家AAAAA级景区创建工作有序快速推进。

入选“探索建立村级公共设施运行管护机制试点县” 2016年3月30日，永嘉县被浙江省农村综合改革工作领导小组办公室列入2016年探索建立村级公共设施运行管护机制试点县。试点工作以改善人居环境和实现基本公共服务均等化目标为要求，以优化人居环境为核心，以完善长效管护机制为保障，致力于破解农村卫生保洁、污水治理、垃圾处理等难题，逐步建立促进村民生产、方便村民生活的公共设施运行管护体系，从根本上改善永嘉农村人居环境。

平安建设顺利实现“七连创” 2016年3月31日，全省建设平安浙江工作会议召开，永嘉再度获得“平安县(市、区)”称号，受到省委省政府表彰，顺利实现平安建设“七连创”。2015年以来，永嘉政法平安工作根据中央、省、市委的总体部署，以“百日维稳攻坚大会战”为主线，大力推进平安永嘉、法治永嘉和过硬政法队伍建设，集中力量解决影响社会和谐稳定的源头性、根本性、基础性问题，社会稳定风险评估机制、维稳研判和处置机制、多元化大调解体系、群防群治队伍规范化建设、政法文化建设等多项重点工作出经验、出典型，“平安永嘉”建设水平不断提升，全县没有发生“一票否决”的重大事项，社会大局呈现总体稳定，成功实现“平安七连创”。

荣获全省工业投资和“机器换人”一等奖 2016年5月8日，浙江省工业有效投资考核评价工作联席会议办公室下发的《关于2015年度浙江省工业投资和“机器换人”技术改造考核评价结果的通报》中，永嘉荣获全省一等奖，获得120亩新增建设用地计划指标和120万元财政专项资金的奖励。近年来，永嘉深入实施创新驱动发展战略，围绕“工业强县”建设目标，以技术升级、节能减排为方向，采用先进设备和柔性技术，扎实推进企业实施“机器换人”为核心的现代化技术改造，2015年共投入41.11亿元进行现代化技术改造，切实提高资源利用水平和企业自动化水平，有效促进了全县工业经济转型发展。

入选2015年中国“电商百佳县” 2016年5月25日，在第三届中国县域电子商务峰会上，永嘉成功入选2015年中国“电商百佳县”、2015年中国大众电商创业最活跃县和中国大众网购消费最活跃县。近年来，永嘉把发展“电子商务”作为产业结构调整、机制创新试点工作的一项重要内容，明确电子商务发展的总体思路，通过积极打造电商“孵化”平台、培育壮大电商“市场”，促使一大批电商迅速成长。同时为推进农村电商发展，以“淘宝村”建设为重心，以“电子商务进万村”工程推进为抓手，实施“县、镇、村”三级联动，为农村电商发展提供强劲动力。截至2016年12月底，全县“淘宝村”数量达到11个。

获2013—2015年度全省“学校食堂改造提升先进单位” 2016年5月25日，省食安委通报表扬2013—2015年度千万学生饮食放心工程先进单位，永嘉获评全省“学校食堂改造提升先进单位”，系全市唯一一家获奖单位。近年来，永嘉坚持把学校食堂建设纳入中小学校舍安全工程，严格按照食品安全管理要求设置场所和配置设备，近三年共投入3000万元对71个中小学食堂进行重点改造提升，对24个食堂进行“阳光厨房”创建。至年底，全县向学生供餐的210家学校（含托幼机构）食堂中，达到餐饮量化A级标准的有6家、B级的有184家，A、B等级食堂占比达到90.5%，获得省级和市级示范称号的学校食堂分别有7家和17家。

荣获2011—2015年全国法治宣传教育先进县称号 2016年5月26日，在第八次全国法治宣传教育工作会议上永嘉县被中央宣传部、司法部、全国普法办授予2011—2015年全国法治宣传教育先进县荣誉称号，是温州市唯一一个获得该项荣誉的县。自“六五”普法启动以来，永嘉按照上级统一部署，同步推进法治教育与法治实践，圆满完成“六五”普法规划确定的各项任务，并率全市之先将普法依法治理工作纳入年度考绩；坚持媒体宣传和阵地建设相结合，不断巩固和发挥媒体宣传优势，在全市首创《法治进行时》《普法面对面》等电视普法品牌，普法途径进一步拓宽；建立全程行政协调机制，实质化解行政争议，行政败诉率比上年降低15个百分点。

获评“中国教玩具流通中

心” 2016年5月27日，中国百货商业协会授予永嘉“中国教玩具流通中心”，并与永嘉签订战略合作框架协议，旨在加快推动永嘉教玩具产业健康、持续发展，引导企业坚持自主创新，加快培养核心竞争力和自主品牌。至年底，永嘉拥有教玩具企业340家（其中规模以上教玩具企业20家），从业人员2万多人。2016年永嘉规模以上教玩具企业实现产值达17.57亿元，实现外贸出口4.96亿元，产品远销东欧、中东、东南亚、阿联酋、南非等100多个国家和地区，产品销售额占国内幼教用品市场的60%以上，是我国重要的教玩具商品集散中心。

温州华邦封条成功挂牌新三板 2016年6月15日，温州华邦安全封条股份有限公司在全国中小企业股份转让系统成功挂牌，成为永嘉县首家新三板挂牌企业。至年底，永嘉已经启动推动企业上市和区域资本市场建设等三年行动计划，专门开辟绿色通道，采取“一企一策”方式解决企业股改重点问题，切实减轻改制规范成本负担。同时，建立分层次、分类别、分梯队的上市挂牌企业后备资源库，重点支持发展潜力大、产业带动力强、有利于加快区域转型升级的企业挂牌上市，力争至2018年年底，全县IPO上市总数力争达到5家，新三板挂牌企业总数力争新增9家，区域性股权交易平台挂牌企业总数力争达到26家，新增股份有限公司30家。

入围浙江省产业集群跨境电子商务发展试点县 2016年6月17日，省商务厅公布《关于产业集群跨境电子商务发展试点名单》，永嘉（教玩具行业）成为全省首批25个产业集群跨境电子商务发展试点县(市、区)之一。永嘉教玩具产业集群特点明显，2015年实现的53亿元产值中，网络销售总额约10亿元，已具备一定的电子商务和跨境电商发展基础。此次入选省产业集群跨境电子商务发展试点县(市、区)，将有力推动教玩具产业集群与跨境电商融合发展，进一步拓展国际市场，不断增强教玩具行业的自主渠道和自主品牌控制力。

高考成绩再创历史新高 2016年6月22日，永嘉高考成绩再创历史新高。全县第一批(重点)上线646人(不包括体艺)，比去年增加132人，领先全市各县(市、区)，其中永嘉中学和温州翔宇中学两校上线总人数已达635人，理科包揽全市前三名。近年来，永嘉县不断深化民办教育综合改革，面向全国公开招标引入全国十大民办教育集团“翔宇教育集团”合作创办温州翔宇中学，积极探索教育教学管理新模式，在全国率先实践公私合作办学新机制，永嘉中学与温州翔宇中学成功实现合作办学，形成公办学校与民办学校良性竞争、齐头并进的新格局，为永嘉教育发展注入新活力，有力推动了永嘉教育的大发展、大提高。

3家企业荣登中国最具价值品牌500强 2016年6月22日，由世界品牌实验室主办的“世界品牌大会”发布了2016年第十三届《中国500最具价值品牌》分析报告，永嘉奥康、报喜鸟、红蜻蜓3家企业品牌价值分别以148.75亿元、108.65亿元和46.32亿元上榜，列温州7家上榜企业的第3、第4、第5名。近年来，永嘉不断深化“质量强县、标准强县、品牌强县”战略和“浙江制造”品牌建设，专门设立质量与品牌奖励资金，并出台一系列品牌奖励政策，加快了永嘉自主品牌建设，促进了经济可持续发展。

入选省级农产品市场体系建设试点县 2016年7月5日，省商务厅、省财政厅联合下发《关于开展省级市场体系建设试点工作的通知》，永嘉县成功入选省级农产品市场体系建设试点县。省政府将重点支持永嘉农产品流通基础设施建设，包括农批市场和农贸市场新建改建，农产品配送加工企业建设冷链、加工、包装、物流等设施设备，连锁企业开设生鲜超市(商店)，建设冷链等配套设施设备等。通过试点将进一步推进永嘉农产品流通标准化，构建竞争有序、布局合理、制度完备、高效畅通、安全规范的农产品市场体系。

黄檀溪水利风景区入选第十六批国家水利风景区名单 2016年8月22日，水利部水利风景区建设与管理领导小组会议审议并表决通过第十六批共59家国家水利风景区名单，永嘉黄檀溪水利风景区名列其中，是此次浙江入选的3家风景区之一。黄檀溪水利风景区依托金溪水库和碧莲溪水库等水利工程而建，景区规划总面积46.55平方公里，其中水域面积约4.17平方公里，属于自然河湖型水利风景区，拥有金溪腾飞等十大代表性景观，预计年游客量可达到80万人次，旅游总收入约7000万元。

中国鞋服行业与互联网融合创新大会暨第五届浙江CIO峰会在永嘉召开 2016年9月12日，中国鞋服行业与互联网融合创新大会暨第五届浙江CIO峰会在永嘉瓯北召开，来自国内外信息化服务企业、全国重点鞋服企业、兄弟省市CIO组织的代表和负责人，以及国内工业界、信息化、互联网界的专家学者共600余人汇聚一堂，共商鞋服行业与互联网跨界融合创新之路。2016年CIO峰会的主题为个性互联，谋求制造业发展的新模式，寻找新增长点。作为国内鞋服行业主要产业集聚区之一，近年来永嘉紧跟时代发展潮流，抢抓经济转型机遇，全力推进制造业与互联网融合创新发展，在温州率先成立县级企业信息化促进会和CIO俱乐部，不断探索与互联网的融合创新，在个性化定制方面探索出新的模式。

荣获“十二五”期间农田水利标准化建设工作先进县称号 2016年9月18日，浙江省水利厅对“十二五”期间全省农田水利标准化建设考核结果进行了通报，永嘉被评为全省“十二五”期间农田水利标准化建设工作先进县。“十二五”期间，永嘉紧抓农田水利标准化建设契机，以农业“两区”建设、小农水重点县建设等统筹项目为重点，以其他面上农田水利项目建设为补充，逐年加大农田水利设施建设投入力度。建设实施过程坚持组织到位、程序到位、管护到位的“三到位”原则，因地制宜、科学谋划，建设成效显著，得到项目实施地区群众的广泛好评。“十二五”五年建设期间永嘉投约3亿元用于农田水利建设，新增旱涝保收面积1466.67公顷，扩大灌溉面积5070公顷，新增固定式喷微灌面积821.33公顷，山塘综合整治78座，农田渠道改造232.09千米。

入围第二批国家全域旅游示范区创建单位 2016年11月2日，永嘉县入围国家旅游局公布的“国家全域旅游示范区”创建单位名单，将享受到中央一系列政策扶持。近年来，永嘉积极践行“两山”发展理念，坚持把旅游业作为“一号服务业”来抓，组织实施《永嘉县旅游业发展三年行动计划（2016—2018年）》，全力推进旅游主业化、全域景区化，推动旅游与其他产业的融合发展，加速从景点旅游转向全域旅游模式，初步构筑了全民共建共享的全域旅游发展格局。2016年累计接待游客755.62万人次，实现旅游总收入81.6亿元，同比增长65.8%。

荣获“省级红十字工作示范县（市、区）”称号 2016年11月23日，浙红〔2016〕60号文件发文，永嘉获第二批“省级红十字工作示范县（市、区）”称号，是温州市唯一获奖单位。永嘉红十字工作一直以来基础扎实、亮点纷呈，应急救援、应急救护培训、人道救助等多项红十字核心工作都走在全市乃至全省的前列，已连续3年被评为温州市红十字工作先进单位。自2015年申报创建“省级红十字工作示范县”以来，永嘉充分利用“国家级卫生县城”创建、“结核病防治日”“重走红军路”等载体开展多部门联合活动，全力完善基层组织建设，实现乡镇（街道）、学校、公立医疗机构红十字组织建会率100%，应急救护普及培训完成率和救护员培训完成率均居全市首位，有效扩大了红十字精神传播，永嘉红十字事业获得蓬勃发展。

荣获省级无偿献血先进县称号 2016年11月29日，浙政发〔2016〕433号文件发文，永嘉荣获“浙江省无偿献血先进县”称号，成为十年来唯一受到省政府表彰的县（市、区）。近年来，永嘉科学谋划全年献血工作任务，积极组织和发动辖属干部职工和公民参与无偿献血，社会各界参与无偿献血的热情不断高涨。从2012年到2016年，参与无偿献血人次从5800人次增加到7980人次，采集血量从1160.14升增加到1597.95升，采集血量始终保持在临床用血量的两倍左右，有效确保了全县临床用血的需求和安全，提高了应对医疗卫生突发事件中血液的有效供给，保障了永嘉人民群众的身体健康和生命安全。

省教玩具产品质量检验中心落户永嘉 2016年12月5日，经省质监局批准，永嘉在县产品质量监督检验所基础上筹建的“浙江省教玩具产品质量检验中心”正式成立。该中心是浙江省唯一拥有教玩具检测资质的省级机构，承担全省教玩具原材料、性能检测、科研开发和中间试验等项目的检测，并可解决全省及周边地区80%以上教玩具产品的检测任务。通过对各类检验检测结果分析，尤其是不合格情况的原因分析及整改提高，可以帮助企业改进和提高产品质量，防止出现区域性产品质量问题，对于保证和提高浙江省教玩具产业整体质量水平具有重要意义。

创成浙江省园林城市 2016年12月19日，永嘉县政府获得省政府“关于公布浙江省园林城市考核结果的复函”，这标志着永嘉县正式获得“浙江省园林城市”称号。启动省级园林城市创建以来，永嘉县委、县政府紧密围绕创园指标体系，以“三县三城联创”为主载体，按照“生态建设、绿化先行”的思路，通过规划建绿、挖潜建绿、拆违覆绿、见缝插绿，不断加大绿化建设力度，城区近三年累计投入3.81亿元，新建城市公园2个、城区绿道43公里，改造山地公园2个、滨水公园3个，城区绿化面积快速增加。截至2016年年底，永嘉建成区面积由2013年的6.84平方公里扩大至10.84平方公里，建成区绿地率达34.99%、绿化覆盖率达35.99%、城市人均公园绿地面积达14.58平方米。

杭温高铁义乌至温州段可行性报告获国家发改委批复　2016年12月25日，杭温高铁项目的可行性研究报告核准获国家发改委批复，标志着杭温高铁一期工程的前期工作取得最关键性的阶段成果，将正式进入施工准备阶段。此次获批的一期工程新建线路从既有沪昆高铁义乌站引出，经金华市、台州市、温州市，引入既有甬台温铁路永嘉站，利用甬台温铁路延伸至温州南站，新建线路201公里。杭温高铁是加快构建全省“三纵四横、对角贯通”综合交通体系的战略工程，是温州融入全省“1小时交通圈”的关键工程，途经的几个站点拥有众多自然、人文的旅游景点，建成后将对永嘉旅游经济带来极大影响，有望给永嘉带来巨大的旅游客源和投资，带动永嘉经济发展。

获评全市唯一“两化融合效评价优秀”　2016年12月26日，永嘉县正式收到《省两化深度融合国家示范区域绩效评价结果的通知》，获评全市唯一的“优秀”的地区。近年来，永嘉大力推进“两化”融合示范创新“620工程”，“两化”融合指数由2014年的66.51提升到2015年的76.93，同比增长15.67%，从2014年二类地区第8位，首次进入全省一类地区（27个地区）第22位。实现全县骨干企业财务信息化建设率超77.24%，CAD设计系统应用率达61.29%，ERP等核心管理系统上线率达到35.48%，装备自动化设备在泵阀、鞋服和纽扣拉链等行业内广泛使用。2016年网络零售额达144.17亿元，同比增长34.87%；电子信息产业产值完成30.76亿，同比增长17.9%。

获评2016年度浙江省休闲农业与乡村旅游示范县　2016年12月31日，浙江省农业厅、省旅游局认定永嘉县等5个县（区）为浙江省休闲农业与乡村旅游示范县，永嘉名列全省5个县（区）首位，是温州市首个获评区县。近年来，永嘉通过依托楠溪江风景名胜区，充分发挥山水风光秀丽、人文景观丰富、文化底蕴深厚的优势，大力推进休闲农业与乡村旅游产业发展，至今已形成功能类型多样化、投资主体多元化、管理规范化的良好局面，成为农业增效、农民增收、农村发展新的经济增长点。截至2016年12月底，全县共有省级农家乐特色村3个、省级知名休闲农业与乡村旅游点10个，市级农家乐特色村4个、县级农家乐特色村1个，休闲观光农业区41个。2016年全县休闲农业与乡村旅游从业人员中农民就业比例达到68.2%，全年共接待游客408.66万人次，营业收入达2.27亿元。

荣获“十二五”时期浙江省人民防空工作先进单位称号　2017年2月14日，省浙动〔2017〕4号文件发文确认永嘉县人防办荣获浙江省“‘十二五’人民防空先进单位”称号。近年来，永嘉县人防办以提升人防应急应战能力为核心，以推进人防发展方式转变为主线，加快推进指挥通信、工程防护、人口疏散等三大体系建设，坚持走融入城镇化发展、融入经济建设、融入改善民生“三个融入”发展路径，着力提升应急指挥、工程建设与管理、执政为民服务等三种能力，2015年、2016年连续两年获得浙江省先进单位称号。截至2016年12月底完成竣工结建防空地下室17.95万平方米，在建结建防空地下室44.07万平方米。

（夏　靖　陈燕琼　章金龙）

国民经济和社会发展

概况　2016年，永嘉县实现地区生产总值359.27亿元，同比增长8.6%，三次产业结构调整为3.7：49.3：47.0；社会消费品零售总额157.83亿元，同比增长14.4%，信息、旅游、健康成为消费新热点；城镇常住居民人均可支配收入38246元，增长8.8%，农村常住居民人均可支配收入18391元，增长8.6%，城乡居民收入比调整为2.08。财政总收入49.09亿元，同比增长6.5%。其中一般公共预算收入29.59亿元，同比增长11.5%；金融机构人民币存贷款余额分别为542.13亿元和487.65亿元，同比增长15.5%和4.3%。

产业发展　永嘉县服务业高速增长，增加值168.97亿元，增速10.6%，直接拉动GDP增长4.79个百分点，占GDP比重持续提升。其中，旅游消费增速最高，2016年累计接待游客755.62万人次，实现旅游总收入816064.46万元，同比增长65.8%；房地产业去库存加速，2016年商品房销售面积58.71

万平方米，同比增长79.8%，按照前12个月平均销售面积计算，去化周期缩短为11.2个月；工业总产值565.93亿元；泵阀、鞋服、教玩具等行业龙头企业率先实现提质增量，市场占有率以及盈利能力大幅提升；累计创成粮食生产功能区5773.3公顷，超额完成省下达任务。累计建成省、市级现代农业园区51个，创成全市唯一一个省级休闲农业和乡村旅游示范县。

固定投资 永嘉县完成固定资产投资311.45亿元，同比增长13.7%，5亿元以上基础设施项目增速21.4%，3亿元以上重大产业项目增速44.5%，高新技术产业投资增速131.8%。

综合改革 认真实施金改"新12条"，深化要素市场化配置改革试点。加大"放管服"改革力度，在温州市率先完成"权责清单",4个部门共10项职能向社会组织转移；完善农村产权交易平台，成功流转岩头镇鲤溪村162.67公顷村集体林地，实现温州市村集体林地规范流转第一单；制定实施《永嘉县企业信用联合奖惩办法（试行）》，首次开展永嘉县"百佳诚信企业"评选；编制《永嘉县产业平台发展"十三五"规划》，制订实施"542"特色小镇培育三年行动计划，确定玩具智造小镇（桥下镇）、温泉小镇（云岭乡）、福地养生小镇（大若岩镇）、休闲旅游小镇（沙头镇）、瓯窑小镇(三江商务区）5个，桥下玩具智造小镇成功列入省级培育名单和市级创建名单；"浙江制造"试点县，编制修订国际、国家、行业、地方标准213个，团体标准立项、发布数量温州市第一。全面深入开展"省商务厅产业集群跨境电子商务发展"试点，推动产业集群与跨境电商融合发展，2016年网络零售额超144亿元，居全省26个加快发展县第二位。桥头镇获得浙江省第三批小城市培育试点镇。

社会事业 实施基础教育建设项目32个，新创建义务教育标准化学校13所，排名温州市第一；建成综合文化中心12个、图书分馆3个，规范化建设社区文化服务中心81个，全面建成902个行政村文化活动阵地。新建文化礼堂22家（累计建成121家）；所有城镇社区和904个行政村各类健身场所建有率达到100%；上塘综合农贸市场建成投用，新建改建道路8条，开工建设景观精品街6条、新增城市公园绿地16万平方米；深化"千百工程"建设，建成美丽乡村精品线1条、精品村16个。

统筹城乡 瓯北社区巴士正式投运，智慧交通入选省级示范推广项目。全县通客运班车的行政村达811个，农村客运通达率达到90%，城乡客运一体化率达到87.3%；新建、改造4G通信基站500个以上，全县城区、乡镇和99%行政村4G通信网络覆盖；解决3.05万人农村饮水安全问题，基本实现农民饮用水全覆盖。

生态环境 "大拆大整""四边三化""两路两侧"，共拆违101.23万平方米，拆除"四边区域"违法建筑1115处，广告牌1347处，绿化面积5.24万平方米；严格落实河长制，启动建设示范河道5条，完成河道生态清淤18条（总长29公里），建设城镇污水管网131.7公里，完成141个村生活污水治理；全面实施重污染行业三年整治提升行动、大气污染综合防治计划，整治纽扣行业污染，淘汰老旧车5901辆、燃煤锅炉213台；化学需氧量、氨氮、二氧化硫、氮氧化物等主要污染减排均超额完成。

民生保障 2016年民生类一般公共预算支出48.45亿元，占一般公共预算支出的79.6%。有效推进医药卫生体制落实"双下沉、两提升"。共计28万人次享受各类社保待遇，新增社保五大险种参保人数2.9万人次，城乡低保标准年增幅达8%，低保人均补差水平提高1.16倍。建成投用160个居家养老服务照料中心。设立2000万元创业就业扶持资金。新增城镇就业人员9918人，城镇登记失业率维持2.01%。

（胡博杰）

体制改革

概况 2016年是体改工作深入贯彻落实中共十八大和十八届四中、五中全会精神，坚持以习近平总书记系列重要讲话精神为指导，按照县委十二届八次全会的部署，围绕加快"三区两美"建设，强化发展导向、民生导向、问题导向，抓改革、谋发展，各项工作卓有成效。

特色小镇建设 永嘉依托教玩具、养生养老、休闲旅游等良好的产业基础，通过实地踏勘、分析比对、竞争性筛选，谋划确定玩具智造小镇、福地养生小镇、瓯窑小镇、温泉小镇、休闲旅游小镇等5个培育对象，制订实施"542"培育三年行动计划（3年内谋划创建5个县级、4个市级、2个省级特色小镇）。在组织领导上，建立由县长为组长的特色小镇创建领导小组，并专门抽调9名精干人员实行专班运作、集中办公，形成上下联动、滚动推进的特色小镇创建格局；在政策引领上，永嘉集聚人力、物力、财力推进特色小镇建设，其中，永嘉在占补平衡十分紧缺的情况下，优先保障特色小镇用地指标，落实玩具智造小镇首批土地指标17.42公顷，有效解决了一批项目用地需求。同时加大财政投入，2016年完成固定资产投资10.5亿元；在规划编制上，永嘉注重把楠溪山水、现代元素、长寿因子融入特色小镇中，努力挖掘历史传承和文化底蕴，彰显特色小镇之“特”，已经完成2个（玩具智造小镇、福地养生小镇，其中，玩具智造小镇在全市省级培育的特色小镇中率先完成概念性规划）。永嘉玩具智造小镇已入围省级特色小镇培育名单，正在积极申报第三批省级特色小镇。

经济体制改革 根据温州市《经济体制改革专项小组2016年工作计划》（温委办发〔2016〕14号）文件精神，结合永嘉实际，2016年永嘉经济体制改革专项小组主要承担加强特色小镇建设、建立完善降低企业成本机制、开展“多规合一”试点工作这3项县重点突破改革项目，加快社会信用体系建设、推进众创空间建设、培育提升产业平台等18项其他各项改革工作要点内容，现各项改革工作已基本完成，正积极梳理2017年改革工作思路。此外，永嘉坚持重点突破、以点带面的总体思路，成立县域经济体制综合改革领导小组，多次召开县域经济体制综合改革会议，有序推进资源要素差别化配置机制、产业结构调整创新机制、城乡一体化发展体制机制创新、民间资本进入社会事业领域的体制机制、企业投资项目高效审批机制五项省定改革任务，并积极开展中介服务市场化改革、服务业优化升级这两大方面地方改革，合计共34项。

两个政策性农业保险 按照“政策不变，力度加大，确保实现全覆盖”的要求，永嘉全面开展农村住房保险工作，截至2016年12月底，永嘉政策性农村住房保险参保农户共18.87万户，共缴保费283.05万元，参保率达96%，完成省定考核指标。永嘉成立政策性农业保险共保体，开展政策性农业保险共保体协同推进机制试点工作，在参保对象上，实现单一的种养大户扩大到以大户为主，兼顾散户；在参保品种上，由原来的主要传统农产品为主，转向大众化种植、养殖业，实现省定保险险种全覆盖。积极开展地方特色农业保险。2016年，永嘉开展茶叶、杨梅、枇杷3个地方特色农业保险试点工作，扶持地方特色农产品生产，不断提升农业保险覆盖面和保障程度，增强相关农业种植户抵御自然灾害防范能力，促进茶叶、杨梅、枇杷产业的持续健康发展。

强化功能型中心镇培育 加大对桥头、桥下两个省级中心镇的培育力度，特别是加强对桥头镇小城市培育试点的培育，通过进一步取消和下放一批审批事项、加大创新创业服务平台力度、加快城乡一体化发展进程等，建立健全适应强镇发展需求的“小政府，大服务”行政管理体制和运行机制，加快小城镇发展进程。2016年桥头镇被列入第三批省级小城市培育试点名单，正在制订相关扶持政策和编制桥头镇小城市培育三年（2017年—2019年）行动计划。

（李纯义）

粮油购销

粮食调研与统计 2016年年初，永嘉县粮食局组织和抽调业务骨干对11家粮油经营企业、2家加工企业、3家粮食转化企业及8个中心镇（街道）的20个行政村的粮食供需平衡情况、社会食用植物油及油料供需情况进行调查。摸清2015年度的社会粮食、食用植物油及油料供需、粮油生产、外购粮油及人口流动等情况，完成相应的报表，为科学研判粮油供求形势及变化趋势、制定宏观调控政策措施提供参考资料。

粮食订单收购 2016年，永嘉县粮食局协同相关部门进行调查和研究，及时出台《关于切实抓好2016年度粮食产销工作的通知》的订单粮食收购政策，为做好本年度的粮食订单签订工作和粮食收购工作打下基础。确定早籼谷收购价格每百市斤133元，另每交售50公斤早稻谷奖励30元，每亩最高奖励240元；一般农户，每交售50公斤早稻谷奖励20元，最高每亩不超过160元；晚籼谷收购价格每百市斤138元，政府补贴每百市斤20元；2016年共收购粮食订单4363吨，比上年多收557吨。粮食收购量创近年来新高。

仓储建设与储备粮油管理 2016年，总投资4912.52万元的永嘉县粮食储备库工程（一期）正式投入使用，该粮库投入使用后，有力地缓解永嘉县仓容不足的问题。同时，将大大提高科学储粮和信息化管粮水平，开启储备粮管理新的篇章。至2016年12月底，永嘉县储备粮食43400吨，菜籽油55吨。比2015年新增21530吨。全年开展四次“一符四无”粮油检查工作和一次粮食库存专项检查工作，“一符四无”合格率达100%，储备粮管理安全规范。

（陈久榜）

人力资源和社会保障

人才开发与智力引进 2016年，永嘉县引进各类人才2051人，其中刚性引进322人、柔性引进1729人。引进高层次和特殊紧缺人才11人，引进国外技术项目15项，聘请外国专家15人次。陈永兴入选2016年度浙江省有突出贡献中青年专家及“浙江省151人才工程”第一层次培养人选，是永嘉县迄今为止唯一入选“省151人才工程”第一层次的高层次人才；周康平、胡陈春、吕洋、吴成业入围“市551人才工程”；3名外国专家获“雁荡友谊奖”。可发热羽绒服、锻钢高温硬密封浮动球阀、游乐设备质检外销支持项目、搜索灯SD-1入围省级引智项目。进一步推进博士后工作站建设及高层次人才培养，永嘉县共有7家企业获批建站，其中国家级2家、省级4家（浙江奥康鞋业股份有限公司入选2016年度省级博士后工作站）、市级1家，位列全市前茅。浙江亚龙教育装备股份有限公司和超达阀门集团股份有限公司入围省博士后科研项目择优资助名单。全县新增高技能人才892人。11支创新团队得到重点培育。

国家机关人员队伍建设 2016年，公开考录公务员118名，公开选调公务员16人，公开招聘工勤岗位7名；非领导职务任职67人，其中副主任科员1人，科员66人。多样化开展教育培训工作，组织95名新录用公务员参加初任培训，举办待岗培训1期共35人；全县2974名公务员参与网络学堂的学习培训，全县3413人参加“公务员学法用法”网上考试。2016年，公开选调事业单位工作人员117人，公开招聘事业单位工作人员552人，其中卫生系统招聘194名、教育系统招聘228名、其他事业单位招聘130名。全年共办理事业单位人员流动手续192人，其中调往县外64人、县外调入 15人。完成乡镇行政区划调整有关事业人员分流，做好县广播电视台和新闻信息中心、县妇幼保健院和计划生育服务机构人员整合，办理县不动产登记服务中心、县综合行政执法改革第一批人员划转等机构改革工作。完成县地产交易事务所17人转全额考试、考核工作。

职称评审 2016年，全县（不含教育系统）聘任各类技术职称人数511名；企事业单位专业技术人员申报高级和中级职称评审资格审查推荐153名，其中高级 43名、中级110名。审批机关事业及卫生系统岗位设置后专技人员职务聘任调整168名。180名泵阀专业初、中级专业技术人员取得任职资格。

工资福利管理 2016年，全县职务（职称）晋升、学历变动增资987人，其中机关247人,事业740人；公安系统警衔变动增资198人。机关考核晋档增资2864人，5年晋级828人；事业单位考核晋级增资14350人；浮动工资满8年转固定223人。审批公务员职级晋升79人。全年办理机关调动人员工资审批304人，办理事业调动人员工资审批207人。办理机关事业单位退休272人，丧葬费、抚恤金审批137人，涉及丧葬费54.8万元、抚恤金1035万元，核定遗属生活困难补助49人。向89名机关事业单位特困人员发放补助23.2万元。组织优秀公务员健康休养7期，共227人。

大中专毕业生就业 2016年，接受毕业生报到1890名，接收毕业生档案4480 件，高校毕业生就业协议书登记鉴证1086份，新增人事代理86人，永嘉籍毕业生初次就业率为88.4%。按照规定的条件，做好申请受理、人事档案审核等工作，已办理就业情况证明11021份。宣达实业集团有限公司等25家企业与永嘉县人民医院等15家事业单位作为永嘉县高校毕业生就业见习制度的试点单位，提供350个见习岗位。其中国家级大学生见习基地奥康鞋业，每年留用见习生比例在70%以上。

军转干部安置 2016年，接受军队转业干部安置3名，分别安置在永嘉县委统战部（民族宗教事务局）、永嘉县综合行政执法局、永嘉县国税局。做好军人随军家属安置工作，全年符合安置的2名，计划安置2名，已分别安置到县城市投资集团有限公司、县管道燃气经营有限公司。做好企业退休军转干部维稳解困工作。召开企业退休军转干部春节团拜会、重阳节座谈会，完成春节、“八一”和特困慰问工作，采取多种措施确保军转干部情绪稳定，在重大节庆日等敏感时期未发生赴省进京上访现象。按省、市要求完成企业军转干部思想政治工作调研工作和相关统计工作。

就业与再就业 2016年，全县城镇新增就业10094人、失业人员实现再就业1820人，分别完成任务的115.36%和158.26%，城镇登记失业率为2.01%，低于省、市平均水平。着力打好网络电商创业、专场就业促进会、大学生就业见习等组合拳，全县建立农村电子商务服务站155 个，举办各类网上网下就业招聘会10场，提供13571个就业岗位，达成意向1259人。积极安置就业困难人员就业，帮扶就业困难人员从事保洁员、护水员等公益性岗位159 个。临时性下浮社会保险费缴费比例，减征社会保险费2195万元，有效减轻近4809家企业的负担。扩大失业保险基金支出发放稳定岗位补贴560万元，为456 家企业稳定就业岗位提供有力支持。强化失业保险保生活、防失业、促就业功能，全年失业保险参保新增1321人，累计参保9.12万人，为2699人次补助失业金305.54万元。通过社会保险补贴，鼓励生活困难的就业困难人员从事个体经营或灵活就业，全年社保补贴113人，发放补贴38.25万元，为310 人发放一次性生活困难补助金51.3万元。出台《关于支持大众创业促进就业的实施意见》（永政发〔2016〕138号），设立1000余万元扶持资金主要用于网络创业认定、创业担保贷款、创业担保贷款贴息、一次性创业社保补贴、重点人群带动就业补贴等22项优惠政策，优惠政策创永嘉历史最多，全年受理认定创业担保贷款资格26人，发放贷款485万元，带动就业130人。

职业培训 2016年，开展各类职业技能培训鉴定78班次，共培训6329人次，实现各类职业资格鉴定7554人，分别完成年度培训任务的105%和年度鉴定目标任务的126%。其中，开展农村劳动力转移就业培训420人次、进城务工农民培训4475人、创业培训1434人、高技能人才培养967人，分别完成目标任务的210%、179%、110%、114%。培训后实现转移就业4311人，转移就业率达88 %；自主评价42家，完成目标任务105%。举办“楠溪百味”烹饪系列赛之田鱼烹饪技能大赛、“永嘉县第二届职工职业技能运动会”“百业名师带高徒”拜师仪式暨历届技能大赛优秀人员工艺展示活动、“金牌月嫂”母婴护理技能大赛、“安全生产摄影”技能大赛等技能大赛，营造良好的技能培训氛围。

劳动争议案件处理 2016年度，全县处置劳资纠纷和欠薪逃匿案件 291件（其中移送公安立案查处5件），同期相比下降52.4%，为1081 名劳动者追回工资1390.8万元，结案率100%。处理10人以上的群体事件23件，同比下降46.5%，涉及劳动者782人，涉及金额1344.06万元，其中涉嫌拒不支付劳动报酬犯罪5件，涉及劳动者 158人，涉及金额366.84万元。公安立案5件，不予立案0件。全省率先启用“建筑工人工资保障卡”一卡通，智能监控用工行为，自6月推开以来，瓯北大自然2期外滩柏悦（第一个试点单位）、三江立体城等瓯北10余家建筑单位已发放民工保障卡2000余张，并已逐步在水利、交通等行业推开。全县共受理仲裁案件602件，不予受理案件64件。受理立案的案件中，裁决结案93件，调解结案303件，撤诉198件，未结案8件，年度案件结案率98%，调解结案率83%以上。7月，全省首推“法律援助+职工维权+人民调解+劳动仲裁”一站式维权模式，在瓯北仲裁派出庭设立“法律援助工作站”“职工维权服务站”和“劳资纠纷调解室”。自“两站一室”正式运作以来，已调解357起争议案件，为90余名劳动者、110余家用人单位提供维权援助和法律咨询，仲裁案件受理量同比下降6.2%，案件结案率和调解率同比提高9.3%和8.6%。

劳动用工检查 2016年，共巡查用人单位950家，书面审查用人单位7312家，企业合同签订率和集体合同签订率分别达到90%和80%。积极开展农民工工资支付情况专项检查、清理整顿人力资源市场秩序“春雷”专项行动、用人单位遵守劳动用工和社会保险法律法规情况检查等专项行动，维护劳动者合法权益。全县共办理行政处罚（处理）案件15件，处罚金额合计6.6万元。

社会保障概况 2016年，全县新增各类保险参保人数104728人，其中新增基本养老保险31083人、被征地农民生活保障5681人、医疗保险8732人、新增失业保险7583人、工伤保险44112人、生育保险7601人。城乡医保与城乡居保参保人数分别为76.3万人、37.37万人。累计征缴各类社会保险基金36.52亿元，按时准确发放离退休干部、机关事业退休人员、企业退休人员、城乡居保等各类对象的待遇基金19.6亿元，结余16.91亿元，历年总累计结余48.92亿元。积极开展机关事业养老保险制度改革，完成全县350家机关事业2.4万多名在编和退休人员（其中在职人员17865

人，退休人员6470人）的基础数据信息采集工作，机关事业养老保险制度改革圆满完成并全部启用。全面落实医保监管及支付改革，9月底率全市之先完成医保智能监管平台联网接入应用、定点医疗机构诊间结算开通、定点医疗机构按病种付费结算、医保定点医药机构县市同城互认等4项工作。全县已制发市民卡84.37万张，已开通54家医保定点医院和64家定点药店通过市民卡联网结算，并推进市民卡在楠溪景区刷卡购票工程建设，实现市民卡在城关菜场的刷卡使用，已发展市民卡启用、圈存和充值服务网点62个，“一卡通”社会应用又迈出坚实步伐。深入开展社保医保基金情况自查、互查与督查行动，整改问题22项。加强基金安全日常监管和违规违法案件查处，对45家定点医院和41家定点药店开展专项检查，7家定点医院和1家定点药店被责令整改，处置举报骗保案件2件，暂停或终止社保待遇1754人，全年共追回违规违法套取骗取的社保基金102万元，进一步维护了基金安全局面。

基本养老保险　2016年，全县参加机关事业养老保险25785人，比上年末净增加399人；参加企业职工基本养老保险人数203942人，比上年末净增加3420人。基本养老保险基金（包括企业、机关事业）当年收入30.1亿元，当年支出17.12亿元，当年结余16.98亿元，累计结余47.28亿元。

基本医疗保险　2016年，全县参加基本医疗保险人数 11.34万人，比上年末净增加7619人，参加公务员医疗补助保险2.17万人。基本医疗保险基金当年收入3.96亿元，当年支出2.83亿元，当年结余1.13亿元，累计结余6.67亿元。新认定定点零售药店2家，全县已审批的定点零售药店64家，定点医疗机构54家，覆盖全县所有的乡镇（街道），基本满足老百姓就医和购药的需求。

失业保险　2016年，全县参加失业保险人数9.12万人，比上年末净增加2280人，领取失业金2698人次。失业保险基金当年收入4471万元，当年支出1493万元，当年结余2978万元，累计结余2.98亿元。

工伤保险　2016年，参加工伤保险人数23.67万人，工伤保险净增3589人，完成目标任务数的165%；工伤保险基金当年收入4858万元，当年支出3925万元，当年结余933万元，累计结余9513万元。全年受理工伤认定申请1577件，作出工伤认定1566件（其中简易1029件），不予认定4件，不予受理7件；调解处理15件。受理劳动能力鉴定727件，作出劳动能力确认727件。

生育保险　2016年，参加生育保险人数7.29万人；生育保险基金当年收入2051万元，当年支出1931万元，当年结余120万元，累计结余722万元。

被征地农民社会保障　2016年，全县共参加被征地农民生活保障 4.48万人，新增5681人；收缴被征地农民基本生活保障基金共计2.9亿元，当年支出4亿元，当年结余-1.1 亿元，累计结余 1.3亿元。

城乡居民养老保险　2016年，全县参加城乡居民社会养老保险人员共37.37万人，比上年末净增加625人，城乡居保待遇享受人员 11万人。全年城乡居保养老金累计收入2.42亿元，当年支出2.48亿元，当年结余-597万元，累计结余1.6亿元。

城乡居民医疗保险　2016年，城乡居民医疗保险共参保76.3万人，参保率96.75%，参保率连续11年达95%以上。2016年筹资标准为每人740元，其中个人200元、政府补助540元，总筹集资金达到5.65亿元，其中个人自筹1.5亿元，各级财政补助4.15亿元。结合农村重大疾病报销，参保群众最多可达到24.67万元的报销金额。全县共办结2016年度住院报销89218人次，支付报销款4.27亿元，其中办结农村重大疾病保险报销15996人次，支付报销款2793万元；医院普通门诊报销280.7万人次，支付报销款7493.7万元。

荣誉录　2016年，永嘉县人力资源和社会保障局获全省人力资源和社会保障宣传工作先进单位，温州市创业就业工作先进集体，温州市人力社保系统全民参保工作先进集体、温州市创业创新博览会优秀组织奖、优秀展示奖和最佳人气奖，温州市民族宗教工作先进集体；劳动人事争议仲裁院获省劳动人事争议案件处理工作优秀单位荣誉称号。

（陈婉艳）

永嘉县机构编制工作

概况　2016年，永嘉县编办在市编办和县委、县政府的正确领导下，以“优编精政，服务发展”为工作理念，紧紧围绕中心，服务大局，积极谋划，着力推进机构编制改革和管理工作，不断加强自身建设，较好地完成各项工作任务，连续3年被评为考绩优秀单位。

完善权责清单 2016年，永嘉县编办认真贯彻落实省政府办公厅《关于深化权力清单责任清单工作的意见》精神，召集县有关部门、各乡镇（功能区）进行专题部署和培训，明确工作内容、具体要求和完成时间，确保该两张清单编制完善工作顺利推进。按照权力清单“瘦身”、责任清单“强身”的总要求，落实年度重点工作目标纳入责任清单工作。对部门职责边界进行调整完善，建立“双随机”抽查机制，进一步完善事中事后监督管理制度，编制并审核基本公共服务事项。编制乡镇权力清单和责任清单，实现“两单”全覆盖。

政府职能向社会组织转移 2016年，梳理第二批职能转移目录。进一步完善职能转移目录，在第一批公布114项的基础上，再次梳理公布第二批60项，共计转移174项职能事项。对部门职转目录逐条跟踪，专题发函至各部门，对职能转移目录逐条进行跟踪确认。重点对条件成熟待转移事项进行牵线搭桥。对社会组织进行摸底调研，抽调精干力量深入社会组织开展课题调研、座谈交流和意见征求，共收集反馈表20余份。了解社会组织的基本发展情况，着重了解社会组织可承接何种职能，对职能转移工作的意见建议和发展中的困难等。重点培育扶持亮点转移项目，结合永嘉当地实际、社会组织发展情况、永嘉特色产业等方面，挖掘亮点，重点培育扶持亮点项目。

机构改革 2016年，完善旅游管理体制，弥补旅游发展短板，大力推进旅游管理体制改革，楠溪江风景旅游局获批更名为温州市楠溪江风景旅游管理委员会，机构规格相当为副县级，进一步强化全县旅游业的“四个统一”职能（统一规划、统一保护、统一管理、统一开发）。稳妥推进综合行政执法体制改革。制定行政执法事权划转方案，明确划转事项和分批划转内容，对已纳入执法范围目录的职权事项和县级相关部门的行政权力清单进行梳理，印发《永嘉县综合行政执法工作实施方案》。建立联席会议制度，明确实施范围、机构设置和编制配置、相关执法机构设置、管理体制、相关职责边界界定和协作配合机制。将划转事项量、办案量等可量化指标作为制定编制划转方案的重要依据，设置执法局基本框架，完成第一批事项以及编制划转，确定首批编制划转主要涉及水行政、旅游、石油天然气管道保护、市容环境卫生、城市绿化、市政公用等领域的行政处罚职权及相应的城市管理职能，涉及共计349项行政处罚职权划转，共计315个事业编制划转到位。2016年10月20日，县综合行政执法局正式挂牌。

事业单位管理 2016年，科学推进事业单位分类，按照承担行政职能、从事公益服务和从事生产经营活动三大类别，逐一研究界定所属类别，全县参加分类的事业单位共671家，分类完成率达100%。有序开展法人治理结构试点，研究制定《永嘉县建立和完善事业单位法人治理结构实施办法》，确定瓯北城市新区医院为试点单位，成立全县首个事业单位法人治理结构理事会，形成“理事会+监事会+管理层”的新型事业单位法人治理结构制度。完善事业单位登记管理工作，全面推进事业单位法人年度报告公开公示工作,积极做好机关、群团和事业单位的统一社会信用代码赋码工作，全面完成换发统一社会信用代码证书。

区划调整 2016年，在省、市批复同意永嘉县行政区划调整方案后，县编办高度重视，多次召开主任办公会议讨论研究乡镇区划调整工作，确保区划调整平稳推进。对乡镇行政区划调整工作开展调研，针对“内设机构设置”“事业机构设置”“编制配比”和“部门基层站所设置”等问题进行深入调查摸底和广泛征求意见，结合实际，制订《永嘉县行政区划调整相关内设机构和事业机构设置方案》提交县编委会研究。起草新设的1镇4乡1街道的“三定”方案。

机构编制管理 2016年，认真贯彻落实中央、省、市关于控编减编的要求，研究制定全县控编减编方案并组织实施。全县行政编制统一按3%的比例精简，事业编制以系统为单位统一按6%的比例精简，完成控编减编刚性任务。规范空编审核流程，对各单位空编使用严格审核把关，提高编制使用的规范性。开展基于总量控制的事业单位机构编制动态平衡机制研究，积极探索在机构编制资源总体紧缺的现实条件下，通过科学合理配置，实现资源配置最优化、效益发挥最大化。坚决落实中央关于本届政府财政供养人员只减不增的要求，严格控制新设机构和新增各类编制，从严核定领导职数。切实加强精简收回编制的管理，加强对民生领域和县委、县政府重点工作的服务保障。加强机构编制监督检查。联合纪委、组织、监察、人社等相关部门，不定期开展机构编制监督检查，通过单位自查、听取汇报、实地核查等方式，对各单位的机构设置、编制使用、人员配备、领导配备、条条干预等情况进行检查评估，对存在的问题提出整改意见和建议，并抓好督促落实。

荣誉录 2016年，县编办主任戴德明被授予“全省编办系统先进工作者”称号。

（黄孙添）

永嘉县机关事务管理局

概况 2016年，是大事难事叠加的一年，也是机遇与挑战并存的关键年。永嘉县机关事务局在县委、县政府和市局的领导下，围绕中心、服务大局,对照《浙江省机关事务管理办法》和《温州市机关事务管理实施办法》，积极顺应形势发展需要，不断健全职能、完善制度、规范管理，已率先实行办公用房统一装修维修、办公资产统一管理、驾驶员统一管理、后勤服务统一审核，成效显著，亮点纷呈，获温州机关事务管理工作先进集体、县作风巡察工作先进集体、G20安保维稳先进集体等诸多荣誉。

机关党建 2016年成立机关党委和机关纪委，下设5个支部，发展新党员4人，进一步增强党组织战斗力和凝聚力。顺应时势成立机关后勤发展中心，调整内设科室职能，推进后勤管理规范化。提任中层干部1人，调入、招录2人，为机关注入新鲜血液，打造年轻化、高素质队伍。“两委”协助党组紧紧围绕服务中心、建设队伍两大核心任务，以“两学一做”学习教育活动为抓手，不断加强队伍建设，全年组织中心组学习12次，全体学习12次，观看教育片5部，组织参加“增活力·树标杆”“两学一做”知识竞赛等活动，并取得优异成绩。开展“党员先锋岗”和“最美后勤人”评选等活动，营造人人争做模范带头人的良好氛围。开展走访慰问和“慈善一日捐”等爱心帮扶帮活动，送出善款34911元，为挂钩联系的2个村提供物资帮扶等6万余元。开展重走红军路、参观永嘉书院、走进红色景点等活动，抓好信念和宗旨意识教育，有效提高队伍向心力和凝聚力。

基建工程管理 2016年承担县公共文化活动中心工程、县委党校及教育研训大楼工程后期建设、永嘉宾馆改造提升工程和175个办公用房装修改造工程。经各方不懈努力，文化中心工程进展顺利，主体工程和地下停车场土建已完工，幕墙、网架、隔墙工程完成。县委党校及教育研训大楼工程于2016年7月移交，事务局不负信任，科学组织施工，克服工期紧、任务重、责任大的困难，用短短5个月的时间完成土建收尾、2.2万平方米的二次装修和附属工程建设，于2016年12月顺利完工，得到县委、县政府领导的肯定。永嘉宾馆改造装修工程于4月开工，已于12月完工并重新开业。办公用房装修改造方面，对5万元以上工程实行公开招投标，成立评标委员会，邀请使用单位和纪检组共同参与招标和验收过程，不断加强监管。对乡镇5万元以下的小额项目,委托其自行实施，工作效率大大提高。2016年有关办公用房装修改造工程175个，已有121个竣工并投入使用，装修面积约5万平方米。

办公资产管理 全县办公设备、家具等资产统一管理工作经过近两年的摸索，历经“从无到有、从有到会”，管理手段不断创新，流程得到优化，效率有效提高，逐步走上规范化轨道，已实现资产统一审批与采购、统筹调配、集中处置，建立办公设备管理制度雏形，分县级、科级、一般干部三个层面制定了办公家具配置标准，并在招标前充分征求使用单位意见，各项工作走上规范化轨道。2016年满足全县各单位日常办公所需设备之余，为近期搬迁的公安三所、新设立的“四乡一镇”以及临时性机构、全县重大活动正常运转提供有力设备保障，购置设备1565.7万元；处置空调647台，电脑、打印机等其他电气类设备816件；退回购置申请43笔，收回闲置设备527件，调剂636件，节约资金约160万元，有效提高资源利用率。

后勤服务与管理 围绕重点和难点，迎刃而解，展现了过硬的后勤保障能力。一是重大任务和活动保障有力。完成创卫、“G20”安保维稳任务，为“810”专项工作、“大拆大整”专项行动提供高质量后勤保障，获“G20杭州峰会维稳安保先进集体”称号，“810”专项工作得到市委领导的充分肯定。高标准保障县重大活动、“两会”“党代会”和1100余次大小会议顺利召开。二是大院管理水平不断提高。切实加强对物业的监管，实行一月一评比、每月一例会，时刻保持大院卫生整洁、花木繁茂美观、车辆停放整齐有序，及时处理各类工程维修3491次，营造了舒适、整洁、文明的办公环境，得到省、市领导和同行的认可，永嘉县在接受创建国家卫生县城验收时，行政中心以整洁、无烟、美观的形象获得省验收组的一致好评。三是率先推进后勤服务规范化管理。2016年，率先于其他县（市、区）开始推行全县行政事业后勤服务统一审批，根据县政府〔2015〕146号抄告单规定统一标准对各单位保安、保洁、食堂等人员数量和金额标准进行审批，目前已审核55个单位后勤服务采购申请，有效的促进后勤服务管理规范化、专业化。机关第一食堂获温州市“文明餐桌”示范食堂称号，同时，在全县开展“文明餐桌规范食堂”创建活动，进一步规范各单位食堂卫生、质量、服务水平，有12个单位获“文明餐桌”称号，取得较好的效果，得到各创建单位的好评。

办公用房管理 不断强化统筹、监督、管理职能，向五统一目标更进一步。严格核准、分配、租用新成立乡镇、新搬迁等各单位办公用房，不定期督查办公用房使用情况，防止面积超标。公有店面出租一律采取公开招投标形式，完成19个店面招租工作，已出租店面38家，收缴租金418.9万元，完成率100%，租金收益全部上介财政。以“大拆大整”为契机对在管办公用房开展全面排查，对危旧楼及时组好做好修缮加固和腾空措施，切实消除安全隐患。

公共机构节能工作 以节约型示范单位建设为引导，以节能改造和推广应用节能产品为重点，强化管理，整体推进，顺利完成省、市下达的节能目标，节能工作多次被评为全市先进。大力加强节能宣传，通过滚动播放节能口号、发送节能短信、张贴海报等形式让节能意识深入人心，开展“节能周和低碳日”“五水共治”进机关、“世界水日”“中国水周”等宣传活动，增强群众参与意识，营造全民节能良好氛围。积极开展节水型单位创建工作，确定28家单位节水型单位，充分发挥示范带头作用。大力推进节能改造项目，永嘉中学推行太阳能路灯，县行政中心、永嘉中学、市监局等单位建设光伏发电项目3330平方米，装机容量257千瓦、年发电量25万千瓦时，达到了节能又环保的目的。

公务用车和驾驶员管理 永嘉县自2012年启动车改后，取得较好的反响，先后吸引10余个县（市、区）前来学习交流。2016年根据统一部署，在全县开展更全面、彻底的新一轮车改。作为牵头单位，与各单位协调配合，较好地完成了各项任务。4月起全方位开展摸底调研、统计测算，县车改方案于9月26日下发，9月30日全部涉改车辆完成就地封存，已在规定时间内完成各涉改单位车改方案批复、补贴发放等工作，妥善安置各司勤人员，收缴的177辆公车已进行公开拍卖，成交172辆，成交金额238.95万元。

面临保障范围扩大、出车任务增多的挑战，事务局进一步优化公务用车和驾驶员管理，推出更严苛的措施、更科学的手段，为各单位提供安全高效、服务优良的保障。公务用车严格执行定点停放、定点维修规定，并利用手机软件实现实时监督，杜绝违规用车现象。每季度组织驾驶员集中培训，创新性开展“驾驶员先锋岗”创建评选活动，提高驾驶员安全意识和职业素养，打造一个高素质驾驶员队伍。全年出车约1.6万辆次，安全行驶里程147万千米，有效保障各单位公务出行和县内各重大活动用车，服务质量得到各单位肯定。

（杨晓玲）

金融办

概况 2007年12月，永嘉县率全市之先设立县金融办，隶属于县府办，编制4个。2012年5月，因机构改革，作为正科级单位单独设立。根据《永嘉县人民政府金融工作办公室主要职责内设机构和人员编制规定》（永政办发〔2012〕81号）、《关于设立县人民政府金融工作办公室下属事业单位的批复》（永编〔2013〕58号）、《关于调整县直有关单位领导职数的通知》（永编〔2013〕62号）、《关于同意增加县金融办中层干部职数等事项的函》（永编办函〔2017〕3号）等精神，县金融办为县政府直属正科级承担行政职能的事业单位，负责全县金融工作的指导、协调和服务工作。从机构编制设置看，内设综合科、金融与市场科、监管科等3个职能科室，事业编制12个（参照公务员法管理），其中：主任1名，副主任2名，总经济师1名。下设2个公益一类正股级事业单位，分别为县打击和处置非法集资中心、县金融服务中心，编制各4个。

金融工作 2016年，金融办在县委、县政府的正确领导下，在省、市金融办的指导下，围绕年初确定的目标任务，狠抓工作落实，注重服务经济，突出重点内容，有序推进永嘉县各项金融综合改革工作，成效显著。

金融创新 一是推动银行业务创新。鼓励、引导各银行创新金融产品与服务，推进农村两权抵押、专利质押等工作；鼓励各银行创新基于贫困地区的各类金融产品，推进普惠金融；推广“智慧支付”在公共服务领域运用，有力改善支付服务环境。印发《永嘉县创业担保贷款实施细则（试行）》，全面推进大众创业、万众创新，2000万资金已到位。印发《永嘉县政策性融资担保体系建设指导意见》，建立政策性融资担保机构为主、其他融资担保机构为补充，主要为小微企业和“三农”服务的全县政策性融资担保体系。截至12月31日，全县银行业本外币贷款余额487.84亿元，较年初新增19.92亿元，同比增长4.26%；人民币不良贷款余额9.5亿元，不良率1.96%，远低于全市平均水平。二是推动保险业务创新。开展农村小额人身意外伤害保险、大病医疗保险、食品安全责任保险等试点工作。出台《关于开展小额贷款保证保险试点工作的实施意见》，推动银行和保险机构合作互补，破解小微企业贷款抵押担保难题；至年底已累计开展业务达2700余万元。印发《关于开展枇杷低温气象指数保险试点工作的通知》，增强枇杷等种植业抵御风险能力，有力促进果农增收致富。指导11家保险机构开展“莫兰地”台风灾后理赔工作，受理报案数1707件、涉险金额5579万元，已结案1492件、金额4374万元，快速结案率达87%，保险服务经济社会覆盖面和渗透率显著提升。三是加快新型金融组织建设。深化小额贷款公司、借贷中心、民间资本管理公司等地方金融组织试点；指导农信担保做好增资扩股工作；出台《关于建立永嘉县中小企业融资扶持专项基金的实施意见》，设立全市首家中小企业金融服务公司，受委托对永嘉县中小企业融资扶持专项基金进行投资和运营管理，已成功为3家企业办理7700万元；农村互助会吸收互助金余额620.5万元，累计投放互助金142笔，金额2186.24万元。5家小贷公司贷款余额6.41亿元，笔数1725笔。借贷中心备案334笔，金额8.05亿元。

股改成效 一是强化政策支撑。出台《推进企业上市、区域资本市场建设和金融风险处置三年行动计划（2015—2017年）》（永政办发〔2016〕6号），推动企业积极对接多层次资本市场。结合“五帮五助”行动，走访企业38家，遍访“三名”企业，解决问题26个，完成企业股改13家，其中企转股1家。群臻、华邦等两家“新三板”挂牌企业兑现奖励各50万元。二是营造氛围。坚持“引进来”与“走出去”并举，成功举办大规模资本对接会，6家高科技、成长性企业参与现场路演，20余家国内知名投资机构专家携资对接、点评分享，30余家券商、律所、会所与近百家企业近距离接触、现场观摩，尚属首次；组织企业赴市、省、北京参加资本市场培训13次，企业家资本意识进一步觉醒。三是企业挂牌、上市工作取得阶段性成效。华邦、群臻先后在北京全国中小企业股份转让系统成功挂牌；另有6家企业跟中介机构签订服务合作协议。继续做好拟上市企业培育、遴选工作，指导华邦等10家企业成功列入市级拟上市企业目录，上市企业数占全市20%，名列第二，资本市场“永嘉板块”初步形成。

金融稳定 一是加大企业金融风险处置力度。开展处置办实体化集中办公，联合经信、市场监督、财政、住建、国土、人行、银监等部门开展现场办公7次，为困难企业召开协调会58次，涉及企业76家，形成会议纪要12个，工作联系函29个，解决实际金融问题135个，企业帮扶取得明显成效。全力推进不良资产处置，稳控5大担保圈，完成处置13家重点风险企业，推动20多家企业进入破产程序，县域内担保圈风险有序化解。扩大应急转贷资金服务范围，为41家企业转贷125笔，累计金额9.67亿元，切实降低企业转贷成本。下沉重心抓试点，先后在黄田、瓯北等街道开展“树信心·铸诚信”企业帮扶试点工作，促成15家A类优质企业与相关银行业金融机构签订合作协议书，落实约12亿元的信贷支持；批量协调11家B类处置类企业，涉及金额53亿多元；稳妥处置16家C类企业，涉及金额约33亿元。认真贯彻落实《关于风险企业资产变更信息共享机制的实施意见》，甄别认定19家联动监测对象并上报市办，推行企业约谈制度，有效遏制企业逃废债行为的发生。二是全力以赴护航G20。护航G20期间，金融办严格按照县委、县政府工作部署，全体人员全心投入、全力以赴，精细做好处置处非等领域工作预案，全面排除非法集资、网络借贷平台（P2P）、交易场所、小贷公司等领域的风险隐患，切实做到“三确保、三到位”，实现G20期间“坚决防止发生由此引发的暴力事件、极端个人事件、群体事件”的工作目标。三是落实差异化监管措施。贯彻落实《温州市民间融资管理条例》及实施细则，依法履行地方金融监督管理职责；出台《永嘉县地方金融监管协调机制》，建立健全地方金融监督管理、风险监测、应急处置机制。强化监管队伍建设，在工作实践中做好监管人员的传、帮、带工作，打造金牌监管队伍。开展网格化排查，联合县综治办下发《关于加快推进民间投融资领域涉稳信息网格化管理的通知》，金融办管理人员按权限取得“省平安建设信息系统”终端系统的用户名、密码，成功登陆“省平安建设信息系统”，永嘉县民间投融资领域涉稳信息“入格”管理迈出坚实性步伐。2016年，已开展2次风险排查，累计检查股权众筹类、P2P、投资咨询公司、互联网资产管理等企业272户，对排查中发现的各类问题或风险隐患，加强会商研判，对存在风险隐患或经营不规范的企业注重部门联合监管和移送移交，其中移交财政局17件、移交市监局6件、移交公安8件。同时，下发《限期整改通知书》25份，采取跟踪落实，确保整改到位。四是依法严厉打击非法集资活动。强化风险排查、宣传，做好对非法集资活动的监测和预警工作。1—12月公安部门立案非法集资案2起。继续推进历年来施某某、刘某某集资诈骗案等重点案件后续资产处置等工作；啤酒厂案已进入破产重组关键时节，债权人思想稳定。及时组织相关部门开展涉案资产追缴，2016年已经已挽回损失0.15亿元。

（柯　疆）

外侨工作

工作概况　2016年，永嘉县外侨办紧紧围绕县委、县政府的中心工作，紧盯市外侨办年度工作要点，以涉侨招商引资工作为中心，促进对外合作交流为重点，扎实开展华文外宣工作，积极推进内外互动，外侨工作取得新的发展。

基本侨情　永嘉共有海外华侨华人、港澳台同胞65808人，其中华侨华人64213人，港澳同胞1322人，其他涉侨人员273人；侨眷和港澳同胞眷属32115人；留学人员（包括已经归国的）1123人。他们分别分布在59个国家与地区，主要集中在欧洲、亚洲和北美洲区域，占了总数的90%；比较集中的国家有法国、意大利、荷兰、美国、西班牙、新加坡及中国香港地区，主要从事餐饮业、进出口贸易、旅游等。

对外交流　2016年，围绕县委、县政府中心工作，积极推进对外交流，2016年共办理出国（境）14批次、37人次，拓展对外交流活动和招商引资工作。主要有：4月，副县长周俊武出访意大利、西班牙进行招商引资和友好交流工作；5月，姜景峰县长赴英国进行培训交流；11月，县政协副主席傅朝宗组团赴美国、加拿大开展友好交流和招才引智工作，县委常委、统战部部长胡宝锋赴法国、德国开展招商引资和友好交流工作等，均达到预期目的。同年接待外宾共8批154多人次，主要接待俄罗斯驻沪领事馆总领事、澳大利亚驻沪领事馆总领事等重要外宾，承办了“签证官看非遗—走进永嘉”、英国教育代表团到永嘉访问等活动。推进海外领事保护工作，在瓯北街道、岩头镇建立海外领事保护联络处，至年底已经在5个镇街建立基层海外领事保护联络处。

引资引智　2016年，继续实施“永商回归工程”，积极组织开展各类涉侨经贸活动和为侨资企业（项目）服务活动。2016年共走访调研温州佳凯实业有限公司、城大集团、浙江千华御斛生物科技有限公司、浙江诚亿——网络科技股份有限公司等侨资、外资企业47家，举办和协办各类涉侨招商活动46次，签约8个侨资项目，总签约额40.6亿元，主要有：清水埠旧村改造项目（15亿元）、鹿云谷心文化源生态项目（1.2亿元）、楠溪江豪华精选度假酒店项目（8亿元）、桥下瓯越山庄项目（5亿元）等。继续开展引智工作，加强与国外高层次人才的接触，建立海外人才库，积极引进海外侨界高层次人才。2016年推荐2名高层次人才角逐省“千人计划”，1名入围温州市“580海外精英引进计划”。

华文外宣　坚持以侨为桥，“走出去、引进来”，把中华文化推向世界，增强文化凝聚力和国际影响力。连续6年主办或协办海外华裔“中国寻根之旅”夏令营活动，2016年承接5批350多位营员，接待人数历年最多，影响深远。组织接待“瓯越文化之旅”、海外华文教师团、“相聚长三角”、美国旅游作家协会等开展交流活动，邀请美国商务部前助理部长到永嘉作专题讲座。与西班牙国家教师学院签署教育合作意向书，为海外华文学校捐助2万册中文图书，建立

"蒲公英图书室"，推动华文教育走出去。进一步拓展"市侨务文化基地"建设，在永嘉书院"温州市侨务文化基地"（全市最早的两个基地）挂牌设立"侨商嘉园"，开启"永嘉看世界"和"世界看永嘉"窗口，综合交流平台初步建成。2016年，共撰写涉外涉侨信息200余篇，有效地宣传了永嘉县外侨工作，扩大了外侨工作的影响力。做好海外记者来永采访工作，确保正面宣传。构建"天下永嘉人"和"永嘉县侨商协会"2个微信外宣平台，实时对外宣传。推荐侨界人士参加相关评选活动，提升对外影响力。推荐的侨界人士2人入选"县十大杰出青年"，1人获2016世界温州人影响力人提名奖，3人入选温州市首届十大侨爱慈善人物。

内外互动 积极发挥外侨工作优势，搭建联谊平台，开展民间交流，推进国际交流合作。2016年共主办或协办"世界永嘉人大会""永嘉侨商协会迎春座谈会"等涉侨活动46次。接待西班牙永嘉总商会、法国永嘉华侨联合总会、美国华人联合总会等海外侨团41个，海外侨胞1689余人次。继续开展侨领提升培训工作，推荐周建云、余承泽等22人参加世界温州人经济理论研修班、温籍华侨华人社团负责人研习班、世界永嘉人高级研修班等提升培训。积极推进海外侨团建设，探索海外功能区工作。与海外31个以永嘉人为主要负责人的侨团建立长期联系，并2016年指导推动新建侨团4个，指导海外侨团换届6个。指导和引导海外侨团之间开展互动交流活动，在重要传统节日组织海外侨团开展聚会，成功召开法国巴黎乡情聚会（春节）和西班牙马德里旅欧中秋联谊会等活动。

爱侨护侨 继续实施亲侨、爱侨、护侨"关爱工程"，密切与侨胞的联系，全年共走访慰问在温老侨领、侨界知名人士、贫困归侨侨眷、空巢老人982人，其中慰问贫困归侨侨眷157人、空巢老人59户，落实金额共5.25万元（财物）；及时妥善处理涉侨各类来访来信来电求助40余件；开展侨法宣传活动，发放侨法宣传资料1500余份，开展公开授课2次。

侨爱工程 继续引导侨胞支持地方建设，积极开展"五水共治""百侨助百村""助学圆梦"等公益活动。据不完全统计，全年华侨捐赠累计2365.35万余元（财物），其中，"百侨助百村"结对5个村，累计华侨捐助480万元，主要有法国华侨华人会副主席林正益捐资300万元助东城街道绿嶂村建设，香港浙江永嘉同乡会名誉会长胡忠华捐资200万元助桥下镇岙底村建设，香港浙江永嘉同乡会常务副会长黄天候捐资100万元助桥头村建设；"助学圆梦"捐助金额累计129.44万元，主要有浙江欧拉姆阀门科技有限公司董事长金志远（侨属）捐助200万元设立"永嘉县欧拉姆侨界爱心基金"，香港浙江永嘉同乡会常务副会长黄天候捐资100万元设立"乐天教育基金"。

审批服务 2016年，县外侨办按上级要求，积极推进行政审批规范化，按时完成行政审批事项梳理，建立完善行政审批事项规范表和廉政风险防控清单。外事审批方面，按"有事出去、因事定人、完事即回"的原则，科学安排出访计划，实行预审批制度，严格落实经费审批和报销制度，认真执行新的境外吃住行服务商询价办法，有效规范审批流程；涉侨审批方面，加强与公安、教育等部门协调，在华侨回国定居和华侨子女入学等方面做出突破，切实解决侨胞（港澳同胞）的实际困难。全年办理华侨回国定居125件，三侨生加分48人（其中高考加分31人、中考加分17人），三侨生入学90余人。

当年温州市外侨办的年度考核中，县外侨办在各县（市、区）排名第一，连续第五年获全市侨办系统"先进单位"，杨文彬获市侨办"侨务工作先进个人"。

（胡立勇）

台湾事务

对台交流交往 2016年，对台交流进一步频繁深入，共接待台胞28批360人次，主要有：3月22日在原野园林召开永嘉、南投"浓（农）浓（农）亲情"农业交流会暨招商引资推介会，31个来自位台湾南投县名间乡农会的成员和永嘉县十多家合作社、企业家代表参加了本次推介会；5月11日、12日，原红十三军军长胡公冕外孙女（台湾）刘素方、上海金书贞等7人到永嘉故里探访；6月13日，台湾桃园市陈姓宗亲总会会长陈郑权携海外旅游寻根团共86人到永嘉县芙蓉古村寻根祭祖；4月，台湾"浙江省平阳苍南同乡会"34人到永嘉考察交流；9月，台北"温州同乡会"13人到永嘉考察交流；12月15日，在北加州中国和平统一促进会理事长林青的带领下，"台湾旅外侨胞看浙江"参访团一行14人到屿北和林坑古村参访；4月12日，台湾著名生命教育专家、“台湾生命教育推手”纪洁芳教授受邀作生命教育讲座，县台办、台联会代表、温州部分教育工作者共300余人参加。5月18—21日，《魅力东方走进永嘉》专题宣传活动在永嘉开展，国台办两岸交流中心、台湾中天电视台和台湾旺报等4名工作人员到永嘉采风摄制，节目在台湾中天电视台和台湾联合报进行专题播放和刊登。

对台经贸合作 积极对接台湾现代农业、旅游、养生、民宿、美食、房车等休闲服务业，共接待经贸考察团26批212人次。签订温州碧泉谷农业发展有限公司等5个与台合作协议，合同利用台资6500万美元；落地一个台资项目——温州碧泉谷农业发展有限公司项目。涉台企业完成年度固定资产投资4369万元，其中台湾投资方2924万元。温州碧泉谷农业发展有限公司完成年度基础设施等固定资产投入1868万元；温州艺原工艺品设计有限公司完成厂房建设等固定资产投资711万元，温州睿芯电子科技有限公司完成设备投入345万元；浙台农业合作示范基地——原野农业集团完成台湾馆建设，投资1100万元。

对台服务工作及其他重点工作 进一步完善台商台胞权益保障机制，县委、县政府领导及县台办台联工作人员慰问走访台胞台属台商达90余人次；并于1月27日、9月13日，分别举行台胞台属迎春、中秋茶话会，邀请在永的台胞台属欢聚一堂，共叙同胞骨肉亲情，共商永嘉发展大计；2月5日，县台办组织召开永嘉籍在台陆生联谊交流座谈会；4月12日，开展永嘉县台胞台属联谊会活动，组织20余名台胞台属联谊会理事代表考察小若岩景区、埭头古村对台文化交流基地。召开全县台联理事会，推荐永嘉县新一届人大、政协委员人选，产生新一届台胞台属组政协委员、市政协委员、县人大代表；深入调研，并拟《对台交流合作助力永嘉民宿经济发展》等3篇调研成果。

（金文通）

雨后山寨（叶新人　摄）

中国人民政治协商会议永嘉县委员会

综　述

2016年，在中共永嘉县委的高度重视和坚强领导下，县政协高举爱国主义、社会主义伟大旗帜，坚持团结和民主两大主题，认真履行政治协商、民主监督、参政议政职能，充分发挥协调关系、汇聚力量、建言献策、服务大局作用，为深入实施“三区两美”战略布局、促进全面小康社会建设做出了重要贡献，在永嘉政协史上续写了新的篇章。

县政协九届五次会议

县政协九届五次会议于2016年2月21—23日在上塘召开。会期3天，应到委员316人，列席人员180人，实到委员281人。会议听取县委书记娄绍光所作的重要讲话；审议通过陈建良主席所作的常务委员会工作报告和政协第九届永嘉县委员会常务委员会关于九届四次会议以来提案工作情况的报告；会议补选政协第九届永嘉县委员会副主席1名、秘书长1名；列席永嘉县第十五届人大五次会议，听取并讨论姜景峰县长所作的政府工作报告和其他报告。大会共有11位委员代表各自界别，在第二次全体会议中围绕县委、县政府的中心工作，就经济、政治、文化和社会建设等各方面问题提出意见建议，另外有8位委员作即席发言。大会共收到提案256件，经提案委员会审查，立案201件，未立案的55件作为委员来信转交相关部门或作撤案处理。

常务委员会会议

县政协九届二十次常委会议　于2月4日上午在县会议中心三楼301会议室召开。会议由陈建良主席主持，副主席厉明富、金盾、傅朝宗、虞绍榜，党组成员施宏光及县政协常委出席会议；邀请县政府有关领导，在永嘉的省、市政协委员，县政协办公室副主任，县纪委、县府办、县发改局、县财政局有关负责人，受表彰委员，受表彰单位主要负责人列席会议。听取县纪委2016年以来的工作情况通报；听取县政府关于县政协建议案和提案办理情况的通报；协商讨论《“十三五”规划纲要》（征求意见稿）、《县政府工作报告》（征求意见稿）、《关于2015年永嘉县国民经济和社会发展计划执行情况和2016年国民经济和社会发展计划草案的报告》（讨论稿）、《永嘉县2015年财政预算执行情况和2016年财政预算草案的报告》（讨论稿）；讨论政协第九届永嘉县委员会常务委员会工作报告（讨论稿）和政协第九届永嘉县委员会常务委员会关于九届四次会议以来提案工作情况的报告（讨论稿）；审议关于召开政协第九届永嘉县委员会第五次会议有关事项；审议有关人事任免事项；表彰优秀委员、提案积极分子、优秀提案和提案承办先进单位。

县政协九届二十一次常委会议　于2月23日下午在钱塘世纪大酒店三楼世纪厅召开。副主席厉明富、金盾、傅朝宗、虞绍榜，党组成员施宏光及县政协常委出席会议，各活动组组长及县政协办公室副主任列席会议。会议听取各组讨论情况汇报；审议通过补选政协第九届永嘉县委员会副主席、秘书长候选人名单；审议讨论《选举办法（草案）》；审议通过总监票人、副总监票人建议名单；审议通过监票人名单；审议讨论政协第九届永嘉县委员会第五次会议决议（草案）；审议讨论政协第九届永嘉县委员会提案委员会关于九届五次会议提案审查情况的报告（草案）。

县政协九届二十二次常委会议　于7月19日上午在县会议中心7

楼会议室召开。会议由陈建良主席主持，副主席金盾、傅朝宗，秘书长施宏光及县政协常委出席会议。会议听取永嘉县姜景峰县长关于全县经济社会发展情况的通报；听取并讨论县政法委关于G20安保工作的情况的汇报；审议通过有关人事任免事项。

县政协九届二十三次常委会议 于10月14日上午在县会议中心7楼会议室召开。会议由陈建良主席主持，副主席金盾、傅朝宗，秘书长施宏光及县政协常委出席会议；邀请农业局、经信局、教育局等部门主要领导，在永省市政协委员列席会议。会议听取农业、经信、教育等3个部门的工作报告；听取了对农业、经信、教育等3个部门的民主评议报告；与会人员对以上内容进行讨论；对农业、经信、教育等3个部门工作进行满意度测评。

政协工作

政治协商 紧紧围绕县委、县政府中心工作，广泛开展协商议政。一是制订实施年度协商计划。在总结实践经验的基础上，着眼全县经济、政治、文化、社会和生态文明建设中的重大和敏感问题，制订出台《2016年协商工作计划》，对年度协商工作进行整体安排，科学规范了协商议题、协商形式、协商人员、协商成果报送和协商意见处理反馈制度，使协商议事规范化、制度化。二是综合运用协商议政平台。运用全体会议、常委会议、主席会议、专题会议、专委会议、界别会议、提案办理协商等协商议政平台踊跃开展协商活动。全年召开各类协商会议94次，其中专题协商13次，对口协商10次，界别协商36次，提案办理协商35次。对事关永嘉经济社会发展全局的重大问题开展多层次协商建言。在深入调研的基础上，就县党代会报告、县委全会报告、无违建县创建、G20安保工作、全县重点工程和政府投资项目等重要议题开展专题协商。三是高度重视协商建议转化。注重将协商中发现的问题、委员提出的意见建议转化为提案和信息，通过反映社情民意、开展提案督办等形式，扩大影响力，推动问题的解决和落实。如《我县涉批中介机构市场混乱亟需整顿规范》《关于尽快明确涉及区划调整的乡镇相关财政专项资金分配的建议》《关于对我县行政审批“两集中两到位”工作的几点建议》等10多件建议成果均得到县委、县政府的采纳落实。

参政议政 围绕县委总体战略部署，精心选择议题，积极建言献策，有序参政议政，全力助推科学发展。一是深入调研服务党政科学决策。按照“专、精、深、实”的要求和“党政所需、群众所盼、政协所能”的原则加强调查研究。针对宏观经济增速下滑的“新常态”，县政协就农村宅基地管理、农村扶贫、基础教育水平提升、永嘉民宿发展等课题进行深入调研思考，共提交9篇调研报告和理论文章，提出许多有价值的意见建议。二是围绕重大项目实施献计出力。精心参与城乡统筹、美丽乡村建设、旧城旧村改造若干重点项目的政策与规划方案研究。根据县四套班子“九联系”和“河长制”要求，以“一线”姿态，参与7个重点工程、7个招商项目、7个重点工业建设项目、11个旧城旧村改造项目和一批“四边三化”“三改一拆”“五水共治”项目的建设和治理工作，担任7条黑臭河、垃圾河治理的“河长”，切实履行掌握情况、出谋划策、协调关系、督查落实的职责。三是紧跟重点工作开展视察活动。结合县委、县政府重点工作安排，采取大规模、大范围面上视察和小规模、小范围点上视察相结合的方式，就G20安保工作、垃圾焚烧发电厂改造升级、全县重点工程建设、城中村改造、“五水共治”、“大拆大整”等重要工作组织各类视察活动86次。视察时既对工作中存在的问题提出意见建议，又充分肯定一线工作人员取得的成绩，更是体现政协对基层工作的关心、理解和支持，帮助基层反映困难，为基层干部群众鼓劲加油。

民主监督 围绕县委、县政府重大决策部署，勤于监督、善于监督，切实提高监督实效，为助推党委、政府中心工作落实发挥积极作用。一是开展经常性的视察监督。政协把实地视察作为民主监督的重要抓手，紧盯“三改一拆”“四边三化”“大拆大整”和有关重点工程建设、产业园区建设开展经常性的明察暗访。组织开展助推完善和落实“‘五水共治’长效机制”专项集体民主监督活动。通过看现场、听汇报、提建议，督促问题整改，推进治水工作，扩大民主监督影响力。二是优化民主评议监督方式。就经济转型升级、校网布局、农村生活污水处理、精准扶贫等涉及多个部门的工作进行民主评议。建立专项民主评议工作组，深入有关部门、镇街、社区、企事业单位进行调研。在掌握情况的基础上，分层次召开9次座谈会进行评议讨论，形成评议工作报告。最后在第二十三次常委会上进行集体评议，并进行满意度测评。通过评议，达到了营造氛围、肯定成绩、总结经验、发现问题、鞭策整改的目的。三是作风建设监督卓有成效。选派政协委员配合纪检部门开展监督活动，参加中央“八项规定”和机关作风建设有关禁令执行情况的明察暗访。给有关部门选派行风监督员，围绕县委、县政府“两学一做”主题活动和群众聚焦的热点问题，对机关重点科室和基层站所存在的问题和不足进行评议监督，进一步推进政风行风建设，优化投资发展软环境。

自身建设 一是利用政协各种例会深入学习2016年以来各级政协全会的精神、党的路线方针政策、人民政协理论等。举行政协讲坛深入学习中共十八届六中全会精神、习近平总书记系列讲话和各级党委的战略举措。召开县政协委员学习会，为200多名委员作《创新驱动与转型发展》辅导报告。二是认真开展“两学一做”活动，主要领导亲自上党课，多次召开专题会议学习党章和党的纪律规定，并开展“坚定理想信念，增强看齐意识”“坚守纪律底线，强化规矩意识”“发挥先锋作用，勇于担当作为”“提升道德品行，培养高尚情操”4个专题的讨论会。通过活动机关干部不断深化了对中国特色社会主义道路、理论体系和制度的认识和把握，理论修养和能力素质得到了有效提升。三是鼓励政协委员和机关干部，围绕政协理论建设的前沿与热点问题开展专题研究。在《中国城市化》《发展规划研究》等省级以上报刊发表理论文章3篇。

传统文化 一是积极开展有关乡土文化丛书挖掘、整理、出版工作和文史资料征集工作，编辑出版第29辑综合性《永嘉文史资料》。该辑着重收录两部部手抄文献资料，总计约37余万字，弥足珍贵。二是做好《徐定超集》征集与编辑工作。《徐定超集》已交由浙江古籍出版社编辑出版，预计该书将于2017年上半年出版。三是组织参赛选手进行书法培训，选拔一批优秀选手参加全市比赛并取得优异成绩，有17名选手获奖，其中4人荣获一等奖。

（高晓敏）

楠溪渡船（叶新人　摄）

中国共产党永嘉县纪律检查委员会（监察局）

重要活动、会议

县纪委十二届六次全体（扩大）会议 2016年2月3日上午召开。县委书记娄绍光参加会议并作重要讲话，要求全县上下务必要从严从实抓好党风廉政建设和反腐败各项工作，以实际成效保障发展、取信于民，为深化“三区两美”、推进转型发展做出新的更大贡献。县委副书记、县长姜景峰主持会议。谢崇福、陈建良等县四套班子领导参加会议。

全县开展“敢担当、树标杆”作风建设五大行动 2016年3月23日，县委、县政府决定在全县开展“大起底、大巡查、大整治、大推进、大评议”作风建设五大行动，严肃整治干部队伍中存在的执行不力、担当不够，慢作为、不作为、乱作为，以权谋私及损害企业、群众利益等突出问题，进一步强化“无为问责、担当免责”的干事创业总导向，为推进永嘉县“三区两美”建设，实现转型发展提供坚强纪律保证。

永嘉县作风巡查工作暨县纪委派驻机构全覆盖工作动员部署会 2016年3月29日上午召开。会议上，县委书记娄绍光强调，要立即行动起来，全力抓好落实，推动作风巡查拓展延伸，发挥派驻机构的监督作用，坚决打好全面从严治党这场硬仗。县委常委、常务副县长陈志斌主持会议，县领导项光夫、林兴欢、林建波参加会议。会上，县委常委、组织部部长项光夫传达贯彻省委书记夏宝龙在省纪委派驻机构全覆盖工作动员部署会上的讲话精神，县委常委、纪委书记林兴欢作2016年作风巡查工作具体部署。

全县范围内开展以“明准则、知条例、守纪律”为主题的“510思廉日”系列教育活动 2016年5月县纪委在全县范围内开展以“明准则、知条例、守纪律”为主题的“510思廉日”系列教育活动，活动具体内容分为专家讲廉、比赛宣廉、家风正廉、警示促廉，希望通过活动提高党员干部廉洁自律和遵章守纪意识，增强拒腐防变能力。

全县举行“我爱记廉词”网络有奖知识竞赛 2016年5月10日，县纪委联合县直机关工委组织开展的“我爱记廉词”网络有奖知识竞赛活动正式举行。作为“510思廉日”系列教育活动之一，该活动旨在增强广大党员干部职工深入学习《中国共产党廉洁自律准则》和《中国共产党纪律处分条例》，树立党员干部不越“红线”、不触“底线”、不碰“高压线”的意识。

市第四农村基层作风巡查组入驻永嘉见面会 2016年5月16日下午召开。县领导胡晓东、项光夫、林兴欢、林建波参加对接会。市第四巡查组到永嘉开展巡查工作，是市委深入推进党风廉政建设和反腐败斗争作出的一项重大决策，巡查组将对永嘉县村级组织、村干部、村级建设项目，以及乡镇（街道）党政领导班子和基层站所负责人开展巡查。巡查组还对农村巡查总体任务、主要内容、方法步骤等内容作了说明，并对下一步的工作提出要求。县委副书记胡晓东表示，永嘉将高度重视，保证步调一致；主动服务，保证顺利开展；尽职尽责，保证整改到位；注重结合，保证取得实效。切实把思想统一到市委的决策部署上来，认真对待，密切配合巡查组开展工作，全力确保巡查工作任务圆满完成。

县委理论中心组学习（扩大）会议暨廉政教育大会 2016年5月25日下午召开。陈建良等县四套班子领导参加会议，县委常委、纪委书记林兴欢主持会议。会议邀请省委党校哲学教研部主任董根洪教授为广大党员干部作《弘扬优秀家风家训 大力推进廉政建设》的专题讲座。董根洪全面详细解读习近平总书记在十八届中央纪委六次全会上的讲话精神，深刻分析了党风廉政建设和反腐败斗争严峻复杂形势，阐释新形势下反腐败工作的目标任务和新的要求。会前，与会人员还在会议中心一楼举行廉洁家风建设现场签名仪式。

“两学一做”专题学习研讨会 2016年8月11日下午召开。县委书记娄绍光主持召开时要求，广大党员干部要以开展“两学一做”学习教育为契机，牢记不忘初心、继续前进的要求，把纪律和规矩内化于心、外化于行，真正保持一名共产党员的政治本色，努力做一名让党放心、让人民满意的好干部。姜景峰、谢崇福、陈建良、胡晓东等县四套班子领导参加会议。会上，围绕“坚守纪律底线、强化规矩意识”主题，县委副书记胡晓东，县委常委、纪委书记林兴欢代表县委常委；县人大常委会主任谢崇福、副主任胡明凯代表县人大班子；县委副书记、县长姜景峰，副县长曾瑞华代表县政府班子；县政协主席陈建良、副主席黄天集代表县政协班子进行发言。全体参会人员谈切身感受和个人感悟，达到了互相帮助、共同提高的目的。

开展“大拆大整促转型发展”大讨论活动 2016年10月27日下午召开。委局机关、片区纪工委全体干部参加会议。会上，县纪委副书记、监察局局长章明传达全县“大拆大整”行动动员部署会议精神，就纪检监察干部履行工作职责、为“大拆大整”专项行动提供纪律保障作工作部署，并宣读《永嘉县纪委监察局“大拆大整”纪律保障督查小组行动方案》。领导干部代表、中层干部代表、普通干部代表等10人紧密结合各自岗位职能和工作重点，从贯彻落实部署、提供纪律保障、发挥模范作用、查摆自身问题等角度出发展开热烈讨论，进一步凝聚共识、明确方向。

监督执纪问责

压紧压实“两个责任” 牢牢抓住全面从严治党政治责任这个“牛鼻子”，及时调整完善责任制考核办法，在全市率先实行主体责任清单管理。组织召开主体责任汇报会，逐个听取各功能区、乡镇（街道）和重点部门党委（党组）主体责任履行情况。开展“两个责任”落实情况专项督查活动，抽查单位33个，发现并整改问题130个。继续推行党风廉政建设责任追究存入廉政档案制度，严格实行“一票否决”。2016年，共否决集体31个次、个人22人次。坚持以问责倒逼落实“两个责任”，研究制定“一案双查”暂行办法，给予3名履责不力的正科干部责令辞职处理，切实形成一级抓一级、层层抓落实的工作格局。

驰而不息纠正“四风” 以“无为问责、担当免责”为导向，深入开展“敢担当、树标杆”作风建设五大行动。组织开展招投标市场专项整治，深入开展违规发放津补贴、违规存放公款等问题专项检查。坚持“一次一主题”“一月一督查”，开展各类正风肃纪活动37次，曝光违反公车管理、公务接待等规定19起，处理违规违纪干部87人。持续强化作风效能评议，严格落实评议落后惩戒措施，刚性交流干部4人。强势推进农村基层、县直部门、重点项目三大作风巡察，组建巡察工作专家团，创新整改成效“三方验收”评价机制，有力提升巡察实效。2016年，共巡察县直单位30个、重点工程项目3个，延伸检查下属单位95个，梳理交办问题255个，处理党员干部4人；巡察村226个，梳理交办问题687个，处理党员干部85人。其中，通过巡察发现并查处沙头镇福利村违纪党员8人，有3人移送司法机关，切实形成有力震慑。

积极践行“四种形态” 持续深化“510思廉日”廉政教育，围绕“明准则、知条例、守纪律”主题，开展专家讲廉、比赛宣廉、家风正廉、警示促廉系列教育活动。创新出台“四种形态”实施办法，明确“四种形态”的主要运用方式和适用情形。建立分级分层约谈机制，全县各单位谈心提醒干部1653人次，其中副科以上干部184人次；谈话函询23人次，诫勉谈话22人次。“零容忍”处理各类违纪行为。2016年，全县共立案254件，处分210人。其中，给予党纪处分 191人，开除党籍110人；政纪处分30人，开除8人；双重处理11人，移送司法机关8人。特别是查办的永嘉县四海山林场原场长徐某插手招投标案件，得到时任市委书记徐立毅的批示肯定。

党风廉政建设 切实加强农村集体“三资”的监督管理，联合农业、民政、财政等部门开展村级财务、村务公开专项检查，共抽查276个村次，发现问题33个，问责62人，约谈乡镇（街道）分管领导8人。深入开展涉纪信访“双月攻坚”活动，充分发挥片区纪工委督促协调、直查快办优势，建立健全四色预警、全员督办、通报排名等制度机制，全县共受理涉纪信访件790件，同比减少30.6%；其中重复信访324件，同比减少52.6%，化解涉纪信访积案67件。全面推进村务监督质询工作，配套出台驻村（片）干部农村党风廉政建设问责办法和村干部履职负面清单，压实驻村（片）干部履行农村党风廉政建设责任，督促农村党员干部按章办事、秉公办事。2016年，共召开质询会1013次，解决问题1945个。

全力打造过硬队伍 结合“两学一做”学习教育，持续开展“树新形象、做好榜样”主题实践活动，大力实施干部队伍建设“六大工程”，引导纪检监察干部增强“四个意识”，进一步树立“严以律己、谦虚文明、忠诚务实”的对外形象。不断深化纪检监察体制改革，建立派驻机构“1+9”制度体系，出台乡镇（街道）纪（工）委书记和副书记、派驻纪检组组长等3个提名考察办法。坚持严管就是厚爱的理念，把思想政治工作贯穿始终，深入开展谈心交心活动。着力提升干部能力素质，设立十大兴趣小组和“五大讲堂”，精心打造“周一夜学”品牌。创新实施纪检监察系统调查研究精品工程，形成高质量调研文章71篇，得到省纪委充分肯定，并在永嘉县召开全省纪检监察系统课题调研会。强化内部监督制约，出台履职负面清单，制定准入退出和函询制度，对有苗头性、倾向性问题的纪检监察干部，及时提醒处置。认真开展走访听取县领导、部门负责人、基层干部群众和社会各界人士意见建议活动，主动接受外部监督，切实形成自我监督和外部监督相结合的有效监管机制。

2016年度永嘉县落实党风廉政建设责任制先进集体和先进个人名单

先进集体（13个）

县委党校
县人民法院
县人民检察院
县教育局
县交通运输局
县审计局
瓯北城市新区（瓯北街道）
三江商务区（三江街道）
岩头镇
大若岩镇
鹤盛镇
溪下乡
国网浙江永嘉县供电公司

先进个人（14人）

章朝辉（县纪委）
周李杰（县纪委）
胡约素（县纪委派驻第八纪检组）
郑志雄（县纪委驻教育局纪检组）
柯彩玲（县纪委驻卫计局纪检组）
戴德明（县编委办）
汪益新（县机关事务管理局）
胡永樟（上塘中心城区）
周娟娓（三江商务区）
胡海强（桥下镇）
麻永丰（碧莲镇）
杨义（巽宅镇）
金绯宇（乌牛街道）
胡月珍（界坑乡）

2016年度永嘉县作风巡察工作先进集体和先进个人名单

先进集体（4个）

县审计局　县机关事务管理局

桥头镇　岩头镇

先进个人（14人）

潘微微（县纪委派驻第一纪检组）

金亦山（县纪委派驻第四纪检组）

邹祖义（县纪委派驻第五纪检组）

张微微（县纪委派驻第六纪检组）

杨　光（县纪委派驻第八纪检组）

谷海升（县纪委派驻第十纪检组）

周建飞（县纪委驻交通运输局纪检组）

盛颖黎（县信访局）

吴胜克（市楠溪江风景旅游管委会）

章　妮（县司法局）

陈建光（县人力社保局）

谷明陆 (县体育局)

吴　昊（县机关事务管理局）

金力军（岩头镇）

（夏加挺）

郑山田园（叶新人　摄）

民主党派·社会团体

中国农工民主党永嘉县委会

概况 2016年，中国农工民主党永嘉县委会（以下简称农工党永嘉县委会）在中共永嘉县委、农工党温州市委会的领导下，在中共永嘉县委统战部的指导和帮助下，深入学习贯彻中共十八大及十八届四中、五中全会、农工党十五大及十五届三、四中全会和习近平总书记系列重要讲话精神，“四个全面”战略布局、坚持和发展中国特色社会主义学习实践活动，紧紧围绕永嘉“三区两美”战略，开拓创新，认真履行参政党职能，大力推进自身建设，积极开展社会服务，各项工作取得新成绩。

参政议政 2016年县“两会”期间，农工党23名市县人大代表、政协委员，围绕经济社会热点、难点问题，积极建言献策，提交人大议案5件，政协提案15件，其中《关于提高全县中小学教育质量的建议》《关于完善新高考下普高招生及成绩考核工作的建议》《关于加强对烟花爆竹燃放管理的建议》《关于在县政府驻地外增设高考考点的建议》《关于加强永嘉县儿科医生培养力度的建议》5个获重点提案；《关于加快推进永嘉县医疗卫生信息一体化建设的建议》获优秀提案；《关于加强基层民办医疗机构建设的建议》作为县政协大会的发言；《关于加强温州产业人才队伍建设的建议》作为市政协的大会发言，为党委政府决策提供参考。

积极发动各支部围绕“三区两美”建设和“一带两城五组团”城乡空间布局，针对人民群众普遍关心的热点、难点问题，开展系列专题调研，形成《关于促进去库存与补短板的结合，建立人才住房保障机制的建议》《发展壮大永嘉县村级集体经济的探索与思考》《关于政企联合，改善东瓯工业园区生态环境的建议》3篇专题调研报告。

民主监督 农工党永嘉县委会三次派部分党员参加中共县委召开的党外代表人士意见座谈会，围绕《中共永嘉县委第十三次党代会报告》《中共永嘉县委十二届十一次全会报告》等工作提出中肯的意见建议。同时，应县委、县政府及有关部门邀请，参加“五水共治”“四边三化”重点工程专项检查、招商引资项目视察等工作的督查活动。

社会服务 2016年，县委会始终把群众利益作为出发点和落脚点，依托农工党人才优势，先后到岩坦镇、巽宅镇、桥下镇、瓯北和黄田街道等地开展各类同心惠民服务活动共17次，诊治病人2000人次，赠送药品价值共计约3万余元，开展义诊及讲座5次，送教下乡4次，慈善扶贫慰问4次，全年用于社会服务的金额及捐助的各类扶贫款、慈善款达42余万元。“同心服务基地”自2013年成立以来，充分发挥自身优势，首先在东瓯开展各项社会服务活动，初步打响了永嘉农工党的服务品牌。一是开展送医活动；瓯北支部、人民医院支部等同东瓯街道社区卫生服务中心建立合作关系，开展帮扶、义诊活动。二是深入企业调研。在盘活存量用地、企业转型升级、防范金融风险、新生代企业家和人才队伍建设等方面深入调研，为企业转型发展提供咨询服务。在县外党内合作方面；2016年开展与农工党温州市委会、温州市中心医院支部联合,分别到巽宅镇等地为山区群众送去优质、实惠、便利的医疗保健服务。在支部合作方面，县委会整合各支部服务资源，集中服务地点，在巽宅镇中山村、岩坦镇小长坑村等地组织开展大型、综合服务活动，进一步提升服务成效；组织人民医院支部、教育支部、医药卫生支部等与县教育局、县科协等单位在碧莲镇应界坑村、茗岙乡岩山村等偏远山区联合开展了送教、送医、送文化、送科技等方面活动。在党员服务社会方面，许多党员积极参加扶贫、助学结对、义教、义诊等公益活动，服务社会奉献爱心。特别是党员叶克连所在长城拉链集团、陈德星所在南方科技集团分别建立200万元、1000万元规模的慈善基金。党员日泰集团董事长金哲新慈善慰问捐款6万元。党员欧拉姆董事长金志远给巽宅镇中山村等慈善捐款6万元。这些社会服务活动，既满足了群众需求，惠及民生，又扩大了党派、党员社会美誉度和影响力。

思想建设 农工党永嘉县委员会学习中共十八大六中全会、农工党十五大四中精神、习近平总书记系列讲话精神、中国特色社会主义理论体系，中共中央统战工作会议精神和《中国共产党统一战线工作条例（试行）》等内容，作为思想建设的首要政治任务，先后召开以学习实践活动为主题的主委会议、县委会会议及县委会扩大会议及各支部会议。积极组织党员干部参加市委会举办的由温医大葛利云教授主讲“生态文明视野下的环境保护”、省委会郑勇军副主委主讲的“社会主义核心价值观”等“同心讲坛”活动3次，共12人参与。参加市委会组织基层主委和新党员培训班，提升基层领导班子和新党员的政治素养。

组织建设 发展新党员10名，增补县委会副主委1人，调整瓯北支部、永嘉中学支部主委及班子成员，进一步增强领导班子战斗力和凝聚力。截至2016年年底，共有党员145名。医药卫生支部获“2014—2015年全省先进基层支部”、“2015—2016年全市先进基层支部”荣誉称号。人民医院支部获“2015—2016年全市先进基层支部”荣誉称号。卢彤、戴本顺、程武获“2015—2016年全市优秀党员”荣誉称号。

党员风采 2016年永嘉县全体农工党员敬业爱岗，真诚奉献，成绩斐然。据不完全统计，农工党党员全年获国家级荣誉1人、省级荣誉2人、市级荣誉4人、县级荣誉3人。党员李建森《新常态下电子商务发展与其有效监管的对称性研究》获中国市场监督管理学会优秀论文评选理论文章类三等奖；党员洪翠华课题《围绝经期妇女激素替代治疗后生命质量变化的调查研究》获县科技进步三等奖。党员邵康益从1989年开始无偿献血，至2016年累计献血5300毫升，获得国家无偿献血奖铜奖。施春花获得市思品教学设计二等奖。党员叶蒙获得县委宣传部“永嘉县最美新闻人”荣誉称号。党员孙跃若、叶艳为永嘉中学2016年高考温州市前三名做出了重大贡献。

（周索奇）

永嘉县总工会

概况 2016年，县总工会在市总工会、中共永嘉县委的领导下，按照上级工会工作部署，围绕县委“三区两美”战略部署，在服务经济发展大局、护航G20杭州峰会、维护职工合法权益、建设先进职工文化、推进工会自身建设等方面取得一定的成绩。

美丽田头建设 县委召开美丽乡村动员会议，县总工会助力美丽田头建设。成立县总工会美丽田头创建工作领导小组，确定分管领导、联络员，出台县总工会美丽田头创建实施方案，明确工作分工，召开工会助力美丽田头创建工作动员会，召开永嘉县总工会志愿服务队成立暨美丽乡村志愿服务活动启动仪式。县委常委、副县长吕伟雄在启动仪式上作重要讲话，县工会志愿服务队开展“找短板·促提升”和“美丽乡村·清洁田头”志愿服务活动，先后3次开展对美丽乡村精品线沿路踩踏和督查工作，工会先后4次组织人员到水云村指导美丽田头示范点创建工作。县总工会通过创建办点、志愿者提、工会找的方式，梳理出东城街道、沙头镇、大若岩镇高速口、公路沿线美丽田头创建存在的209个问题（其中东城街道70个、沙头镇97个、大若岩镇42个），建立整改工作清单，装订成册，指导乡镇街道整改工作。

安全生产工作 6月2日，在国网浙江永嘉供电公司由永嘉县总工会、县安全生产监督管理局联合举办了“安康杯”安全生产知识竞赛，这次竞赛以“强化安全发展观念提升全民安全素质”为主题，来自全县各行各业的8支代表队、24名一线职工参加了此次竞赛活动。4月，由县总工会、县安监局和县人社局联合举办的永嘉县安全生产摄影比赛，历时一个多月，共收集参赛作品120幅，共评选出43幅获奖作品：其中一等奖1名、二等奖2名、三等奖3名、优秀奖37名。对前三位的选手，县总工会还授予“永嘉县职业技能带头人”的荣誉称号。

职业技能培训 9月23日，永

嘉县总工会联合县就业服务中心，开办了职工烹饪技能培训班，60多名下岗待业职工、困难职工、农民工参加了为期三天的培训。培训后，每位学员参加职业技能鉴定考核，县就业指导中心为成绩合格的学员颁发中式初级烹饪师证书，帮助职工掌握一技之长，增加就业优势。

烹饪技能比赛 10月28日，永嘉县总工会联合县人社局和温州市中国瓯菜研究会在耕读小院举办楠溪江百味烹饪系列赛之楠溪田鱼烹饪技能大赛。全县190余名烹饪爱好者报名参加，经过两天初赛，41名选手入围决赛。最终评出"楠溪田鱼烹饪大师"1名、"楠溪田鱼烹饪高手"3名、"楠溪田鱼烹饪能手"6名。

职工职业技能运动会 11月20日，县总工会和县人事局联合举办永嘉县第二届职工职业技能运动会。运动会共设车工、发夹加工、单指单张点钞和多指多张点钞四个比赛项目，全县141名选手参加技能比赛。

工会组建月活动 6月，开展工会组建月行动，完成金溪镇、瓯北街道、云岭乡、茗岙乡、溪下乡、界坑乡的总工会组建前期调研，开展以"两清"（"两清"：一是符合建会条件的机关、事业、企业、行业底数清，已建工会组织底数清，二是符合入会条件的职工底数清，已入会会员的底数清）为主要内容的组建月行动，通过对照工会法人数据库、统计年报、工会经费财政地税征收名册进行校对、排摸，至年底，对全县2300多家工会进行调查，建立工会组织建设大数据库，精准掌握基层工会组织和会员真实动态化信息；通过组建月行动，全县已经组建工会121家，发展会员2.7万人。

六有工会建设 2016年，完成60%工会的六有工会建设目标。永嘉县按照《永嘉县基层工会"六有"达标建设规划（2015-2018年）》（永总工〔2015〕33号）和《永嘉县基层工会"六有"达标建设考评细则（试行）》（永总工〔2015〕34号）两个指导性文件，指导全县开展六有基层工会建设。对新组建工会的企业，按照五个同步（组织同步设置、阵地同步建设、制度同步建设、活动同步考虑、作用同步发挥）进行六有工会建设，推动新建基层工会的六有建设进度。对已经组建的基层工会，采取先试点、再全面推进的思路开展。1—3月，在不同行业、不通类型的12家企业开展试点，试点企业按照六个有的标准创建。通过试点，为推进六有基层工会建设积累了宝贵的经验。4月，进入了逐步推广的阶段，永嘉县六有基层工会建设取得一定成效。至12月底，全县已有1607家企业工会达到有机构、有牌子、有人员、有经费、有制度、有职工活动室、有宣传栏、有档案、有作为，有10家基层工会达到市级"六有"示范工会。

成立工会志愿者 县总工会积极开展工会志愿服务队组建工作，经过两个月的认真筹备，出台《关于开展永嘉县"工会志愿者在行动"志愿服务活动的通知》（永总工〔2016〕17号），对志愿服务队的组成人员、工作内容、队旗、队标进行明确规定，同时购买志愿队服务队统一服装。4月28日，举行永嘉县工会志愿服务队成立大会暨美丽乡村志愿服务活动启动仪式。县委常委、副县长吕伟雄为志愿服务队授旗。志愿服务队先后在永嘉县纪念"五一"国际劳动节暨县第三届干部职工运动会开闭幕式上进行志愿服务活动。

组建平安巡防队 县总工会成立永嘉县职工志愿者巡防总队。瓯北街道、桥头镇、桥下镇等9个乡（镇、街道）成立职工志愿巡防分队。7月25日，县总工会爱玛鞋业有限公司工会举行职工志愿服务队护航G20"平安巡防"启动仪式，温州市总工会副主席刘金丹亲自为志愿巡防队授旗。

排解劳动争议工作 5月20日，联合人社局召开瓯北部分企业工会主席、街道工会主席护航G20劳动争议大排查的动员大会。排查全县1356家企业，查出劳动争议69起，其中欠薪51起，工伤12起，经济补偿金6起。协助劳动监察部门化解矛盾纠纷61起。

工资集体协商工作 2016年，县总工会通过抓领导、抓宣传、抓重点、抓规范、抓典型、抓续签、抓督查"七个抓"行动，工资集体协商工作取得一定成效。至2016年12月底，全县已签订工资集体合同 252份，覆盖企业1445家、职工7.95万人。其中：规模以上企业单独签订216份，覆盖职工5.6万人；区域性合同16份，覆盖企业1210家、职工2.3万人；行业性合同1份，覆盖企业19家、职工437人。实现企业增效、职工增收双增长的可喜现象。

帮扶和互助保障工作 在全县范围内开展困难职工大调查活动；全县共调查困难职工200多人，出台永嘉县困难职工慰问实施办法，分层次对困难职工进行精准慰问。通过编印和发放职工互助保障资料、举办座谈会等方式，全县范围内动员广大职工参与职工互助保障工作。2016年，在教育局和电业局的大力支持下，全县7000多名的教师、1100多名电力职工全部参加了职工医疗互助保障。完成职工互助保险6.5万人，参保金额145万元。

法律援助工作 在瓯北设立职工法律援助站，聘请2名律师，每周坐班2天。全年为职工提供法律援助57件，切实维护职工的合法权益。

职工文化建设 4月30日至5月10日，在县体育场举行永嘉县纪念“五一”国际劳动节暨县第三届干部职工运动会。全县100支代表队的2991名干部职工参与了广播体操、足球、乒乓球、羽毛球、田径、趣味、象棋七个大项的比赛。7月25日晚，“温州市职工文艺宣传基层行2016永嘉专场”在浙江爱玛鞋业有限公司举行，县中医院、县妇保院、奥康集团、东蒙集团职工参加活动，职工为晚会献上精彩的节目。9月19日，县总工会与县文化馆联合举办的永嘉县职工舞蹈公益培训班在县文化馆五楼正式开班，全县有200多人报名参加，培训采取分期授课的形式，每期5周10个课时，培训内容为国标舞基础练习。

（陈鸣旭）

共青团永嘉县委员会

概况 2016年，共青团永嘉县委员会（以下简称团县委）深入贯彻落实县委和团市委的决策部署，紧紧围绕县委、县政府中心工作和团市委重点工作，以保持和增强政治性、先进性、群众性为目标，强化责任、优化服务、深化建设、固化机制，不断提高共青团服务中心工作的贡献力、提升青年群众工作能力，团县委的各项工作取得了新的进展，荣获2016年度全县禁毒工作先进集体。

青少年思想引领 2016年，团县委坚持学习引导，有力推进青少年的思想引领工作。研究制订《关于进一步深化永嘉县“新青年下乡”活动的意见》，积极打造“新青年下乡美丽乡村行”“新青年下乡两学一做行”“新青年下乡爱心公益行”等品牌项目，举行“新青年下乡”助力“三区两美”暑期行动出征仪式，全年开展活动268场，覆盖群众达到4万余人，受到了一致好评。其中11月18日《人民日报》14版刊登《永嘉乡村重现“山水长卷”》，对永嘉“新青年下乡”助力美丽乡村建设大力赞扬。将马克思主义宗教观教育纳入业余党校、少年团校、少先队队长学校等教育体系之中，开展系统学习50多场。联合县委宣传部，在桥下镇京岸村、大若岩镇大元下村成功打造2个“星期天礼堂日”，开展唱国歌、崇德礼、诵村规等形式多样的文化活动36场，吸引更多青少年积极参与。结合“新青年下乡”活动，在全县多个农村文化礼堂开展马克思主义宗教观教育宣讲82场。强化网络文化互动，依托“永嘉青年”微信公众号、微博等团属新媒体平台，建立青年网军队伍，传播社会正能量、引导社会舆论。组建永嘉婚恋联盟，通过“牵手青春·七夕联谊会”集聚永嘉机关、企事业单位的适龄未婚青年男女，为他们搭建婚恋平台。将温州共青团动漫人物瓯悦与永嘉瓯塑相结合，创造了易于青少年接收的传统手工艺，以重大节庆日为契机开展形式多样、内容丰富的活动，正确引导青少年。

青年创业建功 2016年，团县委坚持服务大局，有效促进青年建功立业。开展永嘉县青年创新创业大赛，提供政策扶持和跟踪服务，吸引60余位从事电子商务及旅游产业的创业青年报名参加，邀请温州市10家创投公司参与，为永嘉创业青年投入总计6000余万元的创投意向金，进一步激发了广大青年的创业热情。实施“青年永商回归”计划，在上海成立永嘉首个在外青联组织，构筑在沪永嘉青年人才高地，开展“相约永嘉，楠溪江之旅”活动，引导在沪青年回乡投资民宿、农家乐等产业。深入开展农村青年电商培育工程，以电子商务进万村摂工程为抓手，引导46名农村创业青年入驻农村电商服务点。利用金融挂职干部，联合农商银行开展送金融知识下乡摄影10场，组织开展农村青年电商培训10场，500多人次。积极完善青年创业“四大库”建设，邀请名校专家、商场精英、致富带头人、涉工部门单位人员等“导师库”成员，为创业青年开展讲座、培训等12场，借助青企协、青联会员单位、爱心企业等，为360名大学生提供见习岗位。新增青年创业贷款5笔，贷款金额80万元。

青年志愿服务 2016年，团县委坚持助力中心，稳步推进青年志愿服务。以创建国家卫生县城为契机，组织发动30支志愿服务队，开展志愿创卫广场服务和志愿创卫走进社区等活动，共发放宣传单3000余份、车载垃圾桶200个，灭鼠灭蚊药品1200多袋，清理卫生死角等300余处；33支志愿服务队对县城11处重点地段或区域进行分段一对一结对，实行责任包干；组建“志愿创卫”监督团，开展“随手拍”，发现423处“脏乱差”区域、21处绿化带种植蔬菜现象，及时反馈相关部门并得到彻底整治；组织发动20支队伍自愿报名，在县城内5个交通枢纽路口进行为期10个月的文明劝导，并发放文明行车车贴2000份。这项工作在县“创卫”联席会议上作了典型发言。组织全县3.5万名平安志愿者开展进村入户宣传活动，召集老兵突击队等10支专项志愿服务队开展“白加黑”轮班模式巡逻，进行全天候志愿巡逻、救援，确保G20期间“零状况”；开展平安宣传进校园、消防安全进社区、安全生产进企业、“号手岗队”展风采活动共计70余场。组织15支队伍入驻全县15个城中村（旧村），开展助力攻坚、幸福关爱、美化村居、文化惠民等志愿服务39场，改善2处攻坚组办公点，发放宣传单2000份、应急包400个，慰问困难户、空巢老人等34户，发放油、大米、毛毯等慰问品1.7万元，开展文艺表演、村运动会等文化娱乐活动5场。特别是在“12·5”国际志愿者日，集中力量宣传城中村改造典型案例，开展医疗义诊等送健康服务，积极助推“大拆大整”。共创楠溪美，助力“美丽乡村”。组织开展以“共创楠溪美·青年在行动”为主题的包括“田园·创意”绘画大赛、“田园·团青”突击队、“田园·家乡”公益行、“田园·志愿服务”在内的美丽田园建设系列活动，组建100支“田园·团青”突击队、23个“田园·志愿”监督团，分发“美丽乡村”宣传册3000余份，田间地头顺手捡废弃物221个，成功打造100个“美丽田头”，评选出10个“最美田园”。开展志愿导游风采大赛，推广美丽乡村建设，大大激发社会志愿者对楠溪江的热爱。积极开展“绿化三百”行动，新建8个共青林基地、11个共青团护绿区，开展植树造林活动9场，发动1000人左右参与，共种下3000多棵树苗。

青少年维权关爱 2016年，团县委坚持围绕社会和谐，不断优化青少年成长成才环境。以浙江省第三批全面推进重点青少年群体服务管理和预防犯罪工作重点县创建为契机，整合各方资源，依托全县“网格化管理、组团式服务”工作平台和青少年社会工作力量，共排查到五类重点青少年11258人，并以不良、闲散和服刑在教未成年人子女青少年为重点工作对象，共输入不良、闲散青少年、服刑在教未成年人子女和留守儿童共10756人，帮扶人数9941人，帮扶率达到90%以上，切实保障五类重点青少年群体的合法权益和健康成长。连续第11年开展“圆梦大学”活动，成功结对特困学生174名，发放助学金94.35万元，超额完成市定任务。建立全县贫困学生信息库，帮助413名贫困中小学生成功结对，实现全县助学“一盘棋”。推出生源地助学贷款项目，共提供生源地助学贷款36.63万元，资助贫困生53人。开展“大手拉小手圆梦微心愿”行动，成功帮助17个山区学校的110个学生实现微心愿。通过“亲青筹”开展助医、助困网络募捐活动，为贫困青少年筹集7万余元。深入推进“百所希望小学百个心愿”校园援建圆梦行动，新建希望书库5个、希望电脑室1个、希望美术室1个、希望操场3个，开展爱心校服活动1次；开展“城乡手拉手”帮困活动11次，开展“后备箱计划”帮困活动2次，开展爱心营养餐活动3次，开展“亲情陪护”救助活动4场次，寒暑假、周末支教服务8场次，共帮扶困难青少年2605人次；开展“健康巴士进校园”助医活动12次，贫困生心理辅导、讲座等活动14次，共帮扶服务2588人次。

基层组织格局建设 2016年，团县委坚持固本强基，不断激发基层组织活力。进一步深化青少年综合服务平台建设，建成17家镇（街道）级、5家社区服务平台，成功打造8家县级示范、申报5家市级示范服务平台，推荐4家示范平台入驻青年之家云平台；县级平台下送美丽乡村宣讲、心理辅导两个项目，其中宣讲活动9场，心理辅导5场。开展村级团组织“达标创优整转”工程，全县906个村居全部成立团组织，团支部班子成员基本健全，75%以上达标；下发村级团建百宝箱、统一制作村级团建工作手册，规范村级基础团务工作，建成县级团建示范村50个，其中南城街道黄屿村被评为市级样板村，瓯北街道河田村等17个村被评委市级示范村。开展共青团特色小镇创建，桥下镇青年共建教玩具智造小镇成功申报市级共青团特色小镇创建。以共青团“大脚掌走基层”活动为契机，积极开展“1+100”团干部联系青年活动，全县306名专兼职团干部共联系青年9747名，开展活动135场，上传精华分享25篇。以强化少先队实践基地和少先队活动课程建设为目标，从各个学校原有的资源为出发点，挖掘更深层次的少先队特色建设。如瓯北三小的七巧板科技馆和瓯北七小的兰花文化博物馆在原有的基础上，拓宽整个校园的少先队实践基地的建设；在少先队活动课程的建设上，开展瓯北三小作为少先队活动课全国试点学校的观摩活动以及少先队活动课实验联盟校的第五次研讨会活动等，并在省少工委在温州少先队观摩交流中得到一致的好评。制定印发《关于实施中学共青团“强基固本”工程的通知》（团永联〔2016〕22号），在规范初中入团前教育、严格团员发展工作、加强团员教育培养、强化团员管理、建立团干部直接联系青年制度、加强团组织建设、组织开展基本生活等七项重点工作上，贯彻落实中学共青团改革要求，明确目标任务，加强组织建设，提升组织活力。在温州翔宇中学承办2016年温州市“一二·九”成人礼活动，即将成年的青年们献上了一场盛大的成人仪式。

（朱锋绵）

永嘉县文学艺术联合会

概况 2016年，永嘉县文学艺术联合会（以下简称县文联）工作坚持党的文艺“双百”方针及文艺“二为”方向，根据文联“团结引导、联络协调、服务管理、自律维权”的新职能要求，本着“出作品、出精品、出人才”的文联宗旨，在县委、县政府的正确领导下，在市文联的指导下，认真贯彻落实“两学一做”专题教育实践活动，紧紧围绕县委、县政府的中心工作，努力丰富基层群众精神文化生活，认真组织开展多种形式的文艺活动，文艺创作硕果累累。

文艺惠民 2016年年初，县文联开展“文化下乡”送春联活动，先后与宣传部、老干部书画协会、县中易融通有限公司等合作，共送春联4000余对。3月开始，正式启动文艺活动下乡惠民工程，全年共送文艺下乡40场，其中戏剧家协会13场（含6场“两学一做”专题晚会）、民间文艺家协会13场（含2场民间文艺进校园）、曲艺协会13场，争取市民艺术团到永嘉演出1场。7月启动“免费拍照”工作，共计拍摄900余副照片。这系列惠民活动，惠及永嘉全部22个镇、街道、功能区，受惠群众逾万人，超额完成年初计划，也是历年文艺惠民活动场次最多、受惠地域最广、惠及人口最多的一年，极大地丰富了永嘉群众的精神文化生活，提高了生活质量。

文艺创作 2016年，县文联举行系列少儿文艺比赛，如首届少儿音乐大赛、第三届“舞动花季”少儿舞蹈大赛、永嘉县第四届少儿文艺大奖赛、第十一届“新华杯”暑假读好书征文比赛。在系列的少儿文艺比赛中，涌现了一大批文艺新秀，也出现一大批优秀作品，这不仅丰富永嘉人民的文化生活，也为永嘉文艺提供后备力量。同时，永嘉县文联选送参加第十六届温州少儿文艺大奖赛的小选手，1人获得少儿文艺之星，3人获得小金鹿奖，16人获得小银鹿奖，31获得小铜鹿奖，122人获得优秀奖。县文联也因组织得力，获得“第十六届温州少儿文艺大奖赛组织奖”。

在传统展赛方面，县文联举办第二届农民排舞大赛、第二届农民合唱比赛、第六届群众歌手大赛、2016农民摄影展、纪念中国共产党成立95周年书法展、山水清音书法展、家风家训书法作品征集等，选送乐队参加温州市委宣传部、温州文联举办的“国乐乡村”器乐大赛，获得优异的成绩，县文联也获得市文联授予的组织奖。

文艺精品 文学方面：出版作品《楠溪江文丛》（共9册），出版期刊《楠溪江》2期，出版画册《摄影协会30周年会员作品集》。书法方面：书协成员获得“沙孟海奖”等省级以上各级奖项22人次，其中陈昭琴入展第八届全国书法篆刻新人新作展。舞蹈方面：获得浙江省第十届排舞大赛等省级以上各级奖项8人次。戏剧方面：获得浙江省第七届十大城市戏曲演唱联赛等省级以上各级奖项5人次。美术方面：3人入选浙江省首届水彩画写生作品展。民间文艺：五人获第六届中国（浙江）工艺美术精品博览会奖项，其中金奖1人、银奖3人、铜奖1人。

队伍建设 2016年，县文联通过落实年度文艺人才工作计划，开展摄影、戏剧、排舞、民族舞系列培训6场，各类采风、讲座以及研讨会6场。特别是系列讲座、研讨会，邀请的嘉宾包含国务院参事忽培元，中国作协原党组成员、书记处书记张胜友，中科院当代文学研究所文学研究室主任曾镇南，原总政宣传部文艺局局长汪守德、中共中央党校哲学部博士生导师陈中浙，全国摄影艺术最高奖中国摄影金像奖获得者卢广等来自全国各地文艺名家近40人，是历年来宾级别最高、数量最多的一年。这一系列活的动，不仅发掘了文艺新星，培育出了徐轰轰、尤腾腾两位文艺新秀，也搭建了永嘉文艺人才与全国文艺名家名宿交流、学习的平台，促进永嘉文艺人才综合素质的进一步提升。

协会管理 2016年，县文联按照相关规定，对到届协会进行了换届，共完成换届协会2个。其中永嘉县书法家协会于5月完成选举，选举了产生了第十届理事会主席徐轰轰、4位副主席和41位理事。永嘉县影视广播协会于12月完成选举，选举产生第二届理事会主席李永彬、1位常务副主席、1位监事长与13位理事。

（金谢剑）

永嘉县妇女联合会

概况 2016年，永嘉县妇女联合会（以下简称县妇联）在县委、县政府的正确领导下，认真学习贯彻中共十八届五中、六中全会精神，深入贯彻省、市、县委党的群团工作的部署要求，牢牢把握“党政所急、妇女所需、妇联所能”的工作定位，围绕中心服务大局，回应诉求强化维权，满足需求办好实事，重心下移夯实基础，较好地完成县妇联十二届八次执委会确定的各项工作任务，走出一条具有永嘉特色的妇女工作新路子，为推动全县经济社会发展做出积极贡献。

妇女创业创新 着力搭建平台。深入实施巾帼网络创业三年计划，推进巾帼网络创业行动，扶持县级巾帼网络创业孵化和示范基地，培养女性网络创业带头19人。落实巾帼网络创业知识大讲堂送教活动走进永嘉及电商知识普及培训活动，普及人数达1150人。举办首届“她时代 创未来”论坛，引导“妇”字号带头人利用“互联网+”改变传统营销模式，建成永嘉县巾帼创业示范基地9家。开展各类职业技能培训20余期，培训5000余人，助力农村妇女长本领。举办“金牌月嫂”母婴护理技能大赛，打造服务品牌；举办首届农家乐女子素质提升培训，增强农家乐女性从业人员的服务意识、服务水平；举行第三届妇女来料加工技能大比拼，来自各镇街道的100多名女能手，演绎了“指尖上的精彩”。

妇女共建共享 围绕城乡环境整治，推出“五水共治巾帼行”“巾帼助力大拆大整”等专项行动；围绕美丽乡村建设，以创建“致精门头”为主抓手，牵头组织打造3000个“精致门头”和300个样板门头，并评选产生20个最美“精致门头”；围绕城市综合管理，开展巾帼助力创国家卫生城市，通过实施“创卫三大行动”（实施巾帼创卫承诺行动、实施巾帼创卫志愿行动、实施巾帼创卫督导行动），引领广大妇女和家庭为创国卫贡献力量。

妇女素质提升 推进女性素质提升。开展“美丽学堂”系列活动，在家政服务、亲子教育、家庭经营、女性修养、健康保健、妇女维权等多方面全方位开展学习培训，深受广大女性欢迎。结合“最美女性”评选，大力宣传浙江“最美妇女主任”林莉梅、“十路英才”陈跃、“全才先锋”胡海静活动，加强示范引领。开展寻找“最美家庭”活动，2016年共寻找县级以上最美家庭86户；举办首届家风家训书法展，共征集“家风家训”书法作品50余幅。开展“廉政文化进家庭”活动，举办《弘扬优秀家风家训大力推进廉政建设》专题讲座，举办第二届家庭心理论坛。推进社会风气提升。开展以“建设法治永嘉 巾帼在行动”为主题的“三八”维权周活动、以“护航G20平安巾帼行”为主题的“平安禁毒宣传月”活动、以“反对家庭暴力 寻找最美家庭 共促平安和谐”为主题的“反家庭暴力周”活动。

妇女儿童发展 注重规划评估督导，完成“十二五”妇女儿童发展规划的终期评估，实现妇女发展规划和儿童发展规划达标。注重规划助推发展。认真编制“十三五”妇女、儿童发展规划，将妇女健康保健、妇女就业创业技能培训、妇女权益维护服务机构培育等广泛惠及妇女儿童的12项实事项目纳入其中，两个规划已由县政府发文予以实施。注重规划实施保障。打造服务功能更完善的基层妇女儿童活动阵地。积极推进县妇女儿童活动中心建设，联合相关部门举办各类公益活动和讲座，提升妇女儿童素质。

妇女儿童权益 强化普法宣传，以《中华人民共和国反家暴法》实施为契机，深入推进妇女维权相关普法教育和男女平等基本国策宣传，开展“与法同行平安相伴”——家庭平安讲座下基层活动，开展男女平等基本国策教育“六进”活动62场次、6000人次。强化维权服务，联合县司法局成立永嘉县妇女儿童维权法律服务团、女童保护志愿者服务队。推动家庭暴力法律告诫制的落实，发放家庭暴力告诫书79张，受理9件以家暴为诉求的案件,发出人身保护令2份。加强维权阵地建设。切实发挥县婚姻家庭矛盾调处中心作用，全力做好妇女儿童权益相关信访工作，全年共接待妇女来信来访及维权咨询75件，办结率100%。参与调解婚姻纠纷案件13件。

妇女儿童帮扶 构建困境妇儿救助体系，举办“关爱妇女安康 情暖母亲节”系列公益活动。中国人寿保险股份有限公司永嘉县支公司、瓯北时代新名剪、深圳创维集团温州分公司等四家企业参与母亲节公益活动的捐赠。母亲节前夕，联合县红十字会、县慈善总会开展“百名贫困母亲救助”活动，推出关爱妇女安康计划，为全县904名村妇代会主任提供免费保险，走访慰问离任妇女主任62名。开展“情暖童心 健康成长”活动。“六一”期间，走访慰问5576名儿童，为100名留守儿童提供结对救助。构建家教服务体系。推进“万名父母进家校——家长素质提升行动”，开展家庭教育巡讲走进乡镇（街道）、社区妇女之家活动22场，受益家长5722人次。

完善组织架构 在永嘉县35个村（居）、社区，开展基层妇联组织建设试点工作，推动资源整合、提升建设水平。建立巾帼各类志愿服务队伍106支，创建以妇联干部为纽带的微信群82个。出台《关于永嘉县基层妇联组织建设试点工作实行星级量化考评的通知》，根据试点村妇联组织管理运行情况评定产生星级村妇联组织35个，共发放奖励资金45.88万元。精心指导黄田街道岭下村和瓯北街道珠岙村圆满完成“会改联”试点工作。推动乡镇（街道）妇联换届，至年底已经成功换届14个。

创新运作模式 推出“互联网+”宣传模式，整合优化妇联系统网络及新媒体资源，打造微博、微信、门户网站“三位一体”的“一网两微”网上妇女之家。建立健全妇联网络信息管理机制，精心运营县妇联微信公众号，固定用户近3余万人。充分发挥“联字”优势，更好地凝聚妇女、服务妇女。

（杜晓伟）

永嘉县工商业联合会

概况 2016年，永嘉县工商业联合会（以下简称县工商联）深入贯彻中共十八届五中、六中全会和习近平总书记系列重要讲话精神，围绕永嘉县委、县政府“三区两美”建设，以“四个全面”战略布局为统领，不断深化非公有制经济人士理想信念教育实践活动，不断拓展服务领域，加强新生代企业家培育，加强商会规范化建设，有效推进“两个健康”发展。

队伍建设工作 县工商联围绕新时代目标积极统筹规划，加强自身队伍建设。一是在达到浙江省“五好”县级工商联标准的基础上，开展全国“五好”县级工商联创建工作。根据全国“五好”县级工商联建设实施方案，制订《2016年度全国“五好”县级工商联创建活动实施方案》。二是完成县工商联换届工作。9月23日县工商联第十一次会员代表大会顺利召开，选举产生第十一届执行委员会委员，县政协副主席、浙江红蜻蜓鞋业股份有限公司董事长钱金波连任主席。三是积极参与各基层商会和行业协会的年会活动，指导开展商会规范化建设，引导开展回报社会爱心活动。四是按照省级示范化商会创建标准抓落实，健全商会运行机制，推进“一商会一品牌”建设。

提升非公有制经济人士 县工商联积极提高非公有制经济人士理论水平，深入开展理想信念教育。一是学习贯彻习近平总书记系列重要讲话精神。3月24日在全县基层商会秘书长会议上组织学习习近平总书记讲话精神；3月27日组织80名非公有制经济人士参加南存辉专题报告会；4月7日组织工商联执委、基层商会会长、新生代企业家代表等参加由县委统战部牵头的习近平重要讲话精神学习情况座谈会；4月15日在新生代企业家联谊会会长办公会议上组织会长、副会长等班子成员共同学习习近平重要讲话精神；在工商联执委、新生代企业家微信群中发布习近平总书记重要讲话文件，组织企业家们共同学习。二是1月20日召开的县工商联十届五次执委会上，时任县长姜景峰到会作报告，寄语企业家们要致富思源、富而思进，进一步增强社会责任感和使命感，用爱心回报社会，多行善举；9月23日工商联换届大会上，时任县委书记娄绍光希望非公有制经济人士进一步增强责任感和使命感，在新一轮的改革发展中做出更大贡献。三是制订《永嘉县以“守法诚信、坚定信心”为重点深入开展理想信念教育实践活动的实施方案》，引导非公有制经济人士爱国敬业、守法经营、创业创新、回报社会。四是推荐12名非公有制经济代表人士分别参加由市委统战部在四川大学举办的世界温州人经济理论研修班和县委统战部在重庆大学举办的世界永嘉人暨党外代表人士研修班，加强教育引导，完善个人素质。

参政议政工作 组织工商界人大代表、政协委员开展参政议政活动，完善政企沟通交流的渠道，县政协成立专门工商界组和工商界特邀组，由工商联党组书记郑力任组长引导工商界人士开展参政议政工作。2月21—24日，在永嘉县第十五届人大五次会议、政协九届五次会议召开期间，非公有制经济代表人士共上交人大议案19个，政协提案67个。县工商联副主席戴云仙、章常义分别提交《关于进一步构建便捷乡村交通网络的议案》《关于建立中国（永嘉）教玩具产业发展研讨展示展览中心的建议》《关于调整挂牌土地工业用户转让期限的建议》；卢汉炎、陈晓聪、陈孝宗在政协大会上代表工商经济组分别作《推动休闲旅游项目落地的建议》《关于永嘉县民宿发展的几点建议》《关于简化企业注销手续的建议》的发言。5月31日，永嘉县工商联副主席叶际宣撰写的《发展系统流程装备 推进泵阀产业转型升级》荣获温州市工商联（总商会）系统参政议政优秀成果三等奖。

服务交流活动 县工商联注重联络联谊，深入开展会员服务工作。一是到浙江奥康鞋业股份有限公司、浙江报喜鸟服饰股份有限公司、红蜻蜓集团、伯特利阀门公司、育才控股集团有限公司、超达阀门集团股份有限公司等企业调研，开展“五帮五助”活动。二是3月24日召开全县基层商会秘书长会议，邀请温州市工商联副主席、秘书长赵文冕就如何做好商会工作为各商会协会秘书长们和工作人员们授课。三是5月18日与县检察院联合召开“依法保障和促进非公有制经济健康发展”座谈会，签订《关于在服务非公有制经济发展中加强合作的协议》，并建立联络站；11月与县公安局建立《永嘉县公安局 永嘉县工商业联合会服务保障非公有制经济健康发展合作机制》，切实保障和促进永嘉县“两个健康”发展。四是6月22日组织非公有制经济人士参加温州市多层次资本市场对接会（永嘉站），为企业搭建更好的融资平台。五是建立健全商会调解机制和工商联维权机制，伯特利阀门集团、亚龙集团参加了温州市工资集体协商工作推进会暨“要约行动”签约仪式。六是提升和优化金融服务，推广“银行+商会+企业”金融服务模式，岩头镇商会、北城街道商会等相继与农商银行签订合作，优化小微企业融资环境。七是开展送法进企业、进商会活动。8月10日，由永嘉县工商联牵头，联合检察院、司法局一起到永嘉县乌牛街道进行走访，送法进企业，为企业发展提供法律帮助和服务。12月7日，由永嘉县工商联牵头，联合公安局、检察院、司法局前往桥头镇开展送法进商会、企业活动，参观了浙江迈利发服饰有限公司、育才控股集团有限公司，召开座谈会为桥头商会企业家送上法律知识。

光彩事业建设 县工商联积极搭建平台，整合社会资源，为永嘉光彩事业建设添砖加瓦。一是县工商联认真贯彻中央扶贫开发工作会议精神和全国工商联推进“万企帮万村”精准扶贫行动工作要求，开展精准扶贫行动，促进贫困地区增收脱贫，5月上旬确定19个贫困村与结对商会的名单，7月成立“会企扶村”精准扶贫协调小组，并对贫困村进行走访调研。二是县工商联协调落实资助瓯北马岙浦生态河道治理工程300多万元建设资金，并组织企业家代表实地踏勘马岙浦河的治理情况。三是各商会协会开展献爱心活动。岩头镇商会组织爱心人士看望白血病男孩林子辰，送上5万多元的捐款，并在教师节对岩头片区获县级以上荣誉的优秀教师进行慰问；大若岩镇商会开展“献爱心·送温暖”活动，对大若岩镇各村的孤寡老人、特困生等70余人进行新春慰问；桥头镇商会走访慰问王德树烈士遗属及敬老院孤老人员，并送上慰问金；三江街道商会儿童节到三江街道罗东小学开展“六一节”献爱心活动；童装行业协会爱心队到界坑乡中信小学开展手拉手关爱山区留守儿童活动。

培养新生代企业家 县工商联注重二代企业家培养，主动做好新生代企业家引导工作。4月13日，永嘉县新生代企业家联谊会在会长单位迦南科技股份有限公司会议室召开2016年第一次会长办公会议，对2015年协会完成情况进行回顾，并对新会员入会、理事人选的增加及2016年会费的收取情况进行审议表决。5月21日，永嘉县新生代企业家联谊会会长方正带领新生代企业家们到永嘉县界坑乡界坑中学开展献爱心活动。5月24日，永嘉县新生代企业家联谊会一行在永嘉县委统战部常务副部长王澄荣、县工商联党组书记郑力的带领下到温州李山投资集团及旗下瓷爵士、温商贷进行参观、学习、交流。7

月13日，永嘉县工商联党组书记郑力率领新生代企业家联谊会30多名会员到红蜻蜓集团参观学习，红蜻蜓集团董事长钱金波为新生代企业家们作《重塑自我定制幸福》的主题演讲。12月28日，永嘉县新生代企业家联谊会二届一次会员大会成功召开，会议选举以迦南科技股份有限公司总经理方正为会长的领导班子。

（朱安鹊）

永嘉县归国华侨联合会

概况 2016年，永嘉县归国华侨联合会（以下简称县侨联）在县委、县政府的正确领导下，在市侨联和县委统战部的指导下，把握中央出台的《关于加强和改进新形势下侨联工作的意见》《关于加强和改进新形势下群团工作的意见》两个文件精神和中国梦这个主旋律，围绕县委、县政府决策部署，坚持解放思想、实事求是、与时俱进、求真务实，坚持以人为本、为侨服务，坚持国内海外工作并重、老侨新侨工作并重，积极拓展海外工作和新侨工作，充分发挥侨联组织的独特作用，真正建好侨胞之家，真正做好侨胞之友。荣获2016年度市级考核第一名，2015年度县级B类单位考核优秀单位。

侨界引资引智 侨界招商引资工作是侨联重点工作。全年接待侨团访问、港澳同胞海外侨胞70多批次，900多人次，侨界招商引资项目考察频繁，侨团访问作用凸显。全年落实侨界招商引资项目6个（瓯越山庄、永嘉四海山高山特色养生度假区、嘉纳庄园、永嘉县崇德实验学校、鹿云谷心文化源生态项目、楠溪江豪华精选度假酒店项目），引进协议资金29.4亿元，到位资金4.7亿元。此外，还整合资源，深化智力返乡活动。邀请海外高层次人才智力返乡，实现侨界智力服务永嘉发展。邀请美国商务部前部长助理黄建南等10余名永嘉籍高层次人才回乡授课和参加“云上温州·网联天下”等市县论坛；发挥县留联会平台作用，走访慰问留学人员及家属，搭建高层次人才与海外留学人士交流平台；推荐归国留学人员参加省、市留学人员组织和活动；组队考察龙湾“众创空间”，共谋永嘉归国留学人员创业园；牵线搭桥，美国商务部前副助理部长黄建南先生邀请美国教育团队专业人才做客温州翔宇中学，谈论民办教育模式，助力永嘉教育模式创新。

侨界海内外对接新模式 县侨联高度重视中华文化传播，深入贯彻习近平总书记关于中华文化传播的讲话精神，守好“两条战线”——国内与海外“两条战线”，把握“二类对象”——“侨二代”与“侨界留守儿童”，开展“三大系列活动”——侨界留守儿童快乐营活动，扶持海外中文学校活动，开展“最美永嘉”海外宣传活动。一是加强与海外中文学校的联络，扎实开展“侨心书库”活动，连续两年向希腊中文学校捐赠中华传统文化书籍及传统服饰等，并举行赠书仪式。二是开展海外中文学校结对县内学校活动，近年来，每年联系并成功促成海外中文学校结缔永嘉县公办学校，加强海外中文学校与县内院校的交流与联络。三是邀请温州市侨界文化大使开展永嘉采风之行，领略永嘉文化，借助艺术家的作品传递永嘉最美的一面。四是借助省侨联“万家海外中餐馆”和温州侨联天下平台传播“最美永嘉”，展示永嘉风采。五是开展书法送海外活动，聘请西班牙华侨戚显进先生等人在国外学校开展书法公开课。

侨界慈善硕果 一是设立侨界美丽妈妈爱心基金。作为永嘉县2016年设立的第一个冠名基金，该爱心基金筹集到位资金15.8万元，其中侨爱助学五尺小学指定基金6.8万元，筹集基金主要用于留守儿童关爱工程。二是抗台救灾，传递海外华侨爱乡之情。响应县侨联向海外侨胞发起“抗台救灾，重建家园”的倡议，法国永嘉华侨联合总会捐资9.4万元，西班牙永嘉总商会捐助3万元，爱心救灾款通过县民政局落实救灾工作；县侨界名媛会自发到桥头、桥下和岩头等地慰问受灾的留守老人和儿童；西班牙华侨何建荣捐资助学3万元，委托县侨联寻找贫困儿童给予长期的资金帮助等等。三是侨界慈善事业遍地开花。据不完全统计，2016年参与和协助接受海外侨胞、港澳同胞各类捐赠折合人民币1800多万元。

侨界留守儿童快乐营 连续六年开展侨界暑期留守儿童快乐营活动深受社会好评。2016年7月9—30日，开展为期21天的第六期侨界留守儿童快乐营活动，由温州大学8位志愿者同50位侨界留守儿童开展暑期面对面互动活动。细化活动内容，课程安排以提升侨界留守儿童幸福感和家乡认同感为主，融入乌牛特色课程象棋、书法。建立50位侨界留守儿童成长档案，寻找帮扶对象5名，继续做好心理帮扶工作。市侨联领导，县委常委、统战部部长胡宝锋带队慰问侨界留守快乐营营员、志愿者。

帮扶企业发展 县侨联帮扶企业发展中心是一个侨为社会服务的平台，是一个创新服务中心工作的品牌。其成绩不仅受到各大媒体竞相报道，还受到各级领导干部的肯定。市委书记徐立毅批示帮扶中心好做法——永嘉教玩具企业“串联不并联”防“两链风险”主要做法。温州市委党校调研组取材帮扶中心牵线促成的桥下镇11家企业抱团结盟，形成《他们为何能躲开高利贷、担保链危机？——桥下镇11家企业抱团结盟案例调研》课题，入选2014年8月《决策参阅》，得到省委书记夏宝龙和市领导朱忠明的批示。自2011年创立，县侨联帮扶企业发展中心每年抽调12位专家免费为小微企业服务，涉及银企对接、财务、法律、税务、出口退税、用工维权、安全生产、企业策划、股改等多方位的服务内容，为企业的转型升级出谋划策。

为侨服务 县侨联发文《关于开展县侨联“访侨连心”活动的实施方案》，落实委员联系侨界群众制度，每位委员联系5位侨界群众。同时，组建一支由12位侨界专家组成的志愿队——侨联帮扶企业发展中心专家组，为企业发展提供全方位、高水准的专业智力服务，提升保障G20峰会的能力水平，防范企业风险。2016年，专家组累计走访企业30多家，解决企业发展难题100余个，并签约侨联帮扶企业发展中心微电影拍摄。全年开展精准扶贫，进行爱心扶贫工作，传统节假日慰问300多人次。县侨界名媛会等各平台和镇街侨联也陆续开展年终慰问工作。

维护侨益 全年县侨联实施维权服务保障工程。一是注重侨界普法宣传。开展以“护航G20·普法在行动”为主题的“送医送法下乡”活动，组织县归国华侨投资法律服务咨询中心的律师组成送医、送法下乡工作队，为群众提供法治宣传、纠纷调解、信访化解等法律服务；组织律师对侨联结对企业开展“法律体检”；走访来信来访对象，共同参与信访案件化解。截至2016年12月底，已开展活动23场次。二是推动全县侨联系统形成主动维权、依法维权、科学维权和规范化、制度化的维权工作新局面，发挥法律服务中心、县归国华侨投资法律咨询服务中心作用，切实做好信访维权工作。2016年，受理群众来信来访来电40件，约30人次，协助处理涉侨件30多件，基本得到妥善解决。

参政议政 侨界人士参政议政热情高涨。2016年全县“两会”，永嘉县政协九届五次全会侨联组正式委员16人，海外列席人员21人参加会议；收到侨联组委员20件提议案。开展考察专题调研活动5次，分别为桥头镇“五水共治”考察活动；县革命纪念馆参观学习活动；山西、河南考察活动；“我为永嘉做什么——力量之问”讨论活动暨桥头镇登山、采杨梅活动；考察楠溪云岚等项目，并召开“不忘初心、继往开来”辞旧迎新侨联组政协委员（含特邀）座谈会。

海外联谊 建立西班牙永嘉总商会，法国永嘉华侨联合总会。全年接待港澳同胞及海外侨胞70多批次，900多人次。县侨界名媛会组织世界各地侨界名媛考察家乡活动3次100多人次，开展各类扶贫慰问活动；承办2016年温州侨界名媛爱心之旅；温州市侨界名媛会活动基地落地永嘉四海山。县留联会邀请黄建南、陈昂、杨香娇等10余名海外高层次人才多次开展智力返乡论坛、讲座等活动；搭建交流平台，推荐归国留学人员参政议政（参加政协委员活动）及省、市留创会活动，促海归返乡，海燕回归。归国留学青年陈存义、黄东海荣获第四届“永嘉县十大杰出青年”荣誉称号；美国留学生吕日彤获“永嘉县十大杰出青年”提名。

自身建设 县侨联召开八届四次、五次常委会和四次、五次全委会，增补吕裕通为八届委员会委员和副主席。一年共上报13条温州市侨联侨情专报，重点反映侨界、社会各界热点、难点的问题及建议、意见及身边的故事20个。县侨联全面动员侨界人士积极关注温州侨“联”天下微信公众平台，发动侨联群众或干部每月上传一条“建言献策”、上传一个“身边的故事”；同时对平台来信来访件及时受理、协调解决；把最美永嘉宣传片通过微信平台传递到全世界。新成立了永嘉县侨界空巢老人照料中心；运行好永嘉县侨联归国华侨投资法律服务联络中心、永嘉县侨联组政协委员活动基地、永嘉县留学人员创业活动基地、永嘉县侨界留守老人之家、永嘉县侨界留守儿童快乐营基地“五大平台”。

基层侨联组织建设 江北街道侨联与东瓯街道侨联合并，换届产生瓯北街道侨联新班子；乌牛街道侨联、桥下镇侨联完成换届任务。全县17个镇街侨联全年开展“一镇一品”活动积极有序，形式多样。同时，以奖代补方式下拨基层侨联经费20万。永嘉县乌牛街道侨联荣获温州市十佳“侨之家”，三江街道侨联、岩头镇侨联荣获温州市十佳“侨之家”提名奖。

（詹苗芳）

永嘉县科学技术协会

农村实用人才培训 2016年，共培训农函大一年制学员1577名，34个班级。开展短期集中培训12期，培训1000人次，组织43名农村技术人员参加省农科院、省市科协举办的茶叶、蔬菜等专业培训班。评定农职称216名，其中被省市评为高级技师13人、技师19人。2016年县农函大被评为全省先进集体。

科普服务“三农”工程 2016年组织科普进文化礼堂20场，在活动中举办科技咨询18次、医疗义诊20次、科技讲座12次，发放科普资料3万多份，展出科普图片1000余张。多部门联合开展科普宣传活动，与县林业局、司法局、市场监督管理局、县政协等部门开展6次科普活动。5月，组织开展科普活动周活动，9月，开展科普日活动，组织30名专家进基层服务群众活动，现场解决基层群众实际困难。

青少年科学素质提升工程 开展永嘉县青少年科技创新大赛，有2000多名学生参加科幻画、小论文、小发明、科技实践活动等比赛，获得省二等奖2个、三等奖3个。6月和9月，邀请中科院科普报告团焦国力、夏青等6位教授到永嘉作科普报告会，为永嘉桥头二小、枫林小学等12所学校2500多名学生开展了科普报告会。6月1日，县科协、城南社区联合在李浦小学举行“庆六一”青少年科普运动会。开展4次科普校园行活动，切实增强学生科学素养。

科普示范培育工程 永嘉县板栗合作社基地、巽宅九海早香柚基地被评为市级科普示范基地。城南社区、创新社区被评为省级科普示范社区，白泉社区、城北社区、都南村、中山村、方岙口社区、阳光社区等6个社区（村）被评为市级科普示范社区（村），岩坦镇田龙村等12个社区（村）被评为县级科普示范社区（村）。5月从丽水引进田鱼夏花鱼种66万尾，赠送给科普示范村、基地和一些养殖大户。确定永嘉县物丰农业综合开发基地等26个基地为永嘉县2016年度重点科普示范基地。

星级学会建设工程 2016年各学会根据自身优势纷纷开展了25场次学术研讨、学术交流或者科技调研活动,指导县楠溪江文化研究会换届。积极组织科技人员参政议政、建言献策，共编写科技工作者建议4期，为党委、政府决策提供了很好的意见和建议。加强科技工作者维权工作，及时反映科技工作者的呼声，切实维护他们的合法权益。

科技评价表彰工作 4月，开展永嘉县科普征文评选活动，收到科普征文150篇，评出等级奖60篇。6月，开展科技辅导员论文评选活动。10月，开展青少年科普征文活动，活动分高中组、初中组和小学组进行，共收到科普文章300多篇，评定等级奖82篇。

科普资源开发宣传活动 建立永嘉县科普公众微信平台，广泛宣传科普知识。每个月在《今日永嘉》上刊出科普园地内容，加强对科普网站的维护和管理，及时更新内容。组织科技人员编印《家庭医生》共4万册发放有关社区和村。以“五水共治”为主题，开展40场次环保科普宣传进学校、进社区、进村庄活动。2016年组织温州医科大学和县卫生系统专家到农村、社区开展10场健康知识科普讲座。

开展青年科技奖评选活动 开展永嘉县第三届青年科技奖评选，对在科技领域做出重要贡献的青年人才进行表彰和奖励，促进永嘉县青年科技人才成长和提高，经过审查、专家初评、最后评审等程序，评选出10名县青年科技奖。

院士工作站与企业科协建设 指导亚龙公司院士工作站建立省科协创新服务驿站，红蜻蜓公司科协组织召开全国皮革行业协会创新大会,四川大学石壁院士和来自全国的30多家皮革行业龙头企业参加大会。8月，中南大学齐康院士和永嘉县原野园林工程有限公司建立院士工作站。在企业科协中广泛开展“讲理想、比贡献”活动，发挥企业科技人员作用，为企业技术攻关、科技合作、技术指导等提供科技服务。

（陈胜利）

永嘉县台湾同胞联谊会

概况 2016年，永嘉县台湾同胞联谊会（以下简称永嘉台联）以中央对台工作方针为指导，针对海峡两岸新形势、新局面，紧紧围绕海峡两岸（温州）民营经济创新发展示范区建设、两岸青年创业就业培训示范基地建设等工作重心，结合永嘉实际，认真开展对台工作。

招商引资工作 立足永嘉农业、旅游大县的实际，结合楠溪江风景名胜区的特点，积极对接台湾现代农业、旅游、养生、民宿、美食、房车等休闲服务业，有的放矢，突出重点促招商，开展垃圾处理环保科技项目、大若岩、碧莲镇台湾现代农业项目等招商引资活动载体，赴厦门、东莞、哈尔滨、慈溪等地开展招商对接，共接待经贸考察团26批212人次。

2016来，共签订温州碧泉谷农业发展有限公司、原野台湾农业合作项目、农会茶产业合作项目、浙江永嘉农冠环境科技有限公司、农副产品贸易销售合作项目等5个与台合作协议，总投资6500万美元。落地一个台资项目——温州碧泉谷农业发展有限公司项目，该项目位于乌牛街道西叶岭，占地73.3公顷，总投资5000万美元，注册台资1000万美元。涉台企业完成年度投资4369万元，其中台湾投资方2924万元。新落地台资项目温州碧泉谷农业发展有限公司完成年度基础设施等固定资产投入1868万元；台资结转项目温州艺原工艺品设计有限公司完成厂房建设等固定资产投资711万元，温州睿芯电子科技有限公司完成设备投入345万元；浙台农业合作示范基地——原野农业集团完成台湾馆建设，投资1100万元。

对台交流经贸合作 2016年，对台交流进一步频繁深入，共接待台胞28批360人次，利用优势，开拓创新，打造对台联络交流品牌，并以交流活动为载体，加强产业对接、技术交流，促进经贸领域合作共赢。重点有：1.“浓（农）浓（农）亲情”农业交流会暨招商引资推介会。在原有结亲的基础上，2016年3月22日在原野园林召开永嘉南投“浓（农）浓（农）亲情”农业交流会暨招商引资推介会，31名来自位台湾南投县名间乡农会的成员和永嘉县十多家合作社、企业家代表参加了本次推介会。台湾南投县名间乡农会与永嘉农民专业合作社联合会、原野农业集团签订了结对合作协议，相约加强合作、互助互利、实现双赢，进一步深化了永嘉与南投农业、茶业合作实质。2.原红十三军军长胡公冕外孙女来永探访。5月11—12日，原红十三军军长胡公冕外孙女台湾刘素方、上海金书贞等7人到永嘉故里探访。永嘉县台办主任谢承宇及县志办相关人员陪同参观。一行人先后参观五漈红十三军纪念碑、胡公冕故居、胡惠民故居、枫林徐定超故居、御史祠，江心屿红十三军纪念碑、革命历史纪念馆、澄鲜阁徐定超纪念祠，缅怀前辈革命功绩。桃园市陈姓宗亲总会到芙蓉古村寻根祭祖。6月13日下午，台湾桃园市陈姓宗亲总会会长陈郑权携海外旅游寻根团共86人到永嘉县芙蓉古村寻根祭祖。寻根团在芙蓉村宗亲的带领下进入陈氏大宗，并在村老人协会会长的引导下完成祭祖仪式，成员们人手一支香，毕恭毕敬地对陈氏先辈三叩首，陈郑权会长代表桃园陈氏宗亲向陈氏先辈做了虔诚的祈祷，祈祷陈氏先辈能够庇佑陈氏后辈平安幸福、快乐安康，陈氏家族子孙兴旺、发扬壮大。随后，各位成员依次向陈氏先辈上香并祭拜。仪式上，两岸陈氏宗亲寻根溯源、其乐融融，陈郑权会长为芙蓉村四位辈分、年龄最大的长辈送上台湾阿里山的手工围巾，并亲手为长辈戴上，祝福他们健康长寿。还为陈氏大宗捐赠2000元人民币。最后，寻根团在芙蓉村宗亲的陪同下参观了书院、司马大屋、将军屋、状元屋等先辈故居，探寻陈氏文化遗珠。据悉，陈姓是台湾桃园市第一大姓，桃园市陈氏宗亲总会以发扬中华文化，敦亲睦族，慎终追远，复兴固有伦理道德，树立互助合作，团结宗谊等为宗旨，致力于打造桃园市心福利家园。3.台湾同乡会到永嘉参访。4月，台湾“浙江省平阳苍南同乡会”34人来永考察交流，9月，台北“温州同乡会”13人到永嘉考察交流。参访团参观了温州原野园林公司的三江农业创业园和中国奥康集团，感受祖国大陆经济日新月异的变化。随后，参访团一行来到屿北古村参观，在村支部副书记的陪同介绍下，深刻感受浓郁的自然气息与深厚的人文情怀。4.北加州中国和平统一促进会到永嘉参访。12月15日上午，在北加州中国和平统一促进会理事长林青的带领下，“台湾旅外侨胞看浙江”参访团一行14人到永嘉参访。在浙江中国和平统一促进会秘书长张兵、永嘉县台办主任谢承宇等的陪同下。参访团一行先后参观了屿北和林坑古村。团长李振宇对永嘉蓬勃发展的美好前景和巨大的发展潜力及优美的自然风光留下印象的深刻，对永嘉经济社会发展取得的成就表示赞赏，愿以促进两地交往为己任，极力促成台籍旅外侨胞及其年青一代走进永嘉、了解永嘉。5.“台湾生命教育推手”纪洁芳教授演讲。4月12日下午，台湾著名生命教育专家、“台湾生命教育推手”纪洁芳教授受邀到永嘉作生命教育讲座，重点讲述生命教学中体验教学法与探索教学法。永嘉县台办、台联会代表、温州部分教育工作者共300余人参加。翔宇教育集团总校长卢志文向纪洁芳教授颁发“翔宇教育集团生命教育顾问”聘书。4月13日，还举办一场由中学生参加的生命教育大型教学体验活动。6.《魅力东方走进永嘉》专题宣传活动。5月18—21日，《魅力东方走进永嘉》专题宣传活动在永嘉开展，国台办两岸交流中心、台湾中天电视台和台湾旺报等4名工作人员到永嘉采风摄制。栏目组就苍坡古村、岩头丽水街、青龙湖山庄、楠溪江、原野农业集团、奥康集团进行拍摄采访，重点拍摄永嘉楠溪江风景旅游资源，就永嘉学派、永嘉耕读文化等历史文化进行考证，还详细了解永嘉农业、茶业、旅游、民宿等产业领域，并对永嘉龙头企业奥康集团、原野农业集团进行采访。栏目组对永嘉经济、文化和社会发展情况进行录制编辑后，将在台湾中天电视台和台湾联合报进行专题播放和刊登，宣传永嘉，并在节目中推介永嘉对台招商引资项目。

对台交流合作示范点 2016年，县委、县政府高度重视对台工作。1月4日，在原野农业集团召开对台农业平台建设推进会，副县长周俊武、县台办、县台联、县农业局、县国土局、住建局、三江街道等相关部门负责人参与，重点就原野集团建设台湾馆项目进行部门协调，项目占地700平方米。至年底台湾馆已经完成框架建设。原野集团作为永嘉县对台农业特色经济平台建设的示范点和精品区，承担着永嘉对台农业特色经济平台建设的龙头示范作用，加上又是浙台农业合作示范基地，台湾馆项目的推进，一方面将为永嘉对台农业经济平台建设锦上添花，另一方面也为原野对台交流合作示范园提供交流场所。示范园内吸引多批次的台湾考察团参观交流，并开展多次两岸经贸交流会。对台综合示范园—原野集团董事长李星涛参加2016年两岸企业家峰会，并与台商对接经贸合作事宜，

保障台胞台属台商合法权益 进一步完善台商台胞权益保障机制，县委常委、统战部长胡宝锋，副县长周俊武，县台办主任、台联会长谢承宇及工作人员慰问走访台胞台属台商达90余人次，了解他们生活和工作情况，解决他们的难题，增进之间的感情。抗击台风期间，加强人员调配和安排值班，通知台商台胞做好抗击台风准备，努力将台风损失降到最低。

1. 1月26日下午，县委常委，统战部部长胡宝锋一行冒着严寒走访慰问台商台资企业——温州艺原工艺品设计有限公司，县台办主任、台联会长谢承宇陪同

2. 2月2日，农历年底，县台办主任、台联会长谢承宇携县委统战部和县台办有关人员开展走访慰问在永定居台胞行动，给台胞带去党和政府的关怀。

3. 4月5日，县台办主任、台联会长谢承宇赴上塘镇西前村台胞胡学四故里，寻访海峡两岸的亲情故事。谢主任认真地了解台胞胡学四的情况，向胡学四的亲友们说，两岸亲人血浓于水，这次胡德政寻根为亲人们的联系搭上了桥梁，以后一定要加强联络，不能让亲情再次断开。胡学四的亲友们纷纷表示，一定会尽快组织亲友一起到台湾亲人那走走亲，交交心。

4. 5月5日下午，永嘉县台办主任、台联会长谢承宇携工作人员一行3人赴涉台企业开展走访调研活动。走访了温州睿芯科技有限公司，了解企业经营发展状况；走访永嘉原野农业集团，就原野台湾馆建设项目推进情况进行了调研；同时还走访了浙江顶农有机肥制造有限公司。

推进联谊交流工作 1. 1月27日上午，永嘉县举行台胞台属迎春茶话会，邀请在永的台胞台属欢聚一堂，共叙同胞骨肉亲情，共商永嘉发展大计。

2. 2月5日，县台办组织召开永嘉籍在台陆生联谊交流座谈会。会上，谢承宇主任（会长）详细的了解和询问了在台陆生在台湾的生活学习情况，鼓励他们要好好学习，将来争取做海峡两岸和平发展的使者和有用人才。

3. 4月12日，开展永嘉县台胞台属联谊会活动，组织20余名台胞台属联谊会理事代表考察小若岩景区、埭头古村对台文化交流基地。

4. 9月13日，在钱塘新世纪大酒店举行永嘉台胞台属中秋茶话会，共邀请50余位台胞台属参加。茶话会上，大家畅所欲言，探讨两岸新形势，交流情感，共谋永嘉发展大计。

参政议政作用 1. 2016年，认真筹备县第六届台联会换届工作，包括起草换届方案，酝酿代表人选、理事会组成人员等，并完成整个筹备工作，形成《关于要求召开永嘉县第六次台胞台属代表大会的请示》（永委统〔2016〕1号）、《关于永嘉县台胞台属联谊会第六届理事会人事安排的请示》（永委统〔2016〕2号）等两个请示，报县委审批。

2. 12月22日，召开台联理事会，推荐永嘉县第十届政协委员

人选。

（叶晓铏）

永嘉县红十字会

概况 2016年，永嘉县红十字会紧紧围绕“省级红十字工作示范县”的创建工作，强基固本，开拓创新，全体工作人员齐心协力，在县委、县政府的正确领导和坚强支持下，在市红十字会的精心指导下，稳步有序开展各项工作，顺利通过省级红十字工作示范县验收，同时红十字会工作得到“省级红十字工作示范县”检查组的高度肯定。

应急救援 2016年台风“莫兰蒂”“马勒卡”接连来袭，红十字会积极做好抗台救灾工作。一是及时上报重大灾情，配合上级红十字会第一时间开展救灾救援工作，向受灾较重的14个乡镇，发放救灾救援物资共计价值5.65万元。二是发动各乡镇红十字志愿者开展抗台救灾等相关志愿服务活动，派遣红十字海鹰救援队前往桥头抗台救灾。三是县本级建立总使用面积约120平方米的备灾救灾仓库，筹备物资、规范管理。四是应急救援工作成效显著。新成立永嘉县山地救援队，分别参与源头、岩坦潘坑、十二峰景区峭壁等7次山地救援行动，成功搜救受困人员18名。海鹰救援队一年来参与救援救灾活动23次，帮助遇灾人员成功脱险260余人。

人道救助 2016年筹资180.19万元，发放项目公益金72.6万元，受益人群368人。一是根据总会和省会要求，对岩头镇敬老院开展“失能老人养老服务项目”的物资调配工作。二是开展春节大型博爱送万家活动，对223户困难群众发放救助款物43.15万元。三是继续实施“红十字关爱留守儿童”“红十字关爱大病青少年”“红十字关爱新居民”“红十字爱警基金”“红十字关爱两癌妇女”等公益项目。四是积极为贫困家庭14周岁以下白血病、先天性心脏病儿童向总会、省红十字会申报“小天使基金”“天使阳光基金”等公益项目救助。

救护培训 2016年县红十字会累计开展救护培训155期，培训23902人次，其中救护员2516名。一是在原有42名师资的基础上，又选送5人参加师资培训，同时还选派2人参加省级培训师的培训并取得省一级救护培训师的资格，进一步壮大师资队伍力量。二是强化标准化救护培训基地建设，继续推进县驾校基地运行机制建设，保障常态化培训开展；同时联合县人防办在县学生实践学校建立安全体验馆、救护培训基地，为全县学生开展普及性救护培训。

关爱生命 一是和县血站加强工作联动，共促造血干细胞、无偿献血工作，永嘉县新增血样采集登记入库107例，参加初筛22人，高配1人。二是联合县卫生计生部门，在永嘉县人民医院、永嘉县中医医院建立人体器官（遗体、组织）捐献工作站，并设立器官捐献宣传阵地。三是建立人体器官（遗体、组织）捐献联络员制度，在县公安交警大队、县卫计局直属医疗机构成立人体器官（遗体、组织）捐献联络员队伍。四是成功实现器官捐献1例，新增器官捐献登记志愿者7例。

创建工作 一是营造创建氛围，突出红十字精神传播。借力县委、县政府参加红十字工作、公益活动时，推动红十字宣传工作；在多地巡回开展“十二五”红十字事业发展现场成果展；积极主动对接国家级卫生县城创建工作，将红十字宣传内容和国家级卫生县城创建的宣传内容进行有机结合，有效扩大宣传阵地。普及发扬红十字精神；紧紧抓住重要节日、重要时机，精心策划开展各种宣传活动。全年共策划举办大型宣传活动8场，制作特色宣传品1种，红十字工作宣传视频1条，各类媒体刊登发表红十字事业相关宣传报道23篇。二是突破创建瓶颈，强化红十字工作能力建设。组织召开全县红十字系统“省级红十字工作示范县”创建工作推进会，部署落实示范县创建的各项工作；率全市之先，组织开展红十字业务工作培训班，邀请省会业务骨干，对24个乡镇（街道）、部门单位的红十字工作负责人开展业务培训，推进基层工作队伍的业务能力建设。同时大力加强乡镇（街道）、学校、医疗机构基层红十字会组织建设，至2016年年底，永嘉县乡镇（街道）、学校、公立医疗机构基层红十字建会率达到100%。三是落实创建措施，确保红十字工作示范县创建成功。多次组织人员针对“省级红十字工作示范县”考核标准进行对照检查，反复查漏补缺，不断补强短板；组织人员到各基层镇街进行督导检查，及时发现问题，并将检查结果报县委考绩办进行通报，进一步督促创建工作的落实。通过不懈努力，2016年顺利通过省级红十字工作示范县验收。

（余纯新）

永嘉县社会科学界联合会

概况 2016年，永嘉县社会科学界联合会（以下简称县社科联）在县委、县政府的正确领导下，在省、市社科联的关心指导下，深入学习、贯彻中共十八大和十八届三中、四中、五中、六中全会和习近平总书记系列重要讲话精神，以“两学一做”学习教育为主抓手，紧扣中心、服务社会，借势借力、联合联动，有力推动科研出成果、科普出成效、队伍出成绩，全县社科组织出现了内力提升、活力增强、影响力扩大的喜人局面。

组织人事 4月19日，县委提议免去虞建远县社科联主席职务。5月13日，县委任徐建强为县社科联党组书记、提名任为县社科联主席，提名叶圣义任县社科联副主席，提议免去余桂芳县社科联副主席职务。10月19日，县编委会研究，增加县社科联事业编制1 名，增加后合计为4名。

社科规划课题研究 全年围绕县委、县政府中心工作，组织开展年度规划课题立项申报和研究工作，重点针对建设现代化山水宜居城市这个目标，以及推进经济转型、城市转型、社会转型过程中出现的一系列重点难点问题，确定立项课题97项。分别召开重点课题负责人座谈会和全县社科规划课题工作座谈会，交流课题研究方法和途径。经过近一年的精心准备、策划指导，截至到11月5日，共收到申报结题课题82项，经过组织专家评审，70项课题通过结题鉴定。至12月底，汇编《优秀课题成果集》呈送有关领导和部门参阅。同时，《关于非物质文化遗产的旅游开发研究》课题顺利通过市级结题验收，成为全市2个县级社科联获得结题的单位之一；推荐的《关于网络司法流拍情况的调查研究》论文获得2016年温州市社科论文评比一等奖。

理论学习和学术交流 充分发挥社科界在理论学习宣传中的主力军作用，组织全县社科理论界学习贯彻习近平总书记在哲学社会科学工作座谈会上的讲话精神和省委书记夏宝龙在全省哲学社会科学工作会议上的讲话精神，举办永嘉县第二届家庭心理论坛、“互联网碰撞物联网趋势下的爆品思维”主题沙龙等理论学习和学术交流会9场，参与人数1000多人次。创新《永嘉社会科学》办刊模式，增强《永嘉社会科学》刊载论文的权威性，经过摸索对接，走出一条合作办刊的新路子。与温州报业集团旗下的《温州人》杂志社签订协议、合作办刊，全年刊出3期，刊登社科理论文章50余篇。

地方文化研究 6月，邀请县域内社科界知名人士，就全域旅游背景下，如何做好永嘉学派研究与永嘉旅游发展的融合文章，进行深入的讨论，讨论结果为永嘉发展全域旅游的一项决策依据；为迎接市宣传系统互学互比活动，增强永嘉书院的文化内涵，永嘉书院于7月启动“永嘉学馆”建设，县社科联资助购买永嘉学派学术思想书籍、温州模式研究书籍数百套，并对“永嘉学馆”建设进展予以全程动态跟踪；借温州市社科普及周开幕式在永嘉举办的东风，促成市、县社科联与《浙江日报》温州分社联合开展“永嘉学派探古访今”活动，进一步挖掘永嘉学派发展历程中的演变踪迹，丰富永嘉学派的研究内涵，助推地方文化和经济的繁荣发展。

人文大讲堂 对“永嘉人文大讲堂”的推动方式和组织形式方面进行创新，使讲堂在内容上更加贴近实际，迎合市民需求，在师资配备上更加注重县外专家与本土专家有机结合，建立100多位专家组成的专家储备库。全年举办廉政文化、法律知识、环保知识、健康养生、国学哲学等大小讲堂20余场，受众5000多人次，有力地促进了社科知识的宣传普及。

社科下基层 整合专家资源，成立永嘉社科专家讲师团，根据市民需要，采取“你点题，我开讲”的形式，组织社科专家下基层宣讲。同时，积极配合县农村文化体育建设深化年活动，促成下属11个学会与全县33个农村文化礼堂挂钩，常态开展社科知识进文化礼堂活动。据统计，社科讲师团及相关社团全年进文化礼堂、进企业、进学校、进社区、进机关、进镇街宣讲300多场次，受众1万人次以上。

社科普及周 继2012年后，2016年温州市社科普及周活动开幕式再次在永嘉县举行。克服人少力量薄弱的困难，10月8日，2016年温州市社科普及周暨“永嘉学派探古访今”活动在耕读小院广场如期拉开序幕。活动围绕“坚定文化自信，共建‘两美’温州”主题，为市级学会和民俗艺人以及各县（市、区）社科联和学会，围绕舞台搭建65个咨询、展示服务区，同时展出社科知识普及展板98块，吸引2000多人次前来现场咨询和学习交流，共发放社科普及资料6000多份。

社科基地建设 积极整合社科普及力量和资源，开展社科示范基地创建活动，先后到芙蓉古村、珠岙文化礼堂、大元下文化礼堂、吴超征纪念馆、红蜻蜓鞋文化博物馆、永嘉书院、京岸文化礼堂等18家单位进行实地调研指导。永嘉县芙蓉村被新命名为第六批浙江省社科普及基地（全市仅有2家），瓯北街道珠岙文化礼堂、大若岩镇大元下文化礼堂被新命名为温州市社科普及示范基地。至年底，永嘉县有省级示范基地2家，市级示范基地8家，县级示范基地30家。这些基地涉及历史文化、民间文化、教育旅游等不同领域，充分发挥各自优势和特长，开展丰富多彩的社科知识普及活动。据不完全统计，全年各基地组织主题活动达100余场次，直接参与人数1万多人次。

社科社团建设 进一步完善《永嘉县社会科学界联合会学会管理办法》，加强对社团业务指导和管理，全年组织召开2次学会（研究会）负责人座谈会，对10家学会（研究会）进行走访调研。11月，组织开展永嘉县社科类先进学会评比活动，县博文学会、县人文社科志愿者服务队等8家社团被评为先进社团。同时根据成熟一个发展一个原则，2016年批准成立了永嘉县奇石文化研究会、徐定超文化研究会、永嘉县礼仪文化研究会3家学会。至年底，永嘉县有社科类社团33家。各社团都充分发挥主观能动性，利用学会社科人才和资源优势，积极开展活动。

（陈　群）

永嘉县残疾人联合会

工作会议 4月22日上午，全县残疾人事业发展大会暨县残联第六届主席团第五次全体会议在县会议中心7楼会议室召开，县委常委、副县长吕伟雄出席并作了重要讲话 。县府办纪检书记陈建章主持会议。县残联第六届主席团全体委员、县政府残疾人工作委员会全体成员，各镇（街道）分管领导、残联理事长，县残联全体干部共计100余人参加会议。

残疾人基本服务信息更新 根据上级有关要求，永嘉县残联自2016年6月24日起开始全县持证残疾人的动态更新调查工作。截至9月5日，历时2个多月，永嘉县完成了19822名残疾对象的动态更新调查与录入工作，其中已死亡915人，查无此人66人，已搬迁26人，外出34人，空挂户11人；填写调查表18770份，其中入户调查18090人，入户率为96.38%。本次动态更新工作周密安排，精心组织，倒排时间，严格按照省信息动态更新工作办公室部署要求，较好地完成工作，达到了预期目的。

残疾人文化宣传 开展各类残疾人日宣传活动。在“全国助残日”“全国特奥日”“国际残疾人日”等节日开展媒体宣传、走访慰问、志愿者活动、分发《永嘉县惠残便民手册》、群发扶残助残公益短信等活动，营造“时时处处有爱心”的社会氛围。继续做好电视台一周要闻双语节目；广播电台开播残疾人专题节目，并每天播放残疾人事业公益广告。

及时向市县媒体、市残联提供新闻线索，争取永嘉县残疾人相关题材在省、主流媒体报道篇数逐年提升。开展文化艺术周“五进”演出。

积极开展残疾人文化艺术周暨特殊艺术进万家巡演活动，在岩头镇水西村、北城街道城北社区等地开展了6次“五进”演出。

继续开展最美评选。6月，县残联联合县委宣传部开展“中国梦、两美情、残健行”——第三届“最美残疾人”“最美助残人”评选活动，并于11月25日在永嘉广场举办颁奖仪式。

残疾人社保保障 全面实施两项补贴制度，《永嘉县人民政府办公室关于贯彻落实〈浙江省人民政府关于全面建立困难残疾人生活补贴和重度残疾人护理补贴制度的实施意见〉的通知》（永政办发〔2016〕57号）和《关于印发〈永嘉县困难残疾人生活补贴实施办法〉（试行）和〈永嘉县重度残疾人护理补贴实施办法〉（试行）的通知》(永民〔2016〕180号），截至12月底，共发放残疾人护理补贴4685人、计1500余万元，发放困难残疾人生活补贴3229人、计175余万元。

实施残疾人教育、培训实名制管理。成立永嘉县残疾人就业和职业培训实名制调查管理工作领导小组，并于5月30日召开专题会议进行动员部署，把任务分解到各乡镇（街道），明确乡镇（街道）残联为本辖区的责任人，确保工作有序开展，残疾人就业调查和录入11209人，完成录入率为96.8%。

全面促进残疾人就业培训工作。2016年，集中安置残疾人就业273人，按比例分散安置残疾人170

人，并做好全县12家福利企业残疾人审验工作。全县行政机关企事业单位划拨残保金金额173万元,教育系统417.9万元和卫生系统25万元, 到2016年12月2日企业征收1137万元。举办5期残疾人职业技能培训，培训残疾人311人；举办4期残疾人电商培训，培训残疾人计153人。举办中国手语培训班，培训人员计23人；参加市级残疾人化妆培训3人；中式烹调4 人。参加省级盲人计算机培训1人；刺绣培训1人，并参加省级工匠大赛荣获第一名。

进一步改善残疾人最低生活保障。将贫困持证残疾人全面列入最低生活保障，各镇街深入城乡开展排查工作，摸清底子，掌握动态，截至第四季度，永嘉县列入低保的残疾人约9000多人。同时，全面巩固“消除4600”以下残疾低收入户的成果，促进低收入的残疾人增收。

残疾人助学工作全面到位。全年残疾人助学受益人数731人，共计80.97万元，其中学前教育贫困残疾儿童3人、计0.9万元，义务教育阶段405人、计19.18万元，高中及以上阶段残疾学生和残疾人家庭子女县级294人、计33.06万元；积极开展残疾人大学生学费和住宿费减免工作，完成大学生住宿费减免29人，争取省级补助资金27.8万元。

残疾人康复 有效落实残疾儿童基本康复服务与补贴制度。出台《永嘉县残疾儿童基本康复服务与补贴制度实施办法》（永残联〔2016〕39号）。全面开展了0—6周岁残疾儿童康复需求实名制调查和聋儿人工耳蜗项目全面筛查，全年共有57名残疾儿童接受康复训练，完成任务数的138%，其中普及型辅助器具适配1名，听力康复训练9名；脑瘫康复训练5名；孤独症康复训练19名；聋儿自费人工耳蜗手术2人；聋儿自费助听器补助1人；国家专项彩票公益金智力残疾儿童康复训练21人。

深入实施助听助明助行项目。全年共完成免费听力患者助听器验配150台助听器，贫困免费白内障复明手术207例，助视器验配2台，免费装配假肢16例。

有效落实残疾儿童、精神残疾人和“三瘫一截”等成年重度残疾人纳入基层责任医生签约服务范围。4月，印发《关于推进责任医生签约服务的实施意见》（永政办发〔2016〕39号）文件，规定服务费个人承担部分由当地财政给予80%补助。同时将白内障复明手术、脑瘫、智障残疾儿童医疗康复项目纳入规定病种支付范围政策。

有效落实各项康复政策。结合实际，县残联、县卫计局、县人社局等部门联合出台下发《关于做好贫困精神残疾人服用基本抗精神病药物费用全额保障工作的通知》(永残联〔2016〕9号) 和关于印发《永嘉县残疾儿童基本康复服务与补贴制度实施办法的通知》（永残联〔2016〕39号），及时落实各项政策措施，提高残疾人医疗康复、康复服务与补贴保障和救助水平，扩大残疾人医疗康复保障和救助覆盖面。全年共为800人次提供免费服药服务，共计投入180万元。

信访维权 重视信访和维权工作。热情接待残疾人，做到事事有回音，件件有落实，维护残疾人的合法权益和社会稳定。加强残联维权机构和信访队伍建设，完善接访制度，建立了法律援助工作站，聘请浙江双塔律师事务所的戴秀成律师为法律顾问，残疾人权益维护内容纳入了县平安考核工作。

（戴才掀）

十八垅（叶新人　摄）

法 治

综 述

概况 2016年，永嘉县政法平安工作根据中央、省委、市委的总体部署，以“平安八连创”为目标，坚持“经济报表”和“平安报表”两手抓，大力推进平安永嘉、法治永嘉和过硬政法队伍建设，集中力量解决影响社会和谐稳定的源头性、根本性、基础性问题，全县没有发生“一票否决”的重大事项，社会大局呈现总体稳定。社会稳定风险评估机制、维稳研判处置机制、多元化大调解体系、群防群治队伍规范化建设、精神病人医中救助机制、政法文化建设等多项重点工作出经验、出典型，平安创建年度考核名列全市B类县(市、区)第二名，年度综合考核荣获全县A类优秀单位称号。

明确工作责任 进一步健全“党委领导、政府负责、社会协同、公众参与”的社会管理格局，最大限度地发挥全县上下力量，共同推进平安建设。严格落实平安综治建设领导责任制，按照“属地管理”和“谁主管、谁负责”的原则，与全县各乡镇（街道）和平安综治成员单位分别签订社会治安综合治理责任书。按照省委、市委完善年度考核办法的要求，坚持一手抓综治责任制考核、一手抓平安建设负面清单，将平安建设等所有重点工作指标化、项目化，实行“平安月报”、动态考评、预警、约谈等制度，建立起一级抓一级、层层抓落实的工作格局。

维护社会稳定 2016年，全县上下紧紧围绕G20杭州峰会和第三届世界互联网大会维稳安保任务，完善涉稳研判“六部门联席会议”机制，坚持“零报告”和“日会商”制度，深入开展重大不稳定因素集中式、拉网式、地毯式排查，深化“一三五”应急处置机制建设，稳妥处置重大案事件，确保G20杭州峰会和第三届世界互联网大会期间，社会大局平稳，消防领域、交通领域无出现事故，得到了省、市领导的充分肯定。深化“打黑除恶”等专项行动，全年刑事治安警情、两抢警情、盗窃警情、黄赌警情分别同比下降17.78%、59.74%、23.93%、25.09%，全县3个治安乱点全部整治到位。强势推进“打黑除恶、护航发展”专项行动，打掉黑社会组织团伙1个，恶势力团伙22个，39个县级以上重点工程无治安问题受阻。不断完善风险评估机制，积极引入第三方中介机构开展稳评工作，全年稳评的84个项目均未发生不稳定问题，实现应评尽评、行之有效。

社会经济发展 坚持“党委政府中心工作推进到哪里，政法工作就服务保障到哪里”，密切跟踪、主动掌握“五水共治”“大拆大整”等工作中出现的矛盾纠纷、暴力阻挠、舆情炒作等问题，全面履行矛盾化解、风险防范、依法处置等职能。持续开展打霸打恶，治闹治访等专项工作，确保重点项目建设“治安无障碍”。不断加大对制假售假、非法集资、偷税漏税等扰乱市场经济秩序、侵害市场主体合法权益的各类违法犯罪行为的打击力度，促进各类市场主体公平竞争，维护市场经济秩序。积极应对互联网金融等新产业、新业态、新商业模式带来的风险，认真做好不良资产处置、企业“两链”风险化解，确保经济平稳健康发展。依法严厉打击非法集资活动，及时组织相关部门开展涉案资产追缴，妥善处置群体性劳资纠纷案件23起，刑事拘留4人。

常态平安创建 优化评价导向，完善考核体系，推行“周督查、月评分、季排名”制度，健全明察暗访和约谈工作机制，进一步形成常态抓、全局抓的工作格局。坚持以提高群众平安建设知晓率、参与度、安全感、满意度为目标，做强传统媒体正面宣传；采取常年在电视台、广播电台定时播放平安公益广告等，充分利用自媒体（微信、微博、论坛）、互联网、固定电话等公众传播为点对点方式的“新载体”，设置固定电话语音推送等活动，加大新兴媒体网络宣传；落实“平安三率”包干责任，推行“面对面”宣传教育引导模式，对全县固定电话用户进行了电话宣传和抽查，做到不留盲点、不留死角。深化“十杯十佳”基层系统创安，加大平安创建示范点培育力度，进一步形成全覆盖的创安格局。不断推进乡镇（街道）社会服务管理中心规范化建设，健全基层综治组织建设，切实发挥基层综治组织在参与社会管理、维护和谐稳定的作用。积极推进群防群治队伍规范化建设，加大对见义勇为行为的奖励表彰力度，发展壮大各类平安志愿者队伍，加大政府购买服务力度，充分激发社会组织活力，发挥社会组织参与社会治安防控、基层矛盾调解、特殊人群管理服务等平安创建作用，进一步形成共建共享平安永嘉的良好社会氛围。

社会治理 大力推行全省基层社会治理“一张网”工作模式，推动部门入网入格，统筹职能、力量、经费等各类资源，形成合力。强化社会治理综合指挥平台建设，县、乡两级综合指挥平台率先在全市建成并投入使用。进一步完善“网格化”问责制度，以网格为基本单元，实行重点工作菜单式项目化管理，逐项明确任务要求、完成时限、牵头领导和承办人员等，作为分解任务和倒查问责的依据，真正做到“建网格、动真格”。不断推进医调、诉调、交调、检调、警调衔接机构和行业调解组织建设，全面开展镇级矛盾纠纷联调中心建设，承接各类调解衔接机构向乡镇（街道）层面延伸，进一步健全完善了社会“大调解”格局。继续完善桥头镇人大代表工作站模式，积极引导民间维稳力量参与矛盾纠纷调处。创新推行人民调解“4+1”模式，即“四大平台”（镇街联调中心、村级联片调委会、重点村调委会、个人品牌调解室）和一大业务支撑平台（专家咨询指导组）建设，全年成功调处矛盾纠纷10948件、调处成功率99.3%，真正把大量社会矛盾纠纷解决在萌芽状态。优化治安防控布局，进一步健全点线面结合、人物技防结合、打防控结合的治安防控机制，创新推出“视网通”平台，强化视频监控建设，构建专业巡处、便衣巡控、视频巡查、社区巡防的“四维一体”巡防体系。不断完善治安重点地区排查整治长效机制和重点场所滚动式排查机制，大力整治治安乱点，严防出现治安热点和治安死角。针对外来流动人口占比高的实际，推行“以卡管房、以卡管车”物联网治安立体防控体系，全县出租房中治安、刑事等发案数进一步下降。

公共安全 全面推行消防“户籍化”管理模式，健全消防安全网格化管理信息平台，强化业务指导，全县火灾起数下降30.6%。推进安全生产排查整治专项行动，关停无证无照企业4549家，全县安全生产事故起数、死亡人数分别下降了4.8%、5.6%，均创历年最低。创新开展“智慧监管”工作，在学校食堂、食品店 实现“全方位、全环节、全流程”的立体监管。严厉打击食品药品违法犯罪活动，查处食品安全犯罪案件24起，采取刑事强制措施34人。以治水为突破口，系统推进“水岸同治”，强化沿江垃圾河、黑臭河、楠溪江流域资源、水上沿溪经营等治理。狠抓环境污染整治工作，查处污染环境件273起，刑事拘留107人；加大治水投入，建成农村生活污水处理设施141个村、城镇污水管网92.33公里、3项省级重点水利工程主体工程顺利完工，生态环境不断得到优化。严格落实意识形态工作责任制，牢牢把握网上舆论斗争主动权，积极培育健康向上的网络文化，创新组建网信、网警、市监、文化、经信、财政等六部门网络联合治理小组，高效推进对属地自媒体管理、引导、互动、打击并举的治理新模式，完善网络舆论导控平台和舆情信息反馈处置机制，对网络造谣者及时落地查人，2016年，监测处置网络舆情9448条、刑事拘留3人。

法治建设 稳妥推进司法体制机制改革，强化执法规范化和执法监督机制建设，强化案件评查，加大涉法涉诉信访件解决力度，促进司法公正公平。深入推进法治政府建设，强化“七五”普法宣传，深化民主法治村（社区）等基层法治创建，繁荣法学研究，法治永嘉建设水平不断提高。

政法队伍建设 深入开展“两学一做”学习教育，坚持以政法文化培育精神、树立形象、提升质效，通过举办政法文化节、开展政法基层单位文化精品点建设等活动，全力推进政法文化向基层延伸，进一步优化政法人文环境。坚持从严治警，建立健全正风肃纪常态化工作机制，严格各项铁规禁令，认真查找干警队伍存在的问题，切实转变政法干警工作作风。

（董建群）

法治政府建设

概况 2016年政府法治工作再上新台阶，县人民政府获全市法治政府建设工作先进单位。严格落实重大行政决策中公众参与、专家论证、风险评估、合法性审查、集体讨论决定的法定程序。充分发挥政府法律顾问团作用，为县领导实行一对一服务。同时，在全县全面推进法律顾问制度，使行政机关、镇（街）顾问聘请率达100%，切实提高了永嘉县行政决策质量。

行政规范 从立项到建立登记台账，实时跟踪文件进程，针对文件中易出现的常规性小问题或涉及原则、方向等方面的根本性问题，由审查人员和起草人员对接沟通予以解决，剩余争议问题出具合法性审查意见书，再由科长核查、主任审核，层层把关。2015年向县人大常委会和市法制办分别报备行政规范性文件52件，经备案审查，无因合法性问题被撤文件。

行政风险 县法制办充分发挥"术业专攻"的优势，专人负责县级合同的审查备案及各所属部门及乡镇（街道）等单位签订的重大合同的监管。程序上，合同起草前期立项介入，做好跟进台账，较好地防范各类法律和经济风险。2015年县政府共签订合同13份，其中重大合同1份，已向市法制办备案。

行政管理 建立行政执法全过程记录制度。《永嘉县人民政府法制办公室关于推进永嘉县行政执法全过程记录工作的指导意见》明确了行政执法全过程记录的基本原则、相关时限、行政执法记录方式、管理与使用及监督与责任，在保护行政相对人合法权益的同时，维护了行政管理秩序，保护依法执法的工作人员不受非法伤害。健全重大行政执法决定法制审核机制。永嘉县在第一时间转发《浙江省重大行政执法决定法制审核办法（试行）》（浙政办发〔2016〕103号），要求各执法单位健全相应机制。该制度既保证了重大行政执法决定的合法有效性，也极大降低了因执法违法或不当损害公民、法人和其他组织合法权益以及影响社会稳定或者产生其他不良后果的可能性，大大提升行政执法权威性和执行力。建立特邀行政执法监督员制度。为加强行政执法监督，促进严格规范公正文明执法，保障人民群众的知情权、表达权、参与权和监督权，制定《永嘉县人民政府特邀行政执法监督员管理办法》。经过报名、筛选、公示，聘任15名县政府特邀行政执法监督员，并应邀参加执法监督活动，切实履行职责，

行政执法 开展规范性文件检查工作。严格按照《温州市政府行政规范性文件管理办法》，积极在全县范围开展行政规范性文件检查工作。对照县政府所属部门及乡镇（街道）的发文清单，一一核实，重点检查行政规范性文件"三统一"制度是否落实到位。检查73家单位，行政发文7434件，其中规范性文件44件，均已统一编号登记。并抽取永嘉县住建局、永嘉县卫计局、永嘉县民政局等3家单位，检查最近一次规范性文件清理情况，经检查3家单位均已开展文件清理。开展行政机关合同检查工作。根据省、市有关规定到县政府所属各单位开展重大合同备案检查工作，抽取73家单位，共计1119份合同，其中重大合同15份，均已按规定进行备案。开展行政执法案卷评查工作。对全县行政处罚、行政许可、行政强制共300多个案卷进行细致地评查，对存在的问题及时进行了反馈。同时，督促各部门针对存在的突出问题，制订整改方案，明确整改的具体时限，确保案卷评查工作取得实效，全面提升全县依法行政的能力和水平。推进行政处罚网上办理系统建设。根据省市统一安排，永嘉县与南威软件公司签订委托开发系统协议。2016年，行政处罚网上办理系统建设基本完成，分别开发相互联系的用户管理库、权力事项库、裁量文书系统、办理系统等模块，内容齐全，功能完备，已达到网上案件办理需求。至年底，已有司法、民政、住建、渔业四个部门完成处罚系统网上办案测试。同时督查行政处罚结果网上公开工作情况进一步推进执法公平公正。

维护社会和谐稳定 在立前、庭前、判前、判后四个阶段，与法院行政庭建立全程行政协调机制。经法院审查后与行政机关对接，由行政机关采取补救或自纠措施，保护当事人合法权益，避免重诉、累诉与信访，实质性化解行政争议，有效维护社会和谐稳定。建立行政争议跟踪督促机制。不论案件大小，在每个案件的实体与程序上，都与经办行政单位做好对接沟通，跟踪督促原经办单位按规定提供有关证据、撰写答辩意见，积极参加庭审提出代理意见。此外，在落

实行政首长出庭应诉的同时要求行政机关经办人员旁听，提高经办人员业务水平，强化经办人员法律责任意识，有效地维护了县政府权益和形象。制定《法定途径分类处理信访投诉请求清单》。县法制办与信访局联合就信访与救济在各执法单位开展培训，之后各职能单位就信访与救济制定该清单，对矛盾纠纷的化解起到积极的作用。强化行政调解工作。落实专人负责调解工作，及时发现在行政管理过程中涉及的行政、民事关系纠纷，在矛盾激化前做好调解协商工作。2016年，县行政调解中心接待诉讼苗头案件十余次，及时了解情况，告知相关部门立即分析原因，尽快提出解决方案，既缓和了相对人的情绪，又提高了社会公众对行政救济渠道的理性认识，有效引导分流行政争议当事人通过诉前调解协商途径维护自己的合法权益。同时，加强行政调解指导中心对全县行政调解工作的业务指导，经统计，全县行政调解案件共2051件，其中行政争议案件252件、民事争议案件1799件，涉案金额2133万元，成功调解1656件，调解成功率为80.74%，调解履行1336件，履行率80.68%。

法制政府工作 推进县领导集体学法，形成集体学法的长效机制，有效地提升政府领导班子的法治思维，促进领导干部模范带头学法。注重法制信息宣传，围绕在依法行政工作中的亮点，做好信息报送工作。提高督办效率，为县政府依法行政营造高效的服务环境。加强与督办科对接合作，由分管副县长签发的部分工作由督办科通过督办系统予以督办，大大提升了工作效率。优化县政府决策的法律服务。实行“分线专人负责”的服务机制，将县政府日常工作分线，各线由专人跟进，充分发挥专业优势，为县政府决策提供更加优质的法律服务。

（李乐乐）

公　安

概况 2016年以来，永嘉县公安局在温州市公安局党委和永嘉县委、县政府的正确领导下，贯彻落实党委、政府的路线方针和政策，忠实履行宪法、法律赋予的神圣职责，有效应对各种艰难和挑战，不断推进公安工作改革创新。2016年永嘉县刑事加治安总警情22910起，同比下降18.13%；有效警情86861起，同比下降4.49%；发命案5起，破5起，发案同比（去年同期9起）下降44.44%；“两抢”警情31起，同比下降59.74%，（破22起，破案率为75.86%）；盗窃警情6245起，同比下降23.84%；黄赌警情6074起，同比下降23.47%；诈骗警情1490起，同比下降10.30%。总移诉2289人，同比上升15.26%，其中侵财、黄赌、食药环移诉数分别同比上升20.24%、20.6%、41.67%。共抓获逃犯481名、毒品犯罪嫌疑人149名，查处吸毒人员705人次。2016年共发生道路交通事故起数、死亡人数、受伤人数、直接经济损失数，同比分别下降2.231%、下降11.86%、增加1.98%、增加34.52%。管好重点人、控好重点事、守好主阵地、打好决胜战，实现了永嘉“大事不出，小事也不出”的目标，真正做到了不让市局领导分心、不让县领导担心、不让全县老百姓忧心。特别是G20安保决胜阶段，连续化解9起信访积案，其中5起为公安部、省厅挂牌督办件。G20峰会安保后，永嘉县公安局继续保持峰会安保全警投入状态，圆满地完成“8·10”、第三届世界互联网大会等重大安保任务，主动处置全市特殊利益群体聚会事件，妥善化解59起信访积案，成功处置19起各类闹访事件，严厉打击12起网络谣言，公安口非正常访、赴京访“零发生”，有力维护了社会大局稳定。与此同时，永嘉县公安局始终坚持从严治警、刚性执纪，建立局领导、督察、安保办、业务部门、派出所交叉和暗访专班为架构的常态暗访检查机制，推出“局长、所长驻守”战时警务模式，即从8月20日至G20峰会安保结束，局长和各机关部门“一把手”、派出所所长全部取消休假，一律不得离开辖区，出台战时十大工作纪律规定，以最严的纪律确保队伍安全。其间，因履职不力，8名中层干部被组织处理，其中2人免职，3人留职察看，1人停职，2人调离岗位。因安保工作成效突出，永嘉县公安局被浙江省公安厅记集体二等功，被永嘉县政府记集体三等功。控申科荣获全国信访示范窗口单位；温州市警种岗位业务能力竞赛获全市第一；2016年14个集体、102名个人受到嘉奖以上表彰，民警潘统健被评为全省千名好民警，民警杨晓峰被省厅推荐为全国特级优秀人民警察。

控告申诉 2016年，以“控源、减存、提水平”为核心，以G20国际峰会安保工作为主线，全面深化涉法涉诉信访改革，完善创新信访工作机制，全力推动公安信访工作实现新跨越。6月18日，《人民公安报》专题版面报道《永嘉：上下贯通完善主动型信访工作模式》；6月28日，《平安时报》头版报道《让信访在法治的轨道上运行》。2016年信访总量255件，与2015年同期307件相比下降16.94%；其中初信访87件（初信47件、初访40件），与2015年同期106件相比下降17.92%%；重信访168件。初信初访案件55起，与2015年同期62起同比下降11.29%，已办结51起，办结率为92.73%。2016年，信访受理0件，不予受理36件，内导55件，外导7件，其他157件。3月1日，控告申诉科被公安部评为全国公安信访窗口示范单位；7月19日，温州市公安G20安保信访工作现场会在永嘉县公安局召开，并作先进典型发言；12月14日，控告申诉科顺利通过市局美丽窗口创建考核验收。

打黑除恶工作 坚持“项目推进到哪里，警务跟进到哪里”，建立重点工程专职挂牌服务，开展治安评估、警企恳谈等互动活动；确保服务保障、社情掌控全覆盖。将打黑除恶作为G20安保工作的主线，紧盯民生、敏感、恶势力等案件，通过打黑除恶发挥：控制和减少恶性、暴力案件发生、净化社会风气的作用，全力打造安全稳定的社会环境。以问题为导向，“梗阻出现在哪里、战场推进到哪里”，成功处置了阻碍41省道改建工程、福利中心迁建工程、黄田工业园区进场等群体事件，侦破打掉职业讨债“东北帮”，雇凶“职业刀手”，煤气“行业霸”等涉及民生的恶势力团伙，成功处置“8·26”特殊利益群体，快速打击“9·1”温州动车站非访群体，实现打击恶势力团伙不少于14个，确保39个县级以上重点工程建设未因治安问题受阻的工作目标。2016年，共打掉黑社会犯罪集团1个，涉恶团伙42个，其中重点涉恶团伙22个，被温州市公安局认定16个，抓获犯罪嫌疑人258人，破刑事案件169起。打黑除恶工作成效排名序列第二，相关工作做法分别被浙江省公安厅、温州市公安局工作动态刊发，特别是赵某黑社会犯罪集团成功判决，系全国首例，公安部打黑除恶专网专门刊发该案侦办的经验与启示。

寄递工作 联合政法委综治办对各寄递企业、镇街综治办、派出所负责人多次召开会议进行工作部署，推进APP系统软件安装工作。联合政法委综治办、市监局开展无证网点取缔工作，共取缔无证45家，移送邮管局寄递案件61个，移送邮管案件数量质量全市排名第一，其中中通案件被处以10万元以上高额罚款，韵达企业总部被责令停业整顿，圆通总部被处以8000元罚款。

散装汽油工作 永嘉县现有加油站33家（其中高速4家），其中有散装汽油销售25家，散装汽油实名销售工作以来，中石化公司管理最为规范，中石油管理较好，民营销售点管理相对薄弱。

汽车站管理 2016永嘉县二级汽车站有永嘉县长运公司和瓯北五洲客运中心，重点通道有黄田动车站。永嘉县公安局联合反恐办、长运公司多次进行明察暗访、实地指导，人防物防技防符合安保工作要求，实行票面旅客实名制，对人身物品安检也不断加强。会同交通局和反恐办及属地派出所对桥头、乌牛、瓯北码头等有长途客运站开展联合检查，明确问题隐患并发放整改通知书要求限期整改，县反恐办也发文交通部门督促落实问题隐患整改主体责任。乌牛车站因落实安保措施不到位被立案查处，经复查问题整改到位。

金融业管理 2016年，永嘉县共有银行22家，网点114个、离行式ATM自助设备63台，银行业安保工作整体比较规范。2016年5月19日已经联合银监办召开银行业G20峰会安保工作会议，分管副局长林光参加会议并就如何加强人防、物防、技防工作与银行业负责人进行会商座谈。

校园医院安保 将校园安保保安配置人数不足、视频监控保存时间未达到30日、人员出入登记台账不规范、基层学校经费保障不到位等问题隐患书面函告教育局，提出工作建议，要求落实主体整改责任，并书面报告县政府。县政府专题划拨专项经费1000万元用于校园安保工作。主动与教育局会商沟通，配置保安410人，其中持证保安150人；主动衔接保安公司解决校园保安持证上岗230人。永嘉县人民医院和中医院人防物防技防比较到位，安保人员工作比较负责，中医院已经设置驻院警务室，派出所也有落实巡逻到点和联勤制度。

重点单位 2016年，永嘉县重点内保列管单位161家。开展安评工作，共发现安全隐患308处，当场整改223处，对当场不能立即整改的85处安全隐患，发放安全防范建议书37份，均已通知问题单位，并要求加强安保措施，确保单位内部安全。

刑侦工作 以增强人民群众安全感和满意度为出发点和落脚点，保持对各类刑事犯罪主动进攻与严打高压态势。2016年，共破刑事案件2821起，与2015年同期（1851起）同比上升52.4%；其中刑侦部门破619起（其中与2015年同期576起）同比上升7.5%，占全部破案数21.94%。

侦破命案等重大恶性案件 时刻紧盯命案等严重恶性案件侦破工作，全力践行“命案必防”和“命案必破”理念，健全重特大案件多警种合成作战等工作机制，实现命案等严重恶性案件全破。2016年，永嘉县共发命案5起，破5起，破案率为100%；五类案件发23起，破23起，破案率为100%；抓获各类逃犯6名，成功将在逃十七年之久的市局督捕重点逃犯张某矿抓捕归案，得到各级领导充分肯定和社会各界的广泛好评。“8·1网络涉枪”专案共核查线索107条，收缴气枪31支、枪管16只、配件22件、弹珠1502颗、铅弹182颗、刑拘3人，行政拘留4人，教育释放53人。破获高某宾等人系列网上贩卖枪支案件，抓获犯罪嫌疑人7人，缴获各类枪支20余支。破获周某等人贩卖公民个人信息案件，抓获犯罪嫌疑人10人，根据该案分配的线索，抓获下家12人。

打击侵财犯罪专项行动 成立领导小组和工作专班，率先出台《2016年永嘉县公安机关打击侵财犯罪专项行动考评奖惩办法》，并于6月中旬下发《2016年永嘉县公安机关打击侵财犯罪专项行动考评奖惩办法》，对有限的人力、物力优化配置，确保警力充沛，行动有效。实行日通报、月排名、季考评、年总评，并推出月排名序列第一的局主要领导上门送奖，月排名序列末位的由局领导约谈，连续末位局规记分并启动责任倒查机制等一系列举措。2016年永嘉县共受侵财案件(含治安)7345起，（2015年同期9653起）下降23.91%；打击侵财性对象661名，（2015年同期606名）上升9.08%；移诉侵财性对象600名，（2015年同期499名）上升20.24%；两抢案件受理29起，（2015年同期75起）下降61.33%；破22起起，“两抢”现案破案率75.86%，刑拘对象43名，人案比148.28%。共打击高财13名。全县共受通信网络诈骗案件1101起，（2015年同期1284起）下降14.25%，打击对象150名,追赃200余万元。永嘉县共受理盗窃电动车案件160起，（2015年同期205起）下降21.95%，其中已登记备案被盗电动车123起，破已登记备案被盗电动车现案35起，破案率28.46%，追回车辆54辆，追赃率43.9%，打处对象45名，人案比28.1%。

刑事科学技术建设 坚持“实用、实战、实效”的原则，推进刑事技术工作建设，实现四方面突破：一是现场统勘得到加强。2016年技术室共勘各案现场1386起（其中命案7起、非正常死亡63起），比2015年同期1184起相比多勘查202起，上升17.1%。提取指纹482起，指纹提取率为34.8%；提取足迹277起，提取率20%，足迹提取率偏低；提取DNA检材493起，提取率35.6%。二是检验鉴定有序开展。法医鉴定工作，共受理活体检验466例，与2015年同期的538例相比下降72例（下降率为13.4%）。尸体勘验112具，2015年同期117具（减少5具）。理化工作，共受理毒化35起（58份检材），毒品53起（119份检材），酒精185起。电子物证工作，共受理各类案件33起（38个检材）。三是基础采集规范进行。共采集各类人员指纹12612份（2015年11978份），同比下降5%。各类人员DNA血样共10579份（2015年同期11842份），同比下降11%。四是技术破案效益突出。通过指纹比中案件228起135人（其中本地现案77起59人），对象归案36名；DNA比中各类案件84起75人（其中本地现案45起38人），对象归案19名。

视侦、合成作战工作 一是合成作战开创新气象。2016年10月，合成作战办公室建成并投入使用，以刑侦视频侦查中队为班底，集合情报、网监、刑侦技术、指挥中心等部门资源，使工作模式从原先的内部资源整合，运用逐步转向实体化运作。通过日常研判探索，扩展线索来源方式，采用自产，实战部门供应两种方式，扩人扩案，实现深度、团伙打击。2016年通过各合成部门产生的线索1000余条、提供支撑800余次，产生直接刑拘数1115名，打掉团伙62个，抓获逃犯217名，合成成效全市同序列第一。二是视频侦查工作稳步发展。在做好考核的同时，以服务实战为最终目标，积极探索视频技战法，积极研判视频侦查案件线索，服务实战业务部门，2016年累计向交警大队、禁毒大队、内保、刑侦实战部门、派出所等单位提供视频侦查服务270余次，涉案视频采集1445起，采集率22%，刑事管辖总破案数1080起，视频破案占比44%，挂牌案件19起破19起，破案率100%，2016年成效考核全市同序列第一。

治安工作 维护民警权益，严厉打击各类侵犯民警权益的违法犯罪行为，共刑事拘留16人，行政拘留人40人；强力保障“三改一拆”和“五水共治”，开展“捍卫楠溪江—保护母亲河行动”，共破获涉水案件71起，刑事拘留114人，深挖幕后参与暗股、干股、合股的村干部12人，县人大代表1人，移诉82人；共接待警卫安保任务52批次，出动警力5000余人次。作为永嘉县在市局的创特项目，截至到2016年年底，已圆满完成各项预定工作目标，共破获涉水刑事案件71起；打击黄赌违法犯罪行为，移诉人485人，“两非”24人，恶意欠薪1人；严打食药环违法犯罪行为，加强对破坏环境类犯罪行为的打击力度，2016年共移诉177人；开展缉枪治爆行动，共破涉枪涉爆刑事案件5起，移诉36人、涉危行政案件87起、涉及烟花爆竹案件5起，缴获爆炸物品2000多公斤，剧毒1000多公斤，收缴枪支100余支，缴获烟花爆竹1971箱，收缴刀、弩等管制器具500多把。2016年3月，破获全国最大的寄血验子案件，打掉以林某强为首的寄血验子团伙。目前已到案犯罪嫌疑人40名，其中被检察院逮捕18人，有22人被移送检察院起诉，另有41名犯罪嫌疑人已被刑拘上网追逃。另有32名人员信息明确待批刑拘，身份待查200余人，该案是截至2016年年底全国最大的寄血验子案件，涉及全国20多个省市、自治区，被检测的孕妇次数达5万余人次，涉案金额达2亿元以上。

预审工作 深化公安执法规范化建设的总要求，开拓思路，深入调研，从健全机制、强化保障入手，不断规范公安刑事执法行为，提升执法办案水平和综合履职能力，严防冤假错案，进一步促进社会公平正义。2016年，共受理办案单位移送审查案件1815件2451人，其中提请批准逮捕1334人，批准逮捕1011人，不批准逮捕315人（其中有罪不捕251人、无罪不捕1人、不清不捕63人），案件批捕率为95%；移送起诉2289人，被检察院不诉225人（其中相对不诉198人、绝对不诉6人、存疑不诉21人），移诉率为99%；被检察院退查457件，其中合理退查63件，退查率为3.8%，主动撤回起诉29件43人。2016年，向县检察院提请复议21件23人，复议后变更原决定的10件10人；收到书面纠正违法通知6件，同比下降45%。经审核评判发现主要执法问题有11大类10000多个，退回补充侦查案件共147件，其中无逮捕必要建议原经办单位变更强制措施的28件；经审核发现无罪建议撤案或终止侦查的14件；补充侦查后重报共56件。

经侦工作 以“打假、治赖”为主线，严厉打击经济犯罪，2016年受理经济犯罪案件68起（同比上升83.7%），立案66起（同比上升94.1%），破案61起（同比上升111%），刑拘33人（同比上升65%），取保20人，监视居住1人，移送起诉48人（同比上升26.3%），逮捕对象14人，追缴金额1789万元，协助外地公安机关办理案件25起，化解信访21件。

打假“云剑”专项行动 集中警力、集中精力开展打假专项工作，重点打击生产窝点、批发团伙、侵权“浙商”品牌等3类犯罪源头，立涉嫌假冒伪劣案件7起，破案7起，涉案价值1000余万元；捣毁制假窝点7个，发起集群战役1起；抓获犯罪嫌疑人14名，刑拘7名，移送起诉10名。2016年5月13日，在江北街道捣毁一非法制造注册商标标识案窝点，查扣非法制造的注册商标标识数十种，数量14000余件，当场抓获5名犯罪嫌疑人；2016年7月14日，大队在永嘉县沙头工业区捣毁一假冒注册商标窝点，现场查获印有匡威(CONVERSE)、范斯（VANS)品牌的注册商标标识的帆布鞋成品1万余双，抓获3名犯罪嫌疑人。

打击恶意逃废债“治赖”追逃专项行动 严厉打击金融领域恶意逃废债犯罪行为，加大恶意逃废债人员缉捕和“治赖”追逃力度，整体推进经侦、治安、网警、特侦、派出所等多警种合成作战，2016年抓获“治赖”逃犯23名（当年上网逃犯17名）。

打击地下钱庄专项行动 推进打击地下钱庄专项行动，共破获非法经营外汇案7起，发起全国集群战役1起，摧毁地下钱庄犯罪团伙7个，抓获并采取刑事强制措施7人；查询银行账户60多个，涉案总金额近4亿余元。

开展执法治理检查，全力提升执法规范化建设 大队努力以执法四化建设（即受理规范化、办案程序化、执法精细化、监督全程化）要求，通过转变执法理念，健全执法机制，强化执法监督，向执法要素质，以执法树形象。一是转变执法理念，提升队伍素质。针对经侦工作的岗位特殊性等特点，按照“理性、平和、文明、规范”执法要求，在实际工作中认真践行“立警为公、执法为民”和“以人为本”的理念，进一步提高了执法行为的规范化和执法环节的程序化，提高了办案效率和办案质量。二是健全执法机制，规范执法行为。完善集中议案制、专职法制员制度、案件回访制度、涉案财物管理制度、执法质量考核等内部执法管理制度，进一步规范执法行为。三是强化执法监督，树立队伍形象。工作中注重从源头抓起、从细节抓起，确保人、财、物管理严格按照规定流程进行，并要求值班领导切实履行案事件审核等规定职责，即时通报发现的问题，及时安排专人落实整改，努力造就一支“懂法律、懂经济、懂侦查”的专业经侦队伍。

禁毒工作 2016年，开展“砺剑”禁毒专项、严打整治专项行动，破毒品刑事案件111起，抓获毒品犯罪嫌疑人149名，已移诉128人，缴获各类毒品6095.39克，查处吸毒人员705人次，其中强制隔离戒毒359人次，移诉3人团伙7起，6人团伙4起，确立破获省目标案件4起、确立部目标案件1起。

禁毒宣传 建立禁毒工作QQ群、禁毒微信群、易制毒化学品企业微信群等新媒体，通过“永嘉禁毒”公众号，发布禁毒工作动态和禁毒新动向，县局1条禁毒简报被市局录用，70余条报道被报纸、电视等媒体录用，其中2条报道被中央电视台2台录用。

易制毒化学品管理 落实定期实地检查和网上办证核查机制，强化对易制毒化学品企业生产、购销、运输、使用环节的常态化行政监管，从源头上防止易制毒化学品流入非法渠道。加强行业分会建设，引导分会落实社会监管职责，敦促企业自律管理，扫除监管死角。走访相关企业600余家，查处易制毒化学品案件4起，已处理易制毒化学品企业3家。

禁种铲毒工作 一方面，加强农村禁种毒品宣传教育，广泛发动群众举报非法种植毒品原植物违法犯罪活动。另一方面，组织警力深入郊区、农村，适时开展踏查活动。2016年永嘉县共开展大型排查活动60余次，共查获非法种植毒品原植物案件7起，发现非法种植7处，铲除非法种植毒品原植物罂粟1058株。

网警工作 严厉打击网络谣言等扰乱公共秩序违法犯罪行为，落地核查27起，立案调查12起，查处12人，其中治安拘留7人，治安拘留人数同比2015年增加一倍。加大对政府网站和重要信息系统安全执法检查力度，共现场检查政府网站41家，远程技术测89家，发放《安全隐患告知书》35份，限期整改通知书1份，治安处罚1家，帮助落实网站安全技术保护措施4家。严管严控网吧、宾馆等公共上网场所，监督、指导无线WiFi上网场所、网吧、宾馆等非经场所落实安全审计措施。至年底永嘉县共有网吧124家，在营业网吧103家，停业21家。通过开办审批条件前置、上门检查督促等措施，督促229家宾馆酒店等公共上网场落实安全技术措施，107家宾馆、38家社区点落实安全技术措施，共安装MAC采集点223个，主动跟华数永嘉分公司做好对接，准备对新建的260个AP点增加采集MAC的功能。四是积极完成网站的备案工作。2016年，上级下发开办地网站983家，已处置958家，办理率97%，申请备案数344家，完成备案328家，备案率95%。严厉打击网络违法犯罪，共破自侦案件57起，自侦打击处理189.5人，其中15类涉网案件4起打击56.5人，其他类涉网案件53起，133人；配侦案件162起，同时积极做好数据勘查工作，共接案51份，出具份勘查笔35份；加强对在逃人员虚拟身份的分析，共抓获CCIC逃犯178人，占全局抓获数的40.1%。完成电子数据勘查实验室建设、瓯北的互联网节点侦控系统建设试点建设、瓯北驻所网警中队建设。

科技通信管理工作 深化民安工程建设，在现有视频资源基础上查漏补缺，坚持点、线、面相互补充、升级改造、优化布局、筑牢防控网络，2016年，永嘉县建设各类高清视频监控967个。健全视频监控运维制度，完善故障修复24小时响应制度，实现故障发现、报修、维修快速联动，确保视频监控完好率始终保持在97%以上。对社会监控资源进行整合，通过安全隔离手段，将符合接入、具备接入条件的村居、企事业单位接入到视频专网，拓展监控资源。推动350兆PDT警用数字集群建设，购置120台350兆无线数字对讲机供G20杭州峰会安保期间县局赴杭增援警力使用。加强网络安全管理，及时处置各类基础安全事件2800余起，狠抓“一机两用”注册率，采取“终端准入方式”的措施，大力提高“一机两用”和安全管理平台的注册率，严防发生公安信息外泄等违规行为的发生。

社区警务工作 根据县局

"1+8"文件，落实好派出所分类分级管理，将永嘉县派出所根据辖区地理特点、社区设置、警力情况、实有人口数、有效警情等因素综合评定治安复杂程度，将派出所划分为4个一类、4个二类、8个三类派出所，划分了24个一级、16个二级、37个三级警务区，按照"一区多警、一区一警、多区一警"要求配置警力，55个社区共配备78名社区民警，并明确规定一、二类派出所社区民警不承担破案、打击任务，但要办理管理类案件；三类派出所除派出所所长及窗口内勤外，其余民警均要担任社区民警。通过创新社区民警工作模式，围绕社区警务人口管理、安全防范、信息采集、纠纷调处、服务群众、维护秩序六大工作职责，强化社区民警"工作任务化、任务项目化、项目责任化、责任具体化"工作理念，解决社区民警"干什么，怎么干"，制定《永嘉县公安局社区民警工作职责清单》并印制笔记本，由社区民警随身携带，及时对照完成任务。

"警灯工程" 出台"警灯工程"五大规范用以规范执勤纪律，共安排18300余人次值守警灯岗亭，取得市局年终考核第三名。

"视网通"管控工作 针对当前旅馆、寄递、网吧、加油站等行业场所实名登记难、监督管理难、责任落实难等问题，探索研发集计算机应用、通信网络、音视频压缩传输、安全防范等"四位一体"的"视网通"基础信息管控平台，实现了对重点行业场所的"无盲区"和"全程化"管控，安装643个"视网通"监控点。"视网通"应用以来，永嘉县旅馆民宿的实名登记率从60%上升至95%以上。

户口登记管理专项清理整顿工作 坚持"保护合法、注销非法"原则，着力整改突出户口问题。一是突出重点查问题。将省厅、市局下发的各类可疑信息进行重点核查、逐一清理。通过下乡蹲点、上门服务，全面查找、梳理户口管理方面的漏洞和薄弱环节，对省厅下发的各类核查信息进行逐条梳理，分类指导、落实责任，要求各派出所抓好工作落实。2016年永嘉县已核查处理1406条省厅人口信息核查平台发布的各类需核查信息；清理重复户口139个。二是发动群众找问题。在充分动员发动民警、户籍协管员积极参与同时，在户籍窗口、警务室设置监督电话，向社会公布举报电话，通过电话、举报以及网上QQ等通道，积极征询户籍违法违规信息，并认真予以核查反馈。发动群众主动提供线索或检举揭发骗领居民身份证、一人多个户口、虚假户口等问题，并提供相关政策咨询服务。三是开展无户口人员排查。累计摸排无户口人员391人，其中已解决174人。

居民身份证工作 永嘉县所有户籍窗口已全部开通居民身份证挂失申报和丢失招领，沿江8个派出所和山区岩头、沙头所已开通居民身份证异地受理。所有户籍派出所均配备在编在职民警承办具体户口登记管理工作；明确户口协勤人员只能从事协助户口、身份证管理等辅助性工作。

清理自理户口工作 通过7月和10月两次系统代码清理工作，对1205条不规范乡镇街道、村居社区代码逐条校对和纠正；根据县政府对桥下镇、巽宅镇、岩坦镇、鹤盛镇、原江北街道、原东瓯街道等进行的行政区划调整，行政区划调整196183条人口数据，为户籍制度改革技术升级打下坚实基础。2016年11月，全面完成户籍制度改革技术升级工作。

行政审批服务工作 2016年，行政审批服务科共办理身份证95425个，办理临时证22673个，审批户口6855件，出户口查询证明2500余份。审批民爆使用许可29家、购买证946件、运输证946件、人员许可46件，剧毒品购买凭证许可4件、运输许可证375件，烟花爆竹运输证78件，易制毒化学品购买备案11910件，印章备案7619枚，金融机构许可25家，审批网吧12家、旅馆5家、刻字2家、大型活动1场。做到审批事项无延期、无投诉，办结率和服务对象满意率均保持较高水平，共收到锦旗11面、感谢信19封。2016年，先后获得温州市巾帼文明岗、温州市公安机关群众满意户籍窗口、县文明服务示范点等荣誉称号，连续四季度被评为县行政服务中心红旗窗口，民警四人次被评为窗口服务标兵。

美丽窗口建设 以打造户籍"美丽窗口"为主线，统一窗口改造，低台敞开，科学设置、标志标识规范统一。配齐便民设施，配置填表桌、等候椅、医药箱等便民服务设施，开通免费无线网络。创新设置内容翔实、规范直观的卡片。增添特色服务举措，在户籍人像采集室安装自助式"满意拍"人像采集系统，受到群众点赞。创建行政审批服务科微信公众平台，致力打造"掌上公安"服务平台，用手机、移动终端办理业务，使微信、微博、手机微网站和传统互联网4

个网络平台互联互通，让新媒介最大限度惠及群众。积极推行网上办事大厅单轨工作，审批梳理“5周岁以上16周岁以下，持出生证明的国内出生小孩申报户口”和“姓名变更”等两项户籍审批项目在网上办事大厅实行单轨审批，实现“让数字多跑路，让群众少跑腿”。刚性推行“周六无休”、视时提供“延时服务”，视情推行“上门服务”，积极开辟“绿色通道”。围绕县重点招商、重点工程，上门指导服务，全程跟踪，以民警的辛苦指数换取群众的幸福指数。如多次为市监管中心场地前期爆破工作开展上门跟进式服务，多次为县重点挂钩帮扶招商悦庭楠舍协调上门服务，按期完成审批工作。

流动人口管理工作 2016年，以提高“三率”为突破口，以强化高危流口管控为关键点,通过提前谋划、加强日常督导、重抓企业“两率”，严抓流动人口和出租房的排查、清理、核实、整治等工作，并积极落实流动人口重点关注人员管控和以卡管人工作，进一步强化了常态管理和社会维稳，全面提升了流动人口基层基础治安管理工作水平。2016年，流口登记率100%，流口准确率98.75%，出租房信息采集率100%；登记在册流动人口数262143人，其中儿童28517人，新登记380531人，注销355516人；登记在册出租房数37070间，新采集出租房5099间，注销13102间；在册流口需发卡总数为256461人，发卡231066张，发卡率为90.10%；已建A型e居站数20个，D型e居站数119个，M型e居站数11个。

IC卡式居住证工作 全面落实IC卡社会化功能的多样性，已经同邮政储蓄银行、永嘉移动、金汇电影院、12家网吧、3家超市等单位和企业签订IC卡使用优惠协议，共受理发放IC卡，至年底已受理15334人。积极开展《浙江省流动人口居住登记条例》宣传、业务培训等工作，推广“温州新居民”微信公众号，至年底已经推广109725人。

出入境工作 2016年共受理因私出国（境）申请65378件次，与2015年同期69304件次下降5.7%，其中因私出国申请24671件次，因私港澳台申请40707件次。办理《浙江省单位申办港澳签注资格确认书》39家，受理证件遗失、损坏798件，制作港澳签注10536人次、15996地次，新增国家工作人员597人次，撤销46人次，没有一起有效投诉，在全市出入境系统“流动红旗窗口”品牌创建活动中，勇夺6枚红旗，名列全市总分第一、序列第一。

交通事故防控工作 围绕“平安创建”，以预防道路交通事故“渣土车治理”专项行动和“电瓶车整治”专项行动为载体，做实源头监管、隐患治理和违法查处等基础性工作。永嘉县共发生统计上报道路交通事故127起、死亡52人、受伤103人、直接经济损失69609元，同比分别下降2.231%、下降11.86%、增加1.98%、增加34.52%。2016年查处公路交通违法73634起，其中现场违法41872起、重点违法30889起，公路违法现场查处比例和重点公路违法查处比例分别达到56.87%、73.77%，分别排名全市序列第三、第四。禁酒驾工作查处总量同比上升，共查获醉酒驾驶376起，饮酒驾驶604起。逃逸事故侦破工作成效显著，共侦破道路交通逃逸事故案10起，其中交通死亡逃逸事故2起，侦破率分别达到100%。大力开展“四小车”专项整治，共查获“四小车”3392辆，中心城区主要道路“四小车”管控效果明显。

排堵保畅治堵工作 严管永兴路，环城北路、阳光大道，双塔路等治堵重点道路，科学安排勤务，最大限度地将警力投放到路面上，推进高峰岗管理、路面纠违等工作。推进节假日保畅新机制创建工作，保障景区道路交通安全畅通，拥堵类警情同比下降20.21%。以科技信息化为手段，强化智能交通控制系统建设应用，共入资金500多万元，改造信号灯控制仪25处，安装自动抓拍监控64处，施划交通标线3115平方米，安装各类禁令牌、导向牌等465个。探索建立交通管理“钟点工”模式，雇佣临近村庄村民协助参与节假日、双休日和重大活动期间交通管理，投入少、效果好。

服务民生工作 注重执法建设，全方位组织开展技能性、实战性法制培训和岗位培训，举行执法执勤、警卫等各类培训10期，全面提高执法水平。坚持民意导向，把完善机动车驾驶员考试服务中心建设、“114”社会化移车和“温州交警”、“永嘉交警”微信公众服务号宣传推广活动作为提升群众满意度的有力载体，不断创新服务手段，不断提升服务质量。考务中心共接待“科目二”考试21629人，“科目三”考试17069人，合格率分别为74%、75%。深入开展交通安全宣传，在中央、省、市、县各级电视台、报纸、电台等新闻媒体发布稿件1125篇，深入开展“五进”主题宣讲（讲座）48次，各类宣传活动90次，发放宣传资料2.7万余份。

特巡警工作 以维稳处突为主业，以安全防范为核心，以队伍建设为根本，充分发挥队伍职能作用，圆满完成各类大型群众活动安全保卫、重要会议安全保卫、重要警卫安保100余次，出动警力3000余人次。2016年共查处涉赌刑事案件5起，刑事拘留20人，移诉51人；查处涉赌行政案件5起，行政拘留59人；配合禁毒大队破获4.5公斤特大毒品案件和群吸案件各1起，联合治安大队打处多起食品药品环境案件和非法盗采石子砂案件，有效地提升了打击食品药品环境工作水平和保护了楠溪江母亲河。大队积极开展网络追逃，共抓获逃犯13人，有效地打击了违法犯罪行为，净化了社会治安环境。

巡逻防控工作 按照“平战一体，战训结合”的原则，加大社会面防控力度和警灯值守工作，切实提高路面见警率、管事率，进一步构建“135”快速反应作战圈，确定重点地、重点区域、重点部位，实现“第一时间预防、第一时间发现、第一时间报告、第一时间先期处置”，构建“一呼百应、多警联动”的工作机制，积极开展“屯警街面、动中备勤、武装处突”巡逻防控和带警犬巡逻工作。2016年以来警灯工程投入警力3600余人次，盘查人员19700余人次，盘查可疑车辆11300余车次，抓获并移交处理各类违法犯罪嫌疑人4名；武装巡逻开展700余次，投入警力7000余人次，帮扶救助群众20余次，有力维护了街面治安秩序。

看守所工作 2016年，永嘉看守所在局党委和上级业务部门的正确领导下，以县局的中心工作为引领，以确保“双安全”为目标，以“两统一、一规范”为主导，创新管理、规范执法、凝心聚力、扎实苦干，确保了监所安全和刑事诉讼活动的顺利进行。共收押入所2492人，其中刑拘入所1911人，逮捕入所415人，其他入所166人；共处理变动出所2633人。办理提讯8017人次，提押3299人次，律师会见3425人次。收支达18000余次，收衣6000余人次，办理家属会见1286人次，总计接待群众25000余人。严格执行收押健康检查，对不符合收押条件的，主动与办案部门沟通协商，搞好配合。2016年入所体检发现不应收押拒收的有61名；对不宜关押的对象要求相关单位变更强制措施，已办理取保17名；上半年出所治疗103人次，住院治疗6人；加强与人民医院的合作，建立了重病、急病在押人员快速救治“绿色通道”和开设监管专用病房。

拘留所工作 2016年永嘉县拘留所设立了所领导坐堂值班制，严格落实“三查六巡”制度，坚持实行巡视与监控两岗交合，对管教实行拘室承包制，分主管与协管。规范民警（职工）一日工作职责，采取“三个同”，即记分同值、办公同室、监督同步；对民警采取“三个加”，即加密日常管理频率，加强收集信息方式，加快解决问题速度。共收拘1661人，其中女拘留人员378人。治安拘留1614人，司法拘留41人,拘留审查8人；出所1651名。对所有被拘留人员做到出入所手续完备，无错放现象。对所有入所的被拘留人员均进行了网上比对，身份核查，建立了完整的被拘留人员档案。

廉政教育活动 开展学习“清风警苑”“廉政文化教育课堂”等教育平台和“严纪律、正作风、树形象”“两学一做”、学习“党纪条规”“高线底线”规定、“无限忠诚·走在前列”、“敢担当、树标杆”作风建设五大行动等多个规定教育载体的同时，创新推行了对内深化“每月一主题”、对外“双月一主题”专项活动和组织拍摄微电影《高线·底线》、“510思廉日”、纪检监察重点调研课题等自选动作，积极营造良好教育氛围，切实引导、纠正、牢固了从警底线、法纪红线意识，理顺了教育、监督、执纪等队伍管理监督机制，得到领导充分肯定。全局“廉政文化教育课堂”参与率、学习率、达标率均达到100%。

队伍管理工作 一是以“零容忍”追责理念，认真查处每起涉警信访件，做到坚决查处违反警纪警规和违反中央“八项规定”的案（事）件，共核查涉警信访投诉件42件（包括警民时时通和交办件），对一位违纪的交警大队民警予以行政记大过处分。二是以“制度化”管理理念，全面梳理规范性文件，对全局2013年以来印发的规范性文件进行整理分类，共疏理出涉及全局20多个单位（部门）的规范性文件233个，修改完善文件21个，废止停用文件70个，确定将128个文件编入县公安局《规范性文件汇编》并发放，提供全局民警学习落实。三是以“严即爱”帮扶理念，有效落实重点民警的“帮助、关注和关爱”帮扶措施，实现动态化管控、信息化预警，即时性帮教，最大限度地降低廉政风险指数。2016年，风险预警管控系统显示全局共发生风险事件1463起，执行主动管控措施5807次，廉政风险指数为21.43（级别为警示），主动管控指数为26.62，管控比为124.22%（超过100%），管控水平为强。但尚有12个单位显示为“黄灯”，7个单位为“红灯”。四是以“针对性”整顿理念，组织开展为期一个月的“牢固群众观念、强化法治意识、整肃纪律作风”专项教育整顿活动。期间梳理出重点帮助民警2人，关注民警18人，关爱民警12人，都已确定帮教责任领导，落实帮教措施。

政风行风评议工作 制定政风行风评议工作实施意见，成立领导小组，召开行风评议动员大会，开设专项专栏，开通群众热线，开展走访沟通，召开群众监督员会议，针对队伍作风方面存在问题和不足，列出整改清单，明确整改措施、落实具体责任。2016年，在全局22个参加基层所队政风行风民主评议工作中，有15个的评议成绩名列前三（其中7个单位排名第一），连续四年名列前三的单位数超过50%的目标。

审计工作 2016年，对上年度公务支出公款消费审计调查、禁毒部门执法活动财物审计调查、公安机关领导干部经济责任审计、审计整改专项活动工作、通信费后续审计、配合上级部门完成专项审计、项目采购现场监督、票据检查清理等工作。2016年累计审计项目5个，其中经济责任审计2个，后续审计2个，审计调查2个，审计巡查1个，项目采购现场监督7个，审计金额达共计1780.75万元，提出审计意见8条，被采纳8条。

警务督察工作 认真贯彻“情理并重、从严治警”的队伍建设基本战略，坚持“零容忍”队伍管理导向，以公安局规章制度和大督察为抓手，始终围绕G20峰会、世界互联网大会安保等中心工作，对反恐维稳、“春雷”行动、“清雷”行动等工作开展了专项和重点督察，有效助推各项中心工作和各项规章制度的落地。2016年共开展各类督察活动345次，出动督察力量1671人次，发现和纠正各类问题189个，发督察通知书3份，发各类督察通报65期。上报督察信息42篇，被公省厅、市局督察部门采纳20篇，受理核查检举控告17件，组织办理维权案件29起，查处33人，其中刑拘4人，行政拘留29人。局规记分1659人次共计1608.5分（2015年1139人次，1069.5分）同比分别上升45.7%、50.4%。

维权工作 永嘉县局始终将民警维权工作作为一项从优待警措施，把维权工作作为护警暖警的“警心工程”常抓不懈，制定推出了《永嘉县公安局维护民警正当执法权益工作细则》，县局规定一旦发生民警维权案事件，所在单位主要领导必须第一时间到场，造成民警身体伤害的，其分管局领导必须第一时间到场，对需要紧急救护的，开通救治“绿色通道”，并落实专门医疗经费。在“零容忍”打击侵权行为的基础上，做到“三个强化”，强化联动、强化保障、强化打击，依法从严从重从快查处各类侵害民警依法履行职务行为，全面维护民警正当执法权益。2016年，共协调办理维权案件29起，查处33人，其中刑拘4人、行政拘留29人。

法制工作 2016年，以“三位一体”建设为载体,紧抓执法思想不端正、执法制度不完善、执法管理不科学、执法活动不规范、执法监督不到位等执法问题，全面建设法治公安，确保公安机关严格、公正、文明、理性执法，提高公安机关维护社会和谐稳定能力和执法公信力。经统计，2016年，刑事方面:共批准刑拘2108人；取保候审1150人，监视居住187人；提请逮捕1334人，批准逮捕1101人，不捕315人（其中事实不清不捕63人，有罪不捕251人，无罪不捕 1人），批捕率95 %；移诉1629件2289人，不诉225人（其中相对不诉198人，绝对不诉6人，存疑不诉21人），移送起诉率99%；被检察院退查457件，其中合理退查62件，不合理退查395件，退查率3.8%；不予立案18起，终止侦查8人，撤案86人。行政方面:共批准行政拘留2640人，罚款706人；批准强制隔离戒毒356人，批准收容教育14人；办理行政复议案件23起，其中向永嘉县政府提出的行政复议办理10起，维持9起，不予受理1起；向温州市公安局提出的行政复议办理13起，维持10起，申请人撤回1起，正在复议中2起；办理行政应诉案件52起（新受理48起），驳回起诉30起，申请人撤回起诉8起，被确认违法3起，正在审理中11起。全局执法能力较去年有明显提升。

警务保障工作 以警务工作需求为向导，以夯实基层基础为根本，以提升能力素质为关键，以完善服务机制为保障，全面提升警务保障水平，高效服务各项业务工作建设。延续2015年“勤汇报、深摸底、明分工”的理念，把严格执行新《中华人民共和国预算法》和公安机关财务管理办法作为工作重点，积极争取党委政府、财政的支持，开源节流，有效保障日常经费及突发项目建设的支出。2016年年初预算总收入24461万元，比2015年全年支出22034万同比增长11%。国家规定的工资、津贴补贴、加班补贴、早夜餐补贴均按标准列入预算，落实民警2015—2016年补发加班经费保障工作，局本级共到位加班经费2215万元。协警经费大幅增加，落实普通协警人均4.5万元，文职和特巡警协警人均5万元的经费保障工作。公用经费在浙江省县级公安机关公用经费每人3万元标准的基础上纳入预算并逐年增加，2016按每人3.5万元标准排入年初预算，实现办案业务经费、业务装备按需全额保障。

装备管理配备工作 在2015年装备建设的基础上，以保障执法执勤为重点，以推进实战业务为要求，持续加大投入力度，改善执法装备。2016年，共投入经费680万元保证防护装备和警械器材购置，共购买电脑104台、打印机26台、电视机33台、空调42台、洗衣机5台、照相机6台；购置执法记录仪50台、信息采集仪11台。完成执法管理中心、合成作战室设备建设，江北、岩头派出所办案区改造和设备采购。

指挥中心工作 2016年，以护航G20峰会为重点，期间全面推行“联勤指挥、合成处置”机制，搭建平战结合的“指挥中心+N警种”共同参与的G20峰会安保联合指挥部，有效落实重大突发案事件、重大活动安保、重要敏感时间节点、重大灾害事故、重点维稳任务特别是G20峰会安保期间的“联勤指挥、合成处置”机制。按照“巡处合一、动态布警”，加强县内“135”快速反应圈建设，重点安保时期实行定点驻守和巡防相结合的工作模式。深化巩固专业化接处警工作，有力打造扁平化可视化指挥模式；整理各类重大警情处置流程，细化岗位分工，固化处置标准，确保警情处置规范、高效。建立健全快速反应机制，全力破解重大案（事）件联动处警、快速处置的难题，在指挥调度、快速反应、多警联动和现场抓获能力上取得了较好成效。2016年，共组织各类接处警检查200余次，同时实行每日值班领导、路面巡逻设卡警力点名制度，为一呼百应快速反应提供有力保障。

（洪　渊）

检　察

概况 2016年，永嘉县人民检察院在县委和上级检察院的领导下，在县人大及其常委会的监督下，在县政府、县政协及社会各界的支持下，紧紧围绕工作大局，主动适应形势新变化和经济发展新常态，积极践行“绿色司法”理念，忠实履行宪法和法律赋予的职责，检察业务工作和队伍建设得到全面、健康、协调发展，为经济社会发展提供了有力的司法保障。2016年共受理移送审查逮捕案件1003件1313人，人数同比上升2.1%，批准逮捕776件990人；受理移送审查起诉1654件2290人，人数同比上升7.2%，提起公诉1434件2128人，报送上级检察院审查起诉15件27人。

服务经济发展 一是加大打击破坏市场经济秩序犯罪力度，依法批捕金融诈骗、非法集资、侵犯知识产权等犯罪46件50人，同比上升84%和上升78.6%，提起公诉119件187人，同比上升56.6%和上升46.1%。二是开展“服务非公企业发展”专项活动，牢牢把握“轻拿轻放”导向，把是否有利于企业经营、是否有利于地方经济发展、是否有利于社会和谐稳定“三个有利于”作为办理涉企案件的重要标准，依法妥善办理涉企案件。三是通过涉企法律知识宣讲、法律咨询、检察建议等方式，主动帮助企业完善风险防控机制，促进企业依法规范经营。共走访非公有制企业34次，召开企业家代表座谈会16次，发送服务非公有制宣传册3400份。

维护社会稳定 一是依法惩治各类刑事犯罪。自觉把检察工作融入工作大局，积极研判与应对社会治安新形势，发挥批捕、起诉职能。突出打击影响人民群众安全感的犯罪活动，依法批捕“盗抢骗”等多发性侵财型犯罪301件389人，同比下降7.4%和5.8%，提起公诉459件626人，同比上升41.2%和43.9%。二是积极贯彻宽严相济刑事政策，更加重视客观证据审查及庭前过滤，对犯罪情节轻微、人身危害性不大的初犯、偶犯，不批准逮捕254人，同比上升82.7%，不起诉215人，同比上升162.2%。

保障民生民利 一是坚决严惩生产、销售有毒有害食品、非法行医、拒不支付劳动报酬等损害群众切身利益犯罪，保障群众安居乐业。共批准逮捕25人，提起公诉62人。二是突出打击群众反映强烈的电信网络诈骗犯罪，联合公安、法院率全市之先出台《关于建立打防通讯（网络）诈骗工作部门联席会议制度（试行）》，推动形成工作合力，强化打击效果。共批准逮捕79人，提起公诉17人。三是深入开展破坏环境资源和危害食品药品安全犯罪两个专项监督工作，共对县渔业局、县环保局、县市场监督管理局三个行政部门近年来的行政处罚案件、移送公安机关立案侦查而公安机关未立案侦查的案件进行全面审查，已监督行政执法部门移送立案5件8人，监督公安机关立案5件10人。

查办职务犯罪 一是加大查办力度。积极应对《刑法修正案（九）》对查办职务犯罪刑事法律政策带来的新挑战，认真贯彻关于反腐败工作的决策部署，积极参与反腐败协调工作，加大查办职务犯罪工作力度，保持对腐败的高压态势。共立案侦查13人，其中，贪污贿赂案件10件12人，渎职侵权案件1件1人。加大对行贿犯罪的打击力度，对2名行贿人、1名介绍贿赂人进行立案查处。二是规范侦查行为。积极开展“保障律师会见权和文明办案”两个专项整改活动，进一步提高规范司法水平，并以省院“两个专项整改”活动为契机，狠抓同步录音录像制度执行、律师和犯罪嫌疑人权益保障。一方面通过走访调研、座谈交流、机制保障、综合服务等方式，构建良性检律关系，推进服务保障律师工作常态化；另一方面注重保障犯罪嫌疑人等诉讼参与人的合法权益，严格执行讯问职务犯罪嫌疑人全程同步录音录像制度，实行审录分离和随案移送审查，共录制19人86次，确保安全、文明办案。

预防职务犯罪 加强职务犯罪预防工作，积极推进预防工作多元化发展。结合办案加强对职务犯罪特点、规律和发案原因的总结，分析在制度和管理上存在的漏洞和问题，积极提出有针对性的预防措施。建立预防宣传教育长效机制，定期组织人员参观预防职务犯罪警示教育基地，特别是针对职务犯罪高发领域人员开展职务犯罪预防宣讲，不断创新载体，拓宽宣传阵地，因地制宜地开展丰富多样的廉政文化宣传活动，提升预防宣讲实效。2016年，组织警示教育基地参观、预防宣讲等活动共20场次。与永嘉县发展和改革局协作，在永嘉县重点建设工程项目中开展职务犯罪联合预防活动，全面落实信息交流和情况通报、案件线索移送、职务犯罪风险环节研讨等制度。全面开展行贿犯罪档案查询工作，为有关单位或个人提供行贿档案查询2152次，推动招投标工作健康有序开展。

刑事诉讼监督 加强对基层站所的执法监督，联合县公安局出台《关于加强对县公安派出所刑事侦查活动法律监督工作的实施方案》。严把案件事实关、证据关、程序关，2016年共立案监督案件10件18人；对应当起诉而未移送起诉的，追诉19件35人；对认为判决定性错误、量刑不当、适用法律错误的，提出抗诉2件，提请市检察院抗诉5件，已改判5件；对侦查违法、不规范行为发出书面纠正违法通知书6份、检察建议书13份。

民事行政监督 着力提升民行监督能力，重点对虚假诉讼、生效裁判、审判人员违法以及执行活动进行监督。向公安机关移送虚假诉讼线索3件，监督审判人员违法违纪2人次，两名法官被诫勉谈话。强化行政执法监督，着力解决行政执法不作为、乱作为、不规范等问题，先后向县水利局、环保局、林业局等相关单位发送检察建议12份，促使被建议单位落实整改措施。

刑罚执行和监管活动监督 全面履行刑事执行检察各项职责，进一步加强对减刑、假释、暂予监外执行、财产刑执行的检察监督，深入开展社区服刑人员脱管、漏管专项检察活动和羁押必要性审查工作。对不符合减刑、假释、暂予监外执行条件的，提出检察意见1件；对无羁押必要性的，提出释放或变更强制措施建议29人。对不符合条件的社区矫正人员监督收监执行9人。从源头加强对职务犯罪、金融犯罪、涉黑犯罪刑罚变更执行监督，实现该三类案件零上报。

助推社会治理创新 大力推行轻微刑事案件和解机制及司法救助工作，2016年推进刑事和解25件，对困难刑事被害人及其亲属提供司法救助4次。建立律师参与化解涉法涉诉信访工作机制，联合县司法局出台《关于在永嘉县人民检察院建立法律援助工作站的实施意见》，通过律师引导群众适用法律程序解决问题。大力开展法治宣传活动，抽调精英干警重组巾帼讲师团和预防职务犯罪宣讲团，在乡镇街道、机关单位、学校、非公企业等开展宣讲活动28次。严格落实对犯罪未成年人“教育、感化、挽救”的方针，与绿文公益中心等13个公益组织及企业共建帮教基地，采取心理疏导、亲情修复、公益劳动等方式进行帮教，解决其回归社会等问题，共对10名涉案未成年人进行帮教。开展以“关爱留守女童 预防性侵伤害”主题宣传教育活动，发放法制漫画宣传光盘300余个、宣传册上千余本。服务保障换届选举工作，出台《发挥检察职能，服务换届选举专项工作实施方案》，先后获得县人大常委会主任和政协主席的批示。

加强内外监督 牢固树立自觉接受监督意识，自觉接受县人大常委会对部分检察官履职情况评议监督，广泛听取意见，认真整改落实。举办“服务基层发展·检察室在行动”、服务非公有制经济发展、加强侦查监督为主题的“检察开放日”活动，开展举报宣传周，进一步增强检察工作的透明度。始终坚持以公开为原则、以不公开为例外，加大检务公开力度，全年公开终结性法律文书1553件、案件程序性信息3268条，发布重要案件信息12条。深化案件管理机制建设，加强对案件质量的监督和办案流程的动态监管。每季度开展一次案件质量评查，在此基础上，着重对业务部门法律文书进行抽查，先后对150份起诉书进行评查，对评查出的问题及时进行通报。

检察队伍建设 一是强化纪律作风建设。认真学习中共十八届六中全会精神、《中国共产党廉洁自律准则》、《中国共产党纪律处分条例》、《浙江法官、检察官从严管理七条规定》，组织观看《永远在路上》纪录片，及时对其他地区检察人员典型违法违纪情况进行通报，真正把纪律规矩挺在前面，对党忠诚老实。严格执行中央“八项规定”、高检院“八项禁令”，严格办案纪律，严格社会交往和“八小时”外行为，使每一名检察干警都能经得起检验，确保司法公正廉洁和形象公正。研究出台中层干部能上能下机制，切实强化责任意识和担当意识，做到对队伍从严管理、从严监督。二是加强队伍综合素能建设。组织开展查补短板专项工作、“两学一做”学习教育、“三问自己·如何担当”解放思想大讨论等活动，继续深入开展学习王盛同志先进事迹活动，激励全体干警坚定理想信念，坚守岗位职责，积极深入履职。以综合素能、专项业务知识和技能、纪律作风为重点，组织开展夜学、检务督察等活动70余次，与大专院校合作开展素能培训，完成全体干警赴高校培训工作，定期开展模拟法庭活动，提升公诉出庭能力，联合浙江泽商律所开展检察官、律师论辩赛，切实加强业务交流。2016年，县人民检察院被评为永嘉县落实党风廉政建设责任制先进单位，获得市级以上荣誉15项，3名干警荣立三等功。

稳步推进司法体制改革 研究制定《司法体制改革实施方案(试行)》《现任检察官入额实施办法》，确保改革工作有序推进、入额工作公平公正。召开司法改革动员部署大会，全面解读改革方案及相关文件精神，统一干警思想，部署司法体制改革工作。完善人员分类管理，选任首批员额检察官30名，首批检察辅助人员49名，首批司法行政人员14名。专门成立入额考核领导小组，负责对首批申请入额检察官的工作实绩、综合素质进行考核。通过入额申请、客观能力评价、民主推荐及考核，确定入额人选。

（林　达）

法　院

概况 2016年，永嘉县人民法院紧紧围绕“让人民群众在每一个司法案件中感受到公平正义”的目标，牢牢把握司法公正为民为主线，忠实履行宪法法律赋予的职责，各项工作取得了新的进展。全年新收各类案件11787件，办结11815件，解决诉讼标的额39.8亿元，同比分别上升12.6%、13.5%和11.9%，办案质量、效率、效果综合考核排名居全市基层法院首位，并在县综合考绩中荣获一等奖。

刑事审判 新收刑事案件1407件，审结1436件，同比分别上升1.0%和4.3%，判处罪犯2133人。严惩故意伤害、绑架、强奸、涉黑涉恶等犯罪案件119件，“两抢一盗”等多发性侵财犯罪案件454件，制售有毒有害或不符合安全标准的食品犯罪案件39件，切实提升人民群众安全感。惩治非法经营、合同诈骗、信用卡诈骗等犯罪案件68件，维护经济金融稳定。深入推进反腐败治理工作，严惩贪污、受贿和渎职犯罪案件21件，判处罪犯23人。坚持寓教于审，依法对520名罪行较轻的被告人适用缓刑、判处非监禁刑、单处罚金或免予刑事处罚。高度重视对未成年人的教育、感化和挽救，落实圆桌审判、审前调查、社会观护、心理干预、档案封存等制度，对58名未成年人予以矫治并帮助其回归社会。

民商审判 新收民商事案件6117件，审结6271件，解决诉争标的额33.3亿元，同比分别上升10.4%、18.1%和7.0%。坚持“调解优先，调判结合”，全年民事调撤率为

58.6%，位居省、市前列。高度重视涉案民生保障，畅通绿色维权通道，共审结追索报酬、经济补偿、工伤保险等劳动争议案件154件，道路交通事故、医疗事故等人身损害赔偿案件458件，切实维护弱势群体合法权益。深入推进家事审判改革，会同县综治办建立全县家事纠纷多元化解机制，专门成立家事审判合议庭和联合调解中心，推行圆桌调判、冷静期、跟踪回访、人身保护令等做法，共审结婚姻家庭、遗产继承、赡养抚育等家事案件1355件，调撤率达82.6%。审结买卖、合伙、民间借贷等合同纠纷案件2489件，切实保护交易安全和诚信者合法权益。审结房地产开发、商品房买卖等涉房地产案件69件，促进房地产市场健康发展。

行政审判　新收行政案件148件，审结155件，同比分别上升11.3%和28.1%。审查土地、环保等非诉案件165件，准予执行161件。注重通过协调、调解等方式实质性化解行政争议，全年行政机关败诉率为12.8%，同比下降15.3个百分点，经协调促成和解撤诉率为39.2%，同比增加7.89个百分点，有力地支持政府依法行政。推进落实行政机关负责人出庭应诉制度，共出庭应诉113人次，出庭率92.92%。建立健全“府院互动四大机制群”，全年召开败诉案件责任追究联席会议及各类协调会4次，向行政机关发送司法建议24份，并主动为行政执法人员开展庭审观摩、执法培训等活动，切实推进法治政府建设。

执行工作　新收执行案件3889件，执结3720件，执行到位6.4亿元，同比分别上升9.5%、9.1%和46.4%。推动成立县基本解决执行难工作领导小组，建立健全全县村居执行联络等联动机制，将执行队伍倍增至45人，执行力量明显加强。新建动态财产申报、执行悬赏奖励等机制，完善与银行、房产、国土等单位的“点对点”查控系统，累计冻结存款1.3亿元，查封扣押房产、车辆、股权等财物7206件。全年发送征信信息3183例，曝光“老赖”464人，并使其在贷款置业、消费出行等方面处处受限。严厉打击拒执行为，共罚款、拘留185人，移送公安机关侦查拒执犯罪案件13件。专项清理执行款、刑事罚没款等遗留案款8400万元。对近五年程序终结案件进行“回头看”，共恢复执行案件1150件，执行到位2亿元。建立特殊主体身份查询机制，将执行情况纳入候选资格审查、晋级晋职、评先评优等“一票否决”范围，累计否决候选资格35人，执结案件209件，执行到位6910万元。

审判机制　严格落实立案登记制。98%以上的案件得到当场立案，对无法当场立案的案件予以登记，并一次性告知补正材料，确保有案必立、有诉必理。推进庭审记录方式改革，对1073件案件运用录音录像方式代替书面记录庭审。改革推广表格式、简式裁判文书1000余份，实现繁案精审、简案快审。加强审判监督管理，建立健全常态化审判质效评估、未结案件督办、发改案件评析、案件质量评查等长效机制，全年审判质效保持良好的运行态势，在全市法院20项质效核心指标中，有14项居全市法院前三名，其中平均审理天数、执行标的清偿率等4项指标居全市首位。

服务大局　深化“三改一拆”“五水共治”等中心工作司法保障，妥善办理涉案纠纷，为建设“无违建县”和“美丽永嘉”保驾护航。全年共对51起涉拆迁、拆违的行政处罚决定裁定准予执行，并推动县政府清理历史遗留的拆违案件636件。主动服务全县重大项目工程建设及城中村、旧城改造工作，专门出台“服务保障意见十三条”及配套实施方案，并向县政府提出12条关于防范涉诉风险的工作建议。加大环境资源保护力度，共审结污染环境、破坏渔林矿产资源等犯罪案件35件，判处罪犯92人。加强金融债权保护，共审结金融案件613件，解决诉讼标的额13亿元。妥善办理涉企案件2269件，通过慎用保全措施、活用调解和解、保护借款展期、支持应急转贷等手段，帮助化解“两链”风险。强化破产审判，专门成立破产审判庭，共审结破产案件30件，有力推进永嘉县乳品厂、楠溪江啤酒公司等一批“骨头”案件处置。强化“执破结合”，共移送执行转破产案件27件，涉及债务总额约2.3亿元，规范“僵尸企业”有序退出市场。

司法为民　会同县司法局建立刑附民案件诉调协同机制，全年共调解或促成和解案件163件，帮助被害人及其家属及时获得赔偿款2065.36万元。推行“车载法庭”常态化巡回审判机制，累计为偏远群众开展上门立案、巡回审判、就地调解等便民活动70余次。加强司法救助，共为46名当事人缓减免交诉讼费2.72万元，为3名困难当事人发放司法救助金13.5万元。持续推进审判流程、裁判文书、执行信息三大公开平台建设，一年来主动上网公布裁判文书7658份，向当事人发送审判执行流程信息4.8万条，通过新浪微博、庭审直播网等平台直播庭审25次；举办新闻发布会8次、“公众开放日”12次，并通过法院门户网站、官方微博和微信公众号公布法院信息动态，切实提升司法透明度。全面推行网络司法拍卖，累计通过淘宝网拍卖房产、商铺、股权、车辆等标的物104件，成交总额2.37亿元，成交率96.29%，平均溢价率74.65%，为当事人节省佣金527.5万元。

司法改革 着力改革审判权运行机制，按照最高法院和省高院部署，出台《司法体制改革实施方案》，稳步有序落实法官员额制、司法责任制等基础性改革。圆满完成法官员额制改革，首批遴选员额法官41名，确保将优秀法官集中到审判执行一线。突出主审法官责任制，缩减院庭领导文书签发权限，实现“让审理者裁判、由裁判者负责”。推行院庭领导办案常态化，全年院庭长共办理案件3179件，占全院案件的40.2%。大力推进庭审实质化改革，联合公安、检察机关共建证人出庭作证及保护机制，新建远程视频作证室，专设证人出庭补助经费，共通知证人、鉴定人、侦查人员等出庭作证53人次，充分发挥庭审在查明事实、认定证据、保护诉权、公正裁判等方面的作用。探索建立轻微刑事案件快速办理、被告人认罪认罚从宽等配套机制，共快速办案708件，平均用时7.6天，当庭宣判率100%，办案效率明显提升。

队伍建设 坚持每年举办“法院文化周”、“勤学明辨，忠诚担当”读书月等活动，按季编纂《楠溪法苑》院刊，干警凝聚力和法文化影响力不断提升。连续四年开展29期“道德讲堂”，宣讲先进、倡导善行，相关做法被中央政法委吸纳为全国政法队伍建设经验材料。认真开展“两学一做”学习教育及“队伍建设年”等活动，全面查补队伍短板。严格落实党风廉政建设“两个责任”，层层开展廉政约谈，精心举办“廉洁司法教育周”“510思廉日”等活动，切实筑牢廉洁防线。严明各项纪律规定，深入开展“敢担当，树标杆”及执行、法警队伍专项整顿等活动，不断提升司法作风效能。大力推进司法能力建设，落实“青年法官导师制”，编纂《书记员工作指引》，开展青年法官沙龙、庭审观摩评议、审判执行培训等活动，提升干警能力素养。广泛开展司法调研，全年共有21篇调研文章在国家、省市级刊物上发表或获奖。加强与人大代表、政协委员的联络，落实分级定向联络人大代表制度，每月编发《楠溪法讯》短信，广泛征求意见建议。2016年，共邀请33余名代表委员视察法院、旁听案件、亲历执行。

（施加俊）

司法行政

概况 2016年是“十三五”规划的开局之年，也是“七五”普法的开局之年。永嘉县司法局在县委、县政府的正确领导和上级业务部门的有力指导下，紧紧围绕“抓转型、促发展、强基础、惠民生”，结合“两学一做”学习教育，切实增强班子凝聚力、创造力和战斗力，着力推进“法治意识提升、社会矛盾化解、社会管理创新、公正廉洁执法”四项重点工作，全面促进司法行政工作发展，为全县经济社会平稳较快健康发展提供优质高效的法律服务和法律保障。具体荣誉：永嘉县获2011—2015年全国法治教育先进集体；永嘉县司法局获全省法治宣传教育先进单位；永嘉普法（微博）获2015年度全省行政新闻和网络宣传工作成绩突出单位；叶曼孙获全省法治宣传教育先进个人；陈鹤鸣获2015年度全省司法行政新闻和网络宣传工作成绩突出个人。

人民调解工作 坚持基层和专业两大调解组织建设同步推进，打造富有永嘉特色的人民调解工作体系，形成双轮驱动的人民调解工作格局。一方面积极巩固基层调解基础。针对近年来基层人民调解工作弱化、专业调委会压力过大问题，创新提出“4+1”基层人民调解工作模式，着手强化镇街联调中心、村级联片调委会、重点村居调委会、个人品牌调解室四大基层调解组织与人民调解专家指导组一大调解保障体系，加大对传统镇、村两级调解组织培养力度，培育民间个人调解力量，树立基层调解工作权威性。依托创新机制、规范工作流程、强化工作保障等措施提高各调解组织矛盾纠纷化解能力。2016年，全县共计调解纠纷10699件，其中村居调解5386件、镇街调解2428件，镇村两级调解组织调解纠纷总量同比增长223%，全县调解案件万人比达到137.17，村居调解工作覆盖率达98.49%。另一方面继续强化行业调解品牌。进一步完善行业性专业调解组织，扩大行业性专业调解组织影响力。整合交调、警调、医调、劳资、婚姻等多方调解资源，依托“前店后厂”模式提高工作效率，着力强化群体性纠纷、重特大案件调处能力。全年，县调解中心共计调解纠纷3648件，累计协议金额达3.15亿元。

特殊人群管控 着眼平安建设，“三位一体”完善特殊人员管控。深入推进智慧监管，紧跟省市社区矫正工作部署，全面推行矫正APP，GPS定位、电子手链运用，完善24小时“电子围墙”，强化网络平台监管。依靠系信息化技术开展审批监管工作，全面掌握矫正人员实时动态，使社区矫正工作更趋科学化、规范化。全县重点社区矫正人员全部实现定位手机与电子手链双管控。通过严肃执法，肃清矫正人员队伍，全县矫正人员数量连续三年下降。扎实开展心理矫治，与永嘉县家庭心理学会机构签约，由专业心理咨询师主导社区服刑人员心理矫治。全面落实心理测评，从社区服刑人员心理特点和行为习惯两方面入手制定矫治方案，引导社区矫正人员克服自卑心理，融入社会。推进社区矫正保障设施建设，通过专项请示争取，获批全市首个专门设计建设的社区矫正中心，规划建设面积1500余平方米，预算投入700余万元。切实发挥矫正监管维稳作用，圆满完成“平安护航G20”任务。县司法局矫正科孙绍、沈拥军、厉益文等同志先后获得市、县维稳安保工作先进个人表彰。

法治宣传工作 全面推进“七五”普法规划，通过紧盯重点人群、完善宣传机制、拓展宣传渠道不断强化法治宣传工作实效。突出领导干部、青少年学生、企业管理人员、外来务工人员等重点群体学法用法，针对性制定学法制度。全面整合社会普法资源，打造领导带头、部门参与、社会联动的精品普法宣传模式。领导干部任前法律知识考试制度持续完善，全年组织新提任领导干部参与任前法律考试124人次。以行政执法单位典型案例为题材，继续做强全市首个电视法律访谈节目《普法面对面》，进一步推动“以案释法”“谁执法、谁普法”责任制的落实。扩大新兴媒体宣传范围。完成“楠溪江法治网”改版升级，实现微信、微博、微电影法治宣传制度化，全年发布普法微博430余条，“永嘉普法”微信公众号发布信息107条，牵头完成法治微电影《青春岁月》制作。切实发挥新型普法阵地功能。完成全市首个青少年法治教育中心建设，并投入使用。通过筹建模拟法庭、法治宣传教育展厅、交通安全展厅，寓教于乐，切实提高了法治教育吸引力，全年接待中小学生2.8万人次。

法律服务工作 全面落实政府法律顾问制度，健全政府法律顾问体系，实现县政府法律顾问团对县政府领导一对一服务，25个政府部门、23个乡镇（街道、功能区）法律顾问聘请率均达到100%。围绕“大拆大整”“五水共治”“美丽乡村建设”等政府中心工作，进一步引导法律顾问发挥政府决策参谋作用，提高政府依法行政的能力和水平。扩大农村法律顾问组团式服务成果，将全县农村法律顾问团增加至18个，深度挖掘探索法律服务效能，进一步实现村农法律顾问工作从有形覆盖转变为有效覆盖。健全完善工作机制和服务方式，进一步拓展服务范围至社区内的学校、商会、企业等。继续深化法律服务进企业效能，强化企业危机处置，参与“僵尸企业”处置工作，切实维护好企业职工权益和经济秩序。2016年全县律师事务所办理案件1928件，收费1717万元。法律服务所共办理案件767件，收费339万元。法律援助实现精准对接，援助知晓率、司法所援助初审率有效提高。全年共办理法律援助案件828件，受理咨询1500余件。建成1000多个法律援助户，针对性提高了山区困难群众法律援助水平。公证服务能力继续凸显，服务质量和办证效率显著提高，全年办理各类公证10236件。

司法队伍建设 顺利推进金溪司法所建设，全县基层司法所数量达到15个。通过向基层倾斜人力、物力资源，在落实硬件设备的基础上，将近年来招录的公务员、矫正协理员全部充实到基层司法所，进一步充实了基层司法所队伍力量。全年新招录公务员7人，至年底全县司法行政队伍共有正式在编人员88人，其中公务员72人、事业编制人员16人，社区矫正协理员51人。继续开展司法所规范化建设，理顺所务管理制度，优化资源配置。2016年，在全省司法所星级评定中，岩坦司法所顺利通过五星级考核验收，三江司法所通过四星级考核验收。全县五星级司法所达到3个，四星级司法所达到6个。

（李陈鹏）

军　事

永嘉县人武部

概况　2016年，永嘉县人武部党委认真贯彻省军区和军分区党委扩大会议精神，以党在新形势下的强军目标为统揽，举旗铸魂把方向、练兵备战强能力、狠抓安全保稳定、正风肃纪树形象，圆满完成了年度各项工作和建设任务。

思想政治工作　根据省军区“九项”举措和“基本+特色”的要求，以“两学一做”教育活动为主线，深入学习贯彻习近平主席“七一”重要讲话和十八届六中全会精神，组织“坚决服从改革大局、忠实履行职能使命”教育及“进退走留听党的、担当尽责看我的”专题教育，广泛开展“新体制、新队能、新使命”大讨论活动，持续清除郭、徐案件影响，着力抓好党建工作“五个专项整治”，保持了各项工作和建设的正确方向。

军事斗争准备　按照准现役连队标准和抢险救灾指挥信息化、驰援摩托化、作业专业化、保障自给化的要求，全力打造“四队”兼备民兵应急连。修订对接作战方案和专项行动计划，配套完善战备物资器材，开展“一个过程”实兵演练。针对指挥体制调整、G20峰会召开，严格落实“日检查、周交班讲评”制度，在作战值班室引接地方应急广播，完善指挥信息系统共享联动机制，抓好作战值班规范运行。优化调整信息员队伍，分期集中组织民兵情报信息骨干集训，建立完善军警民“四个机制”，充分利用辖区科技、人才资源优势，依托交通、人防、通信相关行业系统，对口组建了道路桥梁抢修、汽车运输、医疗救护、应急通信和心理战等分队，按照“人装结合”“三定一签”要求，落实军民通用装备预征（储）。先后组织了民兵连长、专武干部、水上抢险分队、县民兵应急连集训，进一步提升执行任务能力。

安全发展　以确保一点小事也不出，绝不干扰军队改革和作战准备大局为目标，扎实开展“条令学习月”“迎接G20峰会百日安全竞赛”等活动，修订《部机关管理工作规定》，从值班、办公、学习、保密、车辆、财务、营院、物资、考勤和“月度之星”评选等15个方面作出严格规范，以迎接全军安全工作大检查为契机，针对六个方面48项内容制定隐患排查清单，定人、定标准、定时限，扎实开展自查自检工作，在依法从严、督导问责中打牢部队正规化建设基础。

兵员征集　认真贯彻上级征兵工作电视电话会议精神，按照军分区“四早一延伸”的要求，坚持以兵役法为依据，以“五率”为要求，以兵员质量为核心，以廉洁征兵为重点，积极做好适龄青年摸底和动员工作，创新方法手段加大征兵宣传力度，高标准高质量地完成兵员征集任务。

国防动员和后备力量　结合辖区任务的实际和特点，按照“筹划准备、部署展开、检查验收、巩固提高”四个步骤，全县齐心协力推进民兵整组工作，18支镇街应急排在接到命令后，均能迅速收拢人员，准备装备器材，在规定时限内到达指定地点集中，到点率达到95%以上。突出抓好国防动员平战结合组织机构建设，编实县国动委组织机构，预编预设“军地结合、政府为主”的国防动员战时指挥机构，并依托人武部建立“八办”集中办公室，每月采取以会代训形式，组织办事机构人员开展政策法规、动员组织程序学习训练，不断提高履职能力。根据国防动员潜力统计调查指标体系（试行），采取综合调查与专项调查、集中办公与个别核查的办法，集中推进国防动员潜力数据调查。

后勤保障工作 抓实“五项领域”整治规范，对存在问题不回避、不掩饰，共查纠了4个方面11个问题，进一步强化了“按规矩办事、在纪律下行动”的意识。与县人事局、社保中心对接办理职工、退休人员养老保险事宜，安排职工、退休人员集体进行身体体检。协调地方财政拨款拓展建成营区训练场地，预设直升机停机坪，并在营区围墙设立光荣榜、将军谱、大事记、宣传墙、法制篇等营造军营文化氛围。根据军委全面停止军队有偿服务活动有关精神，开展调查摸底，制定实施方案，成立领导小组，如期实现停止有偿服务活动的目标。

双拥工作 协调县委党校开设国防课，组织千人“重走红军路·最美映山红”活动，结合中国共产党建党95周年和烈士公祭日，组织部机关干部职工、专武干部赴永嘉革命列士纪念馆、永嘉革命烈士陵园缅怀先烈，重温入党誓词，延续红色基因，弘扬优良传统。组织人武部系统开展“六大文明公益行动”，充分发挥干部职工、专武干部和民兵在维护社会治安、参与环境整治、抢险救灾、志愿服务、化解邻里矛盾纠纷，促进社会和谐中发挥重要作用。尤其在抗击强台风“莫兰蒂”中，组织民兵第一时间全力以赴投入到抢险救灾中，先后出动官兵与民兵预备役人员2830余人次，顺利转移群众2000余人，成功解救被洪水围困人员22人、车辆3台，被县委、县政府推荐表彰为“抢险救灾先进集体”。积极开展“军属大走访”活动，协调退役老兵等。2016年3名军转干部进机关公务员队伍，16名符合条件的转业士官得到妥善安置（14名全额事业单位、2名国有企业），2名随军家属进国有企业工作，协调处理了7起涉军维权问题。

（郑林余）

人民防空

概况 2016年，永嘉县人防办积极贯彻省、市人防工作会议精神，根据上级人防主管部门及县委、县政府要求，对照年度工作目标，以“发展大融合、能力大提升”为目标，以加快人防发展方式转变为主线，以提升应急应战能力为核心，狠抓落实，取得较好成绩。

指挥通信建设 按照年度责任制目标和永嘉指挥通信的总体构想，齐抓共进，同步开展各指挥通信体系模块建设。一是以推动人民防空体系升级，将人民防空工作逐步向基层延伸拓展为目的，根据省、市人防关于基层人防规范化建设的相关文件精神，集合全办力量，综合考量，科学规划，讨论制定并下发《关于基层人防（民防）规范化建设工作实施方案的通知》，明确2016年各重点镇（街道）及社区的建设标准，同时以县政府的名义召开基层规范化建设任务部署会，召集有创建任务的重点镇（街道）及社区，下达建设任务，增强各重点镇（街道）的行动力和责任感，现各接到创建任务的镇（街道）及社区均已基本完成创建实施工作，北城、江北、乌牛三个街道的民防应急指挥中心设计方案也已通过专家组评审，进入招投标阶段。二是以逐步扩大警报覆盖，范围完善防空防灾警报网为目的，根据警报规划和全年建设任务，通过多次实地调研并报县政府同意，确定乌牛街道办事处为防空警报建设点，至年底已完成安装调试；三是以检验警报设施性能，增强市民防空防灾意识为目的，根据市人防办统一安排，开展“5·12”“9·18”试鸣工作，分别于5月3日、9月11日召开警报管理员培训会议，对新调整的警报管理员进行认真、细致的理论灌输、技术讲解、指导和模拟操作培训，对原有的警报管理员进行操作培训再回炉，同时指派人防指挥信息中心抽调精干技术力量组成检修小组，奔赴各个警报安装点逐台检修，并对各个点的警报管理人员进行一对一复训。两次试鸣鸣响率均达到100%，市民工作生活秩序井然；四是以加强人防教育基地建设，促进人防教育培训工作的健康发展为目的，根据全县实际情况，开展广泛选址，先后实地走访调研全县多个预选建设场所，经多方综合考虑，确定在三江商务区三江街道永嘉县学生综合实践学校为永嘉人防教育基地建设点，并与教育局及该学校签订三方建设协议，采取以教育局为建设主体、学校为具体建设单位、人防办一次性资金补助的形式进行建设，至年底该项目正在建设当中。

人防工程建设 在结建工程管理中，县人防办突出工程质量监管，加大施工现场检查力度，有效提高结建工程质量。人防质量监督机构由于各种原因不能在施工过程中及时到位，县人防办通常直接派员到现场进行施工质量监管，参与工程施工前的技术交底会议，将施工过程中容易出现的技术问题及注意事项向各方建设主体进行讲解，争取防患于未然；在结建工程底板、墙体、顶板等隐蔽工程隐蔽前到施工现场检查，发现问题即要求整改，绝不姑息；在中间验收与竣工验收中，均邀请人防专业质量监督站参与，严格按照施工规范进行验收。对瓯北城市新区范围内的项目，要求瓯北城市新区管委会建设局人防工作人员严格按照县人防办的标准进行管理。截至11月20日，共派员下8个工地（瓯北城市新区除外）进行检查及技术指导40次，组织人防专项竣工验收1次。根据省、市统一安排，完成人防工程平时使用情况专项检查、人防工程等三项普查工作。

人防行政审批　开展行政审批事项规范化建设。根据县政府要求，对现行实施的行政许可、非行政许可类审批项目进行全面清理，重新梳理行政审批事项规范表。减少行政许可事项3项，简化人防行政审批流程，减少行政许可审批环节；简化人防行政审批要件，将部分要求模糊的审批要件明晰化。积极与上级主管部门及县级相关审批部门做好衔接，为建设单位解决政策问题，并提供技术咨询。所有审批事项集中到窗口，审批人员集中到窗口办事，审批件收发均在窗口办理。指导瓯北城市新区建设局开展人防审批规范化及工程施工监管规范化工作，随时提供政策咨询与技术指导。行政审批提前办结率94%，平均审批时间1.5天。

人防（民防）宣传教育　以“3·1国际民防日”为契机，主动牵头联系县公安消防局、卫生局、林业局、电信局等应急救援职能单位，整合各系统各类型应急救援队伍及器材，共同建立“大民防”应急救援平台，并在大会堂广场共同举办一场各系统各种类特种应急救援设备和车辆的展示体验活动，由各系统各设备的一线操作人员向市民讲解各自器材和车辆的功能、特点和使用方法，指导帮助市民对部分设备进行体验和应急操作演练。同时设立咨询台和签名墙，向过往群众发放印有更迎合时下年轻人兴趣的二维码的人防民防政策法规及应急救援知识宣传单等材料，详细讲解应急救援及防灾减灾的相关知识，累计发放宣传资料4000余份，接受咨询500余次，这次活动以中共十八大精神为指导，以“掌握防灾应急知识，提高应急处置能力”为主要内容，大力宣传防灾减灾、应急救援和民防知识，进一步提高广大群众的灾害防范意识和应急处置技能。同时，组织瓯北城市新区江北街道永宁社区骨干、民防志愿者及社区女子军鼓队，在瓯北码头等人流密集场所进行主题宣传；以上塘城西中学为起点，开展为期两周的初级中学人防（民防）知识图片巡展；与人防工程、人口疏散场所、人防工程平战结合开发利用情况等三项普查相结合，开展周边宣传。

2013年5月9日下午，县人防办与县应急办、县公安消防局、县新居民服务管理局在瓯北城市新区东瓯街道蜘蛛王集团有限公司开展“5·12”应急疏散演练。演练以永嘉县局部地区可能遭受敌空袭威胁，要求对局部地区的新居民进行防空应急疏散、疏返为假想背景，在县人民防空指挥部的命令下，防空防灾警报声响起，正在各自岗位作业的1600余名蜘蛛王集团职工听到警报声后立即停止工作，在应急疏导员的指挥下迅速有序的到达走廊并通过楼梯，进入疏散区域；医疗救护专业队现场演示如何救护伤员及相关急救措施；消防专业队迅速出动，全力解救3楼被困人员并扑灭火灾；人防办及新居民服务管理局准备应急物资及车辆等，将企业非本地职工按户籍所在地进行战前疏返。通过模拟应急疏散、人员受伤被困、突发火灾、应急疏返等特殊场景，使各职能部门在县人民防空指挥部的统一组织协调下开展应急救援工作，既检验了县人防及相关职能部门开展应急救援的能力，又提高了企业及员工的防空防灾意识，积累了对新居民疏散疏返的宝贵经验。同时，5月9日上午，与县减灾委、民政局、科技局等单位在大会堂广场开展应急知识及防灾减灾知识宣传、咨询活动，普及推广防灾减灾科普知识、基本常识和自救技能；下午，与县应急办、县公安消防局、县新居民服务管理局等单位在瓯北城市新区人流密集场所开展人防（民防）知识竞猜活动，通过向他们提供相关知识材料，让他们在材料中寻找竞猜题目答案，在寻找答案中学习人防（民防）知识的方式，学习防空防灾知识，达到更好的普及效果。

（吴林锋）

预备役炮兵营

概况　2016年，永嘉县预备役炮兵营在温州预备役团党委的正确领导下，在永嘉县委、县政府和县人武部的关心支持下，在全营官兵共同努力下，紧紧围绕“军事训练”这个龙头，以“强军”为目标，按照“抓班子、打基础、重协调、求发展”的工作思路，用科学发展观统领工作全局，努力探索新时期预备役部队特点和规律，狠抓党委（支部）班子建设、政治思想建设、军事训练等工作，营队全面建设有了新的发展。

政治思想建设 县炮兵营始终把政治思想建设放在营队各项建设的首位，紧抓“两个队伍”建设，充分发挥党委（支部）战斗堡垒作用，坚持用科学先进的理论武装官兵头脑，坚定官兵理想信念，激发官兵参与国防建设的热情。一是着力提高党委（支部）班子“两个能力”。严格按照“预建实抓”的原则，努力加强党委（支部）建设。2016年，县炮兵营坚持制度组织党委（支部）一班人认真学习邓小平理论、“三个代表”重要思想和科学发展观，军队党组织建设发展史、《中国共产党章程》等知识，不断加强提高党委（支部）一班人的党性修养和政治思想觉悟，强化了党委一班人抓预备役部队建设的使命感。二是抓廉政增强凝聚力。提高党委班子的凝聚力、战斗力。营党委一班人认真学习和遵守《党委议事规则》《营党风廉政建设措施》和《营、连经费管理使用规定》等，较好地规范了党委（支部）工作程序，强化了班子成员各司其职，各尽其责，合力建营的思想，增强了营（连）党委（支部）的感召力、凝聚力。营队党支部坚持周五组织活动制度。对工作中存在的问题支部一班人能够集思广益合力解决问题。支部战斗堡垒作用发挥明显。

军事训练工作 年初，依据《应急作战训练纲目》和《团年度军事工作计划》，针对营现状认真抓好每一项军事训练筹划工作。在军事训练中坚持做到：一是周密计划，保障充分。训前有计划，训中有保障。紧紧依靠地方党委政府，依托人武部，依据《应急作战训练纲目》，合理制订计划，在组织上、经费上、技术上、人员上和驻训场所上求得充分的保障。二是突出重点，按编施训。坚持先官后兵，先基础后专业，先散后合，逐步逐级，循序渐进地施训。三是以“演”为“战”，全面提高。紧贴实战任务和营队实际，以触及营战备训练的各个层次，提高“两个能力”为主要任务，把演练场当作战场，从严锻炼和摔打部队。上半年的兵员整组工作，每个连队都进行一摸底，二动员，三调整，四总结，连队都召开兵员整组点验大会，双三七高炮连到位率100%，团机关领导和营干都到一线进行检查督导，利用一个月时间，全营兵员“七率”全部达标。6月，选派部分100迫击炮连共12名骨干参加师在宁波统一组织的15天专业骨干集训，被集训队评为训练管理先进单位。7月完成107火箭炮连加营部成建制训练。出色地完成任务，受到领导的一致好评。

参建、共建 在永嘉县“三个文明”建设中，遇到急、难、险、重的任务，部队主动请缨，2016年，在地方山林灭火、抗击台风、维护社会治安等活动中，共出动兵力102人次。充分发挥预任军官与预任士兵的作用，同时引导预任官兵以现役军人的标准严格要求自己。“走一路红一片”，在老百姓心目中树立了“文明之师”的良好形象。

（戴　枫）

消　防

概况 2016年，在县委、县政府的坚强领导下，永嘉县公安消防局以中共十八大、十八届五中、六中全会精神和习主席系列重要讲话精神为统领，以消防安全形势和部队管理“两个稳定”为目标，以“创人民满意消防队伍”为基本要求，团结带领全体官兵抢抓机遇，忠诚履职，固本强基，部队建设和队伍素质稳步提升，实现了党委班子团结、部队管理正规、作战能力稳步提升、火灾形势持续稳定的良好局面。县公安消防局被永嘉县委、县政府评为G20杭州峰会维稳安保先进集体、2011—2015年全县法治宣传教育先进集体、2015年度全县安全生产工作先进集体，先后有2名同志荣立个人三等功，8名同志荣获省厅、市公安局及地方党委政府表彰。

火灾分布和特点 2016年全县共接警出动1121起，火灾664起，抢险救援357次，群众救助100次。出动各种消防车1546辆次，消防官兵9788人次，死亡3 人，受伤1人。从火灾发生区域来看，全年上塘中心城区97起、瓯北街道226起、三江街道17起、桥头镇55起、桥下镇69起、沙头镇17起、乌牛街道32起、黄田街道39起、岩头镇28起、枫林镇12起、岩坦镇28起、大若岩镇14起、碧莲镇10起、巽宅镇6起、鹤盛镇14起。山区发生火灾128起，占火灾总起数的19.3%，死亡3人，占死亡总数的100%。从火灾发生场所来看，住宅类火灾（含居住出租房）263起，占火灾总起数的39.6%，死亡3人，占死亡总数的100%；厂房、仓库火灾65起，占火灾总起数的9.8%；电线着火188起，占火灾总起数的28.3%。

消防责任 年初，县公安消防局以落实消防安全责任制为主线，提请县政府召开消防工作会议，深化“党政同责、一岗双责”制度，县政府与各乡镇（街道）政府（办事处）签订《消防工作责任书》，进一步分解落实了消防安全责任。2016年，县委、县政府先后多次通过召开县委常委会、政府常务会、工作部署会等形式部署推进消防工作，召开部署会议16次，发文部署全县消防工作7次，专题研究解决制约消防工作发展的瓶颈性难题4项。县、乡镇（街道）两级党委、政府领导多次在重大节日、重要时期带队开展消防安全检查，特别是G20杭州峰会安保期间，为进一步深化安全生产和消防安全专项整治工作，县公安消防局提请县委、县政府专门成立永嘉县安全生产和消防安全专项整治工作临时工作组，每周开展常态督查，督促乡镇（街道）加强对本区域的消防安全管理，落实每周会商研判、每周通报和联合检查等机制，协调解决消防安全突出问题。

锻造消防铁军 2016年，县公安消防局严格按照“一熟悉、二演练、三宣传、四处置”的战时勤务模式，深入开展“六熟悉”和实战演练，完善灭火救援预案，并逐一制定作战信息卡，落实工作责任。县公安消防局对永嘉、瓯北两个中队训练塔进行提升改造，并以建制中队为作战单元，科学调整作战力量编成，立足现有人员装备实际，合理设置训练科目，经常性开展全员实装实操实训。圆满完成G20杭州峰会、第三届世界互联网大会等一系列重大消防安保任务，出色完成了“1·20”鹤盛镇大桥头民房倒塌、“7·25”桥头镇坦头村工业区奥佳纽扣厂火灾扑救、“10·10”鹿城中央涂楼房坍塌增援、“莫兰蒂”和“鲇鱼”抗台救援等急难险重任务，部队打赢能力进一步提升。

鹤盛镇消防演练

创建“美丽窗口” 2016年，县公安消防局试点开展消防“美丽窗口”建设，以增强队伍素质、提高服务质量、提升服务效率、塑造良好形象为重点，着力在提供主动式、跟进式、深层次、多元化服务上下功夫，倾力打造“效率最高，服务最优，人民满意”的一站式美丽窗口。从综合服务中心功能区改造入手，打造“一门式”办公服务，设置了专门的服务接待区、办事窗口区、执法公开区、培训教育区，采用低台、敞开式办公，印制6种便民服务卡，公开《消防行政审批服务指南》，切实为办事群众提供方便。县公安消防局把服务作为综合服务中心工作的主题，把服务作为自觉追求和基本职责，着重在提升服务能力上下功夫。每月、每季度举办“服务之星”评选活动，提供代办服务、提供订单管理服务，设置项目受理办结等每个流程进度提醒短信的“快递式”服务，并在永嘉消防微信公众平台专门设置“永嘉消防在线预约系统”

和“永嘉消防查询系统”，使消防窗口绽放出亲民、便民、利民之光。2016年下半年，服务窗口先后帮助乡镇（街道）、社会单位和当地群众解答疑难问题300多件，接受乡镇（街道）、企事业单位消防预约培训55次，培训人数达6000余人次。收到锦旗16面，受到群众的肯定和赞扬。

消防监督执法 立足永嘉消防安全现状，加大对火灾隐患集中的不放心区域、不放心行业、不放心单位的排查整治力度，狠抓三大整治。一是重大隐患挂牌，严格落实重大隐患政府挂牌督办制度，坚决杜绝该挂不挂、避重就轻的问题，并用县级主流媒体跟踪报道政府挂牌重大火灾隐患单位整改进度。8家省（1家）、市（2家）、县（5家）级重大火灾隐患单位全部提前摘牌销案。二是重点区域整治，对火灾隐患集中的城中村、城郊接合部开展重点排摸，分类梳理火灾隐患，确定4处火灾隐患集中区域，推进区域隐患整治，区域隐患年内按期完成整治。三是重点场所整治。开展冬春火灾防控、夏季消防检查、五大重点领域消防安全专项整治、“大拆大整”消防专项行动等专项整治工作。针对性地开展了高层地下建筑、商场市场、宾馆饭店、娱乐场所、劳动密集型企业、福利机构、医院、学校、易燃易爆危险品等单位和场所的专项治理，始终保持了隐患整治的高压态势。2016年县公安消防局共检查社会单位6642家，发现火灾隐患12481处，督促整改火灾隐患12418处，下发责令改正通知书5322份，责令“三停”102家，拘留256人，罚款212.275万元，整治防控成效显著。

消防宣教建设 深入开展“党政领导学消防”活动，联合县委党校将消防安全知识纳入县处级领导干部示范培训班课程；联合《今日永嘉》、永嘉电视台等主流媒体，开辟《走进消防》媒体专栏；开展了“隐患随手拍”“小小消防员护航G20——首届儿童消防作文、绘画有奖竞赛”等活动；深化消防宣传“十进”活动，永嘉消防官方微博微信关注网民达1.4余万人，播发安全提示3万余条，全县主要商场、市场、广场户外视频播发安全提示2万余条、楼宇电视播发安全提示5万余次，大型LED播发安全提示16万余次。永嘉电视台录制完成消防专题节目6期，《今日永嘉》刊登消防专栏120余期，县级消防科普教育基地年内接待参观8000余人次。全年，县公安消防局发放30万余份消防知识资料和20万余条消防知识短信，中央级媒体发稿100余篇，在省级媒体发稿800余条，消防宣传收效良好。全县3名消防志愿者被温州市政府评为“优秀社区消防平安大使”。

（叶晓卉）

武警永嘉县中队

概况 2016年，武警县中队在县委、县政府的正确领导下,按照年初提出的“认清形势、补齐短板、乘势而上、争创先进”的工作思路，以深入学习贯彻习近平总书记系列重要讲话精神和“两学一做”活动为主线，围绕武警总部总队总体工作部署，以两级党委扩大会议精神为牵引，坚持依法从严治警，依据《军队基层建设纲要》和武警部队新颁发《正规化管理规定》，着力提高部队建设质量，狠抓经常性基础性工作落实。2016年，中队营房和看守所同步搬迁中塘新址，整体建设稳步推进，中心任务完成圆满，湖北会议精神落实走在全市前列，被武警省总队评为“2016年度基层建设先进中队”。

思想政治教育 2016年，针对国内外的严峻形势，尤其是处于军队改革敏感期，县中队班子能始终保持清醒头脑，高度重视思想政治教育。累计组织政治教育142次，主题教育29次，随机教育45次，执勤、形势任务教育28次、保密教育、安全教育、法纪教育、卫生教育、管装爱装教育以及条令法规等40次。深入开展“改革强军”主题教育，坚定看齐追随的高度政治觉悟，开展拥护改革大讨论。依托任务部署，扎实开展“学党章党规、学系列讲话，做合格党员”教育活动，充分利用驻地红色资源，加强红色基因的学习与传承，铸牢了官兵强军兴军的思想根基。创新体会式笔记，有效促进教学效果落到实处。着重抓好经常性思想工作，坚持每季培训思想骨干，每月官兵思想分析，每周开展谈心活动，确保了人员思想纯洁和稳定。着眼任务实际，在“6·4”“7·5”等敏感期和重大节日前，针对性开展形势任务教育，克服麻痹思想，树立“箭在弦上，引而待发”的战备思想。

执勤战备 2016年，武警县中队任务完成圆满，临时勤务上，累计武装押解×余次，出动兵力×人次，押送囚犯×余名，4月，份完成看守所整体搬迁武装押解和武装备勤任务，任务全程圆满顺利。固定勤务上，针对目标单位搬迁后的48处执勤隐患，中队不等不靠，中队长亲自带领官兵不眠不休三天内整治45项，其余三项也在一个月内整治完毕，有效提升了安全系数，和看守所形成了安全共保、隐患共治的格局。其中钢网墙建设受到省总队白司令员高度肯定，并成为建设标准推广兄弟单位。台风莫兰蒂期间，中队按照抢险救援预案由中队长带领中队官兵辗转桥下、大若岩开展抢险救援和机动备勤任务，受到地方好评。中队参加G20任务的×名官兵圆满完成意大利使团下榻酒店的外围安保任务，被表彰为先进集体，一名同志获评“安保卫士”。

军事训练 2016年，武警县中队贯彻落实新修订《军事训练和考核大纲》，着眼中心工作，狠抓实战化训练，确保招之即来、来之能战。进一步完善训练机制，狠抓应急班实战化训练，始终保持箭在弦上、引而待发之势。突出抓好“两官”训练。在人员上紧紧扭住干部、骨干训练这一重点，在内容上突出对干部基础体能训练，对士官组训和教学能力的培养。抓好军事训练“八落实”，确保训练质量，坚持每日训练讲评，每周会操和每月考核，并进行量化打分，建立训练档案。完善奖惩措施，营造训练有为、训练有位、训练有功的氛围，严格落实补差训练和骨干培训制度；针对勤训矛盾突出的问题，积极组织利用“五小练兵”载体，开展好练兵活动，有效提高了训练效果。

安全管理 2016年，武警县中队认真落实《安全工作八个规范》和部队安全法规，坚持依法从严治警，打造秩序正规、安全发展的部队形象。重点抓牢“人车枪弹酒、水火电毒密”的管理，抓实安全教育、风险评估、隐患治理等环节，从源头消除各种隐患和苗头。结合担负温州市支队正规化试点和执勤正规化试点的任务实际，在库室管理、部队秩序和军人着装、礼节、形象等方面逐项进行统一规范，成为全市部队正规化管理的标杆，有效提升了部队正规化建设水平。

紧盯安全“高压线”，树立人人讲安全，消除安全隐患。结合安全教育和隐患排查治理工作，扎实搞好暑期百日安全活动、百日安全竞赛活动和安全大检查活动，定期分析安全工作形势，实行安全工作责任制。加强枪弹管理，严格制度规定，坚持“双人双锁”“同进同出”。加强对中士以上士官和身边人的管理力度，突出后勤人员和无职务士官的管理，做到不失控不失管。

后勤保障 2016年，武警县中队坚持后勤变“前勤”，大力加强现代警营饮食文化建设，以伙食精细管理年的通知精神为契机，提升后勤保障质量。严格落实“三餐合一”和“1126”和“6211”要求，落实伙食管理“五项制度”，实行自助餐，每周对副食品价格进行市场调查，发挥军事民主组作用，让班级参与食谱制定，征求官兵伙食意见，官兵伙食的满意度达到100%。完善后勤设施“四配套”建设，严格执行财经纪律，加强对营产营具的管理。严格落实后勤战备规定，及时调整战备物资，保证后勤装备物资始终处于良好的战备状态。加强车辆管理使用，严格落实“五位一体”车辆联管责任制。扎实做好卫生防病工作，每周消毒杀菌，确保官兵身心健康。严格落实武器保养、双人双锁和日检查制度，确保枪弹绝对安全。

（王泽玉）

社会事务

民 政

概况 2016年，在县委、县政府的正确领导下，在上级民政部门的指导帮助和广大民政干部职工的大力支持下，全县民政工作始终围绕县委、县政府的中心工作，从促进社会和谐与社会进步入手，全面贯彻科学发展观，认真履行“解决民生、落实民权、维护民利”的职责，充分发挥好民政在加强社会建设中的保底作用、基础作用、支持作用、支撑作用，为永嘉县经济社会发展大局做出了应有的努力，民政工作取得十分显著地成绩，获评省级先进老龄办，温州市扶贫开发工作先进集体，县级提案办理先进单位等多项荣誉。

城乡低保 2016年，制定出台《永嘉县支出型贫困家庭救助办法（试行）》，扎实做好城乡低保和重度残疾人基本生活补助等工作，深化巩固市级“救急难”试点成果，成立全市首家县级公募性质的救急难基金会，原始资金到位400万元，并已建立理事会、监事会，制订通过了基金会章程、救助管理办法等。对城乡低保标准进行调整，城镇居民最低生活保障标准保持原来620元/人·月不变，农村居民最低生活保障标准由原来的470元/人·月调整为527元/人·月，农村低保标准达到城镇低保标准的85%。同时，下发《关于进一步完善低保工作机制的通知》，开展城乡低保专项整治行动，共清理整顿低保户1414户2753人；接受住建、农业、林业等部门关于居家家庭经济状况信息核对的申请，核对居家家庭经济状况1600户27000人次。2016年全县共保障城乡低保对象16015户28386人、重度残疾人1882人，每月支出低保金和重残补助金839余万元，低保占比达2.95%。全年发放动态物价补贴324万元，各类慰问金46万元。

医疗救助 2016年，医疗救助基金筹集标准提高到不低于16元，全年共投入救助资金达4140万元，救助人数6903人次；积极开展针对低保对象精神病人的医中救助，救助精神病人3005人次,支出救助金额1200万元，现在住在民康医院和康宁医院的还有475人；对6名儿童先天性心脏病和儿童白血病患者实施特殊救助，支出救助资金15万元；完成“白内障复明工程”手术30例，扎实做好资助困难群众参加基本医疗保险工作，共资助低保、“五保”、重度残疾人等22689人，支出资金294.9万多元。

临时救助 2016年，经永嘉县编委办批准在永救助管理站增挂流浪未成年人救助保护中心，从而进一步加强对流浪未成年人的救助保护工作，并由永嘉县政法委牵头，永嘉县社会治安综合治理委员会办公室、永嘉县公安局、永嘉县民政局、永嘉县财政局、永嘉县人力资源和社会保障局、永嘉县卫生和计划生育局、永嘉县残疾人联合会等7个单位参加联合发文《关于规范肇事肇祸行为及倾向重性精神障碍患者收治救助工作的通知》（永综办〔2016〕15号），全县共3252户8286人次享受临时救助，支出救助资金623.24万元（火灾除外）；共救助流浪乞讨人员539人次（其中危重病人46人），累计支出救助金173万元，跨省护送返乡安置14人、接回安置9人；目前滞留救助站接受救助的28人，救助率达100%。

慈善救助 2016年，永嘉县新增6个“冠名基金”（永嘉县“红色基金”“江南医疗救助基金”“永中校友基金”“侨界美丽妈妈爱心基金”“我店铺商城慈善基金”“永嘉县林氏爱心基金”），当年到位资金677.83万元；机关、事业单位和国有企业中有348个单位、23700多名干部职工参与“慈善一日捐”活动，共捐善款331.7

万元，比2015年（329.9万元）略有增长；全年累计慈善捐赠收入3337.48万元（含物资非现金捐赠收入194.19万元），虽比去年减少346.98万元，剔除去年桥头菇溪河两岸景观绿化工程定向捐资1473万元的非常规性捐资，同比去年增长50.92%。同时，2016年在原有慈善救助项目的基础上，新增5个救助项目（“江南医疗救助”项目、“同在蓝天下·百名贫困农民工子女助学活动”项目、“助力成长·百名贫困高中生助学活动”项目、慈善赈灾项目、“走访慰问在监服刑人员特困家庭活动”项目），慈善救助在整个社会救助体系中的作用更加明显，全年累计支出慈善资金3424.08万元（含物资非现金支出194.19万元）。

集中供养 2016年，认真贯彻落实国务院《农村五保供养条例》，依法保障“五保”对象合法权益。全县农村敬老院12所，农村“五保”供养对象423人，其中集中供养对象415人、户院挂钩8人，集中供养率达98.1%，全年发放集中供养金313.41多万元，达到上年度农民人均年收入的59.05 %，超过省厅规定的60%的标准，较好地满足了农村“五保”和城镇“三无”人员的吃、穿、住、医、葬等方面的保障需要。

灾害救助 2016年，由于受超级寒潮、第14号台风“莫兰蒂”及数次特大暴雨袭击，导致全县22个乡镇（街道）受灾，共倒塌民房78间（63户，全倒无房38户），严重损坏民房135间（73户），一般损坏民房63间（54户），受灾人口161057人，造成直接经济损失6.19亿元，先后给155户受灾户下拨倒损房补助资金104.5万元；另外，下拨因灾生活困难补助资金320万元、救济棉4480床、大米10.5吨、食用油324瓶、方便面20箱、矿泉水20箱、折叠床8张等。全县共发生民房火灾30起，民房受灾192间，造成577人受灾，下拨民房火灾救助款40.27万元。2016年组织培训各级灾害信息员115人，鉴定避灾场所188家，撤销避灾安置场所85个，整改避灾安置场所6个，至年底全县共有565个避灾安置场所，使用面积达到28.25万平方米，可同时安置转移人员约 9.6万人，村级避灾安置场所覆盖率达60%（省里要求达到45%）；2016年获得国家级综合减灾示范社区2个（北城街道下寮社区、岩坦镇岩坦社区），获得省级综合减灾示范社区1个（岩头镇表山社区），目前全县已创建国家级综合减灾示范社区11个、省级综合减灾示范社区6个。全县在编应急救援队伍达到40支，应急救援队员500多人，专业抢险队伍5支，新增备案登记的应急救援组织1支（永嘉县三江街道腾龙救援服务中心）。

老年人福利 2016年，启动养老业三年行动计划，制订《永嘉县养老设施布点规划》，出台《关于深化公建敬老院体制改革的实施意见》，成功与上海亲和源集团有限公司签订瓯越山庄招商引资协议，引入全县首个高端养老项目。至年底全县拥有养老机构43个（其中公办机构16个、民办机构27个），共计床位5132张，其中护理型床位2176张；2016年新增养老床位945张，其中护理型床位515张。全年新建居家养老照料中心160个，累计建成居家养老照料中心421家，实现社区100%全覆盖。开展涉老从业人员培训，已完成家庭护理员4000人、养老护理员385人的培训工作。联合县公安消防局开展以“平安护航G20及世界互联网大会”为主题的“隐患清零行动”，对全县的养老机构进行两次消防安全大排查，组织40多家养老机构负责人开展消防安全培训及演练。通过政府“埋单”发放养老服务补贴，补贴人数达3790余人，惠及全县2.3%的老年人；全年发放高龄津贴716.76万元，同比2015年增长13.32%。同时，通过实施“以奖代补”，下发2015年居家养老照料中心建设资金1320多万元，有力地推动了养老事业健康发展。

儿童福利 2016年，永嘉县福利中心共接收弃婴2名，现收养弃婴及孤儿37名，其中在外寄养2名；完成46名社会弃婴送养工作，先后安排7名残疾弃婴及孤儿接受康复或手术治疗。现有11名儿童就近入学，其中初中4名、小学6名、幼儿园1名。全年依法审批留守、困境儿童200多名，至年底共有留守、困境儿童723名，全年下拨补助资金700多万元。同时，先后接待了社会团体、义工组织、学校、企事业单位、部队慰问以及爱心活动30多场（次），接待人数超过1000多人次。

残疾人福利 2016年，全县被核定为合格福利企业9家，合格率100%，均已安装考勤监管系统，安置残疾职工268人，比上年减少35 人，残疾职工平均安置比例达37.05%；资助福利事业30万元，同比下降30%，残疾职工平均年参保额为1440万元，同比增长7%，残疾职工平均月工资为2568元，同比增长9%。全县福利生产共完成现价工业总产值2.8亿元，比上年同期负增长；产品销售收入1.81亿元，同比负增长；实现利润2410万元，同比负增长；出口货值4016万元，同比增长0.5%。全年福利企业共投入技改资金6亿元，开发新产品10个，专利产品15个，特别是浙江朝瑞电器有限公司CHRUI牌，智能电网自动化一系列产品荣获5个专利。全县残疾职工保险总额264.62万元，在保证残疾职工标准工资1530元的前提下，每个福利企业除支付工资外，每月加给残疾职工不等的补助金，春节回家车船费给予报销，节日补助。同时，全县有3家福利企业安装了无障碍设施，保障了残疾职工的合法权益。

优抚优待 2016年，全面贯彻落实优抚对象优待抚恤政策，按照优抚对象抚恤补助自然增长机制提高定期抚恤补助金标准，全年发放优抚对象抚恤补助资金2569.45万元，为849户义务兵家庭发放优待金1392.1万元。“八一”、春节期间走访慰问1158位优抚对象，发放慰问金72.2万元，发放年画挂历2.2万份；认定带病回乡退伍军人10人、60周岁农村籍退役士兵146人；认真落实重点优抚对象医疗保障工作，发放医疗补助金288.46万元；新增全国优抚信息管理系统优抚对象110人，死亡减员77人；办理“浙江省抚恤优待证”13个、“浙江省三属优待证”243个；对133个需要康复辅助器具的优抚对象派送轮椅车、座便椅、双拐、手杖；对29名精神病残疾军人进行体检，并建立个人医疗档案；组织34名重点优抚对象到嘉兴荣军医院短期疗养；出台了《政府向社会力量购买优抚服务实施方案（试行）》，确定了永嘉县关爱老兵志愿服务中心、永嘉县嘉和帮扶中心等2家机构作为首批承接优抚服务项目的试点单位，并分别签订《政府购买优抚服务项目购买合同书》，支出金额为27多万元，全县辖区内1329位重点优抚对象及退伍兵受益。同时，高度重视优抚对象的信访维稳工作，开展对重点优抚对象“大谈心”和结对帮扶活动，实行重大节假日期间责任单位每日上报稳控对象动态机制，建立信访维稳“零报告”制度，全年共接待来信6件，来访5批次，信访处理率达到100%，其中来信书面答复6件，网上咨询政策的6件；圆满完成G20杭州峰会和世界互联网大会的涉军群体维稳安保工作，受到县委书记的肯定批示，并全县推广交流；做好了“9·30”烈士公祭日县领导祭扫仪式的筹备和祭扫人员的接待工作，共接待祭扫人员1586人次。

双拥安置 2016年，共接收2015年秋冬季退役士兵323人，安排转业士官16人，移交县人武部档案306份，发放培训指南和公开信700多份，组织141位退役士兵参加职业技能教育培训,支出经费107.46万元;为225名现役立功受奖官兵发放奖励金22.5万元，支出退役士兵自主就业一次性补助金785.3万元。春节、“八一”期间，组织春节拥军慰问团走访慰问温州军分区及驻永部队，为官兵们送上慰问金和慰问品41.8万元。全面落实军休干部“两个待遇”，支出经费51万元。组织召开部分重点优抚对象代表迎新春座谈会和“八一”建军节座谈会，大家畅叙欲言，共同谋划做好我县的优抚工作。

丧葬整治 2016年，制定出台《关于进一步深化丧葬陋习整治工作实施意见》《永嘉县殡葬管理工作责任追究办法（试行）》等系列殡改文件，召开全县丧葬礼俗整治工作动员大会，并首次将殡改工作列入县委、县政府对县直部门的考核项目之一。继续贯彻落实丧事严管制度，启用青山白化综合治理信息化监控平台，购置无人机1架加大对坟墓“禁新”的督查力度，加快推进青山白化治理工作。全年共出动执法人员900余人次，制止、拆除各类私墓1190余座，生态化改造私墓570多座，实施全程监管丧事166例，发出整改通报4份（次），责令公开登报道歉12例，起棺火化5例（溪下马上山1例、岩坦陈寮4例），火化面和火化率均达100%，并全面启动骨灰安放流向跟踪管理，及时掌握骨灰去向，确保跟踪率达100%，从源头上引导生态葬法，防止乱葬乱埋；全年共火化遗体4800多具，免除群众基本殡葬费450余万元，惠及群众4860人。

生态墓地 2016年，完成全县180座公益性公墓的普查备案工作，公益性墓地免费为困难群体和重点工程坟墓提供迁移墓穴，桃源永安生态墓地迁移墓区（免费）已迁葬900余对（穴）。新审批生态公墓21处（其中骨灰楼1处），建成投入使用13处；启动上塘、瓯北新建2个殡仪服务中心前期筹备工作，加快推进殡葬基础设施建设；同时，充分利用电视、广播、报纸等新闻媒体、舆论工具开展全方位、全覆盖宣传教育，并组织宣传车辆深入基层和农村进行巡回宣传，特别是在清明、冬至等修建坟墓高峰期前后，在《今日永嘉》开辟殡改专栏，大力宣传殡葬政策法规，倡导厚养薄葬、文明办丧的新观念，营造浓厚舆论氛围。累计张贴通告400余份，悬挂横幅50条，发放宣传单5万余份，流动宣传车累计宣传达1000余小时。

婚姻收养 2016年，认真贯彻执行民政部新实施的《婚姻登记工作规范》，并于2016年12月26日顺利实现在新系统的登记工作。全年依法办理结婚登记7478对，离婚登记2001对，补领婚姻登记证3474本，出具涉外无婚姻登记记录24份，查阅复印历史婚姻档案1500余件次。按照档案管理的规范要求，及时整理装订2015年度各类婚姻登记档案512卷；开展原乡镇历史婚姻档案整理工作，涉及现存的1990年至2007年65个乡镇机构的历史婚姻档案，共计整理卷宗3951卷，全部符合县档案馆的要求并办理了档案移交手续。以离婚室为平台，开展免费婚姻家庭辅导服务，劝导离婚对象19对，经劝解当年未离婚的6对，劝解成功率达31.6%。免费实施结婚颁证服务，引导转变“重婚礼轻登记”的观念，全年共免费颁证30对。同时，根据《中华人民共和国收养法》和有关规定，认真开展国内公民收养登记工作，全年共办理54件。

社会组织 2016年，制订社会组织承接政府职能目录清单（第二批），累计承接政府职能转移的社会组织数达174家，占总数的31.02%。下发《关于开展民办非企业单位、民办事业单位2015年度检查工作的通知》和《关于开展社会团体2015年度检查工作的通知》，继续做好社会组织年检及评估工作，应检社会组织531家，已年检社会组织529家，注销登记2家，年检率100%；其中，7家社会组织获得AAA等级。开展“公益创投”活动，确定30个公益项目获得创投资金35万元；举办社会组织公益沙龙10期。全县登记的社会组织达640家，其中社团260家、民非375家、基金会5家、备案的社区社会组织达3691个，2016年新增社会组织81家，其中社团30家、民非49家、基金会2家。

地名区划 永嘉县涉及2条市级界线（温丽线、温台线），2条县级界线（永乐线、鹿永线），一个市级三交点（温台丽），管理5个界桩，界线总长368.747公里，2016年对永嘉县管理的5个界桩的其中4个界桩按照标准进行一体化建设，联合鹿城区、乐清市开展界桩界线联合检查工作，并以“联谊、联防、联调、联网、联治、联动”的“六联”动态机制，积极开展平安边界互访活动，召开10余次座谈交流会，实地到访界桩5次，参与人员60多人次，涉及民政干部、乡镇（街道）干部、社区（村、居）相关人员及界桩界线管理人员，整理汇编完成《平安边界互访活动资料汇编》30册。同时，严格按照行政区划调整的要求，确保材料齐全、程序合法，顺利完成部分行政区划调整方案的报批，行政区划由原来18个镇（街道）调整到现在的22个乡镇（街道）。组织开展第二次全国地名普查工作，落实223万元普查经费，共收录各类地名6085条，涉及11大类39小类；编撰出版500册《永嘉县地图册》、200册《永嘉县政区大典》，修改编制各2000册的2011年版和2016版《永嘉县行政区划图》，完成东城等8个街道的1:500地形图普查，并建立5988条地名数据库，设置548个道路指示牌、1231个门牌；收集上报千年古县永嘉县、国家级历史文化名镇岩头镇等14处地名文化遗产保护名录。

社区建设 2016年，为进一步巩固提升城乡社区建设实践成果，全面深入推进城乡社区建设，根据《关于印发永嘉县城乡社区建设对口见学活动实施方案的通知》，全县各结对乡镇(街道)按计划开展对口见学活动，对口见学活动覆盖了所有城乡社区，通过相互观摩、相互学习交流，取长补短，大幅提升了城乡社区的服务能力和学习能力。累计开展活动人次230余次，社区覆盖比例为100%。同时，组织全县各乡镇（街道）民政助理员和17个城市社区负责人在岩头党校开展城乡社区协商民主培训会，下发《关于开展城乡社区（村居）协商民主工作的通知》，全县有112个村居共开展了118次协商民主活动，有效提升了村（居）民公共参与意识和加强了村（居）民对村级事务的监督。全面提升“96345”社会(社区)服务质量，全年累计受理电话8326次，其中事务咨询类3106次，占总数的37.30%；生活服务类2007次，占总数的24.11%；车管所服务类2842次，占总数的34.13%；医院服务类202次，占总数的2.43%；其他类169次，占总数的2.03%。

社工人才 2016年，以国际社工日为契机，联合相关单位采取广场宣传、座谈会、社工沙龙和实务活动等多种形式开展社会工作主题宣传普及系列活动，发放社工宣传资料1000余份，提供免费义诊、理发等服务600余人次。举办2016年永嘉县社会工作者考试经验交流活动，并首次将网络培训纳入考前培训体系中，选派2名永嘉优秀社工前往上海参加2016年温州市青少年事务社会工作专业人才队伍建设专题培训，并组织有关青少年事务及项目的永嘉县社会工作实务能力提升交流会；选派1名国家中级社工前往杭州参加香港东华三院浙江社工培训班；推荐5名一线社工参加分三个阶段进行培训、为时一个月的社会工作人才实务能力提升培训班。邀请社会工作方面专家、教授前来为永嘉社会工作进行培训指导，提升社工理论知识储备与实务技能，累计培训社工机构负责人、社区负责人、基层民政员、持证社工200余人。同时，通过政府购买服务方式，聘请温州大学陈和教授，对永嘉县已有的社工机构进行机构督导。2016年报考国家级社工考试的共有65人，其中报名参加初级助理社会工作师考试的有42人，参加中级社会工作者师考试的有23人。通过资格考试获取国家初级社工师的23人，中级社工师10人，社工总人数已达718人。

村务管理 2016年，对村务公开实行检查量化评分制度，1月10日、4月10日、7月10日、10月10日，联合县纪委、县农业局对各乡镇（街道）2015年第四季度和2016年第一季度、第二季度和第三季度的村务公开情况进行督查，分别对检查结果进行量化评分，并直接与年终考核挂钩，平均每次督查走访60多个村居；同时，率温州之先推行村务监督质询制度，每半年召开一次，邀请村干部、村民代表、部分党员，对村党组织、村民委员会、村集体经济组织负责人进行当面质询，有效化解了基层矛盾，理顺了村级事务监督管理机制，得到村干部、村民的一致肯定。全年累计开展质询会近800次，当场解决问题超过1200个，收集问题1300余个，总共已解决问题1500余个。

老龄事业 2016年，完成老年事业发展“十三五”规划编制工作，县老龄办牵头召开老龄委成员单位会议，对“十三五”规划主要目标和任务责任进行分解，明确各成员单位的工作任务。启动并完成第二届市级“敬老文明号”创建工作和第二届全国、省、市级“敬老文明号”单位推荐申报工作，推荐黄田街道千石社区老协会长林陈义和永嘉县文明办宣讲团成员陈久彰参加全国和省级“敬老爱老助老模范人物”评选；积极推动我县鹤盛镇参与“中国老年宜居名镇”的申报工作，于2016年10月正式通过“中国老年宜居名镇”认证，并获得中国老年宜居环境发展联盟和中国老年学会老年宜居环境委员会授予的“中国老年宜居名镇”认证证书和牌匾，成为浙江省唯一获评此殊荣的镇。全面推进老年人意外伤害保险工作，投保覆盖率达50%；加大老协会的扶持力度，基层老协会备案率达到70%以上；成功举办全县老年人门球比赛和“老爸老妈来欢唱”永嘉赛区的海选活动，联合县委宣传部组织开展送戏下乡活动5场次。全县共有800多家老年活动中心，重新命名了100多家二星级老年活动中心（室），二星级老年活动中心总数达350家；2016年新建老年活动中心（室）30家，扩建38家，总面积达20000多平方米，总投入达3000多万元；全县老年电大学员约28000人，占全县老年人口18.7%，同比去年增长率为19%。及时做好高龄津贴的发放工作，全年共发放高龄津贴716.76万元，同比2015年增加13.32%；免费办理“浙江省老年人优待证”2万多本，其中60岁以上12829本、70岁以上9535本。

（潘修多　李瑶瑶）

新农村建设

农村环境整治 大力推动农村生活污水治理，2016年共启动141个村的农村生活污水治理，新增受益农户33403户，三年来共完成农村生活污水治理534个村，受益农户达11.5万户。启动农村生活垃圾分类处理工作，2016年完成垃圾分类处理308个村，采购分类垃圾桶72000套，建设简易沤肥池285个，阳光沤肥房8个，机械处理站1个，完成大若镇全镇农村生活垃圾分类处理建设。

美丽乡村建设 通过沿线“三线落地”、村庄“四头”建设、民房外立面改造、生态公厕改造、特色路灯建设、景观绿化提升、沿线标示标牌和水云村文化礼堂改造工程的建设，累计投资2500万元，建成“大若岩镇大东—黄潭”美丽乡村精品线；建成美丽乡村综合体岩坦镇黄南林坑村；完成沙头镇石柱村、大若岩水云村、岩坦镇屿北村等16个美丽乡村特色精品村；建成大若岩镇、岩头镇、沙头镇、鹤盛镇4个四级美丽乡村示范镇，其中大若岩镇、岩头镇获得省级美丽乡村示范镇；创建完成3000个美丽乡

表5

2016年度永嘉县获省、部级以上先进集体、先进个人统计表

先进单位或个人	荣誉称号	颁奖单位	颁奖文号
农办（农业局）	畜牧业转型先进单位	省委省政府	浙委办发〔2016〕80号
夏晓辉	第二届全国动物防疫职业技能竞赛二等奖	农业部	疫控（防）〔2016〕226号
陈志俭	浙江省优秀共产党员		证书编号：2016077 2016.6

村示范户（精致门头），1条美丽乡村精品线、16个美丽乡村特色精品村、1个美丽乡村综合体、4个美丽乡村示范镇和3000户美丽乡村样板户（即精致门头），永嘉县“精致门头”的评选活动评出永嘉县最美“精致门头”20户，其中最美民宿“精致门头”5户，最美农家“精致门头”15家。

历史文化村落保护利用 2016年，做好3个省级历史文化村落重点村的保护利用，其中芙蓉村已完成修缮工作，埭头村古建筑保护利用已启动，岩头古村丽水街已完成保护利用规划；3个省级一般村岩龙村、五尺村、茶园坑正在修复中。加快10个市级历史文化村落保护利用项目，芙蓉村、埭头村、枫林村、罗川村（岭上自然村）、小长坑村、溪口村、水云村、五尺村、龙园村（茶园坑村）、岩龙村已完成建设，累计投入建设资金2386万元。岩头镇苍坡村荣获“2016·美丽浙江—外国人眼中的最美乡村”12强，屿北村获中国100个最美古村落的荣誉称号。

精准扶贫 做好低收入农户认定。严格按照“调出一批、补入一批、分析一批”的工作要求，经重新认定、审核排查，精准识别低收入农户巩固帮扶对象。针对保留与补入的1495户计 2991 人“4600”低收入农户巩固帮扶对象，通过建档立卡，建立精准扶贫捆绑责任制，严格落实“一户一策一干部”制度，年内采取低保帮扶 41户计87人、残保帮扶8户计25人、产业帮扶364户计795人、就业帮扶205户计544人、督孝帮扶387户计597人、助困救济帮扶364户计667人、其他帮扶126户计276人。通过以上措施，1495户“4600”低收入农户巩固对象2016年年人均可支配收入均已超4600元，年底予以全部调出“4600”低收入农户数据库。

产业帮扶扶贫。坚持增收长效制与短平快项目两手抓，既保证“输血”式扶贫又创新“造血”式扶贫。2016年全县实施农业扶贫开发项目484个，预计可带动近3000户低收入农户增收。鼓励有劳动能力的低收入农户发展“短、平、快”特色农业项目146个。2016年建立来料加工示范点6个，以奖代补奖励的经纪人480名，年发放来料加工工资额1.4亿元，带动从业人数2.5万人，有效地解决了留守老人、留守妇女的就业问题。

金融扶贫。2016年县农合行为1265户低收入农户发放贷款3460万元。8月县扶贫办与县人行合力推进信用村建设，确定东城街道翁山村扶贫资金互助会、县上光板栗专业合作社扶贫资金互助会所在的村为整村授信试点村。新成立村级扶贫资金互助会5家、扶贫资金互助联合会1家。2016年共向低收入农户合计发放贷款708笔计贷款额256.46万元。年底在全县“4600”低收入农户巩固扶持对象所在村有村级扶贫资金互助会的138户对象以赠股的形式予以每户1000元的财政补助。

（陈贤豪）

人口和计划生育

概况 2016年，在县委、县政府的领导和省市卫生计生委的指导下，永嘉县计划生育工作坚持以科学发展观为统领，认真贯彻执行国务院、省、市有关计划生育政策，持续深化计生服务管理改革，持续提升计生服务水平，不断提升计生保障能力，取得较好成绩，永嘉县在全市年度计生工作考核荣获县（市、区）分类排名第一。1—12月，上报当年含往年出生13539人，其中计划内出生13079人，计划生育率96.6%；出生人口性别比，户籍当年含往年为109.55：100，户籍当年为112.74：100；国统报表出生人口性别比为112.69：100；国家免费孕前优生健康检查人数2473对，检查人群覆盖率98.92%；婚检率为85.07%；党员干部违法生育查处率100%；产前筛查率94.77%，新生儿代谢疾病筛查率99.95%，新生儿听力筛查率99.95%，婴儿死亡率为2.34‰，均控制在市下达的责任制指标以内。

组织领导 2016年，永嘉县委、县政府多次召开永嘉县计生工作大会，县委常委会、县政府常务会议研究部署人口和计划生育工作，部署开展了计生春季服务月活动、计生数据核查督查活动、流动人口计生均等化服务活动、计生协会“5·29”活动、计生家庭幸福促进行动、特殊家庭全程关爱活动等系列计生载体活动，营造了浓厚的工作氛围。县四套班子领导联系挂钩一个镇（街道），定期下镇（街道）督促落实工作、帮助解决困难，部门单位切实履行挂钩联系职责，继续实行部门联动，齐抓共管。

计生宣传 充分发挥传统新闻媒体的舆论引导作用，继续租用平安视频，在公路、社区、银行等公共场所进行计生宣传；引导各村居文化礼堂、橱窗等阵地发挥计生宣传作用。继续发挥本地各种宣传平台作用，进一步加强与永嘉电视台、今日永嘉报的合作，开展计生宣传。开展了“走千家访万户”面对面宣传活动，并建立部分村居育龄群众微信群开展宣传，宣传效果良好；邀请市计生文艺宣传队开展了18场专题巡回演出；开展“三下乡”和“5·29”“7·11”等主题日宣传活动，营造了较为浓厚的工作氛围。

计生执法 2016年，永嘉县进一步加大党员干部违法生育案件查处力度，共查处违法生育党员29人，已结案24人（其中开除党籍15人、党内严重警告8人，党内除名1人）。根据省、市、县人口和计划生育“一票否决制”实施办法规定，审核计划生育“一票否决”把关7668次，共否决先进个人60人，否决先进集体43个。实行行政审批三统一，规范行政许可行为，2016年共审批再生育430件。重视信访调处工作，共受理信访件18件，已办结18件，办结率为100 %。不断完善部门联动机制和跨区域协作方式，加大举报奖励力度，对发现的“两非”线索坚决一查到底，绝不姑息。2016年，计生综治办牵头，组织开展了两次联合打击“两非”大行动，对65家单位进行检查执法，共执行行政处罚案件9件，其中移诉判刑10人。加强与公安的配合，并到诸暨、深圳等地跨区域合作打击掉一个全国性“寄血验子”大案。该案涉及全国三十余个省、市、自治区，被检测的孕妇达5万人次，涉案金额2亿元以上。至年底已到案犯罪嫌疑人38名，其中被检察院逮捕17人，被移送检察院起诉21人，已被刑拘上网追逃37人，另有信息明确待批刑拘32人，身份待查200余人。央视《新闻联播》《焦点访谈》《社会与法栏目》及新浪网、腾讯网、网易、凤凰网、《今日头条》等国内知名媒体均予以大幅报道。

利益导向 2016年，永嘉县认真贯彻“老人老办法、新人新办法”来维护和保障计划生育家庭的根本利益，全面落实以农村计划生育家庭社会养老保险为主的各项计生利益导向政策。截至12月底，累计上报计生利益导向享受对象38041人，累计发放奖励金4亿元；其中2016年新增各类利益导向优惠政策享受对象1667人，需发放资金8269.18万元。在计划生育家庭特色项目发展上，继续联合农业、财政、科技等部门合力推进“计划生育家庭创业工程”，受益家庭11户，发放资金5.5万元；不定期开展“计生困难家庭幸福促进”优先优待行动，受益家庭225户，发放资金70万元；“生育关怀”冠名基金发放97.5万元，扶贫帮困1752户。在特殊家庭帮扶工作上，通过节日慰问，不断加大对70户失独家庭人文关怀的力度，累计发放资金20.8万元。

基层基础 计划生育资源持续优化，整合县级计划生育和妇幼保健资源，成立县妇幼保健计划生育指导中心；永嘉县22个乡镇（街道）成立“卫生和计划生育管理办公室”“卫生和计划生育管理服务中心”，实现卫生计生资源共享、优势互补、效能提升的全覆盖。全面推进22个乡镇“三优”指导中心建设，其中，岩头镇成功创成为省级“三优”示范点。坚持关口前移，重心下沉，紧抓村（居）“三捆”绑制度不放松；强化村级计生服务人员队伍建设，通过细化职责，量化考核，充分发挥村级计生服务的作用。

优质服务 2016年，永嘉县全面推广国家免费孕前优生健康检查项目，并进一步落实高风险孕妇产前免费诊断项目。积极开展计生便民维权工作，帮助计生家庭解决实际困难，维护群众合法权益。县计划生育维权中心共成功调处维权案例6件，对歧视计生家庭批评教育1例，帮助落实村集体资产分红2例。不断完善避孕药具网络布局，积极开展避孕药具网点标准化建设。2016年永嘉县制作配发了980个村级药具专用箱、100个药具展示牌、50个工作制度牌，印发了3万份避孕药具宣教资料和500本国家药具管理指导手册，进一步提高了村级和乡级两级药具工作业务水平；并以免费计划生育技术服务全覆盖为要求，打造了20分钟免费药具服务圈。

（王崇巧　胡良环）

移民安置工作

概况　永嘉县移民办承担着北溪、金溪、水毁工程新开垟及珊溪水库部分移民的后扶工作和76座小型水库解困工作。永嘉县移民安置办公室现有编制6名，实有工作人员6人，其中主任1名，副主任2名，参照公务员法管理。2016年，县移民办紧紧围绕县委、县政府的中心工作，以加快推进移民创业致富工作为主线，以2016年度移民办重点项目建设为重点，以开展"两学一做"学习教育活动为载体，不断完善移民工作机制，牢固树立为民服务的思想理论，切实解决移民最关心、最突出的热点、难点问题，努力改善移民生产生活环境，促进移民经济快速健康发展。2016年，累计投入移民专项资金1108.36余万元，其中小型水库解困资金647万元。

移民后扶工作　通过改善移民村基础设施，环境治理、住房改造等方面建设，提高移民生活质量，推进移民文明社区建设。2016年，累计投入移民扶持结余专项资金244万元，完成外垮村污水池建造、金瓯社区桥梁修建项目，泰庄村管网改造项目和黄坦村防洪坝三期绿化等11个项目建设。投入23.5万元人口核减直补资金，完成了金瓯社区、外垮村、黄坦村、泰庄村文化建设等8个项目的资金补助。落实移民直补政策。按照核不减相关政策要求，按时完成大中型水库移民年度人口复核和直补资金发放工作。经年终复核，2016年度，永嘉县共核减大中型水库移民直补对象14人，截至2016年12月31日，历年共核减水库移民147人，其中死亡145人，服刑2人，并及时、准确、安全地发放移民直补资金193.86万元。加强后扶项目管理。为更好地落实移民后扶项目专项资金，规范移民专项资金使用制度，确保移民专项资金质量，县移民办根据永嘉实际情况，制订出台《永嘉县水库移民后期扶持"十三五"规划》《永嘉县水库移民专项资金项目扶持管理暂行办法》和《永嘉县水库移民后期扶持项目资金县级报账制实施细则》。全面深入开展项目库创建工作，建立县级项目库信息管理系统，落实专人负责县级项目库信息管理系统，并应用项目信息管理系统，按要求及时添加、更新、上传、接收有关项目数据资料，监管好水库移民项目工程建设工作，加快推进移民村项目建设步伐。

小型水库解困　2016年共有小型水库76座〔其中小（一）型15座、小（二）型61座〕。一年来，累计投入小型水库解困资金647万元。落实完成桥下镇济根村桥梁建设、岩坦镇碧油坑村道路建设、碧莲镇地湊村文化长廊建设、子云坑村路面工程等17个小型水库移民解困项目建设，涉及农村环境整治、基础设施建设、文化福利设施及农田水利等方面建设，小型项目解困完成率达到90%以上。

移民贫困人口调查认真配合做好省、市移民办做好全县移民贫困人口调查摸底工作。摸清全县范围内大中型水库移民人口基本情况，并做好移民贫困人口登记工作。据核实统计，永嘉县共有移民贫困人口119人。

技能培训　通过邀请专家举办业务讲座、进行现场指导、政策培训、业务辅导等各种形式的移民培训活动，提高移民就业和创业能力，提升移民干部政策业务水平。2016年，共投入移民培训资金1.9万余元，举办各类移民培训3期，累计培训移民150余人次。

信访维稳　坚持"属地管理、分级负责"的原则，强化移民维稳信息排查预警机制、完善日常稳控应急处置机制、健全移民信访工作长效机制，实行移民重大事件上报制度和领导包案制度，做到移民信访事事有回音，件件有落实。2016年，共接待移民群众来信来访20件65人次，有效解决移民热点难点问题1件，制止越级访和集体上访苗头2件，继续保持水库移民进京赴省越级访"零"信访。

社会救助　一是创建永嘉县水库移民慈善救助与帮扶基金。经过多次沟通协调，永嘉县移民办与永嘉县慈善总会签订协议，联合创建永嘉县水库移民慈善救助与帮扶基金，主要用于帮助解决大中型水库移民在生产开发中出现资金问题和全县大中型水库移民临时困难的救助工作，救助基金由移民办与慈善总会共同筹集（县移民办每年出资10万专项资金，县慈善总会每年出资3万）。二是开展珊溪移民农村医疗补助工作。2016年，补助珊溪移民农村医疗补助5.26万元，使珊溪水库移民农村医疗保险率达到100%。三是开展珊溪水库小额贷款贴息补助。2016年开展移民创业贷款795万元，完成贷款贴息补助16.53万元。

作风效能建设　一是加强组织

领导，贯彻落实党风廉政责任制。永嘉县移民办把党风廉政建设作为党组工作的重要议程。通过召开党组扩大会议，制订《永嘉县移民办2016年党风廉政建设工作计划》《关于明确县移民办党风廉政建设组织领导和责任分工的通知》和《党组履行党风廉政建设主体责任清单》等有关党风廉政建设文件，成立了党风廉政建设责任制领导小组，定期研究部署党风廉政建设工作。“一把手”能够切实履行好“第一责任人”的政治责任，做到“四个亲自”，即重要工作亲自部署、重大问题亲自过问、重点环节亲自协调、重要案件亲自督办。并带头上好廉政党课，认真履行“一岗双责”职责。二是严肃党的纪律，加强党风廉政学习。2016年，移民办党组严格落实组织纪律，认真执行党内重要通报和报告、情况反映等制度，深入开展“两学一做”专题学习教育活动并将党章和党的政治纪律、组织纪律等内容列入学习计划，党组理论中心组专题学习政治纪律和反腐倡廉教育共15次。严格落实中央和省、市、县委重大决策部署，决策部署贯彻执行有力，工作进展明显，没有发生重大不良影响。全办党员干部严格遵守政治纪律、组织纪律，没有因违纪而被上级机关查处。三是健全廉政风险防控机制建设。实行主要领导“五不直接分管”制度，开展中层干部廉政谈话（约谈）制度，健全和完善单位廉政风险防控机制建设，加强源头防控，执行公款存放管理规定。四是强化权力制约，编制权利责任清单。移民办党组按照全县统一部署，按规定完成县移民办权力清单编制。加强权力运行规范化监督检查，推动落实涉及项目立项审批相关事项的重点岗位、重点环节人员严格按照程序用权，防止用权随意性。五是深化内部监督，加强班子自身建设。办党组认真学习和执行党内监督条例，切实加强班子自身建设，认真落实民主生活会制度。坚持民主集中制和“三重一大”事项集体研究制度，重大决策事项按照相关法律、规定程序进行，没有因重大事项违规决策造成不良后果。

（陈王友）

新居民服务管理

概况 2016年，永嘉县新居民服务管理部门按照“控制总量、优化结构、加强管理、提升服务”的要求，强化科学化管理，加强亲情化服务，不断促进新老居民“共建·共融·共享”，扎实推进永嘉县新居民管理与服务工作。在全市年度考核中，永嘉县新居民登记率为99.17%、居住信息准确率、出租房信息采集率均为100%，圆满完成市对县“‘大拆大整’流动人口专项行动”考核项目目标任务，考核成绩名列全市第一，并被县委、县政府评为年度考绩优秀单位。

人口结构优化 针对新居民总量大、整体文化程度偏低、非劳动力人口比重高、同籍同业集聚现象突出等问题与永嘉产业结构调整和经济转型升级之间的矛盾，认真贯彻落实《关于加强新居民服务管理促进人口结构优化的实施意见》和《完善和创新新居民管理服务工作的实施意见》等文件精神，紧紧围绕“人口结构减员优化”这一主线，以“环境整治、经济转型、依法管理”为途径，以“‘大拆大整’流动人口管理专项行动”为载体，多措并举，综合施策，积极引导人口合理有序流动，人口规模得到有效控制，人口结构得到科学优化，取得明显成效。截至2016年12月31日，全县在册新居民总数252301人（含携带儿童，不含市内流动），与“流动人口管理专项行动”前（2016年9月底）相比下降7.53%，超额完成专项行动目标任务。

管理基础工作 一是狠抓基础信息排查登记。根据新居民管理和G20峰会安保工作需要，联合公安机关相继开展新居民基础信息采集“百日攻坚”“大会战”和“‘大拆大整’流动人口管理专项行动”，集中时间、集中力量进行“地毯式”排查登记，切实摸清底数、夯实基础。截至2016年12月底，全县共新登记新居民379021人、注销356523人；登记在册新居民259727人，登记在册出租房36937户。二是加大实地督导考核力度。为进一步巩固“平安永嘉”建设基础，建立完善新居民管理基础工作月督查、季考核机制，每月定期对各乡镇（街道）以“明察暗访”形式进行督查考核，并及时通报督查考核结果。同时，经常性地组织人员深入基层所（站）调研指导，实地查找存在问题，帮助解决实际困难。2016年，到基层所（站）调研指导50多次，帮助解决实际困难10余个。三是强化基础信息分析研判。以“每周一通报、每月一监测、每季一分析”形式，定期编发《永嘉县新居民与出租房信息采集工作进度周通报表》《全县新居民人口监测数据月通报》《全县新居民人口数据动态情况季简析》，帮助基层所（站）及时、全面掌握本辖区动态情况以及工作进度，2016年共编发《周通报》52期、《月监测》12期、《季简析》4期。四是加强计生“一盘棋”管理。坚持把新居民计划生育信息作为重点信息采集项目，配合卫计部门狠抓“人户分离”人口“一盘棋”管理。截至2016年12月底，新导入省计生综合信息平台新居民信息33.02万条，新采集录入县“人户分离”人口信息系统县内“人户分离”人口信息17226条（登记在册50211条）、流入出生婴儿信息1001条、在孕信息1423条，查验新居民“婚育证明”99808人次。五是推进“信息化”项目建设。在积极推广使用“流管通”，实现全面覆盖的同时，充分利用“流管通”基础信息采集、查询等功能，发挥其在新居民管理服务工作中的积极作用；协同公安机关做好新居民“e居卡”项目建设，强化制卡、发卡、刷卡各个环节的管理，在册新居民制发卡234271张，在册制发卡率为91.38%。六是深化“区域化管理、捆绑式服务”。在各乡镇（街道）全面推广实施“区域化管理、捆绑式服务”，并依托基层所（站）服务管理大厅，为新居民提供办证、积分申请、计生、维权等“一站式”捆绑服务。根据社会综合管理“一张网”和“四网合一”工作要求，进一步优化服务管理工作网格，以社区、村居为单位，将全县新居民协管员纳入347个管理网格。七是开展服务管理“双向协作”。在与流入永嘉县新居民人口数量较多的贵州省江口县、江西省鄱阳县等县（市、区）建立新居民服务管理双向协作关系，签订服务管理工作区域合作框架协议的基础上，继续加强沟通联络工作，开展工作情况交流通报，逐步形成流出、流入两地“齐抓共管”的良好局面，合力推进新居民管理与服务工作。

民生项目建设 一是推进新居民子女入学。根据新居民积分制管理实施细则，5月中旬，联合县教育部门全面开展2016年度参加积分制管理新居民子女入读辖区指定优质公办学校工作，核定参加积分制管理新居民子女入读辖区指定优质公办学校17所50个名额，经受理、初审、复审、公示，最终核定38名新居民子女入读优质公办学校。二是强化新居民劳动就业。为促进新居民充分就业，努力解决企业招工难和新居民求职难问题，2月23—28日，联合县人社部门举办新春公益性新居民就业招聘会，吸引奥康、宣达、亚龙、球豹等272家企业参会，提供机械、阀门、五金、游乐、酒店、机电等50多个工种8611个岗位，共有8500余名新居民进场，达成就业意向924人。三是扩大新居民素质培训。协同县人社部门积极发动企业组织开展技能提升、岗前培训、岗内轮训，邀请县新居民讲师团成员作道德素养和法律知识讲座，切实提升新居民劳动技能、法律知识以及市民修养等方面综合素质，促进永嘉县经济社会转型升级，2016年新居民参加各类素质培训达5万多人次。四是维护新居民合法权益。为深入推动社会矛盾化解，切实维护社会稳定，在深入推行“以外调外”模式的同时，强化新居民矛盾纠纷调解组织建设，开展维权调解业务集中培训，并深入基层所（站）进行具体指导。2016年，共调解新居民各类矛盾纠纷48起，提供法律援助服务6次，结案率达95%以上。

亲情关爱活动 一是开展新居民政策宣传。充分利用各类广场宣传、就业招聘等活动和局门户网站、《今日永嘉》等媒体，组织开展政策法规和平安建设、禁毒知识宣传活动56场次，发放《浙江省流动人口居住登记条例》《浙江省居住房屋出租登记管理办法》以及平安建设、禁毒、计生、维权等法律法规宣传资料10.2万份。二是深化新居民关爱活动。开展“冬送温暖”“夏送清凉”等系列关爱慰问活动，慰问新居民1264人，累计金额17.7万元；相继到瓯北群英、恒河希望、温州慧才等学校慰问贫困新居民子女118名，投入经费0.9万元；开展新居民原创诗歌朗诵比赛、“缤纷暑假·快乐成长”新居民子女春泥夏令营、“佳片有约”送电影进村入企等活动，投入经费5万余元。三是拓展新居民志愿服务。相继开展“抗寒潮·送温暖”党员志愿服务、“红五月”便民志愿服务等活动25场次，参与人员达280余人次，投入资金7.2万余元，惠及新老居民2.1万人次。尤其是1月24日春运启动，正值寒潮来临，志愿者们到瓯北码头，为过往回乡新居民送上热茶1000余杯、手套125双，发放“防寒潮”资料1000余份。

队伍自身建设 一是强化学习教育。根据中央和省、市、县委的部署要求，深入开展“学党章党规、学系列讲话，做合格党员”学习教育。在学习教育中，坚持教育与实践并重，把学习教育贯彻始终，把整改提高贯彻始终，确保各项工作有序开展、扎实推进。截至2016年12月底，以书记上党课、学习讨论会等形式组织开展集中学习16次，查摆并整改支部问题短板2条、党员个人问题短板16条，向每位机关干部发放《习近平总书记系列重要讲话读本》《开卷有益》丛书等学习书籍。二是深化作风建设。为进一步加强作风建设，着力优化发展软环境，全力推进服务管理工作，组织开展“敢担当、树标杆”作风建设五大行动，严肃整治干部队伍中存在的执行不力、担当不够和慢作为、不作为、乱作为等突出问题，强化“无为问责、担当免责”的干事创业导向。行动期间，查找疏理并整改落实单位存在问题和不足4条，建立问题整治长效机制5项；开展专项检查10次，发现并即时解决问题1个。三是加强队伍管理。在注重机关干部学习教育、能力培养、廉洁自律的同时，进一步完善请（销）假、公差外出、上（下）班签到和经费报销等队伍、财务管理制度，强化制度落实，加强内部管理，努力提升队伍凝聚力和整体战斗力。针对个别基层所（站）对本辖区协管队伍业务不精、管理不严、考核不实等问题，举办永嘉县新居民协管员业务培训班，并建立完善协管员每月考核审核把关机制，切实将每月考核结果与协管员月考绩奖挂钩，充分发挥业务考核的“指挥棒”作用。

（周京林）

水务管理

概况 2016年，县水务集团按照县委、县政府的总体部署和要求，紧紧围绕“实施‘三大’战略、打造幸福永嘉”的总目标和“五水共治”中心工作，以企业改革为突破口，狠抓工程建设、安全生产、营业服务、队伍建设等工作重点，真抓实干,开拓创新，取得了较好的经济效益和社会效益。2016年完成供水16931万吨（其中向乐清原水供应7124万吨），同比增长6.5%；主营业务收入22021.9万元，同比增长4%，创利润3752.9万元；完成固定资产投资6911万元，超计划完成48.6%；完成污水处理534万吨，COD 减排735吨；输送污水987万吨；处理污泥10175吨。

工程建设 2016年重点建设项目共8项。其中污水处理工程4项完成情况：一是江东污水处理厂一期工程，6月开工，完成投资1820万元；二是黄田污水处理厂一期工程，7月底开工，完成投资2277万元；三是沙头环湖村庄污水治理工程，塘湾村、码碎村、渔田村等3个村完成施工，霞川村、稠树村等5个村完成60%，完成投资1764万元；四是上塘、桥头、桥下3个污水厂提标改造工程，上塘10月底开工，桥头和桥下12月中旬开工。供水工程4项完成情况：五是桥下水厂工程，完成厂区工程扫尾，6月上旬完成调试并运行供水,12月份完成五方主体综合验收，进入决算阶段；六是罗东片给水主管网工程，是县政府督办项目，上岩儿至缪北高新工业区5公里给水主管网于5月中旬提前完工并通水；七是黄田白岩片给水工程，包括41省道至下白岩村的给水工程主管网4公里和上、下白岩等5个村给水管网，受益人口8000多人，总投资约1000万元，为电视问政县政府督办项目，主管网在限期6月底前提前完成；八是管网延伸和村网改造工程，完成设计、预算的共13个村，投资额约3000万元，开工建设及完成的共10个，管线长度约29千米；开工和完成市政管线长度约28千米，投资额约840万元。

安全生产 以平安护航G20峰会为契机，平安水务建设再上新台阶。一是全面落实安全生产责任制。与各下属单位、各科室签订安全生产责任书，层层落实安全生产工作责任，进一步加大安全生产考核力度。并通过开展集中培训、安全生产月活动、安全生产知识竞赛、应急预案演练等主题活动，加强安全生产宣传教育培训，使职工的安全生产意识进一步提高。二是加强安全保卫工作。以反恐的高标准从严要求，全面自查自纠，加强人防、物防、技防措施，对省、市、县有关部门的整改建议，严格整改到位，消除安全生产和防恐防范死角，保证了G20峰会期间正常安全供水，集团被省公安厅评为“G20杭州峰会安保工作成绩突出单位”。三是水质处理和监测能力进一步提升。下属六家水厂出厂水各项指标均达到国家饮用水卫生标准，水质合格率达99%以上；瓯北水司、上塘水司还通过省级饮用水单位卫生监督量化A级认证。集团承建的永嘉县农村饮用水检测中心暨集团中心化验室于5月底试运行，水质检测能力从17项日常检测指标升级到42项常规监测指标，至12月底共完成检测农村饮水水样约400个，为永嘉县农村饮用水安全提供了有力保障。还投资120多万元对引水工程进水口水质自动监测站设备及仪表进行提升改造，增强水环境预警能力，有效保障饮用水水源安全。四是进一步强化安全应急保障，基本完成供排水应急预案体系建设，并组织开展了各种应急演练活动，提高供排水安全应急处理实战能力。年初的强寒潮使供水区域3万多只水表及部分管道冻裂，集团上下以高度的责任感和紧迫感，充分发挥吃苦耐劳、艰苦奋斗的精神，短期内完成了抢修工作。积极防御14号台风“莫兰蒂”，不仅实现了正常安全供水，为抗台防汛工作提供了供水保障，还组织抢险队伍有力地支援了桥头、桥下等地的抗台抢险工作，赢得了当地政府和老百姓的肯定。

营业服务 补齐短板，营业服务稳中向好。一是供水回收率持续得到提升。部分供水管网陈旧，漏损严重，成为了企业提高经济效益和长远发展的瓶颈，随着水资源费提高等供水成本的增加，提高供水回收率更加迫在眉睫。2016年改造旧网32千米，外聘专家巡检漏点448处，周期更换水表11200只，还试点安装了实时监测流量计16只，通过责任落实和有效管理，年供水回收率提高到75.04%，其中上塘水司和桥头水厂分别达到了78.45%、78.24%。二是行风建设进一步加强。落实各服务窗口供水即办事项服务制度、首问责任制、承诺服务制、文明服务标准等；加快用户信息收集，进一步扩大代收代扣覆盖范围，增加代缴代扣银行，瓯北水司为试点开通了支付宝业务；规范抄表收费、抢修停水、投诉受理等服务行为，积极稳妥地处理了各类焦点、热点、难点问题，基本实现了窗口服务零投诉。还及时办理县人大代表和县政协委员的建议、提案，密切关注舆情信息，及时处理、积极回应，并做正面引导，营造良好的舆论环境。2016年，作风效能建设大评议活动中，集团公司在县级部门单位B类中名列前茅，下属上塘水司取得当地第一名的佳绩。

内部管理 加快改革创新，进一步完善内部管理机制。一是转变黄田水厂体制，实行资产兼并整合。由于黄田水厂供水区域和需水量还较小，企业收支不平衡，为进一步增强企业竞争力和提升效益，注销了黄田水厂，将其资产并入瓯北水司，2016年7月起正式更名为“永嘉县瓯北自来水有限公司黄田分公司”。二是实行岗位职责设置及绩效评估工作，完善目标责任制考核。进一步规范企业内部机构和岗位设置，拟定了各岗位职责说明书，明确企业各部门和岗位工作职责，为企业规范管理奠定基础。并对目标责任制考核评估的方式做了完善补充，调整充实了个人评先评优内容。三是积极推进劳动用工制度改革，探索建立新型劳动用工制度。为接管永嘉县山区8座污水处理站，经过有关部门认可，11月组织一次公开招考，并对招用程序、用工管理等方面进行了深入探索研究，出台《永嘉县水务集团有限公司新型劳动用工管理办法》，打破原有单一僵化的正式固定工用工模式，建立了符合现代企业制度和集团发展战略的劳动用工管理模式，为集团劳动用工开辟了一条全新的道路。

产业拓展 正确把握集团工作定位，在城镇给排水一体化过程中，积极发挥职能作用，逐步拓展产业和延伸服务。一是创新投资模式，与社会投资方合作，组建公私合营股份制公司，以20%的股权参股永嘉县碧水源股份有限公司，全力推进江东、黄田污水处理厂一期工程的建设，并承担两个工程的政策处理工作，化解各种复杂的矛盾，使工程平稳开工。二是根据县政府指示，接受属地镇政府委托拟接管山区8镇污水处理厂，并积极参与工程施工和验收管理，同时招录培训人员，确保顺利接管。三是按照县领导的指示和要求，发挥企业技术和专业优势，在代管枫林水厂后，又全程参与大若岩水厂工程的前期工作。

党风廉政建设 深入开展“两学一做”学习教育，全面落实从严治党要求，进一步转变工作作风。一是深入开展“两学一做”学习教育，提高党员党性修养。通过学习党章党规、学习系列讲话，引导教育广大党员深刻领会在企业发展进程中肩负的使命和责任，坚定信仰、严守纪律，并提出了学习教育要与完成集团年度重点工作、推进岗位职责设置与评估、找差距补短板、选树先进典型相结合等“四个结合”的工作思路，以学习教育为抓手，推动集团各项工作再上新台阶。二是加强党支部建设，确保党组织强有力的战斗堡垒作用。对到届的排水公司、山河供水、桥头水厂、顺通公司支部进行顺利换届，选配好支部书记和委员；在年轻后备积极分子中培养发展对象，不断给予党员队伍注入新鲜血液，2016年培养发展3名党员；严肃党内民主生活，强化落实 “三会一课”制度，认真召开组织生活会和民主生活会。三是全面落实党风廉政建设责任制和“一岗双责”，严格执行三重一大制度和民主集中制，从强化责任意识入手，紧紧抓住责任分解、责任考核、责任追究三个关键环节，真正形成了主要领导亲自抓，分管领导具体抓，其他领导配合抓，一级抓一级，层层抓落实的目标责任管理体系。四是认真贯彻落实中共中央关于厉行勤俭节约反对铺张浪费的重要指示精神和“八项规定”“六项禁令”，做好中央“八项规定”精神“回头看”工作，并全面推进廉政风险防控机制建设，解决本单位人、财、物管理漏洞，从源头上把好拒腐防变关口。

（王好好）

楠溪岚影（叶新人　摄）

农村经济

农 业

概况 2016年，县委农办（农业局）紧紧围绕县委、县政府中心工作，以美丽乡村建设、现代农业发展、农村改革等工作为重点，获评2016年度浙江省休闲农业与乡村旅游示范县，浙江省畜牧业转型升级先进集体，温州市粮食生产先进县。2016年永嘉县农业增加值达到21.85亿元，同比增长4.3%，农民人均纯收入达18391万元，同比增长8.6%。

产业科教 一是做好产业发展。继续把农业招商选资作为现代农业发展的抓手，2016年累计省外到位资金达到15.36亿元，排全市首位，成功签约“珍溪养生带”，南崖云栖圣境生态农业观光园等12个项目。加快山区经济发展资金分配使用，下达了2016年度山区经济发展专项资金扶持项目6个，安排扶持资金3085万元，历年结余资金项目2个，安排扶持资金1146万元，共下达资金4231万元。做好省现代农业生产发展资金项目、市农业主导产业综合开发项目、山区经济发展专项资金农业产业提升项目和县现代农业园区建设项目的管理工作。立项省现代农业生产发展资金项目2个，立项山区经济发展专项资金农业产业提升项目10个，立项县现代农业园区项目9个。

二是推进农民培训。重点围绕提高农民创业创新能力，牵头做好农村劳动力素质培训工作，2016年全县举办各类培训14场次，培训农村劳动力1380人次，完成目标任务的 115 %。其中：农村实用人才培训1033人，完成年度培训计划115 %，“转移就业农民”培训347人，完成年度培训计划的115%，共发放培训证书1359本，达培训发证率98.5%。出台《永嘉县新型职业农民认定管理办法（试行）》，认定新型职业农民409名，实用人才1080名，有 325人转移到二、三产业就业，转移就业率为 94%，发放各类培训资料1000余份，科普书籍1000余册。

三是大力开展科技下乡。针对季节特点组织不同服务活动，陆续开展了春耕备耕服务月活动、文化礼堂送服务、下派指导员所驻村的送技术送服务等一系列活动，为农村居民送科技、送新品种、送有机肥，进一步提高农民群众的科学种植、养殖的能力。2016年共开展科技下乡20次。

四是做好农业品牌建设。2016年共组织各类农业企业30多家，参加鲜花展示展销会、国际农产品交易会等上海、杭州、昆明、温州举办的各类农博会10余次。永嘉县早香柚、绿色生态大米、熏鸡、粉干等农产品深受市民喜爱，优质农产品集中展示永嘉现代农业发展成果，推介永嘉绿色特色农产品，打响永嘉农产品区域品牌。

综合执法 一是做好农业行政执法。继续开展“绿剑”系列专项执法行动，加强农资市场管理，农资信用体系建设，共出动执法人员273人次，检查76家农资店，抽捡农业投入品100个（抽检肥料28个，农药57个，种子5个，兽药5个，饲料5个），其中饲料3个不合格，农药3个不合格，兽药1个不合格，肥料1个不合格，2起未取得农药登记许可证。行政立案10起，结案10起，罚没款6.31万元。2016年完成农产品定量监测样品抽检787批次，其中畜产品90批次、草莓45批次、蔬菜347批次、茶叶40批次、杨梅54批次、豆芽6批次、铁皮石斛2批次、橘子柚子65批次、农产品定性动态监测9822批次，合格率97.75%。完成93家县级以上杨梅专业合作社、龙头企业农产品质量安全追溯体系建设，组织29家农业企业参加全省无公害农产品内检员培训，认证及复查换证产品证书

26个。

二是做好渔业行政执法。严厉打击非法捕捞行为，联合公安、海事、港航及鹿城渔政等部门多次开展楠溪江和瓯江非法捕捞专项执法行动，2016年共查处渔业违法案件59件，其中被公安机关采取强制措施（刑事拘留）35件，2016年已被法院判刑20余人，还有10多人等待法院的判决；渔业行政罚款24人，取消违规电捕鱼船油补资格2艘、没收“三无”渔船2艘，没收地笼网600多副、计6000多米，流刺网430幅、计10000余米，收缴电鱼工具51件，并在县大会堂广场集中销毁。加大楠溪江增殖放流力度，2016年已落实增殖香鱼、甲鱼、河鳗、田鱼、花白鲢等苗种2238.1万尾，总价值349多万元，增殖水产苗种数量2104.5万尾；民间组织投入增殖放流资金128万元、增殖水产苗种数量133.6万尾（只）。组织开展水生野生动物保护执法检查18次，检查酒店、农家乐和农贸市场等场所250余家次，渔民群众自愿上交误捕娃娃鱼10多条、花鳗鲡1条，已及时放生到楠溪江流域。狠抓渔船检验，确保渔船安全，现有捕捞登记渔船304艘、养殖渔船11艘，2016年度已按规定对315艘持有效证书渔船开展年度检验，对存在安全隐患的5艘渔船要求强制整改和更新，确保渔船安全，同时依法征收渔业资源增殖保护费13.7万元、渔船检验费4.7万元，发放渔业油补资金143.1511万元。

三是做好动物卫生监管。2016年，永嘉县省外调入生猪备案2359批次、16.7万头，备案率96%,落地报告率100%；屠宰检疫生猪24.5万头，屠宰检疫率100%；配合省市畜产品抽检120批次，完成上级任务100%，本地产品合格率100%；无害化处理牲畜3016头、家禽1.79万羽，无害化处理率100%；精心组织春秋两次猪场“瘦肉精”大检测，共检测36个生猪规模场“瘦肉精”600余份，结果全部合格；监督检测生猪屠宰场“瘦肉精”1600余份，结果全部正常；圆满完成国家禽流感参考实验室和省疫控中心到永嘉县农贸市场采样任务，共抽样600份。扎实开展春季、夏季、秋季动物卫生联合执法行动，深入开展“三大一严”专项行动、生猪调运和屠宰严查严管严打及加强动物检疫监管保障G20安全、畜产品安全“两追”等六大集中行动，共计出动执法人员250余人次，排查生猪规模养殖户37家、生猪定点屠宰场3家、畜禽调运户12家、兽药经营店9家、动物诊疗机构5家和家禽养殖场80余家。全力打击经营动物未附检疫合格证、违规调运动物、伪造变造检疫证明等违法行为，现已立案调查26起，罚没款3.47万元，无一提起行政诉讼和复议，实现畜产品安全零事故、行政许可零投诉，连续四年荣获省级动物卫生监管办案先进。

粮食与蔬菜生产　2016年，永嘉县实现农作物播种面积3.29万公顷，比2015年3.26万公顷增加0.03万公顷。其中粮食、油菜、蔬菜、中药材、食用菌都比上一年大幅增加。粮食播种面积1.68万公顷（监测点），增加0.07万公顷；粮食总产量达到10.30万吨，比上一年增加0.89万吨；蔬菜播种面积0.58万公顷，比上一年0.56万公顷增加0.02万公顷；中药材0.1万公顷，比上一年0.08万公顷增加0.02万公顷；食用菌188吨，比上一年160吨增加28吨；油菜0.22万公顷，比上一年0.19万公顷增加0.3万公顷。完成4个省级水稻千亩示范方创建，创建县级水稻、小麦百亩示范方15个，其中早稻达到500公斤/亩的示范方6个，晚稻达到650公斤/亩的示范方4个；2016年水稻最高亩产789.4公斤。

特产经济　2016年，永嘉县共种植水果7294.33公顷，其中柑橘1168.33公顷、杨梅5023公顷、枇杷353.33公顷、梨80.67公顷、柿373.33公顷、葡萄23.33公顷、桃174.67公顷、水果产量45520吨，产值34676万元。共种植茶叶10460公顷，茶叶产量643吨，产值22134万元；通过加强技术指导，通过高接换种、大枝更新修剪、改施有机肥等措施，2016年改造低产林80公顷。并向全县枇杷、杨梅、早香柚等水果主要产业推广标准化生产技术，共发放资料285份，推广面积210公顷，进一步推动了果茶优质、安全生产。稻田养鱼面积5533.3公顷，产量1667吨，面积及产量与上一年基本持平；池塘、外荡、山塘、水库养殖面积726.7公顷，产量1212吨，比上一年增89吨，瓯江楠溪江捕捞产量1212吨，比上一年增298吨；全县水产品总量3978吨，比上一年增378吨，增幅为10.5%；渔业总产值15951万元，比上一年增5479万元，增幅为20.1%。

畜牧兽医管理　2016年，根据畜牧业扩面整治工作，继续开展畜禽整治和提升，永嘉县畜牧业生产总体呈下降趋势。据统计，生猪年末存栏4.27万头，同比下降

22.92%，生猪出栏8.75万头，同比下降38.51%；家禽年末存栏94.05万羽，同比下降22.8%，家禽出栏234.17万羽，同比增长2.6%；羊存栏为4.25万只，同比下降3.1%，羊出栏4.36万只，同比减少7%。肉类总产量13995.6吨，禽蛋产量6389吨。

2016年永嘉县继续做好应拆未拆、新养、复养猪场扫尾整治工作，由于市场生猪价格高位运行，养殖户受利益驱使，复养、新养不同程度存在，为此加大对未经审批、无污染处理设施的养殖场的拆除力度，2016年6月底关停拆除19家省、市挂牌督办的新养、复养规模猪场。在2016年3月开展畜禽养殖污染治理“回头看”百日行动以来,永嘉县共排查出应拆未拆、新养、复养71家，完成拆除（关停）71家，同时还完成168家水禽场、3家奶牛场的关停拆除工作。落实养殖主体为环保第一责任人，并对35家提升改造养殖场设立举报公示牌，注明场主姓名、畜种、存栏最高限量、治理路径、技术指导与巡查责任人以及举报电话，主动接受社会监督。严格执行“一牌一档两废三养”制度，对检查中发现治理措施不到位、仍存有污染隐患的生猪养殖场，一对一督促限期整改。行动中全县组织排查9000人次，排查保留的35家规模猪场和已关停拆除养殖场。大力推进生猪散养治理，制订《永嘉县生猪散养户整治工作实施方案》，分段对散养生猪进行治理，全面整治存栏生猪5~49头散养户，适度保留1~4头散养户。存栏1~4头散养户采用截污纳管、储液池收集还田、垫草垫料还田，或通过其他方式处理，确保对周边环境无污染，并与乡镇签订不污染环境承诺书的予以保留，否则一律关停拆除。2016年完成关停拆除生猪散养户8216户，存栏19118头，完成治理生猪散养户3561户，存栏7325头，生猪散养户整治率完成率达到100%。

加强动物疫病防控工作。2016年共监测各类畜禽养殖场（户）61场次，检测重大动物疫病免疫抗体样品3274份（计划2000份），完成工程目标的164%，永嘉县猪O型口蹄疫等重大动物疫病免疫质量总体达标，养殖及交易环节不存在家禽H7N9流感疫情，动物疫病防控工作取得显著成效。全面开展动物疫病日常监测，共监测牲畜O型口蹄疫890份、亚洲I型口蹄疫190份、高致病性禽流感(H5亚型)2084份、H7N9流感1326份、猪瘟625份、新城疫778份、小反刍兽疫800份，监测总量达6693份，完成市要求年度任务量的157.5%。

农经管理 积极探索引导民营资本参与农村产权交易平台建设，挂牌成立农村产权服务中心，该中心在温州市业务范围最广、市场化运转最规范、吸纳业务会员单位最多、服务能力最优，一直受到省、市领导高度好评。2016年已累计完成农村产权交易465宗、金额3.85亿元，并于2016年8月，成功流转鲤溪村162.7公顷村集体林地，在全市先完成了林地承包经营权入场交易，实现林权交易零的突破。做好村级集体经济发展，大力实施强村惠民“三年行动计划”，加快发展壮大村级集体经济，结合本地实际，因地制宜，结合经济产业、风景旅游、古村落开发、农牧业基地开发等多种方式，多途径、多渠道创造条件为经济薄弱村增收。2016年全县已成功转化80个村，其中资源流转（土地、林地流转和公益林收入）25个、物业租赁21个、旅游开发7个、水电站分红3个、自来水收费和废弃学校转让各2个、其他方式20个。开展老年协会专项整治工作，2016年共完成797个老年协会资金资产移交工作，移交现金515.29万元，银行存款2929.47万元，移交资产586宗，资产估价12248.99万元。实现老年协会原有资金纳入村集体账户统一管理，并实行收支两条线管理。同时，加强管理、督查，巩固专项整治成果，出台了永嘉县村级老年事业财务管理指导意见。

农业机械 2016年与公安交警部门配合，联合开展农机安全生产专项整治组织安全执法检查38次，共有269人次参加检查，检查上道路拖拉机159台次，纠正违法拖拉机19台次，其中：违法载人和人货混装4起，准驾不符2起；检查其他农业机械25台次，共纠正违法、违规操作行为3起；检查农机维修点7家；查处脱检拖拉机22台。通过安全检查，消除事故隐患，有效地遏制了重特大事故的发生，减少了一般事故发生。截至12月底未发生拖拉机上道路甲方责任死亡事故。快速推进拖拉机报废更新工作，共报废解体和注销大中型拖拉机26台，手扶拖拉机12台，办理拖拉机行驶证补换证86件，驾驶证换证137件，注册、转移、变更等业务86件，深入到镇、村农机合作社和农机大户，为农用拖拉机、联合收割机进行免费实地检验，特别注意对收割机粮仓的安全检查。全年共免费实地检验联合收割机83台，插秧机55台，手扶拖拉机159台套等。

出台了《永嘉县农机综合保险保费补贴政策实施方案（试行）》办法，争取县财政对投保拖拉机、联合收割机、插秧机三者险的保费进行80%的补贴，以提升农户投保的积极性。2016年共有38台套机具参加农机综合保险，共计拨付财政补助资金3.78万元。

土壤肥料 积极稳妥地开展测土配方施肥工作，2016年永嘉县共推广测土配方施肥面积32020公顷；推广商品有机肥1.29万吨；减少不合理施用化肥298.9吨。对2013年的9个垦造耕地项目后续种植情况进行了验收，整体情况较好，除麻岙村垦造耕地项目有2公顷没后续种植外，其他都验收合格。积极推进储备库标准农田质量提升工程，2015年，温州市下达储备库标农质量提升任务173.3公顷，通过将原项目区块通过分割等技术手段，在岩坦、巽宅、界坑3个乡镇选择了105.6公顷二等标准农田进行质量提升建设，再次委托浙江浙大万维科技有限公司编制永嘉县储备库标准农田质量提升方案。2016年12月，方案已通过县级会审,并上报温州市委农办（农业局），市局组织专家对永嘉县储备库标准农田质量提升方案进行评审论证，对提升空间较大的48.3公顷储备库标准农田予以确认通过。

植物保护 做好柑橘黄龙病防控工作。2016年永嘉县共有乌牛、桥头、桥下等3个镇（街道）发生柑橘黄龙病共计61.7公顷2086株。在全县柑橘黄龙病普查汇总的基础上，结合各镇（街道）实际情况，有计划、有步骤地开展挖除工作，挖除率达到100%，病株处理合格率达到100%。积极开展加拿大一枝黄花春季普查防控铲除行动。下发了永植防指〔2016〕2号文件，共有三江、乌牛、南城、东城等4个街道发生加拿大一枝黄花，总发生面积为5.57公顷，其中轻发生0.91公顷、中发生4.67公顷。完成梨树病害普查。下发了永植防指〔2016〕1号文件，开展梨树病害普查。组织专职植物检疫员到种植梨树面积大的地方（岭头、鹤盛、西源、上塘、桥下等）和基地进行逐株逐树普查。到6月5日完成普查任务，没有发现梨树病害疑似的症状。做好种子产地和调运检疫。组织专职植物检疫执法人员到蔬菜制种基地进行产地检疫，对温州神鹿、温州吴桥、温州康篮等5家制种公司在永嘉东皋、鹤盛、岩头苍坡等地24多公顷蔬菜制种基地进行种子产地检疫，开具产地检疫证书11份。做好病虫测报点的管理、信息采集和早稻田间病虫害调查。做好水稻螟虫越冬残留虫量基数、越冬代虫口密度的调查和麦类赤霉病带病率的调查工作；2016年共发了12期病虫情报。做好春季农村农田统一灭鼠行动。下发了永农〔2016〕89号文件，要求在全县范围内开展春季农村农田统一灭鼠行动，为做好春季农村农田统一灭鼠行动,2016年共购买溴敌隆和溴鼠灵母液405千克分发到各镇，春季农田灭鼠数达18780公顷、农户灭鼠数21.19万户。

（陈贤豪）

林 业

概况 2016年，永嘉紧紧围绕生态文明和美丽浙江建设，以“森林休闲养生试点县建设”为契机，狠抓森林休闲养生产业发展，大力推进国有森林公园经营管理体制改革。2016年全县林业总产值达35.0603亿元，比上年增长17.06%。其中第一产业产值6.1902亿元，比上年增长7.09%；第二产业产值7.2662亿元，基本与上年持平；第三产业产值21.6039亿元，比上年增长30.91%。2016年全县森林覆盖率达74.54%，年度水平变化程度增0.64%，阔叶林及针阔混交林占森林面积比重达36.61%，林木蓄积量的年增长量494713立方米，年增长率5.27%。森林保护与发展该项指标预计排名全省I类13县的3-5名，好于温州同类县苍南、平阳。

造林绿化 2016年完成一般造林301.53公顷，彩色健康森林建设546.67公顷，人工更新造林200公顷，对全县镇、街进行迹地更新造林，抢时间、抓进度，共完成迹地更新301.5公顷，超额完成省厅200公顷的迹地更新任务，完成率达150.57%。

森林抚育 启动中幼林抚育2013.3公顷，并积极调动各造林队及时抚育，共完成森林抚育5456.6公顷，拨付抚育经费1079.5509万元。

木本油料产业基地建设 2016年，结合土地整理和低产林改造，继2015年后完善规划建设木本油料（油茶）产业基地。省林业局针对永嘉县土地整理和低产林改造项目一度停滞的实际情况，同意将原规划延后继续实施。经过各实施主体的努力，2016年全年完成木本油料建设233.33公顷，2011—2016年共计完成木本油料（油茶）建设882公顷。

森林休闲养生试点县建设 自永嘉县被列为省“森林休闲养生建

设试点县”以来，森林休闲养生产业建设推进迅速；率全省之先上报审批。2月，省林业厅批复同意实施《永嘉森林休闲养生产业发展规划》。9月，省政府同意关于“永嘉县推进林业转型大力发展养生经济的主要做法”。同时，以发展全省森林休闲养生旅游示范县为目标，结合美丽乡村精品线建设，全力推进《森林休闲养生试点县建设三年行动计划》；到8月份底，永嘉书院、珍溪新农业产业园、南陈温泉小镇已完成森林休闲养生项目规划的初步编制，正进一步完善；五星潭森林公园、百丈瀑森林公园正开始筹备森林休闲养生项目规划的编制和建设；2条10公里森林古道修复提升项目正在规划设计，年内开工并完成，原定的胜美尖古道改为白水漈古道，新的设计稿已完成，正紧密讨论确定实施方案；枫林、大若岩、鹤盛等精品线沿线266.67公顷绿色健康森林项目，已完成实施方案并上报省林业厅。2处示范森林生态文化基地、2家森林人家已经建成；50千米楠溪江景区绿道建设将在年内启动并完成一期工程。

森林旅游 永嘉坚持“生态立县”的发展战略，深挖森林资源优势，大力推进森林公园建设和森林旅游产业发展。2013—2015年，森林休闲游客接待数、旅游总收入年均增长20%以上，2016年前1—9月接待游客553.42万人次，同比增长20.14%，实现旅游总收入602971.29万元，同比增长69.93%，门票收入3106.09万元，同比增长16.41%。全县建有国家级、省级和市级森林公园8个，成功建立14个城郊森林公园，森林公园建设投入1.2亿元。同时还引进楠溪云岚养生中心、楠溪慢城、楠木博物馆等旅游重点项目20多个，总投资150亿元，实到资金15亿元以上。现已建成3个省级森林城镇（岩头镇、大若岩镇、巽宅镇）、29个省级绿化示范村（森林村庄）、219个市级绿化示范村（森林村庄）、40千米森林绿道和3个城郊森林公园。永嘉鹤盛镇成功入选省林业厅公布的第一批浙江森林特色小镇，全镇面积264平方千米，下辖58个行政村，总人口5.6394万人。

国有森林公园经营开发管理体制改革 2016年永嘉县在全省创新引入PPP模式，进行国有森林资源开发运营管理体制改革，开发建设龙湾潭森林公园。至年底，已签订了PPP模式咨询服务和采购代理合同，制定《改革工作方案》，进入物有所值评价及实施方案编制阶段，完成《森林公园总体规划》中的风景资源调查，停车场、滑道清理、林相改造正在政策处理，创意酒店项目进入施工阶段。

行政审批 2016年年底共受理行政许可1611件，办结1611件，其中即办件1153件，承诺件458件，办结458件，承诺件按时办结率100%，提前办结率也达100%，群众满意率保持100%。对每个事项的基本信息、收费项目、申报材料、办理岗位、业务系统办理流程、常见问题解答、岗位文书、申报所需表格、内部流程图、外部流程图等进行了整理。规范了审批流程，简化了手续，提高了效率。

林地审核审批 2016年共审核审批占用林地60件，面积89.8663公顷，其中省厅、市局审核长期占用林地14件，面积22.2902公顷；县局审批林业生产服务设施占用林地47件，面积67.6302公顷；收缴森林植被恢复费205.7486万元。

林权流转 共办理林权流转手续4件，面积690.53公顷。落实发放2015年度林权流转政府奖励（补助）资金9件，共计金额145.082万元。申报2017年林权流转奖励（补助）项目预算和项目绩效目标，预算奖励（补助）资金110万元。积极配合县财政部门针对2015年度已奖励（补助）的175.41万元的林权流转资金使用方面的绩效评价，评价结论为合格。根据永政发〔2015〕88号文件精神，集体林地流转纳入永嘉县农村产权服务中心交易平台公开挂牌交易。

林权抵押贷款 共办理林权抵押贷款2件，贷款额220万元。落实发放2015年度林权抵押贷款省财政贴息1笔，贴息资金1.7万元。向省厅上报2017年度林权抵押贷款省财政贴息预算，预算贴息资金合计6万元。

种苗管理 2016年紧紧围绕造林任务，切实采取有效措施超前落实种苗准备工作。全年现有各种花卉苗木总量为624万株，其中可供2017年春季造林绿化的苗木89.9万株；主要造林树种林木良种使用率达64.3%，比2011年提高22个百分点，其中经济林使用率100%，用材林良种使用率近60%；永嘉县去冬今春总造林面积1789公顷，用苗160.5万株。共抽查40万余株，38个批次。苗木合格率为97%以上。新办理生产经营企业3家，新建林木种苗花卉面积17.8公顷，发放7.3万株苗木，造林面积46.67公顷，涉及国有林场1个，村庄30个，农户40户。建成珍贵树种示范村5个；珍贵树种示范林9个。

林业矛盾纠纷调处 2016年不断加强涉林矛盾纠纷调处工作，健全完善信访工作机制。共调处山林纠纷案件7起，其中地（市）际山林纠纷案件1起。共受理群众要求查询、证明、复印林权证及林权证有关登记信息等服务性工作共计115件，其中受理来信来访件15件；受理林权证错误登记发证自纠6件，其中依申请注销更正林权证1件；依职权已发文撤销林权证5件；提起行政诉讼4件。

林业执法 2016年全县集中开展“打击破坏森林和野生动植物资源违法犯罪暨‘利剑’专项行动”与“严厉打击非法占用林地等涉林违法犯罪专项行动”，共接处警115起，出动执法人员386人次，出动车辆195车次；立刑事案件15起，破14起,取保候审6人，刑事拘留8人，拘传2人，网上追逃3人；撤销刑事案件1起。共立案查处林业行政案件83起，其中擅自改变林地用途30起，滥伐森林20起，盗伐森林1起，非法狩猎8起，共查获违法运输车辆18辆，木材材积153.89立方米，活立木2株，木材变价款69554元。

病虫害生物防治 共发生林业有害生物面积2828.2公顷，发生率为1.43%，成灾面积0公顷，成灾率为0；实施无公害防治作业面积2828.2公顷，全县应施种苗产地检疫面积61.03公顷，种苗产地检疫率达100%；注射“保树灵”1500针、“誉满林”松树注射免疫剂800针，进行松褐天牛成虫药剂防治，共喷洒药剂1%噻虫啉2.5吨，防治面积152公顷，投入资金10.06万元；悬挂松褐天牛诱捕器230盏，开展森得保粉剂药物防治，已经施药约20吨，县防治队投入约404工，扶持组建了8支镇级林业有害生物防治队伍。总体超额完成林业有害生物防治目标管理“四率”指标及局2016年十大重点工作项目松材线虫病防控的考核任务。

森林防火 狠抓春节、清明防火期，尤其杭州G20峰会期，重兵布防，全力防控，同时持续推进森林消防队伍专业化进程，强化火源管理，强化宣传教育。2016年，共发生森林火灾5起，过火面积13.73公顷，过火面积与同期相比下降了46 %，受害森林面积8.39公顷，与2015年同期相比受害率下降了33%，发生率持平。损失林木蓄积393立方米，森林火灾发生率3次/10万公顷，森林火灾受害率0.04‰。均控制在省定指标内，全县没有发生人员伤亡和重大森林火灾事故，取得了近十年来的最好成绩。

野生动物保护 2016年以来永嘉县立非法狩猎案8起，没收猎捕工具变压器1台、画眉鸟20只、竹鸡4只、狩猎工具捕兽夹78只，共计罚款5300元，并以开展野生动物保护宣传月和爱鸟周宣传活动为支撑，全面加强野生动物保护宣传；共制作、摆放宣传展板50多块，分发野生动物宣传资料3000余份，参与人员达600人次；同时，加强野生动物疫情监控，对乌牛杨家山、龙湾潭森林公园等野生鸟类集群活动较多区域进行巡查监测，对6家野生禽类养殖场所进行全面检查。对全县313名狩猎队员集中开展狩猎证验证工作。

森林资源二类调查 配合浙江省森林资源监测中心做好对全县的二类森林资源调查的质量监督工作。对福建省林业勘察设计院完成的全县212666.67公顷森林资源二类调查外业调查开展县级外业检查，县质量检查组外业共检查13个乡镇的2454个小班，面积为11531.93公顷，检查面积占全县林地面积的5%以上。符合小班（林带）要求项目得分数245400分，检查总得分225275分，合格率得分为91.8%。配合省、市联合检查，已通过外业检查，综合得分率为91.5%，全县外业调查质量评定为“良”。并配合省森林资源监测中心完成对永嘉县107个省级样地的2016年度监测工作和对正江山林场的第二次植物补充调查。

林区道路建设 印发《关于进一步明确林区道路建设有关事项的函》（永林〔2016〕12号），进一步规范了林区道路建设的立项、林地占用和林木采伐审批、竣工验收等有关事项。已立项林区道路53条、共177.8千米，建成林区道路14条、共36.6千米，下达2016年第一批补助资金219.6万元。

古树名木保护 2016年完成古树名木保护51株，其中樟树5株，枫香4株，柏树4株，红豆杉13株，柳杉2株，苦槠13株，罗汉松2株，松树2株，藤黄檀1株，深山含笑1株，无柄小叶榕4株，超额完成省厅下达的任务；并对全县1119株古树名木及17处403株古树群的进行实地挂牌。

（叶 中）

水 利

概况 2016年，在县委、县政府的坚强领导下，在上级水利部门的悉心指导下，水利部门以“五水共治”为主战场，敢于担当、攻坚克难、开拓创新，实现“十三五”水利改革发展良好开局，完成水利投资7.24亿元，占年度计划的132%，为全县经济社会持续健康发展提供了有力的水利支撑。

“五水共治”工作 紧紧围绕“三年解决突出问题，明显见效”“决不把污泥浊水带入全面小康”的治水目标，切实履行治水办职责，牵头推进“五水共治”建设美丽浙南水乡，2016年累计完成投资25.41亿元，创历史新高，治水取得了阶段性成效。一是治水机制体制不断健全。进一步完善“河长制”，对全县3377条河道采取“一对一”“一对多”方式，全面配齐配强河长、警长、督察长和联络员。实行“一月一督查、一月一排名、一季一现场会、一季一问责”综合考核模式和“五水共治”预警机制，2016年以来累计开展督查30余次、召开现场会14次、问责单位2个。全面引进政府购买服务方式，推行河道市场化保洁、城乡污水设施第三方运维机制，出台实施河道保洁长效管理办法和考核办法。二是基础设施建设不断完善。城乡污水治理设施建设提质加速。因地制宜，加大分散式治理，启动农村生活污水治理设施建设141个村，分散式治理约75个村，完工141个村，完成投资2.4亿元，新增受益农户3.34万户；建成城镇污水管网92.33公里,上塘、瓯北、桥头、桥下等4个污水处理厂（站）提标改造工程均进场施工，山区8个中心镇污水处理厂（站）全面试运行，采用PPP模式建设的江东、黄田污水处理厂正全力施工。三是治水满意度不断提升。深入开展“十进”宣传，依托新闻媒体正面报道，借助宣传片、微电影、公益广告、流动展板等宣传品，开展“世界水日”“中国水周”“普法宣传”“防汛抗台”等主题宣传活动，着力提升公众知晓度。充分发挥志愿先锋作用，发展环保志愿者1500多人，组建“五水共治”监督团、宣讲团，累计开展“五水共治”宣讲200余场次。通过政府购买服务的形式，委托永嘉县文化展演中心，举办百场“五水共治共建共享美丽乡村”宣传文艺晚会，使治水理念深入人心。在各方的共同努力下，“五水共治”公众满意度调查得分从2015年的63.83分提高到2016年的72.806分，较上年提高9%，全民治水氛围日益浓厚。充分发挥“河长”监督职责，按照“发现一批、拆除一批、清理一批”的思路，出动人员2000余人次，拆除违章949处，拆除面积24.26万平方米，拆后清理垃圾、废弃物1.18万吨，绿化21.2公里，总面积达29550平方米。

防汛防台抗旱工作 2016年是台风影响较重的年份，全县遭受5次台风影响和局部强降雨袭击，尤其是14号台风“莫兰蒂”（降雨量大、降雨强度强、降雨区域集中），对全县造成极其严重的灾害。水利部门认真贯彻落实上级党委和防指的有关精神，在县委、县政府的统一领导下，科学应对，措施得当，全力以赴做好各项防御工作，将全县人民群众的生命财产损失降低到最低程度。一是早部署，全面开展防汛安全检查。2016年1月12日，县防指就下发1号文件部署开展防汛安全大检查活动，县防指、水利局组织6个检查组，分赴各地开展防汛抽查活动，排查登记重点隐患93处，下达重点隐患督办令8个，检查发现的防汛隐患均限期完成整改。积极开展乡镇基层防汛防台体系建设，区划调整后的6个新设立乡镇（街道）均在主汛前完成了防汛组织机构、会商系统建设等基层防汛防台体系规范化建设工作，通过市级验收。二是早落实，全面落实防汛防台措施。及时更新水库、山塘、水闸和堤防等各类责任人，并在《今日永嘉》、永嘉网等媒体上公布全县250个重要山塘责任人、904个行政村行政责任人、98座农村水电站防汛责任人名单，接受社会监督。组织行政首长培训1次，业务培训1次，责任人培训1次，共培训乡镇领导和基层防汛工作人员828人，使各乡镇街都能够熟悉防汛防台业务，顺利开展各类防汛工作。完成县、镇两级防汛物资储备、更新工作，并及时做好因区划调整新增加的6个乡镇（街道）的物资储备工作。强化抢险队伍建设，突出做好与海鹰救援队等社会组织的协作，科学开展防汛演练。三是早启动，全面取得防汛防台胜利。全面落实各项防御措施，赢得防台抗灾工作的主动权。在防汛抗台中共启动应急响应24次，其中防汛Ⅳ级响应1次，防台风Ⅳ级响应10次，防台风Ⅲ应急响应9次，防台风Ⅱ级应急响应4次，向相关责任人发送预警短信1万多条，向相关乡镇街发送汛期告知单40多份。成功处置司姑坑山塘险情，出动县水利工程险情处置专家21人次，应急抢险队员156人次，奋战2天3夜，成功排险，同时立即转移山塘下游人员并妥善安置，实现人员零伤亡。全县814座水库山塘及上塘、瓯北、乌牛等平原河网15条河道提前预泄预排水量1170万立方米，拦蓄洪水5030万立方米，最大限度地减少了洪水灾害损失。“莫拉蒂”强台风灾情发生后，第一时间组织抢险队伍赶赴现场抢险救灾，成功解救出被洪水围困、失联人员220余人。台风过后，立即开展灾情排查核实工作，并第一时间展开水毁工程抢修，目前尚在修复中，群众生产生活全面恢复正常。

水利工程建设 瓯江治理工程、瓯北三江标准堤工程、桥头菇溪河道综合治理工程和桥下西溪主河道治理工程等4项省级重点项目累计完成投资3.91亿元，均超额完成年度投资计划。岩坦溪屿北以下段治理工程和花坦溪、枫孤溪、鹤盛溪治理工程克服设计变更、政策处理难等因素制约，完成年度投资计划的90%。南岸水库、楠溪江河口大闸、瓯江治理工程二期等重大项目前期有序推进，瓯北三江标准堤长岙至中村段调整工程完成可研审查，乌牛溪治理工程实现开工建设并完成年度3500万元的投资目标。投入2758万元，提升农村饮水安全人口2.56万人；农村水质抽检合格率达66%，较上年提高30个百分点，农村条件极大改善。完成石干山水库除险加固工程，完成大坟底水库除险加固工程量的60%，完成山塘综合整治20座，均超额完成年度投资计划，水库山塘安全保障系数稳步提高。积极开展小农水重点县建设，完成2014年度、2015年度的市级验收工作，新增改善灌溉面积1366.7公顷，高效节水灌溉面积252.7公顷，完成投资3044万元，均超额完成省、市定考核任务。全面启动楠溪江河道生态修复工程，编制《永嘉县楠溪江河道生态修复工程实施方案》，先行开展大若岩、碧莲、巽宅、岩坦、岩头、沙头、枫林、鹤盛等8镇25处淤积、采砂滩地的生态修复，完成楠溪江碧莲段、黄岗村段、大若岩镇鱼仓村段等11处滩地生态修复19.6万平方米。同时，完成水土流失治理8.19平方千米。制订《永嘉县河湖库塘清淤（污）工作实施方案》，下达年度计划，完成101.1万立方米，超额完成省、市下达的任务指标。以打造精品示范河道为抓手，完成1条精品示范河道建设，其余5条正在收尾，全年实施20个河道建设项目，完成河道整治16.562千米，完成千米数居全市各县（市、区）首位。

水利管理工作 认真贯彻省水利厅部署，按照“一年示范、两年过半、三年基本完成、四年扫尾、五年提升”的计划，全面推进水利工程标准化管理，2016年通过省级验收2处，通过市级和县级验收65处，圆满完成年度计划，部分创建成果得到省厅市局领导肯定。制订出台五年实施方案暨2016年度工作计划，全面推进水库、海塘、水闸等9类水利工程的标准化管理达标创建工作，把标准化管理推向水利工程全领域。年度完成创标相关投资1600余万元，资金足额保障到位。建立金溪水库、北溪水库和县级平台共3个运管平台，与省监管平台实现无缝对接。五是制定管理和操作手册。按照《水利工程运行管理规程》先后制订了管理和操作手册，为顺利开展标准化管理工作奠定了坚实的政策基础。其中，金溪水电站成功申报安全生产标准化一级单位，创建经验得到时任副省长黄旭明批示肯定。强化水利工程质量安全生产，取消2016年度永嘉县整个水利小工程预选承包商库，进一步盘活水利招投标市场；落实安全生产“党政同责、一岗双责”。全年受监工程项目50个，下发质监相关文件84份，其中整改通知书56份，对7家施工单位、4家监理单位违规行为进行通报，水利工程质量安全和外观稳中有升。全面开展第二批节水型社会建设，完成节水型社会方案编制、审核、批准等前期准备工作，成立节水型社会建设领导小组及办公室，落实职责；完成第七批实时监控系统安装，积极做好监控信息化管理，开展取水户取水计划核定，征缴各种规费2159.3215万元，其中水资源费2046.5123万元。妥善做好信访维稳工作，坚持以人为本的策略，圆满完成G20涉水安保工作；建立健全信访办理机制，积极回应广大群众最关心、最密切的水事问题，2016年共收到来信、来访24件，其中5件属于重复件，全部办结完成。

水利改革工作 以“千人万项”蹲点指导服务行动为抓手，切实当好农村水利事业发展的参谋，全年累计投入专业技术人员蹲点服务指导1512人次，共提出问题46个，现场解决问题43个，要求省级协调落实1个，地方协调落实2个，为美丽乡村建设提供了强大的水利支撑。完成水利发展“十三五”规划的编制，为全县今后五年的水利发展提供了科学依据。为全面提高防洪排涝能力和改善水生态环境，研究并提请县政府印发《防洪排涝减灾能力建设三年行动计划》和《水生态修复三年行动计划》，计划投入

27.92亿元，实施项目38个，全力打造瓯江北岸防洪闭合圈和“绿水青山”。参与全县“多规合一”工作，修编编制完成《永嘉县三江商务区排涝规划》《永嘉县县城三塘流域综合治理规划》《永嘉县大砠溪下岙村段行洪控制线调整专题报告》和《永嘉县西溪小流域防洪避洪规划——龙头村、六龙村堤线调整专题报告》等规划；严格把关涉水事项审批，行政许可事项由19项缩减为13项，水利审批办件47件，平均办件时间为3.9天，比承诺时限提速40%以上，无错办件、投诉件；下乡入村踏勘审核个人建房联系单99件。出台历史上参与部门最多、职责最清晰的《关于加强楠溪江砂石资源管理保护的实施方案》，开展巡查500余次，出动人员1675人次，查办楠溪江等河道违法采砂石案28起，其中移送及联合公安部门查办10起，刑拘59人，刑拘人数创历史新高，据全省前列，打击楠溪江河道违法采砂石力度空前，楠溪江流域违法采砂石行为得到有效遏制。

水利廉政建设 按照中央和省、市、县委的统一部署，深入开展以“两学一做”学习教育活动，局领导到所在支部上党课6次，组织召开全局专题学习报告会2次；全局10个支部组织学习教育合计50余次。全年开展2场全体党员贯宣活动，就中共十八届五中全会、六中全会精神、党规党章党纪、反腐败等热点内容进行宣讲。进一步加强水利系统党风廉政建设，继续开展正风肃纪专项行动，深化水利行业重点领域和关键环节的监督管理，营造风清气正的良好干事氛围。加强机关作风效能建设，坚持局领导带队每月开展正风肃纪专项行动，每季度对作风效能检查情况进行一次通报。认真贯彻落实中央“八项规定”精神、省委28条办法和市委“1+8”系列文件要求，强化党风廉政“两个责任”和领导干部“一岗双责”责任落实，严格执行“三公”管理制度和会议管理、外出考察学习管理等有关规定，严肃财经纪律，形成自上而下把关财务支出，从严从紧抓好公务活动，全年没有违反“八项规定”的行为发生。认真贯彻执行新修订的《干部任用条例》精神，坚持“从实绩看德才、凭德才用干部”的用人导向，把敢于担当、勇于开拓、实绩突出的好干部选拔到中层领导岗位上来，提任中层干部16名，轮岗交流8名。二是完善干部管理制度。实施局系统全员考绩，将局系统所有中层及一般干部职工都纳入绩效考核对象，真正实现考绩工作全员覆盖，营造学比赶超浓厚氛围。推行以“明责、履职、评鉴、考核”四位一体的公务员考核制度，强化公务员日常管理和监督，以公务员能力提升助推永嘉“五水共治”和水利工作。同时，以全省水利人力资源信息管理系统为平台，实现个人档案与人员信息实时同步，全面完善水利系统人才档案。

（陈安宁）

农村能源

沼气工程技术指导和安全检查 2016年县农村能源办公室加强沼气工程技术指导和安全检查工作。永嘉县正常在用的养殖场沼气工程有39处，总池容9513立方米。为确保沼气工程的正常运行和安全生产，加强了养殖场沼气业主的技术指导和现场安全生产检查工作，做到定点定人保安。出动300多人次进场实地检查确保了沼气安全生产。完成县绿康农业综合开发公司1处养殖场沼气工程池容345立方米，在建2处沼气工程总池容690立方米。加强对施工单位的技术指导和现场施工监理工作，确保了在建沼气工程的质量和施工安全。开展禁养区内养殖场沼气池拆除工作，根据永嘉县禁养区政策，积极配合县畜牧局共拆除了67家养殖场沼气池。

新增沼液利用 2016年新增养殖场沼液利用量列入省政府考核。县农村能源办公室加强了对养殖场沼液利用指导工作，根据永嘉县实际情况，积极探索沼液利用工作，新增沼液利用9万吨，实现畜牧养殖场沼液综合利用目标。

太阳能节能产品推广 2016年县农村能源办公室以示范为手段，抓好太阳能节能产品推广，形成由单一的太阳能热水器到太阳能集中供热、太阳能发电、太阳能路灯和杀虫灯示范项目全面推进的局面。至12月底，全县太阳能热水器的安装量达到6780平方米，实施太阳能路灯项目村22个，安装太阳能路灯488盏。

沼气工程物联系统试点 由于大部分养殖场沼气业主文化水平不高，沼气工程重建不重管。致使有的沼气工程不产气，养殖污染处理不完善，为杜绝畜牧养殖场沼气工程操作不规范现象，消除安全隐患。县农村能源办公室加强沼气工程物联系统试点工作，在永嘉县郭山云飞养殖公司和上塘新兴养殖场各安装沼气工程物联系统，通过沼气工程物联系统，建立计量和远程控制智能平台，使沼气工程的运行情况具备可测量可识别可核查的功能。

农作物秸秆综合利用 2016年县农村能源办公室根据全县农作物秸秆利用的实际情况并多次向社会和相关职能部门征求意见后起草《永嘉县农作物秸秆综合利用实施方案》，由县政府下发到各相关部门，明确了各相关部门的职责，确定了秸秆综合利用的扶持政策，为农作物秸秆综合利用工作提供政策保障和依据。2016年农作物秸秆产生量11万吨，利用量为10万吨，利用率达92%。

（厉和平）

天桥（叶新人 摄）

工业经济

工　业

综述　2016年是“十三五”规划的开局之年，面对工业企业去产能、去库存、去杠杆的严峻形势，永嘉县紧紧围绕“工业强县”建设这一目标，努力克服经济下行压力及土地要素制约等不利因素影响，着力推进项目建设、技术创新、服务提升等重点工作，团结协作，真抓实干，工业经济结构调整和产业转型升级取得一定成效。先后获评2015年度“小微企业三年成长计划”工作优秀县；2015年度工业投资和“机器换人”技术改造工作省考核一等奖，并获得120万元财政专项资金和8公顷新增建设用地计划指标的奖励；省级教玩具产业集群跨境电商试点县。2016年实现全社会工业企业总产值565.9亿元，同比增长8.9%；工业用电量15.0亿千瓦时，同比增长4.9%；工业经济实现“稳中有进”的既定目标。

截至2016年12月31日，永嘉县规模以上工业企业达到362家，实现规模以上工业总产值398.42亿元，同比增长10.3%，增幅排名温州市第一，比2015年提高4.2%，高出全市增幅2.1%；规模以上工业增加值92.22亿元，同比增长8.1%。泵阀、皮鞋、服装、教玩具、纽扣拉链行业规模以上工业产值分别为98.95亿元、95.36亿元、59.72亿元、37.05亿元、16.31亿元，同比增长分别为9.2%、10.9%、6.6%、13.5%、10.2%，占全县规模以上总产值比例分别为24.8%、23.9%、15.0%、9.3%、4.1%。产值超亿元的企业达到95家，鲍斯高服饰、超达阀门2家企业产值超5亿元，奥康、报喜鸟、红蜻蜓3家企业产值超10亿元。

2016年，永嘉县完成工业投资61.67亿元，同比增长6.2%；其中工业技改投资47.7亿元，同比增长16%，工业投资比重达到77.3%。11个具有良好发展前景的项目获得准入，17个准入时间超过2年因各种原因不能落地的项目取消准入，成功收回1.3公顷闲置土地。供地9宗5.006公顷，开工项目19个，完工项目21个。4个市级示范小微园建设顺利,其中三江工美小微园已有11幢结顶，预计2017年上半年竣工入驻；珠岙时尚轻工小微园已有12幢结顶，预计2017年竣工入驻；珠岙系统流程装备小微园已有2幢结顶；桥下智能教玩具一幢已完成打桩。继续实施教玩具、泵阀行业“机器换人”工作方案，鼓励企业提升装备水平，2016年新增技改项目45个，其中9个实施基础好，导向示范强的项目列入省级重点技术改造项目，10个技改项目列入市重点技改项目计划，报喜鸟、奥康、球豹阀门等企业的3个项目列入省级百项“机器换人”示范项目。成功办理永嘉县首例宝达企业“零土地”技改项目审批方式，理顺零土地技改审批流程。伯特利、球豹、报喜鸟等多家企业在“互联网+”战略下，用工业4.0改造工厂，真正迈入“智造”时代。

坚持绿色发展道路，积极推进企业创新能力提升，新增保一为省级企业技术中心，欧拉姆、立信、超众为市级企业技术中心，并取得国家、省、市级以上创新类项目16项。企业研发能力大幅提升，新增省级新产品备案33项，其中1项被列入省内首套项目，4项被认定为省级优秀新产品，6项产品被认定为2016年度浙江制造精品。2016年淘汰落后产能企业5家，淘汰铸造行业落后产能5000吨任务；淘汰落后黏土砖瓦窑1座，节能4000吨标准煤；“低小散”块状行业整治176家，盘活存量土地45.87公顷，腾出用能3000吨标煤；超额完成旧厂房改造年度任务，改造面积72.5万平方米，完成率达145%。顺利完成3家强制性清洁生产审核企业验收。

（金双双）

泵阀工业

概况 2016年，全县泵阀工业总产值295.6亿元，其中规模以上企业总产值105.8亿元，同比增长8.43%。7家泵阀企业被评为县功勋企业，占总数的35%；13家泵阀相关企业被评为县巨龙企业，占总数的43%；30家泵阀企业被评为县明星企业，占总数的30%。超达阀门集团股份有限公司、宣达实业集团有限公司、方正阀门集团有限公司等3家企业荣获2016年度永嘉县县长质量奖。永嘉泵阀产业荣获“全国泵阀产业知名品牌创建示范区”国家级金名片。

2016年是泵阀行业整体形势极其艰难的一年，不仅面临国内外市场大幅紧缩,需求锐减，企业订单减少、开工不足，资金短缺，债务沉重，技工流失等各方面难题，更面临史上最严厉的“环保整治”“安全生产”和“大拆大整”政策调整，泵阀行业约有300多家企业的临时厂房被拆而破产倒闭。同时，永嘉泵阀行业“伯特利”“保一”“宣达”“天胜”等9家企业在中国石油天然气集团公司2016年度的框架招投标中揽下大单，中标数占全国的近30%，未来2年预计为行业增加10亿元以上的销量。

外贸出口 2016年，外贸出口12.78亿元，同比增长-17.9%，连续3年保持2位数下降。

平台建设 区域品牌建设工作取得突出成就，“全国泵阀产业知名品牌创建示范区”高分通过国家质检总局专家组验收。12月30—31日，通过验收预备会、工作交流会、实地考察、专家合议、情况反馈等环节，经过专家组层层严格仔细的考核，永嘉泵阀产业集群最终以936分（达标分800分）的高分通过全国知名品牌创建示范区专家组验收，成为温州第一个“全国知名品牌创建示范区”。为此，积极参与创建3年多来的“全国泵阀产业知名品牌创建示范区”工作画上了圆满的句号。

成功筹建成立“永嘉县泵阀行业金属表面处理中心”，为解决泵阀行业环保治理难题提供了可靠的保证。协会根据县政府要求，由泵阀行业协会牵头，以泵阀行业协会生产锻钢阀门的生产厂家为主要股东组建成立股份公司。通过长达半年的努力，最终赶在政府规定的12月30日前完成“中心”的筹建工作。总投资600万元，一期投资400万元，建筑面积3600平方米，引进国内最先进的生产流水线和环保处理装置，主要解决锻钢阀门的磷化以及小口径阀门和五金配件的酸洗难题。“永嘉县泵阀行业金属表面处理中心”的建成，将对泵阀行业规避法律风险、降低产品成本、提高产品质量和市场竞争力等方面具有极其重要的意义，同时也为永嘉县美化城市环境、实施五水共治，以及在新常态下保持经济社会可持续发展均具有极其重要的意义。

标准制定 加快推进行业标准化建设，积极参与制定《浙江制造标准》。作为起草单位，协会作为6家起草单位之一参与起草、制定了浙江省泵阀行业首个“浙江制造团体标准”——《石油、石化、天然气及相关工业用钢制球阀》标准，于8月12日由浙江省浙江制造品牌建设促进会批准发布。该标准在制订过程中全面参考了国内外最新标准，确保本标准的技术内容及技术指标不低于国家标准、ISO标准的基础上，全面吸收国外最新标准的技术内容，确保标准的整体技术水平不低于国内外最新标准的要求，同时，根据我国领先阀门企业的技术水平，标准的技术要求通过努力可以达到，确保标准技术先进，通过努力能够实施，从而促进浙江省球阀制造龙头骨干企业技术水平的提高。

此外协会直接参与起草得《阀门零部件阀杆通用要求》全国机械行业标准工作已经完成，正上报有关部门审批。

承接政府职能 高效圆满完成政府部门签约的转移职能，强化协会服务能力。1. 承接温州市名牌产品初评，协会受理永嘉县范围泵阀类产品申报，并对申报产品根据申报条件进行初审，行使推荐权。根据初审情况，对申报产品出具推荐意见。通过动员、收集材料，协会向市质监局推荐了8家企业，最终只有一家没有通过市质监局组织专家评审。此项职能转移协会获得3万元的政府资金补助。2. 承接省商务厅产业损害预警工作。根据省商务厅关于产业损害预警监测的工作部署，协会选取了包括伯特利、超达、宣达等9家龙头企业、代表性企业作为泵阀产业损害预警监测的目标企业，根据浙江省产业损害预警监测系统要求，企业需每月按时上报产业损害及外贸订单情况等多项数据指标，协会获得2016年度产业损害预警工作专项资金1.6万元。3. 承接温州市人力资源和社会保障局人才工作站工作。根据市人社局要求，协会积极开展泵阀行业的人才引进、培育等工作，并将相关情况形成《重要人才工作信息申报月报表》每月上报给温州市人社局。协会获得2016年度人才工作专项资金2.6万元。

行业活动 开展与相关行业的产业对接、考察学习活动。1. 8月5日，协会和江苏省阀门工业协会、海通用机械行业协会阀门专业委联合举办的江浙沪三省阀门行业发展对接交流会在江苏溧阳晶阳山庄举行，来自江浙沪三地的阀门企业董事长、总经理，及企业代表，有关阀门行业专家近200人参加了这次三省市同行业对接交流会，并探讨行业有关技术问题，学习企业先进管理经验。2. 9月25—30日，由缅甸建筑企业家协会牵头组织的缅甸考察团一行来温州考察小商品、泵阀、建材等市场、企业，协会积极组织考察团一行参观泵阀会员企业，促进中缅双方经济交流，推进中缅双方进出口贸易。3. 为了解决泵阀产业长期以来遇到的紧固件瓶颈难题，协助会员企业对接质优物美价廉的紧固件厂家，与中国机械通用零部件工业协会紧固件分会对接，协助组织“第二十九届全国紧固件经济贸易和技术洽谈会”。该会议于2016年12月13—15日在温州铂尔曼酒店隆重举行，汇聚了全国近400多家紧固件厂商齐聚永嘉瓯北。

积极搭建国内外泵阀专业展会平台，多渠道帮助会员企业开拓市场。1. 成功主办“2016第十一届温州（金鹰）泵阀展览会”。10月27—29日，由浙江省泵阀行业协主办、温州永嘉金鹰广告有限公司承办的“2016第十一届温州（金鹰）泵阀展览会展会”在永嘉瓯北文化广场成功举行，有来自温州、上海、河北、江苏等国内外的200多家企业300个展位的泵阀及相关企业参加展会，展会为期3天，此次展会为泵阀企业特别是中小企业进一步开拓市场，促进产品交流互动，推进产业转型升级等方面搭建了有效平台，收到了良好的效果。2. 成功组团参加德国世界阀门展览会。协会与温州市贸处会共同组团参加了11月29—12月1日在德国杜塞多夫举行“阀门世界”展览会。由会长黄胜丰带队，共有45家温州泵阀企业参展，100余人赴德国参观考察，为泵阀企业开拓国际市场、开阔企业家视野和提升温州阀门国际影响力等方面创造了有力的条件。3. 积极组织参加国内颇具影响力的专业展会。8月23—25日，由广州振威国际展览有限公司与中国化工企业管理协会联合主办的第八届中国（上海）国际泵、阀门及管道展览会在上海新国际博览中心召开，吸引了来自美国、德国、法国、意大利、日本、韩国等34个国家和中国台湾地区共580家企业参展，是泵阀管道企业在石油、化工、天然气行业首选的推广平台。协会与振威展会公司合作，争取半价摊位优惠费，积极组团参加了该展会，9月27－29日为会员企业寻找市场空间。此外，协会还组团参加由中国国际贸易促进委员会、山东省人民政府举办的第九届中国（东营）国际石油石化装备与技术展览会。

搭建融资平台 与金融机构建立起长期良好的战略合作伙伴关系，尽最大可能为会员提供高效便捷的融资服务，是协会的工作重点之一。在与平安银行合作贷出1.2亿元、与邮政储蓄银行合作追加1亿元的贷款；5月，协会与民生银行签订战略合作协议，为泵阀行业小微企业提供信用贷款，由协会成立信贷审核小组，负责会员企业的贷款推荐工作，努力解决行业中小企业的融资难题。

人才培育 组织一系列行业性培训工作，提高产业的技术水平和竞争力。1. 3月28—29日，组织伯特利、超达、保一等泵阀企业20余名生产管理者参加温州市经信委在瑞安塘下嘉利特荏原泵业有限公司举办的“精益管理示范企业”培训班。2. 4月9—17日，协会联合浙江省质量技术监督教育培训中心、永嘉县通用电脑职业培训学校在永嘉举办一期物理金相检验和工业化学分析人员参加的“理化检验人员培训班”。泵阀行业70余名理化检验人员参加了培训，并取得相关的技术考试结业证书。3. 协会联合浙江省质量技术监督教育培训中心、永嘉县泵阀科技创新服务中心分别于4月23—28日、5月25—6月1日、7月25—29日在永嘉举办三期特种设备焊接操作人员培训班，培训结束由焊工考核委员会进行考核，考核合格后颁发全国通用的特种设备焊工作业人员证书。泵阀企业总共有72人参加培训、考试，并取得了相关的证书。4. 协会于7月8日组织会员企业100多人参加由永嘉县公安消防局召开的“行业协会消防安全大推进活动部署会”，并观看消防知识教育片。5. 为了加快推进永嘉县“浙江制造”品牌建设工作，加强企业质量管理和质量文化建设，联合永嘉县“三会”和伯特利集团有限公司共同承办“ISO 9001质量管理体系标准换版培训会暨永嘉县泵阀行业先进质量管理（品牌）孵化基地活动”。培训会为期3天，特邀请专家教授为到会人员作培训，协会组织100多会员企业的生产管理人员参加培训。当天还举行了温州泵阀质量技术学校在伯特利阀门集团有限公司的授牌仪式，并确立包括伯特利阀门集团有限公司、超达阀门集团股份有限公司、宣达实业集团有限公司等21家单位为温州市质量管理与品牌研究中心质量研究基地。6. 8月24日至9月9日，协会协助举办的2016年温州市泵阀专业技术职称评审培训班在永嘉县泵阀科技服务中心开班，温州泵阀行业共有204名技术人员参加报名，经过专业课培训、面试、业绩评估、差额评审及公示，共有121人获得泵和阀门工程师职称、51人获得助理工程师职称、8人获得技术员职称；7. 9月19日，“中国船级社2016年浙江地区海工（船用）产品技术交流促进会”在温州国贸大酒店六楼珍珠厅召开，协会组织会员企业20多名技术人员参加了学习培训；8. 10月15日,由温州市经济和信息化委员会主办，协会协办的“2016第二届中国（温州）泵阀发展论坛”在温州国际会议展览中心成功举行。此次论坛邀请多位阀门泵阀领域的专家到场作专题演讲，协会组织60余名技术人员和企业负责人参加了培训。9. 协会联合温州系统流程装备科学研究院（国家阀门检测中心），特邀请中国出口信用保险公司和必维国际检验集团的专家于11月10日下午在永嘉县质监大楼6楼会议室举办“泵阀行业国际技术贸易壁垒与风险培训会”，阀门企业60多外贸业务员参加了培训。10. 协会邀请永嘉检察院于12月2日(星期五)上午在瓯北五星质监大楼6楼会议室举办“预防犯罪法律知识培训班”，检察官现场剖析企业“虚开增值税发票”“商业贿赂”等知识，近百名企业负责人、管理人员参加培训。11. 协会联合永嘉县经济商务和信息化局（网络经济局）、浙江聚点科技有限公司等单位，邀请阿里巴巴1688事业部等多位专家于12月9日下午在五星工业区质监大楼六楼会议室为会员企业的营销人员就电子商务实用业务等专业的互联网知识进行了培训。12. 为更好地服务于泵阀企业，协会联合永嘉县泵阀科技创新服务中心在永嘉科技大楼举办为期5天（12月12开始）的第四期特种设备焊接操作人员培训班，培训结束由焊工考核委员会进行考核，考核合格后颁发全国通用的特种设备焊工作业人员证书。

宣传工作　宣传工作全面展开，有效维护了产业区域品牌形象。1. 协会内部刊物宣传。共编辑出版了《泵阀纵横》杂志1期，《中国泵阀之乡》报纸3期，《产业外贸预警》简讯4期，更新网站信息1000余条，同时协会还建立了微信群和微信公众号，时时发布相关消息，取得了良好的宣传效果。2. 新闻媒体宣传。2016年新年伊始，协会组织“伯特利”“宣达”“超达”“立信”和“百强”等5家会长单位在《中国工业报》上做了“新年寄语”整版宣传；在浙江经视频道上做了“中国泵阀之乡标准引领产业发展”的长篇专题报道；3. 初步完成《“中国泵阀之乡”泵阀品牌微商名录——手机样本总汇》微商信息平台建设，有效加强产品宣传推广力度，方便了客商快速选购产品，促进销售。《泵阀品牌微商名录》的创建将使企业产品第一次实现“印刷本”“电脑端”“手机端”同步阅读与推广的微信时代宣传模式。目前已有80多家会员企业创建了微商名录手机样本。

协会荣誉　4月18日，在2016年度全省经信领域协会年会上，浙江省泵阀行业协会被浙江省经济和信息化委员会评选为“2015年度省级经信领域协会工作绩效评价A级协会”和“2015年度省级经信领域优秀协会”，协会工作得到了主管单位的充分肯定。4月，协会申报的“社团等级”评价顺利获得了浙江省民政厅最高地“5A”级称号。

（陈文荣　周思聪）

童装行业

概况　2016年，童装行业协会在各位副会长和广大会员单位的关心和支持下，按照适应新常态、把握新常态、引领新常态的工作思路，坚持服务宗旨，转变服务模式，突出服务重点，创新协会工作。协会秘书处及分支机构认真贯彻落实理事会制定的各项任务，团结进取、勤奋工作、求真务实、勇于承担，较好地完成了各项工作。

协会工作　3月24日，秘书长金连敏参加了在永嘉三江原野园林会议室召开的永嘉县基层商会秘书长办公会议，会议传达2016年工商联工作要点。实施“贯彻落实年”“品牌创建年”“创新服务年”等活动。5月24日，联合温州市标准化研究院、永嘉县市场监督管理局举办GB31701-2015《婴幼儿及儿童纺织产品安全技术规范》

标准宣贯培训会。邀请温州服装类知名专家、温州市质量技术监督检测院林欧文副院长前来授课，帮助企业、监管部门以及检测机构更准确的理解标准、更精确的执行检测。6月30日，参加在永嘉举行的浙江省纤维检验局《纤维制品质量监督管理办法》在线宣贯会，对《纤维制品质量监督管理办法》（质检总局178号令）进行全面解读，《办法》的颁布实施，填补了目前国内纺织品，特别是学生服质量监管的专业性立法空白，对进一步加强纤维制品质量监督工作具有重要的意义。7月14日，协会参加由永嘉县经信局主办121电商平台承办的“践行‘十三五’，适应新常态—暨万企千城电商扶持对接会”，会议主要探讨互联网时代传统企业如何求变，讲解电商平台的战略布局和发展趋势，培训电商实操技术。8月17日，参加由县经信局、县环保局、县住建局组织的工业垃圾处理座谈会。会议采取互动的形式，领导小组介绍新环保法的一些条例规定，企业在生产过程中需要注意的环保问题。听取企业代表们在自身企业发展中处理工业垃圾的实际困难，了解他们当前生产经营状况和所产生的工业垃圾数量，面对面的互动探讨。通过座谈，加强管理部门对企业的理解，提高了管理部门的服务质量，提升了永嘉县工业垃圾的处置能力。

社会活动 3月20日,参加兄弟协会永嘉电镀行业协会三届三次会员代表大会。7月28日，协会积极配合珠岙村两委，协助完成了在珠岙村召开的“永嘉县农村文化体育建设深化年”。协会的企业会员积极参与在村里自发组建的合唱队、舞蹈队、游泳队、登山队、篮球队、象棋队等文体队伍。7月31日至8月2日，会长朱旭峰作为童装企业代表远赴宁夏参加由北京大学社会学系和宁夏师范学院共同主办、固原市原州区人民政府承办的“中国当代农村社会变迁乡村治理与途径研讨会”。永嘉瓯北珠岙村是生产童装专业村，被誉为中国童装第一村。全村几乎家家户户都有童装作坊。在这样的背景下，国务院参事室把珠岙村作为全国改革开放三十年农村变迁示范点之一进行专题调研。9月13日，热情接待温州市童装商会会长陈钱军率商会副会长及相关工作人员来访。讨论了商协会的日常工作。11月12日，协会理事会部分成员协同永嘉县府办、县经信局、县招商局、瓯北街道、珠岙村两委相关负责人热情接待宁夏固原经济技术开发区管委会主任张汉斌、宁夏固原经济技术开发区管委会招商局局长周文斌等领导一行莅临珠岙村参观考察，在珠岙村文化礼堂内进行座谈交流，相互交流学习市场经济发展战略。12月2日，参加县团委、县志愿者协会在珠岙文化礼堂联合举办的青春助力志愿服务活动，为现场的群众送去了“安全生产法手册”宣传企业安全生产知识，防止和减少生产安全事故。12月18日，在中华民族一个传统节日冬至来临之际，童装协会志愿者联合珠岙村党支部、村委会、妇女组织巾帼志愿者们亲手准备800多份汤圆系列，跟大家一起过节吃汤圆送祝福，在集体的温暖中度过传统节日、感受家的温暖、集体的温馨。

会员培训 7月18日，为提高全行企业员工的消防安全和责任意识，进一步加强消防安全工作，联合珠岙村两委、瓯北街道消防队，在珠岙文化礼堂开展消防安全知识讲座。教官向参加讲座的会员们普及预防企业火灾、消除火灾隐患、初起火灾扑救以及如何报警、组织疏散逃生等应对火灾知识，并以比较典型的火灾事故作为案例进行讲解，使参加培训的企业员工对火灾有了更直观的认识。9月12日，组织会员一行10余人参加在瓯北铂尔曼酒店举行的第五届浙江CIO峰会暨云数智造论坛“鞋服行业与互联网融合创新”峰会。峰会以“智造先锋”为主题，大会涌现了许多从传统制造业向互联网转型的企业典型，显示了互联网与制造业各种场景对接的无限可能。国家工信部、浙江省领导以及中国工程院院士等众多信息化领域的专家聚集一堂，深入探讨了新一轮科技革命给工业带来的变革，探索浙江省智能制造的路径和方向。11月1日，永嘉县童装行业协会联合浙江嘉瑞成（永嘉）律师事务所的三名律师在珠岙文化礼堂开展了一场普法知识讲座，讲座的内容主要是与企业经营有关的法律知识，结合企业经营业务中容易忽略的部分以及亲身经历的维权纠纷典型案例，通俗易懂地讲解了企业的合同管理问题和法律维权手段，为珠岙童装企业答疑解惑。12月19日，联合温州聚点科技有限公司在瓯北珠岙村文化礼堂举行为期半天的童装企业电子商务培训会，为协会广大会员电子商务创业搭建学习交流平台，引领企业顺应“互联网+”的新趋势，提高技能，拓宽创业渠道。

协会宣传 2016年，协会坚持“传承、创新”，继续加强组织建设，优化沟通宣传平台结构，发挥协会作用，搭建多方参与平台。定时在协会微信公众平台发布活动信息和业务动态，让会员们更加直观地了解到协会的运作。完善协会网站平台建设，协会网站的建设从无到有，已经具备了在互联网上协会有关信息的发布、交流和宣传窗口基本职能，协会网站下一步将完善协会与会员之间的信息桥梁职能，共同促进形象宣传，提供更加优质服务。

（苏瓯佩）

钮扣行业

概况 “中国钮扣之都”是桥头镇的一张金名片。2016年永嘉县钮扣企业共287家，其中重点企业49家，规模以上企业16家，从业人员2万余人。

品牌战略 拥有中国驰名商标1个，省著名商标5个，市知名商标7个，县名牌商标11个。在品牌意识引领下，桥头钮扣产业规模日益扩大，逐步完成由商贸型经济向工贸型经济、由有形市场向无形市场、由区域经济向全球经济承接的转变。

经济运行 2016年，永嘉县桥头钮扣行业微增长，运行较平稳。据16家规模以上钮扣企业统计，2016年完成工业总产值20亿元，规模钮扣企业缴纳国税、地税合计2.53亿元，跟上年基本持平。

污染整治 桥头镇钮扣行业污染整治属温州市7个污染整治市政府挂牌督办项目之一，是永嘉县生态县建设的重要内容。为了贯彻落实新环保法，商会积极帮助会员企业完成生化池等环保设施的建设，使企业污水、污泥、废料、废气等的各项指标达标，有效实现生产与生态的良性循环，推动行业节能减排工作更上新台阶。

（戴璐娉）

拉链商会

概况 2016年，永嘉县拉链商会紧紧把握商会服务会员企业的宗旨，认真贯彻党和国家有关法律法规，以创新的精神，切实加强商会自身建设，不断提高商会的影响力和凝聚力，加强商会自身组织建设，积极发挥会员企业与政府部门的桥梁纽带作用。至2016年12月底，永嘉县拉链行业配套企业280家，拥有中国驰名商标1个，浙江省名牌商标3个，市名牌商标10个，从业人员约1.95万人,全年实现产值经济约23亿元。

服务会员企业 商会不但是一个服务机构，同时也是政府部门和企业之间的桥梁纽带。2016年，商会不断加强与政府部门的沟通联系，传达各类政策和信息，完成政府部门布置的各项工作任务。5月19日，商会邀请中国著名经济学家陆德明老师为商会会员企业授课，主题是“变局、创新、定位暨宏观经济态势变局与产业升级”，120余人参加此次培训。6月19日，商会邀请亚美信企业顾问讲师蔡琳先生为拉链行业90多名企业管理人讲授《管理理念与角色认知》着重提高了企业高管人员的管理水平。6月27日，商会发动会员企业中的67名员工参加永嘉县桥头镇红十字分会组织的“救生员”知识培训。7月22日，拉链商会与钮扣商会与国税部门共同组织200多家会员单位财务人员学习“金三”网税培训，为桥头企业财务人员提升信息自动化办公打造了更好的平台。10月21日，商会组织会员69人赴杭州考察杭州 G20峰会一条街，同天坐船游览杭州西溪湿地古杭道，进一步加强会员之间的团结。10月22日，中国拉链会员大会在上海松江召开，商会组团带领会员企业集体参加大会，同时参加了中国拉链高峰座谈讲座，授课专家对中国经济发展进行了深入剖析。通过商会组织会员企业走出去考察、参观学习，为永嘉拉链会员企业拓宽了视野，为进一步提升带来了启迪。12月9日，由县经信局主办的阿里巴巴电商之光培训会议，十几家会员企业参加会议，其中有多家企业加入阿里巴巴诚信通企业。

（常　梅）

教玩具行业

概况 2016年，温州教玩具行业协会共有会员企业340家，个人独资企业327户，个体工商户129户，从业人员2万多人。规模以上企业20家，产品覆盖游乐设施、体育器材、桌面玩具、科教、滚塑、吹塑以及实验室设备等八个大类，上万种产品。在温州市其他行业经济增长乏力的情况下，教玩具行业发展势态依然良好。2016年教玩具规模以上企业实现产值17.57亿元，同比增长12.27%；销售额16.53亿元，同比增长12.27%；其中：内销11.57亿元，同比增长10.13%；外贸4.96亿元，同比增长14.28%；税收6793万元，同比增长10.14%。产业优势明显，市场占有率领先，品牌效益突出。温州教玩具行业协会积极发挥桥梁纽带作用，为会员服务，为行业呼吁，为发展建言。

协会工作 3月3—5日，由中国玩具和婴童用品行业协会和温州市教玩具行业协会联合举办的《精益生产之生产计划和成本控制》精英培训班在瓯北梦江大酒店举办。50多名企业高管参加培训，由北京大学华商院EMBA客座教授孙亚彬和高级工商管理硕士陈怀孝两老师主讲。3月9日，教玩具行业"拓市场"专题讨论会在立本集团公司召开，温州市贸易促进会副会长陈琦、永嘉县经信局副局长叶长志、桥下镇副镇长杜亦游、温州市教玩具行业协会章常义会长以及教玩具行业部分规模以上企业负责人参加讨论。5月27日，温州市教玩具行业协会第三届、永嘉县教玩具行业协会第五届会员大会在桥下文化中心礼堂胜利召开，700多名会员参加大会，中国玩具和婴童用品行业协会梁梅会长，王艳梅副秘书长，中国商业百货协会楚修齐会长、范君副会长，温州市民政局、经信委，永嘉县委、县政府以及有关部门领导应邀参加会议。大会选举产生了新一届理事会理事、副会长、常务副会长和会长。5月26—27日，中国教玩具之都迎来第四次复评，中国玩具和婴童用品和行业协会领导及有关专家在听取汇报，走访企业实地考察后，复评小组认为，温州教玩具产业竞争力不断上升，政府部门支持有力，发展思路清晰，协会在促进产业发展方面所起的作用巨大，专家一致同意再次授予永嘉"中国教玩具之都"称号。5月27日，"中国教玩具流通中心"授牌仪式在桥下镇文化礼堂举行，中国百货商业协会副会长范君参加授牌。6月1日，县政协主席陈建良率县相关部门负责人到桥下镇调研教玩具行业发展情况，40多名企业负责人参加调研。章常义会长介绍情况，企业代表发表意见，陈建良主席提出希望和建议。6月6日，协会召开跨境电商项目申报座谈会，县经信局叶长志副局长、陈忠平科长参加。当月，永嘉县被列为浙江省产业集群（教玩具）跨境电商试点县。7月10日，协会邀请台湾资深经营管理专家林甘霖老师在桥下镇举办《如何降低企业成本》专题讲座，全镇100多位企业高管参加为期一天培训。7月14日，永嘉县教玩具行业G20峰会消防安全培训班在县消防局举行，160多家企业负责人参加培训，县公安消防局局长徐进作动员报告。培训后，各企业表示要对照相关要求进行排查，努力提高自己和员工的消防意识和防灾能力。7月29日，省政协常委，委员工作委员会主任朱贤良率相关人员到桥下玩具智造小镇建设发展情况，市政协副主席王益琪，县委书记娄绍光，县政协主席陈建良，副主席金盾陪同。8月4—6日，协会组织21家企业参加第四届中国上海国际孕婴童博览会，展出面积达1000多平方米。第四届中国上海国际孕婴童博览会是永嘉县2016年度重点展会，是由中国百货商业协会主办的国际性展会。协会首次以组团的形式组织21家企业参展，通过参展，提高了桥下教玩具产业的知名度。9月27日，由温州市教玩具行业协会等三家单位承担的大型充气玩具（淘气堡）企业联盟标准实施验收会在立本集团公司召开，省标准化院郑培主任、省方大标准信息有限公司徐亦萍主任、国家日用小商品质量检测中心陈德文主任等专家参加验收，经过一天的论证和实地考察，他们一致通过该联盟标准。9月27日，由温州市教玩具行业协会和温州市产品质量检测院联合举办的《教玩具产品质量检测和认证》知识培训班在桥下镇文化中心举行，辖区40多家企业70多名相关人员参加。9月29日，教玩具知识产权联盟建设研讨会在协会召开，温州市知识产权维权中心、温州市纳祺律师事务所以及奇特乐、凯奇、育才、永浪、华夏、华东、巧巧、立本等企业参加。10月13日，协会举办《小型游乐设施》系列国家标准及检测规则宣贯会，市县质监局、县产品质量检测院及30多家会员企业参加学习。10月19日，协会组织60多家企业参加第十五届中国国际玩具及教育设备展览会。参展面积达1300多平方米，接待客商3000多人次，达成意向300多人，成效明显。11月22日，"品牌决胜未来——2016年新幼教品牌论坛"在永嘉县瓯北翔宇中学举行。温州市各地及青田、丽水等附近地区600多幼儿园老师参加。温州市教玩具行业协会、凯奇集团、育才控股集团、永浪集团、华夏游乐有限公司、立本集团、贝旺玩具有限公司、三和教仪有限公司等教玩具生产企业作为产教结合的主体应邀参加论坛。12月5日，经省质监局批准，在县产品质量监督检验所基础上筹建的"浙江省教玩具产品质量检验中心"已正式成立，将对外开展教玩具产品的质量检验工作。这是永嘉县获批建设国家阀门产品质检中心、浙江省泵阀产品质量检验中心后又一重大突破。

（金先平）

电镀行业

概况 2016年永嘉县电镀工业分布情况：瓯北五星电镀基地13家，其中永嘉县百盛电镀有限公司新厂房于当年4月18日正式落成开业，总容量20.0580万升；桥头电镀基地32家，电镀标杆企业有上塘禾益标杆、黄田尊宝标杆、黄田广义标杆、乌牛永乐标杆、桥下电镀标杆待验收等5家。

协会作用 2016年初，向上级政府主管部门上报了上年度协会工作总结和年鉴的文字资料；筹备及召开好协会年度的三届三次会员大会，其中调整充实班子成员并做了工作分工，调整了会费收取标准，为协会的运作提了宽松的环境。做好协会2014、2015年度公共服务平台汇编，报请县经信、县财政考核评分，取得协会资金的补助。积极配合政府部门发挥职能作用，参加有关召开各类的政策报告会，经济创新培训会，行业经济运行分析会。

深入服务企业发 全力服务会员企业是协会工作的协会工作关键和中心内容。为了解掌握温州市重点行业上半年经济运行情况，分析判断下一阶段经济发展趋势，提供政府部门统计决策参考数据，协会认真地对永嘉县各基地及标杆企业作了深入了解调查，对49家电镀加工企业的上半年度的产值作了可比分析统计（上半年产值2.4亿元）。2016年9月20日协会起草执笔介入解决业内企业之间的容量交易有关事项工作，促使企业双方得到双赢。为会员企业排忧解难，协会行业自律维权组牵头成功调解一次拖欠部分电镀污水处理费的协调会，并使双方企业满意，发挥协会职能作用。2016年5月11日协会秘书长参加了县人大召开的县经济研讨会，秘书长汪祥吾在会上40多分钟的发言讲话，反映本行业的发展与艰辛实况，并向政府提出建议，要求政府关心电镀企业，真正为企业服务。

积极和政府部门沟通，全力服务本行业，协会起好桥梁纽带作用 2016年初为强化剧毒品安全管理，严格执行安全现代化模式，有利企业生产结合因地制宜，协会向公安治安大会提出诉求，要求在五星基地集中设剧毒品储存库，实行自行配置，得到公安部门的支持。6月28日服务G20峰会之间，协会为做好企业的安全生产和政府县安监局共同举办了电镀行业职业病危害治理培训会，到会90余人；2016年6月14日—15日、7月27—28日两次在瓯北梦江大酒店、桥头电镀基地会议室共培训4天226人次，和市安全生产培训中心联合举办使用易制毒化学品硫酸、盐酸的企业负责人、管理人员岗位培训，培训人员笔试合格后取得证书。G20峰会前夕公安部门停止使用剧毒品供应，协会对此十分重视，及时到公安治安大队反映本行业的实况，提出解决方案。为引进剧毒品购买竞争机制，9月28日协会班子会议专题讨论改革方案，向乐清兄弟单位学习，采取乐清电协管理方式，向公安机关提出要求，对剧毒品管理进行购买竞争。一方面价格不会被垄断，减轻企业成本，另一方面增加协会收入。配合公安禁毒大队对全县从事电镀企业使用易制毒化学品检查五次。特别出入库台账及仓库管理、领发材料安全操作等。

协会的自身建设不断增强，凝聚力不断提高 永嘉县电镀第三届理事会组建以来，协会领导班子团结和谐，凝聚力和战斗力不断提高，会长办公会议正常召开，及时听取了企业的各个片段的呼声，小问题现场解决，大问题讨论协商，工作有计划，分工有安排，及时把企业呼声及诉求带到政府部门解决。

有活动就有活力，有活力才有发展，协会组织理事外出考察学习，在市场经济持续低迷的不良大环境下，2016年10月27—31日协会带领全体理事赴四川、重庆、成都考察学习，得到电镀界同行的热烈欢迎，并参观大型的高科技的电镀流水线作业。参观者开了个眼界，为电镀行业持续发展树立了信心。

（汪祥吾）

五金饰扣

概况 2016年度国内外经济持续低迷下行，同比2015年度产值下降15%。原因：配套的上家企业如鞋业、服装业不景气的直接影响，使本行业配套业务量也自然减少，业务少了，企业直接竞争也越来越厉害，好多企业放低价格、保本微利维持企业的生存，造成了行业中的恶性竞争。个别企业由于业务量不足，平时固定费用一直过大，成本过高,企业日子非常难过，好些企业干脆将厂房出租过难关求生存。本行业中有两家企业较为突出，温州家顿国际贸易和波普科技有限公司，外办经营跨境电商模式项目。收入一年比一年递增，公司前景光明，政府支持提供该企业1100平方米经营贸易场所，三年免费。开天饰品有限公司几年来以坚持狠抓产品质量为核心的办厂理念，在逆境中求生存，在生存中求发展。公司面貌日新月异，产值逐年递增，经济效益可观，2013年该公司上缴国家税收101万元；2014年153万元，2015年196万元，2016年220万元。

行业运行总体情况 2016年度五金饰扣企业主要表现和2015年度一样，农历年初开工更迟，主要原因：一是和经济萧条有关，五金饰扣和配套的上家的鞋业、服装、箱包箱扣的企业也不景气，所以直接影响本行业开工迟，二是企业开工之前首要任务是全力配合县环保部门的工作，积极安装好水抛、水滚环保治理的工艺设备。做到环保要求，迎接达标验收。人才资源富有，打破企业多年来招工难困境，是企业看好的一方面；企业用电量充足也给企业减轻负担，加上政府部门改进了服务方式，促进了企业长足发展的美好前景。

发挥行业协会作用 为平稳行业经营价格提供可靠信息资料，协会秘书处做到定期对会员企业发布饰扣的各种原材料的价格信息，新设备引进的信息，新工艺技术信息。定期对会员企业发布协会简报信息，通报国家政策及行业中的近期的生产经营状况及企业在生产中出现急需解决的难点等问题。

积极配合政府部门工作，对本行业粉尘作业的企业调查，为确保企业的安全生产，彻底清除企业在生产中的安全隐患，协会配合县安全监督部门下企业调查摸底，现场走访和了解32家粉尘作业的抛光企业在生产中的安全防范情况，做到规范化、标准化、达标化，对不符合安全的企业，及时责令整改和停产限期整顿。配合环保召开五金饰扣行业污染防治座谈会。2016年1月22日协会配合县环保局召集五金饰扣龙头企业13家，对如何做好五金行业的环保污染防治，严格履行环保的法律职责，实行企业自我管理，自我服务，落实双管责任措施，学习先进纽扣企业的治污经验，确保水抛、水滚污水治理达标。协会针对黄田五金饰扣行业现状，提出整治方案和落实措施，并引导企业牵头付诸实施。参加县人大召集的2016年上半年度工业经济分析会。2016年5月11日和本县兄弟协会的县泵阀行业、鞋革行业、电镀行业、教玩具行业、桥头纽扣商会、桥头拉链商会及永嘉县康豪服饰有限公司法定代表人等，一起参加县人大召开的2016年上半年度工业经济分析会。本协会秘书长认真分析了本行业的运行情况，提出了企业存在的困难，预测该行业的发展前景。同时要求政府部门要改进服务方式，变原来的管理型为服务型，对每项工作要做到宣传到位、工作到位。要求政府部门要保护企业的合法权益，打击取缔个人私营户的破坏环境犯罪活动（如个体户在家擅自偷排水滚、水抛3倍以上的锌超标污染）行为。

（汪祥吾）

铸造行业

概况 2016年永嘉县共有铸造企业75家，其中会员企业50家，非会员企业25家。企业主要分布在瓯北、上塘、沙头、桥下、乌牛等乡、镇（街道）。由于经济大环境的影响和企业自身的种种原因，促使行业连续四年负增长。2016年度协会会员企业“温州市开诚机械有限公司”被县人民政府评为巨龙企业；“浙江工力阀门铸造有限公司、浙江拓新铸造有限公司、浙江铸诚机械有限公司、永嘉县金鼎泰铸造有限公司”等四家企业也分别被为明星企业。

部分企业通过自身的不懈努力，经产业改造提升后，通过自身管理和技术创新，培育一批有核心竞争力的技术规范管理团队。截至2016年12月底，已列入工信部铸造行业准入审核通过公告的企业8家，分别是温州市开诚机械有限公司、永嘉县环球机械厂、永嘉县远洋铸业有限公司、永嘉县金鼎泰铸造有限公司、浙江拓新铸造有限公司、浙江顺豪阀门铸造有限公司、浙江人一阀门制造有限公司、浙江工力阀门铸造有限公司。永嘉县是中国的泵阀之乡，泵阀更是永嘉县经济发展的支柱产业。随着产业链的不断提升，铸造产业成为泵阀支柱产业的基础产业。同时永嘉县已经成为全国规模最大、产能最高、品种规格最全、企业最为集中的泵阀产品制造基地和全国最大、最集中的泵阀产品采购基地和网络销售平台。

协会工作 2016年，铸造行业在县委、县府以及相关部门的直接领导和关心下，协会在加强服务和发挥桥梁纽带等作用方面取得了一定的成绩和做了大量有效的工作。以积极开展调查研究工作为抓手，以走访企业，倾听会员呼声为核心任务，对事关企业发展的难点和热点问题进行了全面的剖析，并提供给政府有关部门做出正确的决策。2016年协会不定期组织领导多次下会员企业开展调查研究工作，深入掌握一手资料，为本行业经济运行情况分析提供翔详实的依据。

3月10号，县环保局、温州环保局到协会调研关于铸造行业整治方案座谈会。倡导向绿色铸造发展，保护环境，达标排放是所有会员企业的第一责任。4月8日下午在县科技大楼五楼召开永嘉县铸造行业协会理事会议，就如何解决铸造环保整治问题和表面处理工艺问题共商良策。4月11日，在县科技大楼五楼召开铸造表面处理工艺与环评会议。县环保局王局长要求铸造企业尽快做好环评验收。5月5日，在县科技大楼五楼召开表面处理座谈会，会议共有11位会员企业参加，与会同志畅所欲言，对酸洗工艺是否能达标，是否有代替酸洗工艺提出了许多的意见。会上各会员企业表示应尽快确定五金酸洗点，由协会牵头带领县领导对已有建立酸洗中心的地方进行一次考察。6月2日，在县科技大楼召开副会长以上会长办公会议，统一决定在瓯北建议一个金属表面处理中心，同时成立一个表面处理中心筹备小组，组长：余胜存，副组长：陈志龙、陈繁强，成员：余心春、余秀弟、徐海光。6月5日，在县科技大楼召开拟建金属表面处理中心意向入股会议。会上将金属表面处理中心地址拟建在瓯北，共有22位企业参股金属表面处理中心。7月间，协会秘书处积极整理准备，迎接县经信局组织的2015年度公共服务平台考核，并获得二等奖。9月14日，乐清铸造协会秘书长和副会长来协会座谈现铸造产业发展情况，以及关停政策。9月27日，协会组织会员企业参加省铸造协会2016年下半年工作会议。11月1日，在科技大楼五楼会议室召开表面处理中心股东大会。

组织培训 9月13日，组织会员单位参加市经信委主办的“2016浙江中小企业法律服务月”培训，会议对“企业如何有效对接外部资本”“企业如何构建和谐劳动用工关系”这两个企业普遍关心的热点问题展开专题讨论，结合实际深入浅出地给与会人员讲解相关要点，为企业有效防范和化解创业经营风险提供借鉴。讲座结束后，企业代表们表示收获良多，下一步将进一步提高企业法律维权意识，加强管理，规避风险。

宣传工作 永嘉县铸造行业协会为全面做好宣传工作，加强信息沟通，扩大协会的影响力，2016年度共刊出《铸造简报》6期。开展对外交流，建立产品展示平台，努力将永嘉县的优质铸造产品推向市场。

（徐海光）

工艺美术行业

概况 2002年协会成立至今，协会共有15人评上初级工艺美术师，6人晋升为中级工艺美术师，5人晋升为高级工艺美术师。协会共有省工艺美术大师5人，市工艺美术大师11人；高级工艺美术师5人，中级工艺美术师15人，初级工艺美术师52人。

参评作品 2016年4月，协会参加第六届中国杭州精品博览会，获金奖4枚、银奖7枚、铜奖8枚。郑国地《积学储宝》、柯鸿显《云水大悲》、叶小鹏《慈心如愿》、叶春定《遐思》获金奖；潘修科《梦露》、叶圣善《龙头人》、高生顺《情怀》、陈民安《观音》、夏瑞淼《女娲补天》、汪庆升《观音》、周宝亮树叶树皮画《楠溪人家》获银奖；陈祥广《奋进》、黄开韵《修行达摩》、陈清华《金猴献瑞》、陈福淼《三羊开泰》、张昆明《佛光普照》、高敏渊《千手观音》、金少微《柳毅传书》、高仁孝《大塘壮歌》获铜奖。

2016年5月，周宝亮树叶树皮画《楠溪水磨》参加“2016中国旅游商品大赛”。2016年7月2—25日，协会陈祥广、叶柱、孙开毅参加浙江省文化厅举办的“2016年非物质文化遗产传承人群培训班”。2016年11月，陈清华、夏伯连、孙显秋、周宝亮获永嘉县第四轮优秀农村实用人才。叶小鹏的木雕作品《印象江南》获时尚·鹿城·艺术创作大赛“十佳奖”。浙江省首届木雕技能大赛中，郑国地现场创作木雕作品《意会》，以自然优美的造型，传统又新颖的刀法获“金奖”。

协会作用 永嘉工艺美术在文化产业中已进入新阶段，得到各级政府和有关部门的重视，产业已呈多元化，由原来单一出口发展到国内家居艺术品、礼品、纪念品、宗教用品、汽车挂件等消费领域。但各生产单位产品雷同，创新不足，产品互相压价；利润空间压缩，企业生存困难等问题。为解决目前状况，协会鼓励企业自主创新，制定知识产权自律制度，以自愿参加为主，成立知识产权自律小组，促进永嘉工艺美术产业健康有序发展。

（汪庆升）

旅馆与餐饮行业

概况 2016年协会始终坚持维护会员合法权益，服务企业，规范经营，促进永嘉县旅馆与餐饮行业可持续发展。组织活动，促进行业交流和发展。3月初至5月中旬走访考察上塘、瓯北、乌牛、桥头、桥下等地会员单位，向主管部门反映行业发展情况和问题，提交行业发展报告。5月10日，组织会员单位实地考察温州铂尔曼酒店，环球厅、瓯江厅、灡西餐厅、源日式餐厅、99BAR等配套设施。

组织培训 2月29日参加民政局举办的2016年第三期社会组织公益沙龙；8月23日参加瓯北税务分局举办的金税三期个人所得税缴纳系统培训会；参加民政局举办的永嘉县社会组织《中华人民共和国慈善法》学习交流会；9月23日，协会会长潘祝平、副会长汪秋云代表协会参加县工商联(总商会)第十一次会员代表大会。诚邀主管单位县经信局叶长志局长和陈金良科长参加座谈会商议换届事宜。10月份组织会员单位参加温州特色餐厅评选。10月20日，协会召开旅馆业座谈会商讨G20峰会后公安对旅馆的检查情况及存在的问题。

技能比赛 为贯彻落实党的十八大《国家中长期人才发展规划纲要（2010—2020年）》精神，大力倡导和践行精益求精的工匠精神，协会积极组织会员单位参加第六届全国饭店业职业技能竞赛（浙江赛区），并于6月25日到比赛现场观摩学习。协会会员单位获得荣誉如下：温州铂尔曼酒店获中式雕刻金奖、中式热菜金奖、中式冷拼银奖、中式热菜银奖、中式热菜银奖；永嘉县钱塘世纪大酒店获中式热菜金奖、中式热菜银奖。

提供服务 协会人民调解委员会自成立以来发挥调解、消除纷争的作用，在2016年里成功帮助会员单位调解消防违建纠纷。5月1日起开始本行业实施“营改增”，协会于7月初做了调查问卷关于旅馆与餐饮行业企“营改增”中存在的实际问题，并于7月21日走访瓯北国税局，就会员单位反映的问题做了对接，先后转发《关于部分地区开展住宿业增值税小规模纳税人自行开增值税专用发票试点工作有关事项的公告》和《关于完善银行卡刷卡手续费定价机制的通知》给会员单位，及时了解行业政策变化，维护企业自身利益。协会为全体会员订购2017年《今日永嘉》和2017年《平安时报》。11月，协会就餐饮业原料采购台账问题和瓯北市场监督管理分局、永嘉县市场监督管理局联系沟通，商定瓯北辖区内的台账，由协会办公室负责免费发放。11月2日，协会和县公安基础大队召开座谈会，就会员单位反映的旅馆相关问题做了汇报。

提高技能 为适应现代社会和时代发展需要，在旅馆和餐饮市场不景气的情况下让会员单位改变思维，顺利实现转型升级；协会积极营造良好学习氛围，组织会员单位参加各项与行业相关的职业技能培训。2016年组织开展学习培训4次，培训人数达360人。1月6日，协会和江北派出所联合召开永嘉县瓯北江北片区旅馆业“四实登记”培训会，辖区内90多家旅馆负责人参加了会议。3月4日，协会携手瓯北卫生监督管理所举办瓯北辖区内住宿行业卫生知识及卫生法律培训会，100多名住宿行业负责人和卫生管理员参加了会议。6月24日，协会和县公安消防局召开永嘉县餐饮、旅馆行业G20消防安全培训暨夏季消防大检查工作推进会，80多名会员单位参加了会议。12月27日，协会联合永嘉县公安局外事大队举办永嘉县旅馆业境外人员临时住宿登记培训会，90多名旅馆前台人员参加会议。

（任笑民）

永嘉企业

综 述

永嘉县现有主板上市企业4家（报喜鸟、奥康、红蜻蜓、迦南）、新三板挂牌企业2家（华邦封条、群臻科技），上市企业总数仅次于乐清，排名全市第二。拥有驰名商标11枚、省著名商标66枚、市知名商标60枚，累计拥有省名牌产品34个、市名牌产品42个，并创成“全国知名品牌创建示范区”。2016年，红蜻蜓集团成功入选省第三批“三名”试点培育企业，获得500万元配套资金支持；超达阀门、迦南科技等5家企业入选市“三名”试点培育企业；红蜻蜓、迦南、奥康、报喜鸟、迷西仕、超达、育才、凯泉、开诚等9家企业被评为市级领军工业企业；意柏朗、路遥、罗亿丹尼、嘉隆、巧巧、凯奇、立本、长城、中创、华邦、金螳螂、贝尔、朝瑞、鸿发等14家企业被评为市级高成长型工业企业。

截至2016年12月31日，永嘉县规模以上工业企业达到362家，企业规模不断壮大，实现规模以上工业总产值398.42亿元，同比增长10.3%，增幅排名全市第1，比2015年提高4.2个百分点，高出温州市增幅2.1个百分点。其中泵阀、皮鞋、服装、教玩具、纽扣拉链规模以上工业产值分别为98.95亿元、95.36亿元、59.72亿元、37.05亿元、16.31亿元，同比增长分别为9.2%、10.9%、6.6%、13.5%、10.2%，占永嘉县规模以上总产值比例分别为24.8%、23.9%、15.0%、9.3%、4.1%。产值超亿元的企业达到95家，鲍斯高服饰、超达阀门2家企业产值超5亿元，奥康、报喜鸟、红蜻蜓3家企业产值超10亿元。2016年成功培育28家规模以上企业，其中鑫源服饰、纽顿流体被评为省小升规“创业之星”，金螳螂鞋业、美沃阀门成功申报省创新型示范中小企业。

（金双双）

浙江奥康鞋业股份有限公司

概况　浙江奥康鞋业股份有限公司（以下简称“奥康国际”）是中国领先的皮鞋品牌运营商及零售商,经过28年的发展，现已成为中国最大的民营制鞋企业之一。2016年，奥康品牌价值达179.19亿元，于2012年4月26日在上海证券交易所A股主板正式挂牌上市。根据国家统计局公布的信息，企业连续五年位列中国工业行业效益十佳企业第一位。2016年作为奥康中长期战略实施的“开局年”，奥康国际提出“干好一三五，实现两翻番”的发展战略和经营目标。同时与世界级企业管理咨询公司罗兰贝格正式签署战略合作协议，聘请该公司为奥康国际长期发展经营顾问，共同探索鞋服行业发展新态势，致力将奥康打造为中国卓越的鞋业生态系统典范。“一”个系统是指：打造“卓越的鞋业生态系统”。在新的战略规划中，要把“奥康”塑造成“长青品牌”，实现品牌的长盛不衰，同时搭建时尚平台，为企业注入新生力量，保持年轻活力，持续成长。“三”个平台是指：灵活机动的组织平台、开放整合的资源平台、合作共赢的资本平台。奥康首度划分成立商品规划系统、供应管理系统、营销运营系统、时尚平台系统、财务共享系统和职能管理系统六大组织系统，为优秀人才提供了更广阔的发展平台，也为奥康全面铺开雏鹰行动提供了组织保障。此外，搭建资源平台与资本平台，旨在获取全球最新的“创新动态”，整合全球一流“资源及智慧”，并充分发挥上市优势，引金融之水，灌实业之田。“五”大支撑是指：品牌战略、商企战略、渠道战略、零售战略、供应链战略五个方面，其通过全面升级品牌形象、发挥买手作用、拓宽发展领域、回归客户需求、优化供应链，继而真正实现由传统制造型企业发展向资源节约型、环境友好型、高附加值和可持续发展型的现代化全球企业迈进，助力实现“百年奥康全球品牌”的企业愿景。在新战略指导下，奥康国际不断整合资源，力求转型升级持续发力，连通实体经济和资本市场之间的高速通道，继而推动奥康战略转型以及综合竞争力的提升。

全渠道模式 针对传统实体行业存在的诸多弊端，奥康国际在2016年启动全渠道模式。通过在终端实体门店配置电子货架，销售全国所有渠道商品，客户订单将由“云仓”自动分单，通过物流配送到户，同时消费者可通过“微会员”时时查看消费及物流信息。奥康的全渠道将实现商品通、渠道通、服务通和会员通，最终达到全商品售卖、全天候营业、全仓储发货、全方位服务及全渠道营销的效果，为顾客提供更优质的服务体验、满足不断变化的顾客需求。目前，O2O、OTO业务上线预计700家门店。

开启会员营销 随着“互联网+”时代对传统经济地巨大冲击，随之形成的新一轮“粉丝经济”正在持续发酵，甚至成为当下各行业不可或缺的助推器。2016年，在奥康五年战略方向下，会员发展作为公司业绩增长重要支撑，已开始全面发力。超级导购、会员管理平台的上线正式宣告奥康的营销管理全面升级。4月，奥康国际成立一级部门“粉丝会员本部”，加大会员推广力度的同时，也全面开启会员营销。8月，奥康国际上线全新的会员管理系统EZR，通过与驿氪科技、微信会员卡、微信支付进行合作，实现了营销导购与会员无缝连接和一对一的服务体系，会员对门店服务进行评价共14万条，好评率达到96.5%。4—11月，结合公益、社会活动、区域营销、门店开业等活动，累计互动超200万人次，季度会员活跃度达到25%。

创新品牌 2015年8月8日，奥康与美国第一时尚运动品牌斯凯奇达成战略合作，在延续原有优势，深耕奥康“长青品牌”美誉度的同时，顺势将运动时尚作为接下来的重点发力方向之一，同年搭建“时尚平台”。2016年，奥康国际在2015年首届温马冠名的基础上，继续冠名第二届温州马拉松，同时启动“梦想跑道”公益计划。在此基础上，奥康推出“AOK Mart”这一全新的综合型渠道，引进了包括新百伦、亚瑟士、耐克、阿迪达斯等多个专业运动品牌。现奥康时尚平台主要运营奥康旗下康龙、斯凯奇、AOK Mart、load max等品牌与渠道，能多个维度迅速精准地掌握消费者不断变化的产品诉求，深耕中国休闲与运动市场。

企业点“三把火” 2016年7月，奥康国际董事长王振滔率百名中高层管理干部西下贵州开展奥康第十七届“思考周”，以“黔行·修心”为主题，问道先贤，在中华优秀传统文化中，探索治企新思路。回顾奥康第一把“雪耻之火”，借鉴第二把“诚信之火”，奥康国际董事长王振滔在贵州第三次重拾火炬，点燃奥康发展史上第三把火——“良知之火”，意在把中国优秀的传统文化变成一种内生的源泉动力，培养企业管理人员树立正确的义利观与发展观，更好地为员工服务、为客户服务、为人类进步服务，造良知之品、行良知之人、铸良知之企。

（李林琳）

浙江报喜鸟服饰股份有限公司

概况 浙江报喜鸟服饰股份有限公司是温州第一家国家AAAA企业，主要从事报喜鸟品牌西服和衬衫等男士系列服饰产品的设计、生产和销售。公司成立于2001年6月，并于2007年8月在深交所上市，法定代表人吴志泽，注册地址浙江省永嘉县瓯北镇报喜鸟工业区，公司注册资本为117201万元，经营范围包括：服装、皮鞋、皮革制品的生产及销售。2015年度，公司为浙江省唯一入选2015年工信部遴选确定的100家互联网与工业融合创新试点企业。2016年荣获工信部智能制造示范单位。

截至2016年12月31日，公司总资产45.33亿元、固定资产9.24亿元、所有者权益27.97亿元。公司在工艺装备方面已达到工艺装备水平位居全国服装行业前列，拥有日本、德国、意大利、美国等国进口的具有国际领先水平服装生产设备，美国GGT公司的服装CAD（计算机辅助设计）系统，能保证从面料处理到西服输送等各环节的完善，具有年产西服90万套、衬衫70万件的生产能力。与此同时，公司大力实施“一主一副、一纵一横”的发展战略，继续多品牌发展，加强精细化经营，企业形成了强大的销售网络，截止2016年12月底在全国拥有1300多家销售网点，实现销售收入22.41亿元。

（包飞雪）

红蜻蜓集团

概况 红蜻蜓品牌创立于1995年，红蜻蜓集团有限公司创建于1996年。位于温州永嘉瓯北东瓯工业园区，是一家以研发、生产、销售皮鞋、童鞋童装、皮具为一体的现代化企业。2015年6月29日，浙江红蜻蜓鞋业股份有限公司在上海证券交易所A股主板成功上市，标志着红蜻蜓文化之履跨入资本市场。红蜻蜓集团控股浙江红蜻蜓鞋业股份有限公司，后者拥有浙江红蜻蜓电子商务有限公司、温州儿童用品有限公司和红蜻蜓广东尚品服饰实业有限公司等全资子公司。目前，红蜻蜓已在温州、广州、重庆建立了鞋类研发与生产基地，年产皮鞋1000多万双；在国内各个经济重点城市拥有销售分公司和数千家销售终端。2016年，红蜻蜓年产值23.8亿元，上缴税金3.2亿元。

业态创新 为适应快时尚、智能化、体验化、个性化的行业发展趋势，提升红蜻蜓品牌渠道地位，创新未来营销模式，使红蜻蜓品牌更加年轻化、时尚化，红蜻蜓创新终端业态，在多品牌的营销布局上迈出重要步伐。4月30日，红蜻蜓KIDS全国第一家多品牌儿童生活馆在温州开太百货正式开业。店内集聚了红蜻蜓童鞋童装、平台化多品牌合作产品、配饰等产品，提高消费者复购率，提升店铺坪效，满足了消费者多样化购物需求，体现了“一站式儿童生活零售平台”的店铺定位。5月26日，红蜻蜓KIDS全国首家“生活趣”在温州解放路正式开业。这家店将“小黄人”融入店铺设计开发中，是红蜻蜓儿童品牌和卡通形象首次跨界合作。6月3日，电子商务公司开出全国第一家多品牌线上集成店——红蜻蜓鞋类旗舰店，该店是电商在原有单品牌、单品类旗舰店基础上创新推出的集成业态店铺。9月24日，红蜻蜓全国首家生活馆在上海嘉定江桥万达广场开业，营业面积达120平方米，这是一家智能化、时尚化、生活化的中端鞋配集合店。万达生活馆崇尚“自在生活，潮流不止”的生活主张，致力于鞋、饰品的时尚集合，为追求时尚、注重品质的人们提供时尚、个性、品质的生活用品，打造时尚生活体验中心。9月28日，红蜻蜓全国首家DNEST新店在上海静安嘉里中心3F开业。DNEST是国际多品牌生活方式集成店，定位是快时尚生活零售平台，倡导让奢侈回归本质，为时尚追风者提供完美的商品和消费体验。10月29日，红蜻蜓全国首家D.valley在上海凯德龙之梦闵行01—45专柜潮酷开业，营业面积达150平方米，是一家都市轻潮概念鞋配集合店，倡导Modern Casual Lifestyle，打造都市轻潮的生活方式。

加速融合实现企业快速转型升级 面对互联网+、大数据、工业4.0等掀起的一轮又一轮商业环境大变革，传统企业快速转型升级已经时不我待。红蜻蜓加快企业转型升级，以开放融合的品牌姿态和发展活力，推动企业业务和管理创新，加快企业创新发展。4月，由红蜻蜓集团和温州大学美术与设计学院联合成立的“温州时尚学院”首届开学典礼在温州大学隆重举行，钱金波董事长被温州大学敦聘为“客座教授”。该学院将成为推动温州时尚文化建设进程的又一重要载体，为建设一流的时尚创意设计平台提供保障。8月24日，红蜻蜓与思爱普（中国）有限公司（以下简称SAP）在北京签订战略合作备忘录，这是红蜻蜓借助全球领先的企业管理软件，实现公司内部管理腾飞的一大创举。红蜻蜓将借鉴SAP先进的管理模式和行业最佳业务实践，降低运营成本，提高工作效率，构建C2M模式，快速实现企业自我颠覆，促进红蜻蜓成为新经济常态下中国鞋业最具工匠精神的品牌零售商。10月13日，“飞舞时尚”红蜻蜓智造创意孵化器（IMI）平台开放盛典在瓯北隆重举行，IMI涵盖创新性研发、原材料创新、标准化体系、数字化工程技术、DTC、消费者个性化体验和信息大数据分析七大功能；集聚全球顶尖的设计师，汇集皮料、鞋跟、鞋底、鞋楦以及饰扣为一体的海内外供应商，标志着红蜻蜓在利用全球顶尖设计资源，打造行业顶尖的创意设计合作平台，推进产、学、研、销多方合作，在企业“智造”的道路上迈上了一个新的台阶。11月14日，国家工业和信息化部正式向红蜻蜓颁发两化融合管理体系贯标评定证书，红蜻蜓成为全国制鞋行业及永嘉县首家通过两化融合管理体系现场评定的企业，这标志着公司已建立起两化融合管理体系，具备应用信息化技术手段来促进企业技术提升和管理进步的能力，将为企业转型升级和创新发展提供强大助力。

品质提升 2016年，红蜻蜓实施机器代人生产柔性产品的规划，耗资近30万从意大利引进全球最先进的鞋底内缝机，获得了较好的市场反应。该设备打破了原来长期应用的帮底粘胶工艺，直接将鞋帮缝纫到鞋底上，然后通过直接翻帮、定型、后整理、包装，就完成了整双成品鞋的加工，做一双鞋只需8分钟。这个新品类是红蜻蜓智能制造、机器代人的代表产品，也是红蜻蜓走在工业4.0道路上迈出的重要一步。2016年，红蜻蜓建立改色工坊，创新推出改色工艺，该工艺源自“意大利手工改色”，有着悠久的文化历史。这种工艺是将白色皮胚通过手工上色的方式，直接将各种色彩勾画出来。红蜻蜓改色产品年轻时尚，侧重运动休闲和板鞋休闲的改色，具有红蜻蜓独有的味道。

2016年，胶层聚合轻质防滑鞋研发出炉；红蜻蜓研发包围式全腔富氧鞋，这是一款能够持续向鞋腔释放负氧离子，营造鞋腔健康环境的创新鞋类产品。7月15日至9月30日，“弘扬工匠精神，树立质量标杆”红蜻蜓2016年质量季活动如火如荼开展，活动内容有宣传动员、质量大检查、技能竞赛、质量攻关活动、教育培训活动和终端产品调研活动。10月18日，红蜻蜓在总部召开质量大会，会议举行年度技能竞赛、QC成果奖励、省质量信得过班组、县科学技术进步奖颁奖仪式，各分厂厂长纷纷宣誓，表达持续推动质量提升的信心和决心。红蜻蜓“品质提升行动之寻找最美脚模”活动在总部举行，400余名员工参与了脚型3D测量，此次活动是红蜻蜓品牌产品内在质量提升的重大举措之一，红蜻蜓将在全国多个地区举行“寻找最美脚模”活动。

品牌建设 提升品牌美誉度，能够加深消费者对品牌的认知以及忠诚度，2016年，红蜻蜓在提升品牌美誉度上收获颇丰。7月12日，“弘扬鞋履文化品鉴千年鞋韵”中华鞋文化巡展在温州南塘风貌街举行，由红蜻蜓中国鞋文化博物馆和温州市社会科学界联合会共同主办。此次巡展形式多样，有3D量脚、古鞋静态展、古鞋展示秀、鞋文化展板宣传、手工义卖和科普咨询等。7月13—17日，红蜻蜓第二届“鞋文化”之旅在温州举行，优质VIP顾客、优秀店长等近100名幸运儿参加。活动内容有开展团队破冰活动；参观红蜻蜓中国鞋文化博物馆、生产流水线、鞋科技实验室；畅游国家AAAAA级景区雁荡山和风景名胜地楠溪江。7月16日，红蜻蜓定制手工坊在总部盛大开幕。红蜻蜓定制手工坊是红蜻蜓集团旗下的高端定制品牌，致力于传承精湛的传统手工艺和“工匠精神”，专注于为高端人士定制手工皮鞋。红蜻蜓定制价格为1000～1500元。9月23日，第十二届浙江（温州）轻工产品暨2016国际时尚消费博览会在温州会展中心开幕。红蜻蜓“翼”展馆惊艳亮相，展示了红蜻蜓高级手工定制以及改色工艺。10月9日，温州市2016社科普及周暨“永嘉学派探古访今”活动在耕读小院举行开幕式。红蜻蜓中国鞋文化博物馆作为社科基地之一，应邀在列，不仅在展台区为市民带来了丰富的鞋文化知识，还在开幕式上精彩呈现了古鞋走秀表演，为市民演绎了戏曲鞋、金莲鞋等18双古鞋，展现了博大精深的中华鞋履文化。

企业文化 企业文化是红蜻蜓企业的核心竞争力之一，也是红蜻蜓独特魅力和体现。2016年，红蜻蜓举行丰富多彩的企业文化活动，为企业稳健发展保障基础。2月22日，红蜻蜓在总部举行喜迎元宵，“蜻”送汤圆活动，为员工们免费送上一碗热腾腾的汤圆。3月，红蜻蜓举行“花青三月（环保月）”系列活动：开展“弯下小腰，捡起环保”雷锋日捡垃圾活动；举办“下一站女神”三八节主题活动；举行“蜻蜓乐园，你我共建”树绿家园活动，致力于打造“资源节约型、环境友好型”企业。5月，红蜻蜓举行“红蜻蜓·红五月”企业文化月系列活动：举行“五四青年团员红色之旅”；举办《唤醒内在智慧》培训；举行红蜻蜓中国鞋文化博物馆向温州市民免费开放活动；举行第六届全运会，将红五月活动推向了高潮。5月25日，红蜻蜓儿童品牌联合永嘉县府办、县教育局、枫林镇举行“情暖童心，健康成长”公益活动，为枫林镇福和希望小学和枫林镇中心幼儿园500余名儿童送上近20万的爱心物资，提前让孩子们度过一个温暖、开心的六一儿童节。6月7日，红蜻蜓开展“情浓端午，粽享快乐”挂蛋兜活动，电子商务有限公司也开展了“我要和你包粽子”活动。7月26日，红蜻蜓第八党支部在五星园区生产车间开展“发扬工匠精神，感恩一线员工”夏日送清凉活动。9月13日，红蜻蜓举行“中秋月‘缘’夜”欢乐派对，位于温州总部数千名员工欢聚一堂，度过了开心的一天。9月19日，红蜻蜓举行“风雨同行逾十载，向红蜻蜓工匠致敬”活动。徐威副总裁、徐志宏副总裁、钱秀芬副总裁等领导来到车间，为118位工作十年以上生产员工送上诚挚的问候。2016年，红蜻蜓投入150余万装修浦西园区和五星园区部分宿舍已全面竣工，为员工营造了一个舒适的生活环境。11月4—6日，红蜻蜓党委组织70余名党员到杭州、嘉兴、乌镇开展“红色之旅”活动。

（李晓平）

浙江迦南科技股份有限公司

概况 浙江迦南科技股份有限公司成立于2000年，专注制药装备的研发、生产、销售，经过十多年的发展积累，现已发展成为中国制药装备产业领导厂商，2014年成功登陆A股市场，股票代码：300412，是国内固体制剂装备领域唯一在A股上市的企业。迦南科技总部位于中国温州，旗下拥有南京迦南、北京迦南莱米特、浙江迦南小蒋等多家全资或控股子公司。南京迦南制药设备有限公司位于南京高淳区，占地面积13.33公顷。现迦南科技员工近千余人，大专以上文化程度员工占40%以上。

产品开发 迦南科技是国内领先的制药装备供应商，向客户提供固体制剂制粒整线装备和中药、植物提取浓缩等完整解决方案。是中国最早实现提供三种制粒工艺（湿法、沸腾、干法）整线装备及解决方案的供应商，主导产品涵盖96种型号600多个规格，主要应用于制药、保健品、食品等健康产业相关领域。迦南与同济大学合作建有全球先进的“同济大学工业4.0—智能工厂实验室”，作为迦南科技产品研发、工艺实验、智能工厂等科研成果验证及应用基地。迦南科技以为客户创造价值为宗旨，为客户提供定制、一站式的技术、产品、工艺实验整体服务解决方案，经过多年营销服务网络布局，公司产品远销德国、加拿大、意大利、日本、韩国等国家和地区，深受广大用户的认可和高度赞扬。与葛兰素史克公司（GSK）、赛诺菲集团（SANOFI）、哈药集团、中国医药集团、石药集团等知名药企建立长期购销服务双赢关系，赛诺菲全球九大生产基地均有使用迦南设备。迦南科技始终专注技术研发和创新，现为国家火炬计划重点高新技术企业、国家知识产权优势企业、中国专利优秀奖获奖单位、中国制药装备行业协会首批AAA级信用单位、中国制药装备行业协会理事单位、温州市领军企业、温州市工业百佳企业，建有国家级博士后科研工作站和省级企业研究院。先后承担国家创新基金项目、国家重点新产品项目、国家火炬计划项目及省重大科技项目等省级以上项目16项。荣获浙江省科学技术奖5项，温州市科技进步奖7项。迦南科技历来重视知识产权的保护，拥有授权有效专利140余项，其中美国专利2项、中国发明专利18项。积极参与技术标准制定，起草了7项行业标准。

发展战略 2016年，公司提出的“一体两翼”“六轮驱动”。一翼是粉体，一翼是流体。关于粉体，公司现在具备了片剂、胶囊剂、颗粒剂，这几个剂型的整线通过资本市场、集团化子公司逐渐掌握了这些生产能力。在整线的基础上，公司实现了集团的信息化、数字化、智能化，最后进入大健康的整个环境。从短期来看，公司主要是粉体和流体，但是从中长期的战略来看，公司将会延伸出更多的、全方位产业新布局。迦南科技成立“智能化制造研究院”，引进一批药物学方面的高学历人才，公司还迎来了一位博士——方博士。迦南生产从“制造”提升到“智造”，跟随国家战略发展的脚步。迦南科技围绕着“一体两翼”“六轮驱动”的战略方向进行工作，未来公司也会坚持这个战略方向，努力把迦南科技打造成大健康行业的百亿生态链。迦南科技重视员工成长，在以“爱”的核心价值观文化驱动下，为员工提供实现梦想的平台，以“聚势融合，共赢未来”大格局，迦南科技融入并培育了一批具有共同梦想、共谋发展、共赢未来的核心骨干和合作伙伴。共同肩负着迦南使命：专注健康价值，为人类健康事业而努力奋斗。在拥抱希望和未来同时，迦南也不忘回报社会，为社会创造财富，勇于承担责任。公司一直积极履行社会责任，积极参与社会公益事业，资助希望工程和社会弱势群体，促进社会和谐与进步。

（李　挺）

超达阀门

概况 超达阀门集团股份有限公司创建于1984年，注册资金13688万元，2013年经国家工商总局批准，公司由“浙江超达阀门股份有限公司”更名为“超达阀门集团股份有限公司”，并核准以该企业为核心企业组建“超达阀门集团”，简称“超达集团”。公司主要生产金属硬密封球阀、低温阀门、波纹管阀门、对夹止回阀、高压耐磨调节阀、组合三通阀、井口阀等特色产品以及符合ANSI/API、BS、DIN、JIS和GB标准的球阀、闸阀、止回阀、截止阀和蝶阀等。产品广泛应用于石油、石化、天然气、煤化工、多晶硅、冶金、电力等行业，并出口欧美、亚太、中东等国家和地区，公司先后被英荷壳牌石油公司、阿曼国家石油公司、伊朗南方石油公司、韩国SK等大型国际终端客户批准为合格供应商。2016年销售收入5.1亿元，其中出口8641万元。

集团运作 随着公司业务规模不断增长，超达对集团组织架构和部门设置进行了合理调整，以现代企业制度为保证，科学配置企业集团资产，发挥集团优势，提高资本的运营效率，进一步完善规范集团化运作，提升管理效力。2016年，占地4公顷的青田超达铸造有限公司二期工程全部完成投产，可实现年产铸件能力达到1万吨，为确保超达阀门的高质量奠定了坚实基础。占地12.8公顷的超达阀门集团丽水有限公司一期工程基本完成投产，公司产能大幅提高，满足了客户需求。超达阀门集团系统流程装备研究院全面建成，包括各科研实验室、实验中心、检测仪器设备等硬件条件，企业技术创新和研发能力大大提高，持续开发新产品新技术。

团队建设 超达高参数高性能阀门技术创新团队在队伍建设、人才培育和承担重大科研项目取得了丰硕的成果，主要体现在:参与科研项目多,有4项国家级、10项省级、5项市级、4项县级；获得科技进步奖多,有6项中国机械工业科技奖、15项省级科技奖、9项市级科技奖、7项县级科技奖等；申报/获得专利多,申报了147项专利，其中发明专利62项，已获授权专利100项，其中发明专利28项；发表论文质量高，获得8项市级以上论文奖；制定标准多，制定了17项国家标准和21项国家机械行业标准；人才队伍成长快，新培养助理工程师5人，另有24人参与技术技师的培训和考试。

超达高参数高性能阀门技术创新团队在做好人才培养和科技创新工作的基础上，积极开展与高校科研院所的产学研技术合作，实现有效的技术对接和优势互补。继续和开封大学进行人才培养合作，定向培养阀门专业技术人才。4月，超达集团与南昌航空大学航空制造工程学院签订合作协议，双方在基础研究、阀门关键技术攻关、铸造焊接热处理以及无损检测人才培养等方面开展深入合作，进一步增强超达在阀门材料方面的技术实力。8月，超达省级博士后工作站与东南大学联合招收博士后，引进毕业于日本北海道大学的李金强博士开展企业课题项目“高压阀门的破坏与失效分析及结构优化设计”的重点技术的突破创新，加强落实高水平技术人才的引进培养。9月，超达集团与兰州理工大学开展硕士研究生引进培养合作，2016年为企业引进了5名硕士研究生作为超达重点培养技术人才，打造超达人才团队。

科技创新 2016年共申报国家专利17项，其中发明专利7项，实用新型专利10项；获得授权的国家专利16项，其中发明专利11项，实用新型专利5项，连续2年授权发明专利超过10项。截至年底超达集团已累计获得国家专利132项。4月2日，超达集团参与的温州市科技项目“激光熔覆制造高端球阀金属硬密封组件关键技术研发”顺利通过项目组验收，该项技术成果获得专家的高度肯定。10月23日，超达集团的科技成果“深海海底取样装置及阀门”荣获中国机械工业科学技术三等奖。10月23日，邱晓来高工被中国机械工业联合会评为“十二五”机械工业科技创新领军人才。12月6日，超达集团的科技成果“苛刻工况耐磨球阀”荣获浙江机械工业科学技术二等奖。12月9日，超达集团的科技成果“深海海底取样装置及阀门”荣获温州市技术发明二等奖。12月22日，超达集团申报的永嘉县县长质量奖通过审核进入授奖企业公示名单。12月超达集团的科技成果“深海海底取样装置及阀门”荣获浙江省科学技术三等奖，12月，超达集团的科技成果“苛刻工况耐磨球阀”荣获永嘉县科技进步一等奖。12月，超达阀门集团总工程师邱晓来高工被评为浙江省机械工业优秀科技工作者。12月，骨干人员叶建中高工被评为2016年浙江省“151”第二层次人才。截至12月，高工邱晓来发表产品技术论文6篇。

信息化管理 公司行政中心和信息中心规划了集团总部与分公司的信息化管理流程，依据规划的管理流程设计上线新的易拓ERP信息化系统，完成PDM、销售、采购、生产工单、生产工艺、质量、仓库和财务等的软件测试和流程模拟，完成了超达丽水公司的产品BOM、产品工艺、质量检验标准等基本数据和各模块的培训工作。

党团工会 超达党支部被评为

永嘉县先进基层党组织，五星级党组织，现有党员35人，按照“坚持标准、保证质量、改善结构、稳定发展”的方针做好党员队伍发展工作。超达团委共有团员117名，他们与广大党员和全体员工一起在各自岗位和生产一线努力工作，推动企业不断发展。超达工会组织现有会员约280名，会员生日当天会收到工会发放的蛋糕券，体现了工会组织对会员的关怀与爱心。

公益事业 2005—2016年在《阀门》杂志上发起了“超达”杯全国阀门优秀论文评奖活动，由超达公司提供专项奖金鼓励国内科技人才进行技术创新和学术交流。公司领导高度重视爱心基金和扶贫帮困工作，2010年公司成立超达爱心基金会，超达爱心基金会职工434人，公司老总每年拿出10万元打入爱心基金账户，用来资助需要帮助的困难职工，至年底爱心基金账户余额共有182558.74元，只要会员员工和家庭出现特殊困难，超达爱心基金就会按程序给予资助。自2009年开始每年资助永嘉县贫困大学生，公司2015年资助永嘉山区贫困大学生40人，资助金额16万元。截至2015年共资助186名专本科大学生，共发放助学金80余万元。2013年又设立了资金规模为1000万元的慈善冠名基金，2016年不定向捐助31.5万元，为慈善事业的快速发展做出新的贡献。

企业荣誉 超达集团连续九年被评为永嘉县功勋企业，连续十七年被评为县纳税大户。11月，超达集团荣获中国产学研合作创新示范企业。超达集团因专利成果突出荣获永嘉县专利大户奖。12月，超达球阀产品审核通过继续列为浙江名牌产品。超达省级企业技术中心被省经信委评为优秀中心，位列全省810家第5名，全省阀门行业第一。超达集团荣获2016年度工业销售产值首超5亿元规模企业。超达集团被评为2016年度温州市领军企业和县领军工业企业。超达集团荣获永嘉县县长质量奖。

（彭　彬）

海星海事

概况 海星海事电气集团有限公司创建于1990年，主要生产各类舰船灯具、电气、救生消防产品及船用阀门，是船用配套商品的优质供应商，是科研设计、造船海运、海军装备等单位理想的合作伙伴。公司下辖6家子公司和13家销售分公司，员工1000余人，年产值超过5亿元，连续多年获得县功勋企业。

军民融合 2016年，公司获得“装备承制单位注册证书”，进入全军《装备采购合格单位名录》。“装备承制单位注册证书”是承担装备及配套产品研制、生产、修理及技术服务等任务的单位应当具备的基本条件。根据国家《装备采购条例》《装备科研条例》《装备维修工作条例》规定，只有装备承制单位资格审查合格的企业方可进入其合格名录。此证的获得代表着海星集团科研能力、生产能力以及产品质量均达到了军用装备采购标准，具备参与军用装备承制的资格。

省级企业研究院 “浙江海星舰船装备研究院”是依托海星海事电气集团有限公司，致力于各类舰船灯具、电气及船用阀门等舰船装备的研发制造及其共性和关键性技术研发的企业研究院，2016年被认定为“省级企业研究院”。

科技创新 2016年，公司县级科技计划项目——“LED探照灯”项目通过县科技局验收；“国千人才”金积德博士的科研项目——“搜索灯SD-1”入选省级引进国（境）外专家智力项目名单；2016年共获得专利13项。

招商引资重点项目 2016年9月，公司与温州市、永嘉县签约招商引资项目——“年产60万只舰船及海洋工程配套产品项目”。该项目位于乌牛街道岭下工业区，用地面积4.8公顷，总投资5.2亿元，将建设成为高科技舰船及海洋工程配套装备加工基地、研发中心、检测中心和销售物流中心。该项目已列入永嘉县2017年重点建设项目，于2017年正式开工建设。

企业荣誉 2015年，公司先后获得国家工商总局2014—2015年度守合同重信用企业、省著名商标、省信用管理示范企业、市百佳诚信企业、县工业领军型企业、县功勋企业、县纳税大户等荣誉。

（沈钰娇）

宣达实业集团

概况 宣达实业集团有限公司创建于1990年，是永嘉境内一家集研发、生产、销售、服务于一体的国家重点高新技术企业，国家无区域集团企业。在温州、上海、江苏拥有三大研发和生产基地。公司长期坚持科技引领未来，在行业内率先建立首个民营耐腐蚀特种金属材料研究院，并与清华大学、浙大、北科大以及日本材料和环境试验公司、世界腐蚀协会等国内外高校、科研院所开展长期合作，确保产品技术领先，推动企业创新，构筑企业核心竞争力。公司主要产品和服务：工业泵阀、化工设备，特种金属材料以及环保工业的总承包等四大产业板块。主要产品有通用阀门，石油、石化、硫酸、冶炼、电站、钢厂、煤化工等系统专用阀。金属衬塑阀门及特种金属材料阀门。金属和非金属耐腐蚀泵、流程泵。特种不锈钢管道和钢塑复合管及配件。 金属容器、工程塑料和特种不锈钢衬里塔、釜、罐、槽等各类容器。硫酸化工成套设备，环保工程。

企业成果 2016年，宣达集团围绕“两大一精”的经营主线，首先对生产区域现场布局、加工系统结构进行了全面优化调整，增加固定资产投入近1000万元。实现销售经营、技术创新、文化建设等多方面稳步发展。分别于8月和12月在中石油和中石化的招标中成功中标，继续位列中石油甲级供应商，入选了中石化五星级供应商。继续与兰州理工大学、上海核工院、上海交大高等院校和科研院所开展产学研合作。企业内部通过持续推进P L M系统的建设加快企业信息化建设，在不断提升管理系统的过程中，与中国移动、电信等机构广泛接触和交流，积极探索与产业升级相关的云数据运用、物联网等最新科技信息发展方向。宣达协办中国硫酸会议，先后参加全国烧碱会议、全国氯碱行业技术年会、第36届硫与硫酸行业技术年会。5月，参加中国阀门协会七届会员大会，继续当选行业副理事长单位。6月，成为温州系统流程装备科学研究院授牌的产学研合作基地。下半年，宣达重大科技专项——核级空气喷射器研制成功通过验收，经中国机械工业联合会组织专家鉴定会确认为显著超越同类产品，填补了国内技术空白，达到国际先进水平。10月份，宣达通过参加了上海国际流体机械展览会和在英国伦敦举办的世界硫酸行业展览会，成功地将自身产品推向国内和国际市场。

在党建文化建设方面，宣达作为温州两家非公有制经济企业代表之一参加了人民网与温州市委在温州举行的全国非公党建座谈会，并作了典型发言，宣达党建获得了浙江省两新党建调研督察组的好评。

2016年底，随着新建宣达科技研发大楼主体建设工程的完工，宣达全面进入进一步加快企业转型升级、全面提升企业形象的新阶段。

（王　强）

育才控股集团

概况 育才控股集团成立于1994年，坐落于温州市永嘉县桥头镇白垟工业区，是一家集科研开发、生产制造、销售服务于一体的综合性自营进出口集团公司。公司以高档书写板、人体工学课桌椅、创意游乐设施、幼儿教育家具、智能交互式电子板等产品，恪守“为教育创新、为健康护航”的使命，生产销售服务于国内外各类教育机构的教学用具。公司先后荣膺“中国驰名商标”“国家高新技术企业”“浙江省企业研究中心”“浙江省名牌产品”“浙江省专利示范企业”“浙江省高成型文化企业”“浙江省出口名牌”“浙江省信用管理示范企业”“温州领军企业”“温州百佳企业”“温州市质量功勋企业”等称号。

育才控股集团是学前教育装备行业的龙头骨干企业，同时集团旗下的浙江育才文化创意股份有限公司是温州市第五批拟上市企业，已与光大证券、德恒律师所、立信事务所签订上市辅导服务，计划2019年上市，是浙江省学前教育装备行业第一家拟上市企业。公司出口额连续八年位居温州市行业第一，2016年外贸出口额达到2108万美元。2016年育才立足实业，凭借自己的优势，抓住政策机遇，完成工业销售产值超4亿元，并使得投资5.5亿的浙江省重大项目——育才教育装备科技文化创意产业园顺利竣工验收。

互联网+文化——助推育才转型升级 2016年，育才将“快乐全球共享”的进一步理念融入为民族教育服务的全过程，通过运用互联网+，着力打造可以共享世界先进水平的教玩具供应体系，打造由互联网为技术载体的教育文化博物馆、智能数字博物馆、教育文化公共服务平台，积极开展打造关于文化在新事物、新渠道、新教育方面的探索，助推育才转型升级，新模式的探索，让育才同年一跃成为温州市领军企业。

借脑+科技——助推育才从制造走向智造 创新是企业的基因、成功的要素。2016年，育才充分考量分析、量体裁衣，将育才现有智慧实力与科技力量相结合，积极探寻与武汉科技大学、湖北理工学院等高校的产学研合作，加快智慧与技术集结，完成育才集团从制造向智造的转型。截至2016年12月底，公司共获得140项专利；而依托互联网产业开展起来的育才创新公共服务平台、机器人应用试验平台、教育装备科技研发平台也将更有力的推动育才产业链的高速发展，释放巨大潜藏力量，并于9月成立武汉科技大学育才教育装备设计研究院。

创意+服务——助推育才在国内外的品牌形象 2016年，育才从教育装备行业延伸至文化创意产业，育才发展的背后就是做实、做细企业的创意与服务，通过专业的探索，打造产品与服务拥有灵魂，赋予每一项内容以教育意义，赋予每一个创新举动以现实价值，从而提高育才在国内外的知名度，重塑育才在教育文化产业链上的价值地位，得到市场的高度认可，同年11月，荣获“浙江省首批高成长文化企业”。育才通过实现“速度向质量、制造向智造、产品向品牌”的“三个转变”，通过商业模式的革命，迅速融入互联网时代，以互联网思维从容应对挑战，重塑育才教育文化产业链上的价值。

（李霜霜）

浙江亚龙教育装备股份有限公司

概况 浙江亚龙教育装备股份有限公司是专业、专心、专注为高等院校、职业院校、技工院校、行业企业培训中心和企业技术中心提供智能制造人才培养整体解决方案，电气自动化、机电一体化、工业机器人应用、教育机器人、数控机床、数控机床装调与维修、电子电工技术、虚拟仪器、物联网、综合布线、装配钳工、机械传动、液压与气动、电机装配与维修检测、智能楼宇、电梯安装与维修保养、家电、制冷、户式中央空调、轨道交通、汽车运用与维修、新能源汽车、风能与太阳能、供配电技术、智能电网等教育装备、课程开发、高端培训、互联网教育等做学教一体化人才培养整体解决方案服务。公司始终遵循以“引领教育新理念，创造教育新环境”的理念，本着“质量求生存、创新求发展、诚信赢市场、管理出效益”的宗旨，坚持科学发展观，把发展作为公司的第一要务。2016年，公司各项经济指标保持稳步增长，上缴税收达5300多万元；同时在2016年荣获国家中小企业创新基金、浙江省专利示范企业、浙江省名牌产品、温州市企业科协工作先进单位、温州市科学技术奖、永嘉县科学技术奖、永嘉县技术骨干团队、永嘉县信用管理示范企业等荣誉。

科技创新 亚龙作为全国最大的集研发、生产、销售、服务于一体的教育装备国家高新技术企业，是中国教育装备行业的龙头企业，温州市领军企业、温州市第二批拟上市公司。亚龙一直坚持走技术创新之路，公司坚持每年销售额的5%投入研发，拥有多个国家863项目、国家创新基金项目和省部级科研攻关项目，拥有国家级新产品和国家火炬计划支持产品，荣获浙江省科技进步一等奖、人力资源和社会保障部科技成果二等奖；亚龙系列产品被国务院选定为国礼产品；亚龙参与了东盟国家、教育部、人力资源和社会保障部的行业标准起草，系列产品成为东盟技能大赛、全国职业院校技能大赛、全国技工院校技能大赛、全国大学生实践技能大赛的合作伙伴。2016年，亚龙更加注重技术创新制度和体系的建设，强调技术的引领性，以企业技术中心为平台，建有一支经验丰富的科研队伍，以保证技术创新活动的持续开展；至2016年年底亚龙已自主开发300多项专利和57项软件著作权技术成果，建有“谭建荣院士”工作站，建有省级企业研究院。

校企合作 2016年，亚龙助力中国首家“鲁班工坊”于泰国揭牌落户，传播中国技术标准和高职教育文化理念。中国首家“鲁班工坊”由天津渤海职业技术学院和泰国大城技术学院合作建设，共同联合建设学生现代技术实践训练基地，而亚龙YL-335B自动化生产线实训设备作为此次鲁班工坊的工程实践设备，为促进两国经济发展培养更多的高素质技术技能型人才。教育部“产学合作协同育人项目”立项名单公布，更是为2016年的亚龙注入了一股发展强心剂，公布亚龙立项名单与多所高校合作，涵盖教学内容和课程体系改革、创新创业联合基金、师资培训、实践条件建设、创新创业教育改革等方面。企业与高校进一步深化产学合作，有力推动人才培养模式创新。企业成为产学合作的引领者，将产业和技术发展对人才的要求引入高校人才培养全过程，营造校企合作协同育人的良好生态。同时，亚龙以专业、专心、专注的“工匠精神”服务于技能大赛的开展，助力全国职业院校技能大赛6个赛项和1个国际邀请赛；为“亚龙杯”全国职业院校机电类专业教师教学能力大赛提供11个赛项标准；同时在马来西亚举办第11届东盟技能大赛使用亚龙的竞赛平台及3项技术标准，作为中国教育装备行业第一个走向国际赛事竞赛平台，技术标准被国际大赛采用的企业，标志着中国技术技能标准、中国技能大赛成果走向了世界。亚龙更加注重创新机制和战略发展，分别与美国国家仪器(NI)、西门子数控、三菱电机等企业进行战略合作签约。亚龙与知名企业进行资源互补，整合技术优势，提升人才培养方法和水平，进一步提升彼此在院校行业的品牌影响力；合作建立相应的技术应用中心，共同打造教育装备、师资培训、课程资源建设、技能大赛等综合平台，展开全面深度合作。

企业文化 2016年，以创新文化建设为支撑，蓄积厚实的发展底蕴。坚持通过创新人才培养机制、激发员工学习激情；通过开展员工技能比赛、内部技术职称评定、创新大会等活动，保障人才队伍建设；同时组织职工篮球、乒乓球比赛、象棋比赛等多项有益员工身心健康的活动促进了团结，提高了队伍的凝聚力，营造了一个健康和谐的企业环境。通过建设员工“后花园”等民生工程，实现员工与企业双向融合、共同发展；这些都为亚龙品牌引领教育装备行业起到了引擎作用，亚龙全体上下一心，排除困难，坚持不懈，企业业绩一如既往地稳步发展。

（陈亦双）

永嘉县管道燃气经营有限公司

概况 永嘉县管道燃气经营有限公司于2015年4月23日正式挂牌成立，注册资金3000万元（2016年12月因与华润合资减资为1000万元），负责永嘉县范围内管道燃气项目的建设、运营。2016年，管道燃气公司在县委、县政府领导的关心和帮助下，在县有关部门的指导和支持下，本着“围绕中心、服务大局、突出重点、着眼民生”的原则，经全体职工的共同努力，截至2016年12月31日，公司资产总计已达2518多万元，同时在工商业用户开发、小区及市政管网工程建设、制度体系建设、员工素质提升、公司合资整合等方面取得了一定的成绩。

工程建设 2016年总建设项目22个，用户1.3万户签订施工合同25份，其中商业用户3户，合同总额3405.6万元。至年底已经验收工程6个，实现通气4个，竣工3个，在建小区13个，配合县里开展“精品街”打造和重点工程建设，同步跟进开展黄田岭下至千石段、桥头镇桥东大街、瓯北街道阳光大道、上塘中心城区沿江路的市政管网工程，根据燃气综合利用规划、专项规划进行设计及施工，2016年完成全县7公里市政管网建设。投资建设位于上塘浦口村4立方天然气临时气化站，至年底已竣工。

安全保供 2016年11月，桥头维多利酒店通气，12月，永嘉宾馆通气，上塘城区管网通气，巽宅、桥下瓶组间陆续通气。截至2016年12月底，液化石油气民用户110户，商铺6户，酒店1户，天然气民用户 40户，酒店1户，克服了各个瓶组间距离远的困难，坚持每日巡查到位，确保连续平稳地供气。

建立健全各项安全管理制度，建立特种设备的各种台账，通过各种学习培训，运行员工均持证上岗，城区市政燃气管道和小区燃气管道每日巡线，发现隐患及时处理，开展用户安全教育，用户定期对户内天然气管道、燃气设施用肥皂水检漏（接头、阀门等处）。运行人员坚持节假日值班，确保春节期间用气高峰期用户的安全用气。

制度建设 2016年，结合公司实际，逐步对相关的制度、流程进行了制定和完善。共制定出台了员工考勤和请销假制度、公务接待制度、公务接待审批制度、公车管理制度、合同审核签订制度、工程管理制度、财务管理制度、安全管理制度、年度考核制度、一岗双责以及具体部门的职责和岗位职责。同时，强化了对制度执行情况的监督和管理，特别是安全生产工作，坚持每月两次安全生产大巡查和安全生产例会，强化了员工及施工单位的安全生产意识。同时积极推进建设项目信息化，严格执行项目招标和政府采购相关规定，进一步加强与县纪委、发改、财政（国资）、住建、招投标等相关部门的联系，不断强化对工程招标、工程建设、工程验收结算等各环节的制约监督力度，规范项目资金拨付行为。严格落实了公司“三重一大”制度，进一步规范决策行为，严格执行民主集中制，实行民主议事决策，凡遇干部使用调整、重点工作、财务开支等重大事项，均由班子集体讨论决定，强化风险防控。

队伍建设 2016年，公司在认真做好员工学习党的方针政策、习近平总书记的系列讲话精神，同时加大了对员工业务技能培养和安全生产的培训。通过员工自学、老员工帮带新员工、聘请技术人员进行专题培训、到兄弟单位实地学习实践等多种形式开展学习，提升了员工市场开发、安全运行、客户服务、工程管理等岗位技能。并多次组织员工前往乐清华润燃气公司、仙居华润燃气公司、温州新奥燃气公司等单位学习实践，不断地提升员工的综合素质。

合资整合 管道燃气成立以来一直致力于引进先进的经营管理理念与技术，尽快使公司做大做强，2016年在县委、县政府的关心和帮助下，由县国资办牵头，经多方努力，完成与华润燃气的合资前期工作。11月28日，县政府与华润燃气集团签订了《浙江省永嘉县城市天然气项目投资协议》。

（陈赛群）

石桅岩初秋（叶新人 摄）

交通·邮政·信息产业

综　述

2016年，永嘉交通深入开展“两学一做”学习教育，紧紧围绕县委、县政府中心工作，全面推进“六强六促”重点工作，狠抓交通运输工作落实，较好地完成了各项年度目标任务：交通项目推进有力，各项任务完成良好；行业发展多措并举，服务能力持续加强；“法治交通”切实强化，行业监管有效提升；党建工作全面推进，自身建设逐步强化。全县交通运输工作呈现平稳有序发展态势。

基础设施建设　2016年，全县交通固定资产投资共完成27.04亿元，年度计划完成率为128%，其中：市本级（铁路）项目完成投资4.07亿元，完成率为102%；县本级项目普通国省道及重要县道、农村公路及其他交通项目完成投资22.97亿元，完成率为134%。

重点建设项目　着力推进104国道温州西过境永嘉段、41省道永嘉福佑至沙头段改建、上塘至瓯北公路、上下线上塘至路口段改建等工程建设。104国道连接线三江至李浦公路改建工程已完成交工验收；永缙线永嘉巽宅至界坑段改建工程已进入质量评定阶段。

政府投资项目　全年按计划建成农村公路提升工程76.6公里、安保（安全生命防护）工程111公里、美丽乡村公路130.7公里、联网公路工程43.9公里；完成农村公路大中修工程126.7公里；港湾式停靠站建设任务25个，实际完成30个。均完成市、县部署的年度考核任务。

项目前期工作　S333永嘉桥下至桥头段改建、安吉至洞头公路永嘉巽宅至桥下段、永嘉县大若岩至上塘公路等工程项建书获批，并移交县工务局；温岭至常山公路永嘉大若岩至巽宅段已报省公路局待审查，雁楠公路南陈连接线、珍上线永嘉段改建等其它6个项目前期工作按计划推进，“五纵五横”的永嘉县域大交通框架进一步形成。

交通运输发展　至2016年底，全县营运车辆2901辆，同比减少13.4%。其中营运客车890辆17397客位，同比减少30辆928客位，分别减少3.26%和5.06%；营运货车2011辆11126吨，同比减少419辆403吨，分别减少17.24%和3.5%，营运货车的重型化率达到了33.27%，箱式化率达到29.74%。营运客车中，班线客车为435辆10199客位，平均客位达到23.45，大型车比重达到6.21%，班线客车中农村客运车辆达到419辆9273客位，比重分别为96.32%和90.92%。营运货车中，小型车达到871辆，占43.31%；中型货车达到57辆，占2.83%；大型车达到1083辆，占53.85%。营运货车中个体货车继续增长，达到266辆，比重达到13.23%。重型车辆达到622辆，比上年减少5.04%。厢式货车数量减少188辆，降为598辆，比上年下降23.92%，比重为29.74%。危险品运输车辆比上年增加86辆，升为369辆。

公路运输　2016年，全县完成旅客运输量2930万人次，周转量82675万人公里，同比增长25.97%和9.55%，完成货物运输量1060万吨，周转量67294万吨公里，同比增长19.5%和11.16%，公路客运、县内短途和旅游客流持续平稳增长。

城乡客运　继续把城乡客运发展作为重点民生工程来抓。公共交通持续推进。全年新增公交运力13辆、新增公交线路3条、新增公交运营线路35公里，建成公交首末站1个，开通了瓯北社区巴士，永嘉、乐清经瓯越大桥至温州城际快线方案已报市运管局、市交警支队审查待批。农村客运不断完善。“乡村小巴”试点经验正在总结推广，行政村通车力度不断加大，全县通客运班车的行政村达821个，农村客运通达率达到91.02%，城乡客运一体化发展水平评价3A级水平。客运服务质量不断提高。积极开展“情满旅途”“文明班线-星级客运站”创建等系列专题活动，完善客运服务质量第三方考核评价机制，推进出租车规范经营，客运服务质量进一步提高，群众满意度进一步提升。

交通物流 深入开展黄田物流枢纽规划前期调研，主动对接国家交通运输物流公共信息平台，着力推进上下游互联项目。加强物流企业政策扶持，做好中小物流企业联盟工作。加快城乡物流配送体系建设，增强道路运输服务农村经济发展的能力。

安全生产管理 进一步完善安全工作管理制度，强化“一岗双责”，落实安全生产主体责任。全力以赴开展春运和G20峰会、世界互联网大会安保大检查等专项行动。2016年永嘉县道路运输行业共发生道路行车9座以上营运客车同责及以上事故4起，死亡4人，占全年市定考核指标的66.67%；没有发生水上交通和交通建设工程、养护施工事故，安全形势确保平稳。

建设市场管理 认真开展县道乡道、农村公路交通工程质量安全执法检查，积极配合抓好国道省道质量安全监管，推进重点部位、关键环节质量整治和通病整改，严把质量安全关，共完成5个项目的质量评定备案、12个项目的招标备案和清单预算价审查，交通工程行政处罚5起，在建交通工程监督覆盖率与质量合格率均达到100%。建设市场信用体系建设进一步加强，质量安全监管工作继续走在全市前列。

运输市场管理 全面加强道路水路运输市场监管，严厉打击非法运输经营行为，推进驾培市场和维修市场整治，规范旅游包车市场秩序，共查处交通违章违法案件1269件、收缴罚款287万元，其中查处超限运输车辆534辆，卸载货物12454吨，罚款140万元，行政处罚准确率都达100%；进一步规范出租车行业管理，强化运价和服务质量监管，不断规范出租车行业管理。以营运性车船和交通基础设施为重点，加强政策引导和监督管理，不断加强交通运输行业节能减排工作，努力创建“绿色交通”。

勤廉机关创建 强化思想政治建设，深入开展“两学一做”学习教育，切实加强党员干部理想信念和党纪条规学习教育，切实强化政治纪律和组织纪律，提高党性修养。强化党风廉政建设，认真组织开展“510思廉日”“敢担当、树标杆”作风建设五大行动、“三问自己·如何担当”解放思想大讨论等系列活动，深入贯彻落实党委全面从严治党主体责任，强化领导干部的党风廉政“一岗双责”意识和反腐倡廉教育。强化作风效能建设，严格落实中央“八项规定”及省、市、县作风建设系列要求，深入开展作风效能建设和正风肃纪专项检查。及时办结主办的人大、政协议提案和党代表来信55件，认真做好信访维稳和网络舆情管理等工作，政风行风建设进一步加强。

（郑晓洁）

港航管理

概况 2016年，永嘉县港航管理局以“创新、协调、绿色、开放、共享”五大发展理念为指导，按照县政府“树标杆、补短板”工作的统一部署，促进依法行政和改革创新，构建和谐港航。以开展“两学一做”教育活动为契机，实现永嘉港航形势快速发展，被评为2016年度温州港航系统先进单位、年度考核优秀单位。

行业安全管理 为有效预防和减少各类安全事故的发生，县港船管理局建立健全行业安全生产监管长效机制，切实维护港航的和谐稳定，强化红线意识和底线思维，按照“党政同责，一岗双责，齐抓共管”和“管行业必须管安全，管业务必须管安全，管生产经营必须管安全”的要求，加强日常安全检查，开展各项安全专项整治活动，采取强有力的措施，确保行业安全生产社会化管理各项措施落到实处。2016年，永嘉港航系统行业安全事故为零。以科学发展观为统领，坚持“安全第一、预防为主、综合治理”的方针，牢固树立以人为本、安全发展的理念，全面提升港航企业安全生产水平，为构建便捷、安全、经济、高效的综合运输体系、发展现代港航业提供可靠的安全保障。上网公布3家危货企业，2家客运企业完成标准化工作。2016年，在有关部门的严格把关下，永嘉县港航水上运输企业温州市瓯江装卸有限公司通过安全生产标准化达标考核，顺利达成安全生产标准化三级标准，为永嘉县首家完成安全生产标准化达标的私营普货码头。精心谋划以“加强安全法治、保障安全生产”为主题的第十四个“安全生产月”活动，做到早谋划、早安排、早发动。结合行业实际，加强安全生产常识、应急防护知识、隐患排查与识别、举报投诉等宣传，充分发挥全系统参与安全生产工作的主动性和积极性。一是要加强组织领导，落实责任，制订实施方案和工作安排表，积极开展“安全生产月”和“安全生产万里行”活动。二是结合“三防”应急工作召开专题会议，按各项部署要求开展活动。三是加强宣传力度，在码头、港区明显位置悬挂横幅标语。积极参加县政府组织的大型安全咨询日活动，发放精制印有港口相关安全小知识宣传资料送给咨询人员和过往旅客。四是继续发扬中石化安全演练演习的创新，以中石化长忝油库为龙头，帮带其他私营危货企业进行联合演习的成功经验，组织安排各危货、客运企业人员进行应急预案培训、演练、评估，重点加强危险品、客运事故应急处置方面的演练。

为不断加强港口、水运安全管理，继续加大执法监督力度，进一步规范经营行为，立足长效管理机制。永嘉县港航管理局始终坚持严格执行危货每月一查，普货每季一查的安全检查制度，及时消除安全隐患。同时加强水上在建涉航工程安全监管工作，杜绝违章作业。特别是做好104国道温州西过境瓯江特大桥建设对航道影响及施工安全的监管检查，确保航道畅通，维护港航市场正常秩序。为加强经营资质和经营行为的管理，强化安全监管，维护水路运输市场秩序。永嘉县港航管理局根据市局相关文件要求和水运企业预警检查的标准，强化对水运企业、特别是委托经营企业的安全监管，切实提高水运企业的安全管理水平。2016年，永嘉县港航管理局开展检查港航企业128家次，检查人员435人次，签发隐患通知书4份，完成整改4家，发现隐患19项，完成整改19项，整改率100%。紧紧围绕平安浙江建设的总体目标，牢固树立以人为本、安全发展的理念，广泛动员，营造氛围，突出重点，治理水上交通安全突出问题，落实航运公司管理主体责任，有效遏制水上重特大事故发生，保障G20杭州国际峰会水上交通安全，逐步形成“企业负责、职工参与、政府监管、行业自律和社会监督”水上安全管理长效机制，确保水上交通安全形势长期稳定。认真按照“早发动、早准备、早布置、早落实”的工作原则和“安全、有序、优质、畅通”的工作目标，切实做到周密部署，宣传到位，准备充分。完善突发事件的应急预案，全面落实了各项应急措施，成立应急小分队和后勤小组，明确工作职责，确保“一分钟反应、三分钟出警、半小时到场”。结合“三防”“打非治违”“安全生产大排查大整治”等专项行动工作，组织执法人员对客运企业、营运客渡船进行一次全面的检查，彻查隐患，不留死角，不留盲区，确保船舶处于适航和船员适任及设备适用状况。

港口行政管理　为进一步加强港口管理和货运管理，规范港口经营行为，永嘉县港航管理局严格落实船舶到港验证制度和港口危险货物作业申报制度，按时完成港口货物吞吐量的录入和统计上报。G20期间，全面实行网格化管理，实行一人一企全面监管。邀请专家对3家危化品企业进行业务指导和安全检查，对发现的安全隐患责令限期整改；就超核定吨级企业作业问题对温州市瓯江装卸有限公司进行约谈，取得了一定的成效，而后积极指导推进该企业的5000吨级通用码头扩建项目前期工作，前期工作进展顺利。12月，经过专家审查。对永嘉县新力石油化工有限公司扩展硝酸、硫酸仓储项目施工图设计进行批复。2016年，完成港口吞吐量为905369吨。

水上运政管理　据市局相关文件要求和水运企业预警检查的标准，永嘉县港航管理局强化对水运企业、特别是委托经营企业的安全监管，切实提高水运企业的安全管理水平。2016年，共开展4次预警检查，检查企业6家，被预警企业4家，其中绿色预警企业3家，黄色预警企业1家，解除预警企业4家。通过淘汰老旧运输船舶，新建内河标准化、大吨位船舶，进一步降低水运物流成本，提升水运市场竞争力。截至12月，永嘉县港航管理局共接收9艘船舶拆解申请，其中公示4艘，拆解4艘。

航道航政管理　按照贯彻落实《中华人民共和国航道法》的工作计划要求继续做好《中华人民共和国航道法》宣传工作，组织全局干部职工进行集中学习《中华人民共和国航道法》，首先确保每位干部职工掌握《中华人民共和国航道法》的实质内容，熟知《中华人民共和国航道法》赋予的各项职责和义务，强化了责任意识和服务意识；并通过单位的电子屏（轮船公司、交通公司）、横幅、航道沿线的宣传牌进行宣传，确保《中华人民共和国航道法》“深入人心，人人熟知”，投入宣传牌制作经费60830元；永嘉县港航管理局从辖区航道实际出发，确保航道畅通为重点，坚持航道建、养齐抓，全面提高航道的通航能力。1—12月共出动车、艇35（车、艘）次、102人次，巡查航道2020公里（内河940公里、沿海1080公里），确保航道畅通；通过航道航政执法检查，对楠溪江和瓯江的桥梁（在建桥梁、桥涵标和防撞设施都做了检查），一是瓯江、楠溪江有6座桥的桥涵标需修复完善（县路局已经拟订方案上报县政府）；二是巡查航道230公里（内河70公里、沿海160公里），出车2车次，出艇3次，出动人员30人次。积极协助市局做好瓯江中下游航道养护工作，做好了辖区12座航标正常的维护，投入养护经费44915.50元，发光率达98%以上，确保船舶安全通行；

行政执法管理 为做好2016年的安全执法工作，永嘉县港航管理局积极推行“严执法、优服务”方式，疏堵结合，寓执法于服务，扭转以往“强行执法、盲目执法”的错误行为，进一步提倡服务企业，指导企业，帮扶企业渡过难关。

积极推行“上下联合、部门联动、政府主导”的联合执法机制，形成执法合力。2016年，多次联合市海事局、渔政部门开展渔船碍航联合整治行动，对碍航渔船进行劝导和驱离，保护航道取得巨大进展；又主动牵头联合瓯北环保分局、县水政监察大队、瓯北路政中队，对永嘉县二处工地进行突击检查，成效明显。又多次联合温州瓯江海事处、鹿城区农林水利局、温州市港航管理局执法一大队和永嘉县农业局等5家单位组成的联合整治行动小组对非法在航道内进行捕捞作业行为的严厉查处行动，同时对在瓯越大桥至温丽交界水域内设置渔网渔具进行捕捞作业的人员进行安全警示教育，发放《关于禁止在瓯江航道内设置渔网渔具设施的告知书》宣传单，劝离违规铺设渔网的渔船50余艘，对情节严重的渔船开具责令改正违法违章行为通知书2份。2016年，综合执法大队共组织检查169次，查处执法案件11起（港政案件6起，航政案件3起，运政案件2起），出车178车次，出艇42艘次，检查人员476人次，检查运输船舶88艘次，违章船舶2艘，罚款151900元，没收非法收入2440元。

基层文明创建 2016年，永嘉县港航管理局以紧紧围绕“便民、提效、创优”的文明创建工作思路，按照“规范化、标准化、科学化”的要求，完善各项标准化建设工作，全面创建“最美港航基层服务窗口”工作，建设职工活动室，提倡“健康身体、快乐工作”的理念；深入开展“道德讲堂”活动，利用道德讲堂宣讲平台和各种宣传阵地，长期有效地进行以社会主义核心价值体系为核心的思想道德文化建设。致力于提升干部职工文明素养，开展学雷锋志愿者服务、慈善一日捐、献血等活动，积聚正能量，创设和谐的港航环境。围绕“强基惠民、兴农美村”，积极开展文明结对活动，与东城街道梅岙村续签为期3年的文明结对责任书。开展联村包村蹲村强村活动，下派党员担任枫林镇娄山村第一书记，组建干部蹲村解难活动小组，深入开展调查研究，切实解决“娄山村公路项目”资金困难，推动工程发展。充分利用清水埠征迁契机，积极对接温州海事局研究探讨办公楼二楼置换事宜，进一步推动单位办公楼标准化创建工作；通过办公楼装修、花园改善、道路整治等方式，全面提升单位环境和形象。

党风廉政建设 结合政风行风建设，不断深化各项反腐倡廉活动。一是全面开展“两学一做”教育活动。以“补短板、树标杆”为指导，开展党员职工补齐短板“五大行动”工作，全面提升党员思想建设和作风建设。二是深入群众基层，实事求是研究实情。深入开展党员志愿者活动，为瓯北客运码头港区绿化带拔除杂草、在炎热的夏日为工作在一线的水上工作者分发消暑药品和饮品等志愿活动。在抗台期间，党员干部职工能够积极参与到抗台第一线。三是推进廉政风险防控网络。2016年永嘉县港航管理局新增招录人员4人，商调4人，招聘编外人员2人。根据人员增减、岗位变动、职责职能变化等情况，在原岗位廉政风险防控机制基础上，对个人岗位、内设科室及单位廉政风险进行认真排查梳理，进一步完善廉政风险防控机制。从严格监督执行入手，探索建立《重要事项集体决策办法》《考勤管理》《重大事项处罚集体讨论制度》《影响工作效能追究办法》和《工作人员平时考核》等制度，逐步推进港航队伍专业化、正规化、高效化建设。

（周豪宙）

邮 政

概况 2016年，永嘉县邮政分公司共有员工328人，设有综合办公室、市场经营部、人力财务部3个职能部室，金融业务局、函件局2个专业局，大客户中心、包裹业务中心2个业务中心，下辖城关、瓯北、黄田、乌牛、桥头、永临、沙头、碧莲、岩头、岩坦、枫林、四川、西溪、大若岩、坦头、花坦、鹤盛等17个邮政局所，全县建成村邮站422个，其中信息化村邮站184个。2016年，永嘉县邮政分公司在县委、县政府和上级邮政公司的关心领导下，紧紧围绕集团公司“一体两翼”经营战略和省分公司“三个一流”目标，按照“创新发展、补齐短板、解决痛点、做出亮点”十六字总纲，坚定不移地抓好金融、快递包裹、农村电商“三个一把手工程”，以新责任、新实干扎实推进企业创新转型，较好地完成了年度工作任务，实现业务总收入7770万元，人均劳动生产率达23万元，实现了企业增效、员工增收、安全运行的发展目标，综合评分再获全市邮政第一。

邮政经营实现新突破 2016年，永嘉县邮政分公司以“三个一把手工程”为重点，坚持创新转型，企业质效显著提升。一是金融业务实现突破式发展。截至2016年12月底，全县储蓄余额达21.55亿，增幅达20%，创历年来单年新增余额新高。二是包裹快递业务实现历史性跨越。2016年，在包裹场地建设、能力提升、流程优化等方面加大投入。一方面，加强机构和队伍建设，对经营格局进行调整优化，强化专业支撑。设立包裹业务中心和沿江5个包裹经营部，实现全县淘宝村全辐射，形成以包裹业务中心为龙头，沿江各经营部为重点，山区支局有效突破的经营格局。另一方面，持续做好市场导向、客户中心和渠道依托，深耕重点市场，通过“经营、网运、投递、客服”四端全面发力，实现业务新突破和业务转型，不仅在量上增长迅猛，而且业务结构得到优化，实现质量和效益双提升，全年实现包裹业务收1390.6万元，其中国内快递包裹收入同比增长翻番多。三是农村电商保持良好发展势头。按照“五个结合”要求，利用邮政综合服务平台优势，积极对接政府，按照政府要求，用好政府政策，强化邮掌柜日常维护运营，在平台方面做足亮点文章，全县共建成“邮乐购”服务点414个，成功通过县“电子商务进万村工程”建设项目验收。对接县委农办联合举办永嘉县农村电子商务培训班，协助做好“千万农民素质提升”工程。四是传统业务催生发展新动力。在抓实常态化业务基础上，强化项目带动，深入对接互联网+，努力推进传统业务创新转型。函件业务聚焦新媒体，加快向传媒型发展。集邮业务主动出击，线下开展集邮主题活动，推广集邮文化，积极培育本地市场；线上推广集邮微店，开展线上集邮品鉴会。报刊业务进一步调整产品结构，开通新媒体订阅方式，实现了业务的转型升级。

网运投递网建设 2016年，永嘉县邮政分公司筹措资金，投入150万元建设分拨中心并投入使用，新增邮车2辆，配备驾驶员、业务处理员12人，调整县域范围内的邮运作业计划，增设三条邮路，有效强化包裹业务发展的支撑能力。更新投递汽车12辆，投递电瓶车24辆，新招投递员18名，增配PDA设备，实现所有道段全覆盖，投递能力得到极大提升。制定快递包裹运行质量管理考核内容，对网运和投递质量指标进行全过程管控，快递包裹投递信息反馈率达100%，全县乡镇当日妥投率达94.65%。

服务地方经济 2016年，永嘉县邮政分公司充分发挥百年邮政品牌“点多面广”资源优势和长年服务三农经验，扎根乡镇，深入农村，以向善利民的姿态，服务地方经济。一方面，坚持普惠金融理念，自觉承担“普之城乡，惠之于民”的社会责任，走访常态化、活动日常化、业务系统化、服务精细化，持续服务三农和地方中小企业。开展日常“最美笑脸”评比，助推企业微笑服务文化；心系客户，为客户制定健康计划；送金融下乡，浇灌金融活水，不断延伸服务触角，让普惠金融惠及千家万户。另一方面，根据县委、县政府要求，做好农村电商战略布局，不断助推“电子商务进万村”工程落地生根。永嘉电视台《永嘉新闻》栏目以《打通农村电子商务“最后一公里”，永嘉3年将建340个农村电商服务点》为题，专题报道永嘉邮政农村电商事宜；《今日永嘉》报以《工业品下乡，农产品进城》为题，详细介绍了永嘉邮政承建县电子商务公共服务中心揭幕和“电子商务进万村工程”启动事宜，对邮政“五个不出村”理念和农村电商服务点功能进行具体讲解并给予点赞。林建波副县长率县经信局、农业局、供销联社及街道等部门领导专题调研永嘉邮政农村电商，对永嘉邮政农村电商表示高度赞赏与认可。在持续做好全县“邮乐购”农村电商服务点铺点建设和县电子商务公共服务中心运营、服务工作的同时，积极整合邮政平台资源，建立农村电商仓储配送中心，依托邮政物流网络，对接“精准扶贫”，通过合作农场将低收入农户种植的滞销农产品进行收购包装形成统一品牌，并经邮政电商渠道进行销售，打破了以往农民散种散卖、无品牌、无渠道的僵局，推动楠溪玉米、高山茭白、高山大米等十多万斤农产品进城，有效做实“万斤农产品进城”项目。同时，以“邮乐”冠名由政府主办的青年创新创业大赛，借助“邮乐网”“邮掌柜”等邮政电商平台进行参赛选手的项目上线和产品运营，培育全县青年自主创新意识，培养创业型青年人才，激发广大青年的创业热情，选择树立扶持青年创业典型，将邮政农村电商“五个不出村”发展理念中的“创业不出村”真正的落到实处，获政府社会等多方认可。

企业党建不断深化 2016年，永嘉县邮政分公司设立党委办公室，配置党务工作人员。严格执行“三重一大”制度，落实“两个责任”，制定基层党建工作考核表，完善基层党建工作。开展党员组织关系集中排查工作。扎实开展“四风”问题整治情况“回头看”工作，有力推进廉洁风险防控工作。接受上级邮政公司巡查工作，严格落实巡查组反馈意见的整改工作。认真抓好党风廉政建设，以党建带动业务发展、以党建带动群团建设。扎实开展“两学一做”学习教育活动，以“党建+”系列活动为载体，落实“抓在日常、严在经常”的要求。开展《条例》《准则》等党纪党规学习教育。积极开展“两学一做”知识竞赛，并荣获温州市邮政分公司“两学一做”知识抢答赛二等奖，利用微信、OA、宣传栏等平台巩固“两学一做”学习内容，确保突出学习实效。开展党员示范岗亮牌，发挥榜样示范作用。组织开展“红七月”、灾后重建等志愿服务。

和谐建企不断推进 一是坚持“为人民服务”理念，持续做好服务质量提升工作。严格抓实大厅窗口服务规范动作，强化服务质量管控，开展“微笑服务”“星级营业员”“最美邮政人”评选活动，以卓有成效的措施有效促进服务质量的提升。二是深化内控检查，开展日常化检查培训和人员轮岗，开展关键岗位、关键人员行为排查，落实并加强对重点场所、关键环节的安全监督和检查，健全安全管理体系，开展各类专项安全检查和培训，有效确保企业安全运营。三是综合型动态人力资源效能不断提升。加强对员工的素质提升，组织开展职业素养提升等各类业务及能力提升活动和岗位职业技能竞赛等活动，队伍综合素质得到有效提升。员工职业技能持证率达到91%，永嘉县邮政分公司在参加温州市邮银柜面人员职业技能操作比赛中荣获团队一等奖，同时荣获多项单项奖。加强营销体系建设，优化用工结构和窗口人员配置，进一步提高邮政营业人员整体服务质量和窗口营销能力。四是密切关注员工生活，开展各类节日慰问、困难帮扶和“四个全员”活动。开展送温暖、暖心家访等活动，提升员工生活和工作热情；关注员工身心健康，开展员工健康体检和疗休养活动。企业总体氛围和谐向上、队伍稳定，企业正能量不断提升，并涌现出一批先进集体和个人，叶会标荣获温州市“最美职工”称号，张龙云荣获永嘉县“最美邮政人”称号，潘统钰荣获“浙江邮政好党员”称号。

（戴亮亮）

中国电信永嘉分公司

概况 2016年，中国电信永嘉分公司在上级公司和县委、县政府的领导下，以学习贯彻党的十八届五中、六中全会和全国国有企业党的建设工作会议以及习近平总书记系列重要讲话精神，按照企业年度工作部署，围绕集团3.0战略转型，坚持“一个统领两条主线”，团结带领全体员工进一步坚定信心、奋勇拼搏，以“匠心精神”狠抓各项工作，全面推进企业战略转型升级，努力实现“十三五”企业改革发展良好开局。2016年，公司员工人数达459人（合同制257人、代管外包202人），设有4个职能部门和12个生产经营单元，全年完成全业务经营税后收入超2亿元。

企业党建 永嘉分公司认真落实“两个责任”，强化“一岗双责”，切实加强企业和团队思想、组织、作风建设，扎实推进“两学一做”学习教育，不断巩固“三严三实”教育成果。按照省、市公司工作部署，认真梳理制订并下发《开展“两学一做”专题学习教育实施计划》，将党委中心组理论学习、“两学一做”专题教育与加强企业党建、生产经营、“四个专项治理”等工作等有机结合起来，确保“两手抓、两不误、两促进”。成立党建领导小组，出台《党建工作责任制》，完善公司党委议事规则，推进党内政治生活常态化，持续发挥民主监督员职责，强化党风廉政建设。建立"党员政治生日制度"，重温入党誓词；充分利用EIP微党课、微信群、"12371"短信平台等网络载体学习；组织全体党员参加"两学一做"学习教育集中测试，深化巩固学习成果；开展"党建进支局，帮扶到一线"活动，引导广大党员立足岗位实际，发挥党员先锋模范作用。组织签订《党风廉政建设责任书》《关键岗位廉洁从业承诺书》，开展"510思廉日"知识竞赛等，将党风廉政建设责任制落到实处。

基础建设 无线精品网络建设：2016年，中国电信进一步扩大LTE覆盖区域和覆盖深度，目标达到与C网可比，实现LTE FDD广覆盖、全覆盖,为VOLTE商用做好网络准备。11月，永嘉分公司已提前超额完成全年无线建设任务，其中新建LTE基站343个、4G+基站64个、室分62个点位，建站数量及规模全市居首，在温州电信系统内获4G网络建设一等奖。

全光网运营：2016年，永嘉分公司持续推进"光进铜退"，力排重重困难，在4个月时间内退站点82个，其中5个母局、16个模块局和61个接入网，共退设备容量112803门，受到省、市公司领导的肯定。在6月23日，当永嘉完成最后一个站点（岩头母局）退网时，预示永嘉已提前实现全县全光网络。

节能降耗：利用技术创新，进一步优化基础网络建设，并在节能降耗上取得新突破。2015年11月永嘉已完成全县退铜，共完成退铜价值1301万元，额度创历年退铜新高，在温州电信系统内获退铜专项活动三等奖。

智慧城市 2016年，永嘉分公司利用"互联网+"，加强政府信息大数据挖掘，提升治理能力。完成永嘉县民安七期工程，累计建设超3000路全球眼。满足永嘉治安防控和城市管理需要，利用图像采集、传输、控制、显示等设备和控制软件组成，对固定区域进行实时监控和信息记录的视频监控系统。完成交警智慧交通系统累计87套智能信号系统。它利用分布式云存储和海量数据并行计算技术，搭建满足未来5年应用发展需求的指挥中心大数据云平台基础框架，充分发挥已建智能交通系统的效能，提升宏观管控、协调指挥的能力，为领导决策提供更有效的技术和数据支持，为公众出行提供及时准确的信息服务。在医疗信息化方面，为永嘉医疗单位搭建统一的云存储平台，容量超100T。组建企业桌面云系统，实现企业办公电脑集约化管理。组建政府信息云，为下一步政府系统上云奠定基础。

开展永嘉县医疗信息化推介会、信息化建设座谈会，邀请县政府及政务网相关单位参观滨海云计算中心，邀请党政机关、乡镇、事业单位、教育局、重点学校等相关负责人参观智慧城市体验馆，让更多的人体会并体验了智慧城市发展给生活和工作带来的变化。

打造优质服务品牌 为保障广大电信用户合法权益，营造诚信经营、放心消费的和谐电信服务环境，永嘉分公司集中在流量及资费、管理和营销、服务履约、技术管理、合作管理、实名制和投诉处理等七个方面开展自查自纠，从管理、制度保障和组织落实等多方面入手，成立活动领导小组，制定活动实施意见，完善工作机制；从诚信经营、规范服务、质量保障以及让电信用户放心消费等四个方面入手，对排查发现的问题进行全面整改；开展装维、客户经理、营业员星级服务认证，从而保证永嘉电信服务节节提升。2016年5月，公司在永嘉地区实现4K高清电视开

邀请永嘉县教育局及部分学校负责人参观智慧城市体验馆 （戚温翔 摄）

通，大大提高了客户感知度。2016年8月，公司率先在全行业取消了长途漫游费，实实在在地实现了全国免费接听。2016年10月底，超百兆宽带全面启动，为用户的高速上网需求，提供了扎实的基础。

文明创建 以推进社会主义核心价值体系建设，弘扬社会主义荣辱观为主线，结合道德领域突出问题专项教育和治理活动，开设企业“道德讲堂”，进一步崇尚社会公德、职业道德、家庭美德、个人品德。公司团委积极引导青年员工弘扬“奉献、友爱、互助、进步”的志愿精神，组建学雷锋志愿服务队，开展各类志愿者服务活动。开展营业厅夏日免费伏茶供应活动，除进厅用户免费享受夏日伏茶外，还邀请交警、环卫工人等高温工作者进厅免费饮用，提升社会服务感知。8月，根据永嘉县机关工委统一安排，永嘉分公司党员志愿者服务队到巽宅镇谢山村开展“双百结对.扶残助残”活动，积极开展心理疏导和心理健康教育，送上慰问金，切实帮助解决困难；开展“慈善一日捐活动”。开展“礼让斑马线”“文明过马路”“排队守秩序”三大主题宣传教育实践活动、庆祝中国共产党成立95周年中国电信“两优一先”表彰大会暨省公司党组书记讲授党课、行风建设暨纠风专项工作、“反腐倡廉宣传月”活动等多类活动来加强全面深化改革思想文化宣传工作和弘扬社会主义核心价值观。

团队建设 2016年，通过岗位优化调整，并成立培推队伍，帮扶一线，提升员工服务意识。按照省、市工会创建“一家人”要求，进一步打造“最美一家人”“政企一家人”建设。持续开展员工关爱行动，坚持开展“冬送温暖、夏送清凉”“五必访、五必贺”、活动现场慰问、生日慰问、成立爱心互助基金、安排员工体检、子女中高考慰问等活动。组织开展各类群体活动，丰富员工的业余文化生活，打造和谐企业。参加“永嘉县首届工间操”比赛获二等奖，参加温州市天翼气排球比赛获组织奖，组织“迎国庆”户外野炊活动、“天翼踏秋”全民健身登山比赛活动、“三八”妇女节等一系列大型户外活动，激发团队的积极性，发挥团结进取精神。

社会责任 2016年的G20峰会和互联网大会期间，永嘉分公司积极开展护航工作，确保网络信息、业务安全稳定，尤其在G20的护航工作结束后，收到来自县公安部门的感谢信，并得到了高度肯定。在防汛抗台保障、冰雪灾害保障、消防安全演练等应急联动工作中，提供通信支撑保障。积极配合县政府“美丽乡村精品线建设”等相关改造工作，保质保量完成既定目标。

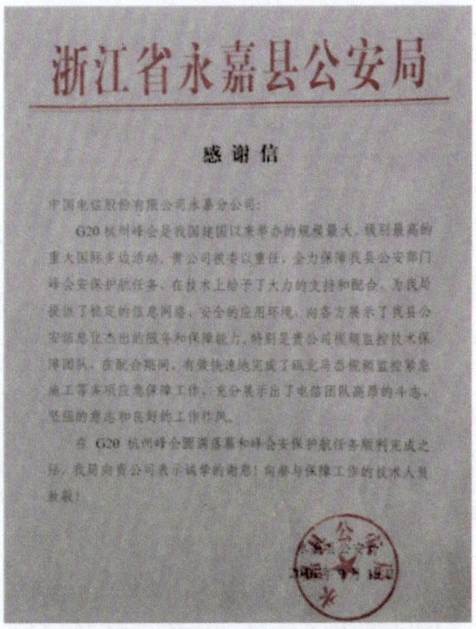

浙江省永嘉县公安局

感谢信

中国电信股份有限公司永嘉分公司：

（“G20”期间，公安局发给电信公司的感谢信）

完成了包括石柱、大若岩、岭下、环城北路、广场路、安丰大道、龙下的三线落地改造工作。其中安丰和龙下的改造难度非常大，线路较其他运营商更多更杂，永嘉分公司克服重重困难，完成了线路改造工作，受到县政府的肯定，获得社会各界好评。

（戚温翔）

中国移动永嘉分公司

概况 2016年，中国移动永嘉分公司以中共十八届三中、四中、五中、六中全会为指导，落实省公司、市公司的目标要求，适应新常态，抢抓新机遇，以全面实现做区域市场领导者的转型发展为主线，坚持积极的能力建设、持续的市场策略、高效的综合管理三大策略，全力完成五大工作重点，提质增效，创先创优，实现公司健康、快速、可持续的发展，较好地完成了各项主要指标：截至2016年12月底，实现通服收入5.5亿元。物理基站969个，用户总数73万户，有员工202人。

优化宽带覆盖能力 开通4G基站270个，完成宽带建设2.2万户，总覆盖数达到31.9万户，实现行政村覆盖率89.1%；完善了网络传输能力，管道建设135.65孔公里,汇聚机房入网6个；完成了8个片区主辅配传输优化，新增OLT设备15台；完成了91条汇聚层光缆及226条OLT链路调整和割接，以及C2、C3、高铁在用纤芯和所属光缆的核查。强化了网络安全能力，加大隐患排查，完成蓄电池测试289组，蓄电池更换145组；完成塔桅专项整治96个站点，调整和更换天线

223个站点，基站巡检1294站次，基站发电734站次，每月基站退服率均保持在0.02%以下；完成油机发电机组扩容更换、实验中学汇聚机房等20个站点电力整改。开展专项优化，完成7900传输设备安装、割接，完成桥头工业区环升级改造，永嘉中心环二等同路由改造；完成小若口环等超大环整改和调整，整改完成100%，PTN成环率提升7%，达到95%以上。

客户服务 中国移动永嘉分公司上下高度重视服务工作，深入开展"为民服务创先争优"活动。通过晨会、演练、内训等方式加强业务知识和岗位技能学习，通过不断自查、整改专项提升服务质量。"三亮三比三创三评"工作开展有序。公开服务事项和服务流程，公示服务标准，在相关营业窗口、生产部门设立党员示范岗等，亮出党员身份，亮明岗位责任，强化自我约束；通过设置公示牌、公示板等形式，公开承诺，接受群众监督。开展岗位明星、服务标兵评比，开展文明服务、诚信服务、优质服务竞赛，促进服务态度和作风进一步改进。争创巾帼文明岗、文明服务示范点、青年文明号、争创优秀服务标兵。通过设置意见本，以及聘请社会监督员、开展客户满意度调查等方式，开展群众评议，做好群众意见反馈和问题整改工作，以实际效果取信于民。

投诉督办处理 优化投诉热点分析机制，重点提升投诉处理及时率与满意率，加强投诉专员的投诉处理质量，投诉及时率持续达到99%以上的要求，投诉处理满意率名列地区前三。加强落地督导，每月开展业务服务规范性检查，提升窗口营销服务能力。注重业务培训效果，针对业务落后的营业人员进行业务培训并现场测试效果，加强内训师业务骨干培养，树立标杆，带动整体业务素质提升。优化投诉处理流程，宣贯一线投诉处理指南，建立投诉案例库，实现信息共享；建立热点投诉责任关注机制，加强与市公司专业部门沟通，限时反馈处理进展或结果；落实升级投诉预警机制、升级投诉跟踪监控和重大投诉督办处理；增加热点投诉处理进展及结果的每日跟踪通报，形成闭环；落实每月服务质量分析会制度，推动投诉深层次问题的彻底解决与流程的改造优化。

推进了党建工作 强化"两个责任"意识，切实履行主体责任。强化责任落实，签订了班子成员《全面从严治党主体责任书》2份，认真落实"一岗双责"，坚持"两手抓、两手硬"，抓好分管范围内的党风廉政建设工作。签订关键岗位廉洁责任书76份，一级抓一级，层层抓落实。试行"党员责任区"，全体党员分别挂钩不同的部门、区域，开展廉政教育宣传与生产难题的共同解决，充分突出党员干部员工的责任担当意识。扎实开展"两学一做"学习教育活动，认真完成4个专题学习研讨会，并同步开展了"立足岗位，勇当先锋"活动，开展了多场志愿者活动。落实"三会一课"等党的组织生活制度，组织每位党员写感言，进一步加深对党章党规、系列讲话的理解和感悟。强化组织保障，改选了党支部委员会，配备了专职党群纪检干事。实施了党员积分制，完善了党员管理。建设了党员"六有"阵地，完善了党员活动室。

深化党风廉政建设 深入实施"嵌入式廉政风险防控"机制的落地工作，强化源头预防；开展监督自查与检查相结合工作，按照"岗位职责""主要防控措施""监督频次"等内容，重点抽查综合、政企、市场、网络等各岗位317个样本，完成全部抽查计划并形成反馈表。加强"八项规定"和"反四风"相关的思想教育，组织学习与贯彻《中国共产党章程》《中国共产党廉洁自律准则》《中国共产党纪律处分条例》及《廉洁从业规定》等，提升党员干部的廉政意识。加强作风建设，加大检查监督力度，对办公用房整改、招待费审批流程、公务车辆管理等开展了专项监督与检查。严格决策制度，深入推进"三重一大"民主决策制，积极发挥公司领导班子和党支部的作用，深入推进科学决策制度建设，加强决策的监督检查，提升决策的科学性。

党团共建 开展团组织建设，增强团支部工作力量。制定党团共建活动年度计划，积极开展党团共建工作，坚持每季度至少开展一次"一团一品"服务活动。2016年度，党团联建活动有：党团员干部帮扶结对、温州分公司首届"4G发展杯"5对5青年足球挑战赛等活动。党团活动的开展，既紧密了党团互动，又提升了党员同志和团员们的社会责任心，意义深远。

文化传播与落地 不定期开展工作文化短信群发，征集"善知善行惟和惟新"优秀案例26个，按季度开展"道德讲堂.员工文化堂"活动，分享优秀案例。

员工队伍建设 做好全体员工的有效激励，大力推广全面认可激励体系，提升全面认可激励体系在内部评优的应用力度。优化人力资源配置，有效开展部分岗位竞聘选聘工作。开展专业线职位宽级化工作，激发员工热情。制定《中国移动永嘉分公司员工工作岗位流动管理办法（试行）》，按岗位职责的要求切实履行岗位责任，员工岗位流动管理与员工的岗位业绩充分挂钩，推进公司业务发展。

关爱员工 深化“和成长”EAP建设，2名员工通过国家心理咨询师认证，组织了近170场EAP主题活动，累计覆盖110人次，林垟营业厅，瓯北集团班获奖2016年EAP标杆班组荣誉称号。强化日常关爱，开展“为员工办实事”，完善员工小小家建设，做好员工关爱工作，提升了员工的幸福指数。

安全保卫 加强安全生产管理，开展护航G20的系列前期工作。落实安全生产责任制，加强安全检查与整改力度，消除安全隐患，确保生产安全。开展“安全生产月”宣传、培训活动，营造安全文化氛围。组织开展消防演练和反爆防恐演练，举办防汛抗灾应急演练，提高紧急突发事件应急保障能力。

社会责任 中国移动永嘉分公司始终将与永嘉社会共发展作为义不容辞的责任，充分发挥自身独特的经营、资本和资源优势，以强有力的信息化服务，成为永嘉社会发展的行业先锋。积极响应永嘉县委、县政府号召，开展“慈善一日捐”“送温暖、献爱心”等捐助活动；“爱心服务站”助力中考、高考，为考生免费提供2B铅笔、橡皮、削笔器等文具用品，全方位为考生着想，服务考生；为在考场外陪考的家长们专门设立了家长休息区，向家长递上一杯水、送上一份报纸，缓解家长焦急等待的心情；开展植树节活动；资助大岙中学建成“梦想书屋”；开展志愿者参与保护楠溪江生态公益活动。衣暖情真爱心在移动人之间延续，助力台风重灾区恢复生产生活环境，联合江北派出所进驻小区宣传防网络诈骗活动。

（钱爱珠）

联通公司

概况 中国联合网络通信有限公司永嘉县分公司职工人数为61人（截至2016年12月），内设综合区域营销中心、综合支撑中心，集团行业中心；建有上塘、瓯北、桥头、龙桥等4家营业厅和千石、五星、张堡等3家沃店。

经营情况 1月21日，市公司副总经理侯碧海携营销支撑部李佳经理、客户服务部全小曼经理一行赴永嘉分公司就综合营销体系改革推进情况进行调研指导。2月15日，永嘉分公司中标永嘉县民政局青山白化治理监察综合平台项目，有效促进了集团业务的发展。3月15日，永嘉县2016年“3·15”国际消费者权益日宣传纪念活动在永嘉广场举行，永嘉分公司参加此次活动。4月8日，永嘉分公司举办4G终端手机订货会，冯慧锋副总经理出席订货会并为优秀代理商颁奖，17位代理商参加订货。7月16日，永嘉县分公司为迅速落实市公司三季度营销工作会议精神，召开三季度营销工作“百日奋战沃争先”部署动员会。9月16日，中国联通2016年9月16日8点准时首销IPHONE7。11月中下旬，永嘉分公司分别在龙桥、上塘、东瓯、桥头等四个营业厅轮流开展炒店活动，提升了人气，扩大了门店影响力，取得了不错的效果。11月22日，永嘉分公司组织开展中兴天机“7”终端全员培训，由中兴公司培训师贾玲主讲培训，并开始全员促销天机“7”。

沃店和渠道建设 5月1日，永嘉县黄田千石大街迎来了百盟连锁千石店的开业，此为温州跨区域本地连锁第一大品牌“百盟”进军永嘉的第一家门店。同时永嘉第一家社区沃店——千石沃店开业。6月1日，永嘉分公司位于瓯北五星工业区的社区沃店顺利开张，这是继千石社区沃店运营后开张的第二家社区沃店。10月1日，永嘉分公司张堡社区沃店在国庆隆重开业。12月12日，永嘉分公司千石VIVO百盟厂商合作本地连锁迎来盛大开业。这是千石最大的一家手机卖场。

工程建设和网络优化 无线基站方面：全年完成建设开通4G基站466个（其中新建53个、利旧站点新建4G设备413个），完成率100%，完成室分建设开通52幢楼宇个，完成率100%。对疑难站点进行站点重点攻坚，共开通10个敏感性盲区站点，同步开通4个室分建设，深度解决区域覆盖。

传输建设方面：完成新建基站传输光缆共53个段落，完成光缆布放147公里，新增分组传输环28个，完成183个分组设备的开通。新建九丈大桥—岩头渡头和岩头渡头—大若岩山头48芯主干光缆，优化主干网络提高了网络的安全性，新建瓯西机房到鹿城三桥下汇聚光缆的建设，优化了原上联路由，提高了汇聚网络的安全性。

接入网建设：聚焦重点，建

设宽带精品网，全年完成重点市场名单楼宇建设开通72栋，完成2个接入机房的改造工程，完成光改平移端口584个，平移用户584户。

提升服务支撑：启动管线资源普查，对基站、机房、光交等光缆纤芯资料进行普查；加强网络隐患整改，通过台账建立、整改计划制定，强化隐患整改落实，全年完成传输光缆隐患整改割接96次，基站动力配套整改20套；开展“百日奋战沃争先，代维管理沃先行”活动，强化代维嵌入式管理，有效提升服务支撑。加强基础管理，重点关注建维线的KPI考核，永嘉建维KPI在全市排名第五。

综合建设　结对慰问：2月3日，温州市分公司副总经理章云标在党群工作部经理赵晓明，永嘉分公司总经理王智的陪同下，赴文明共建村——大若岩镇下湾村扶贫慰问，带去了公司的温暖，送上了新年的祝福。2月4日，公司副总经理汪银随永嘉县副县长周俊武赴大若岩镇开展慰问活动，向困难户送上慰问金。

基础管理　2月23日，市公司综合部副经理施舒琰一行赴永嘉分公司就综合管理落地情况进行专项检查，并与县分公司进行座谈。在市公司指导下，县分公司定期开展公文规范和流转情况、车辆管理、固定资产管理、节能减排、安全生产等为内容综合管理的整治工作。每个月定期检查通报，形成了常态化管理，有效加强了基础管理。同时市公司每季度对县分进行实地检查。10月29日，永嘉分公司召开全体员工大会，本次会议贯彻落实《温州联通考核指标优化》制度。

关怀员工　3月8日，永嘉分公司召集新员工召开座谈会，王智总经理、汪银副总经理，17名新员工参加了座谈会。8月1日，永嘉分公司召开2015年7月以来入职员工座谈会。4月18日，永嘉分公司在建设大厦7楼会议室举办“珍惜生命、关爱健康”为主题的健康讲座。5月9日，永嘉分公司召开全员大会宣贯集团公司和省公司的聚焦战略相关文件；并对市公司定向招聘方案进行落实，2016年永嘉分公司有三位外包员工转为合同制员工。5月22日，永嘉分公司组织广大员工赴苍南渔寮和日月潭农庄开展工会活动。6月22日，“道德讲堂”县直第三分堂在永嘉中学举办，永嘉联通公司作为成员单位参与此次“道德讲堂”活动。7月14日，永嘉分公司举办了“环保健康，幸福浙江”为主题的讲座。

安全保卫　8月19日，市公司召开G20期间安全保障专题工作部署视频会议，会后永嘉分公司便召集在上塘上班的全体员工召开G20安保工作布置会，并要求进行24小时值班，直至G20会议结束。6月24日，永嘉分公司举办“参与社区消防，建设平安家园”为主题的消防安全培训；9月13日，举办消防安全教育培训。10月9日，温州市2016社科普及周开幕式暨“永嘉学派探古访今”活动在永嘉县耕读小院举行，温州联通作为温州市交通劳动学会的副会长单位参加活动，永嘉联通协助温州联通开展活动。

党风建设　3月30日，永嘉党支部积极响应党委“围绕中心抓实践，勇当先锋助发展”党员结对帮扶主题实践活动的号召，在三江商务区开展光改营销活动。6月22日，永嘉党支部为积极响应公司党委“关于组织全体党员干部开展光改营销”活动的号召，结合第一次光改活动的经验取长补短，在江头村开展第二场光改促销活动。4月21日，市公司副总经理、纪委书记章云标、纪检监察室主任彭来亮、纪检干事缪静枫赴永嘉分公司与领导干部诫勉谈话。4月25日，永嘉分公司总经理王智召集党员和骨干员工一起认真开展“两学一做”学习教育活动，充分发挥党员干部的服务优势。5月25日，永嘉党支部在建设大厦公司会议室召开党支部会议，就入党积极分子王智同志转预备党员的事宜进行讨论和表决，并开展“两学一做”学习解读。11月10日，永嘉党支部在上塘会议室召开专题会议，组织支部党员学习贯彻中共十八届六中全会精神。

（胡乐乐）

城乡建设

县住建局 2016年是“十三五”开局之年，为奠定五年之基，住建局班子紧紧围绕县委、县政府中心工作，在上级坚强领导下，坚定信心，迎难而上，奋勇拼搏，以抓铁有痕、踏石留印的劲头，积极落实各项工作任务，取得了较好的工作进展，快速推进住房城乡建设各项事业发展。全县危旧房隐患排查和治理改造、城中村改造专项行动、智慧城市、交通治堵、商品房销售面积五项工作名列全市B组第一、建筑业增加值名列全市B组第二；顺利创成省级园林城市，拿下“三县三城联创”最后一块牌。

规划审批与监察 一是有序推进各项规划编制。2016年，已全面启动永嘉县村庄规划新编和修编工作，已完成村庄规划96个，争取到省住建厅规划编制经费补助70万元；完成规划修改39个；完成规划建筑方案审查142项次，完成初步设计批复26个；完成清水埠片城市设计，桥头菇溪河两岸城市设计；完成上塘城区给排水规划审查工作。二是全力助推审批提速提效。公建审批方面，认真对照城乡规划有关法律法规，以简化审批程序为抓手，贯彻依法审批，提升服务水平，优化服务环境。专门召开公建项目审批改革座谈会，特别邀请行政审批相对人代表参加，收集梳理诉求、建议，构建“审批一条龙、服务一站式”的行政审批工作机制，进一步实现放权增效。坚持“实体经济项目开辟绿色通道，重点项目特事特办，招商项目超前服务”，积极组织业务科室对碧桂园、三江立体城、南陈温泉小镇等项目专题研究，赴招商局、镇街上门服务，为永嘉县重点项目、招商引资项目顺利进行提供了重要保障。2016年，共审查办理工程规划许可证86件；选址意见书（预选址意见）60个；出具规划设计条件书68份；办理建设用地规划许可证65个；办理建筑工程施工许可证34个；规划总平面图确认78份，提前办结率100%。私建审批方面，出台《永嘉县人民政府办公室关于进一步加强村庄规划编制、农房设计和建设管理工作的意见》（永政办发〔2016〕69号），对全县审批管理作了规范。2016年，完成审批建设用地规划许可证825件，用地面积约8.6万平方米；建设工程规划许可证932件，建筑面积约35万平方米；乡村建设规划许可证434件，用地面积约4.5万平方米，建筑面积约17.5万平方米。三是严抓规划实施监察管控。以提高全综合素质和执法能力为切入口，严格规范办事程序，细化责任，强化措施，对重大案件必召开案件分析会，集体讨论，共处理违法案件6件。司法建议书1件，承办督办件7件，信访件28件。紧密配合县委、县政府“无违县”创建和“大拆大整”专项行动，主动组织对顶风违建，社会影响较大的违法建筑实施拆除，并全力支持各所的拆违工作。组织、配合各类较大拆违活动24次，共拆除违法建筑面积13.93万平方米。为配合无违建街道（镇）创建，仅半月就查阅利用档案37个行政村，达4.2万卷。

城镇建设与管理 2016年，争取到省级污水处理设施补助资金7222万元。完成积水点改造20处；完成雨水管网26.71公里；提标改造雨水管网30.46公里；雨污分流改造管网38.82公里；清淤排水管网160.79公里；新建供水管网30.91公里；改造供水管网12.8公里；改造全县“一户一表”1857户；完成污水管网92.33公里；以上完成情况与年初下达任务相比，完成率均达到150%以上。完成6座滨水公园的改造、提升建设，枫林、鹤盛、岩坦、巽宅、碧莲5个镇的污水处理站实现进水调试；积极配合永嘉县“清三河”达标县创建，黑臭河整治截污纳管工程已完成6条，开工建设26条；启动农村生活污水治理设施运维工作，完成39个项目村农村生活污水治理设施运维的移交；已开工建设黄田、江东污水处理厂工程与上塘污水处理站提标扩建工程，已启动瓯北、桥头、桥下污水处理厂提标改建工程。上塘成功创成省级园林城市，桥头镇已通过市园林镇验收。精品街区（市政道路整治提升）工作进展顺利，已完成7条道路设计方案，开工建设6条。完成上塘LED节能灯改造工程，中塘隧道LED节能灯改造工程，启动瓯北LED节能灯改造工程。2016年新增12.5公顷绿地建设任务，实际已完成16公顷，人均公园绿地面积达14.58平方米。

建筑产业与市场秩序 一是紧抓有效投资，维护行业秩序。强势推进重点项目建设，确保扩大有效投资攻坚任务。2016年，永嘉县建筑业总体呈现稳定发展势态，完成建筑业总产值89.24亿元，同比增长19.4%（任务要求增长18%），房地产投资累计达109.77亿元，同比增长36.36%。维护建设领域稳定，积极解决农民工欠薪问题，联合劳动监察部门，率全国之先推出多功能“民工工资保障卡”，一举解决困扰多年的建筑工人劳资纠纷问题，促进施工单位的规范管理，并被省、市十几家主流媒体予以报道。

二是着力创新升级，开拓墙改新局面。2016年，在省住建厅政策平台支持下，树立农村自建房示范项目，该项工作在全市考核中名列第一。同时，“禁粘”工作取得胜利，成功淘汰关停桥下制砖厂，圆满完成省淘汰办目标任务，为供给侧改革腾出空间，引导企业转型升级，加强混凝土砌块企业产量，全年共生产新墙材标砖2亿块，新墙材使用量为100%，共办理专项基金返退项目90个，建筑面积188.46万平方米，返退金额1530.63万元，结转为政府性基金336.33万元。

房地产管理 保障房地产市场平稳有序。积极落实省房地产调控首要任务精神，抓好去库存工作，及时制定印发《永嘉县人民政府关于贯彻温州市人民政府促进房地产市场持续平稳健康发展的实施意见》（永政发〔2016〕77号）文件，通过出台购房财政补贴和就学优惠政策，促进县房地产市场平稳健康发展。2016年，永嘉县销售商品房4158套，销售面积约58.71万平方米，同比增长79.76%，销售金额约72.81亿元，同比增长59.18%，办理《商品房买卖合同》备案登记3193套。2016年12月底，永嘉县可供销售商品住宅约49.11万平方米（3769套），库存去化时间为11.2个月,达到合理水平。规范管理房地产市场秩序，执行房地产市场研判和协调机制。同时对全县房地产开发企业、房地产估价机构和房地产经纪机构及其从业人员服务行为进行检查，发现的问题立即整改，预防违规行为。贯彻商品房预售资金监管办法及商品房网上销售管理办法，共批准商品房预售许可项目16个，预售许可套数面积4454套，预售许可面积约60.50万平方米。

城镇住房体制改革 住房保障水平明显提升。注重农房救助问题化解，依托省、市、县三级农房救助系统网络平台，实现县级农房救助工作网络覆盖100%，全面落实电子档案“一户一档”，完成2015年农村危房改造资金发放653户，资金938.7万元，完成2016年1000户农房救助对象的基本情况摸排和梳理，预计发放对象1041户，预计发放资金1561.5万元。借力“大拆大整”高压态势，完成危旧房鉴定4612户，完成鉴定面积165.9万平方米，完成C、D级治理改造1669户，完成率68.82%；完成C、D级治理改造面积20.5万平方米，完成率59.61%。注重公共租赁住房保障规范管理，在廉租房和公共租赁住房保障并轨执行情况下，在册公租房保障对象333户，其中实物配租对象59户、货币补贴对象274户，2016年新接收18户，共收取租金76.5万元，发放公租房住房补贴131.8万元。严把退出关，取消公租房对象保障资格64户。注重住房补贴发放服务优化，完成核定拟享受人才住房优惠政策人员名单共52位，预计需发放住房补贴64.92万元。完成核发退休职工住房补贴共计215人，合计发放补贴214.2685万元。

（谢孙亮）

住房公积金管理

概况 2016年，住房公积金归集7.16亿元，同比增长30.90%，归集余额达20.75亿元。全年发放个人住房公积金贷款1136户，贷款金额7.10亿元，同比增加60.63%。截至12月底，贷款余额达20.66亿元，个人住房公积金贷款比率为99.56%。全县有31862人次办理住房公积金提取，提取住房公积金3.61亿元，同比增长8.25%。2017年继续采取各种措施强化贷后管理，住房公积金贷款风险控制较好，1—12月住房公积金贷款逾期率均为0。2016年业务收入6234.76万元，增值收益达2852.54万元。

住房公积金扩面 将住房公积金制度扩面工作列为首要工作，多措并举，全力以赴，落实和完成年度扩面任务。截至12月底，新增住房公积金缴存人数3360人，实现净增缴存人数1541人，完成年度任务的110.07%。一是争取政府重视。积极向县委、县政府领导汇报制度扩面所取得的工作成绩和存在的困难，在工作上得到领导的肯定和重视。二是明确扩面重点。以提高扩面质量为目标，在继续抓好行业扩面工作的同时，重点为规模以上企业，特别是已上市、拟上市企业和机关行政事业单位临聘人员，以点促面。三是强化动员宣传。到相关镇（街道）和报喜鸟、奥康、红蜻蜓、育才控股等重点企业，开展制度调研和政策宣传活动，督促相关镇（街道）落实扩面任务，督促相关企业落实公积金建制工作。四是规范缴存管理。针对非公有制企业出现的随意停缴不缴的情况，印发关于《进一步规范非公企业住房公积金缴存管理的通知》〔永公积金（2016）2号〕文件，强化住房公积金缴存管理，严把职工缴存变更审核关，对未落实全员缴存的单位，实行应增加不少于减少数职工缴存住房公积金管理办法，切实维护公积金职工合法权益，让更多的职工享受到住房公积金。五是启动行政执法。根据市中心工作安排，印发《关于开展住房公积金缴存检查的通知》（永公积金〔2016〕19号）文件，对拟上市企业及其下属单位要求出具住房公积金缴存证明的申请，进行严格把关审核，落实督促对不按规定缴存住房公积金工作。

服务效能不断提升 按照“多层次受理、全方位服务、无障碍交流、零距离沟通”的要求，深化文明创建，创新服务方式，加强窗口队伍建设，提高办事效率，优化服务质量。一是认真落实服务管理规范。切实抓好办事大厅服务规范工作，窗口工作人员实行手机统一管理，强化日常监督检查，营造“和谐”服务环境。二是完善服务制度。明确《办事大厅引导员工作职责》，进一步完善《一次性告知制度》等3项服务制度，深化阳光服务、限时服务、预约服务、延时服务、电子服务、文明服务等六大服务承诺制度,设立监督投诉电话，营造“诚信”服务环境。实行“三连办”制度。午间连续办理，周六照常办理，周日预约办理。三是积极宣传惠民利民新政。6月11日起，永嘉县开始实施住房公积金新政。此次调整包含五项利民惠民新政，一是调倍数。贷款额度以缴存职工余额计算的倍数，由原来10倍调至12倍。二是降首付。职工购房贷款首付比例首套房最低调至20%，二套房最低调至30%。三是去限制。二套房贷款取消首套房建筑面积须低于全县人均住房建筑面积标准限制，贷款取消审查个人征信在贷住房贷款消费记录认定标准，异地贷款取消审查缴存地住房套数情况。四是免盖章。进一步简化办事环节，免除职工提取住房公积金时单位的审查核实和盖章要求。五是减材料。职工办理过偿还商业银行住房消费贷款提取的，再次申请提取时，无需提供购买、建造、翻建、大修自住住房的证明材料。在加强相关人员提高掌握现有政策的熟练度的基础上，分中心多次组织人员对上半年拟出台的新政进行讨论学习，提出意见；并做好相关政策的咨询解答，解除职工的疑虑，实现新老政策的无缝对接。四是学习业务促能力提升。为提升窗口工作人员的业务能力，分中心利用午休、晚间“快餐式”的学习方式，多次组织业务培训会。并举办业务知识竞赛，切实提升服务能力。五是积极开展文明创建。始终坚持以文明创建促服务质量提升。在市级文明单位、省级巾帼文明示范岗的基础上2016年4月获得省级青年文明号，正在创建省级文明单位。

廉政建设日益加强 分中心高度重视党风廉政建设和纪检监察工作，营造良好的廉政文化，促进内部管理的提升，职工素质的增强。一是落实组织领导，强化党风廉政建设责任制。以与县委、县政府《2016年度落实党风廉政建设责任制考核办法》、市中心签订的《2016年党风廉政建设责任书》和《市城建系统2016年度党风廉政建设和作风效能建设考核办法》为统领，扎实推进党风廉政建设工作。制订了《党组2016年落实党风廉政建设责任制工作计划》，强化党组履行党风廉政主体责任，明确党组履行党风廉政建设主体责任清单。印发《永嘉分中心2016年党风廉政建设和反腐败工作组织领导与责任分工》，明确2016年领导班子成员和各科室党风廉政建设工作主要任务和职责，形成了一把手负总责，分管领导各司其职，一级抓一级，层层抓落实的良好格局。并与个人层层签订《2016年党风廉政建设责任书》，有效落实党风廉政建设责任主体。6月召开半年度党风廉政汇报会，班子成员和各科室专题汇报上半年《党风廉政工作落实情况报告》，总结分中心上半年工作和部署下半年工作，推进党风廉政建设工作落实到位。二是深入开展“两学一做”学习教育活动。“学党章党规、学系列讲话，做合格党员”学习教育活动是2016年党建工作的首要任务。党组、党支部研究制订学习教育实施方案，召开“两学一做”专题党课暨学习教育部署会，开展专题党课并对“两学一做”学习教育进行部署。党组先后开展“坚定理想信念，增强看齐意识”“坚守纪律底线，强化规矩意识”和“发挥先锋作用勇于担当作为”等专题学习讨论会，党支部先后召开“心存敬畏，廉洁自律”和“学习习近平总书记系列重要讲话”学习会，组织观看《做合格党员》视频纪录片和《郑义门》廉政家规视频，在分中心开展优秀家规家训故事征集活动。全体党员轮读《中国共产党廉洁自律准则》《中国共产党纪律处分条例》和《学习习近平总书记系列重要讲话读本》等文件。党支部深入查摆存在问题，形成问题清单、整改清单和责任清单，明确整改措施、时间期限和具体责任人，每名党员撰写学习感言，全体党员对照党章党规要求，联系工作实际，条目式列出问题清单24个，对查摆的问题，都明确了整改措施、时间期限，认真加以整改。三是认真开展“敢担当、树标杆”作风建设五大行动。分中心制定实施方案，召开动员大会，补齐短板，切实创标力行，实干争先。领导班子及其成员、中层干部、一般干部领导作风进行“大起底”行动，自查自纠并列出“大起底”整改清单，单位“起底”3个问题，已经整改到位1个，正在整改2个。个人“起底”32个问题，全体职工对查摆的问题，都明确了整改措施、时间期限，认真加以整改。至10月底我们已建立问题整治的长效机制7项，向县作风办上报经验做法5篇。四是抓好廉政风险防控。进一步明确每个干部职工岗位职责，结合岗位职责，深入开展廉政风险点的排查，进一步完善防控措施。单位廉政风险点18个，个人廉政风险点87个。五是积极开展“510思廉日”活动。制定“510思廉日”活动实施方案。通过召开一次“510思廉日”思廉教育大会，集体誓廉，学习宣廉，家风正廉，在分中心形成“以廉为荣、以贪为耻”的良好风尚。六是加强内部管理。以“两学一做”教育活动为契机，以打造“为民、务实、清廉”队伍为引领，强化干部队伍能力建设。强化学习，采取自学和集中学相结合的办法，有效提高干部职工的理论水平。通过专题培训、集中学习等方式，提高了干部职工的业务技能。七是群工团组织健全，精心组织“红七月、服务月”系列活动。到县荣军院、儿童福利院开展党员敬老爱幼、济困扶弱志愿活动，参观革命历史纪念馆，重温入党誓言，切实增强党员意识。开展“慈善一日捐”活动，全体干部职工慷慨解囊，努力创建和谐社会。

班子建设常抓不懈 分中心党组作为永嘉住房公积金事业发展的领导核心，其“龙头”作用能否充分发挥，主要取决于党组自身建设的水平。为此，分中心党组非常重视班子自身建设。一是坚持党组理论中心组学习制度。在学习过程中，主要领导遵守时间，带头学习，班子成员也都能按照要求开展学习活动，从而保证了理论中心组学习真正取得实效。二是坚持落实班子成员分工责任制。结合分中心实际情况和班子成员各自特点，根据市中心的要求，科学分工，明确了班子成员的岗位职责，要求他们认真落实廉洁从政相关规定。三是坚持强化民主集中制。认真实行单位“三重一大”事项和其他重要工作通过党组和主任办公会议集体决策制度，推进权力公开透明运行。五是坚持注重维护班子的团结和统一。党组领导能够团结、带领班子成员做好工作，班子成员在党组的领导下，认真做好分管范围内的工作。在日常工作中做到“大事讲原则，小事讲风格”，遇事多商量多沟通，努力营造一种真诚相待、宽松和谐的氛围。

夕阳催人（叶新人　摄）

国土资源

综　述

2016年，永嘉县国土资源局以“四个全面”战略布局和“五大发展理念”为引领，围绕“保护资源、保障发展、维护权益、服务社会”的工作理念，以“工作推进年”“能力建设年”主题活动为抓手，推动永嘉县国土资源管理工作，为经济社会的转型发展、赶超发展做出积极贡献。

土地开发整理

土地垦造　2016年，温州市下达永嘉县“旱改水”任务数53.3公顷、耕地垦造任务数33.3公顷。永嘉完成“旱改水”暨垦造水田25个项目、141.9公顷立项，完成任务量数266%。竣工验收巽宅镇盛山村、鹤盛镇黄家山等3个耕地垦造项目，面积38.7公顷。

高标准农田建设　2016年，永嘉立项岩头、沙头2个高标准基本农田建设项目，面积220公顷。完成认定类高标准基本农田933.3公顷。

地产市场管理

征地报批　按照上级下达的新增建设用地指标情况，提早安排新增建设用地计划，及早落实到具体建设项目，确保新增建设用地计划有序推进、顺利实施；对永嘉县重点项目用地采取提前介入、超前服务，主动为用地单位提供指导服务，依法做好征地、安置等一系列工作，确保重点项目建设顺利进行。2016年共完成土地利用规划局部调整方案7个，涉及15个项目、使用新增建设用地指标12.76公顷；共组件上报用地计划批次15个、使用新增建设用地指标42.52公顷；申报重点工程项目3个、面积61.96公顷。

农村宅基地管理　结合城乡统筹、土地综合整治、农村住房保障等工作，进一步规范农村宅基地管理，并全力做好农村私人建房用地报批工作。通过修改完善《个人建房用地审批流程》，细化“一次性告知”“限时办结”等制度，解决农村私人建房4590户、占地面积328062.61平方米，其中报批农民建房农转用8个批次，外调指标5.1公顷，解决了1800多户无房户、危房户的住房难题。

供地管理　严格执行国有土地“招拍挂”制度，加强土地市场管理。在土地市场疲软的情况下，完成各类项目供地57宗、面积83.03公顷，其中挂牌出让国有土地13宗、面积14.89公顷，工业供地11宗，全年应收土地出让金11.8亿元、累计收取土地出让金20.7亿元。

土地清理　以提高土地节约集约利用水平为主线、以加强建设用地批后监管和闲置土地处置为抓手、以推进土地利用供应供给侧改革和政策创新为要点，着力夯实全县土地利用管理工作。全年实现盘活存量建设用地51.09公顷，完成率117.92%；消化批而未供土地55.07公顷，完成率137.68%；实现近5年平均供地率84.14%；2013年以来已供土地按期开工率达91.19%；2006—2014年供应土地面积闲置率降至0.32%，有效推进了土地资源科学合理配置。

城镇低效用地再开发　2016年累计再开发城镇低效用地168.2公顷、完成市对县考绩任务的152.88%，其中达到省级完成标准任务数93.33公顷、完成率达155.54%。

土地执法

土地执法监察　切实加强国土资源执法监察工作，全年共出动巡查4321次、10322人次，现场发现违法案件299起，涉及违法面积

88981.53平方米，其中占用耕地43685.84平方米；拆除新建违建57宗，面积13126.60平方米，其中耕地面积为5181.00平方米。查处大案要案7件，已作出行政处罚决定书7件。

土地卫片执法 2015年度国土资源部下发永嘉县变更图斑279个，涉及面积100.12公顷，其中耕地面积54.45公顷。2015年度土地变更调查中新增建设用地面积（B+W）面积54.92公顷、耕地面积32.89公顷，PJ图斑面积14.074公顷、耕地面积12.99公顷，总计68.994公顷、耕地面积45.88公顷。经核查确认，违法图斑83个，涉及违法面积9.384公顷，其中耕地面积2.87公顷。通过加大案件查处力度和拆除复耕整改工作，2016年度对违法用地立案查处率已达100%，违占比降至2.86%。

临时用地和未依法处置违法用地 根据全省"无违建县"创建和省厅"亮剑行动"要求，共清理出违法违规临时用地111宗，数量占全市1/4，面积109.2公顷，其中耕地5.788公顷；排查出1999年以来的违法案件7590宗，面积325.882公顷，已全部处置完毕，完成率100%。

信访维稳 2016年，永嘉县国土资源局继续实行信访工作月考核排名制度，共接待群众来访386批417人次，收到各类信访件585件，其中处理回复12345市长热线督办件74件、"三改一拆"督办32件、12336专线30件、舆情考绩7件、新政聚焦媒体曝光督办6件，收到省厅、市局要件14件回复12件，省国土资源厅交办信访积案5件通过5件，信访秩序得到明显改善。

法制宣传 开展"4·22地球日"世界地质公园科普知识进校园主题宣传活动。"6·25土地日"与永嘉县声光文化传播有限公司合作，利用电影下乡进村放映600场全国土地日宣传短片，并结合服务村级文化礼堂活动相继在桥下、沙头、岩头等5个镇10个村进行现场咨询宣传。

地籍管理

数字地籍调查 完成桥头、瓯北城市新区40.2平方公里的城镇数字地籍调查图形入库工作，并及时解决了图形与宗地属性挂接中出现的错误问题，提高了成果的质量。现继续推进120余平方公里城镇、村庄数字地籍调查，已完成地形测量并通过验收。部分村庄已进入权属核查阶段，其中北城街道和桥头镇的权属核查工作已完成。

不动产统一登记 按照温州市不动产登记工作的统一部署，至8月22日永嘉县不动产登记服务中心和不动产登记局挂牌成立，在县行政审批中心共设置了咨询、抵押、登记、信息查询、查（解）封、权籍调查、收费发证等10个办事窗口，在16个建制镇基层所开设了办证分中心。在不动产登记服务中心挂牌之前，永嘉共办理土地登记5875宗、面积2866784.36平方米，其中抵押登记54宗、面积574551.08平方米、抵押金额315021.5996万元，抵押注销登记594宗、面积842332.03平方米、注销抵押登记254594.7488万元，国有土地登记3061宗、面积1358560.13平方米，集体土地登记1678宗、面积74060.37平方米，注销土地登记302宗、面积17280.75平方米，查封登记163宗，解封登记23宗。不动产统一登记首发证以来，共办理不动产登记25597件，其中抵押登记4366件、预告登记3575件、查（解）封登记735件，发放不动产登记权证2900本、不动产登记证明书14021份。

矿政管理

持续强化矿产资源管理，进一步改善矿山自然生态环境，积极推进"四边三化"废弃矿山治理，创成市级绿色矿山1处，依法取缔查处无证非法开采矿点8处，完成乌牛永康碎石场、瓯北振兴碎石场等项目的年度治理任务，有力构建了矿政管理的安全防护墙。结合上一轮规划成果，编制2016—2020年矿产资源规划，充分征求乡镇（街道）、部门意见，并组织专家论会和听证会，确保在"十三五"期间对矿产资源的需求。

地质灾害

概况 加强地质灾害防治群测群防机制建设，组织开展全县突发地质灾害应急预案演练和一年一度的全县村级监测员培训会议，严格落实村级监测员AB岗制度，基层地质灾害防治工作能力和水平有效提升。

地质灾害防治群测群防 完成全县212处灾害点1600多份明白卡发放工作，并对404名AB岗监测员进行确定、调整。完成《2016年度永嘉县地质灾害防治方案》修编，与各镇（街道）签订《永嘉县2016年度地质灾害防治目标管理责任书》。台风期间，就地质灾害预警信息共发送14227条、检查地质灾害点986点次，协助乡镇街撤离1691人，成功避险3个点52人，连续17年实现“零伤亡”。

地质灾害工程治理 2016年，共安排了6处勘查治理，分别为黄田街道千石村滑坡、桥头镇闸水坑村滑坡2处应急治理工程，枫林镇大木兑村滑坡群、三江街道行禅村滑坡2处续建治理工程，鹤盛镇大山头村泥石流、金溪镇阮山村泥石流2处新增治理工程。组织2处治理工程竣工验收，分别为桥下镇胜山村滑坡治理工程、桥下镇里村滑坡应急治理工程。另解决了2处多年未能通过竣工验收的历史遗留治理工程验收问题，分别为桥下镇茶一村泥石流、岩坦镇张溪村滑坡治理工程。

地质灾害危险性评估 为确保地质灾害易发区内的工程设施安全，永嘉县规定在地质灾害易发区内进行工程建设，要严格按规定开展地质灾害危险性评估，全面落实“三同时制度”。2016年，全县私人建房地质灾害危险性评估2519间，共出具不易发证明50宗，危险性评估备案23宗。

（李倩倩）

十二峰（叶新人　摄）

环境保护

综　述

2016年城市环境空气优良天数比例为98.9%，比上年提高4个百分点，县级以上集中式饮用水源地水质达标率100%，城镇生活污水处理厂出水监督性监测达标率100%，省重点监控企业监督性监测达标率100%。生态环境质量公众满意度得分78.75，列全省第34名，比去年前进39名，提升幅度创下历史新高。

污染源治理与管理

污染减排　2016年，县政府印发制定实施《2016年永嘉县主要污染物总量减排计划》，明确提出2016年永嘉县减排目标任务。2016年对减排重点项目进行台账收集，包括3个城镇污水处理厂、2家造纸厂、3个畜禽养殖治理项目，8个农村生活污水处理项目，8个工业企业结构关停项目。省排污权交易平台竞拍循序开展，指导和服务1家企业参加竞拍有关工作。根据上级统一部署，已完成220家企业“十三五”期间初始排污权的重新核定工作，核定结果已公示，已开展始初始排污权有偿使用费的征收，截至2017年1月5日，应征合计186家，已征185家。经市减排办核算，2016年化学需氧量、氨氮、二氧化硫和氮氧化物排放量分别比上年同期有所下降，圆满完成年度减排任务。

大气污染防治　2016年，制定实施《2016年永嘉县大气污染防治实施计划》（永大气办发〔2016〕1号）。出台《永嘉县大气污染源排放清单调查实施方案》（永生态办函〔2016〕6号），完成198家企业的大气污染源排放调查并编制源清单。完成6台20蒸吨/小时以上工业锅炉废气清洁排放改造和8家制鞋、合成革企业VOCs污染治理。淘汰“黄标车”594辆，全部完成年度任务；切实加强机动车污染防治，发放机动车环保标志9.44万个。2016年共出具机动车异地环保检测委托书113份。

污染整治　2016年，县政府出台《永嘉县重污染行业整治提升三年行动计划》（永政办发〔2016〕36号），开展污染整治督查工作。有20家企业（铸造企业8家、表面处理12家）已基本完成整治提升，已完成关停淘汰企业59家（其中金属表面处理10家，铸造49家），共完成桥头镇139家纽扣行业污染整治提升。

环保日常管理　2016年共审批完成181个项目（报告书15个，报告表152个），其中工业项目132个，新建项目110个，技改扩建项目70个，总投资10551784万元，其中环保投资20432.77万元。共换发排污许可证219份、新办证110份，根据上级环保部门要求，21家重点污染企业的刷卡排污系统全部落实运维单位。对8个输变电项目，6个电磁项目进行初审，5个医用X射线装置项目登记表进行审批，备案4个，3个医用射线装置进行验收。共签发危险废物转移联单462份，计9580吨，医疗废物350吨。完成永嘉县区域噪声、道路交通噪声、功能区噪声监测工作。黄坦水质自动站、上塘空气自动站、瓯北空气自动站运行基本正常，楠溪江饮用水水质自动站完成改造提升。

城乡环境综合整治

2016年，成立县委、县政府美丽永嘉建设领导小组，编制完成《永嘉生态文明示范区建设规划》。率全市之先实现所有手机用户进入饮用水源一级保护区内短信提示全覆盖。举办为期2天的2016年国家生态文明建设示范县创建专题研讨班。桥头镇通过省级生态镇命名。根据“五水共治”及农村生活污水治理三年建设计划，全力配合县农办开展农村生活污水治理全覆盖工作，参加各项制度的讨论及设计方案会审以及工程验收等工作，共参加180个村的设计审查、122个村的工程验收。

法制建设 2016年，重点抓好新《中华人民共和国环保法》的学习，制定法制学习培训计划，将法制学习变为常态化、制度化。定期向永嘉县普法办、永嘉县法制办和温州市环保局上报法制动态信息，做好5家环境风险评估和3家环境污染责任保险工作。环境行政处罚案件全面执行《中华人民共和国行政处罚法》《环境行政处罚办法》的规定，严格把关案卷质量。2016年共做出行政处罚决定的案件211件，处罚金额542.99万元，其中对温州志远表面处理有限公司作出罚款24.5万元，为永嘉县环保史上第一个按新环保法处罚的案件。2016年向永嘉县人民法院申请强制执行案件61件，配合永嘉县法院执行局强制执行36起案件，有效打击了环境违法案件。

宣传教育 2016年，组织开展“六五”世界环境日主题宣传活动，举办首届环保杯足球赛、“保护菇溪河环境观察哨”成立仪式、环保书画大赛、最美丽环保人评选。在全县重点景区醒目位置设置生态环保提示牌，利用文化礼堂开展100多场环保宣讲，与县气象台、电视台、农民信箱合作开展生态环保宣传。编印8000多份环保书籍分送企业，分批开展重点污染企业集中约谈，深入宣传新环保法。入户分发20多万份宣传品及资料，深入开展公众满意度提升攻坚。真正做到宣传全覆盖，取得显著成效。

查处环境保护违法行为专项行动 2016年，加强重点污染源环境监察力度，严厉查处环境违法行为。强化非工作日时间环境监察工作，强化突击性环境执法，坚决查处影响群众正常生产生活的环境违法行为。2016年，监察系统出动执法人员17067人次，检查企业7692家次，立案查处204起违法案件，取缔非法窝点115起。移送公安行政案件30起，刑事案件9起，刑事拘留9人，行政拘留案件21起，拘留21人。2016年，定期开展监察人员的业务培训，不断提高排污收费的能力与水平，强化排污收费责任意识，确保依法、全面、足额、按时征收排污费，同时加大排污费稽查力度，规范排污收费工作。共征收排污费1101.7万元。

议案提案和信访办理 高度重视议案提案办理，召开座谈会、上门征求意见、深入调查研究，主办办理1个和协办3个人大代表建议，主办办理1个政协代表建议。2016年，共受理信访件1434件，其中废水类投诉299件、废气类投诉797件、噪声类投诉298件、建设项目类投诉22件，固体废物10件、电辐射2件、放射性6件。1434件已全部办结，办结率为100%。2016年，永嘉县境内未发生造成恶劣影响的重大环境污染问题，未发生一起因环境污染问题引发的群体性上访事件和越级上访事件。

环境监测

监测站概况 2016年，永嘉县环境监测站共有在岗监测人员15人，学历全部专科以上，全部拥有专业技术职称，其中高级职称1人，中级职称6人。目前除具有一般常用的环境监测仪器外，还拥有原子吸收分光光度计、红外测油仪、紫外分光光度计及气相色谱仪、带频谱分析的噪声仪、原子荧光仪等精密分析仪器和温湿度表、PB—10酸度计、电导仪等仪器。另外，还配备了计算机等相关辅助仪器。其中一般仪器37台，采样仪器12台，大型仪器15台，汽车1辆。

表6

2016年永嘉县地表水监测站位一览表

	站位	河流
国控	碧莲	楠溪江
	沙头	
市控	石柱	
	黄坦	菇　溪
县控	窑底	菇　溪
	桥下	西　溪
	乌牛	乌牛溪
	鹅浦	鹅浦河
	瓯北	新桥河

水质、大气自动监测站位 2016年度桥头黄坦地面水自动站运行稳定，并与省环保厅联网；上塘、瓯北空气自动监测站运行稳定，并与浙江省环境空气质量指数发布平台联网，对上塘、瓯北的空气质量实行日报制度。

监测项目及监测频次 地表水必测项目有：水温、气温、pH值、溶解氧、悬浮物、挥发酚、氰化物、总砷、总铅、总镉、石油类、电导率、高锰酸盐指数、五日生化需氧量、氨氮、硝酸盐氮等；选测项目有：硫酸盐、氯化物、溶解性铁、总锰、总铜、总锌、总磷、氟化物等。2016年常规监测6次，采样时间为单月上旬。分析方法依据各项目国家标准及《水和废水监测分析方法》第四版。大气环境监测项目为二氧化硫、二氧化氮、臭氧、PM10、PM2.5等。逢雨必测的PH值、电导率、降水量，每月监测一次降水中的主要阴阳离子。

环境监测成果 2016年，永嘉县环境监测站共完成461次的委托性监测，包括换证监测、生态监测、监督监测、验收监测及一般委托监测，已出具水、气、声监测报告分别452份、10份、3份；完成所有的例行监测任务；共获得监测数据近1.6万个（不包括自动站数据）。

大气环境质量状况 2016年，永嘉县环境空气质量仍然保持良好水平，永嘉县环境空气有效天数350天（优133天，良213天，轻度污染4天），优良率达98.9%，首要污染物为PM2.5。工业废气主要分布于上塘、瓯北等区域，其中上塘的废气排放量为最大，其次为瓯北。永嘉县是国家确定的酸雨控制区。2016年度共采降水样品117个，降水pH值范围4.00～5.33，其中pH值小于5.60的酸雨样品有117个，酸雨率达100%,与去年比较酸雨率明显上升，年平均pH值为4.70，与去年比较平均值有所下降。

水环境状况 2016年，永嘉县地表水体水质有明显改善，但平原河网水质质量状况不容乐观，部分水体水质没有达到地面水功能区划的要求。永嘉县境内主要为二江（楠溪江、瓯江）、二溪（菇溪、西溪）、四河（永乐河、鹅浦河、瓯北、黄田），其中楠溪江有碧莲、石柱、沙头3个监测点。依据《地表水环境质量标准》GB3838—2002，2016年主要地表水体水质状况如下：碧莲、沙头、石柱、桥下、乌牛、窑底、黄坦7个站位水质与2015年相比基本保持稳定，都达到功能要求类别。其中碧莲、沙头、石柱、桥下、黄坦、窑底的12项参评水质指标均达到《地表水环境质量标准》GB3838—2002中Ⅱ类标准，其水质定类主要污染因子为总磷、氨氮。乌牛溪和瓯北内河水质为劣Ⅴ类，其水质定类主要污染因子为氨氮、总磷，2016年鹅浦河水质为Ⅳ类，定类主要污染因子为氨氮、总磷。楠溪江水环境状况基本不变，各断面都能满足功能要求。内河流域中乌牛溪、瓯北龙新河、鹅浦河均不能满足功能要求，主要污染物为氨氮、总磷。楠溪江引水工程和沙头饮用水工程是永嘉县主要的生活饮用水源地，水质都达标率为100%。

（潘　琪）

鸬鹚过滩（叶新人　摄）

旅　游

综　述

2016年，全县共接待游客755.52万人次，同比增长21.05%,其中国内旅游者750.82万人次，同比增长21.04%，海外旅游者4.79万人次，同比增长20.31%。实现旅游总收入816064.46万元，同比增长65.78%；门票收入4857.78万元，同比增长18.47%。

旅游资源管理与保护

完成楠溪江风景名胜区总体规划评估报告修改稿。完成《楠溪江风景名胜区石桅岩景区详细规划》和《楠溪江风景名胜区渠口文化景观区详细规划》省部级专家审查。完成《岩头历史文化名镇保护规划》《苍坡历史文化名村保护规划》县级审查,联合县农办（县农业局）完成省第四批历史文化村落保护利用重点村的保护利用规划–《永嘉县岩头镇岩头古村历史文化村落保护利用规划》批复。完成枫林镇龚埠村、兆潭村、田东村、朱山头村村庄规划县人民政府批复。完成大若岩镇龙垟、小若口、大东、水云村村庄规划县级部门联合审查。完成AAAAA创建工程规划、石桅岩旅游服务中心选址方案设计、楠木馆选址方案设计、楠溪江生态绿道概念性规划、溪江沿溪沿路布点规划初稿、旅游集散中心选址方案编制。加大资源保护执法监察工作，制订并实施《关于加强楠溪江砂石资源管理保护的实施方案》《楠溪江水上和沿溪无序经营整治实施方案》等政策措施，会同相关涉旅部门及属地乡镇加强联动，加大日常巡查和执法管理力度，全力整治楠溪江沿溪和水上无序经营行为。共整治非法经营摊位400余个、摩托艇225艘，拆除违章棚361个，报废无证竹筏200多条，楠溪江景区环境面貌焕然一新。

旅游重点项目建设

楠溪江景区绿道项目可行性研究有序进行。石桅岩景区基础和配套设施建设全面推进，石桅岩景区环山游步道Ⅱ标段基本完成。智慧旅游一期视频监控及WiFi已开工建设。旅游厕所进一步完善，新建20座，整改提升18座。楠溪若舍、墟里二号、芗邨·邻里、锦里等多家精品民宿建成并营业。南陈温泉小镇一期已开工建设。桥头镇维多利开元酒店试营业。形成了南陈生态农业休闲观光园、四海山铁皮石斛基地、嘉纳庄园、楠溪新农业生态园、雁楠逸园等一批乡村休闲旅游项目。楠溪云岚养生中心、九丈甸园、芙蓉山庄等重点项目加快推进。积极探索旅村利益分配机制，选择沙头镇珠岸村、岩头镇小港村、大若岩镇大若村、岩坦镇屿北村、张溪林坑村等5个村庄开展旅村融合发展试点。县旅投集团和珠岸村已就旅游开发签订协议，珠岸村停车场现已建成。大若村打造高端旅游服务区，将当地的房地产转为旅游地产，推出一系列的休闲、度假服务。小港及相邻的河一村等4个村已流转滩林近46.67公顷，主要用于建设竹筏漂流码头、停车场、水上通道等旅游项目。拟打造“中国古村落文化创意谷”的屿北村，整村产权已收回村集体所有。张溪林坑村拟整村打造高端精品民宿度假村，已与北京首旅寒舍文化旅游发展股份有限公司意向签约。

旅游品牌创建

全面启动国家全域旅游示范区创建的前期工作，永嘉县被国家旅游局确定为第二批国家全域旅游示范区创建单位，获评浙江省休闲农业与乡村旅游示范县。国家AAAAA景区创建提速显效,顺利通过省级景观质量评审,国家级评审准备工作正在进行。旅游精品线路美姿初现,结合创建省级美丽乡村示范县，着力打造5条旅游精品线（美丽乡村精品线）,目前线路一“十里画乡”项目一期已竣工。生态绿道建设有序进行,以竞争性谈判方式确定泛联尼塔生态环境股份有限公司为项目概念性规划编制设计单位，前期基础工作正有序展开。小港驿站及试验道已开工建设。黄檀溪被列为第十六批国家水利风景区。红十三军军部旧址进入全国红色旅游经典景区名录。岩坦镇张溪林坑被列为第四批中国传统村落。岩头镇苍坡村、岩坦镇屿北村被列为第三批全国特色景观旅游名镇名村示范。原野农庄成功跻身国家AAA级旅游景区。楠溪江百丈瀑登山项目入选浙江省运动休闲旅游优秀项目（2017—2019年）。楠溪江嘉纳庄园和四海山分别获评第二批“浙江省果蔬采摘旅游基地”和2016年度浙江省中医药文化养生旅游示范基地。永嘉书院获评浙江省生态文化基地。锦里获评“浙江年度精品民宿”。黄南林坑、暨家寨、苍坡、埭头、岭上等被评定为温州市特色旅游村。新增市自助旅游营地驿站2家、特色旅游消费场所2个、特色旅游客栈4家、A级旅游厕所13处。永嘉获评“浙江省2016年度旅游发展十佳县”。

旅游市场开发与管理

讲好永嘉旅游发展故事，构建了网站、微信、手机报、简报四大信息发布平台，及时发布景区保护、规划、建设、管理等动态信息。加强与温州报业集团等传统媒体的合作。与县旅投集团等单位积极联动，谋划开展了中国好项目旅游创客大赛暨创建温州（楠溪江）旅游创客小镇等活动，推出楠溪江旅游一卡通。圆满完成北美百名作家采风楠溪活动。举办以“素颜楠溪·简单生活”为主题的楠溪江乡村生活节系列活动（包括香柚节、柿子节、素女会、瑜伽节、民宿发展分享会等）。积极组织参加2016中国（义乌）旅游商品博览会、杭州G20旅游嘉年华等促销推介活动。5月初在上海举行的2016浙江（上海）旅游交易会上，契合“乡村旅游”这一主题，精心布展宣传，受到了副省长梁黎明的高度赞扬，并获2016浙江（上海）旅游交易会特别贡献奖。

旅游行业管理

旅游发展管理体制机制不断完善，楠溪江风景旅游区升格为副县级的温州市楠溪江风景旅游管委会。出台《2016年度永嘉县旅游发展考核办法》，首次将旅游发展纳入所有乡镇（街道）的年度考绩内容。积极倡导全民导游，从县直部门和乡镇（街道）选拔了202名兼职导游（讲解员），举办2次导游（讲解员）培训，举行楠溪江志愿导游风采大赛。县委、县政府主要领导在扶旅兴旅上积极发挥表率作用，经常利用双休日、节假日值班期间调研旅游工作，全县合力兴旅氛围趋浓。景区卫生保洁工作得到加强，形成了“一把扫帚扫到底”的工作机制，楠溪江风景旅游区在全县卫生保洁考核中长期排名第一。

（郑凯帆）

重点工程建设

综　述

2016年计划安排县重点工程39项（新开工16个、续建15个、建成8个）。概算总投资474亿元，年度计划投资56.1亿元（同比增长19%），其中民间投资32.85亿元，政府投资23.25亿元。政府投资资金筹措方案：争取上级拨款或补助3亿元，市级投资5.2亿元，PPP融资4.3亿元，贷款及垫资6.88亿元，三江小城镇贷款1亿元，产业基金0.5亿元，县财政资金2.37亿元。

分行业计划安排：1. 交通项目5项，总投资79亿元，年度计划投资11.7亿元，占年度计划投资的20.9%；2. 农水项目5项，总投资36.5亿元，年度计划投资3.4亿元，占年度计划投资的6.1%；3. 能源项目3项，总投资4.6亿元，年度计划投资0.8亿元，占年度计划投资的1.4%；4. 城建项目10项，总投资145亿元，年度计划投资27.2亿元，占年度计划投资的48.5%；5. 社会事业项目7项，总投资15.9亿元，年度计划投资3.4亿元，占年度计划投资的6.1%；6. 工业项目5项，总投资35.8亿元，年度计划投资6.5亿元，占年度计划投资的11.6%；7. 服务业项目4项，总投资20.7亿元，年度计划投资3.1亿元，占年度计划投资的5.5%。

建设情况

温州乐清湾港区铁路支线永嘉段工程　温州乐清湾港区铁路支线永嘉段工程总长21.6千米，其中主线7.564千米，隧道14.038千米/4座，车站2处（停含预留）。项目投资概算约15亿元，计划建设工期4年。该项目于2015年5月开工，至2016年12月底，瓯江特大桥桩基累计完成116根/5055.5米。楠溪江特大桥成桩172根/7546米。永乐河特大桥施工，红岩、江北岭、六岙隧道开挖支护。

41省道永嘉福佑至沙头段改建工程　41省道永嘉福佑至沙头段改建工程全长25公里，其中岩头至沙头段一级公路13公里，岩头至福佑段二级公路12公里。隧道长约3050米/6座，桥梁长约2140米/7座。项目投资概算约20.56亿元，工程于2014年3月份开工，目前完成总体工程87.5%，路基82.4%;桥梁96.1%；隧道97.9%；路面20.6%。

上塘至瓯北公路　上塘至瓯北公路全长11.8千米，路基宽32米。六车道一级公路，设计速度80公里/小时。起点为上塘环城北路，经李家村、上白岩，终点为瓯北104国道西过境，其中隧道5950米/4座，总投资19.85亿元。工程于2015年9月份开工，至年底金钱龙隧道、安丰洞口施工，坟墓迁移已基本完成，通往安置地桥梁已完成。

104国道温州西过境公路永嘉段改建工程　全长7.18千米，双向六车道一级公路标准兼顾城市道路，其中特大桥2.345千米/座，桥面宽36米，主线路基宽50米，连接线路基宽32米，总造价估算为15.86亿元。至年底瓯江特大桥已完成桥梁工程70.05%；安置房进场施工，主线连接线编制PPP实施方案。

桥下镇西溪三期防洪工程　总长3.77千米，防洪标准20年一遇。目前完成灌注桩处理3.73千米，占全线3.73千米的100%，完成两岸一级挡墙共计3544米，完成后侧土方回填3854米，完成2级挡墙2569.9米，完成箱涵7座。

桥头菇溪河道整治工程　治理河道8.28千米，防洪堤总长16.5千米，主要建设内容为两岸防洪堤、堰坝及河道疏浚，防洪标准20年一遇。至年底1～4期已完成，5期工程完成总工程量90%。

瓯北三江标准堤工程　工程北起后江水库，终点为开垟水闸，总长12.12千米，总用地面积25.87

公顷，沿线涉及重建及加固水闸共7座，拟定总投资11.8亿元,建设工期4年,其中5.8千米"强塘固房"段计划在2012年前完成,工程建成后三江片的防洪标准将提高到50年一遇。第一阶段Ⅰ标基本完工，Ⅱ标完成分部工程验收；第二阶段Ⅰ标因堤线调整停工，Ⅱ标2.32千米完成合同工程完工验收；第三阶段2.57千米完成全线堤身闭合及堤内水泥搅拌桩防渗体施工；江头内退段910米施工招标已完成标底及标文审查。

瓯江治理工程 黄田、桥下、桥头新建堤防及护岸18.58千米，主要包括；交叉建筑物排水闸12座，涵洞11座。至2016年12月底，完成堤防基础97%，完成挡墙91%，12座水闸全部完成。

温州市监管中心 总用地17.47公顷，总建筑面积约11.4万平方米，其中地上建筑面积9.9万平方米，包括拘留所、看守所、戒毒所、监管医院、警犬基地及附属设施等。至2016年12月底，主体桩基工程正在施工，已完成总量66%;山体爆破及场平工程完成约75%。

乌牛溪（永乐河）治理工程 整治河道12千米，包括堤防护岸、截弯取直、跨河建筑改建等。工程概算8.02亿元，建设工期4年。截至2016年12月底，项目建议书已经省发改审批，工可报告已上报省发改委审批。

永嘉县城体育馆、游泳馆 用地4公顷，建筑面积18500平方米，其中3000座体育馆9500平方米，游泳馆6000平方米，羽毛球馆3000平方米。目前附属工程及二装进场。

永嘉县天然气门站及配套管网工程 总用地3.07公顷亩，总建筑面积3000平方米，主要包括门站配套管网等。建设起止年限2016—2019年，批准概算投资为1.05亿元。至年底中压管道施工已完成。

永临大道二期工程 桥下镇城市主干道，长2305米，宽36米。工程总投资1.36亿元。目前完成山体开挖53000立方米，雨水管道主管施工680米、支管312米。

县公共文化活动中心 地上建筑面积6.4万平方米，地下室2.1万平方米。总投资47680万元，至年底工程已完工。

七都北汊桥 一级公路，双向六车道，主桥长约2千米,宽34米。总投资19.33亿元。计划建设工期为三年。至年底征地事务已现场勘查，召开垟村村民代表大会，制定补偿方案正在报批。

黄田、江东污水处理厂一期及黄田配套污水管网工程 黄田污水处理厂总用地5.8公顷，日处理6万吨，一期1万吨。江东污水处理厂一期1万吨，总规模为6万吨。总投资3.42亿元。计划建设工期为三年。至年底已进行设计施工图优化，已完成场地平整工作，准备综合通信管线及电力管线线路迁改。

县中医院综合医疗大楼工程 用地2.03公顷，建筑面积29983平方米，地下室5280平方米，层高13层，停车位178个。至年底完成室外附属工程设计内审。

立体城周边"三路一带"EPC项目 江东大道（环江—楠溪江大道）、环江大道及绿化带（三江大道—梅园路）、中心大道（江东—环江大道），总投资2.8亿元。计划建设工期为两年。至年底正在路基施工。

110千伏输变电工程 共两座（中塘输变电工程、后江输变电工程）。总投资1.23亿元。至年底后江变正在进行桩基施工。中塘变已完成变电站围墙基础，线路已完成15基塔基政策处理，15基基础浇筑施工。

三江13、14#地块农房改造集聚建设项目 13#浦东地块总用地6.67公顷，总建筑面积22.6万平方米；14#后江地块总用地0.67公顷，总建筑面积2.5万平方米。总投资14.2亿元。计划建设工期为三年。工程于2016年7月开工，至年底桩基工程完成80%。

大若岩养生保健中心 总用地面积为5.34公顷，其中规划建设用地面积为5.45公顷，未来项目将集乡村休闲、文化娱乐、健康养生、旅游观光于一体。总投资10亿元。至年底主体工程、绿化景观均已完成，已建成投用。

县人民医院急诊综合大楼扩建 总用地0.512公顷，建筑面积12332平方米。目前大楼室内项目基本完工，附属工程地下管网和部分围墙和大门完成施工，室外供配电管线完成施工并检测试验合格，污水改造工程进场施工，基本符合预期进度。

县社会福利中心迁建一期工程 总用地面积16332平方米，总建筑面积32357.55平方米。至年底主体已结顶，部分屋面正在施工。

育才教育装备科技文化创意产业园 总用地面积4.55公顷，总建筑面积11.38万平方米。投资概算为5.65亿元，工程于2015年5月开工，至年底已建成投用。

清水埠城中村改造一期工程 总用地10公顷，规划建设用地6.87公顷，总建筑面积约20万平方米。投资概算为20亿元，计划建设工期为三年。工程于2016年7月开工，至年底已开始地上主体建筑建设，局部建设至6～7层。

（厉安义）

商　务

商贸业

概况　2016年，县经信局主动适应经济发展新常态，积极作为，克难攻坚，推动永嘉县商贸经济新发展。2016年实现社会消费品零售总额157.8亿元，较2015年同期增加22.8亿元，增速为14.4%，高于全市平均增速2.1个百分点，位居全市第三位，其中限上社会消费品零售总额55.7亿元，同比增长18.6%。

商贸企业　2016年永嘉县限上批发、零售、住宿、餐饮四大行业实现销售额117.5亿元，同比增长16.2%，其中限上批发业实现销售额70.2亿元，同比增长11.27%；限上零售业实现销售额42.03亿元，同比增长26.73%；限上餐饮业实现营业额3.7亿元，同比增长11.5%；限上住宿业实现营业额1.6亿元，同比增长4.7%。2016年新增亿元以上商贸企业3家，新增限上商贸企业24家。

网络经济　2016年，永嘉县实现网络零售额144.17亿元，全市排名第五位，在全省26个加快发展县（市、区）中位列第二，新增专业市场应用电商1个，完成并验收电子商务进万村服务点改造提升65个，新建电商智能投递终端20个，新增规上企业应用电商70家，新增“淘宝村”1个，改造提升淘宝村7个，组织在校学生参加电商师职业技能评定51人，活跃零售网店11700多家，电商从业人员超3万人。

成品油市场　截至2016年12月底，永嘉县共有33个加油站，其中中石化15个，中石油6个（其中租用5个），高速服务区4个，民营8个。各成品油零售经营企业共销售各类成品油20.67万吨，同比下降0.78 %，其中汽油销售量13.87万吨，同比增长11.6%；柴油销售量6.80万吨，同比下降23.61%。从成品油销售量来看，汽柴油需求量分化不断加大，汽油销售量因民用汽车保有量增加继续保持平稳增长态势，柴油销售量受经济下行、“大拆大整”、落后产能淘汰等多重因素影响销量下降幅度较大。

典当行市场　截至2016年12月底，永嘉县共有典当企业8家，分公司2家，拥有资产总额1.26亿元，从业人员67人。根据《商务部典当行业监督管理信息系统》监测，典当行发放当金总额5.58亿元，其中动产质押典当额0.82亿元，房地产抵押典当额4.77亿元，上缴税金79.31万元，主营业务收入928.59万元，主营业务利润187.29万元。由于当前贷款利率不断下调，典当经营成本逐年攀升，典当企业风险日益增大，经营环境困难，个别典当企业出现短暂歇业状况，大多数典当企业为防范风险，放弃“大单”做“小单”，或是干脆不接单，典当行业整体利润呈现断崖式下跌。

二手车市场　2016年永嘉县二手车交易市场管理日渐规范，二手车交易量达6600多辆，交易额达2亿元，销量跟交易额与2015年持平。温州浙南汽车设备回收有限公司永嘉分公司2016年共回收报废汽车1132辆，摩托车108辆，分别同比下降47.4%和21.7%。

商贸流通项目建设　2016年，永嘉县城市商业综合体项目建设顺利，其中瓯北置诚广场及桥头维多利广场顺利开业改写了温州北部缺乏大型购物中心的历史，标志着现代商业的转型升级。永嘉世贸中心地块建设开展顺利，标志着永嘉县将拥有集五星级酒店、高端智能写字楼、大型商业、高级住宅及配套于一体的国内顶尖世贸中心。餐饮住宿项目亮点纷呈，永嘉国际大酒店、金三角酒店（二期）建设项目顺利结顶，届时将为酒店行业增添新的生力军，对提高永嘉接待服务水平、推动永嘉商业服务和旅游产业发展具有重要作用。特色商业街项目有序推进，其中旨在打造集购物、娱乐、休闲、美食于一体的上塘商业步行街不断加快建设进程，2016年竣工，预计2017年投入使用，届时将提升上塘商圈档次和商业氛围，改善县城形象。随着商贸流通项目的逐一建成、竣工开业，将形成竞争有序、主体多元、业态多样、运作有序的现代商贸发展新格局。

市场监督管理 按照省商务厅部署，2016年年初，县局对永嘉县8家典当行和33家成品油零售经营企业分别开展年检初审和年检工作。定期召开安全生产会议，指导商贸企业开展安全生产工作，联合公安、消防等有关部门开展加油站、超市等商贸企业的安全生产检查工作，排查安全隐患，共开展安全检查30余次，累计检查企业160家次。开展单用途商业预付卡发卡企业检查、典当行规范经营检查，典当行网上动态监管等工作。引导帮助3家酒类流通企业办理酒类流通备案手续，规范酒类流通市场秩序。

市场监测分析 加大市场监测工作力度，组织企业每月定时上报有关数据及报表，不断提高对市场运行的监测、预警和调控水平，确保市场供应稳定。进一步丰富永嘉商务预报平台，及时上报商贸领域信息数据，充分发挥网站的服务作用，2016年报送工作信息及市场运行监测分析达48条。

（金　杰）

供销联社（农合联）

概况 2016年，在县委、县政府的领导下，在上级社的指导下，永嘉县供销联社（农合联）紧紧围绕实施“三区两美”建设这一战略举措，深入推进“三位一体”农民合作经济组织体系建设，实施“强基固本、新网建设、农信惠农、形象提升、供销振兴”五大工程，较好地完成了县委、县政府和上级社下达的各项工作任务。

为农服务 推进农村合作经济组织建设，强化信用服务功能。2016年，县社认真贯彻实施中发〔2015〕11号、浙委发〔2015〕17号文件精神，鼓励农民合作组织的联合发展，特别是加大区域性和产业性合作组织的联合和发展，在县社的引导下，县嘉投农业专业合作社联合社成功组建，其资金互助会也于8月获批成立，至此，永嘉县共有资金互助会9家。

推进供销社自身基本建设，强化供销服务功能。供销社是“三位一体”改革的主力军。为增强供销社自身综合实力，县社坚持以市场为导向，把整体推进与重点突破、分类指导与典型引路有机结合起来，在争取各级政府政策资金支持的同时，利用投资入股、投资改造、加盟合作等渠道，采取“老门店改造一批、开发闲置资产新建一批、乡村网点加盟一批、规范完善提高一批”的办法，发展多元化的经营主体，壮大了供销社的实力和根基，形成了符合市场经济要求的开放型、规模化、网络化的流通体系,一个覆盖全县镇街、网密线紧的新农村现代流通网络已现雏形。至12月底，县供销超市有限公司利用自身网点优势，积极参与农村新社区规范化建设，累计销售商品1.69亿元；农资公司和基层供销社充分发挥农资供应主渠道作用，共供应化肥27767吨、农药542.9吨，有力地支持和服务了农业生产。

形象提升 为使部分破、旧网点发挥更好的经济、社会效益，县社积极向县财政局争取专项扶持资金。经过多次协商，县财政局2016年安排50余万元资金，专项用于供销社2个基层网点的改造提升。为树立供销社良好的外在形象，提高群众对供销社工作的关注与认识。县社积极响应市委宣传部、市供销社联合开展的温州首届“最美供销人”评选活动，通过广泛发动、深入挖掘、民主推荐，在全县供销系统广大干部职工中优中选优，推选出两名政治上靠得住、工作上有本事、作风上过得硬、群众信得过的候选人参加市级评选。经公众投票和专家评审，永嘉县岩坦供销合作社原主任李成杰荣获温州市首届“最美供销人”称号，县音像家电公司经理汪波荣获“最美供销人”提名奖。

农信担保 农信担保工作经营情况实现稳中有升，态势良好。2016年累计为永嘉县涉农企业、农民专业合作社、种养大户等提供贷款担保315笔，共计9143万元，笔均担保额29万元;资金互助会已累计投放互助金702笔12525万元，有效地缓解了涉农企业生产经营中遇到的资金缺乏、贷款难等问题。以县农商行和县农信融资担保有限公司为主渠道、以资金互助会为补充的新型农村合作金融体系已经初具规模，该体系充分满足了农村金融市场多层次、多样化的服务需求。

安全生产 1月，签订《2015年安全生产目标管理目标管理责任书》，按计划开展工作。4月，开展安全生产摸排活动，发现问题及时整改。共计疏理出安全生产隐患31处，大多属房屋危旧、电线老化、消防通道不畅等问题。7月份，县社党委组织开展了信访维稳和安全生产督查活动，督促基层单位整改安全生产隐患23处。7月19日至8月5日，配合县公安局、安监局对全县非法销售、储存烟花爆竹的行为进行了严厉的打击，共出动车辆23台次、工作人员93人次，累计收缴非法烟花爆竹2077箱；8月10日—14日，配合县安监局对全县烟花爆竹零售点的存量烟花统一进行回收代储，共出动车辆41台次、工作人员87人次，累计回收代储烟花爆竹4467箱。10月27日，根据永嘉县委、县政府部署 开展“大拆大整”危房大排查工作。对下属企业资产进行“地毯式”全面排查，据统计，共计排查资产78处，排查出需维修加固的资产13处。11月18日，县社机关党支部召开党员大会，组织机关党员干部对照“十种情形”违法建筑开展自查，并逐一签订违法建筑限期自行整改承诺书。

企业拆迁 年初，县委、县政府强力推进瓯北清水埠旧城改造，涉及供销系统5家企业。由于时间紧任务重，做好这些企业顺利搬迁成为供销社工作重中之重。近年来，供销社企业生产经营很不景气，许多企业已经停止生产经营，企业职工待岗自谋出路。全系统仅养老保险一项，欠缴费款就高达879万元。县农资公司、县纺织厂、县物资回收利用公司等企业的职工闻讯而动，纷纷来社信访，要求解决工资福利和住房等问题。县农资公司的职工多次阻挠清水埠旧城改造指挥部进场测量，一度成为整个工程最大钉子户，影响到工程进度被县委主要领导点名批评。面对这严峻形势，县社党委迅速行动起来，成立了拆迁安置工作小组，召开系统拆迁动员大会，对拆迁政策进行了宣讲，对职工提出的无理要求进行了批驳，首先统一了机关干部的思想认识。然后领导带队分赴几家公司做职工思想工作，软磨硬压，终于在半个月的时间里完成了进场测量工作。

县农资公司还在正常经营，急需寻找合适地块给予安置，既不能影响公司今后经营少了收入，更不能影响旧城改造拆迁进度。县供销社带领公司领导，分赴黄田千石、瓯北安丰工业园区寻找，几经周折还是没有找到合适地块。后来，公司提出在原化工厂旧址安置，领导立刻与指挥部沟通，向有关县领导汇报，努力说服他们支持公司请求，终于得到县里同意。

廉政建设 8月，原县联社主任滕某某因滥用职权罪免于刑事处罚，县联社原副主任邵某某，原党委委员、合作指导科科长潘某某因受贿罪分别被判处有期徒刑6个月缓刑1年。11月，县联社原主任滕某某因滥用职权罪被处留党察看一年处分；县联社原副主任邵某某，原党委委员、合作指导科科长潘某某因滥用职权罪受贿罪被开除党籍。案发后多次开会进行了深刻反思，要求县社班子成员及干部职工引以为鉴，强化自我约束、主动接受群众监督，从完善党委议事规则入手，加强制度建设，落实好党委的主体责任和纪委的监督责任，坚决杜绝类似问题再次发生。7月，县委作风巡查组对本系统进行作风集中巡查。经过巡查动员、信访接待、干部谈话、基层走访、资料查阅等环节，共疏理出四个方面11条问题。8月24日，县社党委在巡查组意见反馈会议上做出整改承诺。以作风巡查为契机，狠抓干部队伍作风建设，促进干部队伍凝聚力和战斗力的提升。9月6日，县社党委对反馈的问题进行认真梳理，研究制订了整改方案，整改方案将反馈意见指出的4个方面11条问题分解细化为20项，逐条逐项列出具体措施28项。至12月底，全面完成整改工作。

（胡谷丰）

永嘉县烟草专卖局（分公司）

概况 2016年，在永嘉县委、县政府和温州市烟草专卖局（公司）的正确领导下，坚定实施“1232”工作思路，即围绕市局（公司）“生态温烟”战略部署，咬住“一高一低”（税利增幅高于全市平均水平、销量降幅低于全市平均水平）“两个指标”，着力提升市场把控能力、执行能力和服务能力“三种能力”，实现市场和队伍“两个稳定”,在全市烟草系统年度综合考核中名列前茅，实现“十三五”的良好开局。

经济运行 2016年，永嘉县烟草专卖局（分公司）夯实品牌培育、终端质量、支付宝应用“三个基础”，保障了经济运行基本平稳。共销售卷烟32793.73箱，同比下降2.26%，降幅低于全市3.18个百分点；实现含税销售额12.38亿元，同比下降0.1%；毛利32337.74万元，同比增长5.4%；实现税利34300万元，同比增加6.81%，高于全市平均5.54个百分点，经济运行主要指标排名全市前列，圆满完成“两个指标”任务。

专卖管理 2016年，永嘉县烟草专卖局加强与公安、市监、运管等部门的紧密联系，着重抓好案件经营、运输物流、市场销售、电子商务等四大环节。全年经省局确认二级国标网案2起，省标案件1起。全年共查处违法案件214起，同比增长41.72%；查获各类违法卷烟14254条，其中假冒烟253.5条，走私烟1364.4条；查获卷烟总案值397.36万元，罚没款37.31万元。市场净化率达到98%以上。专卖管理工作继续保持全市先进行列。

党的建设 2016年，永嘉县烟草专卖局（分公司）将党建工作摆在更加突出位置，认真落实“两个责任”，扎实推进“两学一做”学习教育，积极落实全市系统党组书记抓党建专项工作、中央“八项规定”精神回头看、基层巡察整改、联建联评联创“星队岗”建设等。党建工作有序深化，党员先进示范作用明显。

特色亮点 2016年，永嘉县烟草专卖局（分公司）以两大特色亮点，推动转型提升新突破。一是分层分类对标。参与全省B类15家单位“同场竞技”，同组综合排名第三，全市考核排名第一。二是“一县一品”（客户经理职能转型如何落地）。用数据撬动职能转型，客户经理市场分析、客户服务、品牌培育等能力得到提升。两项工作成效显著，受到行业认可。

（王宁宁）

食盐专营

概况 2016年，浙江省永嘉县盐务管理局（公司）围绕省集团公司“十三五”工作总体思路和经营目标，以“创新、协调、绿色、开放、共享发展的新理念”为指引，用新常态下的新思路，积极应对盐业体制改革的新挑战，用新状态、新举措来审视、谋划和推进永嘉盐业工作。

市场监管 2016年，盐业市场管理工作在省市盐务管理局统一部署下，以维护食盐专营，净化盐业市场经营秩序，确保人民群众食盐安全，加强日常市场巡查和开展重点专项行动相结合。行政执法人员共出动市场管理117次，计415人次。检查食盐转委批489家、零售店541家、用盐企业2家、食品加工户129家、食堂餐饮店223家、农贸市场170个。处罚违法案件3起，查获假冒伪劣盐0.34吨。

市场供应 2016年，落实各类盐产品的计划编制、调运、储备、供应等工作。提高仓储管理水平，强化市场供应责任意识，以确保市场各类盐产品的有效供给。各类口食盐品种增至11个，并首次引入澳大利亚进口的日晒自然海盐投放市场。

经营业绩 2016年，各类盐产品共购进调运3547.69吨；销售盐产品4226.07吨（其中小包装碘盐2582.72吨、食盐加工用盐1291.1吨、工业用盐351.25吨）。完成销售收入1368.14万元，利润22.83万元，创税利72万元。

宣传活动 2016年，开展多种形式的宣传活动，以提升全民对科学食用加碘盐的认识和自身健康的保护。3月15日上午，在上塘县广场，与县消费者权益保护委员会等部门联合开展“3·15国际消费者权益日”活动。向市民介绍如何识别假冒盐，如何正确使用碘盐等知识。5月13日上午，会同永嘉县卫计局、县市场监督管理局乌牛市场监管所、县疾病预防控制中心、乌牛街道卫生服务中心等单位以及县人文社科志愿者服务队在乌牛街道祥池村开展第二十三个“防治碘缺乏病日”宣传现场活动。分发宣传防治碘缺乏病知识折页2000份、小包装碘盐500包、各类活动纪念品1600份。接受居民咨询健康500人次。县电视台和《今日永嘉》等媒体对活动进行采访报道。

服务社会 2016年，转变部门的工作作风，提升服务质量。1月，向金温高速、县公路管理局等单位紧急调运溶雪工业用盐100吨，保障了道路融雪应急救援物质，以确保公路恢复正常通行。5—6月，向杨梅干加工户提供上门服务，供应腌制杨梅干加工553吨。

（胡瓯潮）

粮油购销

粮食调研与统计 2016年年初，永嘉县粮食局组织和抽调业务骨干对11家粮油经营企业、2家加工企业、3家粮食转化企业及8个中心镇（街道）的20个行政村的粮食供需平衡情况、社会食用植物油及油料供需情况进行调查。摸清2015年度的社会粮食、食用植物油及油料供需、粮油生产、外购粮油及人口流动等情况，完成相应的报表，为科学研判粮油供求形势及变化趋势、制定宏观调控政策措施提供参考资料。

粮食订单收购 2016年，永嘉县粮食局协同相关部门进行调查和研究，及时出台《关于切实抓好

2016年度粮食产销工作的通知》的订单粮食收购政策，为做好本年度的粮食订单签订工作和粮食收购工作打下基础。确定早籼谷收购价格每百市斤133元，另每交售50公斤早稻谷奖励30元，每亩最高奖励240元；一般农户，每交售50公斤早稻谷奖励20元，最高每亩不超过160元；晚籼谷收购价格每百市斤138元，政府补贴每百市斤20元；2016年共收购粮食订单4363吨，比上年多收557吨。粮食收购量创近年来新高。

仓储建设与储备粮油管理 2016年，总投资4912.52万元的永嘉县粮食储备库工程（一期）正式投入使用，该粮库投入使用后，有力地缓解我县仓容不足的问题。至2016年12月底，永嘉县储备粮食43400吨，菜籽油55吨。比2015年新增21530吨。全年开展四次“一符四无”粮油检查工作和一次粮食库存专项检查工作，“一符四无”合格率达100%，储备粮管理安全规范。

（陈久榜）

物资购销

概况 2016年永嘉县物资系统销售收入7340万元，同比下降23.7%，其中销售工业炸药3005吨，同比增长19.4%；工业雷管109万发，同比下降5.5%；工业导索151万米，同比下降2.5%；剧毒品672吨，同比增长3%；煤炭5.4万吨，同比增长44.4%；实现利税总额710万元。永嘉县燃料总公司、县化工轻工公司、县农房配套供应公司、县金属材料公司、县物资再生利用公司等5家物资公司（总占地面积为13524平方米，建筑面积为7193平方米）涉及瓯北清水埠城中村改造，12月已签订拆迁合同，置换办公写字楼2047平方米，商铺856平方米，货币补偿安置5518万元。

安全监管 按照公安、安监部门和行业主管部门的要求，化轻公司2016年进一步加强了安全检查力度，实行各仓库安全员每日检查、部门负责人和公司专职安全管理员每周巡查制度，同时增加对重点、重要部位专项检查频次，并规定安全检查要一对一进行，严防走形式走过场。7—10月，化轻公司将安保工作提升到一个更高的层级，护航G20杭州峰会，严格要求安全科按照标准化要求对发现的问题和安全隐患进行逐一清理、消除，并规定凡在此期间被查处的“三违”人员一律进行顶格处罚。2016年公司共组织公司级的安全检查 27 次，部门级安全检查92次，在各类安全检查中共发现各类安全隐患63条，收到上级隐患通知书4张隐患10条，已全部按时整改，安全隐患整改率为100%，共处罚工作人员18人次。6月在新民爆仓库举行一年一度的消防及防盗抢安全演习，演习以单位员工在火灾情况下疏散逃生、消防灭火和现场救援为主要内容，来检验化轻公司全体员工的应急处置能力和实际操作能力，通过这次演习提升了企业员工应急处置水平。正因为公司在“精细化”管理上真正做到“专、细、实”三个字，6月全省安全大检查被检查组专家们给予96.2分的高分，为温州地区得分最高。

设备更新 随着数字摄像技术的成熟和普及，化轻公司仓库视频监控原来所采用的模拟摄像技术已不合时宜。为此2016年公司按照《关于印发温州市“智慧民爆”视频监控系统整改实施方案的通知》（温经信行业〈2016〉107号）文件要求，投入50多万元安全资金委托浙江省通信产业服务有限公司对民爆仓库和剧毒仓库的安防及监控系统进行了全面升级改造。新的监控系统除能在电脑、网站及手机上实时登录、在线监视外，还提升了视频图像的清晰度、联动报警功能和存放保全效果，避免了原来模拟视频长时间存放后视频质量降低、多次复制信号图像失真、不能进行非线性编辑等弊端。另外2016年化轻公司为加强和方便门岗登记管理，还特地开发了一套门禁系统，新的门禁系统增加了身份证图像比对功能和自动实时记录功能，大大提高了进出人员的登记效率和加强安保门岗的作用。

内部管理 2016年盘活了企业1处闲置资产，企业应收款催收工作通过责任制的落实，企业应收款及时得到收回。化轻公司根据新的劳动法，修订了劳动合同书及岗位责任制，全体员工重新签订了新的劳动合同书和岗位聘任书。完善绩效考核机制，从工资总额中提取20%作为职工的绩效工资，绩效工资是根据职工工作业绩及履行安全职责情况，年终综评确定奖励额。

（徐益明）

对外贸易

概况 2016年，国际贸易进入平庸增长期，面对新常态，永嘉县坚持“稳中求进”工作总基调，在稳定规模的同时，全力推进对外贸易、外资引进、境外投资、服务外包等重点工作，创新体制机制，优化营商环境，开创外向型经济新局面。

外贸 2016年，永嘉县实现进出口总额（含一达通数据）48.5亿元，同比增长8.1%，其中外贸出口43.1亿元，同比增长9.2%，进口5.4亿元，同比增长0.6%，实现高新机电产品进出口额25.1亿元，占进出口总额的51.7%。2016年永嘉县外贸企业库中有进出口企业606家，其中自营生产企业527家，外商投资企业33家，外贸企业79家，年出口额超过6000万元的企业共有15家，出口额在3000万元～6000万元的企业共有10家，出口额在600万元～3000万元的企业共83家。

泵阀产品依旧在自营出口的产品大类中占比最多，2016年泵阀行业总出口为12.8亿元，同比下降17.9%，占出口额的30%。其他行业出口额比较大的有：鞋类行业总出口额为5.7亿元，同比下降30%，占总出口额的13%；教玩具行业总出口额为4.6亿元，同比增长16.7%，占总出口额的11%；机械设备行业总出口额为2.7亿元，同比增长5.2%，占总出口额的6%；服装行业总出口额为2.6亿元，同比下降17.2%，占总出口额的6%。

在进口方面，主要进口产品为原材料，主要进口企业有温州鹏程控股集团有限公司、工正集团有限公司、浙江中宏工贸有限公司、佰纳鞋业有限公司等。

引导企业以展会拓市场出台《永嘉县重点支持国际性展会目录》，开展重点外贸企业挂钩联系活动，举办外贸实务、运行监测等培训，组织永嘉县100多家企业参加广交会、华交会等境内外各类展会40余场，尤其是抱团参展德国阀门世界展、上海国际孕婴童博览会打响了永嘉“中国泵阀之乡”“中国玩具之都”的区域品牌知名度，助力企业开拓市场、抢抓订单。

培育跨境电商新生力量依托桥下教玩具产业集聚的先天优势，获批省级产业集群跨境电商试点，与阿里巴巴合作谋划跨境电子商务长远蓝图，通过政策引导、优化服务，招引企业入驻速卖通平台专区，借力阿里之势拓展出口渠道。

持续加大贸易回归力量完善《关于支持贸易回归促进永嘉发展的若干意见》，用足用好1000万元专项资金，开展山西、宁夏等地贸易回归走访，落实5家企业回归入驻贸易回归总部大楼，壮大永嘉实体经济。

外资 2016年度永嘉县完成联合年报的外商投资企业共63家，新增碧泉谷农业观光、大亚电器并购等2个外资审批项目，实际到位外资150万美元（温州鹤栖实业有限公司港资）。围绕市下达全年外资任务，制定出台2016年度利用外资考核办法，成立经信部门牵头、相关部门和属地参与的外资服务小组，梳理在谈的潜力项目、资金未到位的存量项目共7个，并制定详细的任务计划表，加大对外资项目的跟踪服务力度，重点是攻克大亚电器、管道燃气、垃圾发电厂等并购项目。

外经 积极对接国家“一带一路”倡议，按照低风险、宽领域、多形式的对外经济合作思路，加强外经企业服务，引导企业充分利用国内国际两个市场、两种资源，境外投资取得成效，2016年永嘉县完成境外投资中方投资总额1014万美元。

优化服务促机制完善外经补助办法，对中方投资额500万美元以上的境外投资项目加大财政扶持力度，同时对重大项目实行县经信、外管、银行等相关部门“一条龙”服务机制，开通绿色服务通道，实行快事快办，尤其是2016年多次与省、市、县各部门交涉解决永嘉恒庆850万美元增资问题。

拓宽市场促投资对接永嘉县泵阀、鞋服等产业优势以及全球各个国家地区差异化的市场需求，有针对性的引导铂鑫贸易、红蜻蜓鞋业分别在越南和韩国设立分支机构，并指导文达服辅和伯特利阀门通过境外并购拓展营销网络。

排摸企业促潜能依托县领导企业走访服务活动，深入了解重点企业境外投资意愿，列入外经项目库，密切跟踪服务指导，同时梳理剔除一批资金未流动的僵尸企业，优化外经环境。

外服 指导迦南、工正、迷西仕、球豹等企业扩大技术出口占比，培育麦得、开诚等2家企业开展外服业务，2016年完成服务外包离岸执行额415万美元，圆满完成市下达的任务。

（朱师文）

市 场

综 述

2016年，永嘉县市场建设累计总投资18422万元，市场建筑总面积3.7万平方米。2016年全县市场交易总额达20.45亿元。成交额超亿元市场1个，其成交额达13.89亿元。截至2016年12月底，永嘉县共有各类市场16个，其中消费品市场15个，生产资料市场1个。

市场管理 2016年，永嘉县共有在册农贸市场14个，其中，上塘2个，瓯北4个，乌牛2个，黄田1个，三江1个，桥头1个、桥下1个，碧莲1个、巽宅1个。按照省、市、县政府决定2016年全县开展农贸市场改造升级三年行动计划工作，全县共25家农贸市场列入改造计划，2016年已完成改造5家，关闭4家。继续开展放心农贸市场创建，2016年创建省级放心市场1家（永嘉县上塘综合农贸市场）。认定星级规范市场6家，其中三星级1家、二星级1家、一星级4家（其中乡村农贸市场1家）。

食品安全检测 2016年，永嘉县市场监督管理局深入推进流通环节的食品安全监管工作，加大检测设备和检测经费投入，切实加强监督检查和食品安全检测力度。全县共开展定性检测20603批次，不合格206批次，合格率达99%，停

表7

永嘉县已进行市场名称登记证登记的市场名单一览表

序号	市场名称	举办单位	市场负责人	证号	有效期限	备注
1	永嘉县瓯北农贸市场	永嘉县市场开发服务中心	周福宝	3303071002	20260124止	
2	永嘉县瓯北蔡桥农贸市场	永嘉县瓯北蔡桥农贸市场	葛智林	3303071003	20231107止	
3	永嘉县巽宅农贸市场	永嘉县食品总公司	陈光宗	3303071004	20250628止	
4	永嘉县上塘城西农贸市场	永嘉县市场开发服务中心	潘忠义	3303071005	20231107止	
5	永嘉县瓯北龙桥农贸市场	永嘉县瓯北龙桥农贸市场	张大丰	3303071007	20270214止	
6	永嘉县二手车交易市场	永嘉县浙南旧机动车交易市场有限公司	胡玉生	3303072005	20170513止	
7	永嘉县上塘综合农贸市场	永嘉县东城街道前村经济合作社	汪黎接	3303071017	20260612止	
8	永嘉县乌牛祥池农贸市场	永嘉县乌牛街道祥池村经济合作社	叶焜荣	3303071009	20221115止	
9	永嘉县瓯北东方农贸市场	永嘉县江北街道东方村经济合作社	俞晓建	3303071010	20221129止	
10	永嘉县瓯北千石农贸市场	永嘉县黄田街道千石村经济合作社	杨陈勇	3303071011	20221219止	
11	永嘉县桥头镇中心农贸市场	永嘉县桥头镇坦头村经济合作社	郑加云	3303071012	20231121止	
12	永嘉县乌牛王宅农贸市场	王宅村股份经济合作社、市场中心	郑正夫	3303071013	20240702止	
13	永嘉县桥头钮扣市场	县市场市场中心、桥头镇		老证		
14	永嘉县碧莲农贸市场	永嘉县食品总公司	汤中和	3303071014	20250202止	
15	永嘉县三江街道江头农贸市场	永嘉县三江街道江头村股份经济合作社	余建刻	3303071015	20260417止	
16	永嘉县桥下农贸市场	永嘉县桥下镇桥下村经济合作社	戚永春	3303071016	20260611止	

止销售不合格食品83公斤。开展定量抽样检验480批次，不合格24批次，合格率达95%，共立案30起，罚没款20万元。

（金玉燕）

个体劳动者协会 民营企业协会

概况 2016年，永嘉个体劳动者协会、民营企业协会（以下简称县个民协）紧紧围绕省、市协会和县委、县政府的总体部署，以中共的十八大、四中、五中全会精神为指导，以“红色工程”非公党建工作为抓手，服务民营经济为主线，多层次、多方位、多渠道了解和掌握企业发展过程中显现的热点、难点问题，充分发挥各项职能，实现协会在“创新、服务、实干”方面的转型提升，强化服务意识，提高服务能力。

服务民企 根据《关于在全省民营企业中深入实施对接科技对接金融活动的决定》的文件，成立永嘉县民营企业“双对接”工作领导小组，全面开展“双对接”工作，更好地服务地方经济民营企业。紧紧围绕“个转企提质扩面暨长效机制建设年”活动要求，整合个民协会资源优势，采取多项措施为个体工商户提供便利、高效、快捷的“个转企”服务,由个民协会工作人员为群众提供省、市、县政府对“个转企”优惠政策查询、解答、企业名称核准、设立申请、章程决议填制，全程无偿代办“个转企”营业执照、税务登记证、组织机构代码证。个民协分会为加快企业年报工作顺利进行，通过“请进来”集中宣传培训和“走出去”上门服务的方式，帮助企业完成数据填报，同时解答群众年报办理的疑问。设立服务窗口，安排专人配备电脑向企业和个体工商户提供年度报告相关事项咨询，现场指导和信息录入，避免企业来回跑，增加便利性, 加快推进年报工作。县个民协引导工作人员走下去，真正为会员排忧解难。各分会积极响应，对全县265家个体工商户、商品交易市场党建工作联系点、企业进行走访，交流帮助20多家民营企业解决了生产经营中遇到的困难和问题。引导帮助会员企业创建县、市、省“三名”品牌6家。

非公党建 推进基层党建工作信息化建设，根据市协以及县委组织部门的要求，建立统一、规范、高效的信息化工作平台，提高党建工作效能。深入开展两学一做学习教育工作，组织全体党员逐条逐句通读党章，认真学习习总书记关于改革发展稳定、内政外交国防、治党治国的重要思想和党中央治国理政新理念新思想新战略。坚定自觉地在思想上行动上同习近平同志为总书记的党中央保持高度一致，始终保持干事创业、开拓进取的精神。继续深入抓阵地建设、抓党员“三亮”活动，推进非公党建工作。

（金玉燕）

财政·税务

财政地税

概况 2016年是实施“十三五”规划的开局之年，也是经济发展进入“新常态”的重要一年，更是永嘉县财税改革提升年，经历了营改增、“金三”上线等重大税制和体制改革。全县财政地税部门在县委、县政府和上级厅局的正确领导以及县人大、县政协的监督指导下，以开展“两学一做”活动为动力，加快转变经济发展方式，秉承“依法治税、为民理财、务实创新、廉洁高效”的工作理念和“实、稳、优”的财税核心价值观，力保全县经济社会持续平稳健康发展。2016年全县实现财政总收入49.09亿元，直逼50亿元大关，同比增长6.6%，其中一般公共预算收入完成29.59亿元，同比增长11.5%，增幅排在全市第4位。地税税收收入完成18.50亿元，同口径增长13.8%。全县公共财政预算支出60.86亿元，同比增长13.3%。

财税征管 始终坚持以组织收入为中心，努力缓解因经济形势、政策性减收带来的压力，着力做大财力“蛋糕”。一是加强综合税收分析。高度关注、及时跟踪企业经营变化，科学制定组织收入预案，认真落实收入调控措施。二是扎实推进税种管理。加强房地产、重点工程等项目的税收管理；促进土地增值税清算的常态化管理。三是抓好重点税源监控。根据本县企业生产经营的变化情况，认真开展清查，调整后的监控户数达1107户，确保重点税源监控面保持在60%以上。对全县重点税源实行中央级、省级、县级、分局级四级监控制度。至年底共认定省级以上重点户103户，县级重点户266户，分局级重点户738户。四是支持实体经济发展。2016年预算安排企业扶持资金6138万元。积极落实各项税费优惠政策，共减免各项税费2.25亿元，有效降低企业负担，县财政安排2亿元设立企业应急转贷专项资金，帮助企业解决贷款到期转贷资金难问题，弥补企业过桥资金短板。

扶持民生 进一步优化财政支出结构，集中财力支持教育、社会保障、医疗卫生等民生事业发展，确保新增财力三分之二以上用于民生。全县一般公共预算支出中用于民生的支出达48.45亿元，占比达79.6%。一是保障教育发展投入。全面落实教育支出重点保障要求，健全教育经费保障机制，加快推进教育现代化县建设进程，全年教育支出16.98亿元，同比增长15.1%。二是保障社保资金投入。实施基本药物零差价政策，通过政府买单方式有效地缓解了看病贵问题。安排7289万元用于被征地农民转保职工基本养老保险财政配套，确保转保人员能及时享受职工养老待遇。三是保障“平安永嘉”建设。全年公共安全支出5.2亿元，同比增长58.4%。四是保障小型公益事业建设。全年共安排33个农村基础设施建设项目，总投资3445万元，其中财政奖补2100万元。五是保障重点项目建设。依据项目实际进度，拨付县内重点工程建设资金8.24亿元，有力地支持了41省道上塘至福佑段、永嘉县公共文化活动中心等项目建设。

国地税合作 加快财税改革和信息化建设步伐，有效解决因税制变化带来的跨部门衔接难问题，逐步建立起运行有序、管理规范、约束有力、科学高效的财税运行机制，第一时间将改革红利惠及纳税人。一是抓好“营改增”工作。根据财政部、国家税务总局要求，联合国税局做好“营改增”前期筹备，“五一”期间，地税部门放弃休假，局班子成员分赴各税务分局现场指导，顺利完成建筑业、房地产业、金融业和生活服务业新旧税制转换，实现门征开票业务无缝对接。二是打好“金三”上线攻坚战。金税三期工程统一了国地税征管应用系统版本，实现全国税收数据大集中，内容主要包括搭建硬件环境、系统化初始设置、数据清理、系统测试、数据迁移等系统性的工作，时间紧、任务重、要求高，县局紧扣时间节点，于10月8日成功上线。三是深化国地税合作。共召开4次国地税联席会议，联合开展工作，促进国地税的深度融合。乌牛国税分局整体迁入乌牛地税分局办公，联合办税，深度合作，为便利纳税人迈出新的一步。

财政统筹 充分发挥财税监督工作的预测、预警、保障和服务作用，使财税监管的强度得到了有效的加强，财税部门依法理财的水平也继续得以提升。一是积极加强公务接待事前审批、事中控制、事后报销管理，全县三公经费合计3538万元，比上年同期下降12.7%，有效地控制了“三公”经费支出，近几年“三公”经费管控效果也十分显著。二是加强基本建设资金管理，全年共审核拨款资金22.28亿元，审定拨款资金20.95亿元，核减1.33亿元，核减率为6.0%，从而保证了财政性基本建设资金的节约使用，为地方建设争取了更大的空间。三是积极主动加强竞争性存放管理工作，开展了6期县级财政资金竞争性存放竞标，邀

表8

2016年度永嘉县50家纳税大户名单一览表

序号	企业名称	序号	企业名称
1	报喜鸟集团有限公司	26	保一集团有限公司
2	浙江永嘉农村商业银行股份有限公司	27	永嘉中厦房地产开发有限公司
3	浙江奥康鞋业股份有限公司	28	奇特乐集团有限公司
4	国网浙江永嘉县供电公司	29	浙江康亨服饰有限公司
5	浙江红蜻蜓鞋业股份有限公司	30	浙江红蜻蜓电子商务有限公司
6	永嘉万新恒锦置业有限公司	31	方正阀门集团有限公司
7	奥康鞋业销售有限公司	32	温州市开诚机械有限公司
8	温州市大川房地产开发有限公司永嘉宣达分公司	33	永嘉县图盛供电服务有限公司
9	温州市烟草公司永嘉分公司	34	凯奇集团有限公司
10	浙江报喜鸟服饰股份有限公司	35	中国农业银行股份有限公司永嘉县支行
11	永嘉法洋置业有限公司	36	凯泉集团有限公司
12	永嘉万新尚瑞置业有限公司	37	中泉集团有限公司
13	浙江亚龙教育装备股份有限公司	38	方圆阀门集团有限公司
14	温州市中楠房地产开发有限公司上塘分公司	39	中国移动通信集团浙江有限公司永嘉分公司
15	浙江凤凰尚品贸易有限公司	40	科福龙阀门集团有限公司
16	中瓯地产集团温州房地产有限公司	41	永嘉世贸置业有限公司
17	永嘉碧桂园房地产开发有限公司	42	海星海事电气集团有限公司
18	超达阀门集团股份有限公司	43	浙江麦得机器有限公司
19	迦南科技集团有限公司	44	上正阀门集团有限公司
20	球豹阀门有限公司	45	温州长城拉链集团有限公司
21	奥康国际电子商务有限公司	46	永一阀门集团有限公司
22	浙江鲍斯高服饰有限公司	47	欧维克集团有限公司
23	浙江迷西仕服饰有限公司	48	宣达实业集团有限公司
24	伯特利阀门集团有限公司	49	温州市龙新建设开发有限公司永嘉分公司
25	育才控股集团有限公司	50	斯多纳集团有限公司

请19家银行参与，累计招标金额达24.19亿元，利息增收约900万元，通过竞争性存放管理，有效地增加了地方可用财力。四是做好管查互动工作，进一步规范征管，堵塞征管漏洞，全年通过风险管理比对共入库税费款3226万元；查处各类涉税案49 件，共查补税款4473万元，入库率为100%。

队伍建设 致力于打造一支团结、高效、和谐、廉洁的财税队伍。一是在专题教育开展方面。5月3日，县委召开全县“两学一做”专题党课暨学习教育部署会后，县局第一时间成立“两学一做”专题教育领导小组和办公室，于5月6日召开专题会议研究部署落实工作，制订实施意见和配套文件。二是在机构调整方面。根据县委、县政府工作部署，于1月20日完成对县国有资产管理办公室的职能归并，现增设永嘉县国有资产权管理中心及国有资产监管考核中心，具体承担国有资产监督管理业务。三是在制度提效方面。在业务流转上，简化工作流程，明确服务标准；在服务方式上，坚持以全程服务规范为标准，落实“一窗式”服务、“一站式”办结、“一次性”告知制度。四是在提高纳税人满意度方面。从5月开始对2015年度全县纳税排名前1500名企业和前200名个体户开展为期一个月的实地走访，深入基层了解企业困难，争取他们的支持。五是在行风建设方面。按照“突出重点、纠建并举、内抓管理、外树形象”的原则，坚持以人为本，推进政风行风建设，树立了财税队伍的良好形象，2016年各基层单位在辖区内均进入前六名，其中桥头分局取得第一名，上塘、瓯北分局第二名，桥下分局第三名。

（张家兴）

国 税

概况 2016年，全县国税系统深入学习中共十八大和十八届三中、四中、五中、六中全会及县第十三次党代会精神，以实现税收现代化为目标，坚持组织收入原则，统筹推进“深化改革、依法治税、征管创新、服务优化、从严治队”五大工作重点，顺势而为，真抓实干，各项工作取得了可喜成绩，实现了“十三五”时期的良好开局。

国税局现有内设机构12个，下设直属机构（稽查局）1个，基层征收单位有三个税务分局（瓯北、桥头、乌牛）和税源管理二科(上塘)。县国税局主要负责全县4万多纳税户的税收征管工作。

面对异常严峻的经济税收形势，全县国税系统积极应对组织收入的困难和压力，始终坚持“应收尽收、应退尽退”的组织收入原则，统筹免抵调库资源，实现了国税收入与经济协调增长。2016年，全县组织国税收入26.44亿元，同比增收2.15亿元,同比增长8.85%。

基层党建 一是“两学一做”学有成效。制订学习教育《实施方案》和《理论学习讨论计划》，落实“三会一课”制度，精心组织“百名党员进千企”活动，积极参与“千场党课到基层”以及省、市局和县里组织的各类征文比赛、知识竞赛、演讲比赛等活动，确保学习教育有内容、有重点、有载体、有要求、有成效。2016年，县局共组织上党课13次，组织中心组集中学习15次，支部专题学习64次，党员撰写感言145篇。全县国税系统累计走访企业849户，发放调查问卷845份，征求意见建议并办理回复共43个。林笑智参加县机关“学党章党规、学系列讲话”知识竞赛选拔赛，取得了唯一的满分。梁海涛代表市国税局参加温州市“学党章党规、学系列讲话”知识竞赛获得团体冠军，个人并荣获最佳选手。周鹏和杨梦琪分别获得全市国税系统“党章党规党纪印我心”演讲比赛三等奖和优胜奖。二是强化和巩固党组织建设。规范基层党组织设置，将原先分别隶属于当地乡镇党委的瓯北分局、桥头分局、乌牛分局、税源管理二科4个机构的党组织关系，统一划归到县局机关党委管理，隶属县直机关工委领导，进一步凝聚了组织战斗力。对规范党费收缴、党员组织关系等情况开展排查。对已届满的8个支部进行了集中换届。县局党校获评省级先进基层党校。三是主体责任落实到位。坚持党组主抓直管，突出责任分解，做到将党建工作、党风廉政建设和反腐败工作与税收工作同部署、同落实。制定了《关于构建全县国税系统全面从严治党新格局的实施办法》，开展党风廉政建设责任制检查考核，以考核促进“两个责任”落实。四是专项行动和专项治理深入开展。开展违规拥有农商银行等非上市公司（企业）股份（证券）专项清理、因私出国（境）管理专项治理，做到人人参与、层层把关，不留死角。开展“敢担当、树标杆”作风建设五大行动，着力整治不担责、不作为、乱作为以及违反中央“八项规定”精神等问题，通过专项检查、动态抽查、信息化监督等手段，弛而不息纠正不良作风。五是教育执纪不断强化。强化警示教育，继续发挥“510”思廉日活动载体效应。认真践行监督执纪“四种形态”。全年共组织行风监督检查62次，发纪检监察通报1期，11名干部被经济惩戒和通报处理。配齐配强纪检队伍，向稽查局、瓯北分局、桥头分局派驻兼职纪检监察员3名。瓯北分局连续三年在当地行风评议排名第一位。

税收惠民 面对异常严峻的经济税收形势，全县国税系统积极应对组织收入的困难和压力，始终坚持“应收尽收、应退尽退”的组织收入原则，统筹免抵调库资源，实现了国税收入与经济协调增长。2016年，全县组织国税收入26.44亿元，同比增收2.15亿元,同比增长8.85%。全年共组织财政收入23.25亿元，增收2.03亿元，同比增长9.44%。组织一般公共预算收入9.61亿元，同比增加3.42亿元，占地方财政一般公共预算收入的33%，同比增长了11个百分点，为永嘉建设更高水平的小康社会提供了财力保障。一是提升征管质量。加强外来建筑税收征管，通过理顺管理机制，密切部门合作，开发外来建筑征管信息系统，有效地化解了外来建筑项目潜在的税收风险，规范了域内税收秩序。2016年全面推行营改增后，永嘉县外来建筑项目税收入库7698万元。加强企业所得税预缴申报管理、汇算清缴、后续审核等工作，汇算清缴入库企业所得税2.69亿元，后续审核补缴企业所得税1055万元，同比增长85.1%。做好增值税发票系统升级版推行和风险管控。落实A、B、C类纳税人取消发票认证工作。积极推广增值税电子普通发票和住宿业小规模纳税人自开增值税专用发票。及时做好消费税政策调整工作。推进车购税征管模式改革，稳步推广委托代征社会化服务，县域内5家自助办税点累计代征车购税4000万元，占比26%。二是推进税收风险管理。深化税源专业化管理，健全税收风险管理机制，积极完成省、市局下发的18户企业的重点税源风险应对工作，其中风险提示13户、纳税评估5户，累计入库税款382万元。三是全面落实各项结构性减税政策。加强政策宣传、督导落实和跟踪问效，促进稳增长、促转型、调结构、惠民生。全年落实增值税即征即退税收优惠5313万元；落实小微企业所得税税收优惠2730万元，享受优惠的企业3721户，受惠面达100%，户均减免所得税额7336元。四是出口退税质效提升。推行退税电子化，采取有效措施加快出口退税单证审核进度，全年受理出口货物免、抵、退税申报3715户次，累计申报出口额33.11亿元人民币。深化出口退税分类管理，完成592户进出口企业的分类管理评定工作，对一、二类企业，减少申报材料，优先审核、优先退税、优先服务，加快企业资金周转速度。2016年累计办理出口退税（含免抵）7.2亿元。

税收改革 一是全力以赴落实“营改增”全面扩围工作。成立营改增试点工作领导小组，设立营改增集中办公室指挥中心，严格按步骤、按计划完成10965户纳税人接收、宣传培训、发票转换、金税盘升级等衔接准备工作。统筹协调全局“后备军”，成立党员突击队和青年服务队支援办税服务厅日常工作，轮流导税，缓解大厅压力，确保各阶段工作按时间节点完成。及时跟踪试点情况，密切关注营改增后企业税负变化、行业税收情况，加强税收政策效应分析，确保营改增后各项工作平稳运行。

二是稳步推进“金税三期”工程优化版系统上线。作为温州市国税系统小双轨试点单位，为确保金税三期平稳上线，县局成立领导小组，充分预估压力，新增计算机等设备，调配人力全员支援办税服务厅，确保每个窗口都能实现前台业务与后台补录人员1∶1配置。协调和安排兄弟县（市、区）局40多名志愿者的实战学习。强化业务培训，组织了17期专项培训和两期“夜学”活动，提升窗口人员金三系统实务操作水平。采取日研讨会制度、问题登记清册制度，力争做到“疑难问题不过夜”。在国庆期间加班加点提前预约开放办税，有效分流正式上线后的业务量。落实宣传解释指导工作前移，为上线工作营造良好的舆论氛围和社会环境。特别是“金三”上线的关键时刻，超强台风“莫兰蒂”过境，桥头分局在一楼办税大厅办公用品和设备几乎全部被淹的情况下，分局干部职工双担压肩不弯腰，在做好抗灾自救的同时，众志成城确保“金三”顺利上线。市局骆建升局长、陈晓纳总经济师对国税局的“金三”工作分别给予批示肯定。

三是国税、地税征管体制改革和国地税合作全面铺开。认真做好《改革实施方案》的宣传解读和贯彻落实工作。提请成立了由县委常委、常务副县长任组长的永嘉县深化国税、地税征管体制改革暨营改增扩围工作领导小组，在全县范围内统筹推进税制改革工作。明确任务分工，落实《深化国税、地税征管体制改革方案》，确保改革任务在永嘉落地生效。建立了国地税合作工作体系，联合地税局印发了贯彻落实合作规范2.0版、3.0版的《实施意见》及《任务分工和时间进度表》，依托国地税联席会议制度，通过项目化管理和责任制落实，推动合作持续深化。在乌牛试点推出国税、地税联合办税服务厅，实现了纳税人进一家门办两家事。依托网上课堂、流动课堂、纳税人学堂与地税共享师资队伍、共享培训资源，联合培训纳税人12743人次。聚焦营改增重点热点问题联合召开政策咨询会、“营改增政策咨询在线访谈”等活动。陈志斌常务副县长分别对国地税合作加强中小税源管理和推进“税银协作”服务小微企业两项国地税合作项目给予了充分肯定。

四是深化税源专业化管理工作。结合乌牛分局税源专业化管理改革试点经验，积极开展调研，出台《进一步深化税源专业化管理改革的实施方案》。各基层税源管理单位全面建立税源基础管理、税收风险应对等管理团队，实行团队化管理。按照基层人员配置实际，采取“一事一岗”和“一员多岗”相结合，稳步推进税源管理从“管户”向“管事”转变，努力实现税源专业化改革与金税三期优化版上线正常运行的无缝对接。

五是商事登记制度改革不断深化。深入实施“五证合一、一照一码”，启动个体工商户工商营业执照、税务登记证“两证整合”，完善部门信息传递机制，纳税人办证总时限压缩至1–2个工作日，有效降低了创业准入成本。

便民服务 一是落实便民办税新举措。深入开展“便民办税春风行动”。通过落实各项简化办税新政策、深化一窗统办服务、推出预约办税、二维码一次性告知制度、增加车购税专用窗口业务办理功能等，全面提升窗口服务质量和效率。延续午间无休值班服务，自2010年在全市范围内首创午间无休值班服务至今，县局已累计服务纳税人5万余人次。二是深化纳税信用级别的社会化应用。积极推进“税银协作”，服务小微企业发展。与建行永嘉支行、宁波银行永嘉支行、浙江永嘉农村合作银行等金融机构联合推出“税易贷”“小微企业贷”等融资服务项目，累计贷款金额4675万元。三是推行“互联网+税务”，实现办税电子化。作为全国第二家单位、全省首家单位率先开展了网上代开增值税电子普通发票试点工作，纳税人实现足不出户就可在手机上代开发票。乌牛分局设立了24小时自助办税服务区，推出“发票自助代开”和“发票自动售票”业务。2016年县局在全省国税系统第三方纳税人满意度调查中，在全省93个县（市、区）局中列第35位，比上年的47位前进了12个位次；在全市13个县（市、区）局中列第4位，比上年的第7位前进了3个位次。

税收法治 在获评“浙江省依法行政示范单位”“全省国税系统法治税务示范基地”的基础上，继续深化创建，发挥引领效应，全面提升依法治税水平。一是税企联动，在企业层面创建法治税务基地。二是推出“同案同办”制度。编制《查案定案指引》，以案释法，促进税务案件查处的公平公正。三是开辟纳税人前端救济渠道。试点建立税务案件公开审理模式，为征纳双方构建平等的对话平台，体现了案件查处审理过程的公开和透明，倒逼规范文明执法。四是深化税务司法协作，有效保护税收债权。以温州作为“全国首批企业破产案件审理方式改革试点城市”为契机，联合法院，建立长期协作机制，实现破产、执行程序国税部门主动介入和全面介入。共办理破产、执行案件35件，入库税款200余万元。五是率全国之先探索破产清算。探索由税务机关作为债权人依法主动提起破产清算，有效清理欠税，缓解社会矛盾，促使“僵尸企业”市场出清。永嘉法院已就县局提请的3户企业破产清算申请予以立案受审，涉及欠缴税款79.9万元,其中一件已办结。参与市局牵头的《破产程序和执行程序涉税处理机制》，被省局确定为税收管理创新优秀项目。六是严厉查处各类税收违法行为。按照“事事有着落、件件有回音”的工作要求，提高税收违法检举案件管理水平。加强对虚开增值税专用发票、骗取出口退（免）税、重大偷逃税案件、“营改增”试点行业的涉税风险防控和案件查处工作。全年累计登记立案47户，查结各类涉税案件18件，查补税款746万元。加强增值税专用发票管理，明确对失控发票处理流程，严格管理、监督防伪税控认证系统中出现的问题抵扣联的移交处理情况。2016年共计移交118份失控发票，涉及42户企业，涉及开票金额1091万元，税款185万元。

队伍和文化建设 一是认真开展干部选拔任用工作。配合市局做好一名科级干部的选拔工作，完成干部平级增职4人，与地税开展干部挂职交流2人。二是规范人事管理。顺利完成了科级非领导职务平转工作，截至2016年12月底，科级非领导职务比2015年减少103名。12月30日，“数字人事”系统顺利上线。稳步落实工资待遇改革，切实做好规范津贴补贴、养老保险改革、职务职级并行等工作。离退休干部服务工作得到改进和加强。三是优化人才培养。2016年分别开展2期中层干部和2期普通干部知识更新培训；扎实开展练兵比武活动，营造比学赶超的良好氛围。有4名干部获得了“温州市国税系统岗位能手”荣誉称号；1名干部代表市局参加省局行政管理类的业务竞赛并取得了全省第5的团体成绩；在市局稽查类业务比武中，总分排名全市第一。四是税务文化建设成果丰硕。纳税服务科（办税服务厅）获评省级青年文明号，桥头分局、稽查局获得温州市文明单位称号，乌牛分局获得县级文明单位称号，吕永会同志获评全市“老干部贴心人”，唐近武同志获评全市“最美国税人”。

规范管理 一是深化绩效管理。科学分解市局指标，制定县局机关和基层单位两套绩效管理办法，建立完善绩效讲评、督查督办及联络员制度，落实绩效人员配备，提升日常管理水平。制定个人绩效考评工作办法，强化考评结果运用，实现“真考实用”。二是规范财务管理。严肃财经纪律，完善财务制度，落实《国税系统政府采购工作规范》，充分发挥财务服务保障和监督管理作用。加强基本建设管理，全面核查国有资产。三是保障机关运行。做好信访、保密、档案等工作，加强会议和公务接待管理，实施公务用车改革，加强房屋安全排查，组织抗台救灾，机关后勤服务质量和效率进一步提高。加强核心业务系统运行保障，网络与信息安全保障能力稳步提升。

（梁海涛）

表9

永嘉县国税收入前三十名情况表

所属时间：2016年1—12月　　单位：万元

排名	纳税人名称	法定代表人	累计税额	去年同期	同比增长	税源管理单位
1	浙江奥康鞋业股份有限公司	王振滔	16112.32	17261.47	−6.66%	瓯北税务分局
2	浙江永嘉农村商业银行股份有限公司	苏加标	14920.45	12569.66	18.70%	税源管理二科
3	国网浙江永嘉县供电公司	陈浩	8096.91	8680.19	−6.72%	税源管理二科
4	浙江报喜鸟服饰股份有限公司	吴志泽	7833.34	14027.47	−44.16%	税源管理一科
5	浙江红蜻蜓鞋业股份有限公司	钱金波	7334.72	8192.26	−10.47%	瓯北税务分局
6	温州市烟草公司永嘉分公司	邢加平	5538.83	5070.22	9.24%	瓯北税务分局
7	超达阀门集团股份有限公司	王汉洲	3024.71	3649.8	−17.13%	瓯北税务分局
8	浙江亚龙教育装备股份有限公司	陈继权	2943.66	2176.58	35.24%	瓯北税务分局
9	球豹阀门有限公司	余三豹	2522.26	1965.65	28.32%	瓯北税务分局
10	浙江迷西仕服饰有限公司	余强春	2228.52	2571.33	−13.33%	瓯北税务分局
11	浙江鲍斯高服饰有限公司	陈进宝	2213.29	2706.47	−18.22%	瓯北税务分局
12	伯特利阀门集团有限公司	黄胜丰	2204.53	2769.1	−20.39%	瓯北税务分局
13	永嘉万新恒锦置业有限公司	张明贵	2094.08	2671.91	−21.63%	瓯北税务分局
14	育才控股集团有限公司	苏尚州	2028.72	1196.1	69.61%	桥头税务分局
15	奇特乐集团有限公司	章莲芬	1611.89	1472.31	9.48%	桥头税务分局
16	保一集团有限公司	张晓东	1508.01	1383.85	8.97%	瓯北税务分局
17	迦南科技集团有限公司	方亨志	1490.93	2138.73	−30.29%	瓯北税务分局
18	永嘉法洋置业有限公司	厉又玮	1453.06	3999.36	−63.67%	瓯北税务分局
19	方正阀门集团有限公司	王奕彤	1412.82	964.42	46.49%	瓯北税务分局
20	东蒙集团有限公司	池慧杰	1386.99	1257.73	10.28%	乌牛税务分局

表9

21	科福龙阀门集团有限公司	谢建东	1350.84	1565.97	−13.74%	瓯北税务分局
22	中国移动通信集团浙江有限公司永嘉分公司	蔡湘薇	1349.98	1875.33	−28.01%	税源管理二科
23	凯奇集团有限公司	章定长	1342.81	1212.18	10.78%	桥头税务分局
24	温州市开诚机械有限公司	瞿建银	1325.9	888.21	49.28%	税源管理二科
25	浙江康亨服饰有限公司	康孝祥	1218	1276.19	−4.56%	瓯北税务分局
26	温州市中楠房地产开发有限公司上塘分公司	陈龙卓	1217.57	2727.4	−55.36%	税源管理二科
27	浙江麦得机器有限公司	吴志寿	1159.84	1107.94	4.68%	瓯北税务分局
28	方圆阀门集团有限公司	叶春年	1134.94	1202.11	−5.59%	瓯北税务分局
29	凯泉集团有限公司	林凯文	1122.06	1018.36	10.18%	瓯北税务分局
30	海星海事电气集团有限公司	傅文隆	1046.08	859.65	21.69%	乌牛税务分局

芙蓉滩林（叶新人　摄）

金融·保险·证券

综　述

2016年，永嘉县金融系统在县委、县政府的正确领导下，以中共十八大和十八届三中、四中、五中、六中全会精神为指导，认真贯彻落实习近平总书记系列重要讲话精神，紧紧围绕产业结构调整和县委、县政府提出的“三区两美”“五水共治”“三改一拆”等发展战略。以金融支持实体经济发展为目标，勇于创新、敢于担当、主动作为，积极落实普惠金融服务体系，有效加大对重点领域和关键环节的信贷支持力度，优化金融生态环境，改善金融服务，各项工作取得了良好成效，金融业实现有序健康发展，为地方经济转型升级提供有力的金融支持。

存款　截至2016年12月末，永嘉县本外币各项存款余额549.7亿元，同比增长15.6%，较年初新增74.3亿元，是2015年同期增量的2.6倍。各项存款快速增长，住户存款、非金融企业存款、广义政府存款等各大类存款均大幅度增长。其中，住户存款余额362.6亿元，较年初增长46.7亿元，同比多增14亿元；非金融企业存款余额100.0亿元，较年初增长13.8亿元，同比多增13.2亿元；广义政府存款余额85.4亿元，新增15.5亿元，同比多增15.4亿元。

贷款　截至2016年12月末，永嘉县本外币贷款余额487.8亿元，新增19.9亿元，增速较2015年同期下跌6.2个百分点，同比少增24.2亿元。银行不良贷款处置力度的加大，政府债务置换，进一步压缩贷款总增量。个人信贷增速大幅领先，截至12月末，永嘉县人民币个人贷款余额275.9亿元，新增41.6亿元，同比增长17.8%，较各项贷款增速高13.4个百分点，增量比各项贷款增量多21.3亿元。

信贷资产质量　截至2016年12月末，永嘉县人民币不良贷款余额9.3亿元，比年初增加3.95亿元，不良率1.91%，比年初上升0.75个百分点。贷款不良率在全市范围还处于较低水平，区域金融生态环境仍具较大优势。但担保链企业风险对不良防控产生较大压力。

外汇收支　截至2016年12月末，永嘉县国际业务收支44929笔，总额7.2亿美元，为2010年以来新低。其中，涉外收入5.7亿美元，涉外支出1.5亿美元，同比分别减少14.7%和15.3%。受经常项目收支下降影响，国际收支同比减少14.5%。虽然保持顺差，但规模降至2010年以来最低点。受俄罗斯经济疲软，以及中欧、中美贸易摩擦等因素影响，对外贸易出口总额同比减少19.2%，导致同期出口收入下降。

证券　截至2016年12月末，永嘉县3家证券营业部累计交易额1043.7亿元，营业收入0.5亿元，托管资产57.1亿元。证券机构总开户数50026户，证券机构实现年度利润总额0.3亿元。上述指标较上年有所下降，但总体平稳。另外，企业股改工作稳步推进，县政府出台多个地方政策，取得良好效果。

保险　截至2016年12月末，永嘉县保费累计收入14.7亿元，同比增长18.7%。其中，财险保费收入6.2亿元，同比增长5.37%；人身险保费收入8.5亿元，同比增长30.9%。全年理赔支出5.1亿元，同比增长35.2%。其中，财险理赔支出3.8亿元，同比增长40.6%。财险理赔支出主要是台风“莫兰蒂”，桥头、桥下车辆受损理赔；人身险理赔支出1.3亿元，同比增长21.1%。

（赵崇成）

中国人民银行永嘉县支行

概况　2016年，中国人民银行永嘉县支行在县委、县政府的正确领导下，紧紧围绕“树标杆、补短板，盘资源、增活力，严纪律、守底线”的工作思路，积极组织开展“两学一做”专题教育活动，认真贯彻落实货币信贷政策，努力维护区域金融稳定，积极改善金融管理与服务，支持实体经济发展，不断加强内部管理，提升工作效率，各项工作取得了较好成绩。

“两学一做”专题教育 认真按照“两学一做”实施方案，成立2个党小组，具体负责落实有关学习教育工作，累计组织集中学习24次。建立“两学一做”学习教育微信群，不定期推送“两学一做”学习教育相关讯息和党建理论知识，提高党员干部政治理论水平。积极创新学习教育形式，组织开展党的理论知识测试、观看红色电影、“三言两语”谈感悟、重走红军路、参观图片展、瞻仰革命烈士纪念碑等系列活动，丰富学习教育内涵。认真落实“两学一做”半月报制度，累计上报“两学一做”半月报13期，内含信息46条，被录用达12条。

货币信贷政策 继续落实稳健的货币政策，积极挖掘信贷增长点，拓宽信贷覆盖面。加强银、政、企合作，推动信贷资金与重点领域有效对接，引导金融机构加大对“三区两美”“五水共治”“三改一拆”等基础设施建设的金融支持力度，促进县域经济发展。进一步落实差别化住房信贷政策，加强对24个商品房项目预售资金监管力度，多次暂停清水埠旧城改建等民生工程项目超监管范围的资金支出，保障群众切身利益。认真调控法人金融机构合意贷款投放，持续支持县域实体经济发展。认真落实利率市场化进程相关工作，督促各金融机构落实利率定价自律机制，防止恶意竞争抬高借款人融资成本。

金融创新推动 县政府制定出台《永嘉县创业担保贷款实施细则》，11月初，政府落实创业担保贷款担保基金1000万元。确定4家涉农银行业金融机构开展创业担保贷款试点工作，并督促建立创业担保贷款工作机制，开发创业担保贷款金融产品，支持弱势群体创业就业。截至12月末，发放创业担保贷款6笔，金额175万元。全面推进科技金融工作，联合县科技局、市场监督管理局召开专利权、商标专用权质押贷款现场推进会，细化县专利权、商标专用权质押贷款任务分配，推动专利权、商标专用权融资增量扩面。全县参与专利权、商标专用权质押贷款业务的银行业金融机构扩大到8家，专利权质押贷款余额330万元，商标专用权质押贷款余额5910万元。积极开展小额贷款保证保险试点工作，推动县政府设立小额贷款风险补偿基金300万元。全县共办理小额贷款保证保险98笔，发放贷款2094万元。

应收账款融资 制定出台《关于开展2016年应收账款融资服务平台应用推广活动的通知》，积极推动瓯北城投、永嘉旅投、楠溪江建投等政府采购单位加入平台，以政府项目信用为依托促进应收账款质押贷款业务有序发展。同时开展“核心企业+上游农户+金融机构”的应收账款质押融资业务模式，推动以永嘉县创业生态茶有限公司为核心企业的应收账款质押融资业务，依托产业链对上下游企业和关联农户发放应收账款质押贷款。截至12月末，全县应收账款融资服务平台注册用户119户，融资笔数达190笔，累计为52家企业和23个人提供6.2亿元的应收账款融资，有效缓解了中小企业融资难担保难问题。

金融精准扶贫 发挥扶贫再贷款的定向支持作用，按照上级“精准扶贫，精准脱贫”工作要求，加强与县农办等部门的沟通、协调。强化窗口指导，推动地方法人金融机构扩大低收入农户和促进农村经济发展、带动低收入农户增收成效明显的乡村旅游、农村电商以及特色产业发展项目的信贷支持，为全县金融扶贫注入更多低成本的资金。截至12月末，发放扶贫再贷款1.6亿元，地方法人金融机构利用扶贫再贷款发放扶贫贷款1.6亿元，累计支持12家企业和953户农户。扩大扶贫小额信贷覆盖面，以特色产业为基点，以需扶贫贫困户为对象，推动扶贫贴息贷款增量扩面。全县扶贫小额信贷余额1235万元。

区域金融稳定 认真落实《浙江省金融重大事项及重要信息报告制度》，加大对辖内银行业金融机构各类重大事项的收集和反馈力度，累计收集、上报重大事项报告10起。继续做好不良贷款周报和金融稳定季报工作，密切关注辖内不良贷款变化趋势。及时统计并上报辖内金融机构和企业受第14号台风“莫兰蒂”影响情况，积极开展灾后重建帮扶工作。开展非法集资、互联网金融等领域的专项排查与整治工作，联合县工商、银监、公安、电信、金融办等部门开展P2P公司风险排查走访活动，排查P2P公司34家。

金融管理与服务 重新修订《永嘉县银行业金融机构综合评价

暂行办法》，增加评价内容、细化评价指标，按季对辖内21家银行业金融机构开展考核评价，依据评分结果对排名最后的3家银行业金融机构进行约见谈话。增强评价结果的运用，对不同评价结果，在下季度实行不同等级的管理和服务。统筹考虑综合业务检查和专项检查工作，制订2016年度对外执法检查计划，提高金融监管的针对性和有效性。积极探索开展金融消费权益保护工作，组织辖内金融机构开展“3·15”金融消费权益保护专题宣传活动，妥善处置2起金融消费者投诉，切实保障金融消费者的合法权益。截至12月末，共组织开展7次行政执法检查，其中综合业务检查2次，专项业务检查5次，并对3家机构进行行政处罚，共处罚金16.5万元。

人民币管理 制订出台《永嘉县银行业金融机构小面额残损币兑换专项劳动竞赛活动方案》，切实开展小面额残损币兑换专项活动，累计举办人民币知识讲座8次，开展人民币业务培训13次。开展对16家银行10元及以上面额现金清分质量、设备配备及全额清分进度等情况进行突击检查，并向全辖通报检查结果，提高流通中人民币质量。组织辖内金融机构以瓯北码头、客运中心、农贸市场、乡镇商店等现金流通量较大的地点为重点开展反假币宣传活动，提高反假宣传活动频度及覆盖面。协助公安部门侦破一起网络购买假币案件，鉴定并收缴假币992300元。

反洗钱 加强对银行、保险、证券等金融机构反洗钱工作的监督指导，提高县域金融机构反洗钱工作能力。认真分析可疑交易报告，积极收集洗钱犯罪相关证据资料，采取案情分析会等形式，加强与公安、司法等部门的沟通协作，合力打击洗钱违法犯罪行为，上报9户可疑交易资料，协助县公安局成功破获1起掩饰、隐瞒犯罪所得案件，完成1起中国银行永嘉县支行移送的可疑交易报告并以非法经营罪立案。

外汇管理 以“引侨汇入永”为切入点，联合侨委、侨办、侨联及中国银行，通过开展广场宣传和座谈交流的方式，进一步推广个人贸易外汇政策，做好侨乡侨民的引资工作。认真部署和宣传全口径跨境融资工作，多次走访银行和企业，送外债新政上门。截至12月末，向境外银行报备意向借用外债企业3家，授信额度达6000万元，成功借用外债200万美元。积极推进外币代兑机构建设，在乌牛镇设立温州辖区首家由国有银行授权开办的外币代兑机构，方便侨乡侨民外币兑换。充分发挥外汇指定银行代为监管职责，严格操作流程，从源头杜绝异常资金流出。严格审核个人购付汇业务，防范分拆购付汇行为。密切关注企业购付汇行为，对企业“出口不收汇、异地购付汇、大额预付货款及内购外结”四种异常情况进行排摸，总计筛选出11家企业存在异常交易行为，通过原因分析，提前做好预防和审核把关。经过政策宣传，推动奥康集团取消海外并购事项和温州木材公司撤销大额对外付汇账户。

信用体系建设 制定出台《关于开展2016年度全县借款企业信用评级（评分）工作的通知》，积极推进全县企业第三方评级工作，将评级对象由上年末融资规模3000万元扩大至2000万元的企业，完成74家企业信用评级和41家企业信用评分工作。积极推进涉农金融机构信用村申报工作，新评定23个“县级信用村”。不断深化“三信”评定成果运用，继续开展信用村整村批发授信工作。共对29个信用村授信6.8亿元，累计发放贷款4.3亿元，惠及信用户2282户。认真做好浙江省农户信用信息管理系统信用农户导入工作，截至12月末，农户信用信息入库数达102676户。创新开展“征信知识进文化礼堂”活动，协调辖内11家银行和11个文化礼堂签订“征信知识进文化礼堂”活动结对协议，开展“一对一”结对宣传活动，扩大征信知识覆盖面。继续做好“6·14信用关爱日”和“8·8”温州诚信日宣传活动，联合有关部门在县文化广场以及各金融机构网点处开展宣传活动，将社会信用体系建设宣传推向新高潮。

城乡支付服务环境建设 深化银行卡助农服务点管理，分批次做好银行卡助农取款服务点综合化建设。截至12月末，加载电子商务的服务点90个，加载业务宣传和金融服务的服务点90个。积极开展助农服务点县级补贴发放工作，发放县级财政资金补贴5万元，发放市级财政直补资金和台风受灾补贴资金18050元，共覆盖服务点98个。积极推进智慧支付工程建设，推进“电子支付应用示范村”创建。上报3个“市级网上电子支付应用示范村”，推进珠岙村创建“省级网上支付应用示范村”。实现交通（温州瓯江通道建设公司）、医疗（永嘉县中医院）、校园（永嘉翔宇中学和罗浮中学）、菜场（上塘综合农贸市场）等民生领域的智慧支付工程建设，金融服务与民生需求结合应用，开创金融惠民新模式。

国库服务 加强柜面监督，严控资金风险关卡，退回不合规业务187笔，金额达10.89亿元。建立专项资金“绿色通道”，保证全县扶贫资金、社会求助资金、县域企业应急转贷资金及各种突发事件专项资金拨付及时到位。加强国库信息调研工作，被《浙江国库信息》录用3篇，被《温州国库动态》录用5篇。《“营改增”推广实施对银行业金融机构的影响及建议》调研报告，被温州市政协刊物录用。截至12月末，共办理各级预算收入80.67万笔，金额105.56亿元；预算支出6.50万笔，金额150.14亿元；预算收入退库2663笔，金额4.88亿元；更正调库255笔，金额41.83亿元；其他业务15.04万笔，金额52.78亿元。

科技管理 高度重视移动金融创新工作，专题赴市中支汇报工作情况，听取工作建议与指导，积极争取上级科技部门工作支持。认真做好调查摸底，结合永嘉产业特点，选定移动金融技术创新试点单位。并开展3次专题调研，督促推进移动金融在永嘉景区创新应用。截至12月末，永嘉农商银行已先后与“百丈瀑”“永嘉书院”两个景区签订移动金融“云闪付”应用协议。相关工作被市中支科技科作为工作经验上报上级行。

金融知识宣传 认真开展“普及金融知识防范金融诈骗”和“金融知识普及月”专项活动。召集辖内174家金融机构网点参与活动，重点围绕小微企业、农民、城镇低收入人群、贫困人群、残疾人和老年人6类特殊群体，通过媒体、实地和网点3种渠道，累计组织开展宣传154场次。组织开展“普及金融知识防范金融诈骗”宣传微信自媒体制作大赛，扩大宣传普及面。积极开展“诚信兴商宣传月”系列活动，各外汇指定银行通过悬挂宣传标语横幅、电子显示屏展示、手机短信、发放宣传画册和资料等向客户宣传外汇政策，取得良好的社会效果。

（金渊博）

中国工商银行股份有限公司永嘉支行

概况 2016年，面对复杂更加的外部经济金融环境，中国工商银行永嘉支行在上级行党委、当地党委政府的正确领导下，在监管部门的指导下，认真贯彻落实国家金融法律法规和人民银行政策规定，积极主动贯彻落实省、市行长会议以及上级行各项工作部署，紧紧围绕既定目标，坚持稳健经营，防风险、控不良，补短板、拓市场、抓基础、促转型，强党建、稳经营，全神贯注做好风险、市场、转型、管理四篇文章，扎扎实实开展各项工作，取得了较好的成效。至2016年12月底，本外币全部存款余额56.53亿元，较年初增加7.72亿元，日均存款53.77亿元，较上年度增加8.12亿元；个人金融资产余额53.74亿元，比年初新增5.8亿元；各项贷款余额36.21亿元，不良贷款余额3453万元，不良贷款率0.95%。全行继续保持稳健可持续发展态势，在温州分行经营绩效考评中列第四位，比上年提升两个位次。

党建工作 一是强化推动，落实党建主体，不断增强党员干部“双岗双责”的履职意识，开展了建党95周年纪念系列活动；二是强化学习，提升队伍素质，在全体党员中开展“学党章党规、学系列讲话，做合格党员”活动，党总支书记给全体党员主讲《深入践行两学一做部署，确保永嘉支行健康发展》专题党课；三是强化纪律，抓好作风建设，支行一把手与分管行长和网点负责人分别签订了党风廉政建设责任书，推进廉洁文化建设，将反腐倡廉教育列入全行员工教育培训规划，并加大对员工参与非法集资和民间借贷、违规担保、违规放贷等“十大重点领域和关键环节”的风险排查与治理，努力将风险隐患消灭在萌芽状态。

信贷管理 一是加强贷前管理,严格落实货币信贷政策,强化调前全面调查和风险评估,切实防范信贷工作中的政策风险、产业风险,在贷款准入前做好风险把关。二是加强贷款风险预警管理。对各种信贷隐性风险要始终保持高度警惕，采取有效措施，积极防范，及时发现和化解信贷风险。三是认真分析新增不良贷款的产生原因和风险状况，根据每笔不良贷款的实际情况，采取合理有效的措施，加快催收及诉讼处置进度。四是增强信贷人员对贷款的全流程管理和风险管理理念，严格落实信贷“三查”制度，强化用途管理和信贷资金流向的监测，确保信贷资金真正为实体经济服务。

零售业务 一是发挥工行创新金融产品优势拓展资产。利用季季利、天天惠定制版等系列产品加大个人金融资产业务拓展，夯实个人零售业务基础。大力推进理财业务发展，2016年在全行开展理财业务竞赛，取得了良好的效果，截至2016年12月底理财余额达12亿元，为个人金融资产增长打下了坚实的基础。二是坚持以储蓄存款为重点，抓住零售业务关键点。在新春旺季期间加大储源拓展，年初储蓄存款保持强劲的增长势头，为全年的储蓄存款保持正增长打下了良好的基础。做好行外客户的拓展，抓客户提升和基础客户工作，为年末的储蓄存款完成全年目标提供了源头。三是坚持基础客户发展，夯实零售业务基础。坚守“客户是本”的理念，首抓客户发展，通过网点外拓、上门办卡等业务发展基础客户，客户的发展为各项业务快速发展打下了坚实的基础。四是坚持高端客户发展，提升零售业务贡献。发展高端客户，特别是私人银行客户，全年私人银行客户数得到了有效巩固和发展。加大私人银行客户产品配置力度，引导客户对金融资产进行优化配置，使客户逐步接受资产多元化配置的理念。

内控合规 深入开展“十大重点领域和关键环节”防控治理工作，制定风险点防控治理方案，明确防控治理目标、牵头和协办部门以及关键环节和治理措施等。开展内控合规“基础强化年”主题教育活动，营造良好的内控案防工作环境，以“践行合规、从我做起”为主题，采取座谈、辩论等形式，组织全行中层干部、客户经理、值班经理、员工“谈合规”，提高全员依法合规意识和风险防范能力。开展“找风险、防风险”活动，有效防范各类业务风险。以网格为单位结合支行实际，找出产品、流程、操作、管理等环节的业务风险隐患，同时提出相应的防控治理措施。开展2016年度案件风险排查，根据支行业务特点，对照上级行风险排查方案，以营业场所、资金借贷两大领域为案件风险排查重点，采用现场突击检查、监控录像检查、非现场监测系统数据排查、外部系统相关信息排查等方法，对排查发现的问题，边排查边整改。

工会工作 一是组织开展岗位练兵活动，以岗位能手叶琼琼、林小群为负责人，组织近五年来入行的员工，开展岗位练兵活动，掀起岗位练兵的高潮。二是配合支行中心工作组织劳动竞赛，形成“工会搭台，业务唱戏”的格局，促进业务的发展。三是完善职代会制度，按时召开职代会，开展九届三次职代会的提案征集工作，共征集到提案15件，做到件件有落实、件件有答复。四是开展职工小家创建，全行职工小家覆盖率达100%。五是深入开展巾帼建功活动，为广大女员工岗位成才、建功立业搭建广阔平台。

荣誉 2016年，支行党总支部分别被工总行党委、浙江省分行党委授予“先进基层党组织”称号，支行荣获省分行、市分行授予的2016年度旺季竞赛先进支行称号。辖内上塘支行荣获2016年度总行服务五星级网点和省行四星级网点、浙江分行2016年度先进集体，支行营业部荣获省分行2016年度内控案防工作先进网点。员工叶琼琼荣获“浙江金融五一劳动奖章”“全国金融系统五一巾帼标兵”、浙江省分行2016年度先进工作者，员工李伟荣获总行2016年度资产托管业务先进个人，员工林小群家庭被评为2016年度工总行“最美家庭”，支行党总支书记钟世华被省分行党委授予“优秀党支部书记”称号，员工周林荣获省分行“2016年度优秀支行运行主管”称号，杨念明被授予省分行“2016年度安全保卫工作先进个人”。

（金晓文）

中国农业银行股份有限公司永嘉县支行

概况 2016年，面对经济形势复杂多变、同业竞争持续加剧、风险防控持续承压等多重压力，中国农业银行永嘉县支行以全县经济和金融工作会议精神为导向，深入贯彻落实县委、县政府加快转型经济发展方式，主动应对复杂的经济金融形势，积极对接县政府民生建设工程，全面开展支持实体经济发展的金融活动。

2016年12月底，全行各项存款余额137.83亿元，比年初大幅增长21.52亿元，存量、增量创下历史新高，总量四行占比48.92%，比上年提升0.26个百分点，存款总量保持四行第一。各项贷款余额76.69亿元，比年初增加4.57亿元，总量、增量保持四行第一。实现拨备前利润3.22亿元，跻身全省系统内县域一级支行前10；实现拨备后利润2.94亿元。全年实行中间业务收入10762万元，同比增加620.94万元，总额居系统内全省县域一级支行第10位，四行占比达50.79%，领先同业。在系统内，连续2年获得全省、全市先进单位称号，还获得省分行党工团线先进集体荣誉；在系统外，获得浙江省金融系统五四红旗团委、省级治安安全单位，永嘉县“十杯·十佳”平安金融场所创建工作先进单位、永嘉金融机构综合评价A类行、2016年度永嘉县金融类巨龙企业等荣誉，品牌美誉度进一步提升。

组织架构 2016年12月底，中国农业银行永嘉县支行共有员工253人，支行本级设有综合管理部、风险管理部、个人金融部、运营财会部、公司业务部、国际业务部及三农业务部等七个部门，其中运营管理部下设自助设备单元。全行共10个网点（包括营业中心），16个惠农服务点，共有ATM机131台、自助通45台、超级柜台29台，覆盖了全县所有主要乡镇。2016年，该行在县委、县政府的正确领导下，在各级管理部门的关心关怀下，坚持立足实际、回报社会的宗旨，不断优化金融服务，持续加大实体经济支持力度，加快“服务三农”步伐，大力支持小微企业发展，增强业务发展的可持续性和稳定性。

服务“三农” 2016年，中国农业银行永嘉县支行以惠农服务点为支点、以农户小额贷款为抓手，扎根农村、勤耕“三农”，惠农支农力度不断加大。推出“惠农服务点+惠农通工程+流动服务队”三位一体的渠道建设模式，在各偏远乡镇设立了惠农服务点16个，配备发卡机、网银演示机、自助转账机共33台，离行式ATM机9台，布设220台惠农通机具，完善农村服务网络建设；派驻7名乡镇挂职干部进驻乡镇，担当金融专员，配合政府、企业开展金融工作，服务当地实体经济发展；构建以“1名农金员+N名信息员”为模式的三农团队，走村入户开展调研、宣传、问卷调查等工作，入村了解村民金融需求，并积极开展“惠农知识万里行”、入村办卡、惠农医疗下乡、电影送下乡等活动，累计120余场。依托上述队伍建设，该行在2016年建立村民信贷档案11687户，进一步规范农村信用体系建设。同时，该行还推出了一系列针对农村的产品创新，积极对接农村金融需求，推行农村金融自治模式，加快与村两委合作创建金融自治村，2016年，农行共创建金融自治村54个，审批“N+农户”贷款项目55个，全年共为1499名农户发放贷款4.55亿元，其中依托自治村对全县专业合作社和农业龙头企业实行分区服务，认定专业大户40户，发放贷款955万元；并推出农房抵押贷款，扩大农房抵押范围，降低农户贷款准入门槛，盘活农民资金。

支持实体 中国农业银行永嘉县支行始终以支持实体经济发展为己任，将服务支持县内重点项目建设作为工作重中之重，通过深化银政合作，积极对接政府发展规划、服务民生工程，2016年先后成功获批上塘至瓯北公路工程PPP项目、楠溪江旅游基础设施建设提升改造工程项目等4个项目，其中政府类项目3个，授信总额23.2亿元；上线全省农行首个“机关保”系统，完成与省机关事业养老保险信息管理系统的对接，实现了全县机关事业单位离退休工资发放的电子化和便捷化，促进便民工程落地；还与永嘉县市场监督管理局合作启动“工商注册通”业务，在该行辖属10个网点为全县新设企业免费提供从名称预先核准到设立登记全过程“一站式”服务，以实际行动支持便民利企。推广运用“拍卖贷”、专利权、商标专用权质押贷款等创新信贷产品，推行小微企业贷款预审制，全力支持企业发展。创新小微企业服务机制，实行客户经理“3+2”走访制，要求客户经理每周拜访3家开户企业，走访2家新企业，了解企业融资需求，提供上门服务，方便企业办理金融业务。2016年，该行累计走访企业3101次。

内控合规 着力构建内控合规工作长效机制，推动全行切实落实好健全管理体系、强化重点业务操作风险防控、推进合规管理、加强基层管控、强化问题整改和落实责任等重点工作，坚持推进员工行为“网格化”管理，全面落实“从严治行”制度。坚持深入开展定期检查和专项检查，及时发现运营管理中的薄弱环节和漏洞，并能及时督促其落实整改，规范操作。积极开展多种形式的专项活动,强化内控制度建设，完善运营基础管理工作考核，有效防范、化解运营风险。2016年无重大违规违纪行为，无重大责任事故，无重大事实风险，2003—2016年内控评价连续获一类行，连续14年无经济、刑事案件。

风险控制 中国农业银行永嘉县支行坚持以发展的眼光看待风险，对出现或潜在风险实事求是地反映，一户一策寻找风险解决方案，配合政府部门主动化解“两链”风险，努力维护金融秩序和信用环境。一是从严控制信贷准入。严格落实授信“四个匹配”原则、银监“三五八”等要求，严格控制保证方式和信用方式贷款准入。2016年新进企业未发生不良。二是加强信贷风险前瞻防控。加强潜在风险化解，对排查发现的潜在风险企业，严格按照一户一策措施前瞻性防控信用风险。对产能过剩的淘汰型行业客户做到及时退出。三是做好“减法”推进信贷结构。严格执行行业限额压降计划，控制压缩存在过度融资、过度担保、过度投资等“风险信号客户”用信，减轻防控负担。

文明创建 中国农业银行永嘉县支行始终坚持文明创建与业务发展良性互动，以培养和造就一批有理想、有道德、有文化、有纪律的新农行人为目标，以基层窗口建设为重点，以先进典型为示范，深入开展创建各级“文明单位”“号手岗队”等活动建设。一是文明创建方面，重视文明创建申报工作，积极督导申报网点抓好文明创建台账整理、落实网点日常文明创建工作开展。2016年，辖属网点城关分理处、岩头支行顺利通过第三届“全省农行文明单位”复评，瓯北支行、营业中心顺利入选第四届“全省农行文明单位”序列。二是党建方面，积极传达党建精神，鼓励基层争先创优、树立党员模范作用，并于2016年内成功申报4名优秀职工获“市分行优秀党员”荣誉称号，瓯北支行、乌牛支行获市级先进基层党组织称号。三是青年文明创建方面，扎实推进共青团阵地建设，围绕“激荡正能量”“引爆责任感”“服务三农·青春飞扬”等内容开展了诸多活动，并紧紧围绕“青年文明号”创建，打造“青”字号工程品牌。2016年度，该行辖属网点黄田支行、瓯北支行、乌牛支行被评为市级青年文明号。

企业文化 2016年，中国农业银行永嘉县支行以“弯道超越·梦想起飞”主题活动落实人文关怀、推动企业文化建设。通过实行机关食堂免费、下发网点餐补、落实休息室等措施，全面解决员工就餐和中午午休问题，开展全员体检、生日慰问、夏季送清凉、冬季送温暖等关怀活动，并对生活困难、离退休、婚嫁等员工开展走访慰问，让员工感受组织关爱。不断探索员工减压减负机制，先后开展“团结·奋进”文艺会演、趣味运动会、跑男游戏、三八户外踏青、12公里户外徒步、道德讲堂等各类活动90多场，陶冶情操、舒缓压力，并在岩头支行探索实行“中午休息一小时”，为后续落实积累经验。

（周　静）

中国建设银行股份有限公司永嘉支行

概况 2016年，中国建设银行股份有限公司永嘉支行认真贯彻落实总分行决策和部署，紧密结合地方发展实际，强化开拓创新，加快战略转型，深化结构调整，加大金融支持力度，推进和谐建行建设，实现各项业务持续健康发展。至2016年12月底，个贷不良率和个人贷款逾期率列温州建行系统最低；市民卡卡管系统录入新增完成率、企业网银存量活跃数完成率、基本户已代发户数净新增比例、外汇客户新增完成率均列全市建行系统第1位。本外币存款余额51.57亿元，比年初新增5.99亿元；本外币贷款余额45.04亿元，比年初余额减少0.54亿元。按五级风险分类统计，本外币不良贷款余额38031万元，比年初增加34055万元，不良率8.44%,比年初增加7.57个百分点。实现账面利润1.21亿元。

信贷支持 一是继续加大力度支持重点项目。积极关注和储备县域重点项目，在项目成熟时积极向上级行争取支持，做好大项目的储备和支持。至2016年12月底，已授信三江新城开发、市政建设、瓯北诚投等重点项目15.4亿元。二是强化服务小微企业。重点加强对县域产品科技含量高、有创新、有市场、符合国家产业政策、效益好的中小微企业，以“成长之路”“速贷通”“善融贷”等小企业信贷产品为依托，以小企业经营中心和“信贷工厂”等专业化机构建设为重点，通过贷款担保、小额贷款和电子商务贷款等多种业务形式，积极支持小微企业发展。同时通过与行业协会及政府部门联合等，对辖内一批优质的企业进行对接，努力带动一批优质的小微企业焕发发展活力，通过“税易贷”产品，无抵押、免担保信用贷款助力小微企业。三是做好困难企业帮扶工作。对一些自身生产经营正常而受担保链影响的企业，积极启动帮扶途径，实行转贷帮扶政策帮助其渡过难关。对一些由于自身资金链断裂等原因不能偿还贷款的企业，不简单地提出诉讼、判决、申请强制执行借款人、担保人以及抵押物，而是通过与借款人、担保人充分协商，法院调解，执行和解等方法，确定3-5年分期还款的方案，以时间换空间，帮助借款人、担保人渡过难关。

资产质量 一是贷前把好审批关。根据当地经济环境和产业发展前景，筛选贷款行业、客户群，把握投放重点。二是做好潜在风险化解。对已出现风险迹象、但分类尚未进入不良的对公风险客户，通过特殊风险化解机制来解决。三是对风险预警企业进行排摸。每月召开小企业风险及贷后管理例会，对不良与逾期客户制定处置方案，对“双1”及三个月无经营款项进账客户做好走访记录，排查客户风险，预测新暴露不良客户名单并确定需要调整分类的客户名单。四是进一步加快不良贷款处置。力争快速诉讼加快处置进程，多种手段加快处置进度，注重加大现金回收力度，争取非常规处置资源，有序推进并保质保量做好责任认定工作，为提早做好核销打包申报工作打下基础。2016年公司不良贷款上诉16笔，标的额26283万元，回收3976万元。个贷不良上诉10笔，标的额1232万元，回收595万元，所有上诉案件都胜诉。

案件防控 一是夯实基础管理，完善防控机制。利用风险联席会议、案件防控分析会、网点晨会、安全警示教育专题讲座等形式进行案件防控、风险合规、员工职业操守等方面学习教育，强化风险防控，确保全年无案件和重大责任事故。二是层层签订廉洁从业、安全运营目标管理责任书，明确责任目标。同时深入开展员工行为排查，坚决遏制内部案件和重大责任事故的发生。三是认真贯彻落实《案件防控工作考评实施方案》，2016年召开风险防范联席会议4次，梳理分析操作层面存在的问题，提出整改意见，并做好跟踪落实。四是落实风险合规体系建设，调配精干人员成立支行风险合规部，将风险、合规、风险处置三种职能有机结合，人员精简复用。全面落实合规官制度，设立支行合规官，成立了合规管理团队，在网点配备合规主管。同时修订《网点员工会计质量及操作风险检查奖罚办法》，对各网点运行、核算、内部控制、合规经营等会计工作质量进行考核与评价，对网点员工进行相应的奖励和处罚。五是切实加大违规问题的整改力度。针对审计和上级检查、外部监管和部门条线自查发现的问题，下大力加强整改，遏制违规问题屡查屡犯。六是强化安全防范工作。积极加强防抢、防盗、防骗、防火、防破坏和防治安灾害事故的“六防”安全教育。2016年开展2次应急预案演练，各网点每季度开展1次演练。分管行长带队每月赴网点开展安保工作检查监督，及时消除安全隐患。

队伍建设 一是认真落实党风廉政建设党总支主体责任和分管行领导监督责任。党总支在选人用人、正风肃纪、监督治理等方面，严格落实有关规定，“一把手”在抓好班子、带好队伍、管好自己三个方面做好廉洁从业的表率示范，并指导各党支部开展“争优创佳”活动，设立共产党员示范岗，努力发挥党员先锋模范作用的示范带动效应。同时落实干部任前谈话、廉洁谈话等约谈制度和纪检监察工作垂直报告制度。二是提升员工综合素质。采取集中学习、专题讲座、现场培训、网络课程学习、业务技能测试、“道德讲堂”活动等形式组织员工学习教育，同时强化网点晨会、每周例会、每月分析会的学习制度，有计划地安排和引导干部员工学习上级新政策、新文件、上级思路决策，提升上通下达能力。三是注重培养员工。在选人用人方面，综合考虑员工各方面的表现，将合适的员工调整到适合的岗位，将想干事、能干事、干成事的优秀员工选拔到重要营销工作岗位上，优先为其提供发展的平台，促进优秀员工快速成长。2016年组织2次非管理岗晋升，16人晋升至十一职等，11人晋升至十职等，4名员工走上管理岗位，3名管理岗职等得到晋升。四是开展丰富多彩的文体活动，丰富员工业余生活，陶冶情操，缓解压力。2016年开展了元旦登山健身活动、端午蛋袋手工编制体验活动、与县公安消防局开展篮球友谊赛、迎中秋员工游园会等。

社会责任 认真贯彻落实县委、县政府“双百结对”工作，结合文明单位创建工作，积极投身文明共建、社区共建、军民共建、金融服务送下乡、志愿服务、帮扶结对、助学助困等活动。2016年5月14日、5月29日、10月16日先后3次到县儿童福利院开展献爱心送温暖活动，为福利院儿童送上食品、生活用品、学习用品、玩具等，并带这些留守儿童到鹅浦公园一起玩火车过隧道、袋鼠跳等游戏，让他们度过一个快乐的儿童节。5月20日，李文勇行长率队赴文明共建结对村岩坦镇潘二村开展共建结对活动暨志愿服务活动。其间召开座谈会与该村两委交流共建结对工作，送上共建捐助款，为该村一位高龄老人送上生日蛋糕、棉被并一起过生日，向村民分发由企业家赞助的100件T恤衫。支行志愿服务队员分别在潘二村和瓯北码头公交车上讲解健康饮食、防诈骗知识等。6月9日，员工戴仲丽会同义工志愿者赴永嘉安康养老院（县重度残疾人托管中心）参加义工活动，送上大米、食用油、饮料、水果等，并烧好饭菜为孩童和老人们送上一顿丰盛的中餐。6月23日，开展文明出行宣传，分发《关爱生命文明出行——倡导六大文明交通行为》等宣传资料，倡导“迎接G20 人人讲文明——做文明有礼浙江人”。9月16日，桥头镇受台风莫兰蒂影响遭受洪水肆虐时，组织员工投入紧张有序的抗洪救灾工作，保障桥头支行正常对外营业，并组织员工上街打扫卫生。11月30日，分管行长率队赴潘二村开展共建结对暨志愿服务活动，其间与该村两委交流结对共建工作，向该村5位老人赠送收音机，并开展包括社会主义核心价值观、饮食卫生、“五水共治”、防诈骗知识等内容的有奖竞答，向村民讲解并分发防诈骗、饮食健康知识等宣传资料。

创新推广 2016年，建行在整合网络支付、手机支付、移动支付等全系列产品功能的基础上，新推出了“建行钱包”和“二维码支付”两个全新产品，这是人民银行《条码支付业务规范》正式发布后业内首款开通二维码支付功能的革新产品，具备了建行钱包、全卡付、建行二维码、龙卡云闪付、随心取、好友付款、AA收款、龙商户等八大功能。为方便投资者在银行营业网点开展注册登记咨询、企业名称预先核准申请、公司设立登记申请资料的传递等，2016年5月17日，浙江省工商行政管理局与省建行达成《关于进一步落〈实加强政银合作服务转型升级合作协议〉备忘录》后，5月30日，建行永嘉支行通过前期不懈努力，成功为乌牛街道国新超市办理了一笔代办工商注册登记服务，实现了该项业务零的突破，这也是温州建行系统首笔代办工商注册登记服务。11月28日，在乌牛成功开办外币代兑点——永嘉杨宇贸易有限公司外币代兑点，这也是温州县域首家由国有银行授权的外币代兑机构。12月8日，永嘉瓯北诚投公司成功首次支用2350万元的政府购买服务贷款，这也是建行永嘉支行办理的首笔政府购买服务贷款，并实现温州建行系统政府购买服务贷款的破零。

（张俊杰）

中国银行股份有限公司永嘉县支行

概况 中国银行股份有限公司永嘉县支行（以下简称中国银行永嘉县支行）成立于1993年7月，县支行大楼坐落于瓯北街道经济中心双塔路1089号。2016年，中国银行永嘉县支行深入贯彻中国银行浙江省分行、温州市分行重点工作部署，紧紧围绕“担当社会责任，做最好的银行”战略导向，按照中国银行温州市分行“调结构、抓收入、控不良、防案件、重党建”的十五字工作思路，牢牢把握“清收化解、增加效益、内控防案”三大工作主线，各项业务稳步发展。截至2016年12月底，（人行口径）中国银行永嘉县支行本外币存款余额为35.80亿元，比年初新增6.85亿元，增幅23.66%；市场占比创新高，全口径市场份额为6.55%，四行口径市场份额为12.67%，分别较年初提升了0.43个和0.62个百分点，提升绝对幅度居四大行首位。中国银行永嘉县支行行政事业单位存款余额突破8亿元大关，达到88003万元，增幅为136.33%，实现了历史性的翻番。

资产质量 2016年，在资产业务规模有序、快速扩大的同时，中国银行永嘉县支行注重不良贷款控制，有效保持资产质量优良，不良率在当地同业居较低水平。中国银行永嘉县支行本外币贷款年末不良率为0.13 %，比年初下降了0.23个百分点,不良率处当地同业较低水平。中国银行永嘉县支行高度重视授信风险防范，主要采取以下措施：一是加强对新上任客户经理的风险管理培训，严格落实执行四个必须及每月的自查工作；二是增强客户经理风险意识，做好贷前、贷中、贷后“三查”工作，客户经理每月至少一次上门拜访客户，了解企业生产经营状况。

跨境业务 中国银行永嘉县支行继续致力于为永嘉县企业“走出去”提供强有力的支持，以为企业寻求全球机遇、实现国际化发展提供全方位服务为己任：充分发挥国际结算和外汇业务的品牌优势，坚持共性与个性相结合的原则，灵活有效地进行产品组合，多渠道满足客户的融资需求；积极拓宽融资渠道，根据外向型企业融资需求的特点，大力推广协议融资、协议付款等产品。截至2016年12月底，中国银行永嘉县支行实现国际结算量2.07亿美元，市场份额为40.52%；跨境人民币结算量为0.58亿元，占全县跨境人民币总量的49.89%，处永嘉县领先地位。

支持重点工程建设 2016年以来，中国银行永嘉县支行紧跟中国银行浙江省分行“大客户、大项目”发展导向，强力推进“公司强行”战略，在重点项目领域实行“一把手”营销工程，积极作为、主动突破。截至2016年年末，中国银行永嘉县支行积极对接永嘉江东污水处理厂建设及营运项目、永嘉投资集团项目、碧桂园房地产项目及多个政府平台项目，上述多个项目的成功落地，有力地支持了永嘉当地重点工程建设。

内控安保 2016年，中国银行永嘉县支行实现全年各项内控及安全工作稳步推进。深入推进5310内控防案工作，重视“1+3”人员管理和排查，组织开展全辖区风险排查，强化反洗钱工作，梳理外汇业务操作流程和管理职责，严肃财经纪律，落实人行等监管部门的各项工作要求，严格责任追究，进一步强化“火炉效应”，努力使全行各单位、业务条线持续保持内控高压态势，鼓励人人争做“最稳定的因子”，确保万无一失。

在安全保卫工作方面，中国银行永嘉县支行认真贯彻落实上级行及公安、银监安全保卫工作精神,遵循“预防为主，综合治理，谁主管，谁负责”的指导原则，切实开展“心防工程”“平安中行”创建活动，并组织全辖员工开展消防安全学习及消防演练，强化了员工的安全防范意识，使安全管理落到了实处，为中国银行永嘉县支行稳健经营和业务发展营造了一个稳定、安全的经营环境。

党建工作 2016年，中国银行永嘉支行在党建建设方面做到“四个突出”：一是突出“建”，提升网点独立党支部的占比，2016年中国银行永嘉县支行达到了自定目标100%；二是突出“增”，网点正职、副职要增加党员比例，尤其是网点正职。2016年增加网点党员正职1人、副职2人；三是突出“强”，规范基层机构党建制度执行，加强党员之家的建设，使党徽亮出来，使党旗立起来；四是突出“团”，加强了对支行团总支的领导，提升团总支书记职级，进一步激发了广大团员青年的活力，充分发挥团的突击队作用和桥梁作用，增强广发青年员工爱岗敬业的责任心，并加快了其职业生涯成长。

人事革新 2016年，中国银行永嘉县支行加大了“能上可下”人事机制创新的推进力度，即在充分沟通的基础上规划每位员工的职业生涯设计，通过逐步建立、健全科学的副职和业务经理序列、对公客户经理序列、对私客户经理序列、理财经理序列、大堂经理序列和各单位一把手序列的相关考核、考评办法，进一步推进了每个序列的“能上可下”机制和序列间换岗机制，以持续增进全行人力资源的开发，进一步保障和加快县支行经营策略的实现。在2015年基础上提拔、储备了若干名干部。全行梯队建设初见成效，全行干部、人才框架初具雏形。

企业文化建设 中国银行永嘉县支行各级管理层把“站在群众角度解决问题”作为经营管理的信条之一，要求真正做到关注关心员工职业生涯成长需求及生活疾苦，积极开展各项有益身心健康的活动（包括党员活动室的创建），高标准地强化文明创建工作，使和谐企业文化能够根植于中国银行永嘉县支行。中国银行永嘉县支行工会积极落实民主管理制度，提高民主管理效能，切实维护员工权益，努力为员工办实事、解难题，营造积极向上的企业文化。关心员工身体健康，安排员工免费体检；关怀员工冷暖，出台相关的慰问制度，为每位员工送上生日蛋糕卡，探望生育女员工、关爱生病员工，积极开展文明单位创建活动。2016年，中国银行永嘉支行组织了包括“向快乐出发，扬巾帼之美”登山活动、慈善“一日捐”活动、参观红十三军军部旧址、永嘉支行与文成支行篮球友谊赛、迎G20预案演练竞赛、“学案例、讲操守、防风险”主题演讲比赛、创意水果拼盘大赛等十余次团体活动，还积极参加中国银行温州市分行组织的员工才艺大舞台比赛、第九届职工趣味运动会等，并获得了较好的成绩，荣获中行市行庆“三八”女员工业务技能比赛团体第二名，中国银行永嘉县支行男女小组唱《青春中行》荣获温州市“中行是一家”员工才艺大舞台最佳组织奖，荣获中行市分行第十届职工趣味运动团体总分第三名。

（柯文燕）

永嘉农商银行

概况 浙江永嘉农村商业银行股份有限公司，以下简称“永嘉农商银行”，是经中国银行业监督管理委员会批准、2014年3月在永嘉农村合作银行的基础上改制成立。注册资本5.4亿元，在岗员工535人。2016年下辖1家营业部、14家支行、31家分理处和金融服务点，网点遍布永嘉城乡。

业务发展 一是存贷规模增长稳步。至2016年12月底，各项存款余额141.87亿元，比年初增13.33亿元，增幅10.37%；存款市场占有率26.17%，比年初下降1.22个百分点；各项贷款余额109.99亿元，比年初增10.74亿元，增幅10.82%；贷款市场占有率22.56%，比年初增1.32个百分点。二是基础客户量增面扩。截至2016年12月底，贷款户数52464户，比年初增9706户，增幅22.70%；存款户98.61万户，新增7.23万户；丰收小额贷款卡（创业卡）3.71万张，比年初增3303张，增幅9.76%。三是不良贷款保持稳定。截至2016年12月底，不良贷款余额11799万元，比年初增823万元，不良贷款率1.07%，比年初下降0.04个百分点。抗风险能力指标保持良好，资本充足率16.98%，一般准备充足率2.50%，拨贷比11.55%，拨备覆盖率1077.12 %。四是经营效益稳中有增。全年实现财务总收入10.92亿元，同比增3700万元，增幅3.51%；账面利润总额3.71亿元（税前），同比增5064万元，增幅15.63%；实际利润6.3亿元，同比增幅9.03%；资本利润率15.15%，资产利润率1.75%，成本收入比24.26%。

普惠金融　一是提高产品创新力度，破解担保难题。为了扶持电商行业发展，推出“电商创业贷”，发放63笔、金额1972万元；针对被征地农户无法办理社保养老，推出了低息的“丰收扶贫养老贷”，让农户老有所养，发放7217户、金额5.49亿元；针对小微企业多元需求和担保难题，开办了林权抵押贷款、“个转企”贷款、商标专用权质押贷款、应收账款质押贷款、土地流转贷款。丰富的品种，让客户享受到差异化的服务。二是构建楠溪江丰收联盟，实现共赢发展。发挥地方金融机构优势，整合楠溪江旅游资源，打造“丰收楠溪联盟”，搭建集“吃、住、游”和金融服务为一体的综合服务平台，实现联盟成员、客户、银行之间互惠共赢。对合作商户给予优惠贷款扶持，帮助商户做大做强，拓展景点、农家乐、民宿103家，办理贷款47户、1957万元。利用永嘉农商银行信息发布平台和客户资源优势，做好商户宣传，积极推广永嘉县民宿、景区，助推旅游业发展。三是多元渠道持续构建，搭建快捷的结算网络。新增网银（手机银行）客户4.37万户，总量达到21.39万户。ATM机168台，其中离行式52台。电子银行替代率82.80%，比年初上升6.11个百分点。推广丰收购永嘉馆。建成罗溪、缪北、白沙、小若口、潘坑等5家丰收驿站，并投入使用。

产品服务　一是优惠产品不断推出。推出的银行卡——“丰收卡”，10多年来始终坚持免年费、免开户费、免短信通知费、免账户管理费、免跨行取款转账手续费的“五免”原则；开办的丰收新居民卡，不仅享受“五免”优惠政策，而且柜台办理转账、汇款全部免费，已惠及新居民4.72万人；推出的ETC（高速不停车收费）业务，不仅办理免费，还可以享受浙江省内高速通行费9.7折优惠。二是丰富优惠代理业务。不断拓展涉及老百姓日常生活密切相关的公用事业性缴费、政府各类涉农补贴的发放、社保资金收缴分发等各类代收代缴业务，包括水电费代扣、城乡居民社保费代发等品种45项，实现了代理业务的广覆盖，年代理笔数达468万笔，虽占用大量窗口服务资源，但始终坚持免费服务承诺。同时，积极反哺社会，推出代扣水费9.5折活动，让利于民。丰富的代理品种与电子银行业务的联动，让客户足不出户，就能办理各类与老百姓生活、工作密切相关的各类代理业务，不仅方便了客户，也提高了相关单位部门的扣缴业务效率。三是不断帮扶弱势群体。执行差异化的贷款利率，面向未就业农户、大学生、低收入农户等弱势群体发放的创业贷款实行基准利率，对农业龙头企业、农业合作社贷款实行优惠利率。2016年以来，累计发放农业企业（合作社）贷款7744.5万元、316笔，投放扶贫小额贷款1255万元，惠及低收入农户96户。继续做好“最美永嘉人”公益基金，表彰和奖励先进事迹，激发社会正能量。

风险管理　风险控制成效显著。一是坚定做小做散。严控大额贷款准入，户均贷款余额20.62万元，实现“以小避险”，并逐步优化抵押贷款占比。二是前移风险卡口。对丰收小额贷款卡、创业卡，主动开展全面风险排查、预警，并出台风险管控意见；对过度授信、担保的高风险客户主动压缩、退出。三是强化不良处置。实施大额不良贷款质询机制，建立专职清非队伍，加强不良贷款化解。全年共处置不良贷款10012.26万元。四是完善合规机制。推进“法治规范年”活动；加大检查力度，组织风险、财会、安保、审计等各类检查86次；完善“三网辅导”检辅机制；启动会计基础等级创建，完善柜员“例会+柜面辅佐系统+视频”培训模式；加强反洗钱监测，完成反洗钱可疑案例排查2.2万例；强化反假币管理，全年假币浓度为零。四是夯实风控基础。落实人事四项基本制度，实行亲属关系回避；组织内控评价审计，组织审计项目及调查；加强廉政文化宣教，开展廉政党课、警示教育、职业道德巡讲等；抓好员工动态管理，完善案件联防联控机制，组织员工信用卡消费异常行为排查和诫勉谈话；以“平安护航G20”为抓手，组织安全评估“回头看”、押运交接“找差错”、消防安全专题检查等，加强安全保卫工作和舆情处置，实现了平安经营。

内部管理 一是队伍建设不断加强。不断优化用人机制，并不定期开展培训活动，持续推进人才培育，鼓励员工参与各类专业资质认证，不断充实营销队伍，并荣获温州农信技能大比武团体第四名，连续两年实现“系统进位”；丰富文体活动，举办员工才艺微视频大赛和篮球赛；推进团建工作，组织“送金融知识、法律知识进村”“送爱心进福利院”等活动，荣获中央金融团工委“银团合作优秀派出机构”的称号。二是文化建设扎实推进。巩固已创网点成效，1家支行获得“省级文明示范单位”称号。

荣誉 2016年，永嘉农商银行荣获中央金融团工委银团合作“优秀派出机构”、浙江省农信系统业务成长十佳银行、温州市“百佳诚信企业”、永嘉县首届“百佳诚信企业”、永嘉县限额以上金融类“功勋企业”、永嘉县“纳税大户”等荣誉称号，岩头支行评上省农信联社文明规范服务示范单位。

（郑志彬）

中国农业发展银行永嘉县信贷组

概况 2016年12月底，永嘉县信贷组各项存款余额19943万元，比年初减少538万元，减幅2.63%；日均存款23282万元，比上年增加1172万元，增幅5.30%。各项贷款余额33725万元，比年初减少18034万元（其中政府债务置换收贷20000万元），减幅34.84%，日均贷款36868万元，比上年减少26089万元，减幅41.44%。日均存贷比63.1%。不良贷款继续保持零余额。

信贷业务经营 做好政策性粮油收购资金封闭运行管理的主体业务。政策性粮油收购资金封闭运行管理是农发行立行之本，是农发行传统信贷业务。2016年，永嘉县信贷组认真落实上级行有关粮油收购资金管理要求，严把贷款发放、库存监管、货款回笼和收贷收息等各大环节，定期或不定期地进行粮油库存查库工作，协助国有粮食购销企业做好储备粮油轮换和增储的资金供应工作。2016年累计发放粮油收购（调销）贷款7568万元，收购粮食2577万公斤（其中增储规模5202万元、粮食2540万公斤）；累计销售粮食754万公斤，收回贷款2352万元。截至12月底，粮食库存总量3466万公斤，库存值9884万元；成品油5.5万公斤，库存值34万元。发展农村基础设施建设中长期贷款业务，是农发行支持“三农”的重要举措，也是农发行在支持社会主义新农村建设中自我发展的有效途径。在以前支农工作的基础上，2016年利用人行PSL资金支持永嘉县三江新城开发投资有限公司承贷的瓯北13#、14#地块农房改造集聚建设项目，已发放棚户区改造中长期贷款6000万元。2016年累计收回政府债务置换的永嘉县财融投资有限公司承贷的中长期贷款20000万元，收回永嘉县水利投资集团有限公司承贷的中长期到期贷款7500万元和永嘉县粮食收储有限公司承贷的粮食仓储设施（一期）建设中长期贷款1300万元。

信贷基础管理 2016年，永嘉县信贷组借农发行系统“两学一做”活动的东风，以信贷岗位制度落实、信贷人员尽职履责和规范业务操作为切入点，开展对存量贷款业务的贷前条件落实、贷款发放作业监督、信贷资金支付、贷后监管等业务流程的自查自纠工作，针对检查中发现制度不落实、操作不规范和监管不到位的问题及时进行整改，有效地提升信贷基础管理水平。

风险管理 2016年，永嘉县信贷组在发展业务的同时，采取一系列工作措施，防范各类风险的发生。一是坚持每周学习会制度，提高员工的政治修养和业务水平，防控员工的道德风险与业务操作风险，提升安全运营能力。二是以强化自律意识、加强行为规范，配合银监会开展员工行为风险排查。三是开展“两加强、两遏制”回头看，落实2015年度温州银监分局监管意见的整改工作。四是认真做好贷后管理年活动检查整改，提升贷后管理工作规范化建设。

（金云洁）

兴业银行温州永嘉支行

概况 兴业银行股份有限公司温州永嘉支行是兴业银行温州分行辖下的一级支行，成立于2002年，内设综合部、企金部、零售部等3个部室，下设1个营业部，拥有ATM自助柜员机1台，24小时存、取款机2台，全行员工27人。截至2016年12月底，支行总资产达166498.68万元，比年初减少

13745.40万元；总负债161,058.86万元，比年初减少11477.71万元；本外币各项存款余额87,625.92万元，比年初增加17030.36万元，其中公司存款余额73260.13万元，储蓄存款余额14,365.79万元；各项贷款余额141,189.55万元，比年初减少35868.18万元，其中公司贷款余额133885万元，个人贷款余额7304.55万元；实现账面利润5,444.83万元，较2015年减少2270.42万元。

信贷业务 为进一步发挥金融对实体经济发展的支持和服务作用，着力解决企业融资难、融资价格高等问题，助推产业转型升级，帮扶企业健康发展，支行在切实做好全面风险管理的同时，不断提升服务质量。一是盘活现有信贷存量，调整信贷结构，将信贷资金投入到与社会发展相符的行业。二是零售贷款方面积极推出“白领贷”“尊享贷”“兴金贷”及车位分期等项目，满足了广大零售客户的消费需求。

会计管理 分行实行会计结算业务集中管理、会计主管委派制模式。会计业务由分行计划财会部管理，柜面服务由分行零售部管理；柜员由支行负责日常管理，由分行计划财会部负责考核；会计主管由分行计划财会部负责管理与考核。

财务管理 实行“授权管理、集中核算”的模式。年初分行下达费用指标，支行在分行财务授权权限和指标控制范围内发生的各项费用列支，由支行行长审批后,交分行计划财会部统一审核与列支。

安全保卫 2016年，支行安全保卫工作在上级行的正确领导下，认真贯彻落实分行案防工作会议精神，坚持以防为主，以查促防的指导思想，加强队伍建设，强化队伍管理，紧紧围绕控案防险工作目标，营造了“安全集体，人人保安全”的良好氛围，在保卫工作中得了一定的成效，实现了年内无安全保卫责任事故的目标。今后支行将继续完善安全保卫的制度落实和设施，确保安全无事故，争取在第五轮安全评估活动中取得优异成绩，促进安保工作更上一个台阶。

服务意识 抓好服务环境的改变，配合分行逐步改善营业网点的服务环境，提升网点综合竞争力，使支行营业大厅达到宽敞、明亮、分区更加合理，将零售客户经理前移到一线办公，使客户享受到“一站式”服务。实施“走出去，请进来”营销策略，变“坐商”为“行商”，深入永嘉高档社区及周边邻县，向社区居民和邻县群众推介本行对公及零售产品和保险业务，推动银行各项金融业务的发展。同时，抓好网点业务主管的现场管理能力和大堂引导员、柜员的服务提升，使支行整体服务意识得到较大改变。

回报社会 饮水思源回馈社会，积极投身社会公益事业。温州永嘉支行在谋求自身各项业务快速健康发展的同时，积极参与市委、市政府“139”扶贫富民计划，开业至今已向对口扶贫单位捐款12万元，为共同构筑“和谐温州”做出应有的贡献。

（陈仁华）

温州银行永嘉支行

概况 2016年，温州银行永嘉支行面对区域经济形势持续不利影响、金融市场竞争加剧以及利率市场化进程加快所带来的各种经营压力，围绕深化转型升级、打造品牌文化的目标，坚持定位转小、考核转效、业务转变、网点转型的理念，构建产品有特色、服务有特效、品牌要突出、文化有特征的发展新格局。截至12月31日，各项本外币存款余额76100万元，贷款余额94365万元，不良贷款余额720万元，不良率为0.76%。

业务营销 贯彻落实县政府相关文件精神，人行、银监等组织的“金融知识普及月”宣传活动、“2016年国家网络安全”宣传活动、开展“做文明有礼浙江人”倡议书活动和“普及金融知识防范金融诈骗”等专项活动，助力地方经济，温州银行永嘉支行加快小微贷款投放，截至12月末小微贷款余额达4.19亿元。支行分队入机关、国企；进校园、乡村等开展宣传活动；联合13家企业开展护航G20安防进万家宣传活动；联合永嘉上塘小微企业专营支行的工作人员在上塘体育场开展一场普及金融知识的宣传活动；联合永嘉桥头小微企业专营支行来到了桥头农贸市场、桥头街道商铺开展反假币及反电信诈骗活动，在桥东大街设摊举行反假币反洗钱宣传活动；根据人行“征信知识进景区”专项活动，在龙湾潭景区门口设立宣传点，以横幅和宣传栏的形式向过往游客介绍征信业务知识，尽职尽责做好宣传工作。

风险管理 建立完善的风险预警机制，定期或不定期进行各类风险的排查，强化贷后管理，密切关注企业动态。针对严峻的外部金融形势，全面落实信贷“三查”制度，严格把关有效监管，确保业务操作合法合规。积极开展防火、防盗、防抢、防暴及防电信诈骗等安全演习，增强员工应对突发事件的能力。

团队建设 开展“两学一做”主题教育工作，推进党风廉政建设。每月主动开展基层党支部学习，做好记录。定时召开党支部会议，积极开展党员活动，采纳群众意见，积极讨论解决支行发展中的难题。支部开展中共十八届六中全会精神学习主题会议，观看了电视反腐专题片《永远在路上》。及时安排“两学一做”专题教育活动，扎实开展学习教育，推动各项业务健康发展。强化内控管理，进行员工家访关注员工动态、开展“清雷防险”再排查专项活动。经温州银行永嘉支行全行上下不懈地努力，支行先后获得省级巾帼文明岗、省级治安安全成绩突出单位、市级文明单位、市级保卫工作先进集体、县级青年文明号、金融类明星企业等荣誉。

（林 俊）

中国邮政储蓄银行永嘉县支行

概况 中国邮储储蓄银行永嘉县支行于2008年5月挂牌成立。在各级政府、金融监管部门及社会各界的关心支持下，永嘉县支行坚持普惠金融理念，自觉承担“普之城乡，惠之于民”的社会责任，坚持自身经营发展理念，合规经营、均衡发展、以客户为中心，坚持走服务实体经济、服务“三农”、服务城乡居民的特色发展之路。截至2016年12月底，永嘉县支行资产总额为244432万元，比年初增加37347万元，增幅为18.03%，其中辖内零售信贷171087万元，比年初余额增加31113万元，增幅为22.23%，小企业余额为45846万元，比年初增加9234万元，增幅为25.22%，公司贷款27500万元，比年初减少3000万元，跌幅为9.84%；辖内负债总额为385645万元，比年初增加62114万元，增幅为19.19%；完成收入10039万元，同比增长14.02%，实现净利润5203万元，同比增长14.92%。

服务提升与创新 2016年永嘉县支行全面开展网点转型与服务质量提升工作。加强网点柜员、营业主管、理财经理和大堂经理业务水平培训，提升厅堂服务能力；要求客户经理同步进行服务转型,业务受理既保证质量又兼具时效性，达到规范化服务标准；动员全体员工积极“走出去”，走出网点、走向客户、走进市场，全面了解客户需求；明确全行服务标准，业务部门通过监控回放、现场抽查、员工互评、客户问卷的方式发现服务问题、整改服务陋习，从而进行全方位服务质量提升。在不断发展中积极践行“普惠金融”大行责任，截止2016年12月底，永嘉县支行已有空白乡镇网点3家，助农金融服务点71个，为偏远地区群众提供更便捷的金融服务，数次赴偏远地区进行金融知识普及和反洗钱、反假币、征信宣传。关注、重视小微企业贷款，加强贷款全流程管理，确保资金流向实体经济，注重对小微企业经营的监督和帮扶。支行在发展中前进，在前进中不断提高服务水平、不断进行服务创新。2016年邮储银行永嘉支行联合永嘉县住建局和劳动监察部门共同推出多功能“绿卡通（+薪卡）——民工工资保障卡”，旨在解决长期困扰的农民工劳资纠纷社会问题，受到了省、市、县各级政府单位、社会各界的重点关注和有力支持。此外，该项目已成功申报邮储银行浙江省分行2016年度“服务创新奖”，并获得创新奖银奖荣誉。

内控管理 坚持经营发展与内控管理两手抓策略，不断完善永嘉县支行全面风险管理体系。认真梳理各条线岗位职责，对照相关部门条线工作要求，积极开展自查活动。先后开展季度员工行为排查、集中行为排查，结合实际情况安排家访、谈话工作。贯彻执行省分行《轻微违规行为积分管理办法》和《违规行为处理办法》，规范员工作业流程合规化、效率化。认真开展“两个加强、两个遏制”回头看工作和廉洁风险防控工作，全员参与。尤其是廉洁风险防控工作的开展，通过员工自查、同事互查、领导指正等方式罗列全行可能出现的岗位风险，并制定相关风险防范措施，由上至下逐一落实防控工作，成效显著。重视风险高发的信贷业务，进一步强化信贷全流程管理，加强不良贷款责任认定、移交、清收和呆账核销等工作。截至2016年12月底，县支行零售信贷不良金额为339.9万元，不良率为0.2%，小企业不良贷款金额为1045.59万元，不良率为2.28%。

安全保卫 2016年永嘉县支行严格遵守各级政策法规，以“预防为主、防查结合”为指导思想，加强安保规范管理工作。持续开展安防教育进一步提升广大员工的安全意识，与辖内各部门、各支行签订《邮储银行永嘉支行安全保卫责任书》，将责任指标具体细化，落实到每个基层重点岗位，将检查监督作为县支行经常性自律监管工作（包括定期自查和不定期专项检查），积极组织月安保专题会、季度防抢演练、半年度全员安全学习会。2016年，永嘉县支行积极落实省公安厅、银监局关于扎实推进金融安全“心防工程”建设工作的部署，积极投身其中，共组织“心防工程”宣传活动11场，发放宣传资料3000余份。

（卢夏燕）

永嘉恒升村镇银行

概况 2016年，永嘉恒升村镇银行在县委、县政府及各级监管部门的大力支持和指导下，坚持“支农支小”市场定位，以踏石留印、抓铁有痕的毅力，迎难奋进谋发展，齐心协力除不良，实现各项业务健康有序发展。截至2016年12月底，各项存款余额101076万元，较年初增加14655万元，年日均存款余额同比增加17375万元。各项贷款余额132965万元，较年初增加6654万元，年日均贷款余额同比增加11026万元，其中涉农贷款余额130767万元，占比98.35%；贷款户数5159户，贷款户数增量连续两年突破1000户；户均贷款25.77万元，较年初下降4.75万元。五级不良贷款余额2637.8万元，不良率为1.98%。全年实现各项收入12000万元，上缴各类税收920万元。

支农支小 2016年，永嘉恒升村镇银行通过开展各类主题营销活动，建立配套的激励机制，充分调动团队工作主动性和营销积极性，激发员工“支农支小”工作热情，实时了解、掌握当地“三农”经济和小微企业实际困难，优化和创新推出“优易贷”“商标质押权贷款”“创业担保贷款”“农房贷”等信贷产品，满足广大客户多样化金融需求。深入开展村银合作，与当地村居建立战略合作关系，提高农村金融服务综合水平，全年共建立2个支农基地，评定7个县级信用村，与13个村居签订整村授信合作协议，授信金额达14500万元，帮助农村青年广辟增收致富门路，推进农村普惠金融发展。

精准扶贫 积极与县农办对接，获取全县贫困村清单和低收入农户名单，并将贫困村、低收入农户清单下发给各营业网点，由基层网点根据清单实施金融扶贫。2016年共向35个扶贫重点村投放信贷资金 1367万元，受益农户118户。在县人行的大力支持下，充分利用扶贫再贷款资金，积极推动贫困地区发展特色产业和低收入农户创就业，促进当地群众劳动致富。2016年永嘉恒升村镇银行累计投放扶贫再贷款资金1亿元，受益农户、小微企业695户。此外，投入大量人力、精力，开展金融知识扶贫工作，重点向农村和边远山区开展金融知识普及与推广。2016年共组织10项主题宣传活动，开展定点宣传场次150余场，接待群众现场咨询2万余人次，发送各类宣传资料超3万份，累计20余万人次，帮助当地群众树立科学的金融消费意识，为“平安金融”“和谐金融”建设做出了积极贡献。

风控管理 为积极应对“新常态”下的各种经营风险与压力，永嘉恒升村镇银行不断提升内控措施有效性，积极防范各类风险，确保各项业务整体运行平稳。2016年先后组织了重点领域风险排查、“两个加强、两个遏制”回头看自查等合计19项58次风险排查和检查，实现了各条线全覆盖，并对本行关联交易、反洗钱业务、非现场风险数据核查、小额保证贷款合规性等方面开展了专项审计，增强了全行风险防御能力，提升了合规经营水平。聚焦清非工作，建立总行班子成员清非工作联系制度，定期召开风险例会，及时发布风险提示，不断健全报告制度，切实掌握风险隐患，启动不良贷款清收专项活动，在提高清非目标管理和奖惩力度的同时，建立每旬通报制度，成立由总行行长牵头的小额贷款风险临时处置小组，实现不良贷款处置工作进度管控升级。持续加强与金融办、法院等有关单位对接，努力争取多方支持，为有效处置、消化不良贷款寻找外部援助。2016年共成功处置不良贷款4765万元。为强化舆情监控力度，正确把握和引导舆论导向，巩固并提升村镇银行社会公信力，在持续贯彻落实声誉风险管理的同时，积极组织开展舆情应急演练，颁布新闻发言人制度和舆情监测管理制度，设置舆情监测员岗位，初步建立舆情管理快速反应机制，提升舆情监测工作规范化、制度化水平。

团队建队 永嘉恒升村镇银行修订、颁发44项制度，推进公司治理、品牌推广、业务发展、风险防控、综合管理等方面制度建设，建章立制工作成效突出。在人才管理方面，全年晋升提拔2名管理人员，对5位员工落实岗位轮换，对9人安排强制休假，共组织开展25个项目500余人次参与的员工培训。通过组织开展内部竞聘、业务知识考试、派遣制优化考核、年度技能考核、尽职考核等，进一步提高员工综合业务水平。2016年先后荣获温州市银行业"清雷防险"专项行动知识竞赛二等奖，永嘉县第二届职工职业技能运动会多指多张点钞团队二等奖、单指单张点钞团队三等奖等荣誉。通过组织开展各类员工活动，营造健康、向上的团队氛围，努力提升团队凝聚力和向心力，为可持续发展夯实了基础。在此期间，永嘉恒升村镇银行工会荣获"永嘉县金融系统先进工会组织"，胡强、赵苗苗等两位员工先后被评为"永嘉县金融系统优秀工会积极分子"和永嘉县首届"最美金融人"。

安全保卫　根据年度安全保卫工作计划，严格落实公安机关、监管部门相关工作要求，积极开展防范电信（网络）诈骗宣传活动，切实执行安全保卫月查制度，及时发布各类安全提示。同时，定期组织开展各类安保应急预案演习，召集员工开展安全保卫案例及消防知识培训，提高员工"四个能力"，推进"心防工程"建设。杭州G20峰会期间，永嘉恒升村镇银行紧紧围绕平安温州建设的总体目标，按照"打防结合、综合治理"原则，以"清雷防险"专项行动为主要抓手，切实深入开展"平安护航G20"活动，以基础建设、风险排查、问题整改为主线，开展形式多样的自查自纠和"找茬""挑刺"活动，启动每日情况会商和值班备勤工作机制，建立突发事件应急机制及响应预案，确保平安维稳任务得到严格落实。

（王裕杉）

华夏银行永嘉支行

概况　华夏银行成立于1992年，为全国性股份制商业银行。1996年，华夏银行进驻温州，温州分行是总行直属管辖的一级分行。2011年10月18日，华夏银行永嘉支行正式开业。进驻永嘉已逾五年，华夏银行永嘉支行积极开展各项业务，并取得了较大的进展。

业务发展情况　截至2016年12月底，华夏银行存款57084万元，其中：对公存款余额44794万元，储蓄存款12290万元；贷款余额94701万元，银行承兑5886万元（敞口2943万元），其中对公用信余额31750万元，户数10户；中小企业授信余额18018万元，户数34户；个人贷款16168万元，其中个人经营性贷款4984万元，户数48户，个人消费贷款11114万元，户数40户。五级分类正常类余额89446万元；关注类0万元；级次358万元；可疑类4199万元；损失类696万元。

支持地方经济　对辖区内政府背景国资企业和政府投资公共基础设施项目进行梳理，有针对性地开展了营销，为促进永嘉县地方经济的发展，履行作为商业银行帮扶企业的义务。确定和储备一批经济实力较强、行业前景优良的政府背景客户，行业和项目上符合华夏银行信贷政策准入一批目标客户：永嘉投资集团有限公司、永嘉县瓯北城市投资集团有限公司、永嘉县三江新城开发投资有限公司、永嘉县嘉宁市政投资建设有限公司、永嘉财融投资有限公司。支行将重点推进储备项目续投放工作，制定储备项目投放进度计划表，明确责任人、投放时间、投放额度，落实储备项目投放工作。截至2016年12月31日，永嘉财融投资有限公司永嘉小微园项目融资投放13000万元（其中基本建设贷款7000万元、中期流动资金贷款6000万元）。同时，华夏银行积极进行金融产品的创新，大力开发核心企业上下游合作关系，通过链式效应为企业提供更全面的配套服务。

信贷结构　1．加大对重点产业的信贷支持。按照"优化信贷结构，支持实体经济转型升级"的工作要求，加大对重点产业、新型战略产业、自主创新产业的信贷支持，同时严格遵循总行授信和风险管控的要求，积极推进对低质、低效客户的贷款退出计划，并结合业务实际和区域特点，认真全面地落实公司业务市场开发计划，以客户开发为起点，以产品服务为切入点，以市场化定价和资源配置为关键点，以市场化激励机制为推进点，以经营单位业绩达标为落脚点。通过新增客户、新兴业务、新增存款、客户经理达标促进客户结构、业务结构、资金结构和队伍结构的优化，实现"腾笼换鸟"。

2．积极解决实体经济融资难题，支持实体经济发展。支行在紧密结合全市经济政策和产业政策，在认真执行稳健货币正常的同时，科学合理安排信贷资源，尽力满足实体经济合理资金需求。特别是针对中小企业融资过程中缺少抵押、担保的实际困难，华夏银行积极开发、推广以存货、未来提货权、应收账款、应收票据、订单等为担保品的各种供应链融资业务，盘活企业资产，解决企业融资难题，实现银企共赢。

3. 规范小微企业贷款定价，降低小微企业融资成本。在确定小微企业贷款利率时，主要根据收入覆盖风险原则，按照基础定价与综合收益两方面确定，同时严格执行“七不准四公开”原则，有效降低了小为企业贷款的综合成本。

服务质量 为有效提升整体服务质量，取消公司客户经理与个人客户经理的划分，全面提升客户经理业务水平，为客户提供综合多样的全面服务。提升柜面服务质量，要求员工提升业务技能，减少客户办理业务所需时间。加大硬件设施的投入，设置拉卡拉便民刷卡机、叫号机、醒目的业务办理导向标志、简洁美观的公告栏等，并在醒目处明示服务项目内容与价格。为树立良好服务形象，注重员工礼仪、服务态度的培养，为客户提供良好的服务氛围。

风险管理 一是开展形式多样的内控教育活动。通过开展内控谈话、异常行为排查、签订承诺书等教育活动形式，增强员工的风险防范意识，提高员工的职业道德水平，进一步加强内控制度教育，建立、健全内控管理体制和工作机制，促使全行内控管理水平有一个新的提高。二是切实做好案件防范工作，从源头上防范操作风险。定期专题召开案件防范分析会，进一步落实安全保卫工作责任制，与员工签订案防工作责任状。规范网点在机具定位、操作定型上的要求，杜绝业务操作中的随意性，切实防范风险。截至12月底，华夏银行支行柜台共堵截冒名开卡事件4起，包括一起人民银行永嘉支行暗访事件，并获得人民银行永嘉支行领导肯定。此外支行还堵截银行承兑汇票说明加盖伪造印章事件2起，保证了客户的资金安全，实现总行年初“零案件”目标。

（历显勇）

中国人民财产保险股份有限公司永嘉县支公司

概况 2016年，人保永嘉支公司在市公司党委、总经理室的正确领导下，紧紧围绕市公司年初经理会议提出的以保费增速超越区域市场、盈利能力领先区域市场为“双超”目标，突出合规、发展、盈利、服务四大主题，围绕五项重点，抓好七项总体工作要求，克服了宏观经济下行和市场竞争加剧带来的压力和挑战，经受了“莫兰蒂”“鲇鱼”两次台风大灾所带来的考验。经过公司上下全体员工的共同努力，保费规模突破2亿元大关，成功迈上了新台阶，业务增速超市场，费用率、综合成本率、应收率等关键指标领先于系统及当地行业。在县委、县政府的正确领导下，在县金融办、县人民银行等领导部门的大力支持下，人保财险永嘉支公司深入落实“保增长、保效益、保调整、保管控”十二字方针，立足经济建设、坚持改革转型、实践科学发展，明确发展目标，坚实发展道路。2016年是实施公司“十三五”规划的开局之年，也是费改、营改增实施后的关键一年，面对市场环境风云多变，“互联网+”时代逐渐登上发展舞台，新“国十条”“省十条”政策红利的加快释放等。人保财险永嘉支公司顺势加快转型发展步伐，积极应对复杂的市场形势与金融环境，公司上下团结拼搏，真抓实干，迎难而上，攻坚克难，实现保费收入20557万元，同比增长5.82 %，超市场0.45%，实现了总保费、车险保费、商业非车（非农、非大病）均超行业的“三超”目标，报表利润288万元。公司所做的努力，取得了县委、县政府及省、市公司的充分肯定，被县政府评为2016年度金融类巨龙企业，同时获得市公司经综奖达标奖。

车险 提前谋划，充分准备，保证了商车费改平稳过渡。为顺利迎接商车费改，前期周密部署，从制度建设、准备充分，确保完成商车费改系统切换上线；科学决策、正确预判商车费改后的市场走势，抓住费改窗口期，积极响应市分公司有关文件要求，采用积极的财务政策和严格的承保把关，在销售策略上通过直投的方式保证分散性业务的获取，不仅确保了优质业务的流入，保持了成本领先优势，较好地实现了“增速超过市场、盈利优于行业”的车险经营目标。稳续保、开拓新渠道、巩固旧渠道。以分散性车险业务为主要目标，差异化配置资源，重点突出转入业务竞争力与优质业务获取能力，坚持每日督导、每周通报、每月考核，强化过程管控，优化考核方案，取得了良好的成效。在第一季度“百日开门红”竞赛结束后，紧贴市场变化，每月对业务资源配置进行调整，把有限资源向优质业务倾斜，增强优质业务获取能力。挖掘车商渠道合作潜力，整合送修资源，并组织车商、理赔相关人员到乐清公司学习送修资源整合成功经验，制定查定人员、驻店员、4S店售后人员联动制机，出台奖惩办法，加大理赔资源送修力度，强化合约管理，稳固和提升店内份额。对邮政渠道、银保渠道根据市场竞争情况，陆续推出活动方案，加大分散性优质业务的竞争力；在经纪代理合作渠道，打破受制于渠道单一的不利局面，寻求多家合作、总量控制的原则，广开二网渠道，争抢新车业务。重营销，狠抓转保业务。公司利用现有优势结合“互联网+”概念，多次开展营销活动，取得了良好的效果，大力推动了分散性业务发展。同时，公司着力拓宽营销手段，探索散单团做营销方式，充分利用政府平台，发挥公司在传统业务优势，优化和推出了集团客户营销方案，强化了公司块状业务控制力。同时出台了收购业务政策，实施“牵牛”计划，加强在分期性业务的竞争优势。

商业非车险 2016年商业非车保费收入1907万元，同比增长1.05%，商业非车险发展因受制于工程险缺口，整体增速不高，但在信用保证险、意外险、银保渠道均有较大的突破，永嘉学幼险市场竞争非常激烈，由于前期同业（特别是国寿等学幼险市场份额大的公司）间取得很好的沟通，公司将任务分解到人，细化考核方案，加大奖罚力度，既维护了行业形象，又保持了公司应有的市场份额。在食品安全责任险方面有新的突破，12月13日，随着岩头镇人民政府与中国人民财产股份保险有限公司就实施农村集体聚餐食品安全责任保险正式签约，公司与永嘉县首批的岩头、鹤盛、巽宅、枫林、北城等镇（街道）政府（办事处）签订农村集体聚餐食品安全责任保险工作已完成。商业非车团队初具雏形，专业团队人员经一年多锻炼，专业技能得到较大提升。

政保合作项目 永嘉大病医疗保险项目顺利续保，收取保费2289.89万元，对2014年、2015年度大病项目顺利完成结算，对2014年度应补保费、2015年应退保费均已结算清楚，对异地票据真实性核查工作走在全省前列，现在对于杭州、上海等地的案件基本上均由公司派员调查，对于北京、广州及其他边远地方公司委托第三方机构调查，2016年查处虚假发票229万元，移交司法立案4起，对社保基金安全起到了很大的威慑作用，由省公司社保中心安排组织，市公司冯总带队赴江苏南通海安县学习社保合作项目管理先进经验，为下一步更好地做好社保合作项目开阔了视野。在农险方面，公司吸取2014年保监局现场检查的经验教训，在政策性农业保险方面，公司始终把依法合规放在前面。为进一步规范政策性农房保险，提前沟通政府，得到主管部门的支持，12月1日，县发改局牵头召开全县政策性农村住房保险专题工作会议，全县各乡镇（街道）分管领导参加了会议，公司就如何规范政策性农房保险作了详细讲解，为下一步规范永嘉县政策性农房保险及理赔减损工作打下坚实基础。内强素质、外塑形象、着力提升公司服务升级。结合上级公司的“神秘人”服务标准化检查要求，以固化标准化服务为重点，根据《永嘉支公司标准化服务督导方案》，对所有承保、理赔服务环节的标准化建设薄弱环节进行重点整改纠偏，全面巩固、深化、提升服务标准化建设成果；在公司各网点的服务窗口都按照CI手册的标准要求进行改造升级，大幅提升了公司对外的形象；同时，公司将“查补短板，提升能力”与行业“示范窗口”评议活动相结合，积极落实“服务极致、理赔极速”工程，服务界面得到优化。“莫兰蒂”台风期间，公司自9月16日开始全员取消休假，迅速启动防台应急预案。桥头镇受损严重，省、市公司领导亲临现场指导大灾理赔工作，公司上下众志成城、夜以继日奋斗在抗灾一线，涌现许多舍小家顾大家的感人事迹；表现出人保公司作为行业的引领者应有的担当和责任，获得业界赞誉，公司大灾快速理赔的效率得到政府和客户的充分肯定。“十一”期间，公司在全力投入灾后理赔的同时，仍然在所辖的重要高速公路出入口、事故多发路段和车流密集景区，设立交通事故快速处理服务点，缩短客户的等待和滞留时间，降低了公路交通次生事故的发生概率，大灾更显英雄本色，得到了众多客户的好评。

业务优化 严格执行上级公司“积极的财务政策、从严的承保政策”通过加大手续费差异化配置力度，增强优质业务的竞争力。公司的业务结构进一步优化，永嘉支公司由于特殊的地理环境，车险赔付率过去历来相对系统兄弟单位要高，与主要竞争对手相比，简单赔付率过去一般普遍高出4～5%，但据2016年9月的行业报表显示：人保财险永嘉支公司赔付率为55.02%，已低于当地竞争对手8.23%（因考虑到“莫兰蒂”大灾影响，四季度数据不能真实反映实际情况），承保政策的管控和差异化资源配置效果已显现。在理赔方面，强化理赔过程管控，进一步严肃理赔纪律，规范车险查勘定损，开展未决大清理，加大反欺诈力度，强化财务成本管控，有效压缩管理费用，提升精细化管理能力，在永嘉区域范围内，盈利优于行业。

关爱员工 发挥工会、团委作用、开展文体活动,最大限度的发挥企业文化在公司全面管理、改革发展中的重要作用。以党、团、工会活动的开展为载体，丰富员工的文化生活。工会积极组织员工参与无偿献血和登山活动，开展了向理赔人员夏日送清凉活动和走访慰问退休老同志，慰问关怀生病住院员工；关爱员工身体健康，组织安排全体员工体检。在公司费用紧张的情况下，一次性解决了退休老员工的医疗保费补缴问题，充分体现了分担和共享，通过对员工的关爱，强化了员工的归属感，增强了公司的凝聚力，

依法经营 依法合规经营是公司经营管理的生命线，也是党风廉政建设的生命线。在加快业务发展、争取效益提升的同时，要继续贯彻落实好保监会监管要求，牢牢坚守合规经营底线。重点加强财务、业务、渠道等关键环节管控力度，不断完善各管理部门间的沟通协调，有效防范违规风险。积极开展法律法规培训教育，不断增强公司依法合规经营氛围，提升员工合规意识。同时，永嘉支公司经受了保监局农险合规经营现场检查等考验，公司对基础管理工作作了全面的梳理，在认真组织“两加强、两遏制”回头看的自查和整改中，对政策性农业保险、大病医疗保险等政策性项目进行了全面自查整改工作，绷紧合规这根弦，树立底线思维。

党风、作风建设 2016年坚持围绕中心抓党建工作，助推公司业务发展。以深入开展“两学一做”教育实践活动为抓手，开展一系列的教育学习活动，规范党员学习制度，制定学习计划，明确学习任务。同时，在注重学习的效果、提高党员能力素质上下功夫。全年组织开展集中学习11次，专题讨论3次，参与党员246人次，组织党员上党课2次，组织全司员工观看爱国主义教育影片《旗帜》《永远在路上》等优秀影片，使大家汲取了营养，受到了启迪和教育，极大地激发了全体党员“学党章党规、学系列讲话，做合格党员”的自觉性和积极性，切实增强党员的政治意识、大局意识、核心意识、看齐意识，明确了政治方向和政治立场，使党员在政治上、思想上、行动上同党中央保持高度一致，心往一处想、劲往一处使，以实际行动推动公司业务发展。在坚决落实与市公司签订的《党风廉政建设责任状》基础上，与外设营业部及营销服务部签订《党风廉政建设量化管理及案件防范责任书》，与内设机构各部门主要负责人签订《依法合规经营承诺书》，将反腐倡廉责任制度化、常态化，严格执行《中国共产党廉洁自律准则》。在台风“莫兰蒂”大灾理赔期间，广大党员干部充分发先锋模范和战斗壁垒作用，公司班子领导特别是党员干部迎难而上、勇挑重担，带头做好抗台救灾工作。大灾期间，公司党员干部身先士卒，以秉持为人民服务的宗旨，用行动践行了“做人民满意的保险”的承诺，得到了群众的广泛认可，桥头镇六个村自发送来锦旗表示感谢，也得到上级领导的充分肯定，《今日永嘉》《浙江日报》等多家媒体报道。

（周一聪）

中国人寿保险股份有限公司永嘉县支公司

概况 2016年，中国人寿保险股份有限公司永嘉县支公司（以下简称永嘉支公司）共实现总保费 64189万元，市场份额77.80 %左右。按预算指标计算，长期险首年标准保费指标6325万元，完成7786万元，预算完成率123.1%,同比增长26.46%；新单保费（含短险）指标18067万元，完成23048万元，预算完成率127.57%，同比增长42.76%；短期险保费指标3050万元，完成3465万元，预算完成率113.61%，同比增长18.87%；首年期交保费指标12010万元，完成17488万元，预算完成率145.62%，同比增长62.62%；10年期及以上首年期交保费指标7726万元，完成10484万元，预算完成率135.7%，同比增长69.7%，圆满地达成了各项保费预算指标。累计支付各类死亡、伤残、医疗赔款2357万元，赔案6796起（其中短期险赔案6550起，赔款1493万元，简单赔付率43%）；满期给付及生存金返还5104起，给付总额 2924万元；长期险保单质押借款5372起，借款总额2.1亿元。后援部门积极提高服务态度，全力配合渠道业务发展。支公司荣获2016年度总公司实力“100强县”荣誉称号；2016年度省“五好公司”荣誉称号。

个险渠道 2016年，个险渠道主要KPI完成情况如表10。

表10

个险渠道主要KPI完成情况表

指标名称	目标	出单达成	完成率	完成率排名	总量排名
3-5年期规模保费	4424万元	5991万元	135.42%	第八	第三
十年期交	7569万元	10378万元	137.11%	第四 大公司第一	第二
短期险保费	1035万元	1399万元	135.22%	第一	第二
季均有效人力	807人	904人	112.02%		
月均增员率	10%	9.32%	2075人	第三	第三

KPI指标考核综合得分 截至11月为温州市县支公司第一位,其中吉祥卡保费总量、新晋组经理数，新人转正人力数均排全市总量第一；十年期交、短险保费、均列全市第二，规模保费总量与增员人数总量列全市第三。2016年，永嘉支公司2月就实现期交保费过亿元的佳绩，10月实现十年期亿元公司。永嘉个险开始形成了客养常态化，持续有创新；分设谋发展，团队自主化；增员有体系，育成有方法等方面的特色经营模式。

服务客户工作 以全预算为核心，每季、每月通过全预算让业务队伍明确要舍得投入，如何投入，同时通过机制化活动引导，树立标杆分享，安排经验交流促进，建立了以业务部为单位每月至少两场客户活动的基础平台，在这基础上鼓励以小组或个人的客养活动创新，为持续不断的业务冲刺打好了坚实的客户基础。各业务部2016年共开展各类准客户、准增员对象经营活动465场，累计参与伙伴1126人，累计组织客户43986人次参与各类特色活动，很好的维持了市场持续开发能力，保证了业务和增员的市场开拓，极大地提升了业务队伍的自主经营能力与市场开拓能力，确保了十年期80%以上来自于自主展业。

团队自主建设 2016年，永嘉个险以大格局、大发展来谋发展，通过有计划地对重点人物培养，陆续分设职场经营，树立大发展标杆人物，标杆职场，形成人人要发展，人人能发展的团队氛围。在2015年已成功分设潘思华团队、侯云珠团队、詹秀平团队的基础上，2016年，永嘉公司又成功分设余晓霞团队与徐碎燕团队，公司增员2075人，转正1021人。同时在队伍大发展的同时，公司着重培养四级讲师队伍，通过县公司兼职讲师重新选拔来培养更多优秀人员，目前永嘉公司兼职讲师队伍初步成架构，并且保持不断向往上育成，建立成熟体系筛选育成兼职讲师，已拥有4位省兼讲、30位市兼讲、51位县兼讲、109位职场讲师，日常工作中通过职场“八练带班”来迅速提升讲师成长，并为功能组的建立保驾护航。再通过增员功能组、教育功能组等建设来提升职场的自主经营能力，迅速实现分设职场的自主化经营。

增员、育成工作 紧紧围绕经理室的规划目标，通过全预算规划，机制化落实，建立常态化增员平台，建立常态化增员面谈机制：一是从晋升谈增员，为有意愿发展的伙伴规划寿险职涯；二是从利益谈增员，在基本法里找黄金，在企划案与平台中下目标；三是从新人中来增员，新人入司就面谈寿险收入来源，规划寿险之路，2016年，共85位新人晋升为组经理和高级组经理，共有1128位由新人所增。育成方面：永嘉公司通过扬帆启航训练营的模式创新，以新人举绩与转正为导向，落实“531”追踪来实现培训班90%以上的举绩与转正。通过创新新人推荐培训会，培育准主管，加强伦理感恩氛围。通过抓好新晋升组经理的育成来巩固壮大主管队伍。通过阶段性的面谈与专家门诊，让育成事半功倍。通过四级讲师的培养，提升队伍的自我育成能力。通过新人见证会，帮助新人迅速树立品牌，并取得收入转正。也因为各项工作的扎实到位，共晋升组经理110人，2016年晋升人次达200人。

团险渠道 2016年，团险渠道主要KPI完成情况如表11。

表11

团险渠道主要KPI完成情况表

KPI指标	年度目标	累计完成	完成率	同比增长率
大短险保费（三大渠道）	3050万元	3469.37万元	113.75%	21.62%
短期险保费(团+银)	2015万元	2008.78万元	99.69%	12.70%
短期险保费（纯团险）	1915万元	1938.78万元	101.24%	12.43%
农村小额保费	730万元	507.32万元	69.50%	−18.02%
纯借贷险保费	404.54万元	510.07万元		26.08%
小额团队人力	16人	18人	112.50%	
法人团队人力	7人	7人	100.00%	
个养产品规模	1280人	1408人	110.00%	

2016年度永嘉团险部在业务方面稳中有升，团险业务构成主要分布在几大板块：一是学生险完成保费651.28万元，基本与2015年持平。借贷险完成510.07万元，比2015年有较大的增长，村干部保险扩面成功，取得突破，完成170万元。二是农村小额板块业务基本平稳，但遇到突破瓶颈，未实现突破，农村小额保险完成保费507.32万，基本与去年持平；三是零散板块业务平稳延续，组织部第一书记、环卫工人、旅游险等续期稳定；食品安全保险新增三江街道；妇女安康沙头镇落地，巽宅镇转型成功。

学平险、村干部保险基本情况 （一）学平险业务保费基本与去年持平，完成保费651.28万。公司主要以地域划分为桥头、桥下、瓯北、上塘楠溪四大区域版块来做学平险的日常经营工作，专人负责，分工明确。公司层面重点做好和教育局沟通工作，公立大学校跟进，片区负责人经营各自辖区学校。永嘉个险伙伴散单保费给了团险学平险很大的支持，强大的个险伙伴队伍是公司坚实的后盾，这也是其他同业公司无法比拟的优势。（二）信用社银行代理渠道业务得益于公司领导积极对接，取得网点数的增加，2016年稳中有升，截至12月底共达成借贷险保费510万元，相比2015年同期增长了106万元保费，信用社渠道借贷险业务增长成为2016年业务增长重要来源。重点工作是做好信用社日常维护服务，继续延续良好合作势头。（三）村干部保险达成保费170万元，相比2015年同期增长了70余万保费。得益于与县组织部的日常关系经营，在做好日常沟通维护的同时，公司还积极参与由组织部牵头的一些互动公益活动，以互动增加彼此信任度。通过小额保险会议平台，积极宣传村干部保险，让镇街干部、村居干部了解、知晓村干部保险。

细小额保险 经过多方努力2016年8月永嘉县考绩办已就农村小额工作发了考绩文件，将2016年的农村小额保险纳入了乡镇年度的考核内容，为农村小额保险开展提供了强有力的政策支撑。同时积极对接乡镇，引导各乡镇（街道）能将农村小额细化到各村（居）工作目标，以文件形式下发到各村（居），并在文件上指定本公司为该乡镇小额保险经办保险公司，为应对同业竞争，维护市场份额提供有力保障。至年底已有15个乡镇下发农村小额村居工作目标文件。

截至2016年12月29日，承保人数为10万人，基本与2015年持平，但小额保险收费的还可以做得更深入、更细致，因此做了相应的调整。首先对永嘉县的村（居）按人口数多少、承保率高低做了排序。要求三农主任尝试对人口在500人以上的、承保率低或者空白的村下村召开农村小额收费会议，发动村里生产队长协助村报账员共同收费，深耕细作，提升村农村小额的投保率，提高村（居）参保的覆盖面；同是积极尝试推进农村协保员个人答谢会模式运作，邀请工作积极、认同度高的协保员通过三农主任答谢的形式，提升对公司和三农主任的认同度。

拓展保险渠道 食品安全保险。2015年，桥头镇政府食品安全意外保险落地的基础上，2016年，三江街道食品安全意外保险也取得突破，由街道办事处出资，为辖区500平方以下餐饮经营场所及50人以上农村聚餐人员提供统一食品安全意外保险保障。虽然保费不多，为今后各乡镇全面铺开提供有力的模板基础。妇女安康保险。顺应计划生育二胎政策的改变，通过努力，2016年，巽宅镇全镇的环透妇女安康保险顺利将保障对象转变成独女户妇女，继续由镇政府统一出资投保，共计2400多人投保，保费12万元多。沙头镇独女户妇女安康保险也取得突破，镇政府统一出资投保为1000余独女户投保妇女安康保险。其它项目保险。私家车车上人员保险在公司大短险布局的有利推进下和内外勤的共同努力下，取到了大发展，团险渠道的自拓车上人员保险保费突破了13万元。组织部下派第一书记保险续期，学生托管保险年底都已到账。机关事业单位意外保险、残疾人意外保险等项目也在积极布局，取得了一些成效，为以后打下坚实基础。

队伍建设 2016年，结合县行政区域的划分及三农主任队伍优胜劣汰、自然换血的需要，完成对部分乡镇三农主任的人员调整及招募的工作，新增三农主任4人。年初举办了四期全县优秀协保员培训，将各街道优秀协保员代表邀请到公司举办培训表彰及协保员聘任仪式，增强协保员对公司的认同感、归属感，2016年，共办理入司协保员共282人。尝试采取更多样化协保员日常例会形式，如个人答谢会、农家乐聚餐、村居座谈会等形式提高协保员参会的意愿和积极性，通过不断运作改进修整，努力将协保员例会正常化，使协保员管理能日常化。积极探索与相关部门、乡镇共建、销售顾问等多种形式物色新人，以新项目增新人，以新人促项目，搭建好法人队伍基本框架。

银保渠道 2016年，银保渠道主要KPI完成情况如表12。

表12

银保渠道主要KPI完成情况表

KPI指标	2016年度目标	累计完成	完成率	同比增长率
趸交保费	3007万元	2299.7万元	76%	视同完成
期交保费	1190万元	1190.17万元	100.01%	30.15%
标准保费	297万元	230万元	77.6%	91%
短险保费	100万元	70.15万元	70.15%	70.56%
规划师人力	90人	90人	100%	
规划师举绩人力	480人	482人	100%	206%

永嘉银保渠道数据创历史新高。趸交业务主要来自伙伴自营占比90%，客户经理渠道期缴保费平稳增长，2016年保费817万元，渠道保费645万元（同比2015年正增长，占比全市渠道保费10.2%，总量位居全市第四位）。客户经理收入较2015年有明显提升，实现了年初制定的让客户经理收入大幅度提升目标。规划师队伍期缴保费369万元，同比2015年期缴保费增长188万元，同比增长率为98%，十年期保费136.66万元，同比增长806%。主要得益于规划师队伍人力引进和高手培育。其中规划师傅娇娇保费突破130万元，进入省公司排名前50强。短险保费70.15万元同比增长110%，其中渠道中国银行借贷险30万元，驾乘无忧、团体险、卡式业务增长明显。

2016年渠道方面通过精品小说会的运作，成效显著，让客户经理对渠道发展充满信心，加深银行与公司合作的信心。其中农行场均保费、场次、总保费均居前列，依然是公司重要合作对象，建行保费相比去年有较大幅度提升，排名第二位。

“先将后兵”引领保规队伍发展。2016年，规划师队伍在册92人，新增78人，离司33人，年度完成率102%。人力的发展得益于以下决策:一是2016年4月借新职场搬迁之际，规范队伍会议日常运作，订立职场公约。二是2016年6月开展“先将后兵”方案，改招聘伙伴为招聘主管，先给予主管待遇并给予相关要求，设立主管6人，保规人力发展开始启动。三是借力省公司三季度全明星方案，十月保规基本法套接，引导主管晋升。三季度运作职场功能组，招募10人成立日常组，增员组，培训组。培养兼职讲师队伍，主要负责运作职场早会及新人育成培训。三季度成功晋升主管14位，其中部经理2位、资深组经理2位、组经理10位。四是在新人大力引进的同时，针对规划师队伍司龄偏轻、客户维护及开拓方面观念和技能不足、普遍收入较低、留存率低的情况下,从基础培训工作入手，辅导新人、督促新人,举办了新人育成培训营。

运营渠道 如何更好地完成本渠道的考核指标，又能配合业务部门做好业务的开拓是运营渠道最主要的工作。2016年5月根据省、市公司的政策,永嘉公司成立培训部服务于团队发展,综管部门不断加强公司单证管理、职场租赁、装修和行政实物管理，继续做好内控标准执行、反洗钱及平安永嘉创建工作。

客服部门努力提高处理效率，认真处理各项业务的同时，积极做好历史保单客户信息整改、失效保单清理,高度配合业务部门节假日加班加点。

资产管理和财务规范工作 综管部门做好各单证管理工作,同时桥头营业部职场扩租工作；按市公司要求完成江北营销服务部、乌牛营销服务部及桥头营业部房屋租赁补充协议签订工作，信息技术、电子设备管理的规范，按市公司管理要求完成率100%。

宣传工作 做好“七个一”工程宣传工作，综合部积极主动搜集整理公司层面的经营信息；积极参与各类会议，做好会议影像记录归档工作和信息报送工作。与永嘉电视台气象栏目签订由中国人寿永嘉县支公司全年冠名品片广告以及在永嘉新闻综合频道每日滚动播出的农村小额保险广告。9月份还与温州十上活跃整合营销策划有限公司签订了瓯北至桥头26路公交车车身广告协议，重点宣传公司品牌优势、商品优势，为公司经营创造了良好的外部环境。

保单处理、回访及客户信息收集工作 截至到11月底共处理长险新单15056起（比2015年增加20%）、短险43049起、保全33765起（比2015年增加30%）、受理、处理理赔案件5615起（比2015年全年增加17%）、处理新单回访件6639起（比2015增加60%），处理会办单998起、续期回访3278起、失效回访1656起，收付费等业务。

集团保单客户“五要素”信息收集量大,团险集团趸交期交共2049份。共调查案件782起，调查效益金额共达767.51万元。

团队培训工作 一是四级讲师的育成让团队的新人培育、活动推进事半功倍；二是功能组人员的育成让团队运作走向专业与规范；三是团队组主管的育成，提升了团队质量;四是需求培训解决了团队中急需解决的问题;五是不断思变中的培训工作，使培育更有成效。

党建工作 2016年是永嘉党支部发展和建设大步跨越的一年，积极落实“三会一课”制度，开展各种党建活动，宣传党章和“两学一做”相关思想和内容，吸纳积极分子。为永嘉公司党支部注入新的活力。公司党支部在2016年加强对党员干部的思想培训和学习，举办支部委员会，上党课、党员支部大会14余次。党支部每月至少学习一次，对市公司下发资料进行研讨，理解文件内涵，让每位党员边学边查边改。同时也扩大学习成员范围，召集党外员工共同参与，共同进步，激发学习欲望，营造公司学习氛围。永嘉分公司党支部在2016年置办了党员活动室，党支部成员参与布置，利用活动板记录党支部的日常活动。2016年7月，公司党支部组织全体党员到屿山革命纪念馆参观学习先烈们的革命事迹，感受红色文化。对于市公司党委组织部举办的党员活动和竞赛，永嘉公司党支部积极响应。通过一系列活动锤炼了党员的思想，推进永嘉党支部良性建设。党支部2016年新增转正周楠为正式党员，对徐崇杰重新进行考察，吸纳为入党积极分子。

（孙　文）

中国太平洋财产保险股份有限公司永嘉支公司

概况 2016年，中国太平洋财产保险股份有限公司永嘉支公司紧紧围绕“控品质、保盈利、强基础、增后劲”的指导思想不动摇。上下统一思想，始终坚守可持续发展的经营理念，以“两率”为核心，以“三度”为抓手，努力“打基础、练内功、强管理、谋发展”，开拓进取。公司坚持以客户需求为导向，强化客服能力，提升客户体验，力促公司转型发展，实现业务稳健发展。公司实现入账保费1.34亿元，同比负增长1.30%。市场份额为21.57%，累计承担各类风险保障697亿元，全年共接报案19911件。截至2016年12月底，累计支付各类赔款8384万元，为众多法人客户和个人提供各类财产保险保障。

应对市场挑战 2016年，永嘉支公司在面临“商车改革”“营改增”等重大政策变化导致保费下行压力的背景挑战下，积极调整业务结构，做好商改系统切换工作，助推商车改革顺利上线，永嘉支公司结合实际，先后6次开展针对性培训，多次集中组织学习商改内容，积极参加上级公司商车改革预验收。定期强化宣导，落实岗位职责推动营改增事项的顺利对接，按要求及时办理五证合一工作。同时与上级公司、当地税务工商做好沟通衔接工作，为公司后期的经营打下坚实的基础。

企业社会责任 公司加强社会责任建设，将公司自身发展同社会发展需求更好地结合起来，提供风险保障、服务“三农”等，充分发挥社会“稳定器”作用。2016年，公司密切关注市场热点，立足需求，把握主动性，积极推进政保创新及扎口渠道的开拓。公司借力融合，服务“三农”，以枇杷低温气象指数保险第一单的记录，为79.4公顷枇杷承保了低温气象指数保险，为枇杷农户提供357多万元的风险保险保障。实现太保产险永嘉支公司在温州市地区实现了农险业务的零突破，公司品牌及市场地位得到进一步提升。同时，公司积极参与重大保险项目，先后参与共保重点工程甬台温复线、重点工程认领项目卧旗山海塘工程，保费约420万；顺利承保百强企业报喜鸟。公司以诚信为本，以稳健为体，以卓越为魂，聚焦社会需求，努力打造一家“在你身边”的一流保险金融服务企业。

服务体系建设 公司围绕集团以“客户需求为导向”战略转型和保监会“抓服务”的监管思路，全年结合“3·15保险服务”“7·8保险服务质量月”等多种形式的活动，与广大客户进行面对面交流，进一步提升客户对太平洋保险的服务体验，有效地加强了与客户与公司彼此间的沟通，同时极大的增进了公司与客户之间的信任，广泛宣传了公司服务社会、保障民生、维系客户的经营理念，扩大了太保公司在社会各界与客户群中的影响力和品牌知名度。

针对社会广泛关注的“理赔难”问题，公司多次召开理赔听询会、理赔督导会等专题会议，进一步提高认识，统一思想，转变观念，把加强和改进车险理赔服务质量作为一项重大工作来抓落实，着力把车险理赔服务质量提高到一个新的水平，为提升太保公众形象，发挥了积极的作用。特别是在“莫兰蒂”台风期间，公司充分发挥“太保人”无畏无惧精神，始终抱着为客户诚信服务、卓越服务的工作态度，紧锣密鼓的开展查勘工作。公司领导第一时间成立应急指挥工作组，出动查勘队伍11组奔赴前线开展抗台救灾工作，同时实行“水灾特事特办，快速查勘定损”，做好清理、施救、残值处理等工作，并简化理赔手续，开通绿色通道，帮助受灾群众和企业尽快恢复生产，得到社会各界的广泛认可。大灾期间永嘉支公司共接相关报案405件且均已结案，赔付金额共960多万元。

经营风险防范 太平洋财产保险永嘉支公司始终保持对合规与风险管理工作的高度关注，围绕保监会监管要求和公司经营管理目标，把合规和风险管控的要求落实到公司的每一位员工、经营的每一个环节，提高公司抵御各种风险的能力，确保公司稳健运行。开展防范打击非法集资宣传教育活动，切实落实反洗钱工作，对内部员工进行反保险欺诈的宣传教育，进一步夯实风险与合规基础，加强风险抵御能力，切实防范经营风险。

队伍建设 公司推进人力资源优化项目，完善组织架构与职位体系，加大优秀人才的引进、培育、交流等，建立“岗位价值决定薪酬”的激励型薪酬体系，形成精干高效、积极进取的工作氛围。改善人力投入产出比和人均产能，推进业务人员转型和综合柜员制等工作，不断提升员工综合素质。同时，为了巩固销售队伍发展，积极面对市场变化，加大营销员队伍建设，着力提升销售人员的综合能力，提高业务投入产出水平。进一步完善团队绩效考核体系和专业技能培训体系，加大对销售团队和销售个人的销售任务完成率的考核力度，提高业务投入产出水平与工资、月度绩效、年度奖金、福利以及主管聘任相挂钩，增强业务管理水平。

企业文化建设 太平洋财产保险永嘉支公司紧紧围绕公司中心工作,通过党、工、团组织平台开展多种形式健康有益的文体娱乐活动，充分发挥战斗堡垒作用，广大党员发挥了先锋模范作用，工会积极行使民主监督职能，团组织积极引导广大青年团员继承和发扬积极进取的优良传统，营造有利于公司发展的企业内部和谐环境,为构建社会主义和谐社会做贡献。

防灾防损服务 公司坚持防重于救的原则，建立了完善的防灾防损预案，提高科学风险管控的能力和水平，建立健全应对突发事件及自然灾害的有效机制，积极参与社会安全管理，切实维护广大人民群众的生命财产安全，为社会的和谐与稳定发挥作用。通过风险巡查服务和细致且针对性的风险巡查，帮助承保人和客户更准确了解项目的风险状况，充分体现保险服务的延伸价值，在提升服务质量的同时也提高了公司自身防范风险、控制风险的能力，达到优化承保业务的质量。

（高蓓蓓）

申万宏源证券永嘉阳光大道营业部

概况 申万宏源证券有限公司永嘉阳光大道证券营业部原为申银万国证券永嘉双塔路营业部，于2015年3月搬迁新址并更名，现营业部位于永嘉县瓯北镇阳光大道王府大厦一楼。营业部业务范围：代理A股、B股、国债、企业债、股份代办转让业务；销售公司资产管理计划，代销其他机构现金理财产品、公募基金、私募基金；期货中间介绍业务；各类投融资业务。

2016年证券市场概况 回顾2016年证券市场，由于熔断新政实施，A股开市两天，市场发生了4次熔断，其中2次触发5%熔断阀值，2次触发7%熔断阀值，导致2次交易提前休市，第一次1月4日全天仅仅交易了140分钟，第二次1月7日全天仅仅交易了15分钟， A股新年开始便是断崖式暴跌上演，沪指首月暴跌22.65%，随后上证指数从2015年年底收盘点位3539.18点一路震荡下跌，低点至1月底的2638.30点后才探明底部回升，在经历了二、三季度的持续震荡后，市场从10月开始明显回暖，上证指数在11月末短暂回升至3300点上方。截至12月30日收盘，上证指数报收3103.64点，全年下跌12.31%;深证成指报10177.14点，全年下跌19.64%;创业板指报1962.06点，全年下跌27.71%。

以申万行业划分，食品饮料、建筑装饰、家用电器行业在2016年逆势录得上涨，传媒、计算机、休闲服务行业则跌幅靠前。题材方面，次新股、股权转让、高送转、油气改革、燃料电池等概念领涨。

证券机构经营情况 2016年县内在温州证券期货业协会备案的三家证券营业部实现交易量1044亿，同比下降55%；客户总资产99.27亿，同比增长37%；全年新开证券账户5100户，同比下降72%；营业收入5400万。

2017年证券市场趋势判断 宏观方面。经济复苏大概率能延续到2季度甚至更晚。复苏能持续多久取决于房价约束、通胀约束以及供给收缩力度。主要基于以下三方面原因：首先、因城施策的房地产政策使得房地产形势会好于预期。其次、CPI和PPI的错位上涨使得通货膨胀不会早出现。最后、国家持续出台政策巩固供给侧改革的效果以及企业继续去产能。在供给侧改革初期，企业盈利可能更多来自涨价，在中后期可能更多来自行业集中和资产周转率的提升。从历史上看企业盈利和PPI走势总体一致。

宏观政策和流动性趋紧。美联储加息和缩表；经济小复苏；金融风险积累使得宏观政策不可能再那么松；全球仍是低增长，不时有黑天鹅出现；经济内生增长动力仍然不强；补短板仍需要政策支持决定了宏观政策不可能像过热那么紧，最终的结果是宏观政策从双松到总体基调稳定前提下的紧。财政政策更突出补短板。货币政策更突出防风险去杠杠。在经济和通货膨胀超预期下行，以及类似去年英国脱欧的外来冲击发送前，利率上升是大概率。人民币接近市场均衡位置，但能否企稳仍然取决于美元。维持人民币还将伴随美元升值而贬值的判断，时间更集中在下半年。

2017年市场展望 “防风险、促改革”仍然是2017年资本市场发展的主基调：一方面，严防低利率环境下的资产价格泡沫以及刚性兑付逐步打破下的信用风险释放将提升到更加重要的位置；另一方面，资本市场将在助力国企混改、传统行业兼并重组、加大实体企业直接融资等方面发挥更重要作用。伴随中国经济的企稳以及中央十九大的召开，在推进市场回归本源的前提下，资本市场有望在五个方面迎来深化发展：一是IPO发行节奏常态化，缓解新股发行堰塞湖；二是完善三板、四板、券商柜台市场等场外市场建设，助力中小企业发展；三是稳步推进绿色债券、资产证券化等产品创新，助力经济稳增长；四是在人民币汇率稳定的基础上有序推进市场开放；五是推进金融机构归位发展，严防监管套利。

投资热点 2017年严守基本面趋势投资小步慢行仍然是占优策略。3月份之前，经济复苏信号相对一致，强周期是基本面趋势投资的重点；3月份之后，中观数据扰动增加，强周期走弱，而消费品收益于居民收入改善通常滞后于名义GDP改善1年时间的后周期效应，所以消费品的基本面趋势仍有延续空间，支撑相关板块走强，首推医药，以及重点关注白酒和家电家居。

A股美股化进程可能刚刚开始，龙头配置正当其时，周期和成长的龙头也将受到业绩和产业集中度提升长期展望的支撑。而高景气的成长股细分领域手游、新能源汽车和机器人也值得重点关注。主题方面，我们依然推荐2017年催化剂密度提升，景气趋势确认的一带一路、国企改革和军工，另外关注内蒙古70年大庆和特色小镇建设两个预期差较大的主题。

市场风险方面 除中美经济不同步带来的货币政策约束外，火热地产销售和高企的同业存单利率分别构成了对个人投资者和机构投资者的大类资产配资资金分流，关注这些因素的改善情况；而大小非解禁问题在二季度相对压力较小，为2017年全年季度低点。

（孙　岳）

经济管理

市场监督管理

概况 2016年，永嘉县有个体工商户49592户，同比增加12.23%。全年共新设立企业2446家，其中有限公司1909家，分公司205家，非公司企业法人4家，非公司企业法人分支3家，个人独资企业140家，合伙企业76家，农民专业合作社102家。全年变更企业9523家。全县共有各类企业18022家，其中有限公司11938家，个人独资企业1961家，合伙企业651家，其他内资企业2053家，农民专业合作社1419户。2016年度冠省名企业129家，无区域公司10家。完成食品药品件共514件，其中药品零售（连锁）许可191件；医疗器械经营许可10件；医疗器械经营备案153件；餐饮服务许可40件；执业药师注册120件。办理特种设备注册406件，注册登记特种设备804台，注册率89.03%；作业人员复审711件，补作业人员证34件。办理制造计量器具许可证非省重点3件，省重点制造计量器具许可证1件。办理食品生产许可证40个。

服务企业 深入推进商事制度改革，一是积极落实工商登记前置改后置审批，严格执行国务院规定保留的34项工商登记前置审批事项，截至2016年12月底，共办理前置改后置5274家，涉及前置改后置项目6783项。二是深入推进“五证合一、一照一码”工作，同时增设“营改增”专窗优化服务，简化流程开辟绿色通道，推出延时服务助力“营改增”全面试点开展，2016年共办理“五证合一、一照一码”执照10872户，个体户“两证合一”1124户。三是深入推行全程电子化企业登记，全程电子化企业登记系统中不受地点和办公时间的限制，2016年已办理公司981家，网上登记率52.04%。四是进一步优化经济发展软环境，在放宽经营范围、放宽住所（经营场所）登记要求、支持新兴行业和新型业态发展等方面细化措施，降低门槛，方便企业准入。五是积极推行简易注销，指导符合条件的企业快速退出市场。六是政银合作推进营业执照登记便利化。与建行永嘉县支行、农行永嘉县支行签订“工商注册通”业务协议，通过对银行精干人员的培训，由银行网点工作人员免费为企业申请办理并领取营业执照（在申请企业授权范围内）。借助银行网点遍布各城镇的优势，成功实现市场监管注册窗口前移。9月26日，永嘉扬宇贸易有限公司通过建行永嘉乌牛支行代办点领取了第一张营业执照。2016年，进一步完善“个转企”工作机制，助力小微企业发展。建立“个转企”长效机制，将“个转企”工作作为“小微企业三年成长计划”工作顺利实施的重要组成部分，完善其工作机制，截至12月底，已办理“个转企”169户，完成率102.42%，其中转公司制企业139户，占比82.24%；完善“个转企”财政补助机制。积极对接县财政，督促落实“个转企”企业“三免两减半”、建账补助等政策。现已连续2年核拨“个转企”税收奖励资金和建账补助资金共500多万元。

品牌建设 2016年，永嘉县新增注册商标2085枚，累计达26763枚，其中商品商标新增1730枚，累计24145枚；农副产品类商标新增185枚，累计1674枚；服务商标新增355枚，累计2618枚。推进商标质押贷款工作，把专利、商标质押融资工作向县内21家银行推广实施，以“任务清单”的形式，明确各银行的贷款笔数和贷款金额，努力使专利权、商标专用权质押贷款业务成为常态化的贷款方式。2016年，永嘉共有8家企业的10件商标办理商标质押登记，贷款额2585万元。以保护注册商标专用权为核心，加强商标侵权违法案件的查处。截至12月底，全县共立案查处各类商标违法案件18起，案值16.99万元，罚没款20.1万元，没收销毁侵权商品2987件，其中移送司法机关案件4件；涉外商标案件10起，案值1.92万元，罚没款3.7万元。

消费维权　2016年,永嘉县市场监督管理局牢固树立以人为本、关注民生的消费维权工作理念，严厉打击销售假冒伪劣商品和服务消费领域侵害消费者权益的违法行为，加大民生消费领域商品监测力度，共抽检商品53批次，其中抽检教玩具15批次，农资10批次，成品油11批次，建材6批次，鞋服、液化气等其他商品11批次；积极做好消费领域行政调解工作，共处理投诉举报2048件，其中投诉1603起，举报445起，涉及职业投诉举报295起。涉案金额285.5万元，为消费者挽回经济损失113.5万元。永嘉县市场监督管理局以“国际消费者权益日”为契机，开展消保法宣传工作。共组织各类的宣传活动8场次，分发宣传资料1500多份，并大力开展“消费教育宣传五进”系列活动。

网络监管　2016年，完善网络主体建档及标识工作，夯实网络监管基础。对3000多家企业网站进行逐一核查，已经建档网站企业数3218家，有效网站5497个，网站添加网上标识3024个，新增标识210个。开展专项行动，规范网络交易秩序，净化网络消费环境。制订了2016网络市场监管专项行动工作细化方案，协同相关单位有效开展红盾网剑专项行动、投资理财类网络广告专项整治、网络订餐“净网行动”食品安全专项整治等行动；在“双11”“双12”等网络集中促销期，开展交易监测专项行动。发现违法案件线索47起，已立案查处网络违法案件16起，典型案例11例，其中查处的全市首例网络冒用知名企业名称专业权违法案件被省工商局列为十大网络专项执法行动典型案例之一。以“以网管网、依法管网、综合监管、协同推进”为指导，认真贯彻落实总局、省局推进线上线下一体化监管部署要求，全面推进网络市场线上线下一体化监管进程，成立“永嘉县市场监督管理局网络商品交易及有关服务行为监管工作领导小组”，印发《关于加强网络市场监督管理的指导意见》，积极探索建立市场监管各业务线合力进军网络监管的工作机制。结合由凯奇集团负责人提案县政府督办的桥下教玩具行业在网络上的“无序低价”竞争现象，开展“护企维权”工作；多次陪同省局和市、县政府领导走访约谈电商企业，对桥下西岙村、埠头村等淘宝村的相关淘宝店进行了实地走访和行政指导；与奥康、中环、利幼等7家重点电商企业建立了联络机制。

无照治理　2016年,永嘉县着力构建无证无照整治工作的长效监管格局，印发《关于在全县开展“大拆大整”无证无照专项行动实施方案》“四无”生产经营单位集中整治促进小微企业成长提升专项行动实施方案》《关于在全县开展“大拆大整”无证无照专项行动实施方案》《关于开展“四无”生产经营单位集中整治无证照专项行动督查活动的通知》等文件，健全查处规范无证无照经营组织机构，完善部门协作机制和保障机制。有效地开展“大拆大整”无证无照专项行动，经过疏导，已登记市场主体8869户，取缔2678户，自行关闭1525户，抄告相关部门69户；检查超市、便利店、中介机构1275家次，暗访397家次，向超市、便利店、中介机构发放告知书269份。印发《关于进一步整治无证照寄递的通知》文件，整顿排查无证照寄递经营户44户（新排摸发现2家），停业整顿33家（其中引导办理证照寄递经营户12家，取缔11家，查处3起，共出动执法人员651人次，检查寄递行业经营单位276户次。2016年，为加强成品油市场监督管理，切实保护经营者和消费者合法权益，加大无照成品油市场监管。共出动成品油执法检查138人次，检查成品油经营户56家次，对4家经营单位的11个批次的柴油和汽油进行抽样送检，立案查处成品油无照案件3件，罚没已入库1.5万元。

食品安全监管　2016年,永嘉县按照省、市相关工作要求，坚持把食品安全作为重大民生工程来抓，以保障G20峰会食品安全为核心，深入实施餐桌安全三年行动计划、“三大一严”专项行动、“四小一市场”综合整治、学校食品安全“智慧监管”工程建设、放心农贸市场等一系列工作，全县食品安全形势稳定趋好，未发生食品安全事故。2016年,累计开展联合执法176次，出动执法人员6902人次，检查重点生产经营单位10345家次；定量检测各类食品2774批次（包括风险监测和评价性抽检）；结合“四小一市场”排摸整治对象623家，已落实整改594家，累计排查梳理系统性隐患10项276个，均整改完成；发放张贴专项行动通告1万多份，宣传折页1万份。

约谈违规企业76户次，对2996人次开展食品安全培训；查处违法行为452起，发放责令整改通知书379份，已整改完成376户，行政立案95起，罚没款130.9592万，取缔无证无照单位162户,移送涉嫌刑事案件12起，线索6条次；查处一批油条中滥用含铝食品添加剂、性保健产品中非法添加药物和猪肉冒用牛肉干等案件，刑事立案24起，对34人采取强制措施；判决食品安全刑事案件共35起，实刑20人，缓刑19人，拘役10人,罚金共计50.4万元。组织开展食品安全宣传周、四个“你我”和食品安全“五进”等系列活动，完善科普宣传站和网络点题平台，为22个科普宣传站统一制作了科普展板，有效提高了市民食品安全的参与率、知晓率和满意度。

根据省、市食品安全监管工作会议精神，按照“一体、两翼、四轮驱动”的工作思路，突出“强化许可、落实主体、推动共治”工作重心，结合永嘉县实际，全面推进了永嘉县食品生产和食品相关产品生产监管工作。2016年，食品生产许可企业新审批5家，延续16家，不予许可4家；食品相关产品获证企业共7家,其中2016年新获证1家；全县累计食品生产加工小作坊124家，登记备案率为100%,分类监管率为100%。严格按新的《食品安全抽检管理办法》和《食品安全召回管理办法》，实施监督抽检“企业全覆盖、品种全覆盖、项目全覆盖”的要求，对食品进行监督抽检，共监督抽检241批次，其中食品生产企业98批次，食品加工小作坊143批次，不合格7批次，食品生产监督抽检覆盖率为94%，食品加工小作坊抽检覆盖率为96%，确保食品监督抽检覆盖率，同时对不合格产品后处理完成率100%。食品相关产品抽检1批次，结果合格。持续开展地产食品“533”行动，以婴幼儿配方食品、酒类、食用植物油、包装饮用水、焙烤食品等5类食品为重点，组织开展“2016年地产食品安全保障行动”，着力解决环境污染物、迁移污染物、致病菌超标等突出问题。共抽检17批次，并完成对食用植物油和白酒开展塑化剂专项抽检。推行履职报告制度，召开食品生产企业法定代表人履职报告点评会，全面落实食品生产企业法定代表人履职报告制度，同时开展主体责任自查报告、书面检查和抽查核实等工作，推动企业自查自纠和守法诚信经营，并完善食品生产企业监管信用信息档案。

为进一步提升全县食品安全水平，制定《关于印发2016年流通环节食品安全抽检计划的通知》文件，完成食品定量抽检479批次，食用农产品抽检完成280批次，涉及肉制品、坚果制品、节日用品、休闲食品和食用农产品等多大类，其中不合格24批次，已立案处理5起，移送公安2起。通过免费检测室和快速检测箱开展的快速检测共计20603批次，不合格206批次，责令停止销售不合格食品83公斤。为加大农村食品安全突出问题和重点隐患专项治理力度，推动改变农村食品生产经营小、散、乱状况，净化农村食品生产经营环境，根据市局《温州市市场监管局2016年度食品药品专项整治总体工作方案》的要求，组织执法力量开展农村食品安全治理“扫雷”专项整治行动。共出动执法人员912人次，检查经营户2418户次，食用农产品经营户314户次，农贸市场24户次，其中检查发现无证经营户23家，取缔了18家，对5家经营户督促办理证照。同时对校园食品店等重点区域开展监督抽检，至年底儿童食品抽检合格27批次，不合格7批次；其他食品抽检合格165批次，不合格15批次；食用农产品抽检合格138批次，不合格2批次。查处违法案件20起，共罚款10.5万元。

餐饮全监管 永嘉县市场监督管理局严格贯彻落实上级的总体部署，以保障人民群众餐饮饮食安全为目标，以转变政府职能为核心，深化改革创新，整合资源配置，加强基层监管，着力提高餐饮服务环节市场监管效率和水平。继续实施学校（含幼托机构）食堂量化分级等级提升，全县A、B级食堂比列达87.6%，在A级食堂全面推行“阳光厨房”建设、五常法管理及色标管理，巩固千万学生饮食放心工程成果，引导运用各种有效的监管措施和手段，开展食品安全风险排查与自查自纠；深入开展餐饮服务食品安全隐患排查，通过集中整治、规范引导，逐步完善和创新餐饮监管机制，基本形成全县餐饮服务监管网络，提升餐饮规范管理工作水平。2016年，永嘉县现有餐饮单位3049家，共检查餐饮服务单位5699家次，出动执法人员3159人次，定量抽检265批次，培训人数2705人，餐饮服务环节立案19起，罚没款为10.2221万元。

药械安全监管 2016年，永嘉县共有药品生产企业1家，药包材生产企业2家，药品经营企业251家，医疗机构460家，医疗器械经营企业278家，共出动执法人员

3335人次，检查各类单位共计1334家次，其中药品批发企业2家次，药品零售企业526家次，医疗机构524家次，医疗器械经营企业282家次。全年共立案27起，罚没款共计20万余元。全年共完成ADR报告767例（任务数631），MDR报告82例（任务数79）。已分别完成本年度目标值的121.5%和103.8%。充分利用报刊、电视、政务微博等媒体，制作并发布药械安全使用宣传广告，多渠道向群众宣传药品和医疗器械的法律法规和使用安全常识，提升医疗器械经营使用单位法律责任和道德意识。

名牌培育工作 2016年,永嘉县市场监督管理局坚定不移的贯彻落实省政府提出的三强战略要求，深入实施标准强县、质量强县、品牌强县工作。4月，永嘉县获得省质监局批准建设全省第二批“浙江制造”试点县，以此为契机，全力打造“浙江制造”品牌，扎实推进“三强一制造”工作。先后制定出台《2016永嘉县质量强县行动计划》《永嘉县县长质量奖评审管理办法（2016年修订）》《永嘉县县长质量奖评审管理实施细则（2016年修订）》《永嘉县质量与品牌奖励资金管理办法（2016年修订）》《永嘉县“制造制造”品牌建设三年行动计划（2016—2018年）的通知》等文件，组织企业参加“浙江制造”品牌、卓越绩效模式与ISO 9001质量管理体系标准换版培训会暨泵阀行业先进质量管理(品牌)孵化基地活动，成立了温州泵阀质量技术学院和21家泵阀企业质量研究基地。新增导入实施卓越绩效管理的企业6家，累计54家，占规模以上企业的比例为14.8%（规模以上企业364家）。持续实施筹建规划和园区品牌建设规划，认真对照《“全国知名品牌创建示范区”考核验收细则》（质检质函〔2016〕11号）考核验收细则，查漏补缺，攻坚克难，“全国泵阀产业知品牌创建示范区”建设取得重大突破，五个方面21项指标全部完成创建，自查总得分为980分。国家质检总局、省质监局已安排在12月29日到31日对“全国泵阀产业知名品牌创建示范区”进行验收。联合中国质量协会举办品牌培育创建经营保护专题讲座，利用“质量月”等主题活动，宣传单体品牌和区域品牌，鼓励品牌企业抱团参加会展项目等推进品牌培育创工程，推动品牌影响力向市场竞争力转化。对2015年我县首次荣获“各级政府质量奖”“中国驰名商标”、等奖项的先进单位予以通报表彰奖励。奖励企业和单位共50家，奖励金额共421万元。通过《永嘉县质量与品牌奖励资金管理办法（2016年修订）》《永嘉县领军企业和高成长型企业培育方案》等扶持政策，对“浙江制造”标准制定和品牌认证进行重奖，扎实推进“浙江制造”品牌建设。共起草“浙江制造”团体标准草案4个，完成奥康鞋业等5家列入温州市“浙江制造”品牌重点培育企业名单（温质质发〔2016〕3号），并已完成培育工作。超达阀门集团牵头起草的石油、石化、天然气及相关工业用钢制球阀“浙江制造”团体标准和奥康鞋业、红蜻蜓鞋业参与起草的天然皮革帮面皮鞋“浙江制造”团体标准已发布实施，并都已启动“浙江制造”品牌认证。保一集团牵头起草的《石油、石化、天然气及相关工业用钢制闸阀》“浙江制造”团体标准列入2016年第三批“浙江制造”标准制修订计划。至2016年年底，永嘉县共有各级政府质量获奖企业18家（省政府质量奖1家、市长质量奖3家、县长质量奖14家）。2016年全县企业获得浙江名牌产品34个、温州名牌产品42个、浙江区域名牌1个、市优质产品生产示范区2个，名牌培育工作名列全市前列。

标准化计量工作 2016年，深入实施标准强县战略，有效开展农业、服务业、工业标准化工作，制订实施《永嘉县质量与品牌奖励资金管理办法（2016年修订）》等奖励扶持政策，积极引导帮助指导企业做好国家、行业、地方标准制修订。2016年，《蓝莓采摘游服务业标准化试点项目》省级服务业标准化试点项目获批立项；《制定实施大型充气玩具（淘气堡）企业联盟标准》省块状产业标准化重点项目通过验收，获得良好项目；《梅杨标准化栽培推广示范》市级农业标准化项目通过验收；《泵阀科技服务标准化试点》《物流服务标准试点》2个市级服务标准化试点项目提高验收。2016年，永嘉县共制修订国家标准1个、行业标准5个，参与制修订国家、行业标准17个。至年底永嘉县共制修订国际、国家、行业、地方标准共213个（国际标准3个、国家标准70个、行业标准127个、地方标准13个），其中作为第1起草单位为主制修订国家标准13个、行业标准26个、地方标准12个。2016年下达县级农业标准化推广示范项目计划，6个县级项目获得立项，5个县级服务标准化试点项目顺利通过验收，形成标准化项目梯队培育机制。计量基础工作扎实有效。进一步强化了民生计量、能源计量与法制计量工作，全面提高计量工作服务国计民生的有效性，充分发挥计量的基础保障作用。先后借助5.20世界计量日、质量宣传月等活动，广泛开展民生计量的宣传普及工作，其中，“5.20世界计量日”现场公益宣传活动共检修血压计6台，电子秤8台，验光160多人次，发放各种宣传材料800多份；活动期间，各站所开展计量执法检查行动，开展群众热点问题、定量包装商品净含量监督检查，打击计量违法行为，共出动执法人员50人次，检查5家农贸市场、10家大型超市。全年采取上门服务方式实施强制检定燃油加油机、出租车计价器、B超机等计量器具共计707台件，并每月按时公示检定结果。加强合格评定监管工作，对永嘉县12件检验机构进行监督检查，做好能力验证工作，提升检测质量，做好2016年度省局部署的检验机构能力验证工作。印发《永嘉县市场监督管理局关于开展2016年度强制性产品认证证后监督管理实施方案的通知》文件，加强强制性产品认证企业检查，开展强制性产品监督管理工作。

特种设备安全监察 2016年，永嘉县特种设备生产企业478 家，特种设备使用单位3774家，在用特种设备10310台，其中锅炉165台，压力容器1178台，压力管道（工程）65处，电梯2777台，起重机械5717台，大型游乐设施2台（套），客运索道0条，场（厂）内专用机动车辆433辆。另外，全年共检验液化石油气钢瓶143871只，报废10867只；检验氧气瓶422只，报废37只；检验氩气瓶224只；检验二氧化碳瓶675只。新氩气瓶注册登记60只。为有效遏制特种设备生产和使用中的违法行为，积极开展电梯攻坚专项整治、危化品专项整治、场（厂）内专用机动车辆专项整治、码头吊专项整治等多次专项整治活动，2016年共出动人员1579人次，检查单位543家，检查设备 923台，发现隐患 717台，已整治 711台，发放监察指令书52 份，组织应急演练1起，立案查处特种设备违法行为23起。严格落实特种行政审批，进行特种设备过户、停用、注销，作业人员发证等行政许可工作，2016年共受理特种设备安装、维修、改造告知起重机械217台、电梯486台；简易升降机14台启用13起，65台；停用122起，239台、注销225起，364台；更名登记186起，533台；启用36起，48台。推进区域监管新模式，强化特种设备全过程安全监管，并在去年工作基础上，继续推进特种设备安全大监管机制，县政府已将特种设备安全工作列入乡镇（街道）目标责任制考核，成为县政府对乡镇考核的必备项目之一。形成了“党委领导、政府监管、行业管理、企业负责、社会监督”的特种设备安全管理与安全监察常态工作机制。突出对重点单位的监管。强化对全县13家重点监控单位44台特种设备的安全监管，建立工作台账，明确监管责任人，对每个特种设备重点监控单位进行1次以上现场巡查，在节日期间加强对人员密集场所、旅游景区、娱乐场所和节日活动场所特种设备的检查，确保“三个重点”（重点场所、重点设备、重点企业）特种设备的“四个率”（设备注册登记率、设备定期检验率、设备作业人员持证上岗率、设备隐患及事故查处结案率）达到100%。强化宣传教育，以特种设备进企业、进社区、进校园的“三进”活动为抓手，强化安全知识宣传。通过播放《跟着安仔乘电梯》安全宣传片，印发宣传手册、宣传资料，在官方微博、微信公众平台推送等方法普及特种设备安全知识，营造全社会关注特种设备安全的良好氛围。

重点产品质量案监管 2016年，永嘉县市场监督管理局以建设大监管格局为目标，围绕保障质量安全和产业转型升级，强化监督抽查和后处理工作力度，探索完善监管方式预防质量风险事故，建立科学、长效、全面的监管机制，确保重点产品质量安全稳定。积极做好工业产品生产许可证受理工作，2016年共受理7家企业的申请，并积极配合审查组对申证企业开展现场审查工作。全年需年审工业产品生产许可证获证企业63家，已100%完成年审工作。强化许可证获证企业证后监管，已完成许可证巡（检）查企业72家136频次，巡查率100%。截至2016年12月底，永嘉县辖区内共有工业产品生产许可证获证企业71家，证书72张，建立《生产许可证工作制度和事中事后监管工作制度》，并严格按照许可证建档有关要求建立档案。为进一步加强工业产品生产许可证企业后续监督，督促获证企业落实产品质量安全主体责任，对获证企业实施ABC分类监管，根据监管类别分配不同的日常巡（检）查力度。为确保巡（检）查工作及时有效开展，印发《2016年度工业产品生产许可证企业定期监督检查计划》，制订工作计划，进一步明确责任分工和时间节点。召开工业产品生产许可证获证企业约谈会，向65家工业产品生产许可证获证企业宣贯《中华人民共和国产品质量法》《工业产品生产许可证管理条例》《工业产品生产许可证后续监管规定》等有关法律法规。狠抓重点产品整治，2016年，将儿童服装及玩具产品列为重点关注产品，并结合省局纤维制品质量监管工作制定《儿童服装产品质量提升暨纤维制品产品标识专项整治工作方案》明确了重点产品整治的指导思想，同时为进一步细化儿童服装整治工作具体内容，明确整治工作各阶段时间节点，制定《计划推进表》，确保重点关注产品质量安全。组织协调有关科室及基层站所通过监督抽查、执法检查、日常巡查等手段加强对儿童服装产品的质量监管，2016年共出动执法人次300余人次，检查企业50余家，立案查处企业5家；共抽查儿童服装产品13批次，其中合格12批次，合格率为92.3%。开展2016年永嘉县专项监督抽查工作，印发《关于下达2016年永嘉县产品质量专项监督抽查计划的通知》《关于下达2016年永嘉县工业产品生产许可证产品质量专项监督抽查计划的通知》，进一步强化永嘉县县产品质量安全监管力度。2016年永嘉县产品质量定期监督抽查238批次产品，其中合格223批次，合格率为93.7%。围绕重点关注产品历年来存在的产品质量问题，有针对性地组织开展质量帮扶活动。通过召开培训会议、利用分发资料、上门帮扶等手段加大相关法律法规、技术标准的宣贯力度，大力推广先进的质量管理理念，提升企业负责人的质量意识。培育温州康益服饰有限公司为“产品标识规范标注示范点”，使标杆企业起到带头示范作用，通过“以点带面”的方式有效促进产业质量水平总体提升。2016年共培训企业60余家，开展系列宣传活动5次，印发宣传资料500余份，定期监督抽查238批次产品，其中合格223批次，合格率为93.7%，严格落实后处理工作，后处理率达100%。

区域监管工作 2016年，进一步夯实基层质量安全监管基础，完善基层质量安全监管网络，落实区域监管责任，强化风险监控工作，加强区域监管与服务的制度化建设。成立质量安全风险管理领导小组，建立健全质量安全风险管理工作机制，建立《重大质量安全事故报告制度》《质量安全风险应急预案和预警机制》《质量安全风险信息资源共享机制》等机制制度。通过监督抽查、执法检查、日常巡查、投诉举报等方式方法收集质量安全风险信息。2016年，永嘉县辖区内儿童玩具和儿童家具产品被市局通报存在质量安全风险，对此及时采取措施处置应对，通过强化后处理力度，确保企业整改到位，加大行政处罚力度，同时召开学习班、标准宣贯会提升企业产品质量意识，并举一反三仔细查摆问题，开展学生、儿童用品质量提升专项行动，保障学生、儿童产品质量安全。全年未被市级以上通报区域性、行业性质量问题或质量风险，未出现被媒体曝光的质量事件。

稽查工作 2016年，坚持“建章立制促规范、依法行政抓办案、提升能力保安全、改进作风树形象”的总体要求，以查处大案要案为核心，围绕稽查办案、专项重点整治、投诉举报和重大活动保障四个重点，以平安护航G20为重要契机，健全机制，强化服务意识，加大办案力度，规范市场秩序，保障人民群众饮食用药安全。出动执法人员7732人次，检查餐饮单位2879家次，涉药单位664家次，医疗器械单位324家次，保健食品单位256家次，化妆品单位198 家次；立案共78件（其中行政处罚案件72件、餐饮环节移送公安部门已立案1件、性保健品已移送公安部门立案5件），结案52件，罚没款到位47.88万元。根据“四品一械”抽验计划，完成药品检测监督抽样任务130余批，不合格1批次，已依法予以处罚；配合完成快速检测任务110批，全部合格。

民生工程建设 2016年,投资6000多万元按五星级标准建设的上塘综合农贸市场建成使用；投入465万元加强县检测中心建设，年检测能力将达2000批次；新增免费向公众开放的食品安全快速检测室3个，瓯北、城西等3家城区农贸市场已经基本完成“双体系建设”要求；推进学校食堂“阳光厨房”32个，投资200多万元开展50家学校开展“智慧监管”工程建设；强化风险监测能力建设，全年风险监测样本量达到791批次，现已对12类食品开展风险监测，共采样700份，设置食源性疾病主动监测哨点医院3家；完成ADR报告661例（任务数631例），MDR报告64例（任务数79例）。

党风廉政建设 2016年,永嘉县市场监督管理局以深入开展“两学一做”主题教育活动为抓手，以民主评议政风行风与中层督考工作为载体，进一步加强机关干部作风效能建设，大力推进政风行风建设，营造永嘉县良好的经济社会发展环境。印发《关于调整永嘉县市场监督管理局党风廉政建设和反腐败工作组织领导与责任分工的通知》《三书两报告制度》及《永嘉县市场监督管理局党委履行党风廉政建设主体责任清单》，将责任落实到各领导班子成员及各职能科室身上，并分别与科室及基层单位签订了《落实党风（行风）廉政建设责任书》，作为年终考核重要项目，形成了“一岗双责”的工作格局。2016年5月17日召开永嘉县市场监督管理局“两学一做”动员大会，全面动员和部署工作；开展“两学一做”4个专题讨论会、学习《中国共产党党员问责条例》、中共十八届六中全会精神、《胡锦涛文选》《关于新形势下党内政治生活的若干准则》《中国共产党党内监督条例》、习近平总书记“七一”讲话精神等。观看《郑义门》《做合格党员》《永远在路上》等视频，加强警示教育，敲响廉政警钟。积极开展“510思廉日”主题教育活动，一把手讲课、举办专家讲座活动，集体学习相关党风廉政建设内容，“修身齐家促廉洁”签名活动，不断增强干部廉洁自律和风险防范意识；开展“敢担当、树标杆”作风建设五大行动，严肃整治干部队伍中存在的执行不力、担当不够等突出问题；开展“三问自己·如何担当”解放思想大讨论活动，深入开展思想解放大讨论，引导广大干部群众更新观念、拓宽视野、大胆创新、争创一流、争当先锋。

机构建设 2016年，永嘉县市场监督管理局（原永嘉县工商行政管理局、永嘉县食品药品监督管理局、永嘉县质量技术监督局）全面完成机构改革工作，实现了干部队伍的全面融合，三局合一的融合效应正在逐步显现。做好派出机构全额事业编制岗位设置工作，拟设岗位总量53个（其中管理岗位50个、专业技术岗位3个），落实了现有47人的岗位。加强编外人员管理，细致深入工作，依法清退24名编外人员。印发永嘉县市场监督管理局《星级规范化市场监管所创建五年规划（2016—2020年）和2016年计划》，全面开展以“健全基层监管机制，夯实基层监管基础，提升基层监管能力”为主要内容的市场监管所规范化建设，力争通过五年努力，全县实际运行的10个市场监管所全部达到三星级以上。

荣誉录 永嘉县市场监督管理局荣获浙江省质监局颁发的2016年度省级创新奖。

（金玉燕）

物价管理

价格监测 及时掌握县民生价格动态，精心部署价格监测调控工作，提高价格监测预警分析能力。完善重要商品价格监测制度、新报表的周报、旬报、月报及快报制度，新增3个劳动力价格监测点和5个综合价格监测点，及时公布民生价格石油液化气价格监测信息。开展对节日期间及强台风期间的市场价格应急监测和市场价格监测巡查。加强对重要商品价格走势的专题分析，改进价格监测分析预警工作，对市场价格动态进行概括性分析，对主要的商品大类价格走势进行深入全面的评价分析。并对未来价格变化的趋势做出比较科学和准确的分析、预测和判断，2016年共完成25篇价格监测分析。

物价监督检查 2016年,永嘉县物价局监督检查分局依法全面履行价格监管职责，价格监管工作取得优异成绩，全年立案查处各类价格违法案件22件，实施经济制裁55.1万元，其中上缴国库40.4万元，退还消费者14.7万元，商品房明码标价备案345份。一是突出重点时间的监管。根据上级要求及节日市场价格检查规定，在元旦、春节、“五一”、国庆等节日前后，G20杭州峰会期间等重要时期，组织人员加强市场巡查。着重对零售商业、交通运输、餐饮服务、旅游景点等与人民群众生活关系密切的价格与收费执行情况进行检查。在台风期间，组织人员第一时间出现在桥头开展市场巡查，有效遏制哄抬价格行为，维护了市场秩序和社会的稳定。二是突出重点领域的监管。重点加强对景区门票、涉农涉企、药品医疗等重点领域的价格检查。对各景区门票价格优惠减免政策、价格公示等落实情况进行检查，同时还检查了景区相关饭店、餐饮、旅行社、旅游商品销售等旅游经营者执行价格政策情况。开展涉农涉企价格和收费专项检查,有针对性地选择了住建局、土地局等2家涉企涉农重点收费单位，以及相对应的6家中介服务机构进行检查。开展药品价格和医疗收费价格专项检查，抽调精干检查力量，对医院、疾控中心、中心血站、药店进行检查，重点检查政府降价药品执行情况、医用设备检查治疗、住院费、检验收费执行情况，对一家违法医院进行了行政处罚。

价格认证 按照全省价格认证工作部署和《价格认定规定》，认真做好价格认证工作。2016年共受理价格认定469件，标的额450多万元，较好地完成了工作任务，为稳定社会治安、改善永嘉投资环境做出了积极的贡献。全面研究新修订的《价格认定行为规范》及《价格认定文书格式规范》，并对价格认定文书格式、内容作了适当调整，严格价格认定程序及结论书，并于7月份执行。同时，针对公安局提供的协助书文号不统一、盖章不规范的问题，积极与温州鹿城公安局沟通借鉴经验，与公安局联合发文对价格认定文书格式作了统一规范，对协助书文号予以了统一，并由公安局授权公安下属所、队以本单位名义委托价格认定，提高了办案效率。促机构转型升级，经过不懈努力争取，2016年10月中旬，县价格认证中心由自收自支事业单位转为全额事业单位。

污水处理费标准调整 依据《国家发展改革委财政部住房城乡建设部关于制定和调整污水处理收费标准等有关问题的通知》(发改价格〔2015〕119号)要求，按照“污染付费、公平负担、补偿成本、合理盈利”的原则，综合考虑本地区水污染防治形势和经济社会承受能力等因素。调整上塘、瓯北、桥头污水处理费征收标准为居民生活污水处理费每立方米0.85元，工业污水处理费每立方米为1.20元，非工业污水处理费每立方米为1.20元。居民生活污水处理费的执行范围是：城乡居民住宅及其附属设施(指物业服务、门卫、消防、车库)等生活污水；普通高等学校、高中(普通高中、成人高中)、中等职业学校(包括普通中专、成人中专、职业高中、技工学校)、初中(普通初中、职业初中、成人初中)、小学(普通小学、成人小学)、幼儿园(托儿所)、特殊教育学校(对残疾儿童、少年实施义务教育的机构)的学校教学用水和学生生活污水；宗教场所生活污水;敬老院、孤儿院、救助管理站等提供住宿的收养、收容服务场所污水；生产经营企业内可以单独计量的职工集体宿舍、食堂生活污水；城市社区居民委员会公益性服务设施、农村非营利性公共活动场所产生的污水。工业污水处理费的执行范围是：从事生产、加工以及维修企业的污水。非工业污水处理费的执行范围是：除居民生活污水和工业污水以外的污水。

定调价工作 紧跟全县燃气市场价格的变化，坚持每季度一次做好管道燃气指导价核价工作，努力做到科学合理定价，核定了各季度管道石油液化气零售指导价，并减轻企业负担，将企业食堂用气专门列为居民生活用气。进一步完善小水电上网电价政策，继续对下角、石匣等报废重建的小水电企业上网电价情况进行实地调查，拟定价格上报市发改委批准，及时转发了市发改委关于永嘉各水电站上网电价的等批复，并认真贯彻实施。认真调查农村饮水工程的优惠用电政策并进行落实，根据《农村饮水安全工程建设管理办法》(发改农经〔2013〕2673号)及《关于农村饮水安全工程供水用电价格有关事项的通知》（浙价资〔2011〕260号）的文件精神和要求，结合实际，将部分农村饮水安全工程供农村居民生活用水比例进行核定，使农村饮水工程的优惠用电政策得到落实。

行政事业性收费监管 2016年5月中旬已完成全县61个行政事业性收费单位和部门2015年度收费情况公示和年度报告，此项工作为率全市之先启动并完成的。2015年度全县行政事业性收费总额为27962万元，比2014年减少5294万元，减幅为15.92%。同时积极推进行政事业性收费管理工作方式转变，于2016年9月下旬对本县重点行政事业性收费执收单位开展走访，对2016年当年度的收费情况进行督查。

执行上级收费政策 根据国家财政部和发展改革委下发的《财政部 国家发展改革委关于扩大18项行政事业性收费免征范围的通知》，将现行对小微企业免征的18项行政事业性收费的免征范围扩大到所有企业和个人，具体包括国内植物检疫费、新兽药审批费、“进口兽药许可证”审批费、《兽药典》、《兽药规范》和兽药专业标准收载品种生产审批费、已生产兽药品种注册登记费、拖拉机号牌（含号牌架、固定封装置）费、拖拉机行驶证费、拖拉机登记证费、拖拉机驾驶证费、拖拉机安全技术检验费、渔业船舶登记（含变更登记）费等11项农业部门收费项目，社会公用计量标准证书费、标准物质定级证书费、国内计量器具新产品型式批准证书费、修理计量器具许可证考核费、计量考评员证书费、计量授权考核费等6项质监部门收费项目，林权勘测费1项等林业部门收费项目。及时联合县卫计局、县人社局转发省物价局、卫计委、人社厅联合下发的《关于调整完善医疗服务项目和价格的通知》文件，对综合服务类、临床诊疗类中部分医疗服务项目价格进行合理调整和完善，增补“植入式心电记录器安置术”等24项新增医疗服务项目及价格，全面督促医疗机构落实到位，进一步完善医疗服务项目和价格。根据市发改委、市卫计委《关于调整部分社区卫生服务价格等有关事项的通知》，联合县卫计局严格落实基层医疗卫生模式转变，调整了“医生（护士）出诊费”和“家庭健康巡诊服务费”两项社区卫生服务价格，将责任医生签约服务费个人承担部分纳入社区卫生服务收费项目，更好地满足了群众基本医疗卫生服务需求，已全部执行到位。

落实县内收费管理项目 一是加强教育收费管理。根据省定价目录和有关高中收费文件要求,科学核定永嘉县上塘中学学生公寓住宿收费标准。积极做好公办幼儿园监管工作。走访6所新办公办幼儿园，收费项目、收费标准及公示情况均符合规定要求。积极做好民办幼儿园收费标准备案工作。对110所民办幼儿园进行收费标准备案，年度备案数量达历史新高。积极做好永嘉县翔宇小学、永嘉县振兴学校、永嘉县楠江中学等民办学校的收费标准备案工作。二是加强旅游市场价格管理。及时开展专项整治工作。会同县旅游局深入各景区调查，针对营运收支情况、门票价格、优惠政策等落实情况进行督查。整治期间，永嘉县旅游市场总体稳定，各景区无违规涨价行为。三是完善医保结算管理制度。配合县人社局、县卫计局、县财政局出台《关于永嘉县基本医疗保险按病种结算办法（试行）》，在确保医疗质量，不增加群众负担的前提下，实行按病种付费，有效控制医疗费用的不合理增长。四是调整班车客运价格管理。调查客运公司跨省跨市班车价格，与交通部门对接，启动10条线路农村道路客运票价调整工作。五是规范基础设施配套费征收工作。针对县住建局在征收基础设施配套费中遇到的问题，认真研究县政府第26号、27号令具体内容，查阅省市有关市政基础设施配套费和集镇配套设施建设费有关文件，提出永嘉县基础设施配套费征收相关修改意见，最终由县政府发文确定。

价格公共服务 加强全省价费政策公布平台维护工作，指定专人落实责任，做好价费政策的补充和完善，确保平台信息全面准确及时。公布有效文件86个，以及水、燃气、旅游景点、公共交通、教育等十类重要商品和重要服务价格的标准。此项工作位全市前列，得到市发改委的肯定。

农产品成本调查 生猪、鸭、羊、鹅等养殖户的成本调查是物价局常年担负的基础调查任务。为保证农产品成本调查工作正常开展，通过多种途径调查摸底，确定永嘉县新开田标准化生态养猪场和上塘镇中西新兴畜牧场等八家单位或个人为2016年农本调查对象。同时对调查户一一上门落实调查任务，并进行面对面的业务指导，确保新增的农调户都能做到及时、准确登记成本投入、收益情况以及农产品的市场价格行情的变化。为做好农本调查工作，及时召开成本调查业务会，安排全县成本调查工作任务，重点强调了农本常规调查的重要性、及时性和准确性；严把成本调查质量关，着重把握原始数据的真实性、基础数据的可靠性、汇总资料的全面性和分析预测的可信性；深入走访，详细了解，从不同层面如实反映农业、农村和农民的生产、生活和经济活动情况；每月按时向省局上报《农调户生猪生产情况调查表》和《生猪生产成本情况调查表》。年终根据《财政部、国家发展改革委关于印发（农产品成本调查补助资金使用管理办法）的通知》（财建〔2003〕237号），及时下拨2016年农本调查补助资金2.1万元。

成本监审 《中华人民共和国价格法》《政府制定价格成本监审办法》（国家发展改革委第42号令）和《浙江省政府制定价格成本监审实施细则（试行）》等规定和年初制定的计划，成本调查队按时完成定期成本监审项目3项，涉及永嘉县排水有限公司污水处理成本、永嘉县上塘自来水有限公司供水成本、浙江省永嘉中学普通高中教育培养成本。共核减成本1831.37万元，核增成本5892.63万元。对两个景区（浙江省永嘉文化书院和永嘉县大若岩百丈瀑旅游开发有限公司）进行了成本预审核。对永嘉县联运公司、永嘉县交通实业有限公司、永嘉县长途汽车运输公司、永嘉县交通运输公司四家公司的联合报告（《关于要求调整县内农村客运班车基本运价的报告》），物价局引入了第三方审核服务工作，由第三方审核服务机构开展农村客运成本审核工作正在进行中。

（吴　昌）

统计工作

概况 2016年，永嘉县统计工作在县委、县政府的正确领导和上级统计部门的精心指导下，深入学习贯彻中共十八大、十八届四中、五中全会、六中全会精神，围绕省、市统计工作会议精神和工作重点，主动适应经济发展新常态，全力抓重点、攻难点、促亮点，取得了较好的成绩。

统计工作 一是切实转变统计服务理念。将“两学一做”教育活动与“三分工作法”相结合，坚持每月有三分之一时间每位局领导带专业人员深入联系镇街、部门、企业开展调研、指导和服务，帮助解决困难和问题；有三分之一时间用于与省、市统计局的沟通对接，密切关注省、市最新动向、经济运行情况，并每月定期召开全局专业人员碰头会，分析永嘉县经济运行情况，为经济社会发展献智献力；有三分之一时间用于日常统计业务学习提升、数据分析等工作，顺利推进各项常规报表、统计调查工作。二是创新学习，抓好干部统计知识培训。县统计局首次将统计知识业务培训纳入《全县干部教育培训计划》，9月联合县委组织部、县委党校举办系统性统计知识业务培训。按照“提高度、重思想、强师资、重技能、严管理、重效果”的要求，全力打造创新培训、精品培训、实用培训。多方位提升学习效果，进一步推动统计工作，真正做到学以致用。

信息工作 一是优化数据信息服务渠道。围绕县委、县政府中心工作，优化统计资料产品，有针对性地开展各项统计调查分析和统计咨询服务。按照市、县两个层面对统计信息的要求，不断创新,高标准编辑好信息小卡片、《统计月报》《永嘉统计年鉴》等多种统计资料；同时，配以政务公开网、OA系统等互联网渠道传播统计信息，第一时间向各级各部门领导报送永嘉县经济形势和重点经济指标情况，使社会大众方便、快捷地掌握统计信息。二是统计分析能力有提高。坚持跟踪掌握主要经济指标动态，每月开展专题分析，每季做好综合分析，及时预警研判经济发展趋势。紧密围绕永嘉功能定位和发展特点，力争撰写各类高质量的统计动态、分析和信息。2016年共撰写各类信息430篇，其中被市局录用的统计分析48篇，信息197篇，动态185篇；被省局录用的动态22篇；其中2篇专题分析分获县主要领导和分管领导批示。三是强化与相关部门的对接沟通。所有专业岗位与对口县直主管部门建立了横向合作联系，充分做到了信息资源共享，为科技、生态强县、平安创建、扶贫监测、绩效考核等相关部门工作做了大量的基础性工作，并完成环境监测、妇女、儿童监测、浙江省26个县经济指标监测等工作，为县委、县政府提供准确的统计信息服务。

统计业务建设 1.加强固定资产投资项目入库工作。一是管理严把新开工项目入库审核关。针对新开工项目，按要求做好入库申请表、立项文件等资料收集，确保项目真实。二是切实落实“一项目一档案”制度。安排专业人员上门进行家教式指导，辅导统计项目单位在申报新开工项目入库时，同步完成项目档案资料，并督促续建项目每月更新档案资料。2.认真落实永嘉县5‰人口抽样调查的组织实施工作。严格遵照上级传达的精神和制度，如期高质量的完成调查任务。3.强化GDP核算。主动适应国家GDP统一核算制度方法改革，依托GDP联席会议、经济形势分析会议等，紧紧围绕县委、县政府的中心工作，重点抓好、认真完成永嘉县2015年GDP年报、2016年季度GDP核算工作。此外，根据市局对县GDP季、年报核算工作的要求，加大与市局相关专业处室的协调，做好与县财政局、人行、交通、通信、邮政等相关基础数据采集部门的沟通衔接，及时掌握指标动态，把好部门数据质量审核关，力求部门核算基础数据资料的准确，确保GDP核算总量真实反映永嘉县经济发展水平。4.完成第三次农业普查阶段性工作。一是高度重视，及时组建永嘉县第三次农业普查领导小组及办公室，落实了人员、经费和办公场所；二是对各乡镇（街道）业普查办统计人员进行业务培训和统计指导，并开展第三次农业普查试点、划区绘图、摸底清查等工作，为农业普查顺利开展奠定坚实基础；三是加强宣传，及时发布国家、省、市普查文件以及本县经济普查工作动态，并利用中国永嘉微信号、短信息、设置公益广告等形式展开宣传，营造普查良好社会氛围。同时，首次依托微信平台组织知识竞答抽奖宣传活动，不断提高全民参与度，不断拓宽宣传效果的深度和广度。

统计法制工作 1.加大普法宣传：按照“七五”普法规划的总体要求，通过线上线下相结合的方式，开展多种多样的统计法律法规宣传活动，统计普法已覆盖了永嘉县所有统计对象。2.加大稽查力度：坚持把统计稽查作为推进依法治统的重要手段，起到“查处一起，教育一片”的宣传效果效，促进了统计工作制度化、台账规范化、流程科学化，切实做好依法统计、真实统计和应统尽统工作；3.加大专项治理工作力度：按照上级要求，深入开展“数据造假、以数谋私”专项治理活动、统计数据质量自查自纠专项等工作，围绕专项治理工作的目标、内容和要求，对照问题逐个查摆，对专项治理工作中发现的问题不回避、不推诿、不遮掩，自查自纠、立行立改，不断完善统计基础工作，全方位提升统计数据质量，切实保障统计数据客观、准确、真实。

统计基础建设 1.内提外引，强化干部队伍建设：一是县委、县政府高度重视统计局班子建设，从局机关内部提拔了1名总统计师、1名党组成员。二是内竞外引：通过竞岗方式提拔选任了4名中层正职和2名中层副职，还通过人才引进方式选入硕士研究生1名，进一步充实队伍。2.优化配置，巩固统计基础建设：一是健全局内组织机构，将原专业统计科更名为产业统计科，并将农村、农业统计归入产业统计科，形成三大产业统计工作一盘棋的格局，进一步提高统计质量和统筹水平；增设县投资统计中心，解决了多年以来投资统计力量不足的难题。二是督促各乡镇（街道）统计机构和人员配备的落实：梳理各镇乡统计机构的人员配备情况并提出合理建议，为切实提高永嘉县统计工作提供有效保障。3.加强基层单位组织机构建设：着力抓好“四上”企业统计基础复评与创建工作，对规范化创建合格单位满两年的，及时进行复查复评。支持企业转型升级和质量认证，做好统计数据认证工作，不断推进政府部门统计基础规范化创建工作。4.强化名录库管理：一是名录库维护节点延伸全部到位；二是认真做好名录库工作，严格按照“先进库、后有数”“要报数、先进库”原则，加强统计调查单位审核认定；三是深化部门间协调联动机制：加强与工商、民政、国税、地税的联系，实现企业信息共享，名录库资料及时更新、动态管理，确保名录库信息的准确性和完整性。5.加强统计业务知识培训：2016年县统计局联合行业相关主管部门及中介机构，举办永嘉县企业统计人员系列培训会，对县规模以上工业企业、限上服务业企业的统计工作分管负责人、统计人员以及规下工业个体户调查员进行分批次培训，进一步规范企业统计业务流程，提升统计人员业务水平与操作技能。

（胡晓星）

审计工作

概况 2016年，永嘉县审计局共有干部职工26人，内设办公室、法制科、经济责任审计局、财政金融审计科、行政事业审计科、基建外资审计科等6个科室，下辖永嘉县经贸审计中心1个事业单位。全年完成审计项目25个，审计查出违规金额1164万元，管理不规范金额29296万元，应上缴财政金额734万元；委托审计政府投资单项工程145个，审定金额86309万元，核减资金6499万元，核减率达到7%。移送纪委等有关部门处理事项15件，上报县委、县政府《审计专报》8篇，获得县领导批示8次。连续第九年获得省、市审计机关考核优秀单位；连续第二年获得县目标考绩优秀单位。

政策跟踪审计 抓住党委、政府重大政策措施贯彻落实和民生项目资金使用两个重点，围绕项目落地、资金保障、政策落实等方面，强化政策跟踪审计。安排了“五水共治”政策执行以及学前教育政策落实情况等相关项目的审计。“五水共治”分为饮用水源保护和医疗废弃物处置两个项目，审计发现了饮用水备用水源建设滞后、水源保护区存在污染隐患、医疗废弃物集中收集处置不及时、医疗废水处理设施建设滞后等问题，形成《审计专报》向县领导作了反映，得到分管县领导批示并主持召开专题会议落实整改，县政府研究出台了《关于进一步规范全县医疗废物集中处置工作的通知》，对医疗废弃物的处置方式、处置要求、处置经费作出了全面的规定。学前教育政策落实情况审计反映了普惠性幼儿园认定工作滞后、专项补助资金分配下拨不及时、补助标准偏低等问题，引起高度重视，《审计专报》得到县委书记批示，县政府常务会议专题听取审计情况汇报，并研究出台了《永嘉县扶持普惠性民办幼儿园发展奖补暂行办法》，加快了普惠园的认定工作，对滞留的895.04万元专项资金逐步分配下拨，此举对于扶持民办幼儿园建设、促进学前教育健康发展意义重大。

财政“同级审” 充分发挥财政审计“龙头”作用，加强全部政府性资金审计监督，开展了县本级财政预算执行情况审计、财政存量资金专项审计，审计发现一般公共预算与其他三本预算衔接不够、预算支出进度不均衡、预算公开不细化、债务规模增长较快、暂付款长期占用结余、部门年末资金结余未及时处理等问题，并逐项提出审计建议；县人大常委会、县政府常务会议专题听取了“同级审”报告和“同级审”整改情况报告，县长对“同级审”整改工作专门提出要求。完成了公务支出公款消费专项审计调查，组织全县78家单位开展自查，对其中26家一级预算单位及其4家下属单位、17家协会2015年度公务支出公款消费情况进行专项审计。审计揭示了个别单位存在公务接待不规范、超范围发放津补贴等问题，清退违规发放津补贴及个人车补共计32.38万元，其中涉及20多名县管领导干部。

经济责任审计 根据县委组织部建议，完成13个单位15名领导干部的经济责任审计工作。审计查出违规金额386.58万元，管理不规范金额2331.2万元，应上缴财政金额260.51万元。在县科技局经责审计中，重点关注科技项目经费使用管理情况，撰写《审计专报》反映了部分科技项目存在立项管理不规范、执行监管不到位、验收管理不规范等问题，推动出台《永嘉县科技计划项目验收管理办法》《永嘉县科技计划项目管理操作细则》等制度。在桥下、岩头、北城街道等镇街经责审计中，发现存在滞留移用专项资金、违规发放津补贴、固定资产管理不规范等问题。继续与县纪委、组织部、编办推行“四责联审”，拓展领域，借力发力，努力提高经济责任审计的质量和规范化水平。此外，配合县委开展基层作风巡查、换届选举等工作，首次开展了部分村级组织主要负责人经济责任履行情况专项审计调查，并试点2个村级组织主要负责人经济责任审计，为做好村级组织换届选举、规范村干部履职、加强基层党风廉政建设提供决策依据。

政府投资审计 加大对政府投资项目的监督力度，为规范工程管理、提高政府投资效益严把审计关。2016年安排保障性安居工程、瓯北三江标准堤工程等投资项目审计。审计发现瓯北三江标准堤工程项目主要管理人员不到位情况较为严重，三个阶段工程进度均滞后的问题，并将有关情况向主管单位县水利部门进行移送，相关施工单位和监理单位受到了通报批评及违约处罚。借助中介机构加强审计力量，参与工程造价审计，全年完成单项工程审计145个，审定金额86309万元，核减资金6499万元，核减率达到7%，为历年最高核减率，有效节约了工程成本。同时，加强了对中介机构的监督检查，终止了1家人员不到位、工作出现脱节的中介机构跟踪审计的资格。

（陈继勋）

公共资源交易管理

概况 2016年，永嘉县公共资源交易平台在县委、县政府的正确领导下，全面贯彻落实中共十八届六中全会精神，紧紧围绕县委、和“两学一做”学习教育，全面推进交易平台整合规范化，进一步提升干部队伍整体素质和服务能力，促进了公共资源市场化改革工作。

公共资源交易情况 2016年，永嘉县公共资源交易平台成功进行建设工程、政府采购、国有土地、国有产权四类交易项目1276宗，交易总额达84.24亿元，总节约资金6.03亿元，增收资金5.01亿元。四大项目交易数量和金额同比2015年度分别增长近一倍。

其中建设工程交易186宗，预算投资47.38亿元，实际中标价41.94亿元，平均下浮率为11.48%；政府采购1057宗，总预算价31.05亿元，实际中标价30.46亿元；国有土地交易13宗，起始价为6.79亿元，成交价为11.80亿元，溢价率达73.94%；国有产权交易20宗，起始价为347.7万元，成交价为395万元。以上四大交易项目最大限度地实现了国有资产的保值和增值，节约了财政支出，在全面深化改革的关键时期，最大限度地发挥了财政资金的使用效益。

工程招投标制度落实 2016年，永嘉县公共资源交易管委办继续认真贯彻《中华人民共和国招标投标法》《政府采购法》等相关法律法规，坚持依法招标、公平竞争、公正交易。全面实施《永嘉县工程建设项目招标投标管理办法（试行）》《永嘉县镇级招标投标管理办法（试行）》和《永嘉县村级工程项目管理办法》，在县、镇（街）、村（居）实现招投标网络全覆盖，强化招投标制度的落实，促进招投标活动健康有序规范进行。

标前审核 2016年，永嘉县公共资源交易管委办继续严格抓好交易项目开标前的审核工作，确保招投标公开有序进行。一是完善招标文件标准化工程。通过提供资格预审和资格后审招标文件范本给各业主和代理单位，从源头上保证招标的公平。二是加强对业主规避招标、明标暗定的监管，严格控制邀请招标数量。在石桅岩旅游服务区项目推进会上有效阻止了招标业主自行指定招标代理单位的行为。三是实施招标文件联合审查制。突出县重点工程项目招标监督管理，组织行业主管部门实施招标文件联合审查，全年对三江12#地块配电工程等21个项目的招标文件实施联合审查。

综合监管 2016年，永嘉县公共资源交易管委办继续强化招投标综合监管。一是抓好招标代理单位管理。会同行业主管部门对27家招标代理单位进行2次场外督查，并定期对代理单位进行考核；二是加大评标专家管理。对永嘉县251位评标专家参加开评标活动实施日常指导、监督和考核，并对重大项目评标专家实行异地抽取制度。9月，联合县财政局重新建立永嘉县政府采购专家库，入库专家120名。对永嘉三江商务区立体城周边市政配套工程“三路”EPC项目等14个项目在省专家库抽取73人次，确保了评标环节的公正、公平。2016年已查处评标专家违规问题2起，作出暂停县内评标专家资格的处罚决定；三是积极受理投标质疑件。共受理投诉件19件，其中投诉有效7件；投诉件处理率100%，复议率为0；四是积极协助相关部门查办招投标违法违纪案件。协助县住建局查处10家工程建设领域存在不良行为的公司；协助县水利局查处了23家公司，计入不良行为记录；联合县财政局等部门查处招标代理单位2家。

交易平台整合规范化 2016年，永嘉县公共资源交易管委办认真贯彻落实中央和省、市关于“整合建立统一的公共资源交易平台”文件精神，以整合共享资源、对接信息系统、统一规则体系、规范运行机制、创新监督管理为重点，以信息化建设为支撑，接轨全市统一交易体系，着力提高公共资源配置的效率和效益。成立永嘉县公共资源交易平台整合领导小组，出台落实推进实施方案。并结合下半年全市招投标市场专项整治工作，有效推进平台整合和整治工作顺利完成。

电子招投标平台建设 2016年，永嘉县公共资源交易管委办已投入软硬件设施110余万元，对平台建设集成项目进行采购招标，并确定永嘉县电子招投标应用平台建设软件开发公司。1期建设工程电子招投标系统已顺利进行测试，与乐清、龙湾等地进行了10个远程评标项目，并积极与衢州市对接远程评标项目，真正实现远程评标。

保障“五水共治”建设项目落地 2016年，永嘉县公共资源交易管委办切实强化“敢于担当”精神，全力推进“五水共治”招投标工作。积极为相关部门、业主出谋划策，主动参与生活污水处理设施的设计、询价、招标等全过程，并做好服务和指导。对“五水共治”项目简化招投标程序，规范管材采购，强化质量管理。完成176个“五水共治”项目的招标工作，总中标金额约3.23亿元。

招投标提速提质提效 2016年，永嘉县公共资源交易管委办围绕“三区两美”建设目标任务，全力配合县政府年度土地出让计划。重点抓好招商选资、城中村改造用地的出让工作，推行工业用地来件即办制；招商引资、县重点项目由主要领导负责，并实行无休息日办公制度。成功完成瓯北清水埠城中村改造项目一期用地等13宗地块出让，成交金额达11.8亿元。此外，优化审批流程，落实领导审批AB岗制，切实方便企业和群众办事，为进场交易的各类项目提供优质服务。

招投标市场专项整治 2016年，永嘉县公共资源交易管委办协助抓好永嘉县招投标市场专项整治工作。一是牵头做好自查自纠。对2013年1月至2016年9月间未按规定招标的工程建设项目进行自查，其中已梳理上报200万元以上邀请招标、直接发包等项目33个。并配合县纪委对永嘉县交通、水利等部门上报的问题进行了检查和指导；二是积极开展规范性文件清理工作。已配合县法制办汇总上报涉及招标投标工作的政府规章、规范性文件，包括涉及招投标工作的“红头文件”“会议纪要”“抄告单”等共68个，其中建议废止的66个，建议整合归并的2个；三是建立健全资源交易清单。按照市场化配置要求和“应进尽进”的原则，进一步完善全县公共资源交易清单，共涉及县发改、经信等15个职能部门、9大类106个子项目。

标后监管“联合作战” 2016年，永嘉县对于建设工程标后管理，进行组团式、捆绑式督查。组建由县纪委、县府办、公共资源交易管委办三个综合部门牵头的联合检查组，专门抽调由住建、水利、交通、审计、公共资源交易管委办等部门共17人，对永嘉县交通、水利、房建三类重点项目实行全覆盖检查，坚持动真格，累计查出问题项目68个，发放整改通知书56份。有效解决了以往标后检查对监管对象处理“下不了手”的问题，工程标后监管由“单兵作战”向“联合作战”转变。

招标模式拓展创新 2016年，永嘉县公共资源交易管委办紧密围绕服务经济社会发展，积极推进招标模式拓展创新。一是试行建设工程项目政府采购PPP招标。对上瓯公路工程等2个项目采用政府采购招标，中标金额15.26亿元；二是大力推行EPC总承包招标。2016年对三江立体城周边市政配套“三路一带”工程、永嘉县城区道路综合提升工程等3个工程采用了“设计—施工—管理”一体化的总承包方式招标，全力确保县重点项目顺利完成招投标。

（余纯纯）

深秋（叶新人 摄）

教 育

综 述

2016年，永嘉教育工作以办人民满意教育为总体目标，以深化教育综合改革为动力，以启动教育现代化县申报创建为载体，以完成基础教育提升计划为抓手，抢抓机遇，开拓进取，大力开展“三比三创”主题实践活动，取得了令人欣喜的成绩，得到了社会各界的普遍好评，市教育局领导称赞永嘉教育异军突起，教育部副部长郝平在视察永嘉教育后给予了充分肯定。尤其是考核工作成绩喜人，省教育厅业绩考核名列全市第三，市对县考核名列B类县第一、全市第二，市教育局业绩考核名列全市第一，县对局考核荣获优秀。

学前教育

设立学前教育指导中心，新建、改建公办幼儿园4所，新增等级园40所，整合低小散幼儿园35所，等级园覆盖率从去年的62.15%提高到93.08%，排名全市第二、B类第一；出台普惠性幼儿园奖补办法，认定普惠性幼儿园三批105所，普惠园覆盖率从10%提高到87.12%。幼儿教师持证率为76.55%，比上年54.3%提高了22个百分点。指导创建学前教育先进（达标）镇街5个。

义务教育

继续实施和完善“阳光招生”政策，小学、初中入学率、巩固率均为100%，6～14周岁持证残疾儿童入学率为97.46%。实施积分入学和企业人才子女入学政策，安排38名高积分新居民子女和126名企业人才子女在优质公办学校就读，全年17154名新居民子女就读得到妥善安排，其中符合条件的4925人全部安排在公办学校就读。实施薄弱学校改造提升行动，深化校区制和“3+X”结对帮扶办学模式，整体推进小班化教育实验。小学45人以上班级超班额比例下降至13.26%，小学一、二年级班额已全部控制在45人以下，初中已彻底消除50人以上大班额现象。

高中教育

深化普通高中课程改革，分段分类实施多元评价，积极开展分层走班教学，高考成绩连续七年保持飞速攀升势头，2016年上重点线646人（不包括体艺类149人），比去年增加132人，全市排名第二，理科包揽全市前三，重点率达13.9%。永嘉县成为全市高考成绩进步最快的县，得到市委徐立毅书记的批示表扬。初中毕业生9325人，升入各类高中9092人，初升高比率达97.5%，优质高中招生名额分配到初中学校占总招生计划的66%，普职比达58.7：41.3，普高毕业率提升9.5%，高考重点上线率提升到13.2%，永临中学创成省二级特色示范学校。

特殊教育

关心残疾儿童教育，对555名持证残疾儿童开展调查摸底，分类安置入学，总入学率为97.46%，“三类残疾”儿童入学率为97.33%。落实91所中小学353名随班就读学生15倍生均公用经费338.31万元，拨付重度残疾儿童上门服务相关经费85.5万元。投入40万元新建资源教室4个，投入50万元在瓯北一小建设第一个融合教育卫星班（属浙江省首批试点卫星班）。

职业教育

实施职业教育整合提升工程，协同推进县职教中心建设。深化中职学校课改，3所学校开展“现代学徒制”试点工作。县职中完成省改革发展示范学校验收申报，县三职泵阀制造技术被评为市级优势特色专业。探索混合所有制办学，将县二职委托翔宇教育集团管理。引入创客教育，县二职建成小二嘉电商运营中心等6个创客工作室，并举办了首届创客成果展。通过国家级农村职业教育和成人教育示范县创建省级评估。

社区教育

率全市之先进行社区教育综合改革，并列入县“1+3”品牌改革项目，积极探索PPP等多元化运行模式，培育多元主体，引导各类学校和社会力量参与社区教育，成立社区教育协会和社区教育活动服务中心，开设“四点半学校”25所，解决了1.2万名小学生放学后无人看管的问题。组织实施“互联网+终身教育”工程，着力推进资源开放共享，成功构建上塘、瓯北“十分钟学习圈”，《温州日报》“温州改革进行时”作专版专题报道。省级学习型城市、国家级农村职业教育和成人教育示范县创建顺利通过省级验收。创建省标准化成人校6所，省现代化成人校3所，市示范社区学校1所，市一、二级社区学校4所，社区分校38所，老年学习苑5个，完成“双证制”教育、家政服务、脱盲等各类培训13.6万人次，接受省级学习型城市评估验收。

民办教育

修订完善民办教育扶持政策，出台《永嘉县公共财政补助民办教育的实施办法》和《永嘉县扶持普惠性民办幼儿园发展奖补暂行办法》。加大招商引资力度，引进上海美育星晨教育集团联合举办爱迪乐幼儿园，崇德实验学校总投资1.8亿元的教学楼建成投入使用。推进电大改制、二职托管，电大招生工作名列全市第一，荣获全省电大系统招生工作先进单位，二职改革经验入选省经验交流材料，全市职校高三教学现场会在二职召开。在翔宇中学成功承办2016新教育国际高峰论坛和新幼教品牌论坛，民办教育综合改革经验赢得800余名境内外教育工作者普遍点赞。落实税费优惠政策，全年下拨专项奖补资金644万元、政府购买服务3334万元、普惠园奖补389万元，惠及民办中小学（幼儿园）156所。完成民办学校教师人事代理727人，事业养老保险、医疗保险565人，企业保险144人，教师参保率达92.9%。引进民资1.2亿元助力民办教育发展。

素质教育

全面实施“四品八德”教育，建立、完善相应的德育工作机制、管理评价等制度，学校德育不断深化。成功创建市德育示范校2所，县级9所。班主任基本功比赛和“四品八德”班会优质课评比均名列全市第一，创历届最好成绩。广泛开展艺术节、体育节、科技节、读书节等“四大节”活动，县教育局获全国第五届中小学生艺术展演活动优秀组织奖和第二十届“七巧科技”系列活动全国优秀组织单位。创成国家级足球特色校2所、省绿色学校1所、市德育示范学校3所、市体育特色学校2所、市艺术特色学校2所、市少年航空运动特色学校9所。

基本建设

全年固定资产投资1.98亿元，完成率达135.26%。全面实施基础教育提升计划，续建和新开工项目27个，新扩建校舍42857平方米，改造农村薄弱学校20所。创成省义务教育标准化学校14所，创建率从76.58%提高到93.14%。向社会开放学校体育场地36个，创建食堂智慧监管学校48家，创成“美丽校园”43所。项目建设全面提速，历时10余年的大若岩镇中、岩头镇中、岩头镇小建设工程终于破冰上马，占地面积最大的公办幼儿园—岩头镇中心幼儿园终于开园招生，省厅关注多年的小微学校表山小学终于平稳撤并。

教育信息化

全年教育装备投入3294.3万元，添置计算机2049台，更新多媒体小平台477套，学校无线网络覆盖率达55%。成功创建市智慧教室20个，校园创客空间（基地）24个。全县公办中小学校已全部实现千兆到校，百兆通达所有班级，教师网络空间开通比例达74%，建成县教育资源公共服务平台，实现省级资源平台落地，国家和省教育管理信息系统普遍应用。

教育装备

着力推进功能室建设，成功创建普通高中学科教室6个，创新实验室22个（学前类2个、基地类1个、选修类7个、拓展类12个）和功能室建设达标（示范）校21所，圆满完成市下达任务。继续实施书香校园工程，投入361.2万元，添置图书22.54万册，创建书香校园（示范校）5所。

课程改革

完善质量保障机制，出台课改和质量提升奖励方案和实施细则，确保2000万元奖励资金都用在刀刃上，激发学校和教师工作热情。以深化课程改革、课堂与评价变革为抓手，全面推进“促进有效学习”课堂变革和义务、普高、中职三大课程改革，完善蹲点联系薄弱学校制度，分段分类实施多元评价，形成四大特色课程群，获评省级精品课程7门、市级90门，课改“五个一”活动得到市教育局的充分肯定。

教师队伍建设

修订干部选拔任用制度，将学校中层干部聘任等权力予以下放，全面落实学校对中层干部任免职责；完善教师调动制度，公开竞岗指标从2015年的38个增至110个；阳光招聘教师，并实行省级优秀毕业生、研究生全县范围双向选择制度，共招聘221名优秀新教师；落实新的岗位设置政策，全县中高级岗位净增加1217个，并统筹80个中高级岗位用于干部教师组织调动；深入实施园长教师全员培训、教师资格培训和学历提升培训“三大工程”，全年教师培训达85万学时；幼儿园、小学、初中、普高、职高教师的学历合格率分别为99.48%、99.95%、99.88%、99.61%、98.72%，获得中学高级职称的比例分别为0.41%、1.68%、17.76%、27.29%、21.15%，小学、初中的高学历率分别为96.72%、92.51%。

教育民生

关爱特殊困难师生。实施帮扶特殊困难师生“暖心工程”，全年组织师生爱心捐款200余万元，慰问困难师生1261人，发放慰问金192.3万元。全年财政资助困难生32730人2258.2万元，“爱心温州”“情系永嘉”等结对资助94人28.2万元，4所民办学校2230名学生享受免费营养餐。楠溪情、林凯文等教育基金结对资助605人224万元。桥头百岁老人做寿捐资教育150万元，百名企业家认捐7000多万元成立“菇溪情”教育基金，捐资办学助学成为新风尚。

党建工作

深入开展“两学一做”主题教育活动，成立时政宣讲团，组织“双百结对·扶残助残”“红七月·服务月”“八一节”拥军优属等活动。坚持通过“三会一课”等形式，强化政治理论学习，一年来中心组集体学习15次、自学12天、专题报告会7场。加强基层党组织建设，完成所属党支部换届工作，做好7个社会组织党建“覆盖检修”工作。强化社会服务，政策宣传、婴儿早教、创卫等共8类14支小分队已累计派出队员近400人次，开展服务活动34场。

依法治教工作

深入开展“三比三创”主题活动和作风建设五大行动，建立局班子成员挂钩联系“五个一”制度，实施分管领导及科室年度“十大实事”履诺制，出台工作人员效能反向积分处理办法，作风明显好转。开展“廉行校园”活动和“一季一主题”党风廉政工作巡查，正风肃纪检查出动317人次，检查学校106所，发现处理问题20起。全年立案查处8件，行政处分8人，诫勉谈话2人，通报批评效能处理1人，口头效能告诫4人，通报批评学校2所。开展审计项目58个，审计总金额7.17亿元，账务处理不当资金122万元，建设了风清气正的教育生态，永嘉县教育局荣获全县落实党风廉政建设责任制先进集体。

学校安全工作 落实经费保障，2016年校园安保经费从700万追加到1350万元。强化宣传教育，利用班队会、广播、校讯通等载体，深入开展防溺水、交通、消防等安全常识教育，发放告家长信14万份，开设专栏 860 期，举办展览78场，组织培训讲座和警示教育862场，安全演练458场，受教育14万人次。注重隐患整治，开通安全隐患管理平台，对学校安全隐患进行动态管理，形成学校自查自纠、所辖镇街和学区督促落实、教育局督查的安全隐患管理整改体系，全年及时整改安全隐患761条。此外，以G20峰会为契机，进一步增强与部门和镇街的联合执法合力，切实净化校园周边环境。

教育宣传工作 推进教育宣传

内容和形式创新，拓展宣传新媒体，打造“一报二微三网”（即《永嘉教育报》、永嘉教育微博、永嘉教育之声微信，永嘉教育网、永嘉教师研修网、永嘉社区教育网），强化学校通讯员、信息联络员、发行导读员三支队伍建设。“永嘉教育之声”自开通以来已累计编发图文消息180余期500多篇，有粉丝近万人。教师节期间，评选表彰“最美教师”10名，编发《今日永嘉教师节特刊》8版，永嘉电视台“教师风采”5期。县教育局被评为全省教育宣传工作先进集体，获县时政评论比赛优秀组织奖。7篇通讯与视频获温州教育新闻奖，2篇通讯获市新闻工作者协会、县宣传部新闻评比一等奖。

（李益文）

小三峡（叶新人　摄）

科学技术

综　述

2016年，永嘉县科学技术局围绕全县经济社会发展大局，全面贯彻落实中共十八大和十八届三中、四中、五中、六中全会精神，深入贯彻习近平总书记系列重要讲话精神，深入开展“两学一做”主题教育活动，以七大重点工作项目为抓手，以提升创新能力、健全创新体系和发展高新技术产业为目的，扎实开展各项科技工作，取得较为显著的成效。全年新增高新技术企业6家，省科技型中小企业33家、省高新成长科技型中小企业7家、省农业科技型企业2家，市科技（创新）型企业60家、市专利示范企业3家，县科技（创新）型企业40家、县专利示范企业9家、县农业科技型企业4家；新增省级企业研究院3家、省级高新技术企业研发中心2家，市级企业研发中心5家。

重大科技项目

省级重大科技攻关项目　浙江迦南科技有限公司“双腔式智能清洗机及检测系统研发”、浙江省宣达耐腐蚀特种金属材料重点企业研究院“超纯高铬铁素体合金的研究与开发及其在系统流程装备中的应用”、超达阀门集团股份有限公司“用于系统流程的高性能高可靠性自动控制阀门”列入2015年省级重大科技专项，2016年再次争取省级科技经费260万元。

市级以上科技项目申报　围绕永嘉县支柱产业发展，开展产业关键技术攻关，积极向上争取项目，截至2016年12月底新增市级以上科技计划项目共62项，其中省级新产品试制计划项目41项、省级科技特派员项目15项，市级重大科技专项2项、市级科技特派员项目4项，共争取上级补助经费525万元。

县级科技计划项目　认真组织实施县级科技计划项目，2016年下达科技计划项目两批共91项，安排科技经费2563.8965万元，其中工业项目9项，安排经费144万元；农业项目32项，安排经费175万元；社会项目8项，安排经费29万元；专利技术产业化项目3项，安排经费70万元；科技创新奖励项目21项，安排经费1110.5万元;创新平台建设项目16项，安排经费984.3965万元;科技创新专项及配套项目2项，安排经费51万元。

高新技术产业

加强高新技术产业和战略性新兴产业的政策引导，制定了《2016年度永嘉县科技计划项目申报指南》等政策文件，重点支持符合高新技术产业和战略新兴产业领域的新产品开发、新技术研究，以科技项目补助和奖励为抓手，引导企业积极开展高新技术产品的开发，促进高新技术产业发展。依据国家《高新技术企业认定管理办法》《浙江省创新型企业建设与管理办法》《浙江省科技型中小企业认定工作实施意见》和《温州市科技（创新）型企业认定管理办法》，开展高新技术企业、创新型企业和科技型中小企业的申报培训工作。1—12月，永嘉县高新技术产业增加值达37.67亿元，同比增长31.1%，占工业增加值比重达40.84%。全年新增高新技术企业6家、省科技型中小企业33家、市科技创新型企业60家、县科技创新型企业40家。

创新平台和载体建设

众创空间建设　一是创建市级众创空间。积极贯彻大众创业、万众创新要求，发挥政府主导作用，高标准打造县内首家众创空间。4月26日，制定出台《永嘉县人民政府办公室关于推进众创空间建设的实施意见》（永政办发〔2016〕15号）。8月8日，永嘉县首家众创空间——温州优客众创空间有限公司正式注册成立，地址位于瓯北浦西街333号（鼎派园区内），场地面积达3447多平方米，入驻企业33家，主要产业涉及文化创意、物联网应用、互联网+、教育软件研发等领域。9月15日，推荐温州优客众创空间有限公司申报市级众创空间。10月31日，温州市科技局高新处组织专家来永对温州优客众创空间有限公司进行考核验收。12月13日列入2016年市级众创空间名单。二是认定县级众创空间。9月26日，印发《永嘉县科学技术局关于申报永嘉县众创空间的通知》，经过公开征集、资料审核、现场考察、专家评审等程序，确定优客众创空间和永嘉书院众创空间为2016年度永嘉县众创空间。

省级知识产权维权援助中心建设 4月18日，温州市委书记徐立毅批示要求永嘉县加强知识产权保护，研究设立教玩具知识产权维权中心。4月26日，县委常委郑焕东、县委常委副县长胡琦、市科技局局长徐顺东在桥下镇联合召开协调会，要求落实编制申请成立省级知识产权维权中心。永嘉县科技局根据上级领导指示精神，通过出台建设方案、申请编制、纵向汇报联系，最终于2016年10月12日，永嘉县获批设立“浙江省省级知识产权维权援助中心”，此次全省共批准设立3家省级知识产权维权援助中心，其中温州市仅永嘉1家。

企业建立研发机构 鼓励企业建立企业研究院、技术研发中心等科技创新平台与载体，加快创新能力建设，推动产业转型升级。2016年永嘉县新增东蒙集团有限公司、海星海事电气集团有限公司、浙江红蜻蜓鞋业股份有限公司等3家省级企业研究院，新增特技阀门集团有限公司和欧维克集团有限公司2家省级高新技术企业研发中心；新增浙江金螳螂鞋业有限公司、朝瑞电气有限公司、中泰阀门有限公司、浙江嘉隆机械设备有限公司、温州华邦安全封条股份有限公司等5家市级企业研发中心。组织高校专家来永开展校企合作平台建设项目对接，重点推进政府与伯特利集团、浙江理工大学共建企业研究院、联合申报国家实验室等事宜。

农业科技

实施农业和社会科技项目 2016年共安排农业科技项目32项175万元，引进车厘子大樱桃、白芨、韩国赤芝、无花果、红皮金柚等14个新品种，建立科技示范基地29个。安排科技惠民富民专项项目4项17万元，安排社会卫生项目8项29万元。

科技富民立体工程检查验收工作 12月30日，永嘉县实施的首个“国家科技富民强县行动计划——永嘉县乡土花卉苗木产业化”项目顺利通过检查验收，获得省科技厅领导和专家组的高度评价。同时，实施的省级科技富民行动计划后续项目“永嘉县乌牛早茶示范园区建设及产业化开发”也顺利通过专家组的检查验收。另外，对鹤盛镇实施的市级科技富民强镇专项进行资金审计和验收准备工作。

科技特派员“创业示范工程” 制定出台《关于印发永嘉县科技特派员目标责任制考核管理办法的通知》（永政办发〔2016〕71号）。申报实施市级以上科技特派员项目17项，争取上级科技项目经费122万元，建立科技特派员创业示范基地19个，开展科技特派员创业服务活动1次。根据考核管理办法，评出优秀6名、良好11名、合格2名，并分别给予1600元、1200元、800元的考核奖金。另外，对省级科技特派员需求进行调查摸底，提出调整方案。

科技扶贫救灾活动 组织省市科技特派员到各自所驻乡镇（街道）进行受灾情况调查，针对秋后多次台风受灾情况提出各自的救灾方案。救灾期间，19名科技特派员及其团队到驻地科技扶贫救灾，共举办科技救灾培训班9期，分发技术资料2300多份，技术咨询320多人次，救灾物资4.2万元。

科技合作与交流

产学研合作交流 邀请浙大、浙江理工等院校的专家教授到企业进行科技项目对接6次。组织浙江永胜泵业、九康电气、东蒙集团等企业参加2016年温州科技成果交易会、第十八届中国高交会、激光智能制造技术应用（鞋革）推广交流会、2016国际激光产业高峰论坛等活动，引进科技成果15项。

科技人才引进 围绕产业发展需求、县“人才新政十二条”，引进省“千人计划”陈昂博士、温州“580海外精英引进计划”王志强入驻孵化器，并做好项目的落地和服务跟踪等工作。

合作交流 为实现科技资源配置市场化、科技成果产业化，大力实施网上技术合作交流。全年完成竞价（拍卖）项目3项，现场签约项目金额达120万元；网上技术市场签约项目6项，项目合同成交额达9516万元，超额完成市对县考核任务数。

实施知识产权战略

申请专利 以“八倍增”的发明专利考核为指引，积极引导企业申报专利，2016年永嘉县专利申请量达2441件，专利授权量达1580件，其中发明专利授权量达123件，同比增长35%，创历史新高。

人才培训 一是举办知识产权培训班。组织举办1期由80多企业知识产权主管人员参加、名专家讲课的知识产权培训会，进一步增强了企业知识产权意识。二是组织企业专利内审员培训，共组织8人参加并获得资格证书，进一步壮大了永嘉县企业专利管理人才队伍。

培育示范企业 培育专利示范企业是科技工作的重要抓手之一。通过努力培育，新增市级专利示范企业3家、县级专利示范企业9家。至2016年12月底，国家、省、市、县级专利示范企业分别达1家、11家、14家、61家，累计共87家。

专利产业化 一是立项补助县内企业专利技术产业项目；共立专利产业化项目2项，分别是方正阀门集团、新蓝天电器有限公司，共补助资金70万元。上述支持的专利产业化项目都已经取得很好的经济效益，并获得较大的市场占有率。二是引导专利权质押。积极推进企业开展专利权质押工作，引导志远阀杆等3家企业共获得专利权质押贷款280万元，并给予4万元的贴息奖励。通过引导，专利示范企业的专利技术产业化率达60%以上，进一步提高了企业的自主创新能力和市场竞争力。

实施创新奖励 一是专利示范企业奖励。对2015年获得的国家级1家（红蜻蜓）、省级示范1家（伯特利）、市级3家、县级示范19家的专利示范企业进行奖励，分别奖励10万元、5万元、3万元，共计81万元。二是奖励2015年度授权专利。通过组织申报，2015年授权专利奖励共87万元。同时还对18家企业和个人给予大户奖，共计104万元。

科技成果

科技成果 为进一步调动科技人员的积极性和创造性，根据《永嘉县科学技术奖励办法》（永政办发〔2010〕166号）文件规定，对科技成果组织了评审，认定“苛刻工况耐磨球阀”等36个项目获得永嘉县2015年度科技进步奖，其中一等奖3项，各奖励3万元；二等奖9项，各奖励2万元；三等奖20项，各奖励1万元。其中浙江迦南科技股份有限公司的“药用料斗自动清洗机”获省科技进步奖二等奖；超达阀门集团股份有限公司的“深海海底取样装置及阀门”获省科技进步奖三等奖和市技术发明二等奖。

科技服务

科技下乡 一是2月1日，参加在沙头镇福利村举行的科技、文化、卫生“三下乡”活动，活动共分发名优种子7000多份，科技书籍1600多册，并给予科技项目资金资助5万元。二是3月1日，在枫林镇开展市级科技特派员“甜玉米栽培技术”科技培训班，参与培训人员50多人，并分发甜玉米种子。三是5月上旬举办2016年永嘉县科技活动周。5月6日、5月10日分别在金溪镇潘宅村、巽宅镇巽宅村举行科技下乡活动，在活动现场分别举行科普展示、科技咨询、科技培训、医疗专家义诊等活动，免费赠送科技书籍4000多份、种子8200份、花卉苗木2000多株、雨伞400把，药品7000多份，物品药品价值共4.8万元。四是7月12日、7月15日分别到沙头镇花坦社区、巽宅镇下二村开展“两学一做”科技助村富农服务活动，组织市县农业、卫生专家送科技下乡，现场分发名优蔬菜种子600多份，专家义诊300多人，农业科技咨询120多人，累计赠送助农资金3万多元。

科技服务 一是开展创新创业人才培训。2016年共开展创新创业人才培训13期，受训人员共573人次，其中，举办高校毕业生、农村劳动力就业技能培训3期，共73人；企业在职工人技能提升培训8期，共364人；SYB创业培训2期，共136人，造就了一支结构合理、素质优良、技术过硬、富有创新精神的高素质人才队伍。二是组织泵阀专业技术职称评审。根据温州市职改办文件精神，经过专业培训、理论考试、面试答辩、专家评审等程序环节，共认定泵阀工程师、助理工程师等专业技术职称172人，有效提升泵阀专业技术人员的专业素养。三是专利服务能力进一步增强。收集、翻译、整理国内外最新泵阀专利技术21180条，导入“永嘉专利服务平台”专利技术数据库，为企业提供专利文献检索、专利技术咨询、申请等服务114次。

四是创建科技成果数据库。筛选浙大、浙江电子科大、兰州理工等大学科技成果204项，涉及机械、电子、生物工程、新材料、新能源、信息技术等领域，为企业提供在线查询服务。五是设立泵阀技术标准情报室。对最新的泵阀标准进行跟踪及深加工，建立国内阀门标准库，编辑出版《2015年阀门标准集》2册，刊出《泵阀标准技术》4期，为企业提供标准服务182次。六是上线中国泵阀网WEBAPP。注册用户可以通过APP 查询各类产业动态、泵阀报价、展会排期等实时资讯及二手设备、厂房租赁等延伸服务，同时可以发布各类买卖资讯，达到接入更便捷、服务更实用、形式更丰富、体验更人性的效果。

（章志容　李艳芬）

大若双龙（叶新人　摄）

文化·新闻

文化工作

概况 文化广电新闻出版局局机关内设8个职能科室，分别是局办公室、社文科、广电科、新闻出版（行政审批）科、文化产业发展办公室、非遗保护中心、文化市场执法大队、文物监察队等；直属单位6个，分别是文化馆、图书馆、文物馆、昆剧团、文化展演中心和电影放映公司。止2016年12月底，在编人员195人，其中机关39人，系统事业167人（具有高级技术职称14人、中级39人、初级68人，拔尖人才3个）。

文化工作 文化广电新闻出版局深入落实2016年农村文化体育建设深化年活动，秉持基层群众文化事业共建共享理念，持续推进公共文化服务体系建设，全力开创永嘉群众文化建设新格局。一是公共文化设施日益完善。全面推进县级文化设施建设，县公共文化中心基建工程基本完成（预计投入4.67亿元，已投入3亿多元），县图书馆完成搬迁并即将开工原址重建（需投入1.76亿元），永昆小剧场得到落实。深入开展公共文化“五有十化”标准化建设，新增8个文化中心和38个社区为标准化建设目标。采用第三方社会力量评估2015年和2016年列入建设目标的76个建设单位“五有”工作进展，13个镇街文化中心除在建的文化中心外，其他11个文化站全部实现开放，社区开放率达到90%以上。深入推进样板村百姓舞台建设，全年新建百姓舞台15个，每个村都有文体阵地，群众文化活动场所日益完善。二是群众文化活动更加丰富。全力推进各项深化年活动，全面引领群众“走出教堂、走进礼堂”，下发镇街专项经费1908万元，开展第二届农民文化节、全民阅读节两大主题活动，因地制宜、注重特色打造农民排舞展演、农民大合唱、群众声乐大赛等一批品牌赛演活动。前后历时9个月，开展近百项各类文化赛事展览活动，举办培训讲座604场，大小文化活动3000余场，吸引全县30余万人参与。全年完成送戏下乡237场，开展各级文化走亲60场次，增资157万元给图书馆购书，完成送书下乡32040册，超额完成文化下乡任务。农村文化体育深化年经验得到省委夏宝龙书记批示推广，浙江省农村文化礼堂建设推进会在永嘉县召开。三是文化艺术水平持续提升。积极参与市局“春风行动”等专业培训，精心组织“群星计划”，举办舞蹈、声乐、合唱、美术、摄影等精品培训78期，培训文艺骨干1200余人，有效提升文艺队伍素养。深入做好市民文化节活动，借助省十大城市戏曲演唱联赛、省群众舞蹈大赛、省市两级群星视觉艺术大展、省新人新作演唱（演奏）大赛等专业赛演平台，以赛促作、固强补弱，超额完成文艺精品创作107件，成绩优异。永昆有较大进步，创排《张协状元·游街》等4个折子戏和《钗钏记》等国家和省文化部立项项目，应邀参加文化部第三届“名家传戏——当代昆曲名家收徒传艺工程成果汇报演出”等国家、省、市级艺术活动5次，在12月份江苏首届紫金京昆艺术群英会活动上荣获紫金奖。四是加大文化产业扶持力度。保护传统文化产业，争取中央补助文化产业发展专项资金120万元，扶持小溪剧团等四个民营剧团发展。落实《永嘉县文化产业扶持办法》，加快永嘉木雕产业创业园区建设，2016年引进文化类招商引资项目数10个，其中包括2个超亿元项目，省外资金到位数达1.6亿元。打造瓯窑小镇建设。深入挖掘当地历史和“非遗”文化要素，以瓯窑文化为核心，打造大师工作室20个，推进瓯窑遗址公园和展示馆建设。布局瓯文化产业链条，全力打造出一个集古窑遗址、瓯瓷展览馆、大师工作室、瓯窑技艺传承基地、传统瓯窑生产线，以及茶叶、白酒、瓯塑、木雕、菖蒲等瓯文化产业积聚的特色小镇。截至2016年12月底，已投入财政资金5900万元，结合大拆大整，完成2.1平方公里范围改造。五是广电安全播出预案化。落实安全播出管理制度，完善广电安全播出应急预案，确保应急广播运转有效。组织广播电视安全播出和模拟报警演练，圆满完成重要保障时期安全播出。落实财政资金160万元，实现15322户广电低保用户100%免费收看有线电视。投入财政资金172.7万元，保质保量完成送电影下乡“2131”工程，全年放映任务6348场，高质量建成省级固定放映示范点5个，全年没有安全事故发生。六是新闻出版监管制度化。严格落实印刷业五项制度，做好17家印刷品示范和规范企业的复查抽检工作，抽检合格率达到100%。全面加强版权工作，建立政府机关使用正版软件责任追究制度。在“4·26世界知识产权日”集中销毁非法出版物5780余本，大力增强民众正版意识。强化农家书屋管理，加强农家书屋管理员培训，积极创建精品书屋2家，大力开展全民阅读活动，共有3篇文章荣获温州市农家书屋征文比赛一、二、三等奖。七是行政审批工作规范化。严格依法审批，全面梳理审批事项，向社会公开审批信息，严控廉政风险点。坚持“一站式服务”，推行“双告知”工作，事先介入调查预告知，确保审批服务对象不走冤枉路。全年受理行政审批办件41件（承诺件34件，即办件7件），提前办结率达100%。文化广电新闻出版局文化窗口被评为永嘉县三季度红旗窗口，一网吧行政许可案卷在温州市交叉评比中荣获优秀。八是文化市场管理动态化。扎实开展文化市场日常巡查，深入部署“扫黄打非”等专项行动，全面实行文化市场动态执法。突出G20等重要时期维稳工作，周密部署平安建设和安全生产工作，2016年共出动1677人次，检查各类文化经营场所1342家，查处案件70起，完成任务比率达130%，完成率居全市第一，未出现重大综治事件和安全消防事故。文化广电新闻出版局在护航G20维稳安保工作中成绩突出，被县委、县政府评为先进集体，执法大队包国焕副队长被评为省级先进个人，戴磊同志被评为县级先进个人。

非物质文化遗产 巽宅镇、溪下乡入选省第三批传统戏剧之乡，入选数居全省之首。5个项目入选第十批市“非遗”名录名单，3处传承基地和14名传承人入选市第四批“非遗”项目基地和代表性传承人，入选数居全市前列。全面加强“非遗”培训，举办市级以上“非遗”项目培训10多场，学员达300多人次。推进“非遗”展演和展览活动，全年开展枫林武术节、梅坦拔马、鱼龙灯舞与曲艺下乡巡演等重大“非遗”活动49场次，完成永嘉木雕等“非遗”生产性保护工作，初步完成“非遗”馆陈列大纲策划工作。

文物工作 2016年落实财政经费1700余万元，完成芙蓉象间店等18处文物修缮工程，其中12处修缮工程已通过初步验收。合理有序安排金昭牌坊等36处文保单位的日常维护，完成36处历史文化村落美丽乡村“百村千处”工程项目建设。推进文物平安工程，全面加强文物巡查力度和对文物损毁行为的打击力度，制定G20期间《文物保护单位安全生产大检查工作方案》，建立健全业余文保员管理办法，加强文保员管理培训，多层联动确保文物安全。共巡查文物单位179家次，查处并立案4起，数量居全市第一，有效保证了文物安全。推进博物馆建设。基本完成博物馆陈列布展设计方案编制。全面修订文物馆库房管理制度，加大文物征集力度，全年投入文物征集费用112万元，征集文物86件，为博物馆开馆奠定基础。做好民办博物馆扶持工作，以奖代补补助瓯渠民俗博物馆、吴超征纪念馆11万元。积极开展博物馆日和文化遗产日文物宣传展示活动，提高全民文物保护意识。

图书管理与服务 新建乡镇图书室（分馆）7个，分别为瓯北珠岙图书室、碧莲派出所图书室、东城街道图书室、大若岩楠溪若舍图书室、大若岩大元下图书室、大若岩水云村图书室和枫林温州消防培训基地古榕图书室等。截至2016年12月底县图书馆本馆总藏书量为165700册，购置图书8700册，新增藏书8862册，新增报纸杂志等刊物13种，接受社会各界捐赠藏书162册；送书下乡共计32040册，举办各类读者活动（含讲座、辅导培训）284场次，参与人数约4.3万人次；新增读者借阅证501个；本馆2016年共约接待读者数5.6万余人次。

（李安乐）

档案工作

概况 永嘉县档案局（馆）馆

藏有195个全宗单位，130655卷档案，其中寄存档案23962卷。开放全宗132个，开放档案13923卷。馆藏各种资料10539册。为精减下放、山林权证、工龄、转正定级、婚姻、房产、文件史料、编志修志等方面提供翔实的历史依据。

政府保障有力 2016年11月7日，永嘉县人民政府第一次出台档案事业发展规范，《关于印发永嘉县档案事业发展“十三五”规划的通知》（永政发〔2016〕197号）。《规划》科学回顾了“十二五”期间永嘉县档案事业发展取得的成绩，并紧密结合永嘉县档案工作实际，明确提出了“十三五”期间全县档案事业发展的总体目标和主要任务，为永嘉县档案事业未来五年工作提供了科学指导。

档案基础工作 2016年共接收县妇幼保健院、县民政局、县经济发展研究中心、西岙乡政府、县卫生局等5家单位到期档案共10725卷，民生档案比重比往年大幅提高。加强档案服务民生，提供档案查阅服务。2016年永嘉档案馆共接待来馆查阅档案的群众达3292人次，调阅档案5107卷次，取证3273件次，其中复印20437页，拍照取证1142页，摘抄取证159页。此外，在县委、县政府的大力支持下，永嘉档案局完成馆库搬迁和档案数据迁移工程，有力保障了老馆整体拆除进度和新馆顺利如期开工建设。

档案服务中心 2016年，永嘉县府办、县林业局、县金融办、县机关事务管理局、县楠溪江风景旅游区管委会、县卫生和计划生育局、县直机关工委、县水利局等15家单位顺利通过数字档案室验收。永嘉县档案加强全县档案业务指导和配合“五水共治”“三改一拆”、创建卫生县城、创建园林城市等中心工作中的业务指导和监督工作。

开展主题图片展，让群众零距离接触、感受和认识档案和档案工作。以普及宣传《中华人民共和国档案法》为重点，举办“档案与民生”主题“6·9”国际档案日和9月份为期7天的档案“宣传周”等宣传活动。积极主动深入基层，让档案宣传走进机关、走进社区，走进农村，走进文化大礼堂。

档案资源建设 2016年争取县财政部门支持，继续投入54万元资金，开展馆藏档案数字化加工四期项目。共完成县团委、县工商局、永嘉报社、县广播电视局等41个全宗共11704卷1085063页档案的数字化加工和目录建库工作。

全力推进民生档案目录建库和共享，超额200%完成市对县年度考核指标。全年共建立出生证明、婚姻档案、山林延包等3个门类民生档案目录库建设，共计48万2213条目录。

2016年“永嘉记忆”系列丛书《永嘉古道》编研出版工作。永嘉域内分布着许多古代遗留下来的道路，它们是重要交通路线和人文景观，是楠溪山水和古村落景观的重要组成部分，随着岁月的迁移和风雨的侵蚀，古道正在渐渐消失。通过对古道的记录、建档，为后人留下一份楠溪人文、交通的珍贵资料。全书共五章，以图、文形式完整收录全县138条古道。全书分上、下册，由团结出版社出版。利用馆藏档案，借助数字化加工，与县党史办联合编辑出版《中共永嘉县委文件选辑（1979年-1981年）》。

继续开展永嘉地方特色方言建档工作，完成了枫林镇地方方言的录制。

档案安全体系建设 开展档案登记与备份工作。对全县各基层单位档案室、重点工程指挥部档案管理基本情况进行登记，全面掌握永嘉县基层档案室发展情况。对各单位重要文书档案数字化加工成果和国家专业档案数据进行接收备份，确保数据安全。截至10月底，档案局登记备份中心共接收57家单位数字化成果备份数据，数据总量共1TB，接收住建局房产登记属性数据、房产影像数据一期二期，数据总量共152GB。赴江苏省海安县档案局，开展重要档案数据的异地备份工作，2016年备份数据总量达3.2TB。

加强对各单位、企业和重点工程档案工作的监督指导，全年对县人大等31家单位开展了档案管理工作的监督指导。对瓯江治理工程等11家重点建设工程项目档案工作开展了登记备份。开展农村文化礼堂建档工作，对桥头镇等17家乡镇（街道）农村文化礼堂建立了专题数据库。

为保障永嘉档案馆档案信息安全和适应档案工作信息化发展需求，2016年县财政局和县档案局投入252万元，建设信息化管理机房，2016年12月已完成招投标，预计2017年可以建立一个设备齐全、功能完备的网络机房，有全新馆藏档案管理平台和馆室一体化系统。

档案干部队伍建设 全面贯彻落实“两学一做”专题教育活动，根据县委统一部署，充分结合实际，科学制定活动实施方案，不折不扣完成“两学一做”专题教育活动各项规定学习、实践内容。积极开展党员干部志愿者行动。认真做好党支部换届工作。

深入学习贯彻中共六中全会精神和习近平总书记系列重要讲话精神，深入学习党章、党史和《中国共产党问责条例》《中国共产党党内监督条例》《关于新形势下党内政治生活的若干准则》。

加强档案干部队伍和基层档案人员队伍专业培训。2016年，有1名人员取得副研究馆员专业资格，2名人员通过馆员考试。

（黄雪玲）

地方志工作

《永嘉县志（1991—2010）》编修 6月中下旬，县志办全体编辑连续召开十一次讨论会，就县志初稿的纠错、精简、修改、补充、完善逐编逐章地进行讨论，形成具体修改意见。根据修改计划，采用流水线工作法推进修志工作：各编辑对各自负责的编目进行一次修改，把握事实、行文规范，努力使文章资料完整、严谨有序，打好志稿的质量基础；接着由负责统稿的领导对各编辑提交审核的稿件进行二次压缩，删繁就简，再次把控资料史实的准确性。7月上旬，印发《关于做好〈永嘉县志〉（1991~2010）入志人物相关工作的通知》（永志委〔2016〕1号）。结合平时考核，采用“两周一报”、半月一会、谈心谈话、电话催办等方式进行阶段性督促。

县志共40编内容，年底前，各编辑全部提交修改稿并通过审核，形成约240万字的征求意见稿，比初审稿减少字数近200万字。

《永嘉年鉴（2016年版）》编纂 《永嘉年鉴（2016年版）》全书共79.4万字，按类目、分目、条目三个层次框架编排，按事物属性设人民政府、工业经济、城乡建设、卫生等34个类目，收入条目1000余条，并刊载彩色照片70余张。该书的编纂经过制定方案、材料收集、稿件编辑、初稿汇编、排版设计、三审三校和获取书号等步骤，约170个行政机关与企事业单位参与编写，于2016年12月成书出版。

《永嘉方志》编辑 《永嘉方志》是一本立足本土的方志文化专业刊物，设有修志纪要、舆地纪实、春秋纪盛、人物纪略、民俗纪趣等栏目。该书为半年刊，2016年出版《永嘉方志》第九期、第十两期，合计约16万字。

《永嘉历代经典文献选编》初稿汇编 6月始，县志办编辑人员走进图书馆、档案室，利用历史文化书籍和《永嘉县志》等地方文献资料，搜寻、撷取永嘉历史上有影响力的、有借鉴意义的名篇佳作，并进行梳理、加工。年底前，该书汇编约18万字的初稿，收录《永嘉郡记》《永嘉橘录》《太平经国之书》《黑鞑事略》《真腊风土记》等近30篇历代名作。

《地方志工作条例》宣传 2016年5月是国务院《地方志工作条例》颁布施行十周年，县志办在永嘉电视台黄金时段专门播出“纪念《地方志工作条例》施行十周年”宣传语；在《今日永嘉》整版刊发纪念文章；开通“方志永嘉”微信公众号，发布条例内容，弘扬方志文化；专门召开《地方志工作条例》施行十周年座谈会，县政府分管副县长周俊武及上级专家领导出席座谈会并作指导讲话。

方志理论研究 5月，县志办联合黄岩区召开县际边界地方志文化研讨会，考证谢公踪迹，为开辟七里山古道旅游做基础工作，并撰写学术文章《永嘉黄岩联合研究历史文化》；同月，根据要求向省志办上报《民国浙江地方志编纂研究选题说明书》；8月，撰写方志理论文章《吴庆坻的修志贡献和先导影响》刊登在浙江地方志网和《浙江方志》。

队伍自身建设 对照“两学一做”和“敢担当、树标杆”作风建设五大行动及机关党建等各项要求，结合工作实际开展专题教育，2016年共召开专题学习会、党员学习讨论会、党课等20余次，向4名退休党员每人赠送一套《中国共产党的九十年》文集。召开党员民主生活会，查摆出单位问题4条、个人问题24条，并针对所列问题采取一系列整改措施。

在制度建设方面，5月，印发《永嘉县地方志编纂委员会办公室内部管理制度》，就财务报销、公务接待、考勤纪律等事项作出明确规定；6月，出台“县志办工作两周一报制度”，开辟“‘两学一做’专栏”，以创新方式推动工作落实；8月，制订“县志办平时考核工作方案”，加强干部管理。

信息宣传工作 2016年共向省、市、县等共报送工作动态信息80余篇，其中被浙江地方志网、《温州史志工作简讯》、温州史志网、“温州史志”官方微博采用35篇。完成《温州市志·人物志》中永嘉50个入志人物的材料初稿撰写和《温州市志》约100幅图片的初步征集工作。4月23日，安佳品牌在上海举行的2016“从心出发 本真力量”活动颁奖仪式向全国人民现场展示由县志办编辑出版的《永嘉壁画》画册。

荣誉录 2016年度温州市地方志工作先进单位，2016年度温州市地方志信息工作先进集体。

（金兰兰）

永嘉广电

概况 2016年，永嘉县广播电视台编制数243人，在编人员216人。其中台机关在编人员161人，乡镇站在编人员55人。永嘉县广播电视台坚持正确的舆论导向和“三贴近”原则，以服务全县工作大局为中心，坚持团结稳定鼓劲和正面宣传为主的原则，弘扬主旋律，传播正能量，牢牢把握昂扬向上、团结奋进、开拓创新、安定和谐的宣传基调，进行全方位、多层次、富有成效的宣传报道，提高了舆论引导水平，为全县经济发展、社会稳定、人民富庶提供了强大的精神动力和舆论支持。

主题报道 永嘉县广播电视台围绕县委、县政府中心工作，进一步加强主题报道。开辟“大拆大整、两学一做、三区两美建设、新春大走访助力开门红、文体建设深化年、美丽乡村行、创建国家卫生县城、“五水共治”进行时、“三改一拆”在行动、效能建设在路上”等近20个专栏，为永嘉县中心工作开展营造了良好的舆论氛围。在各档新闻节目里推出最美系列，包括最美医生、最美护士、十大杰出青年、优秀村支书、红十字最美人物、最美警察、身边的活雷锋、第一书记、最美残疾人、最美助残人等报道，2016年以来共播出最美人物报道近50个。2016年3月1日，民生栏目全新改版，新改版的《新闻讲不完》栏目在原先《左邻右舍》的基础上新增了《有忙大家帮》、《手机拍拍拍》等板块，让民生新闻更贴近群众，贴近生活、贴近实际。

完成县委、县政府多个中心工作专题片采制。完成第一次、第二次全市“比学树”活动八个专题片、全市思想宣传文化工作“比学赶超”活动的两个专题片制作。完成了农村文化体育建设深化年、农村换届选举、泵阀产业发展、城市建设等多部专题片的采制工作。

舆论监督 2016年，永嘉县广播电视台新闻中心围绕县纪委的中心工作，推出《正风肃纪曝光台》《正风肃纪进行时》《热点100度》等电视“舆论监督”专栏和节目。1—12月共播发80多条报道，包括作风效能、《永远在路上》、基层换届、农村巡查、检查公车使用情况、查处干部违法违纪问题等报道，在浙江卫视新闻联播播出2条，温州新闻联播播出5条以上。并制作廉政公益广告，强化了廉政文化的宣传，弘扬了社会正气。继续办好《永嘉聚焦》栏目，1—12月，栏目共播出43期节目，其中监督报道42期，综合报道1期。在43期监督报道中，已反馈33期（其中，已落实28期，未落实5期）；其他10期正在落实中。进一步发挥广电市民监督团作用，组织市民监督员现场监督，至年底共推出48次监督活动，先后对“双塔农贸市场周边环境差突出”“瓯北码道西路环境杂乱”“桥下镇排水网工程历时一年多，市民抱怨吃灰还堵车”等市民投诉进行监督报道，引起部门重视，有力地推进了各项重点工作的开展，促进问题的解决，得到了群众好评。社教中心在4月份顺利举办以创建国家卫生县城为主题的第三期《问政永嘉》活动。为了推进该活动所反映问题的后续落实工作，上半年还与县考绩办联合策划，在《永嘉新闻》中推出专栏《督考进行时》，专门反馈《问政永嘉》活动和《永嘉聚焦》栏目所曝光问题的落实督查工作。9月份，又推出第四期《问政永嘉》活动。

对农宣传 继续加强广播、电视对农栏目建设，办精办强《走乡村》《楠溪行》《聚焦三农》《魅力乡村》等品牌对农栏目，进一步宣传楠溪江特色农业、推销楠溪江农产品、传播农业科技知识。1—12月，广播对农栏目《魅力乡村》播出157期，每周节目总时长90分钟。电视对农栏目《走乡村》《楠溪行》《聚焦三农》等已播出150期。每周节目总时长45分钟。

廉政宣传 充分运用广播、电视、网站、微信、LED等现代传播方式打造反腐倡廉教育新平台，形成宣传合力。推出《正风肃纪曝光台》《正风肃纪进行时》等新闻专栏。制作廉政公益广告全年播出，继续办好《永嘉聚焦》《督考进行时》等监督栏目。积极推进廉洁家风建设活动，选送的好家风故事——《无痕的传承》获县二等奖、市三等奖，廉政教育短片《正》获县二等奖。

新闻外宣 1—12月，在央视《新闻联播》播出新闻5条，在央视其他新闻栏目播出15条。在浙江卫视播出新闻244条，全省各县级台排名第7。通过新闻外宣工作，进一步宣传了永嘉，提升了永嘉县知名度和影响力。

品牌提升 为了精办节目，努

力把永嘉电视台办成群众爱看、有影响力的电视频道，3月1日对永嘉电视台新闻综合频道进行了全新改版，每晚18:30—22:30，倾力打造全时段新闻套餐，改版《永嘉新闻》，推出新节目《新闻讲不完》《说吧说吧》《故事汇》《楠溪味道》《楠溪行》《我也是高手》《走乡村》等，样式更新颖，内容更精彩。

新媒体建设 2016年，“永嘉视界”微信公众号手机同步收看新闻综合频道节目，“永嘉视界”每天把精选的新闻视频分享给用户。微信公众号“永嘉视界”平均每月阅读量30万以上，阅读人数15万人。同名腾讯视频频道，年点击观看量达到418万次。粉丝凝结4万余人。永嘉县广播电视台组织开展了“大拆大整全媒体记者在行动”大型报道活动；组织开展了“全市宣传系统比学赶超”活动微信直播报道；组织开展了微电影创作拍摄工作，拍摄《平凡的力量》《小镇的梦想》等优秀作品。其中拍摄的《警营不只忠诚与奉献，还有诗与梦想》带领我们深入了解了警察这个神秘及特殊的工作岗位。充满乡情的《一封家书》把大家的思绪带回了20世纪60、70年代的乡间小路，勾起了大家儿时那点点刻骨铭心的回忆，在网络上引起巨大的反响。以永嘉农村为题材的《村美民富，桃源深处的幸福生活》荣获浙江省对农节目政府奖二等奖。2016年3月，永嘉县广播电视台与云鸟易购达成合作，结盟战略合作伙伴，发展第三产业，开设实体店及网络销售主要经营外贸食品、日用品，进口护肤产品，楠溪特产等系列商品。2016年4月，为感谢永嘉县广播电视台新老客户多年的支持、提升广电形象、寻求更多更好更大的战略合作伙伴，成功在三江立体城举办客户答谢会取得巨大反响。2016年5月，小记者团举办小主持海选活动，旨在让小记者团成员体验学习主持人的日常工作及生活，锻炼小记者们的语言表达能力及社交能力，丰富了小学生的课余生活，参赛学生达到100多人。2016年6月，永嘉县广播电视台和县安全生产监督管理局及县总工会一起举办“安康杯知识竞赛”取得圆满成功。此次活动旨在为进一步加强安全宣传教育工作，围绕“传播安全文化，助推安全管理，强基础增素质，促进职业健康”，突出“强化安全发展观念”。2016年7月—8月，成功举办小记者团夏令营活动，此活动丰富孩子的课余生活，开拓了孩子的眼界，锻炼和培养了孩子们的独立生活能力，参与的孩子达300多人。2016年11—12月，永嘉县广播电视台与中共永嘉县委宣传部、温州市楠溪江风景旅游管理委员会、共青团永嘉县委、永嘉县新闻信息中心共同举办永嘉县首届楠溪江志愿导游风采大赛，此次活动耗时2个月多，共吸引百余位各行各业的精英参与，比赛分为初赛、复赛、决赛。决赛在百丈瀑举行，共有20名优秀导游入围。

举办活动塑造广电形象 永嘉县广播电视台成功承办第二届永嘉县“美厨娘”厨艺大赛。这批“美厨娘”在全省农村文化礼堂现场会上，及温州市思想宣传文化工作“比学赶超”活动进行一场厨艺展示和美食活动，得到市、县领导的肯定。成功承办永嘉县志愿导游大赛。加强《问政永嘉》全媒体问政活动。2016年4月，以创建国家卫生县城为主题的第三期《问政永嘉》活动顺利举办。9月，又推出第四期《问政永嘉》活动，主题为美丽乡村创建工作。

媒体融合 2016年5月启动媒体融合发展工作，县委办、县府办印发《永嘉县媒体融合工作方案》，将永嘉县广播电视台与永嘉县新闻信息中心进行融合，组建永嘉传媒集团（永嘉县广播电视台）（暂名）。

安全高效播出 2016年永嘉县广播电视台安全播出保障任务重、压力大，在杭州G20峰会前后，周密部署，安排计划，加强自查整改工作，并由台班子带队，加强人员值班，确保了峰会安全播出保障工作。投入近200万元，加强了有关设备更新维护工作。同时，健全安全播出各项制度建设，确保各级“两会”、互联网大会等重要保障期的播出安全。

应急广播建设 2016年农村应急广播已竣工，正在安全有序的运行，此工程正在决算中。

经营创收 2016年，永嘉县广播电视台总收入合计4716.18万元，其中财政补助收入3954.19万元，事业收入48.19万元，其他收入113.80万元，广告收入600余万元。支出合计4081.53万元，结余34.65万元。其中财政补助支出3954.19万元，销售税金16.99万元。

队伍建设 坚持把队伍建设作为事业发展立根之本来抓。新招录8名采编播专技人员，进一步充实队伍力量。加强人才培养，分批次组织人员到省台挂职锻炼，两次聘请4名专家到台开展12节课时的集中培训活动。努力提高干部职工思想素质。组织党员积极参加各类读书活动，把学习作为提高素质的最基础性工作来抓。积极配合县委、县政府开展媒体融合发展，基层站人员分流安置等工作。完成台网分离资产清算等遗留问题处理工作。此外，根据上级文件精神，组织完成了中层干部廉政档案建设，班子领导深入开展谈心提醒活动。扎实开展了"两学一做"主题学习活动部署。采取集中学习、听取汇报、专题研讨等多种形式，不断提升党员干部的政治思想水平；同时严格队伍管理，每月开展行风效能督查活动。

永嘉广播电视台还严格执行资金预算计划，合理安排资金，确保各项开支按时到位。加强会计核算与监督工作，对于工作餐、接待、维修、车辆等费用做好监督控制与合理安排，确保三公经费进一步下降。

荣誉 永嘉电视台新闻中心荣获2016年度浙江省电视新闻协作一等奖、永嘉电视台广播中心荣获2016年度浙江省广播电视新闻协作三等奖、张诚同志被评为2016年浙江省广播电视新闻协作电视先进个人。

（刘晓瓯）

永嘉县新闻信息中心

概况 2016年，永嘉县新闻信息中心紧紧围绕县委、县政府的中心工作，以深入实施"三区两美"主题实践活动为总载体，以"两学一做"学习教育活动为契机，以深化"走基层、转作风、改文风"为基础，强化新闻策划，突出栏目经营，注重新闻深度，重视事业发展，不断提升宣传报道工作水平，推动办报办网质量的提升和事业发展，有效地锻炼了队伍，较好地完成了年初确定的工作目标，为永嘉县经济社会的发展营造了良好的舆论氛围。县新闻信息中心设七个职能部室，分别为：办公室，记者部、编辑部、周末部、网络部、拓展部（广告部）、瓯北记者站。下辖《今日永嘉》、永嘉网、永嘉手机报、永嘉网视频中心、电子阅报屏、中国永嘉微信和微博、"淘永嘉"电子商务等平台。

主题报道 2016年，新闻信息中心以深化"三区两美" 主题实践活动为总载体，继续宣传报道五大重点工作攻坚、发展环境优化等四大活动，推出"聚焦五水共治"栏目，预计全年刊登报道300多篇，推出监督栏目"永嘉聚焦"每周至少一期对违法建筑、黑臭河、环境卫生等方面难点问题进行媒体曝光，继续开展市民监督团监督活动，2016年刊出120多期，发挥媒体和市民监督作用，有力地促进县政府重点工程项目的推进。推出"推进'三年行动计划'、加快'三区两美'建设""两学一做"专题教育活动、"大拆大整"专项行动、"整风肃纪曝光台"等系列专栏，共刊出2600多篇，其中言论100多篇。尤其是针对美丽乡村示范县创建、创建国家卫生县城、农村体育文化深化、基层党建提升、全面深化改革等工作，该中心精心谋划、精准定位，先后推出《改革落地生根》、创系列、让农民唱好主角、抓党建走基层看变化等多个专题宣传，累计刊发相关稿件300多篇，确保了主题宣传报道的连续性、持久性，实现了在宣传主题上贯通、宣传基调上呼应、宣传内容上衔接。经济建设方面推出"永商大会""永嘉招商选资"等系列专栏专版，已经报道60多篇，全年共100 多篇，为振兴实体经济助威，助推永嘉经济赶超发展。以上主题报道加上永嘉网、中国永嘉微信、永嘉发布、电子阅报屏等新媒体和平台的联动推送，截至2016年12月底，总共刊发报道3000多篇。

自设载体助推全域旅游发展 为全力推进楠溪江国家AAAAA级旅游景区创建工作和永嘉县农村的发展变化，新闻信息中心在全省乃至全国同等县（市、区）中率先开展县际大型采风活动。2016年启动重走"县际百里行"(自本报1995年开展第一次活动后，至今已有20余年)，再次把目光聚焦在偏僻地区的旅游资源和"三农"问题，涉及最偏僻的村落近100个，分站式跨年度采风，其中不少地方采用徒步行动，体验老百姓的甘苦，并且在全域旅游的号角声中，寻找一处处独特的风景，用文字、图像、镜头记录这一切的困惑或喜悦，尤其是耕耘属于远方的希望，承载着沉甸甸的梦想以及展现他们向全面小康进军路上的努力付出。截至2016年12月底，已先后走访了桥头、金溪、桥下、界坑、巽宅等地，共刊发稿件50余篇。

服务民生平台建设 2016年，新闻信息中心利用本报"今日爱心工作室"，充分发挥报网互动、"中国永嘉"微信、"记者帮帮团""专家服务团""市民监督团"的载体优势，强化记者每周下基层为民排忧解难，挖掘鲜活新闻的报道。截至2016年12月底，共帮助困难群众解决问题300多件，全年预计解决帮扶资金400多万元；同时还组织开展多次"农产品团购”“农产品采摘游”等活动，也得到广大农户和读者的好评。二是充分发挥传统媒体新闻采编优势和新兴媒体技术传播优势，强化媒体融合，凝聚记者帮帮团和专家服务团两团的力量，整合微信、民意留言板、民家热线、QQ群等信息资源，对读者和网友的提问做到及时回音，全方位锁定民生动态。三是2016年继续开展了第17个年头的“真情100”结对助学活动，共结对67人，该活动共结对1214人，让广大的山区贫困学生感受到政府和社会的温暖。四是利用自身新闻信息资源，与浙报集团合作，借船出海，依托“浙江新闻”APP客户端“永嘉频道”，及时传递永嘉“好声音”。该频道自开通以来，累计发布新闻信息条数和文章阅读数始终保持在全市前三、全省前五的好成绩。五是继续启动开展第10个年头的“年关送暖”活动，至年底该活动每走访一户都送上1000元慰问金和慰问品，至年底已走访了岭头、鹤盛、岩头等7站，得到当地群众的一致好评。

深化“走转改”活动　坚持新闻报道贴近实际、贴近群众、贴近生活是媒体的根基，2016年新闻信息中心继续开展走基层、转作风、改文风活动，在坚持正确导向的基础上提高新闻的可读性、服务性、娱乐性，为读者提供健康的精神食粮。一是在二版显要位置继续开展“践行走转改，‘唱好四季歌’”专栏，鼓励记者深入基层，深入现场，通过记者的亲历式采访，反映永嘉县干群昂扬奋进、激情跨越的精神风貌。二是为弘扬真善美、聚焦正能量，继续推出“最美永嘉人”“最美医生”等最美系列，掀起学习宣传“最美人物”和社会道德典型的热潮，凝聚传递正能量，为建设和谐永嘉营造良好社会氛围。三是转文风，接地气，做好重要的节和日的宣传和引导。

媒体融合发展　2016年，新闻信息中心实施传统载体与新媒体相结合的宣传策略，利用永嘉网、永嘉手机报及“永嘉发布”“中国永嘉”微信发布平台，着力形成立体式的宣传网络，进一步增强了全媒体传播的影响力。比如：在2016年年初的两会期间，首次利用微信看两会的形式及时、全面、准确地报道两会新闻及代表委员提案、建议，迅速点燃广大网民参政议政的热情，网民对政府工作的满意度显著提升；针对网友关心的小学新生招生问题，邀请县教育局专家在线答疑，受到网友的盛赞；协助县府办开设“十大民生实事项目征集”活动，短短七天，收到200多条意见建议。此外，“中国永嘉微信”公众号用户一直保持在15万以上，并10多次进入全国新媒体排行榜政务类前十名，同时也获得了不少奖项，《惊呆了！永嘉这几条曾经“臭名昭著”的河道将变成这样~》获全市“五水共治”微信主题设计大赛综合金奖，《城会玩已过时,现在是“村会玩”时代了……》获全市网络文化节“show出温州范”主题微信设计大赛二等奖。永嘉网日平均点击率达25万多人次,继续保持全市领先水平。

队伍建设　2016年，新闻信息中心为打造一支“健康、和谐、充满活力”的阳光团队，从突破体制、创新机制、强化计划、注重学习等四个方面入手。一是进一步强化了考勤规范，以领导带头、办公室以身作则、夜班人员规范、个别一线人员提醒，全员绩效考核制度进一步完善，实行利益捆绑。二是强化计划落实，在“日周月季年”计划的基础上，实施了“即事即办、今事今清、周事周毕、月事月结”，确保流程通畅。三是强化业务学习培训，通过“请进来、走出去”的方式，努力培养一支懂新媒体技术、有新媒体思维、会新媒体表达的新闻工作队伍。四是进一步增强采编人员的政治意识、大局意识、担当意识，强化采编纪律，明确采编责任，细化采编流程，进一步提升新闻舆论工作能力和水平，不断推出有思想、有温度、有品质的新闻作品，讲好永嘉精彩故事，为永嘉经济社会转型发展营造良好的舆论氛围。

省级新闻奖　2016年度浙江省、县（市、区）域报好新闻奖评比中，《今日永嘉》选送的8件参评作品获奖，其中一等奖2件、二等奖2件、三等奖4件。分别为：富玲燕采写的《105岁的章振然和95岁的妻子》获通讯类一等奖，汤海鹏、潘益风采写的《县际百里行，20年后再起程》获系列报道类一等奖，范海国采写的《村民自筹300多万元建设美丽乡村》获消息类二等奖，潘益风采写的《住在主人情怀里的楠溪美墅》获通讯类二等奖，汤海鹏、汪学斌、陈胜豪采写的《美国旅游作家的楠溪江奇妙之行》和厉定武、金展鹏、陈胜豪采写的《全国百家媒体看永嘉》获通讯类三等奖，金展鹏、陈胜豪采写的《重走红军路　最美映山红》和富玲燕采写的《用微电影记录村里的点滴》获新闻版面三等奖。

（戴益洪）

体　育

综　述

2016年，永嘉县体育事业发展局（以下简称县体育局）在县委、县政府的领导下，以“敢担当、树标杆”“两学一做”等学习教育活动为契机,以党的十八届六中全会精神为指导，以农村文化体育建设深化年为抓手，认真贯彻党和国家的体育工作方针、政策，全面落实《中华人民共和国体育法》、国务院和浙江省颁发的《全民健身条例》，大力组织开展全民健身运动，努力提高竞技体育水平，切实加强体育基础设施建设，大力倡导科学、文明、健康的生活方式，为促进体育事业与社会经济协调发展，推进永嘉“三区两美”建设，实现体育事业大发展、大繁荣做出了积极的贡献。

群众体育

概况　2016年，县体育局的群体工作，以省级体育强县复评为中心，紧紧围绕年初确定的工作思路和目标，认真贯彻县委、县政府和上级机关的各类文件及会议精神，以科学发展观为指导，加强协调，扎实工作，结合全民健身日活动，农村体育系列比赛活动为基础，创新载体，深化体育“创强”，开展形式多样的群众体育活动，开拓创新，求真务实，与时俱进，创造性地开展工作，推进永嘉群众体育事业蓬勃发展。

重大赛事　2016年2月1日，县文化、科技、卫生“三下乡”活动在沙头镇举行，县体育局组织并参加了拔河项目的活动。

4月28—30日，永嘉县第三届干部职工运动会之广播体操比赛在县体育场举行。本次比赛有来自全县36个单位的576名选手参加，经过3天的比赛，决出团体名次如下：第一名：县教育局，第二名：县人社局，第三名：县文广局，第四名：县住建局，第五名：农商银行，第六名：县法院，第七名：县公安局，第八名：县卫计局。

4月29日至5月5日，永嘉县第三届干部职工运动会之足球比赛在县体育场举行。本次比赛有来自全县27个单位的266名选手参加，经过7天的拼搏，决出团体名次如下：第一名：县教育局，第二名：县公安局，第三名：县卫计局，第四名：县水利局，第五名：县环保局，第六名：县住建局，第七名：农商银行，第八名：县邮政局。

5月6—8日，永嘉县第三届干部职工运动会之羽毛球比赛在永嘉体校举行。项目设置分团体赛和个人赛，本次比赛有来自全县52个单位的167名选手参加，经过3天的拼搏，决出团体名次如下：

第一名：县教育局，第二名：县财政局，第三名：县卫计局，第四名：桥下镇，第五名：供电公司，第六名：县市场管理局，第七名：县公安局，第八名：县交通局。

5月6—8日，永嘉县第三届干部职工运动会之乒乓球比赛在永嘉健路乒乓球俱乐部举行。项目设置分男、女团体赛和男女、个人赛，本次比赛有来自全县63个单位的246名选手参加，经过3天的拼搏，决出团体名次如下：

1．男子团体：第一名：县国土局，第二名：县财政局，第三名：县公安局，第四名：县住建局，第五名：县教育局，第六名：县卫计局，第七名：县市场管理局，第八名：瓯北城市新区。

2．女子团体：第一名：县卫计局，第二名：县市场管理局，第三名：县财政局，第四名：县住建局，第五名：县教育局，第六名：农商银行，第七名：县公安局，第八名：供电公司。

5月9—10日，永嘉县第三届干

部职工运动会之象棋比赛在永嘉体校举行。项目设置分男子团体赛和个人赛，本次比赛有来自全县44个单位的149名选手参加，经过3天的对弈，决出团体名次如下：

第一名：奇特乐集团，第二名：县教育局，第三名：县邮政局，第四名：县住建局，第五名：县公安局，第六名：桥下镇，第七名：县广播电视台，第八名：江北街道。

5月9—10日，永嘉县第三届干部职工运动会之田径、趣味比赛在县体育场举行。项目设置（田径有100米、200米等八大项、趣味有男女庆丰收、男女飞盘射准等六大项），本次比赛有来自全县各机关单位的2000多名名选手参加，经过两天的比赛，决出团体名次如下：

1．田径团体：第一名：县教育局，第二名：县公安局，第三名：县卫计局，第四名：农商银行，第五名：县法院，第六名：供电公司，第七名：县委农办（农业局），第八名：县住建局。

2．趣味团体：第一名：县公安局，第二名：县教育局，第三名：供电公司，第四名：县住建局，第五名：县财政局，第六名：县委农办（农业局），第七名：县法院，第八名：农商银行。

5月10日，永嘉县第三届干部职工运动会在永嘉体育场隆重开幕，本届运动会由永嘉县委、县政府主办，县体育局、县总工会承办，有来自全县机关部门的2500多名机关部门干部职工参加本次比赛。会期从4月28日到5月10日，历时12天，结果县教育局、县公安局、县卫计局、县住建局、县财政局、农商银行、供电公司、县市场管理局获得总团体总分前八名。

5月20日，由县委宣传部、县体育局、楠溪江旅游管委会主办的“为爱奔跑——2016永嘉县美丽乡村迷你马拉松”在大若岩举行，本次活动分家庭组、情侣组和朋友组，有来自全县各条战线的1100多人参加了本次活动。

6月30日至7月4日，由县体育局主办的2016年永嘉县农村文化体育建设深化年乡镇篮球赛在上塘举行。本次赛事有来自全县各乡镇（街道）的17支代表队参赛。经比赛，获奖名单如下：第一名：南城街道，第二名：岩坦镇，第三名：瓯北街道，第四名：乌牛街道，第五名：岩头镇，第六名：碧莲镇，第七名：桥头镇，第八名：桥下镇。

7月23—24日，由县体育局、县体育总会主办的2016年永嘉县农村文化体育建设深化年象棋比赛在上塘举行。本次赛事有来自全县各乡镇（街道）的14支代表队参加比赛。

8月5日，由浙报集团温州分社、中共永嘉县委宣传部、县体育局、县体育总会主办的“迎奥运、享â运”2016永嘉县美丽乡村â运会在永嘉书院举行。本次比赛有来自全县21个乡镇（街道）的571名运动员参加了“奔向里约、小李飞刀”等18个项目的角逐。经过一天的拼搏，获得团体名次如下：第一名：南城街道，第二名：瓯北街道，第三名：黄田街道，第四名：北城街道，第五名：碧莲镇，第六名：岩头镇，第七名：鹤盛镇，第八名：桥下镇。

12月24日，由体育局等单位主办的下塘片区职工运动会在实验中学举行。有来自县总工会、县残联、县民宗局、县人社局、县环保局和县体育局的全体工作人员参加活动。

残疾人运动会 8月18—19日，由县残疾人联合会、县体育局、县教育局、县民政局主办的永嘉县第四届聋人运动会暨2016年永嘉县特奥趣味运动会在永嘉体校举行。本次比赛项目设置有田径、游泳、乒乓球、羽毛球、网球和趣味等项，有来自全县22个乡镇（街道）的147名运动员参加比赛。获团体前六名单位如下：第一名：岩头镇，第二名：南城街道，第三名：桥下镇，第四名：北城街道，第五名：鹤盛镇，第六名：大若岩镇。

乡村运动会 8月12日，南城街道第二届全民运动会在实验中学举行，本次运动会项目设置有篮球、羽毛球、象棋、乒乓球、门球、拔河、田径和趣味八大项，有来自街道所属各行政村、居委会和企事业单位参加比赛。

老年体育 2016年，县体育局先后派出170多名运动员，组队参加市第七届老年人运动会14个项目的比赛。分别是市第七届老年人运动会“协会杯”象棋比赛暨省老年人选拔赛，市老年人太极拳（剑）比赛、市老年人钓鱼比赛、市老年人广场舞表演赛、市老年人（男子）气排球比赛、市老年人门球比赛、市老年人气排球（女子）比赛、市老年人健身球操比赛、市老年人地掷球比赛、市老年人柔力球（套路）比赛等赛事活动，并取得较好成绩。其中，市第七届老年人运动会象棋比赛，获女子团体第四名，周崇蕊荣获女子个人第四名。太极拳剑比赛，荣获团体优胜奖。其中，朱建国获个人其他器械（武当剑）第一名，邹爱秋获个人器械

（武当剑）第一名，厉陈生获个人传统太极拳套路第三名。钓鱼比赛，王胜利荣获个人第二名，团体荣获第三名。钓鱼比赛，王胜利荣获个人第二名，团体荣获第三名；广场舞表演赛、气排球（女子）比赛、地掷球比赛、柔力球比赛获优胜奖，门球比赛，获团体第八名。6个单位被评为2011年至2015年温州市老年体育先进集体、7位同志被评为先进个人。

2016年，县体育局共组织举办各类老年健身活动10多次，直接参与健身活动人数5000多人。如：2016文化体育建设深化年永嘉县庆"三.八"妇女门球赛，2016文化体育建设深化年永嘉县老年人乒乓球比赛、门球选拔赛、象棋赛、健身舞表演赛，江北街道老体协举行了门球，乒乓球、台球"三球合一"比赛等。特别是为进一步推广门球运动，丰富广大老年朋友的文体生活，展示门球运动发展成果，永嘉县体育局、永嘉县体育总会联合发文，举办2016文化体育建设深化年系列活动之永嘉县门球联赛。本次联赛，以村、镇、街道为对象，划片区，先进行一、二级联赛，各片选出前3名，最后集中参加县级即三级联赛，赛事贯穿全年。在顺利完成一、二级联赛的基础上，于11月5日举办2016文化体育建设深化年系列活动之永嘉县门球三级联赛。经激烈角逐，瓯北街道代表队、瓯北街道四队、碧莲镇代表队、黄田街道代表队荣获一等奖，岩坦镇代表队、瓯北街道二队、岩头镇小港代表队、黄田街道东联队荣获二等奖，三江街道、南城街道、乌牛街道等12支代表队荣获三等奖。

群众体育网络建设 2016年，县体育局继续加强基层群众体育组织网络建设，加强对部门、乡镇（街道）体育骨干培训，努力提高他们的工作水平。指导北城街道创建体育强镇（街道）、桥头镇创建体育现代化镇 、指导南城街道体育强镇（街道）复评工作。

社会体育指导员体育骨干队伍不断壮大，根据国家体育总局《社会体育指导员技术等级制度》的规定，2016年5—6月，县体育局在桥头镇、北城街道、南城街道举办了社会体育指导员培训班，经理论考核，批准黄天财等390名同志为国家三级社会体育指导员（永体〔2016〕28号）。有14名同志参加市里社会体育指导员一级培训，有2名同志参加省里国民体质中级监测员培训。

国民体质监测工作如期完成，2016年共完成国民体质测试1179人次和《浙江省3～69周岁公民体质评价等级标准测试》4936人次。

竞技体育

概况 2016年，紧紧围绕县体育局中心工作，积极组队参加温州市少年儿童各项竞赛，以人为本、立足实效，通过各方面的共同努力，在开展业余训练、后备人才输送、教练员裁判员队伍建设等方面层层落实，取得了一定成效，较好地完成了全年各项工作任务。

取得成绩 1. 国际级比赛：2016年7月，戴倩倩参加在越南举行的亚洲青年田径锦标赛中获"标枪比赛"第六名（49.33M）；8月，滕孙燕参加在荷兰举行的世界赛艇锦标赛中获"女子四人单桨"第五名；9月7日，陈森森参加亚洲第十七届赛艇锦标赛中获"男子轻量级2000米双人双桨"第一名。

2. 全国性比赛：金银鹏参加在郑州举行的全国田径大奖赛中获"400米"第一名（47〞79）。

4月18日，滕孙燕参加在千岛湖举行的2016年全国赛艇冠军赛中获"女子双人单桨2000米"第一名（7′41〞18），"女子双人单桨8000米"第二名(33′34〞09);滕孙燕、金优飞获"女子八人单桨有舵手2000米"第二名（6′31〞54）；陈森森获得男"轻单人双桨8000米"中获第三名（31′39〞33）。

邵章参加在陕西渭南举行会的全国跆拳道精英赛中获"+80公斤级"第二名。

10月13日,滕孙燕参加在厦门举行的2016年全国赛艇锦标赛中获"女子双人单桨"第二名。

金银鹏参加在南京举行的全国室内田径锦标赛(南京站)中获"400米"第三名（48〞75）；在重庆举行的全国田径冠军赛中获"4×400米接力"第三名（3′08〞65）。

戴娟娟参加在河北迁安举行的全国跆拳道锦标赛中获"女子73公斤级"第三名。

任骏哲参加在浙江东阳举行的全国俱乐部U-16比赛中获"篮球赛"第一名。

7月28日,曾高参加在浙江泰顺举行的全国青年U-16赛艇锦标赛中获"男子轻量单人双桨1000米"第一名(3′54〞68)；曾好、廖鑫获"男子轻量级双人双桨"第一名（3′36〞45）；陈罗婷、瞿智乐获"女子轻量双人双桨1000米"第二名（4′25〞21）；胡军涛获

"轻量双人双桨1000米"第二名（3′49″04）；徐顺宝、应忠信获"男子双人双桨1000米"第三名（3′26″84）；陈文静、鲍琴琴、郭温慧获"女子四人双桨1000米"第三名（4′09″94）。

叶豪珍参加在辽宁葫芦岛举行的全国少年拳击锦标赛中获"女子38—40公斤级"第二名。

3. 省级比赛：永嘉籍运动员参加浙江省比赛共获得14枚金牌，17枚银牌，11枚铜牌。

2016年5月9—12日，李源鑫参加在湖州德清举行的浙江省青少年拳击锦标赛中获"男子甲组48公斤级"第一名；姜浩文获"男子甲组81公斤级"第一名；蒋伟民获"男子甲组75公斤级"第二名；李云川获"男子甲组81公斤+级"第三名；孙加明获"男子乙组50公斤级"第一名；陈森达获"男子乙组75+公斤级"第二名；陈豪清获"男子乙组75公斤级"第三名；金丽丽获"女子甲组57公斤级"第二名；应蓓思获"女子乙组54公斤级"第二名；邵语伊获"女子乙组60公斤级"第二名；叶豪珍获"女子乙组44公斤级"第三名；董炯晓获"女子乙组51公斤级"第三名。

5月12—15日，浙江省青少年田径锦标赛在嘉兴举行，金金双（女）获"中学组800米"第一名（2′37″73），"中学组1500米"第一名（5′11″21）；胡永才获"中学组1500米"第三名（5′11″21）。

肖培雯（女）获"中学组铅球"第二名（11.79米），"中学组铁饼"第一名（40.03米）；黄博荣获"中学组铁饼"第一名（39.19米）。

戴倩倩（女）获"15～16岁组标枪"第二名（46.86米）；胡温庆获"17～18岁组铅球"第一名（14.31米）。

5月20日，金晖参加在湖州德清举行的浙江省青少年摔跤锦标赛中获"男甲古典式66+公斤级"第三名。

7月2—6日，陈刑财参加在嘉兴举行的浙江省第十三届田径冠军赛中获"13岁组铅球"第三名（40.40分），"13岁组三项全能"第三名（1318分）；戴恩俊获"14岁组主项跳远"第二名（56.00分），"14岁组主项100米"第三名（54.2分）；叶豪文获"14岁组主项跳高"第二名（47.40分）；叶园园获"14岁组主项400米"第三名（52.80分）。

7月9日，李斌斌参加在海宁举行的浙江省青少年举重锦标赛中获"男子甲组69公斤级"第一名（总成绩271公斤）；谢若兵获"女子甲组53公斤级"第二名（总成绩175公斤）。

7月23—28日，叶申奥参加在温州举行的浙江省青少年射箭锦标赛中获"男子乙组个人单轮25米"第一名（352环），"男子乙组个人淘汰赛"第一名，"男子乙组个人单轮全能"第一名（1352环），"男子乙组个人单轮18米"第二名（356环），"男子乙组个人单轮50米"第二名（309环），"男子乙组个人单轮30米"第三名（335环）。

叶申奥、徐诚煊获"男子乙组团体淘汰赛"第一名，"男子乙组单轮全能团体"第二名。

7月16—18日，李卓珈参加在湖州举行的浙江省青少年武术套路锦标赛中获"女子丙组24式太极拳"第二名（8.52分）。

10月，徐顺宝参加浙江省青少年赛艇锦标赛中获"男子丙组4000米1X"第二名（17′55″85）。曾好、廖鑫获"男子丙组2000米2X"第二名（16′27″16），"男子丙组4000米2X"第三名（7′29″22）；曾高获"男子丙组4000米1X"第三名（18′07″66）。

11月24—27日，陈新奇、陈久强、刘海波参加在长兴举行的浙江省青少年射击锦标赛中获"男子乙组气步枪60发团体"第一名（1631.0环）；卢恺曼获"女子乙组气手枪40发"第三名（174.6环）。

12月5—7日，陈利、陈韩逸、王梦思参加在遂昌举行的浙江省青少年自行车锦标赛中获"女子乙组40公里大组团体赛"第二名（3:51′58″28）；胡纯纯获"女子甲组200米计时赛"第三名（12″475）。

李锴硕、金程旭、金炜、金黎斌、戴周涛参加浙江省青少年足球锦标赛中获"男子甲组团体"第三名。

4. 市级比赛：2016年县体育局共组织了517名运动员参加温州市少年儿童的田径、跆拳道、拳击、举重、散打、羽毛球、乒乓球、网球、射箭、篮球、足球、排球、摔跤、柔道、象棋、围棋、赛艇、皮划艇、幼儿体操、帆船帆板、游泳等21个项目的比赛，都取得较好的成绩，共获得66枚金牌、75枚银牌、67枚铜牌。拳击团体第一名，摔跤团体第二名，跆拳道团体第三名，田径团体第六名，男子足球甲组第三名、乙组第三名，男子乙组篮球第一名，女子甲、乙组篮球均第三名。乒乓球男13～14岁组第二名，羽毛球12岁女子组第二名，男子14～15岁组第三名，网球男丙、女丙第二名，皮划艇团体总分第二名，赛艇团体总分第二名。

积极承办上级赛事 4月6～9日，成功承办2016全国公路自行车冠军赛温州站永嘉段的比赛。

7月1～3日，承办了2016温州市少年儿童摔跤比赛；

11月16～20日，承办2016温州市第十届中学生篮球联赛。

输送工作 2016年永嘉县有3人输送到省队集训，有1人省队转正（邵章）。有25名运动员输送市体校训练（至年底在市体校、市训练基地训练的运动员达到70人）。

教练员、裁判员队伍建设 2016年共参加温州市体育局举办的教练员培训21人次，参加浙江处体育局举办的教练员培训2人；参加市裁判员培训8人次， 参加省一级裁判员培训1人，参加国家级裁判员培训1人；县本级举办一期门球三级裁判员培训班，人数为70人。

学校体育

2016年县体育局与县教育局联合举办了县中小学生篮球赛、小学生足球赛、中小学生乒乓球赛、中小学生田径运动会、中小学生羽毛球赛、中小学生象棋比赛、中小学生跆拳道比赛等 7 个项目，各项比赛均取得圆满成功，其中在县田径运动会中还有5人次破6项县少年儿童田径纪录。

1. 3月19—21日，县第六届中小学生足球比赛在实验中学举行，本次比赛共有23所学校273名运动员参赛，经过运动员们3天的拼搏，获前八名次如下：

（1）初中组

第一名：翔宇中学，第二名：黄田中学，第三名：城关中学，第四名：桥下一中，第五名：实验中学，第六名：瓯北三中，第七名：巽宅中学，第八名：桥下镇中。

（2）小学组

第一名：永外实小，第二名：桥下一小，第三名：实验小学，第四名：瓯北二小，第五名：瓯北振兴学校，第六名：白云小学，第七名：岩头中心小学，第八名：城西小学。

2. 4月8—10日，2016永嘉县学生体育节暨第九届小学生篮球赛实验中学举行，本次比赛共有23所学校370名运动员参赛，经过运动员们三天的拼搏，获前八名次如下：

（1）小学男子组

第一名：实验小学，第二名：瓯北一小，第三名：城西小学，第四名：瓯北三小，第五名：金瓯学校，第六名：永外实小，第七名：瓯北七小，第八名：瓯北中心。

（2）小学女子组

第一名：瓯北三小，第二名：永外实小，第三名：瓯北二小，第四名：城北小学，第五名：城西小学第六名：岩头中心，第七名：实验小学，第八名：金瓯学校。

3. 5月7—8日，永嘉县中小学生跆拳道比赛在永嘉体校举行，本次比赛设团体总分和个人赛。有来自全县30所学校的216名跆拳道选手参加了比赛。经运动员们的努力，决出团体名次如下：

（1）小学组团体：第一名：永外实小，第二名：城西小学，第三名：瓯北二小，第四名：千石小学，第五名：城北小学，第六名：实验小学。

（2）初中组团体：第一名：永嘉体校，第二名：瓯北一中，第三名：城关中学，第四名：城西中学，第五名：实验中学，第六名：翔宇中学。

4. 4月16日，2016年永嘉县中小学生田径选拔赛在实验中学举行，有来自全县24所学校的266名学生参加了选拔，成绩优秀学生将参加市田径比赛。

5. 5月13–15日，2016永嘉县学生体育节暨第二十九届中学生篮球赛实验中学举行，本次比赛共有13所学校214名运动员参赛，经过运动员们3天的拼搏，名次如下：

（1）初中男子组前八名：第一名：瓯北一中，第二名：城关中学，第三名：碧莲镇中，第四名：瓯北五中，第五名：实验中学，第六名：翔宇中学，第七名：黄田中学，第八名：瓯北二中。

（2）初中女子组前七名：第一名：城关中学，第二名：实验中学，第三名：瓯北一中，第四名：碧莲镇中，第五名：巽宅镇中，第六名：鹤盛中学，第七名：翔宇中学。

6. 10月28—30日，2016永嘉县学生体育节暨第二十九届高中生篮球赛永嘉中学举行，本次比赛共有10所学校223名运动员参赛，经过运动员们三天的拼搏，获前八名次如下：

（1）高中男子组：第一名：上塘中学，第二名：碧莲中学，第三名：罗浮中学，第四名：永嘉二中，第五名：永临中学，第六名：永嘉二职，第七名：永嘉三职，第八名：职业中学。

（2）高中女子组；第一名：永嘉中学，第二名：上塘中学，第三名：永嘉二中，第四名：罗浮中学，第五名：碧莲中学，第六名：楠江中学，第七名：永临中学，第八名：永嘉二职。

7. 10月22—23日，2016永嘉县学生体育节暨第九届中小学生乒乓球比赛在永嘉上塘健路乒乓球俱乐部举行，本次比赛共有32所学校182名运动员参赛，经过运动员们2天的拼搏，获奖名次如下：

（1）高中男子团体名次：第一名：永嘉二中，第二名：楠江中学，第三名：永嘉二职，第四名：上塘中学，第五名：永嘉三职。

（2）初中男子团体名次：第一名：桥头镇中，第二名：瓯北五中，第三名：实验中学，第四名：城西中学，第五名：乌牛一中，第六名：济时中学，第七名：城关中学，第八名：翔宇中学。

（3）小学男子团体名次：第一名：桥头二小，第二名：城西小学，第三名：永外实小，第四名：乌牛一小仁浦校区，第五名：白云小学，第六名：实验小学，第七名：瓯北中心，第八名：昆阳小学。

（4）个人名次

①高中组男子前八名：

第一名：吴昭绪（楠江中学）第二名：周祥春（永嘉二职）第三名：金少昌（职业中学）第四名：李芍鹏（永嘉二中）第五名：周天豪（永嘉二中）第六名：胡正浩（永嘉二中）第七名：项守明（永嘉三职）第八名：吴钰勇（楠江中学）。

②高中组女子前六名：

第一名：徐小琴（永嘉二中）第二名：周洁（楠江中学）第三名：潘露瑶（永嘉二中）第四名：刘萌萌（上塘中学）第五名：金安妮（永嘉三职）第六名：周苗妙（永嘉三职）。

③初中组男子前八名：

第一名：吴文迪（桥头镇中）第二名：李幸泽（实验中学）第三名：陈俊宇（桥头镇中）第四名：张玖江（桥头镇中）第五名：胡乘豪（瓯北五中）第六名：唐森宇（实验中学）第七名：陈韦锦（桥头镇中）第八名：杨嘉豪（乌牛一中）。

④初中组女子前八名：

第一名：戴含秀（城西中学）第二名：傅苗苗（乌牛一中）第三名：潘怡（崇德实验学校）第四名：叶婷婷（济时中学）第五名：赵森清（实验中学）第六名：胡海燕（桥下镇中）第七名：鲍晓琼（鲤溪中学）第八名：戴安娜（乌牛一中）。

⑤小学组男子前八名：

第一名：邹墨（桥头二小）第二名：夏洁洋（城西小学）第三名：陈丰恺（城西小学）第四名：诸晨博（桥头二小）第五名：黄奥博（桥头二小）第六名：黄俊杰（桥下二小）第七名：陈晨（白云小学）第八名：滕鑫涛（实验中学）。

⑥小学组女子前八名：

第一名：金超颖（瓯北六小）第二名：林锦萱（瓯北中心）第三名：戴舒妍（实验小学）第四名：余佳蓓（瓯北中心）第五名：陈琦琦（桥头二小）第六名：朱悠悠（瓯北四小）第七名：杜怡彤（瓯北中心）第八名：陈佳然（桥头二小）；

8. 11月18—20日，永嘉县第三十八届中小学生田径运动会在实验中学举行。本届运动会有来自全县87所中小学的918名运动员参赛，比赛设高中组，初中甲、乙组，小学甲、乙组，运动员分别参加18个大项的角逐，有5人打破了6项县纪录，具体成绩如下：

（1）破纪录人员：潘奕霆破高中男子110米栏纪录，成绩14″3，原纪录14″8；周成浩破高中男子跳远纪录，成绩7.03米，原纪录7.00米，破三级跳远纪录，成绩14.91米，原纪录14.82米；赵培俊破高中男子标枪纪录，成绩58.82米，原纪录57米；滕智鑫破初中男子标枪纪录，成绩52.86米，原纪录50.15米；陈理国破小学组三项全能纪录，成绩105分，原纪录98分。

（2）获团体总分前八名的学校：

①小学甲组：第一名：瓯北二小，第二名：城西小学，第三名：瓯北中心小学，第四名：实验小学，第五名：瓯北三小，第六名：桥头镇中心，第七名：城北小学，第八名：瓯北四小。

②小学乙组：第一名：渠口小学，第二名：沙头小学，第三名：岩头小学，第四名：枫林小学，第五名：岩坦小学，第六名：碧莲小学，第七名：鹤盛小学，第八名：大若岩中心。

③初中甲组：第一名：实验中学，第二名：城关中学，第三名：瓯北五中，第四名：城西中学，第五名：黄田中学，第六名：瓯北一中，第七名：瓯北二中，第八名；东方外国语学校。

④初中乙组：第一名：碧莲镇中，第二名：鹤盛中学，第三名：岩坦中学，第四名：济时中学，第五名：港头学校，第六名：

鲤溪中学，第七名：巽宅镇中，第八名：沙头中学。

⑤高中组：第一名：永嘉中学，第二名：罗浮中学，第三名：永嘉二中，第四名：永临中学，第五名：永嘉二职，第六名：楠江中学，第七名：上塘中学，第八名：碧莲中学。

9．11月28—29日，永嘉县第七届中小学生羽毛球比赛在永嘉体校举行，本次比赛设高中组、初中组、小学组，高中初中均设有男子团体、女子团体，男、女单打，小学组设男女混合团体，男、女单打等项目。经过2天的比赛，成绩如下：

（1）高中组男子团体名次：第一名：上塘中学，第二名：永嘉中学，第三名：楠江中学，第四名：永嘉三职，第五名：永嘉二中。

（2）高中女子团体：第一名：永嘉中学，第二名：上塘中学，第三名：楠江中学，第四名：永嘉二中，第五名：永嘉三职。

（3）初中男子团体：第一名：实验中学，第二名：城西中学，第三名：桥下一中，第四名：桥头镇中，第五名：城关中学，第六名：东方外国语学校。

（4）初中女子团体：第一名：城西中学，第二名：桥下一中，第三名：实验中学，第四名：城关中学。

（5）小学组混合团体：第一名：城西小学，第二名：实验小学，第三名：永外实小，第四名：桥头中心。

10．12月3—4日，永嘉县中小学生中国象棋比赛在城西中学举行，本次比赛有来自全县44所学校和幼儿园的326名棋手参赛。竞赛项目分高中组混合团体，初中组混合团体和小学组混合团体，高中男女个人、初中男女个人、小学男女个人、幼儿个人等组别。经两天对弈，团体名次如下：

（1）高中组团体名次：第一名：永嘉中学；第二名：永嘉二中，第三名：楠江中学，第四名：永嘉三职，第五名：碧莲中学，第六名：翔宇中学，第七名：职业中学，第八名：永临中学。

（2）初中组团体名次：第一名：城西中学，第二名：瓯北一，第三名：东方外国语学校，第四名：瓯北五中，第五名：实验中学，第六名：城关中学，第七名：碧莲镇中，第八名：乌牛一中。

（3）小学组团体名次：第一名：城西小学，第二名：桥下中心，第三名：永外实小，第四名：瓯北中心，第五名：桥头二小，第六名：瓯北一小，第七名：实验小学，第八名：乌牛一小。

11、12月17—18日，2016永嘉县首届中小学生网球比赛永嘉中学举行，本次比赛设混合团体，男子单打，女子单打等。经2天的比赛，决出名次如下：

（1）初中组混合团体：第一名：城关中学，第二名：实验中学，第三名：城西中学，第四名：港头学校。

（2）小学组混合团体：第一名：实验小学，第二名：城北小学，第三名：永外实小，第四名：瓯北八小。

（3）小学短网甲组团体：第一名：实验小学，第二名：城北小学，第三名：瓯北七小，第四名：港头学校。

（4）小学短网乙组团体：第一名：瓯北七小，第二名：实验小学，第三名：城北小学，第四名：港头学校。

体育产业

概况 2016年，永嘉县体育产业在省、市体育局的业务指导下，县体育产业办公室凝心聚力、开拓创新，认真学习贯彻落实《国务院关于加快发展体育产业促进体育消费的若干意见》（国发〔2014〕46号）文件精神，坚持“品牌引领，融合发展”战略，更新观念、主动作为、突出特色，打造品牌，较好的完成了年初制定的工作任务。

规范体育市场秩序 根据体育总局17号令要求，年初加强了科室工作人员自身的执法培训学习，举办全县经营高危险性体育项目单位从业人员培训，共计培训20人。加强经营高危险性体育项目行政许可工作，2016年办理经营高危险性体育项目游泳许可1家（拆装式游泳池），目前，全县游泳、攀岩两个项目共有12家经营场所，全部达到合格要求。

体育产业统计等基础性工作 根据体育总局办公厅下发《关于做好2016年全国体育产业专项调查工作的通知》精神要求，结合永嘉实际，于 8月份开始组织对全县范围内进行体育产业专项调查名录库的工作。本县共调查了相关体育产业的企业单位254家（名录库核对254家，入户调查93家）。全县上报的入库企业132家，其中体育企业共有63家，体育用品生产企业23家，体育用品销售企业5家，体育服务业企业32家，体育中介3家。

培育特色品牌赛事 9月24—25日，由永嘉县委、县政府、温州市体育局主办，楠溪江风景区旅游管委会、县体育局、县体育总会承办的第三届楠溪江国际户外休闲嘉年华活动暨2016楠溪江国际桨板公开赛在永嘉书院举行，该项目共分男子组、女子组200米冲刺赛、1000米竞速赛、4×200米接力赛以及3000米计时赛等项目，有130多位国内外选手进行了水上切磋。

10月29日，由永嘉县委、县政府、温州市体育局主办，楠溪江风景区旅游管委会、县体育局、县体育总会承办的第三届楠溪江国际户外休闲嘉年华活动暨2016“楠溪24TH”极限越野跑在永嘉书院开赛，吸引了来自全国各地30支队伍共150名越野跑爱好者参加了比赛。

11月6日，由永嘉县委、县政府、温州市体育局主办，楠溪江风景区旅游管委会、县体育局、县体育总会承办的第三届楠溪江国际户外休闲嘉年华活动暨2016“益行永嘉”大型徒步活动如期举行，该活动全程29公里，活动吸引了来自全县各地徒步爱好者3000余名选手参加，一起以徒步的方式关注生态、关注文明，携手共进，走出健康。

申报省、市级体育产业类品牌项目 为了加快全县体育产业发展，稳固体育产业特别是运动休闲产业为温州市乃至全省体育产业发展发挥典型示范作用，县体育产业管理办公室在体育局的领导下，积极与县旅游局对接配合，共同申报和创评了“浙江省运动休闲旅游优秀项目（2017—2019）” 1个（永嘉县大若岩老兵运动休闲有限公司—百丈瀑登山）；成功创评市级“运动休闲旅游优秀项目（2017—2019年）”2个（浙江永嘉书院运动休闲有限公司——永嘉书院徒步、永嘉风光运动休闲有限公司——楠溪江溪畔露营）；复评市级“运动休闲旅游优秀项目（2017—2019年）” 3个(永嘉县楠溪江竹筏旅游总社——楠溪江竹筏漂流、浙江五星潭森林公园旅游开发有限公司——五星潭垂钓、永嘉县龙湾潭森林滑道有限公司——龙湾潭森林滑道)；创建3条2016温州户外运动精品线路，分别是永嘉书院、永嘉东蒙山、永嘉九龙山古道，并独立申报了2016年度浙江省体育产业发展资金项目库入库项目为温州美丽户外运动有限公司“楠溪江房车露营运营项目”（奖励类B）获得入库项目，将获得B等次入库项目资金补助额度为50万元～80万元。

体育基础设施建设

截至2016年年底，全县共有体育场地面积143.432万平方米，人均占有体育场地面积1.75平方米。乡村体育设施有所增加，其中本年新增篮球场地18个，门球场地23片、改建门球场5片，健身苑点35个，新增登山步道3条，体育休闲公园1个。

县体育馆、游泳馆主体工程已经完成，等待投入使用。

（潘统平）

2016全国公路自行车赛

黄中文 / 摄

Wenzhou Marathon
梦想是走出
全程女子 第二名
中国农业银行
温州分行
¥2000000
贰万元整
奥康国际·2016温州马拉松
AOKANG 2016WENZHOU MARATHON
全程女子 第一名
中国农业银行
温州分行
¥5000000
伍万元整
奥康国际·2016温州马拉松
AOKANG 2016WENZHOU MARATHON

辉 / 摄

A20013

潘统平 / 摄

2016楠溪“24TH”极限越野跑

卫　生

综　述

2016年，以深化医药卫生体制改革为主线，以提升卫生计生服务水平为目标，以创建国家卫生县城为重点，以“两学一做”学习教育活动为抓手，攻坚克难，开拓进取，各项工作进展顺利；“双下沉、两提升”“柔性人才引进”、打击“两非”等重点亮点工作取得令人瞩目的成绩，受到国家、省、市、县各级政府的充分肯定，为“十三五”卫生计生改革发展奠定了扎实的基础。全年卫生事业投入4.3亿元（不包括基建经费7400万元），占全县财政总支出的7.09%。全县共设置医疗卫生机构564家，其中综合性医院1家，中医医院1家，妇幼保健院1家，公共卫生机构4家，卫生院36家，社区卫生服务中心7家，民营医院9家，门诊部52家，个体诊所102家，社区卫生服务站52家，村卫生室287家（其中公立90家），医务室12家。全县执业医师（包括助理）2150名，注册护士1398名,床位数2111张,按户籍人口计，每千人口医师数2.22人、护士数1.44人、床位数2.18张。全县医院业务收入6.65亿元，同比增长4.2%；门急诊344.3万人次，出院病人35800人次，与上年基本持平。

卫生改革

2016年，县级公立医院改革稳步推进，县市医院合作进展顺利，结合在外永嘉籍医学专家柔性引进，两家县级综合医院医疗服务水平稳中有升，门急诊人数超110万人次，均次费用控制明显好转。县市优质医疗资源不断下沉，基层医疗服务水平有所增进，基本药物使用率达到指标要求，乡镇卫生院标准化建设率达到100%。分级诊疗工作有新进展，双向转诊运行趋于平稳，两家县级医院向基层转诊同比增长近100%。“双下沉、两提升”成效显著，基本实现县级医疗资源下沉乡镇全覆盖；如县二医与县中医院建立联合病房后，住院收入同比上升了74.7%。

医疗卫生服务体系

基础设施建设　2016年，永嘉县卫生计生有效投资任务为7400万元，全年实际完成投资额30308万元，投资率达409.6%，各大工程进展顺利。县人民医院急诊综合大楼已建成投入使用；南城街道社区卫生服务中心业务用房建设基本完工；县中医院医疗综合大楼装修工程基本完成，附属工程已进场施工；县人民医院、县二医、桥下镇中心卫生院等3个迁建项目前期工作顺利推进。

卫生队伍建设　2016年，共公开招聘专技人员180名；实施全科医生“县管乡用”一体化培养管理机制，成立了永嘉县医学科教发展中心，公开选拔全科医生59名。通过“柔性人才”引进机制，累计引进了在外永嘉籍医学专家63名。

重点学科建设　2016年，共建成4个县级医学重点学科，新增15项县级医学新技术、新项目。评选出第二届永嘉县名医10名、学科带头人和专业技术骨干61名、优秀中青年中医师（中药师）6名、基层中医特色专科学科带头人2名。

公共卫生服务体系

公共卫生服务项目　2016年，人均基本公共卫生服务经费补贴标准45元。基本公共卫生服务项目顺利完成，健康电子档案建档78.85万份，建档率99.65%，规范建档率90.15%；高血压和糖尿病规范管理率分别为61.54%、62.70%，常住老年人健康管理率70.18%，体检率73.98%。重大公共卫生项目超额完成，增补叶酸9104人，完成率182.08%；农村妇女住院分娩补助6459人，完成率161.48%；完成10003名宫颈癌、1400名乳腺癌患者的检查任务。另外，0～6岁体检77567人，中小学生体检91218人，免费婚前检查10345人。

疾病防控 2016年，全县无甲类传染病发病报告，未发生人感染H7N9禽流感病例。免疫规划持续巩固，基础免疫接种率分别为：乙肝疫苗接种率99.89%、甲肝疫苗接种率99.81%、含麻类疫苗接种率99.79%、百白破疫苗接种率99.63%、脊灰疫苗接种率99.86%、卡介苗接种率99.86%。精神病管理不断强化，全年精神障碍患者录入省系统3676人，管理率95.02%。适龄儿童窝沟封闭项目扎实推进，第三轮窝沟封闭率56.76%，达到上级50%指标要求，并启动了第四轮窝沟封闭项目。另外，艾滋病防制、结核病管理、慢性病管理、食品风险监测等各项指标均达到疾病控制要求，完成"国家土源性线虫病调查、国家土壤环境与健康调查"等国家级项目。

妇幼保健 2016年，全县孕产妇系统管理8984人，健康管理率95.36%，早孕建册率95.73%，产后访视率97.70%。高危孕产妇住院分娩率、管理率、重度高危报告率均达100%。新生儿遗传代谢病筛查率99.43%，听力筛查率98.83%，确诊听力障碍儿童36人。新生儿访视率99.07%，0～6岁儿童保健覆盖率95.01%，0～3岁儿童系统管理率95.84%，5岁以下儿童血红蛋白检测率65.85%，中重度贫血患病率0.13%。出生医学证明当年发证率95.83%。性别比综合治理有效推进，全县户籍人口出生性别比为109.30：100，国统报表人口出生性别比为112.69：100，均控制在市下达的责任制指标以内。

公共卫生应急处理 2016年，卫生应急规范化医院创建顺利通过市级初评验收，卫生应急机制和体系进一步完善，卫生应急能力有新提高，全年无突发公共卫生事件。院前急救体系持续健全，全年急救病人数共11773人次。无偿献血工作大力推进，全年完成无偿献血7980人次，荣获全省无偿献血先进县称号。

卫生监督执法 2016年，共出动执法人员2520人次，监督检查4222户次，取缔非法行医窝点15家，立案142件（其中"两非"案件37件），听证31件，报批罚没款80余万元，移送公安追究刑事责任的25起；受理举报投诉18起，办结率100%；开展无证行医案件查处率、涉嫌非法行医罪案移送率均达100%。公共场所"四小"行业整治成效显著，县城内258家公共场所卫生许可证持证率达99%，卫生检测合格率98%以上，全县30家公共场所"四小示范店"顺利通过市级验收。加强饮用水监管，积极开展生活饮用水检测，保障饮用水安全。并累计创成卫生协管示范点14家，创建率77.78%，超额完成任务。

爱国卫生运动 2016年，国家卫生县城创建成效显著，顺利通过省级技术评估。基层卫生创建工作稳步推进，累计创成省级卫生乡镇1个，市级卫生乡镇9个，市级卫生街道4个，无烟单位88家、省级卫生先进单位12家，市级卫生先进单位31家，省级卫生村69个，市级卫生村266个，健康促进学校13所，市级健康促进医院10家。加大农村改水改厕力度，积极开展水质监测，无害化卫生厕所普及率达92.36%。另外，组织开展了爱国卫生月活动、各类健康知识讲座和宣传日活动等。

医疗质量管理 2016年，坚持严把医疗质量关口，不断健全机构网络，成立了13个医疗质量控制指导专业分中心，考核办法、工作流程等配套程序全面规范。完善了医疗资源共享平台，相继出台永嘉县临床医学检验中心、医学影像诊断中心、心电诊断中心等7大中心的建设及运行规范文件，每年投入100多万元的财政经费作为保障。启动永嘉县临床技能培训中心建设，不断加强住院医师规范化培训基地和中医住院医师规范化培训基地建设。出台了医疗废物处置的规范化文件。2016年发生医疗纠纷数较2015年下降了近一半，全县医疗质量水平明显提升。

中医中药 2016年，深入推进全国基层中医药工作先进单位创建工作，相继出台《永嘉县创建全国基层中医药工作先进单位实施方案》《关于进一步扶持和促进中医药事业发展的实施意见》（永政办发〔2016〕63号）等文件，设立每年不少于200万元的中医药发展专项资金，用于扶持中医药事业发展。通过资金保障、业务培训、技术推广等举措，不断提升基层医疗机构中医药服务能力。2016年，全县已完成13个中医馆创建，创建率达59.1%。

医疗行风建设 2016年，结合"两学一做"学习教育活动，不断加强医风行风建设。进一步完善药品器械采购、处方点评、医德考评管理等各项制度；全年开展“清风除弊”专项检查215次，发现问题95个，解决问题91个，处理（问责）46人；“三公”经费继续大幅下降，同比减少56.62%；完成内审项目共12个，审计总金额达2.99亿元。领导干部带头贯彻落实中央八项规定和医疗行风建设“九不准”，全年共上缴医药回扣至“581”廉政账户35658元，拒收“红包”55320元。不断加强廉政风险防控，全年开展中层干部谈话、新提任干部谈话、个人谈心提醒教育、“一岗双责”约谈等共计197人次。并举办了全县首届“永嘉好医生”“最美护士”评选活动，以学榜样立标杆，助推全系统医德医风建设。

表13

2016年度永嘉县卫生系统获省、部级以上先进单位与先进个人统计表

先进单位或个人	荣誉称号	颁奖单位
先进单位	浙江省无偿献血先进县	浙江省人民政府
徐江敏	浙江省首届“身边的基层好医护”	浙江省医师协会、护理学会、基层卫生协会
周凡凡	浙江省最美接种医生	浙江省疾病预防与控制中心
高一行	医联杯”全国基层卫生主持人大赛优秀选手奖	中国社区卫生协会
高一行	2016年基层卫生岗位练兵和技能竞赛知识竞答主持人赛一等奖	浙江省卫生和计划生育委员会、浙江省总工会

表14

2016年度中心院以上医疗卫生机构基本情况统计表

单位名称	床位数		职工人数											全年门诊人次	全年住院人次
	编制床位	实有床位	合计	卫技人员							其他技术人员	管理人员	后勤人员		
				小计	执业医师	执业助理	注册护士	药房人员	检验人员	其他					
县人民医院	490	490	647	585	202	5	296	32	28	22	36	7	19	427133	14286
县中医院	450	410	528	481	163	9	229	37	18	25	26	10	11	591011	13169
县卫生监督所	0	0	50	5	3	0	1	0	0	1	0	45	0	0	0
县疾控中心	0	0	63	46	25	8	1	0	11	1	5	7	5	0	0
县妇幼保健院	80	40	134	117	45	6	45	10	5	6	9	7	1	131017	1506
县血站	0	0	20	0	7	2	4	0	3	2	0	1	1	0	0
永嘉县120急救指挥中心	0	0	5	2	1	1	0	0	0	0	0	3	0	0	0
县二医	50	23	114	100	23	16	20	4	3	34	6	0	8	128133	546
县三医	60	60	161	138	42	24	50	6	7	9.	4	2	17	192091	1478
瓯北城市新区医院	80	40	135	119	58	8	33	10	7	3	12	3	1	219530	1467
沙头中心卫生院	10	5	38	29	10	5	4	3	2	5	0	4	5	23229	10

表14

单位名称	床位数		职工人数											全年门诊人次	全年住院人次
	编制床位	实有床位	合计	卫技人员						其他技术人员	管理人员	后勤人员			
				小计	执业医师	执业助理	注册护士	药房人员	检验人员	其他					
桥下中心卫生院	60	40	115	111	43	10	27	8	5	18	0	2	2	302400	1094
碧莲中心卫生院	30	30	63	54	14	12	15	5	2	6	5	2	2	79762	6822
巽宅中心卫生院	20	10	43	35	9	6	7	5	2	5	1	4	4	66573	374
岩坦中心卫生院	20	6	35	29	8	4	8	3	1	5	4	2	0	41939	39
枫林中心卫生院	0	1	40	34	6	7	7	5	1	8	0	3	3	69541	0
鹤盛中心卫生院	4	0	26	24	8	6	3	2	2	3	2	0	0	32087	0
大若岩中心卫生院	0	0	30	22	5	5	6	1	1	4	3	3	2	50005	0
金溪中心卫生院	0	0	30	28	6	2	9	4	0	7	1	1	0	37849	0
乌牛街道社区卫生服务中心	50	50	106	87	24	14	24	7	6	12	6	1	12	92147	1308
东城街道社区卫生服务中心	0	0	46	38	14	3	14	6	1	0	3	1	4	107573	0
南城街道社区卫生服务中心	30	0	56	46	15	7	12	6	3	3	3	1	6	41611	0
北城街道社区卫生服务中心	0	0	24	18	8	3	4	1	1	1	1	2	3	12957	0
黄田街道社区卫生服务中心	20	10	45	41	18	5	6	5	2	5	1	3	0	59307	147
三江街道社区卫生服务中心	0	0	0	28	11	4	5	3	2	3	0	3	0	61539	0
东瓯街道社区卫生服务中心	0	0	30	24	9	4	6	3	1	1	1	1	4	63507	0

（胡良环 王崇巧）

功能区　镇（街道）

上塘中心城区

表15

2016年上塘中心城区基本情况统计表

项　目	单　位	合　计
总面积	平方千米	231.5
建置村	个	114
社区	个	5
总人口	万人	13.1271
外来新居民	人	9300
工业总产值	亿元	3.88
规上工业企业产值	亿元	21.83
限上批零住餐四大行业	亿元	2.67
固定资产投资	亿元	39.53

经济建设　2016年，完成固定资产投资39.53亿元，其中工业性投资3.88亿元，投资总量排名全县第三。规模以上工业企业总产值21.83亿元，同比增长33.69%，限上批零营业收入2.67亿元，同比增长15.81%，招商引资到位资金20亿元。顺利通过国家卫生县城省级技术评估和省级园林城市验收。

以提升三产服务业为重点，以调整工业产业结构为引擎，取得了经济社会发展的新成绩。滨江工业园区建成友谊路、创新路两条道路，续建滨江路驳坎工程预计年内完工；完成诸永高速出口与园区的十字路口改造提升工程；新招引两家企业，其中楠溪江白茶研发有限公司完成土地出让和土地平整，预计年内可以进场施工；君品集团有限公司2公顷用地进入土地平整前的政策处理阶段；在厂房基建续建方面，占地1公顷的迎日阀门完成主体工程；占地2.552公顷的谢纳王金厂房和占地0.733公顷的嘉冠机械基建项目建成投产；占地2.67公顷的贝普企业继一期基建完工投产后，二期基建项目也完成结顶。此外黄屿前进小微企业创业园建设在11月正式启动。完成永丰、永盾两家企业的“退二进三”工作。

招引产业空白项目，重点发展第三产业。总投资5.1亿元的上塘商业步行街已结顶，完成投资4.5亿元；总投资4.9亿元的永嘉国际大酒店已完成主体工程，进入附属工程施工；投资3.5亿的鸿鑫公馆已顺利竣工；总投资1亿元楠盛首府已进入基础打桩阶段；中楠时代花园、城西御景园均顺利完成交付；永嘉县崇德实验学校完成主体工程；永嘉县蔬果综合批发市场、城南旅游休闲基地已完成初步选址。

城乡建设　以项目建设为发展内动力，加快民生工程建设。续建项目25个，总投资13.09亿元；县重点项目3个，总投资4.64亿元；新开工和预备开工项目20个，总投资5.23亿元；前期项目63个，总投资31.66亿元；重点前期项目1个，总投资120亿元。城市道路框架继续拉开，2016年改造和续建道路11条，新建新开工道路5条，总投资7亿元。已建成临城南路一期、振兴路等道路，总长2.9公里，其余11条道路工程建设正常推进。完成计划总投资7.2亿元，环城南路、沙门西路二期、振兴路二期等13条道路，总长15.58公里，做好前期工作。打通了敦西路和环城南路（临城南路-沙门西路）等卡口。特别是环城北路西向延伸工程，实现对环城北路西向延伸工程道路规划红线范围内的中西村、中兴村房屋50户71间进行拆除，成功为环城北路的后续建设扫清了障碍。旧城改造续建项目推进速度明显加快，永建路北段A区、屿门—黄屿农房点、下堡旧村改造工程均已主体结顶，仁堂旧村改造项目进入基础施工阶段，中后村改造项目完成协议签订；下塘C地块城中村改造项目前期调查基本完成。城市功能完善配套项目乘势而上，县体育两馆已结顶，城关农贸市场顺利竣工投入使用。顺利推进移动公司大楼进场施工。

城市管理 以“国家级卫生县城创建”为契机，全力推进“五水共治”“四边三化”“三改一拆”等行动，进一步优化城乡生态环境。“五水共治”项目11个，总投资1.1亿元，累计完成计划投资5900万元。一是开展实施河道疏浚治理工程。其中完成屿门湖综合治理工程，完成投资100万元，治理河道0.6公里；完成下堡浦南段治理工程，完成投资203万元，治理河道0.37公里。并启动上塘生态清淤工程，已完成固化场地建设，开始设备安装，完成投资150万元。二是组织实施污水基础设施建设，最大范围的收集污染源，提高污水进水浓度。已实现县城污水平均88%处理率，运行负荷率达到97.5%。完成上塘城区环城西路以西、永兴路以东截污纳管工程投资1858万元；完成上塘城区二期截污纳管工程（中塘北片）二标段工程投资124万元；完成9处积水点改造；启动清三河截污纳管工程，总任务4条，总投资2100万元，建设管道共长26.22公里。其中下堡河截污纳管工程已完工；西巷河截污纳管工程已完成开工和戈田浦截污纳管工程已顺利进场施工；鹅浦河（盲肠段）截污纳管工程进入招投标。三是继续建设滨水公园工程。横溪、水碓湾滨水公园已完成70%工程量，黄屿滨水公园已完成90%工程量，完成投资300万元。四是加大生活垃圾基础设施建设力度，已完成投资400万元占地0.12公顷的中塘垃圾中转站建设，并移交环卫所投入运营。峙口垃圾中转站完成投资600万元，框架已结顶。同时寻址建造垃圾填埋场，现已进入可行性报告阶段，选址于可填埋垃圾50万立方米的十二盘山。加强违法建筑的打击力度，拆除黄屿、观下、河底、下塘等村的违法建筑，拆除面积约9000平方米。完成城中村改造一类户数126户，占年度任务的23.68%；完成城中村改造二类面积25.45万平方米，占年度任务的158.07%，其中涉及安置房建设项目等8个、综合整治项目4个；完成旧住宅区改造二类面积12.05万平方米，占年度任务的141.78%，其中涉及建设项目等5个、综合整治项目4个。完成旧厂区改造面积2.39万平方米，均为改二优二项目。 同时，形成建管协调的城市管理体制。实行网格化管理，县城主干道、次干道、社区、小区、小巷等全部实行16小时保洁。牵头街道及相关部门开展环境整治45 次，出动人员9875人次，执行车290车次，对县城大街小巷、占道经营、乱堆乱放、垃圾、违章棚、乱停车、广告、绿化带种菜等违反市容市貌规定和不文明卫生行为进行整治整改，共违法停车抄6800起，查“四小车”890辆，拖僵尸车109辆，清理停车位60个；除广告牌770个，整改整治占道经营、经营户570户，清理流动摊点1009处，发放公告和宣传资料3300份。支出环境综合整治经费约450万元左右。优化审批环境，2016年，进入区公共资源交易中心招投标55件，投标总额4359.23万元，中标金额为3842.89万元，节约资金516.34万元。共办理规划用地许可104件，计209户，用地面积13357.22平方米,规划工程许可94件，计232户，建筑面积61838.09平方米，乡村建设许可8件，计14户，用地面积1198平方米，建筑面积3461.42平方米。公建审批方面发放项目选址意见书5份，出具规划设计条件书5份，建设用地规划许可8件，用地面积22768.29平方米，建设工程规划许可6件，建筑面积134880.51平方米。 开展新居民基础信息采集及出租房屋整治等工作，处理了一批信访遗留问题，努力创建“平安上塘”。

基层建设 积极抓好区属党组织的思想、组织、作风、制度和党风廉政建设，各项党务工作稳步推进。一是开展党内送关怀活动。开展了困难党员慰问、红色短信、党建工作评先评优，形成创先争优的党建氛围。二是学习教育全覆盖。区党委书记胡克祥亲自带头上党课，动员区属党组织切实加强思想教育，开展专题学习研讨。区党委通过自学和集中学习的方式，在领导干部中开展党章党规党纪专题学习教育活动，组织开展三大专题讨论。33个党支部分别召开了专题学习会，在全区党员干部中形成了广泛共识，营造了扎实工作的良好氛围，各项工作取得突破性进展。三是强化党建制度落实。督促33个区属党支部深化落实“三会一课”制度、党支部书记工作例会制度，区党委组织召开党支部书记工作例会、轮训会共3次，突出发挥党组织政治引领作用。继续执行老干部月学制，继续执行关爱老干部制度，2016年来慰问老干部，同时在老干部队伍中启动“爱学习、爱劳动、爱祖国”主题教育百场报告会活动。通过走访、座谈，加强与代表的沟通、联系，充分听取、采纳合理意见，完成政协提案12件，完成人大提案2件，党代表提案2件。

党风廉政 为进一步提升机关的效能，提高党员干部的战斗力，优化中心城区发展软环境，扎实推进“敢担当、树标杆”作风建设五大行动、“树新形象、做好榜样”等主题教育系列活动，有力提升干部行政能力。严格执行相关考核考绩办法，出台领导干部重要工作绩效考核评分细则、科室目标考核责任制，继续执行全员绩效考核办法；严格执行工作进度月排名通报制度，继续推行周一会商制度等。深化廉政风险防控机制建设，全面推进干部作风建设。组织全体党员开展十八届五中、六中全会精神和“两学一做”主题学习19次，党委理论中心组开展理论学习15次。出台9个党风廉政建设方面的文件，给机关干部发廉政短信共12次；开展39次正风肃纪专项督查，对违法作风效能的工作人员进行4人通报批评处理；严格落实中央“八项规定”，严控“三公经费”，全年无公务接待费用，并进行了车改。加大信访举报案件查处的工作力度、增强执法监察力度，全区共处理大信访39件，完成率达100%。同时完成4个党支部和区属机关党支部的换届工作。

2016年，上塘中心城区获2016“大拆大整”专项行动先进集体等荣誉称号。

（胡聚豪）

瓯北城市新区（街道）

组织沿革 2011年5月，撤销瓯北镇和乌牛镇，建立瓯北功能区管委会，下设江北街道、乌牛街道、三江街道、黄田街道、东瓯街道。2011年8月，瓯北功能区更名为瓯北城市新区，设立中共瓯北城市新区委员会和瓯北城市新区管理委员会，对职能配置、内设机构和人员编制方案进行重新调整，撤销原永嘉工业园区和三江指挥部，并入新区管委会。2013年3月，瓯北城市新区范围调整为覆盖江北、黄田、东瓯街道行政区域。2013年9月，瓯北城市新区范围调整为覆盖江北、黄田街道行政区域。2016年4月，撤销江北街道、东瓯街道，建立瓯北街道，与瓯北城市新区实行“区街合一”管理体制。

表16

2016年瓯北城市新区（街道）基本情况统计表

项目	单位	合计
总面积	平方千米	50.3
耕地面积	公顷	171.85
建置村	个	27
社区居委会	个	12
户籍人口	人	84820
工业总产值	亿元	284.43
规上工业总产值	亿元	253.18
外贸出口交货值	亿元	24.16
限额以上固定资产投资	亿元	77
全社会用电量	亿千瓦时	8.22
财政总收入	亿元	35.63

经济总情 2016年，开展新春企业走访活动，切实提振企业家发展信心，提升为企业服务水平，积极推进品牌创建和科技创新。全年新区财政总收入35.63亿元，同比增长17.6%。实现规上工业总产值253.18亿元，同比增长8.36%，其中服装行业53.17亿元，同比增长6.4%，鞋革行业69.93亿元，同比增长7.97%，泵阀行业96.59亿元，同比增长8.52%。新产品产值99.54亿元，同比增长7.55%。外贸出口交货值24.16亿元，同比下降9.39%。限额以上固定资产投资77亿元，同比增长25.34%，其中工业性投资20.5亿元，同比增长3.38%。

瓯北小微园建设。珠岙时尚轻工园完成1#宿舍结顶，6#、7#、8#、9#、12#五幢厂房结顶，15#、16#、17#、18#、19#附属房结顶，2#宿舍建至5层、3#办公楼至7层，4#、5#、10#、11#、13#、14#厂房均主体在建，已完成建筑面积115000平方米，完成工程量9000万元，占总投资的55%。珠岙流程园完成9#、10#宿舍、办公楼结顶，完成工程量1600万元，占总投资16%。塘头地块和罗浮地块土地已批复，作出让地价评估。

城市建设 2016年，招商选资积极有为。招商选资实际到位资金38.14亿元，其中省外回归引进到位资金15.81亿元，房地产项目实际到位资金23.33亿元，累计完成全年任务的135.24%，年度县考核排名第一。做好项目包装入库工作,全年推送花岙村幼儿园、维也纳酒店、马岙村出让地块等6个项目。做好签约项目的跟踪服务，金三角大酒店一期正在进行内部装修，二期工程结顶；温州国际商贸中心计划年底进行土地挂牌；双塔路地下人防商业街已启动土地出让前期工作；巴菲特金融大厦已进场试桩，计划2017年3月全面开工；科信大厦进展顺利，于12月31日顺利结顶，计划2017年6月完工；置诚广场于12月24日正式对外营业。城中村改造全力推进。清水埠05地块成功出让，已经完成地下室建设，项目进度顺利；06地块已经拆

表17

2016年瓯北城市新区（街道）建制村（居委会）情况统计表

村（居）名	书　记	主　任	村（居）民小组	人口
罗浮村	潘建达	金忠义	38	6318
花岙村	苏志良	林成双	17	1588
江北岭村	杨显林	朱家武	2	320
白水村	何锦国	陈旭义	15	2113
浦二村	陈时胜	胡鹏飞	13	1513
浦西村	包建国（副）	林安孝	17	3081
浦一村	蒋建勇	郑建德	22	2107
马岙村	朱松波	陈理统	18	1433
蔡桥村	李本福	葛卫国	8	1177
前牌村	余显东	余正道(委员)	8	1014
珠岙村	余章龙	郑建武	12	1729
码道村	周长江	吴耀星	16	1854
新桥村	余承达	余新章	8	1189
王家坞村	王金巧	王建仁	8	937
龙桥村	张大丰	余敬飞	28	2851
东方村	唐建勇	施胜凯	7	933
塘头村	林胜伟	廖志超	20	2965
和一村	叶正洲	杨毓亮	16	2530
和二村	杨胜	朱显木(委员)	6	1545
和三村	朱巧仁	周小荣	20	1995
安丰村	杨臣标	杨少奇	9	662
礁下村	池温武	池银木	12	1615
堡一村	王乐清	张林海	21	3103
堡二村	张志聪	张雷云	16	1880
五星村	翁建朝	翁时章	14	2416
河田村	许建新	许理善	12	1587
林垟村	林国林	林松定	8	1192
永宁社区	黄赛云	戚建国		1024
滨江社区	陈泉铨	胡邦送		3403
双塔社区	胡顺清	李爱微		7240
金瓯社区	章伯伟	章海轮		1116
江北社区	谢正浩	陈晓飞		3185
创新社区	刘关丰	金和平		5483
阳光社区	汤光强	汤光强		2037
镇西社区	周雪珍	徐培林		3314
清水埠社区	缪年生	陈小英		1998
楠江社区	李小玲	李林华		1949
襟江社区	金月龙	戴巧云		1782
东瓯社区	陈陆杰	廖微琴		642

除建筑物准备地块出让；二期02地块推进顺利，正在签订拆迁协议，签约率达90%以上。新桥村09A地块完成挂牌出让，2017年一季度开工。码道村正在签订拆迁协议，蔡桥村、塘头村、王家坞等城中村改造项目按计划推进。城市基础设施不断完善。打通龙桥路北段断头路。完成104国道与王家坞路交叉口交通黑点整治，和田西路、瑞金北街桥梁工程和近民桥完工通行。林浦北路、瓯浦路正在路面施工。新桥路北段工程、陡门路、永宁路（塔下路—阳光大道）、塔下南路四个道路工程正在办理前期审批手续。罗浮垃圾中转站已竣工并投入使用。罗浮垃圾中转站边坡治理工程已完成95%工程量。瓯北便民服务大厅主体竣工，内部装修。双塔公园工程已完成概念性方案、项目建议书批复、征地定界图、规划用地红线图、规划预选址、土地预审，用地规划局部调整已经省政府批复落实。完善公交、出租车、公共自行车、社区巴士“四位一体”的公共交通体系，建成公共自行车二期工程，共设立58个公共自行车租赁站，配置公共自行车1300辆。开通6条社区巴士线路，投入社区巴士75辆。使群众出行更加便捷。拟建地下车位1000个，已确定选址阳光路滨江公园加油站西首、瓯北镇中操场两个项目，并已进入招标程序。征迁工作提质提速。梳理出土地项目40个，共105.47公顷。梳理土地利用规划调整的项目有4个。完成征地报批项目5个，正在报批项目7个。已完成挂牌项目4个，正进入挂牌程序和前期工作的项目有5个。完成低效土地二次开发综合治理项目已30.07公顷，完成率62.83%。完成国有土地回收5宗。完成拆迁安置项目4个。抓好罗浮村三产结算工作。

环境建设　2016年，积极实施“五水共治”工程。生态清淤工程于5月竣工，共清淤15万立方米，完成园区大道临时泵站抢修工程，完成排水管道疏通133.5千米，完成管线普查及勘查约900千米。完成后垟浦新桥段、马岙浦、张堡浦北河道治理工程。罗浦礁大河（龙桥路—江北街）治理工程完成300米护岸建设。龙新河后垟浦水岸同治景观工程完成90%。浦西河河道整治工程完成80%。倾力打造6条示范河道，通过景观绿化等综合工程实现水岸同治。后周浦综合整治工程完成95%，浦西河综合整治工程完成57%，龙新河、张堡浦北、马岙浦综合整治工程已经进场施工。张堡浦南综合整治工程正在进行施工图优化。加快16个污水治理和截污纳管工程建设，完成马岙、白水村污水治理工程和小东浦、张堡浦南截污纳管工程。其他12个工程有序推进，年内完成截污纳管39千米。瓯北污水处理厂提标工程通过立项批复。加强污水提升泵站与污水处理厂运行监管工作和协调工作，全年共处理污水1542.29万吨，日均处理污水量为4.2254万吨，符合率84.5%。COD和氨氮平均进水浓度为145.82mg/L和16.17mg/L，COD和氨氮平均出水浓度23.56mg/L和0.55mg/L，COD消减量1885.49吨，氨氮消减量240.91吨。不断深化“三改一拆”工作。棚户区改造完成户541套；城中村改造完成224568平方米；旧住宅改造完成130950平方米。旧厂房改造完成14个项目，改造面积495701.1平方米，生产车间面积82474平方米。完成拆违693511平方米，其中“大拆大整”专项行动完成拆违428511平方米。开展城乡危旧房隐患排查和治理改造专项行动，共排查住房总量31182户，建筑面积3719479平方米，经鉴定确认危险房屋124户，建筑面积11510平方米，腾空57户 、拆除60户。深入开展城市环境整治行动。开展双塔公园周边环境整治、城市环境整治提升“百日攻坚”行动、市“比亮点学先进树标杆”现场观摩点周边环境整治等活动，启动阳光大道精品街建设，层层落实责任，营造浓厚氛围，有效整合力量，强化堵疏结合，严格巡查监督，环境整治取得显著成效。

平安建设 2016年，“平安瓯北”建设深入推进，立体化社会治安动态防控体系逐步构建，治安形势持续好转。积极开展G20峰会、中共十八届六中全会、第三届世界互联网大会期间社会维稳、信访积案化解工作，维护社会大局稳定。社会矛盾纠纷预防化解机制不断完善，通过网格化系统及时化解矛盾纠纷830起，排除治安隐患3637处，其中非正常死亡17起、劳资纠纷（包括欠薪逃逸）12起。安全生产责任体系更加健全，企业主体责任有效强化。“打非治违”“涉尘防爆”“三场所两企业一行业”和“四无”整治等重点领域专项整治深入开展，消除了各类隐患1215条，提高了企业安全生产现状和安全管理水平。做好食品安全工作，开展“三大一严”“四小一市场”等专项行动，消除隐患，管控风险，联合整治238家“四小一市场”，确保广大人民群众“舌尖上的安全”。实行消防网格化考核责任机制，开展居住出租房和合用场所消防专项整治，完成珠岙村“市级火灾隐患集中区域”整治。建成6个“千人村”（社区）的微型消防站。深入开展反邪教、禁毒、新居民服务等社会综合治理工作，有效巩固辖区稳定有序的良好环境。

社会事业 2016年，着力提高卫计工作水平。创成“健康食堂”“健康酒店”，加大性别比治理、流动人口管理等重点难点工作力度，“单独两孩”全面落实。大力发展文化体育事业。完成罗浮门球场、五星门球场、滨江公园健身苑点等一批文体设施建设，完成金瓯文化礼堂建设；完成珠岙文化礼堂提升工程，成为全省文化礼堂现场会示范点，成功承办县第三季度党建现场会暨文化礼堂示范点建设推进会；举办了文艺会演、文化走亲等活动50多场次，开展长跑、象棋、围棋、门球等体育赛事10场。瓯北舞韵排舞队《天后》荣获浙江省第十届排舞大赛的金奖。全面推进爱国卫生运动，积极实施新型农村合作医疗保险，参保率达96.5%以上。社会保障不断强化。新增城镇和农村低保对象24户，46人。有低保对象474户，834人。城镇、农村重残补助对象转低保共80户，共发放补助金279.52万元。养老、社会救助、农村困难群众住房救助等工作扎实有效。深入开展殡葬改革。强化“青山白化”治理工作，完成生态化改造153座坟墓，拆除新建、翻新坟墓128座。

行政审批 2016年，完善审批程序，节省群众办事时间，提高办事效率。受理交易项目46宗，完成42宗，总成交额约2940万元,节约金额约499万元。共办件205525件，完成率达99%以上。办理人防工程易地建设审批8项，办理人防工程施工图设计审批2件，办理人防工程竣工面积核定3件，按时办结率达100%。完成经贸技改备案15件，完成项目立项21个，项目核准2个，基本建设项目备案14个。组织双塔公园、瓯北污水处理厂提标工程等5个项目联合踏勘及审查，参加社区巴士、浦西河整治等3个项目会审和罗浮双塔等3个项目竣工验收，开具服务联系单8份。做好罗浮村图书馆、瓯北殡仪服务中心等新建项目批前咨询与引导等服务。

组织建设 2016年，加强领导班子自身建设，切实抓好领导班子学习、思想、能力、作风建设。完成区划调整后三个单位人员整合，统一划转人事关系216人，完成事业单位岗位设置工作，对55名中层干部进行了调整。完成县人大代表换届选举，做好村级组织换届前期准备工作。同时，统战、人武、工青妇、老龄、老干部和关工委等工作都取得了新进展。认真开展“两学一做”工作。开展多方面的宣传活动，召开动员大会，发放学习资料5000多份，资料汇编3000册，“两学一做”笔记本1500册，邀请了温州市纪委领导龚大昕上“两学一做”专题党课，开展上党课、学先进、正自身，真正提高认识，找到差距，明确努力方向。对全街道39个村（社区）基层党组织开展“两学一做”做好督导工作。深入开展“农村基层党建深化年”活动。组织开展“示范、达标、整转”三大行动，全面推进“整乡推进、整县提升”工作成果。扎实开展“五星争创”活动。在永嘉三职召开机关党建工作现场会。围绕纪念中国共产党建党95周年，组织开展党章党规学习月、党史教育月、“千名党员心连心”“党员红色服务月”“记录党员感人瞬间”微镜头征集、主题党日、“奋战一百天、项目大攻坚”、立足岗位当先锋等系列党员服务活动。扎实开展两新组织党建工作。发展党员81名，深化党员组织关系排查，完成2000名两新党员“地毯式”排查。开展“红色动力工程”建设，11家全市领军企业和高成长型企业已全部建立党组织，且红蜻蜓党委、报喜鸟党委分获市5A级党组织。开展党组织换届选举，51个未换届党支部已全部完成换届选举。强化“覆盖检修”工作，对辖区内247个两新组织党组织进行检修，解决各类问题85个，更换党支部书记15人。深化党建公积金建设，有效地解决党支部书记没钱办事局面。

廉政建设 2016年，突出党风廉政建设的重点和难点，进一步强化新区（街道）党（工）委履行党风廉政建设主体责任，推进党风廉政建设和反腐败斗争工作，落实全面从严治党有关要求。对党风廉政责任制进行责任分工，确保“一岗双责”履职到位。继续开展“510思廉日”活动，严格落实“三书两报告”制度。开展廉政谈话/约谈47人次；提醒教育活动累计达112人次。加强机关干部作风和党员干部执行力建设，组织专项检查20次，出动81人次，对上班锁门的办公人员两个科室负责人提醒教育，违反车辆管理提醒谈话2人次，对大拆大整”专项行动动员部署会迟到早退的16名人员进行了通报。健全财务管理制度，公务接待严格按照规范接待制度、接待标准、接待审批方法、接待报销程序进行操作，并实行接待公示。规范公车管理制度,严格实行车、人、卡、点统一加油和定点维修。突出问题导向，严查腐败案件，立案12件，办结9件，其中开除党籍8人，党内严重警告1人；办理恢复党员权利3件。及时抓好信访工作，受理信访件15件，其中县纪委11件、本级4件，办结11件，息访1件，3件正在调查中。积极开展农村基层作风建设巡查工作，成立2个巡查小组，推进巡查工作，受理信访件5件，办结5件，帮助解决民生问题3个；办结市农巡4组交办件3件。开展村级组织换届“清风”行动，做好村级组织“清底”行动，共梳理确定重点村、难点村9个，实行“一村一策”，制订相应解决方案。堡二村列入县巡查组巡查，浦二、前牌列入街道巡查组巡查，龙桥村、码道村、新桥村、浦二村已完成村级财务审计。做好换届纪律教育宣传工作，通过会议、宣传栏、微信群等及时向村干部转发《勤廉永嘉》等微信公众号关于村级组织换届或相关的宣传文章。推进村务监督质询工作， 7月底前完成半年度的村务监督质询工作，并推进村监会示范创建活动。

荣誉 2016年，瓯北城市新区（街道）荣获温州市G20杭州峰会维稳安保工作先进集体、永嘉县工作绩效考核优秀单位、永嘉县落实党风廉政建设责任制先进集体、永嘉县政法工作先进集体、永嘉县扩大有效投资暨重点建设工作先进单位、永嘉县振兴实体经济发展（金融工作）先进集体、永嘉县振兴实体经济发展（经信工作）先进集体、永嘉县农村文化体育建设深化年先进单位、永嘉县通信基础设施建设先进集体、永嘉县统计工作先进单位、永嘉县信访工作先进集体、永嘉县“大拆大整”专项行动先进集体、永嘉县宗教专项工作先进集体。

（高锦梁）

三江商务区（街道）

经济总量持续增加 2016年，实现工业（规模以上）总产值58877.3万元，同比增加16.75%；固定资产投资558942万元，同比增长24.16%，完成率107.49%；工业性投资51088万元，同比增长-0.96%，完成率92.89%；完成省外回归到位资金41.1亿元，完成率205.5%，完成量居全县第一。辖区企业数498家，年产值超2000万元企业8家。企业经营范围涉及鞋业、阀门、机械设备、五金、油漆、石油产业、印刷等多个领域，

表18

2016年三江商务区（街道）基本情况统计表

项 目	单 位	合 计
总面积	平方千米	55.3
耕地面积	公顷	505.9
农作物播种面积	公顷	1477
粮食作物播种面积	公顷	819
建置村	个	28
社区	个	3
总人口	人	29609
外来民工	人	3452
农业总产值	万元	14026
规上工业总产值	万元	58877.3
第三产业增加值	万元	34474
财税收入	万元	10129
镇企业个数	个	498
年产值超2000万元企业数	个	8

规模普遍较小，但发展空间巨大。2016年，农作物播种面积1476.67公顷，其中粮食作物818.67公顷、总产量5203吨，油菜籽78.67公顷131.1吨，蔬菜522.67公顷13594.6吨；早稻193.73公顷1179.4吨，晚稻(包括单季稻和连作晚稻)461.27公顷3218.5吨；茶叶899.13公顷331.7吨。生猪存栏225头，出栏1575头，猪肉163.8吨；家禽存栏2310羽，出栏50510羽，禽肉133.4吨，蛋产量132.8吨。

三江开发强势推进 加快推进重大基础设施建设，立体城周边三条道路EPC项目已于2016年9月进场施工；楠瓯大道、三江大道、江东大道等9条市政道路已完成设计和地勘招标。根据道路网建设计划，拟优先启动三江大道和楠瓯大道工程，已完成两条道路的可行性研究兼项目建议书并通过评审。其中三江大道工程已全面启动房屋征收工作；楠瓯大道已开始调查摸底、房屋测量、未登记产权认定等工作；三江至乌牛给水工程已连接至立体城；江东污水处理厂已进场施工；220千伏清水埠输变电站已试运行，110千伏后江变已进场施工；天然气管道工程政策处理“清零工作”已全部完成；三江标准堤工程一阶段已完工，二阶段Ⅱ标完成合同工程完工验收，并获得“瓯江杯”荣誉，三阶段轻型框架结构堤身已闭合，正在进行外江侧抛石及堤顶栏杆施工，长岙至中村堤线调整工程已完成瓯江河口堤线规划批复及调整可研审查。12#地块已完成结构验收，配电工程完成招投标，景观市政工程完成设计及预算审核，电梯工程已进场施工，总包工程正在进行内外装饰施工，预计2017年6月交付；13#、14#地块已纳入省棚屋区改造计划，争取到省农发行贷款12亿元，并被列入省扩大有效投资重大项目，其中13#地块已进场施工；14#地块已完成招投标，预计农历年后办理完成施工许可证，正式开工。温州市迄今为止投资规模最大的招商选资项目，立体城，一期2#、3#地块顺利结顶并可按期交付，1#、5#已施工建设，4#已进场施工，二期地块现已进场施工，立体城三期政策处理工作已完成；世贸一期已进场施工，二期拟征地6公顷，已完成青苗补偿等政策处理；野树山半山庄园项

表19

2016建置村数据库

村（居）名	书记	主任	村（居）民小组	人口
江头	黄瑞东	余建刻	12	2049
浦东	杨志义	吴建福	16	1845
宁浦	翁文良	戴蛟海	9	1245
后江	林长林	金道聪	14	1711
仙山	胡锡权	林建春	3	359
梅园	翁显珍	胡林华	6	929
挂彩	吴建敏	周守平	5	1020
开垟	吴星昆	徐 洁	3	476
新建	高德松	高星富	3	417
长岙	吴陈杰	范晓和	6	730
箬岙底	梅建河	麻晓木	10	974
箬隆	吴捷克	吴飞荣	43	3678
启灶	全龙益	余建成	7	431
陈家坑	何长方	徐云义	3	218
芦田	厉玉琴	徐陈生	24	3613
芦黄	余成金	蒋 俊	13	850
坦头		夏瑞仁	6	317
龙川	金宝元	金新岳	10	454
缪北	缪相朋	缪彦策	16	716
龙头	金林福	金松庭	12	828
仙客	李永生	李新男	12	565
山后	叶宝乐	叶荣杰	16	703
北岙	吕秀莲	郑元明	30	1425
行禅	金明聪	叶益周	22	1030
南岙	程文西	李永滔	6	1026
半岭	李仁超	黄新明	6	538
罗溪	吕裕伍	吕裕勇	10	791
木桥	缪方勋（主持）	李永生	15	671

目设计方案已报批；罗东高新科技园区已征地16公顷，并完成设计招标、一期项目土地勘测定界图、规划红线图，现正在启动PPP融资工作。三江商务区建设已初具雏形，现代服务业集聚区打造正在加快推进。

城乡面貌日益改善　“五水共治”“四边三化”“三改一拆”“大拆大整”等环境整治专项活动成效显著。完成生活污水治理管网建设30千米、2个滨水公园提升工程、3个灌区改造工程、2个山塘修复工程、全面消除14条垃圾河黑臭河，完成建设罗东污水干管、箬隆村、北岙村、芦田村、罗东污水处理终端等5个项目，摸底排查河道排污（水）口119个，按照“一口一策”要求，统一做好标识牌，分别采取保留、封堵、综合治理等措施，疏通河道清淤泥10万方；共排查鉴定D级危房106户，C级危房86户，按照相应要求全部落实到位；累计拆除318处违章建筑，面积约18万平方米；完成率182.5%（原任务数为9万平方米，大拆大整增加4.2万平方米）；旧厂房改造面积60512.2平方米（任务数为6万平方米）。旧住宅区改造二类面积累计完成户数807户，面积达94921平方米，仙山村旧村改造项目加快推进，梅园村旧村改造项目一期二期全面启动；生态墓改造243座；拆除鸡鸭养殖户12家。并借势“大拆大整”，在龙下村通过坚持拆违、拆危和拆改三位一体的方式，进行小城镇环境综合整治，打造瓯窑文化特色小镇，只用1周时间完成拆违、拆迁和政策处理，短短2个月时间完成道路拓宽、三线落地、立面改造、产业谋划，业态引进等全部工作，最终取得完成拆改面积9.65万平方米，流转民房20间，打造文创大师工作室和室外实习基地18个的好成绩。受到上级领导表扬和社会关注。

社会事业统筹推进　深入开展“G20平安护航”行动，加强对重点场所、重点领域、重点人员进行管控，加大对信访件的化解力度，共计排摸、管控禁毒对象108、精神患者20个，化解各类信访案件21个。全面加大“平安三率”走访宣传活动力度，发放《平安建设倡议书》，制作3个社区宣传橱窗，悬挂横幅30条，发送手机短信1200余条，逐户发放宣传资料5500余份，街头、学校、菜市场咨询宣传20场次，切实提高群众的安全感和知晓率，增强共建共享“平安三江”的共识。全面开展“大拆大整”6项行动，自大拆大整工作开展以来，及时召开相关会议及时传达上级文件精神，部署工作任务，开展思想大讨论，开展各种方式的宣传活动，认真组织排查工作，及时掌握村居出租房和流动人口底数，扎实推进居住出租房消防及“四无”生产经营单位等各项整治工作。截至12月，流动人口登记率、居住信息准确率、出租房信息采集率都达到100%；排查出居住出租房1703家，整治1560家，拆除违章建筑内的出租房20家，断电整改15家；排查出流动人口12379人，较9月底减少970人，打击高危流动人口10人。共排查四无生产经营单位607家，完成整治379家，整治率达到62.44%；其中小作坊362家，完成小作坊整治224家，整治率61.87%。

基层党建全面加强　一是抓好责任落实。制定了《三江商务区（街道）2016年基层党建组织领导和责任分工》，层层签订党建工作责任书，进一步明确区村领导干部抓党建工作任务和职责，形成区村联动、齐抓共管的工作合力。二是做好红色保障。全面加强村干部坐值班制度和乡镇干部“两个”20%的落实，村级组织运转经费已全部下拨，村干部报酬根据坐值班等考勤每月定时发放，全面提升党建工作战斗力。三是抓实村级组织“双整”。从“建、管、用”三处发力扎实推进党员活动室的规范化建设，重点打造宁浦村、梅园村和坦头村等市级党建示范点和挂彩村等县级示范创建，全力实现开垟、木桥等2个软弱落后党组织整转提升。四是抓好支部与党员管理。立规作矩，全面从严村主要干部坐值班、“党员固定活动日”“五议两公开”、重要事项报告制和审签制；结合“双述双评”、五星争创和党员先锋指数，从严管理党员、严肃组织生活，促进作用发挥。

党风廉政重点建设　2016年，三江商务区（街道）始终把全面从严治党的要求贯彻到工作的每一个环节，着力通过两学一做学习教育、党风廉政教育推进队伍建设、作风建设。尤其在基层党风廉政方面创新“6+3+2”工作模式，即：全区建立横向到边、纵向到底的规范制度管理，构建责任“体系网”，狠抓宣传教育，构建廉洁“舆论网”，强化村监督队伍，构建廉洁“情报网”，严格监督检查，构建廉洁“监控网”，开展信访化解，构建廉洁“化解网”，加大执纪问责，构建廉洁“警示网”等“护廉”6张网，针对不同对象建立了提醒谈话、警示谈话、诫勉谈话等为主要形式的绿茶、红茶、苦丁茶“廉洁3杯茶”和“‘点、线、面’线索排摸三位一体；‘勤、清、情’信访化解三管齐下的廉洁两种方法”的工作模式，真正的做到了把“两个责任”扛在肩上、抓在手里、落在实处，不仅成功举办永嘉县党建现场会，还成为全县的学习典范。

荣誉 2016年，三江商务区（街道）获得了2016年获得市级尊师重教先进集体等荣誉、获得市电网建设先进单位荣誉、获得标准堤瓯江杯荣誉、获得市侨联颁发的十佳侨联之家提名奖荣誉、温州市级民族宗教工作先进集体、2016年通讯基础设施建设先进集体、2016年扩大有效投资暨重点工程建设先进集体，党风廉政建设先进单位等荣誉。

（徐武、陈佰琮）

桥头镇

经济发展 2016年，桥头镇稳中求进振兴实体经济。主要经济指标不断提升，其中财政总收入5.35亿元，同比增长49.31%；规模以上工业总产值29.15亿元，同比增长11.43%；全社会固定资产投资26.93亿元，同比增长9.02%；招商选资到位资金10.07亿元，完成率达134.22%。全镇着力推动钮扣、拉链等传统支柱产业转型升级，支持现代服务业快速成长，实现传统产业和现代服务业“两手抓共提升”。全年技改投资8.32亿元，同比增长175.83%；完成38家规模以上企业完成安全生产标准化创建和32家电镀企业完成职业卫生达标整治。省重大产业项目育才教育装备科技文化创意产业园建设彰显“桥头新速度”，在全市“比学树”现场观摩活动中获得高度赞誉；永嘉县西大门第一座现代化城市综合体——维多利广场于桥头镇盛大开业，充分展现“桥商回归支持力度”，服务范围辐射桥下、金溪、青田等周边区域。服装辅料小微创业园顺利进场施工，为承接拆改企业、孵化高新项目、改造传统产业提供了空间支撑。

表20

2016年桥头镇基本情况统计表

项目	单位	合计
总面积	平方千米	90.6
耕地面积	公顷	739.18
农作物播种面积	公顷	1507.73
粮食作物播种面积	公顷	974.87
建置村	个	57
居委会	个	2
总人口	人	72177
外来民工	人	25356
农业总产值	万元	8576
工业总产值（规上）	万元	291464
第三产业增加值	万元	122749
财税收入	万元	21594
镇企业总数	个	851
年产值超2000万元企业数	个	38

城镇建设 2016年，桥头镇项目建设引领城镇发展。扎实推进333省道改建工程前期，完工林立路道路建设、商联路道路综合整治，新城大道南段建设进场施工，城区交通运输更畅通便捷。旧市场商贸城改造拆除完毕，以2.741亿元完成土地出让，建成临时周转房并安置商户108户，将建成新型现代化城市综合体。拉高标杆推进重点水利项目建设，菇溪河道治理工程五期完成工程量95%，菇溪两岸新增岩门、新浦、滨溪3处滨水公园，已累计建成6个滨水公园并串联了一道靓丽的河岸景观。桥东大街精品街区打造项目一期工程高质量建成，整洁美观的道路立面提升了城镇家门形象。建成并投入使用29个公共自行车租赁点和800余辆公共自行车，标志着永嘉县公共自行车首次走入农村。桥头消防站加速建设，为提升桥头及周边区域的消防应急响应能力提供了“硬件”保障。

生态建设 2016年，桥头镇多措并举推进环境整治。全面打好“五水共治”“大拆大整”“四边三化”等转型升级组合拳。坚持治污控源推进“五水共治”，全年累计截污纳管76公里，惠及17个村居，新建5个村的农村生活污水治理工程，计划到2017年在全县率先实现污水治理全镇全域全覆盖。通过网格化管理水禽和生猪养殖，拆除4家水禽1500羽以上规模养殖场，生猪散养户整治全面完成。坚持建管并举推动城镇治理，联动“大拆大整”，全年拆除违法建筑14.55万平方米，完成城中村改造15.92万平方米，完成旧住宅区改造5.62万平方米。巩固城镇环境综合整治成效，连续多年坚持开展重大节假日“保畅通”工作，消除镇区主干道乱停车、乱摆摊等交通乱象。坚持强化基础助力城区美化，抓牢清扫、保洁、生活垃圾收集、垃圾转运等基础环节质量，并通过小广告专项整治、城区绿化补植、修补镇区主要道路坑洞全面提升道路形象。坚持全民发动参与爱卫护卫，石埠头村和溪心村上榜永嘉美丽乡村“休闲桥头”榜单。镇区美化成效显著，省级园林镇、浙江省

表21

2016年桥头镇建置村（居委会）情况统计表

村（居）名	书记	主任	村（居）民小组	人口
黄坦	蔡钱桥	蔡必雷	8	1102
董岙	徐建清	邹立忠	7	721
外岙	宋志文	王锡重	5	550
荷塘	王文灿	王岳海（主持）	8	764
龙根	邹立松	唐洪海	6	670
梨村	陈其吹	陈其敏	18	2969
念头	王建丕	王永毓	7	851
金村	金建槐	金青和	13	1891
大沸下	邹广星	侯建亮	9	1283
连岙	唐成肖	唐建丰	4	462
窑底	季仁海	金云参	15	1950
金窑	金信槐	金永寿	9	1563
宋坑	李岳松	金月平	4	330
石埠头	陈少冬	徐建雷	8	1476
溪西	陈芝平	项文华	4	689
桥头	陈之虎	陈 胜	8	1367
桥一	叶正平	陈建国	12	1902
夏园	陈明金	陈云弟	4	451
凤山	罗进胜	罗进平	8	687
沈岗	王光松	叶清赞	16	1546
潘罗	李长锁	李长兵	4	715
广头	潘湘阳	邹金国	3	176
前庄	高元成	陈道银	6	1349
东行	戴明道	戴德理	6	645
前堡	高良碎	魏光二	4	617
黄堡	王金生	沙定浪	30	3116
井大	周云飞	叶加象	7	1434
殿前	周良理	祁华林	4	1320
店埠	单国仙（主持）	单青云	4	621
詹岙	詹正群	詹廷新	11	1253
新华	叶云贵	叶爱光	14	941
龙头	王良富	王昌清	5	767
溪心	黄大考	黄大仙	18	2514
街头	陈明仲	陈光证	4	992
下近	邹祖善	邹伟光	6	942
前下	邹旭明	邹永贵	5	490
坦头	郑可明	郑孟杰	10	2178
谷联	叶如铁（主持）	林海滨	12	2731
外垟头	王春贤	王胜华	7	884
林下	陈云标	池群林	7	970
闹水坑	张献洪	周圣烈	9	976
林福	陈利生	单松华	25	3123
白沙	林宗本（主持）	林宗本	23	3188
桥西	王德存	杨云飞	7	743
壬田	马洪康	陈永贵	10	2690
外新	邹德辉	邹永义	4	582
底新	邹 云	周恩文	4	755
洛溪	潘献高	程光益	12	1501
四角石	吴孙坚	林晓峰	5	510
朱涂	池 虎	孙明云	10	1808
白垟	翁云雨（主持）	翁郑光	16	1600
白下	叶胜亮	梁银聪	6	635
胜丰	黄时银	曾步三	6	643
桃湾	全显新	林炳良	5	494
将山	叶守存	潘旭善	7	1005
石马岙	叶建荣	叶少武	8	1226
新浦		邹建华	4	480
万象★	金爱珍	詹继勇		1616
桥东★	叶 凯	王 琳		723

生态镇两项荣誉落户桥头。

民生事业 2016年，桥头镇优质均衡改善民生福祉。全面打响安全领域保卫战，铁腕推进危旧房安全治理，为98间CD级危房建立“一户一档”，坦头溪边53间D级危房在短短一周内全部腾空。开展居住出租房、合用场所消防安全“双月提升”行动，协助户主进行出租房、合用场所电线套管、物理隔墙。在“莫兰蒂”台风天灾面前，全镇党员干部群众众志成城投入抢险救灾，第一时间实现生产生活基本恢复。着力丰富农村精神文化家园，累计开展第三届“育才杯”全民运动会、“维多利杯”篮球赛、“三八”妇女节钮扣服装服饰创意展演等各类文体活动共107场。推进学习型城镇建设，桥头实验小学、桥头中学等校园在建工程建设加速；统筹教育资源，利用文化礼堂、社区学校等阵地举办温州方言讲堂、开办成人高中班。提高社会保障能力，做好慈善、残联、红十字会、老龄等工作，开展低收入困难群体慰问，继续推进政府购买居家养老服务，新型农村合作医疗参保率超95%。

社会管理 2016年，桥头镇突出长效加强社会管理。深化平安桥头建设，累计排查及化解各类不稳定因素320件，调解各类纠纷228起，化解率、调解率均达100%。

深入开展治安乱点整治活动、防范非法宗教和邪教活动、毒品问题重点整治活动，将社区矫正人员、吸毒人员、信访对象、精神障碍人员全部纳入管控体系，圆满完成G20期间维稳安保任务。强化重点领域安全生产、消防安全和食品药品安全等工作，在关键时期组织多部门开展联合执法活动。建立计划生育半专业化队伍；继续殡葬改革工作亮点打造，处理违规办丧12人，除新建、翻修坟墓112座，完成85座私坟生态化改造，厚养薄葬、文明节俭办丧成为桥头新风尚。

基层党建 2016年，桥头镇齐抓共管夯实基层党建。深入开展“两学一做”学习教育活动，建立起组织、纪检、宣传、统战“四驾马车”齐头并进的大党建格局，通过落实“一岗双责”，形成班子成员齐抓共管党建的工作格局。加强换届之年基层政权建设，扎实推进“五清”行动和“示范、达标、整转”行动，梳理排查57件农村涉纪信访，完成37个达标村建设和10个重点难点村整转，排查解决影响换届的关键性问题46个，发文通报村干部坐值班制度方面存在的问题177个，处理43名工作落实不力的村两委干部，全面扫清村级组织换届障碍，并圆满完成县、镇两级两代表换届选举工作，顺利召开镇第十四次党代会和镇第十七届人代会，高票当选新一届党委、纪委、人大、政府班子。巩固“红色文化阵地”，新建白沙村文化礼堂，并成功打造前庄村文化礼堂为“精品文化礼堂”。深入实施“红色细胞工程”，在党员联系群众的基础上，创新建立党员联户出租房、合用场所消防安全工作机制，用党建推动中心工作全面落实。全力支持人大、政府依法履行职能，不断加强统战、党管武装和老干部、关心下一代、工青妇、侨务、对台、民族宗教等工作，充分发挥各民主党派、工商联、无党派人士的作用，形成了干事创业的强大合力。

荣誉 2016年，桥头镇获得浙江省第三批小城市培育试点镇、浙江省小城镇环境综合整治示范镇、浙江省生态镇、浙江省省级园林镇、温州市学前教育达标镇、永嘉县年度考绩优秀单位、永嘉县作风巡查工作先进集体、永嘉县“大拆大整”专项行动先进集体、永嘉县“四边三化”工作先进集体、永嘉县“五水共治”工作先进集体等荣誉称号。

（何　雯）

桥下镇

表22

2016年桥下镇基本情况统计表

项　目	单　位	合　计
总面积	平方千米	150.8
耕地面积	公顷	27887.05
农作物播种面积	公顷	46687
粮食作物播种面积	公顷	32143
建置村	个	78
居委会	个	3
总人口	人	71706
外来民工	人	14500
农业总产值	万元	11546
工业总产值	万元	414910
财税收入	万元	21096.73
农民人均收入	元	14000

区划情况 桥下镇位于永嘉县西南部，瓯江北岸。2016年行政区划调整后，桥下镇西溪社区、茗岙社区划分出去。桥下镇辖有78个行政村、3个居委会，当地总人口7.17万人，总面积150.8平方公里。东接北城街道、南城街道、黄田街道、东瓯街道，南临瓯江望鹿城区仰义街道、藤桥镇，西邻桥头镇、金溪镇，北连大若岩镇、茗岙乡，是永嘉县推进城乡一体化、统筹城乡发展的重要载体和联结纽带。

农业发展 2016年，该镇推动传统农业向效益农业、休闲农业、特色农业转型，完成高标准农田建设866.67公顷，着力构建特色农业产业功能区。打造稻田养鱼基地、兰花种植基地、茶叶油料特色种植区等，地域特色农业产业功能区基本形成。全镇农作物种植面积46687公顷，粮食作物种植面积32143公顷，实现农业总产值1.15亿元。

工贸经济 2016年，该镇依托永嘉县玩具智造小镇建设，不断推进产业转型。全镇规模以上企业工业总产值为24.83亿元，同比增长13.05%，其中教玩具类企业工业产值为18.34亿元，同比增长为15.77%。规模以下企业产值为16.66亿元，同比增长15.77%。企业工业总产值为41.49亿元，同比增长11.35%，其中教玩具类企业工业产值为29.16亿元，占总产值70.28%。工业企业用电量同比增加12.57%。税收合计收入2.11亿元，其中国税收入1.47亿元，同比增长11.1%。该镇现拥有“淘宝村”8个，为全省淘宝村数最多的镇。2016年全镇累计实现网络交易额突破20亿元。全年限额以上社会消费品零售总额同比增长29.11%。限上批发、零售、住宿、餐饮四大行业销售额同比增长16.53%。经济各项

表23

2016年桥下镇建置村（居委会）情况统计表

村（居）名	书记	主任	村（居）民小组	人口
桥下村	戚永春	戚忠明	28	4010
京岸村	戚旭财	任益巧	20	2032
洋湾村	卢小忠	卢旭展	8	1726
八里村	陈圣春	陈胜剑	14	2200
外湾村	蔡建春	蔡标林	2	173
韩埠村	葛建策	林 游	12	1188
方岙村	章光国	卢永明	5	562
小京岙	邵建胜	章国权	11	1549
京洋村	董通达	董连胜	5	507
西江村	邵元成	董通义	5	524
桃山村	卢忠贤	卢立银	8	797
陈山村	章定克	章连国	4	423
上降村	谢绍春	谢建璋	5	394
泰山村	姚宗长	姚文聪	7	576
山联村	邵景慰	邵元祥	4	276
肖山村	邵建胜	邵建新	10	587
金兰村	吴志才	胡碎海	4	450
连村村	林建策	郑久通	7	615
桥上村	戚正荣	戚露加	6	639
西溪下	胡方仲	胡作明	22	2227
光华村	阮益仓	施正建	10	900
小旦岙	李有超	陈良波	7	664
埠头村	黄本聪	吴曼平	10	1470
西岙村	吴国算	吴普兴	8	864
下斜村	吴守权	吴向忠	7	852
上村村	董显明	董显飞	8	1263
梅岙村	徐建成	徐玉旺	11	1292
东山村	尤长国	胡金桃	11	1084

村（居）名	书记	主任	村（居）民小组	人口
六岙村	林克仁	叶张芳	20	1941
浦石村	肖金乐	陈 环	4	516
延寿村	苏建平	林国忠	6	453
叶岙村	叶大顺	叶建林	12	691
尤山村	尤森孟	尤心泽	8	472
塘坑村	唐建钰	朱仁弟	7	414
中央山	胡忠夫	胡贤林	9	603
霞岙村	胡明拾	胡忠恩	8	653
徐山村	徐伯治	徐德晓	13	593
麻坑村	徐美贤	徐德勋	7	357
徐岙村	胡理旺	陈美相	12	1100
桐园村	季瑞周	陈志恩	12	1180
金加了村	陈小花	徐呈亮	11	661
宋岙村	潘太平	陈继祥	12	851
大头岙村	蔡景呈	白洪灯	7	615
岭根了村	吴昌联	蔡福杰	6	429
黄麻垟村	陈上武	陈上斌	6	304
朱砌坑村	陈国华	周善榜	6	403
大平村	林永登	潘教锁	8	493
殿后村	季久勇	季建义	3	483
朱坑村	朱千勇	朱启捷	24	1407
塘上村	徐岩成	徐长正	10	1123
吴垟村	郑九永	潘晓克	9	876
黄川村	林希奎	吴建攀	4	284
薄瓜墩村	郑嘉享	潘世忠	5	370
樟岙村	邵时忠	邵文士	17	1794
杨湾村	杨大本	杨长安	3	293
廿四垄村	邵伯云	吴顺敬	12	595

村（居）名	书记	主任	村（居）民小组	人口
西尖村	郭新真	黄加荣	10	618
银坑村	张福权	孙美玉	10	629
吊坑村	邵云克	邵 富	9	1042
梅坑村	潘素玲	潘修仕	26	2390
郑山村	郑节约	郑永武	21	1708
邵山村	邵方省	邵玉平	4	638
下陇村	邵连福	李昌仁	11	1106
吴山村	潘永照	潘永西	3	255
昆岭村	潘统国	潘统南	5	395
双垄村	潘伯欢	潘统丰	5	296
东村	潘银德	潘太春	26	2072
南村	潘统理	潘旭川	11	1159
西村	潘云周	潘建仁	26	1947
里斜村	全寿建	全岳相	5	508
双坑村	刘文华	潘锦辉	11	602
赤岭村	林忠相	林 渊	9	918
前山头村	潘统调	潘伯臣	4	249
娄山村	邹建平	潘教孟	5	699
金仓村	麻谦军	陈孝枪	4	654
底砻村	林显楚	林荣恩	6	596
外砻村	林鹏	林胜益	8	751
塘下砻村	林永平	林恩泽	8	719
京岸居委会	潘瑞弟	潘瑞弟		1021
桥下居委会	陈贤文	陈贤文		936
金福景苑居委会	郑贤盛	全国华		

指标完成情况全县排名前列。

城乡统筹 2016年，城乡统筹改革平稳扎实推进。一是全力完善基础设施建设。建设完成埠头山森林公园等群众休闲场所；圆满完成镇前街延伸工程、桥下自来水厂和污水处理厂等民生工程项目；城区污水管网、自来水管网正在实施；天然气管道（桥下段）工程、防洪工程三期、瓯江堤塘治理工程、园区道路网建设以及永临大道二期等工程进展顺利。二是全力落实土地要素保障。完成低效用地开发8.67公顷，并有效完成被上海华东局督查的3个土地清理项目。同时，结合旧村改造，着力开展农房集聚建设和商品房开发，推进城乡统筹发展。方岙口新区农房集聚项目整体工程结顶，并顺利完成649套房屋分房工作。三是全力推进城乡统筹发展。城乡一体化得到深入推进，旧村改造、城中村改造和农房改造集聚建设取得重大进展，对肖山村等7村进行下山移民，使资源得到开发利用。同时，针对群众反映强烈的出行难问题，确定了以道路硬化为重点的工作方案。辖区内各村及周边乡镇村庄全部贯通，方便群众出行。同时，全力推进乐清湾铁路支线项目建设。

环境整治 2016年，该镇加快推进生态镇建设，全面改善发展环境。投资建成西溪河道景观防洪堤2千米、建设完成3个滨水公园；全镇生活垃圾无害化处理率达93.1%；并在主要道路、河道两旁及居民住宅区建设绿化带，建城区内人均公共绿地达11.6平方米。一是着力推进重点整治。积极响应省委号召，全力开展五水共治，推进水源地保护工作，累计完成垃圾河治理6条，完成河道保洁长度834千米，河道整治298千米；重点抓好农村污水治理项目建设，制定农村生活污水治理三年行动计划，启动75个村的农村生活污水治理工程。二是着力开展美丽乡村建设。推进垃圾处理设施建设，投资建设垃圾中转站4座，建设完成垃圾收集点44个，农村环境卫生设施覆盖率和保洁队伍覆盖率均达到100%。强化农村环境卫生巡查，各村村规民约、河长制、路长制等措施得到进一步巩固。至年底全镇32个村通过市级以上生态村命名，56个村通过县级生态村命名，村庄环境明显改善。

社会事业 2016年，桥下镇社会事业持续发展。加大教育投入，推进评优晋级，桥下镇通过温州市学前教育达标镇验收；桥下一小、桥下中心小学、桥下一中等通过浙江省标准化学校验收；第一所公办幼儿园正式开园。2016年桥下“中考、高考”成绩持续进步。加大文体设施建设，提升农村业余生活品质。累计建设农村文化礼堂6座，打造桥下镇文化礼堂样板村1个；建成桥下镇综合文化中心1个，百姓舞台3个，农家书屋18家，历史纪念馆2处，建设村级篮球场54个，建设户外健身设施100多处，实现社区文化体育中心建设全覆盖，群众文体生活得到切实改善。被评为浙江省“体育强镇”和“教育强镇”。深化医疗改革，公共卫生服务体系和基本药物保障进一步加强，社区卫生服务机构覆盖率达100%。

平安建设 2016年，平安建设成效显著，大调解体系建设和维稳工作进展有序，各类信访、不稳定因素以及重点人员的稳控化解工作趋好，一大批信访积案及新增信访案件得到有效化解，信访积案化解工作处在全县前列。安全生产三项指标整体持续下降，社会治安形势明显好转，食品药品安全、防灾减灾等公共安全体系建设扎实推进。有效开展消防安全工作，整治出租房1483家；创新推出森林消防外包机制，有效降低森林火灾发生，荣获浙江省森林消防先进单位。

组织建设 紧紧围绕上级党委要求，根据实际需要，及时完成行政区划调整，不断探索党委、政府服务职能转变，扎实推进“两学一做”学习教育活动，着力解决服务群众最后一公里问题。一是完善便民服务中心功能。深入推行即办、协办、代办服务制度，为群众办理各类日常事项，群众满意度提升。二是深化落实党风廉政建设。全面执行中央八项规定，严格落实网络监管平台建设，将全镇公务接待纳入网络监管平台。并严格执行公车使用登记制度，严格落实公车改革；全面开展“三资”清查、“三务”公开信息化平台建设工作，夯实农村基层党风廉政建设基础。三是有效推进干部队伍建设。对镇机关干部管理方面，创新推出干部鱼水情现场问询会制度、效能行风全员量化考评制度、社区干部积分考核制度、干部待岗机制和干部待岗预警机制等干部管理制度，强化干部作风建设，优化党委、政府服务职能。四是推进基层组织规范化建设。深入开展基层党组织星级动态和党员先锋指数考评管理工作，切实发挥基层组织战斗堡垒作用和党员先锋示范作用；率全县之先推出基层组织规范化建设“三个一”管理模式，积极开展试点，得到县委高度认可，并在全县范围内推广。五是民主政治不断加强。坚持党管武装，积极完成征兵工作和民兵整组、民兵训练、国防教育等任务。积极支持人大、政协履行职能，巩固发展爱国统一战线，积极发挥各民主党派、无党派人士和工青妇等群团组织作用，切实推进老干部、老龄委、关工委、民族宗教、外事侨务等各项工作开展，全镇工作高度统一。

荣誉 2016年，市级荣誉：温州市G20杭州峰会安保维稳工作先进集体；县级荣誉：永嘉县2016年度考绩二等奖。

（吴步云）

岩头镇

表24

2016年岩头镇基本情况统计表

项 目	单 位	合 计
总面积	平方千米	223.16
耕地面积	公顷	1245.8
农作物播种面积	公顷	2871
粮食作物播种面积	公顷	1636.3
建置村	个	83
居委会	个	1
总人口	人	85848
外来人口	人	1364
农业总产值	亿元	2.1997
财政收入	亿元	0.8135
财税收入	万元	21096.73
农民人均收入	元	14000

概况 岩头镇位于楠溪江中游的河谷平原，东邻枫林镇、鹤盛镇，南与沙头镇相连，西邻大箬岩镇，北接岩坦镇。2016年，岩头镇下设岩头、五尺、表山、鲤溪4个社区，辖83个行政村、1个居委会，总面积223.16平方公里，人口8.58万。经济以生态农业和旅游经济为主，2016年税费收入2084万元，规模以上服务业增加值5296.5万元，同比增长14.83%；工商在册总企业数2038家，各项主要指标继续保持较快增长。

经济建设 2016年是“十三五”规划实施的开局之年，岩头镇总体经济继续保持又快又好发展形势。重视发挥固定资产投资核心作用，完成固定资产投资10.1054亿元，任务完成率达101.054%；41省道福沙段顺利推进，41省道南复线溪南段完善配套设施建设，横坑溪河道治理工程芙蓉段基本完工；芙蓉南路政策处理工作实现“清零”；2处地下停车场项目进入正式施工阶段。力促实体经济提质增量，持续推动招商引资，完成到位资金6.45亿元，年度任务完成率153.57%；芙蓉山庄配套设施、内部绿化及装修工程进入实质性建设阶段。

产业发展 立足特色优势，打造知名旅游品牌。苍坡、狮子岩、楠溪江房车露营基地代表永嘉县通过国家AAAAA级景区创建景观质量省级专家评审；以2条精品线路提升工作为抓手，实施小港码头综合体项目，流转滩林43.89公顷；鲤溪村成功流转林地149.33公顷，拿下农村产权服务平台林地流转“第一单”；新开发下日川村江枫渔火、溪南村溪南草堂等精品民宿点。央视大型纪录片《记住乡愁》和《大江南》同时取材拍摄，成功承办北美旅游名家温州行、“签证官看非遗——走进永嘉”等大型活动，岩头被评为“长三角最美乡村”“外国人眼中的最美乡村”，入围国家文化自然遗产保护利用项目库，苍坡村成为永嘉县唯一一个被列入浙江省最美十大乡村名单的古村，下日川村被评为省级美丽乡村特色精品村；岩头镇、苍坡、芙蓉、狮子岩、丽水街、笔街被列为全市地名文化遗产重点保护名录。据旅游部门统计，岩头镇主要景区门票收入1028.02万元，同比增长14.39%；旅游接待总人数33.94万人次，同比增长6.37%。

生态建设 抓好“五水共治”工作，完成农村生活污水治理、农村自来水改造提升年度任务，有效开展“清三河”专项治理行动，以政府购买公共服务的方式通过专业河道保洁队伍负责河道日常清洁，打好治水持久战，被市委、市政府评为“五水共治”建设美丽浙南水乡优秀乡镇。抓好“四边三化”工作，完成276座私坟拆除与生态改造，筹备岭里、表山两个村生态公墓选址工作。抓好“三改一拆”工作，全力推进“大拆大整”专项行动，首次采用无人机巡航查违，2016年，完成旧住宅区改造4.84万平方米、370户，城中村改造12.96万平方米、877户，棚户区改造1.659万平方米、101户，拆除违法建筑14.11万平方米、914处，完成58个“无违建村”创建，完成镇域住房排查登记和C、D级危房治理改造87处。开展小城镇环境综合整治，启动溪山大街、振兴街精品街区建设。

城乡建设 主动对接、积极配合做好杭温高铁永嘉段前期工作，岩表线完成前期工作，新建农村联网公路4.3公里；地下停车场进场施工。横坑溪河道治理工程芙蓉段基本完工，完成农村自来水改造提升和岩头片灌区改造任务。岩头中心幼儿园开园招生，结束了岩头镇没有公办幼儿园的历史；基本完成镇中、镇小拆扩建工程的前期工作；拆除鲤溪小学16间连排D级危房老校舍。县二医完成老住院部加固修复和拆扩建工程政策处理工作。楠溪小镇·溪山庄园项目被列入省级“坡地村镇”试点。全面深

表25

2016年岩头镇建置村（居委会）情况统计表

村（居）名	书记	主任	村（居）民小组	人口
丽水街居委会	林森珑	—	—	1649
岩头	金周灵	金晓可	20	3447
河三	李丹平	金中杰	17	1469
河二	金路德	金杰	15	1351
河一	金国光	金可兵	18	1337
协岙	郑法琴	郑庆船	8	457
塆里	陈理昭	陈可昆	6	522
芙蓉下	陈晓芙	陈久勇	12	1021
小港	金崇星	周林勇	4	326
芙蓉	金彩眉	陈东京	16	1848
张大屋	张德科	张德强	24	1229
郑岙	徐贤丐	朱成春	4	453
下园	瞿海军	瞿海有	16	885
溪南	卢燕峰	卢建南	24	3373
屿根	张福海	周玉芬	12	741
里岙	陈进福	陈伟光	5	384
里户	王信领	王忠杰	8	521
港头	李修海	李苍平	21	2280
大岙降	吕克玖	吕壹强	12	764
垄翔	周理通	李玉松	13	666
大垢田	李建东	李兴强	8	589
陈家坪	李景荣	李孔狄	5	280
苍岙	叶元兴	叶祥松	2	214
潘家垟	滕青兰	李成亮	3	194
渡头	李雪鸟	李爱忠	8	1078
苍坡	李修欢	李修青	24	2794
周宅	周寿浩	周福永	12	1910
方岙	李世梅	李国强	14	2418
上美	滕世马	滕丐兴	16	1400
中美	滕福平	滕丰	14	961
下美	滕爱国	滕洪光	8	1083
上岙山	周星利	周望飞	4	141
岙底	陈冬梅	周顺友	14	1117
下日川	周朋	周丐忠	18	2410
西岸	金益新	金林俊	38	3817
上烘头	邵茂杰	叶华连	8	886
下烘头	邵长荣	胡儒凑	24	1872
下宅	胡秋妹	胡国秒	10	653
水西	郑明弟	郑英友	11	1337
西下	胡珍良	胡高寿	8	502
山结	金秀银	金可益	5	87
龙潭坑	刘成林	郑秀月	3	211
五上	胡方平	胡秀荣	10	1050
杨山	陈招忠	陈送来	6	456
五下	胡方连	胡海伟	10	1258
小茅垟	周寿池	周汉中	16	1004
水东	郑理忠	郑丐朋	9	1122
南垟	金春良	金成平	9	823
岭根	郑中豹（主持）	郑岩友	8	1012
里湾潭	潘宝忠	潘秀松	6	400
西川	滕杰方	滕世朝	19	1560
下龙	郑海星	郑中华	3	183
藤垄根	项少容	金宁波	6	331
林山	林文有	林昌盛	6	514
鲤溪	李熙有	李海强	28	2963
福佑	鲍寿水	鲍寿林	6	1241
抱岙	蒋王龙	蒋林丰	10	1889
陈岙	陈鸣秀	陈巧和	18	1800
上泛	周陆平	周陆平	12	1236
杏岙	戴金飞	戴连国	13	1875
深固	陈中华	陈磊磊	8	775
垟头	金百宗	金正光	9	1820
八沸垟	戴成义（副）	戴成义	8	671
齐岙	谢选清	徐象勤	3	438
陈坪	王益忠	陈九波	4	357
四联	李永川	戴显会	12	1152
葵坑	金贤孟	戴荷柳	4	424
山背	戴天油	郑英忠	7	574
郑家庄	郑金利	李春怀	8	660
高山	徐贤环	徐顺连	2	273
表山	郑英铸	郑林娒	21	1648
季家山	金学行	金可滔	5	585
岭外	郑建龙	郑丐盛	6	756
岭里	郑炳陈	郑英松	5	729
张公平	郑陆福（代理）	郑小余	4	318
麻家溪	林天全	林银国	3	400
外胡	张寿西	胡继新	2	156
内胡	胡方罗	胡丐盛	4	247
周山	潘泰顺	范建国	4	393
石匣	郑卿喜	郑志初	7	725
碎坑	刘世华	刘光棕	3	368
口上	郑建平	郑顺利	4	273
中岩	徐定浩（代理）	胡方南	4	377
祖婆山	郑卿有	郑顺旺	4	335

化农村文化体育建设，芙蓉村社科普及基地被评为省级社科普及基地；新建“千年古村、钟灵毓秀”表山村文化礼堂，镇文化礼堂共开展活动200余场次；老人过寿集资送戏、村民自发开展文化体育活动成为新的文明风尚；加强社会保障工作，对辖区内符合低保的人员做到应保尽保，严格执行有关五保户的各项生活标准，足额发放低保金、高龄补贴、扶残助残补助等各类保障支出2218余万元，涉及4018户；大岙降等12处居家照料中心通过验收，持续推进上泛村生态公墓建设。加强便民服务工作，镇行政审批服务中心2016年共受理事项13016件、受理咨询14650人次，办结率达到100%。

社会管理 打好公共安全领域保卫战，开展消防安全集中整治、禁种铲毒大巡查等专项行动，禁毒工作取得显著成效，被推荐为市级先进单位；保持森林消防良好形势，有效保护生态资源；防溺水巡逻队工作扎实有力，实现全年“零溺水”；成功抗击超强台风“莫兰蒂”等灾害，在出现百年未遇降水和“四断”情况下，确保无人身安全事故，将受灾损失降到最低，在最短时间内恢复正常生产生活。大力开展信访处理和基层矛盾纠纷化解工作，共受理来信来访173件次，按时办结率100%，推进维稳工作制度化，人民调解中心调解矛盾98件，成功化解一批历史遗留问题和重难点问题，平安护航G20杭州峰会和第三届世界互联网大会。

基层党建 严格落实党风廉政建设党委主体责任和纪委监督责任，开展“两学一做”学习教育活动，以中国共产党建党95周年和长征胜利80周年为契机，大力开展红色革命教育，组织党员干部去谢文锦故居、红十三军旧部参观学习。全面推进村级组织规范化建设，深入开展“整片推进、整体提升”行动，以“十村样板、百村示范”创建为契机，成功打造下日川市级党建示范村。严肃村级组织换届纪律，扎实推进老年协会专项治理，圆满完成县、镇“两代表”换届选举工作，成功召开镇第十五届党代会、镇第十七届人代会。严格执行村干部坐班值班制度，加强党员队伍管理，加大对不合格党员和违法违纪党员的查处力度，全年查处违纪党员13人，包括开除党籍7人；对2名因接送家人而出入教堂的党员进行教育引导；进行组织关系集中排查，取消预备党员资格2人，党内除名1人。推行村级作风巡查制度，出台村干部坐值班交叉督查方式，开展全面督查6次，抽查24次，通报发文5期，根据“五退出、五劝退”机制，对2名村支部书记予以劝退，2名村委会主任退出。出台红色基金专项管理办法，河二村村级“红色基金”项目成为永嘉县首例。深入开展“红色细胞工程”，涌现出美丽乡村义工队队长金万年、古村落消防义务巡逻队等一批先进典型。深入开展统一战线活动，举行岩头商会年会、镇侨联中秋茶话会、镇知联会年会、“同心同行·共建和谐”等活动，依法开展宗教事务管理。有条不紊推进人武工作，连续5年超额完成年度征兵任务，被评为市级先进单位。老干部、关心下一代、工青妇等工作都得到进一步加强。

荣誉 2016年，荣获县考绩优秀单位、县政法工作先进集体、县“大整大拆”专项行动先进集体、县信访工作先进集体、县落实党风廉政建设责任制先进集体、县作风巡查工作先进集体、县扩大有效投资暨重点项目建设工作先进集体、县社会科学周活动先进集体、县“四边三化”行动先进集体、县“五水共治”工作先进集体、章海鸥获浙江省G20杭州峰会工作先进个人。

（陈　亮）

沙头镇

经济发展 2016年，沙头镇在县委、县政府的正确领导下，紧紧团结和依靠全镇广大人民，主动适应经济社会发展新常态，深入实施“三区两美”重大战略举措，克难攻坚，全力以赴，在全面建设小康社会的道路上奋力前行。加快推进工业产业转型升级，深入开展“四换三名”和“一联二挂四促”活动，工业总产值突破10亿元，其中规模以上工业产值8.54亿元，同比增长15.24%；新增工业性投资项目20个，实现工业性投资5.50亿元，同比增长53.14%。坚持项目带动战略，深入实施“项目攻坚年”、“项目建设年”活动，石埠至西垟公路、楠溪新农业产业园等重点项目取得实质性突破，完成渔田等村的滨水公园和饮用水工程建设，旱改水工程已经进场施工，实现固定资产投资13.71亿元。积极探索永嘉书院景区建设和珠岸村农家乐发展并行的旅村融合发展新模式，大力发展生态休闲观光游、采摘游、农耕文化体验游等旅游精品项目。加大旅游基础设施建设，完善景区内外交通体系，提高公共服务设施覆盖率，顺利建成珠岸生态停车场。全镇现有农家乐54家、民宿37家，全年接待游客59万人次，旅游总收入1.55亿元，同比增长26.02%。特色民宿悦庭楠舍荣获

表26

2016年沙头镇基本情况统计表

项　目	单　位	合　计
总面积	平方千米	184.0
耕地面积	公顷	1144.59
农作物播种面积	公顷	2412.47
粮食作物播种面积	公顷	1751.87
建置村	个	72
居委会	个	1
总人口	人	74515
外来民工	人	2088
农业总产值	万元	8865.32
工业总产值	万元	107189.34
财税收入	万元	4578.27

表27

2016年沙头镇建置村情况统计表

村（居）名	书记	主任	村（居）民小组	人口
乌龙川	杨孔福	杨方智	9	979
东章	朱建华	朱家闹	13	1488
古一	刘衍政	刘永珍	12	857
古二	刘可庆	—	11	1518
罗川	朱景苍	—	11	1416
新星	谢智强	谢选炉	10	1432
上光	谢光州	谢用龙	8	1043
中堡	陈三豹	陈环礼	10	1403
南川	朱忠浩	朱丐梨	11	1379
北山	金育伍	陈孝长	11	1130
陈住起	陈时统	朱清闯	2	289
西垟	朱选择	张华兴	8	1041
下浮林	李忠昆	李忠杰	2	287
上浮林	金丐送	—	6	963
古庙口	朱丐程	朱清平	4	524
龙益	金国琳	朱建乐	6	411
响山	刘雪芬	—	10	1513
阳岙	朱士际	朱志勤	8	915
石埠	杨春肖	杨建林	4	693
高浦	林 锯	林崇兴	11	1861
下浦	夏孝金	—	6	686
龙潭下	叶建明	—	4	282
潮际	夏传国	夏理杰	7	875
渔田	叶建善	叶 邓	12	993
庙活	—	叶建敏	4	437
稠树	叶理藏	叶际林	10	1110
珍溪	张松贤	张 佩	6	421
黄村	王贤勇	王兴泽	24	2114
珍岙	朱家相	夏理洲	3	434
东光	金立勇	金强有	12	1107
胡头	胡国平	胡忠孝	8	732
溪北	汪庆都	汪德孟	12	1090
霞山	汪 敏	汪 辉	17	2230
董岙底	董碎区	董治国	4	532
东川	邵敬川	邵敬勇	21	3008
朱垟	邵敏敏	陈纪宁	3	378
降下	—	徐中满	10	693
降头山	李方平	李 忠	4	312
花一	朱景勇	朱惠钦	11	792
花二	朱文星	朱启枢	8	1341
花三	朱景玉	朱联记	7	1065
东升	朱仟拉	朱送喜	10	752
繁荣	朱丐华	朱利炯	12	946
廊一	朱清众	朱千明	12	1069
廊二	朱启读	朱重胜	7	1115
廊三	朱家熙	朱千元	10	1503
石公田	朱千勇	朱清忠	4	575
马田	朱存钦	朱卢丐	10	763
樟树岛	陈继林	陈继良	4	336
廿四最	朱贤顺	朱启杰	3	315
科竹	朱家平	朱清强	6	332
高坑	朱丐进	陈继富	5	390
架牙山	赖玉昆	赖建云	3	210
小溪	朱黎明	朱德龙	6	313
双溪	朱家忠	杨国光	7	517
水岩	林其三	林林森	6	479
渠口	叶升琪	叶建新	25	3419
珠岸山	朱和南	陈小勇	7	755
珠岸	陈 飞	陈啸峰	18	2751
豫樟	胡汉华	肖启云	8	1215
石柱	王定进	王剑锋	13	2107
岭垟	胡建庆	胡向楼	3	323
坦下	陈继孟	陈步龙	6	745
岭下	王丐南	王国民	6	1029
塘湾	郑丐芬	郑英星	12	1705
九丈	郑端锋	郑英权	8	713
呈坑	潘统祥	潘伯华	4	331
泰石	潘未亮	潘石坚	21	2373
霞川	黄新洲	黄存勇	14	1455
码砗	金定理	金佰飞	8	946
下城	王显国	王贤西	4	273
福利	潘统彩	潘统宽	16	1834
沙头街★	—	—	—	1152

“浙江最具特色十佳民宿”称号。

环境整治 结合美丽乡村建设，大力开展沿溪沿路环境综合整治提升行动，集中清理沿路乱摆摊、乱搭建、占道经营，沿溪烧烤、水上摩托艇等各类乱象230多处，整治清理非法采砂点10多处。统筹抓好城乡污水治理工程，石柱、东光、双溪、高坑、架牙山村等村的污水治理工程已完工，渠口、东川已完成工程量的70%；城镇污水处理站正在进行设备安装，城镇污水管网已完成一、二期建设。加快推进古庙溪、花坦溪的河流治理项目，针对河道日常保洁工作实行“市场化”管理模式，全力打好垃圾河整治攻坚战。完善农村保洁管理机制，新建高浦、渠口垃圾中转站，实行“户集、村收、镇运、县处理”的垃圾收集处理模式。围绕“无违章镇”创建目标，出动大小拆违36次，拆除违章建筑132处、拆除面积19.89万平方米，完成城中村一类改造142户、城中村改造二类11.92万平方米、旧住宅区二类改造3.12万平方米、旧厂区改造4.5万平方米。“大拆大整”专项行动开展以来，累计出动排查人员1000多人次，排查各类房屋20329户，排查C级危房14处，D级危房105处，并对排查成果逐村、逐户分类建档。

民生事业 高度关注社会弱势

群体生活，健全社会保障救助机制，持续推进居家养老服务照料中心建设，消除全镇4600元以下低收入农户877户2108人，实现低保人员应保尽保。开展农村困难群众住房救助工作，逐步改善农村困难群众的住房困难问题。全面启动城乡居民医疗保险工作，争取参保率达95%以上。以全县农村文体建设深化年活动为主抓手，进一步加强文体基础设施建设，新建中堡百姓舞台和珍溪文化礼堂，镇文化活动中心实行免费开放。文体活动蓬勃开展，先后组织选拔文化精英参加县合唱比赛、美食娘比赛、排舞比赛、歌手大奖赛、农民摄影展、农民忝运会等系列文体活动。稳步推进教育事业发展，顺利通过温州市学前教育达标乡镇评估验收，花坦小学迁入新校区。大力开展关怀育龄群众生殖健康、关怀独生子女、关爱女孩等惠民行动，全面完善计划生育利益导向政策机制，逐步扩展落实各项计生惠民措施，开展计生文艺晚会2场、"三优"培训2次，人口出生符合率控制在95.89%。

社会管理　积极探索村民自治的有效实现形式，大力推广"4+1"基层人民调解工作模式，建立健全社会安全管理防控和矛盾纠纷排查化解体系，受理各类矛盾纠纷567起，成功调解564起，受理信访案件76起，成功办结75起，化解历史积案14起。加强安全生产管理，统筹抓好消防、交通、食品药品等公共领域安全。开展安全生产宣传活动4次，派发各类宣传资料1800余份，培训人员765人，开展应急演练1场，参与演练97人次；检查各类场所共1328家，出具整改责令书84份，发现隐患259处，隐患整改率100%。健全应急联动机制，继续发展壮大专职消防队、应急民兵连等应急救援队伍，全面增强自然灾害特别是气象灾害的应对防范能力，民兵应急队在台风期间营救被洪水围困群众22名，转移危险地带群众514人。坚持党管武装，夏秋季征兵工作动员适龄青年上站736人，录用新兵29人。深入开展"同心同行·共建和谐"工作，打造宗教场所示范点3处，充分发挥商会、侨联以及工青妇等团体的桥梁和纽带作用，社会事业协调共进。

基层党建　实施"示范、达标、整转"三大行动。确定示范村8个、达标村60个、整转村4个，逐村梳理问题清单和整改清单，明确整改措施、期限和责任人，认真抓好查漏补缺，推动各村党组织全面晋位升级。开展基层党建示范点百日攻坚行动，通过提升组织阵地、规范组织运行、创新活动载体三大行动，建设完成市级示范点4个、县级示范点3个、镇级示范点7个，党员志愿者服务驿站1个，实现示范点建设精细化、集群化。全面深化村民中心、村办公楼等"红色阵地"建设，新建村民中心1个，将石柱、泰石、豫章等8个村的村民中心提升打造成设施完备、功能齐全的"红色阵地"。牵头研究出台强村惠民三年行动计划，通过对表开战、挂牌作战，落实"一村一策"，减少渔田、石柱、泰石等9个经营性收入5万元以下村，村级组织"造血"能力有效提升。严肃换届纪律，严守底线，进一步加强典型宣传、正面引导、警示教育和业务培训，通过"五清"行动和村级老协资金资产专项治理，扫清换届选举障碍，顺利完成镇三套班子和两代表的换届选举工作。

党风廉政　坚持党政领导干部"一岗双责"原则，严格实行党风廉政建设责任"三书两报告"制度，建立并完善由党委书记负总责、主要领导重点抓、班子成员集体抓、分管领导具体抓的党风廉政建设工作机制。党委书记带头上党课4次，开展廉政提醒谈话96人次，每季度召开召开1–2次工作例会，共同研究党风廉政建设和反腐败工作情况。严格执行"三严四禁"相关规定，认真落实公务消费"四单合一"制度，2016年公务接待费用15.8万元，较上年同期平均下降16.8%；公务外出考察培训费0元，较上年同期平均下降100%；公车费用36.8万元，较上年同期平均下降20.5%。将农村作风巡查作为全年工作的重中之重，市、县巡察组交办的33个交办件全部整改并办结完毕，处理了一批违法违纪人员，共计13人，开除党籍4人。结合村级组织换届"清风"行动，针对科竹、樟树鸟、西垟、下浦、渠口等8个信访比较突出、三资管理比较混乱的重点村进行巡查，发现收集问题32个，已解决26个，党纪处分3人，取得了很好的震慑效果。

（叶振强）

枫林镇

经济发展　2016年，枫林镇统筹发展，产业结构优化升级。全年农作物播种面积1629.27公顷，其中粮食播种面积1001.7公顷，总产量5393.1吨，蔬菜播种面积达361.23公顷，总产量9318.6吨，完成油菜播种面积108.3公顷，总产

表28

2016年枫林镇基本情况统计表

项 目	单 位	合 计
总面积	平方千米	73.6
耕地面积	公顷	737.83
农作物播种面积	公顷	1629.17
粮食作物播种面积	公顷	1001.7
建置村	个	45
居委会	个	1
总人口	人	43628
外来民工	人	150
农业总产值	万元	未统计
工业总产值	万元	1167
财税收入	万元	315.6
农民人均收入	元	未统计

量211.3吨。农业产业加快走向规模化、专业化、生态化、品牌化，深入开展科技富民强镇专项行动计划，举办农药安全使用、杨梅蔬菜生产等各类科技培训7期，参加学员约300人次，成功创建温州市现代农业园区蔬菜产业示范区。成功举办永嘉县第五届杨梅节，枫林杨梅品牌进一步打响；大棚蔬菜、枫林脐橙、沙岗粉干等特色农产品品牌美誉度和效益进一步提升；着力开发蓝莓种植基地、向日葵田园、猕猴桃采摘园等特色田园经济项目，经济增长点逐步丰富。依托诸永高速、雁楠公路辐射带动，着力发展“农业+旅游”，强势打造特色鲜明的乡村休闲旅游业，茶亭垟土地流转项目成功签约北京诺恒文化发展有限公司，计划投资3.5亿元打造婚纱摄影基地；“我在楠溪”“君兰江上”“瑞丰山居”等一批精品民宿美名传播在外；北坑森林公园已竣工预验收。

城镇建设 2016年，枫林镇共完成固定资产投资4.56亿，完成率达114%。全域水环境稳步提升，新建8个村农村生活污水治理工程，总投资1467.86万元，受益农户2906户；镇污水处理站投入使用，全镇基本实现治污全覆盖；完成禁养区内9家养禽场和7家规模养猪场的关停、拆除工作。全年共拆除违法建筑80232平方米；完成城中村二类面积84370平方米，旧住宅区改造14500平方米；清理两路两侧垃圾、废物1214吨。环境综合整治颇有成效，共创建5个特色村头、5个休闲桥头、6个美丽田头、210个美丽门头，其中东升村获县美丽乡村“特色村头”二等奖，枫林镇龚埠村获美丽乡村“休闲桥头”三等奖，孤山村“我在楠溪”获民宿精致门头、内档村周长荣获

表29

2016年枫林镇建置村（居委会）情况统计表

村（居）名	书记	主任	村（居）民小组	人口
枫一	徐顺璞	徐建友	15	1801
枫二	徐献华	徐旭程	15	1876
枫三	徐成龙	徐光贤	6	893
枫四	徐益飞	徐志江	16	2325
枫五	徐岳楼	徐建针	7	1049
大门台	彭顺丐	徐贤中	12	880
后山	徐丐宝	徐丐亮	10	1155
狮溪	无	杨寿良	2	380
镜架山	徐昭	徐珍珠	8	1130
兑洋	李顺国	李丐勇	5	613
徐家湾	无	徐李送	6	690
镬炉	黄秋书	季荣海	10	1630
新坊	季振彬	季统余	12	1810
西优	董建亮	徐顺华	8	705
东升	董国强	季统茂	2	365
陈洋	潘教俊	潘修云	5	680
孤山	潘培敏	潘齐钦	6	1305
新强	潘修俭	潘建荣	10	1016
金山头	金书林（副）	金衍聪	12	850
金南	丁国有	柯仁	8	460
大木兑	徐象灯	徐统明	2	945
乌弄	郭丐锡	郭建国	5	532
田龙	徐洪福	徐象贵	6	1167
高塘	李火标(负责人)	曾青英	10	483
里龙	徐川有	徐仙川	12	240
新村		徐标	8	205
老庵	徐永滔	戴成期	2	255
娄山	徐顺建	徐志号	5	275
陈田	吴琼	徐顺周	6	362
福田	杨端雨	李丐景	10	586
凤岙	金志平	金学平	4	543
包岙	陈忠伒	陈文云	32	2658
内档	徐传辉	徐建滔	24	1733
外档	李友谊	周海	8	1191
外洋	金丐杰	金建芳	6	1022
朱山头	应青年	应巧亮	4	245
田东	周巧(负责人)	柯邦联	5	867
汤岙	无	徐香	12	2072
金山	金志亮	金李顺	4	485
洋山	丁期伍	丁建国	6	700
下港	周志明	郭益光	6	450
兆潭	王兴地	王雪林	4	701
湖西	周碎飞	周星辉	8	1065
洋山头	周国平	周中华	16	1361
龚埠	陈 飞	陈招统	4	625
居委会	丁圣云	徐象杰	3	509

得农家精致门头称号。

社会事业 2016年，枫林镇顺利通过温州市学前教育达标乡镇评审，福和希望小学获中央专项彩票公益金支持乡村学校少年宫一类示范学校，枫林镇中心小学获自建乡村学校少年宫二类示范学校，树立了未成年思想道德建设的样板。农村合作医疗全面铺开，农村社会保障体系进一步完善，社会医疗保险参保率达到95%，着力解决全镇低保、特困、“五保”、优抚对象的生活困难，实现应保尽保。完成9个村居家养老中心建设，枫林养老院公办民营改革项目已完成，进一步满足了社会对养老服务的需求。成功举办2016年枫林传统武术文化节、物资交流会、象棋乒乓球比赛等群众性活动，建成外垟文化礼堂、改造提升内档文化礼堂，顺利通过省级体育强镇复评工作，促进体育旅游文化产业健康有序发展。

平安建设 2016年，大力开展全民法治教育，群众法制意识明显增强。不断健全维稳信访工作长效机制，强化社会矛盾排查化解力度，认真落实镇领导接访和信访化解百日攻坚大行动，积极推动信访案件的化解，全年共受理信访件30件，已办结29件，息访1件，积案化解2件，实现全国两会期间、G20期间和互联网大会期间“零非访”。完善食品药品安全监督体制机制,排查居住出租房、合用场所、民宿28家；排查“四无”生产经营单位60家，要求限期整改35家，关停取缔25家。推进县、乡两级代表换届工作，及时掌握选情、民情、社情；利用周前例会对全镇干部、镇属各单位负责人进行选举工作培训，由片长对选举工作进行包片指导，驻村干部具体负责，确保在每个时间节点各选区能按时完成相应工作任务。

基层党建 2016年，枫林镇紧紧围绕“两学一做”专题教育活动，全年累计党委书记带头讲党课3场，开展“两学一做”专题学习研讨会5场，全镇机关干部“夜学”活动12场，组织村干部集中培训学习6场次，将严肃的政治教育工作寓于多样生动的教育活动中，促使党员干部玩中学，学中思，思中做。全力抓好县委组织部“整乡蹲点”调研中发现的基层组织建设短板，进一步规范村级组织运行管理，全面落实村干部坐值班制度。推进“示范、达标、整转”三大行动，先后建成市级示范村1个、县级示范村2个、乡级示范村5个，验收通过达标村26个，整转落后村6个。

党风廉政 2016年，枫林镇以“干部清正、政府清廉、政治清明”建设廉洁政治为总目标，以深化“勤廉枫林”建设为总抓手，扎实做好党风廉政建设和反腐败各项工作。制定《2016年枫林镇党风廉政建设和反腐败工作的组织领导和责任分工》，与镇村和镇属部门单位签订了2016年度党风廉政建设责任书，并认真落实领导干部述职述廉工作和党风廉政建设责任制分工落实情况汇报和一年两次责任制谈话，重教育、促廉洁，扎实推进党风廉政建设。坚持把党风廉政建设作为一项重要工作常抓不懈，把加强党风廉政建设与加强业务工作、改进机关工作作风有机结合起来，进一步强化责任意识，全面落实廉政职责。全年共谈心提醒48次，“大起底”行动共收集个人作风问题165条，单位整改问题5条，“大巡查”行动共收到县巡查组反馈意见3条，“大整治”行动开展专项检查6条，共发现问题14个。

荣誉 集体荣誉：2016年，枫林镇获温州市学前教育达标乡镇；第八批县级文明乡镇；永嘉县G20杭州峰会维稳安保工作先进集体。个人荣誉：2016年，戚永东荣获温州市G20杭州峰会维稳安保工作先进个人；李理明荣获永嘉县政法工作先进个人称号；鲍巧州荣获永嘉县G20杭州峰会维稳安保工作先进个人称号；谢益浩荣获永嘉县2016年度重大动物疫病防控和畜牧业污染整治工作先进个人称号；陈敏坚荣获2016年度温州市滨水公园建设先进个人。

（孙诗倩）

岩坦镇

发展概况 2016年全镇财政总收入6076.5万元，同比增长21.8%。公共财政预算收入4480.9万元，同比增长15.2%。农业总产值1.9亿元，同比增长3%。全年固定资产投资项目共计31个，完成固定资产投资5.8亿元，达到县全年

表30

2016年岩坦镇基本情况统计表

项目	单位	合计
总面积	平方千米	449.02
耕地面积	公顷	1264.9
农作物播种面积	公顷	2111.5
粮食播种面积	公顷	1411
建制村（居）	个	81
总人口	人	60877
农业总产值	万元	18994
财政收入	万元	6076.5

表31

2016年岩坦镇建置村(居委会)情况统计表

村(居)名	书记	主任	村(居)民小组	人口
岩坦	戴显锋	戴金魁	18	2338
坦一	戴德兴	戴利民	12	1199
西塘	戴岩有	徐时光	5	467
叶坑	江国民	陈晓敏	2	277
三面山	李海亮	陈金吴	3	243
源头	张有德	李勇	8	1154
闪坑	戴建余	戴建金	16	1268
岩门	戴胜聪	戴学德	8	851
屿北	汪林峰	汪志义	20	1547
蛙蝶垄	郑余忠	李建勇	10	831
东岙	潘秀光	潘光琴	21	1413
庙下	戴春林	李金林	1	64
大岭	周地贵	徐贤芽	2	164
龙园	戴本定	戴成仲	4	424
坦街居委会	—	陈春波	—	—
张溪	张金兵	戴成平	18	2140
桧染	王建平	王苍东	1	455
金竹溪	林先方	周昌善	7	606
福山	叶建华	叶星良	5	385
深固坑	张岩青	张茂招	9	942
寺后	周兵法	周计林	5	387
石阵	李世顺	潘岩东	8	910
里上坑	陈小兵	陈绿富	4	276
毛竹	李世英	李岩连	2	187
南正	陈久荣	陈志林	9	875
黄界坑	陈明委	陈时满	2	247
小长坑	邬寿法	王祝光	3	786

村(居)名	书记	主任	村(居)民小组	人口
上岙	徐志朝	张成松	7	348
张溪林坑	周文元	周福贵	7	795
江潭	陈时杰	陈有星	7	786
陈周	周海华	陈爱兵	5	575
水景	郑英平	戴王良	5	816
下潘	潘得兴	潘顺盛	5	507
黄南	潘成南	潘送福	3	386
道基	林寿岳	林西华	5	459
岭背	叶金龙	叶培海	3	259
碧油坑	陈继恩	陈九通	4	408
西山	王周德	陈金寿	4	402
王山	王彩凤	王真华	4	432
岩门下	李海罗	陈文青	4	404
上坳	毛熙美	毛天海	6	384
李庄	王建文	李送有	6	527
潘塘	潘青聪	潘金国	8	743
深龙	赵松有	陈秀法	15	1553
霄岭	周星德	周少刚	10	982
大学	滕晓坚	戴寿银	9	1031
岙头	毛苍福	毛天东	6	316
山早	徐文海	徐建东	4	474
理只	李娇弟	毛本国	2	212
黄南林坑	毛苍河	毛建平	4	452
潘坑	陈九安	谢纯彭	15	1513
石乌	暨建兵	陈延年	6	312
岩龙	季春平	季德寿	9	851
佳溪	麻智荣	麻世远	16	1436

村(居)名	书记	主任	村(居)民小组	人口
垟埄	周崇地	张育明	10	1034
周卫	陈光明	李永雨	8	649
田龙	张翠娇	麻佰兴	10	924
陈庄	陈佰义	麻志全	15	1185
潘二	张龙新	金宗龙	6	773
金钟	金可勇	郑庆兵	16	1450
八亩	张武烈	金志前	15	1251
白岩	张强锋	郑陈兴	13	1476
溪一	戴建民	戴建余	17	685
溪二	戴二品	戴本迪	17	1431
陈龙	徐顺尧	郑贤满	7	284
西乌头	戴德朝	李海峰	8	750
横路下	李西玖	周吉聪	8	253
小舟垟	李中陆	李益丰	8	934
北山	戴德泽	徐时栋	17	1111
前山	周祝勇	周海瑞	9	515
上宅岸	金传永	金海光	5	556
下坑	戴盛滨	戴子生	12	751
南岸	周送爱	周晓勇	10	870
永坦	郑端汪	郑少忠	7	480
铁坑	戴疆宝	戴瑞峰	5	524
前溪	金衍义	金淡荣	16	1217
乌头	郑英潘	郑英明	3	206
大谢	郑一统	郑 良	14	1222
分水	郑贤聪	郑雪聪	21	1623
后坪	周海清	周官宝	4	820
到家山	李国献	李聪明	1	104

要求任务数的116%。招商选资项目7个，其中新立项3个，到位资金约2.3亿元，完成全年任务数的103%。2016年5月,经过全县部分行政区划调整，撤销溪下社区，设立溪下乡。岩坦镇现下辖5个社区、1个居委会、80个行政村。

城镇建设 2016年，基本完成东岙、岩门、闪坑、坦一四村的二类标准农田提一类改造工作，涉及面积45公顷。上年度“旱改水”工作后续工程全部完成，涉及东岙、闪坑、坦一、岩坦四村31.67公顷土地，共投资170万元。2016年度新增38.87公顷，部分村已完成招投标，整体工作稳步推进。农村土地承包经营权确权登记颁证工作进入全面调查摸底与实地指界阶段。完成2016年第一批污水管网建设项目，公路改造、河道整治改造，供水工程改造，林区道路改造，“旱改水”质量提升与2016年第一批、第二批路面硬化工程等项目。完成岩坦镇前街改建项目中涉及拆迁安置农户建筑的评估，并同步推进镇前街道路征地手续工作。继续推进屿北古村保护设施建设，碧油坑旧村改造，红色旅游景点景区建设（以潘坑的谢文锦故居为代表）等。2016年，屿北古村项目完成466.67公顷山林土地流转政策处理，村民房屋置换协议签约率达87%，6.67公顷安置房农转用指标获批复，整体开发项目取得了实质性进展，获得市委书记徐立毅、省旅游局副局长杨建武等领导的高度肯定。楠溪江嘉纳庄园完成政策处理工作，并完成高架大棚搭建、室内采摘区等项目建设。张溪林坑村入选第四批中国传统村落保护名录，全村整体打包与北京首旅集团合作开发，已基本完成公厕，道路，观景长廊，游步道，休憩亭等配套基础设施。

环境整治 2016年，全镇持续推进环境整治，增强生态文明建设。一是推进"五水共治"工作。全年完成11个农村生活污水项目村、4个分散式处理项目村和8个集中式处理项目村工程。严格落实"河长制"等各类工作机制，建立与完善河道保洁长效管理机制，推广建立河长巡查制、日记制等十大工作机制，及时协调推进河道治理，切实履行"管、治、保"的职责。二是推进"三改一拆"工作。全年共创成"无违建村居"80个，其中70个已通过验收。"三改一拆"累计拆除违法违章建筑110处，拆违面积约8.9万平方米，完成全年任务的127%；城中村改造完成户数91户，完成率达136%。"大拆大整"累计拆除危旧建筑40处，拆违面积6.6万平方米，完成全年任务数的188%。三是"四边三化"工作。全年清理垃圾、废弃物786处，约163吨，拆除两路两侧沿线违建28处，计14347平方米，拆除违法无序广告牌72处，建立健全"户集、村收、镇运"的生活垃圾分类处置模式，新置垃圾箱2000余只，新造垃圾屋3座，完成沤肥池建设33个，实现垃圾无害化处理率100%，同时深入开展美丽乡村精品路线打造和"四头"创建，全年创建茶园坑、屿北、小长坑村、张溪林坑等9个特色村头、休闲桥头；创建西岸垟、东岙垟等美丽田头7处，创建精致门头320户，其中，"左岸岚庭"门头被评为永嘉最美"精致门头"。

社会事业 2016年，持续改善民生福祉，提升居民幸福指数。一是保障民生民利。全年全镇共收到各级科技与扶贫资金167万元，落实2016年度市四套班子挂钩扶贫资金130万元，用于村庄道路交通、基础设施、古村保护和农业产业扶持等。办理困难残疾人生活补贴813人，重度残疾人护理补贴410人，办理临时救助644户，发放临时救助金115万元。在台风灾害中，第一时间清理各类塌方500余处，抢修完成仙大线至龙园叶坑线、黄里线至岭背村等涉及23个村庄水毁公路，力保下坑村全村村民人身安全、财产安全的救灾救助事迹成为先进典型，获得了市长张耕等各级领导的肯定，事迹在中央电视台播出。二是丰富文体生活。充分发挥全镇文化礼堂、各校舍及村办公楼阵地资源，举办元宵猜灯谜、书法交流会、公益培训、新青年下乡等各类文体活动135场次，开展市政协"六下乡""重走红军路·最美映山红"暨家寨风情篝火晚会等各类大型活动6场；有序推进少数民族人土风情"金名片"小长坑村民族风情馆的建设，逐步实现"文体强镇"的战略部署。三是群团党派携手共进。不断拓宽各民主党派与社会团体"纽带"作用，打造出20余支涉及法律、卫生、农业技术等十几类领域的志愿者队伍，全年累计在开展志愿活动80余次，受益群众5000余人。开展与宗教场所负责人谈心谈话，宣讲政策法规，帮助解决实际困难，全面推进宗教场所规范化建设。

平安建设 2016年，扎实推进平安建设，全年受理信访件共83件，其中本镇级34件，县以上部门转办件49件，办结率97%。化解历史疑难积案3件，调停恶性杀人案件纠纷1件。受理信访件较2015年下降了16%。全年开展禁毒宣传85次，发放宣传资料1800多份。全年开展日常安全隐患督查95次，其中镇级挂牌企业1家。开展安全消防生产检查123次。抽检林坑、暨家寨等村农家乐食品卫生安全72次。排查发现"四无"生产经营单位148家，整治完成121家。对全镇民间信仰场所开展日常检查231次，整改18处，实现全镇41个民间信仰活动场所"一场所一档案一策略"全覆盖。组建平安志愿者队伍2100余人，安保巡逻队5支，进村入户宣传平安建设信息，参与"安全生产突击大排查、大整治"行动及民宿行业消防设施专项整治行动等。岩坦镇在峰会期间的平安维稳工作得到县委、县政府的高度认可，荣获县"G20杭州峰会维稳安保先进集体"称号。

基层建设 2016年，深入落实基础保障，全面夯实基层建设。一是深入开展"两学一做"。党政领导班子牢牢掌握意识形态领导权主动权，定期去村里、支部里讲党课。全体党员充分利用各类平台学习研讨“两学一做”学习教育相关精神，坚持“学起来、走出去”。全年共开展专题集中学习5场次，思想解放大讨论4场次。班子领导带头上党课52场次，青年党员讲党课421场次，组织“两学一做”微型党课比赛1次。二是全面加强基层组织建设。严把党员入口关，2016年共发展党员48名，转正22名。建立村干部后备人才库，累计筛选培养350名后备干部。以“有点有面、示范成片”和“多样性”为目标，打造溪口—岩坦—黄南为轴线的市、县、镇级多层次党建示范片，确定岩坦村为市级示范点，屿北等2村为县级示范点，李庄等3村为镇级示范点。三是稳步完成“两代表”选举工作。乡镇撤扩并之后，镇党委即刻组织全面排摸、严格考察、滚动梳理、研判分析，扎实推进“两代表”选举工作。共推出党代表预备人选244名，正式代表122名；取消党代表预备人员资格1名。人代表候选人137名，正式人代表80名；取消人代表候选人资格12名。四是落实党风廉政建设。党政一把手认真践行“四个亲自”要求，团结带领各班子成员落实“一岗双责”，每季度定期召开党风廉政建设工作会议5次，专题听取镇纪委关于全镇党风廉政建设的工作汇报12次。全镇上下深入开展“敢担当、树标杆”作风建设五大行动，镇科室及机关干部填写问题自查与整改清单，发现共性问题59个，特性问题26个。贯彻落实“党要管党、从严治党”方针，全年处理党员干部18人，开除党籍9人，撤销党内职务1人，严重警告4人，警告4人。

（叶楠梅）

大若岩镇

农业 落实各项支农惠农政策，加强对农民的农业技能培训，做好农资综合直补、良种补贴、农机具补贴的前期调查核实工作，使农业政策资源更多地转化为农民直接收入。截至2016年12月底，全镇36个村共有粮食生产播种面积928.53公顷，其中水稻面积409.27公顷，小麦、玉米、油菜、蔬菜212.2公顷，建设粮食功能区面积291.73公顷，培育壮大农业专业合作社9家，新增私营农场2家；培养农业开发有限公司1家，种植蓝莓基地13.4公顷；扶植蔬菜专业合作社2家，种植面积53.34公顷。发展以埭头村楠风营地为龙头，大东、李大屋村为辐射的农业旅游休闲观光产业基地66.67公顷。巩固深化农业基地建设，着重抓好苗木基地、早香柚基地、板栗基地、蔬菜种植基地、旅游休闲观光产业基地等五大基地建设。进一步打响特色生态农业的品牌。

旅游和重点工程 2016年，积极规划投入发展楠溪江耕读特色小镇。截至2016年12月底，总投资额7.12亿元的楠溪云岚养生度假村项目土建共结顶37幢，完成工程进度的90%，现只剩下楠溪云岚全部外围建筑和景观带建设，预计2017年内即可投入使用。总投资约8亿元的芸枫农业休闲观光项目总体规划图已经由县住建、国土、水利、农业、林业等单位会审通过，县发改局已对项目基本建设情况进行明确；省级森林公园“五星奇谭”和“百丈瀑”2016年年底已投入运营，完成百丈瀑景区门口的停车场

表32

2016年大若岩镇基本情况统计表

项 目	单 位	合 计
总面积	平方千米	92
耕地面积	公顷	605
农作物播种面积	公顷	1567.8
粮食作物播种面积	公顷	857.8
建置村	个	36
居委会	个	1
总人口	人	30522
外来民工	人	522
农业总产值	万元	12398
工业总产值	万元	5899
第三产业产值	万元	15379
财税收入	万元	825.79
农民人均收入	元	9536

扩建工程。今后将逐步完善其各种配套设施；电力培训中心建设项目，现更名为大若溪谷，项目总投资3亿元，2016年底初步设计方案已完成。同时针对旅游接待能力弱的短板，积极推动民宿发展，新增民宿床位近300张，形成一批以百丈瀑小木屋、楠溪若舍、崖下库为主的民宿群，还将整体推进大元下村打造特色民宿村。

美丽乡村 大若岩镇紧抓“美丽乡村精品线”建设契机，积极推进“四头建设”。2016年年底该工程新建的“三线落地”、景观路灯、四头建设、和部分绿化工程，在旅游、住建、土地、城管等多部门的共同努力配合下，历时2个月，于10月10日全面完工。续建的墙立面改造，2016年年底已全面收工。自工程完工以来，吸引了大量外地游客，并成功举办“省市四边三化现场会”和“省市农村文化礼堂现场会”两个现场会，赢得了社会各界的赞赏。同时在连续几个月的“美丽乡村一月一比学”活动

表34

2016年大若岩建置村（居委会）情况统计表

村(居)名	书记	主任	村（居）民小组	人口
居委会	陈时银	陈德省	1	456
大箬村	李千坛	陈贤平	10	735
黄潭村	林寿青	陈丽容	5	607
李茅村	陈继旦	叶忠臣	4	670
舟岙村	陈文亮	陈怀逸	4	627
大元下村	陈久定	陈久敢(副主任主持)	15	1390
陈岙村	陈久好	陈　敏	4	272
蒋山村	杨传马	杨学晓	7	845
田垟村	钱忠建	胡长丰	8	1000
藤溪村	陈久山	陈久和	8	975
水云村	潘国新（副）	陈建有	13	1487
双岙村	2016年空缺	陈德朋	4	307
龙垟村	陈建光	胡国建	10	785
白泉村	陈光林	陈久逵	19	2055
黄岙村	陈建军	陈久远	4	487
府岸村	潘统祥	潘国好	4	247
涨岸垟村	陈锦如	陈渊湖	5	360
玉泉村	陈忠(副主任主持)	陈麟童	19	1927

村(居)名	书记	主任	村（居）民小组	人口
银泉村	陈荣光	陈进顺	17	1619
钱泉村	徐静	徐新华	5	345
上榴湾村	李利省	李则煦	4	475
荆州村	潘统爽	潘国平	17	2182
石岙村	全培森	全显清	5	304
下榴湾村	李启龙	李长和	4	612
桐州村	陈国平	陈北平	5	1066
寺前村	汪金生	汪振光	5	586
垟坑村	叶光海	李忠胜	6	750
里舍村	李海莲	王新浩	2	260
梧涨村	张文龙	杨笑秋	6	692
埭头村	陈福林	陈新面	11	1287
九房村	陈教亚	陈志标	4	527
小若口村	陈云生	陈丐顺	12	1728
李大屋村	陈盛	李文旺	8	874
下岸村	郑卿年	郑贤和	4	616
大东村	陈雷	陈双理	4	530
都溪村	陈柏松	陈柏龙	3	451
都南村	陈永兴	陈茂相	3	328

中，名列前茅，得到县委、县政府领导的肯定。

“五水共治”　大若岩镇紧紧围绕县委、县政府的各项工作任务目标，认真贯彻落实“五水共治”各项任务指标。2016年完成农村生活污水治理共5个村（桐州、荆州、上湾、石岙、龙垟），总投资1100万左右，城镇污水2个村（大若、舟岙），总投资600万元左右，2016年底均已完成预定工程进度；完成蒋山村城镇污水处理厂的全部土建工程项目建设；完成梧涨垃圾处理厂的全部工程建设；完成大若岩城镇污水总管网工程；完成梧涨滨水公园、镇前滨水公园、下垮滨水公园，三座滨水公园的工程建设；完成小若口村旱改水工程的建设。

环境综合整治工作　2016年，积极响应县委、县政府提出的“大拆大整”专项行动。对农村违章建筑开展综合治理，加强对农村房前屋后、乱搭乱建现象整治，共完成违章建筑拆除86780平方米。并率全县之先，推行农村生活垃圾分类处理试点工作，建立专业化环境保洁队伍36支，实现村居保洁队全覆盖，村庄道路每日环保督查率100%。

平安建设　健全综治基层组织网络建设。2016年完善了基层社会治理“一张网”建设，使综治工作规范化、制度化，努力建设一支高素质的队伍，通过定期组织学习、讨论、交流提高了综治干部的政治业务素质，落实综治工作人员待遇，增强了其工作责任心和荣誉感，使综治工作有人抓，抓得好；有人管，管得住。

强化信访工作。以“三严三实”为标尺，以关注民生为根本，以解决问题为核心，以案结事了、息访罢访为最终目的。集中领导、集中力量、集中时间，切切实实调解案件244件，处理疑难信访案件8件，解决社会纠纷矛盾2起。2016年，G20杭州峰会、中共十八届六中全会、世界互联网大会等维稳安保工作任务尤为艰巨，做好重点人员管控、矛盾纠纷化解、信访及时处理、安全隐患消除等工作外，决战阶段更是尽职尽责，24小时在岗在位，盯死盯紧重点人员，为护航上述大会顺利召开创造了稳定和谐的社会环境。

加强禁毒工作。联合司法、妇联和团委等部门，利用多种宣传形式和阵地，因地制宜地开展多种形式的禁毒宣传教育活动共计17次，使禁毒宣传教育深入社区、深入村居、深入家庭。2016年大若岩镇在册涉毒人数80人，实有数22人，其中社区戒毒10人，社区康复3人，未成瘾（新型毒品）8人。全年依法刑事打击涉毒人员1名，行政查处吸毒人员12名。社区戒毒、康复尿检率和有效执行率均达到100%。大若岩镇美沙酮任务数2例全部完成。吸毒人员有效安置率达到75%以上。

社会事业　扎实推进计生工作，

一是领导高度重视，认真部署网格管理，落实计生工作责任，建立健全人口计生“网格化管理、组团式服务”责任体系。二是多措并举，严格“三捆绑”制度，实现管理常态化，坚决执行“政治、经济、责任”三捆绑制度，制定、实施三级预警机制。三是加强利益引导，促进观念转变，集中整治与日常监管相结合，充分利用并落实好县委、县政府的计划生育利益导向政策，进一步提高依法自治的水平。四是夯实强基创优基础，深入开展计生生育关怀，以“组团式服务，网格化管理”为主抓手，全力推进和夯实强基创优工作。全镇上报当年含往年出生481例，其中计划内出生440例，计划外出生41例（含清查对象28例），计划生育率为97.13%；当年出生424例，其中男孩225名，女孩199名，人口性别比为113：100。优生检测完成率100%，党员干部违法生育查处率100%。

重视民政工作，2016年以来，民政、残联、殡葬改革依然是乡镇工作中直接关系群众自身利益的重头工作。民政工作共办件212件。其中，低保49人，成立居家养老6家，办理养老服务补贴105人。殡葬改革工作，全年召开有关会议八次，召集驻村干部、发动村干部到丧户家中做厚养薄葬的思想工作，为殡葬改革工作实施奠定了坚实的基础。此外，对于农村新建的坟墓予以坚决拆除，共拆除翻新和新建坟墓50多处。

加强文体工作，加强农村文化建设。组织举办庆祝“六一”儿童节暨“5·29”计生协会活动日文艺晚会；开展“510反腐倡廉”毛笔书法交流会；举办元宵节猜灯谜文化活动；组织知名画家摄影家到大若岩采风活动；举办农民趣味运动会等一系列的活动。还组建38人的合唱队与门球队；指导成立大若岩镇篮球协会并开展联赛活动。同时继续做好每年的送戏送电影下乡活动。确保月月有活动，丰富了广大居民群众的文化生活。做好图书馆农家书屋开放管理工作。定期将图书馆和农家书屋对外开放，取消不合格农家书屋。做好文化礼堂的日常管理和活动开展。不定期对文化礼堂进行巡查，深入排查各文化礼堂存在的问题，针对发现的问题采取相应的措施。2016年新建水云村文化礼堂和提升大元下村文化礼堂工作。顺利完成作为省、市文化礼堂建设工作推进会主战场点，得到宣传系统省、市领导的充分肯定。

基层组织　2016年共发展党员21名，其中35岁以下8人，女性6人，大专以上学历4人。牢牢把握加强党的执政能力、先进性和纯洁性建设这条主线，针对农村实际，做好农村党员先锋指数考评、基层党组织星级管理等工作。

整合资源，推行“党建+”机制。镇“党建+”机制得到原县委书记娄绍光批示，在全县推广。与文化礼堂融合，打造党建示范点创建。拟创建坦五线和九黄线沿线的党建示范点17个，成功创建大元下村市级示范点，以及埭头等6个县级示范点，水云村等8个镇级示范点。大元下村于2009年率全镇之先建立红色基金会，自发捐款帮扶困难党员。同时结合美丽乡村外墙立面改造项目，充分突出文旅和党建结合，建立了自己的家规、家训和家风，通过家规、家训与家风促进家庭文化的和谐，培养健康的家庭细胞，从而促进全村形成良好的乡风民风。同时建立大若岩镇志愿服务分站，联合农商银行成功打造一个红色驿站，埭头古村红色驿站也已设计完成。

整转后进村，实现华丽变身。通过查找短板，提升凝聚力、创造力。水云村作为大若岩镇美丽乡村精品线建设的重点村落之一，至“两学一做”活动开展以来，村两委干部积极响应镇党委提出的“四头建设”，并发动全村所有在村的近30名党员，身先士卒，投身于“四头”建设中。融合文化礼堂建设党建示范点，充分挖掘以传播“和”字为核心，传播弘扬“和文化”，有效促进两委干部的和谐共进。石岙村党员干部充分发挥先锋模范作用，从环境整治工作入手，大兴干事创业氛围，启动各类项目。公厕和文体广场已经完成选址，农村污水处理工程已经完成招投标。自来水工程和溪流治理，已形成初步方案。同时发展农业观光项目和民宿工程壮大村集体经济。

荣誉　2016年，大若岩镇获浙江省美丽乡村示范乡镇称号；获温州市防台抢险救灾先进集体、温州市卫生城镇先进集体等称号；获得县农村文化体育工作先进集体、县政法工作先进集体、农村生活污水治理工作先进单位、安全生产工作先进集体、妇女儿童工作优秀单位、纪检监察工作先进集体、落实党风廉政建设责任制、作风巡查工作先进集体等称号。

（董淑淑）

碧莲镇

表34

2016年碧莲镇基本情况统计表

项目	单位	合计
总面积	平方千米	175
耕地面积	公顷	1067
农作物播种面积	公顷	1880
粮食作物播种面积	公顷	1225
建置村	个	43
居委会	个	1
总人口	人	45662
农业总产值	万元	16018
财政收入	万元	712

表35

2016年碧莲镇建置村（居委会）情况统计表

村(居)名	书记	主任	村（居）民小组	人口
上　村	刘东村	刘建崇	15	2412
碧莲村	徐郁群	徐林荷	20	3570
石湖村	邵三勇	邵高强	24	2635
邵园村		邵敬友	17	2324
黄岗村	王建朋	王贤仕	10	1489
缸窑村	刘锡中	董晓锦	8	801
东边村	杨银丰	杨　鹏	4	468
东坑里	刘智勇	林天国	5	391
澄田村	陈久培	徐志望	21	2276
新岙村	刘世云	刘世同	12	1220
石山村	刘学相	刘建双	3	229
鱼仓村	刘贤仕	刘建孝	5	476
地凑村	廖国训	郑庆树	6	470
梧岙村	潘金龙	潘忠相	10	1123
下岭根村	潘明理	潘光晓	6	648
梧町村	麻永西	潘忠仕	4	449
居委会	刘金华	徐宣民		861
山坑村	胡寿基	汤光满	13	977
小巨村	汤海伦	汤裕多	20	1770
新宅村	董玉媚	汤瑞南	6	538
巨川村	王汉亮	王贤兴	3	317
了烈村	汤文武（2016年7月撤销职务）	郑庆山	7	507
郑庄村	刘建国	刘昌统	10	966
驮平村	刘青聪	刘继哨	9	666
槎川村	郑建策	董碎英	8	824
汤店村	陈秀仁	吕华蕊	10	1048
大树垟	陈陈建	陈　龙	6	591
前九降	胡纯亮	刘良通	4	180
后九降	郑九万	刘建鹏	4	235
应坑村	陈建贺	陈永利	32	2081
应一村	麻育兴	麻富南	23	1315
应二村	麻浙绍	麻泰略	16	920
垅头村	陈继国	陈久仟	5	384
东庄村	陈国连		14	1191
半坑村	陈洁丽（2016年10月考录公务员离职）	应付昌	4	337
炉熊村	金建波	金月桂	16	979
章进岙村	刘锡昌	叶飞玲	4	323
大岙村	吕建巧	吕建林	27	2505
茶岙村	陈　宽	陈　正	27	1890
北溪村	杨晓区	杨晓田	13	1193
金益村	张永设	张高龄	9	669
大柏村	周志相	周清判	11	919
应岙村	麻云村		6	352
孙山村	麻玉听	麻荣胜	6	392

概况　碧莲镇位于永嘉县西北部，东邻大若岩，南接桥下，西连巽宅，北界岩坦、岩头，距县城42千米，是小楠溪流域文化、交通、经贸中心，为省级生态镇。2011年行政区划调整后，全镇下辖碧莲、山坑、应坑、大岙4个社区，43个行政村，1个居委会。

效益农业　转换发展动能，厚植发展优势，发挥镇域资源优势，加快发展电子商务，培育农村电子商务市场主体，逐步探索建立“互联网+农产品销售”等流通方式，不断提升农业生产效率和增值空间。加大土地整理、高效节水、农技推广等涉农项目支持力度，积极引导农村能人、种养大户创建组建专业合作社，发展适度规模经营，辐射带动更多农户增收致富。持续以打造农业强镇为目标，做大做强生态农业。2016年，农作物播种面积1879.87公顷，总计生产粮食6401吨、蔬菜6284吨。紧紧立足小楠溪生态资源和特色农业优势，依托早香柚、富铁大米、稻田养鱼三大农业支柱产业，加强农业品牌整合，开展炉熊村蓝莓种植基地、驮平村覆盆子种植基地、小巨村竹鼠养殖基地创建，深入实施特色品牌市场化战略，大力发展休闲生态农业，深入开展早香柚富镇项目并成功举办第五届早香柚节。

城乡建设　一是努力做好招商选资。2016年，以永商回归为抓手，完成招商引资任务25364.2万元，资金来源地包括山东、贵州、湖南、北京等十余个省市区，有效引进在外永商资金，重点投向生态农业发展项目。二是做好重点工程建设。完成全社会固定资产投资56634万元，投资覆盖农业、交通、水利、文化等各个区域，各大项目进展顺利，其中2016年度村级联网公路建设项目、农村文化活动场所建设项目、黄岗村省美丽宜居环境改造项目、体育强镇提升工程、村级饮用水设施建设项目、休闲旅游观光项目一期等重点项目均已通过验收。三是深入开展“五水共治”等重点工作，按照“生态立镇，和谐发展”的要求，进一步巩固国家级生态镇创建成果。累计完成五水共治投资4200余万元。2016年完成污水治理项目集中式工程4个，分散式工程12个，受益农户共计2575户，受益率达90%以上。顺利推进缸窑滨水公园二期、澄田滨水公园、黄岗滨水公园等三个建设工程。占地面积0.33公顷，投资约500万，日处理能力1000吨的碧莲镇污水处理厂工程、总投资922万元的双桥中路道路改造管网项目等工程顺利通过验收。关停非法加工场点18家，其中花岗岩加工厂10家、发夹加工厂8家，原地整改提升2家。全面整治畜禽业和农业面源污染。实行禁养区一律关停，按照“三必拆”，共拆除2家蛋鸭养殖场，拆除栏舍面积1700平方米、管理房面积280平方米，整改17家养殖户，推广畜禽生态养殖，落实养殖场新增沼液利用2845吨。整改生猪养殖户492户，完成病死牲畜无害化处理猪582头、羊18头、牛7头。同时推进生态循环农业发展，从严控制化肥、农药使用，降低了农业生产对水环境的污染。全面落实河长工作责任，完善治水各项制度建设、河道保洁管理办法等，确保镇辖区没有黑臭河现象。四是强势推进大拆大整专项整治工作。完成城中村改造（一类户数任务）87户，改造用地4235平方米，建筑面积11962平方米。城中村改造（二类面积任务）累计改造456户，建筑面积54410平方米。旧住宅区改造（二类面积任务）累计改造368户，35000平方米。累计排查四无企业63家，其中小作坊12家，已整治39家，其中小作坊9家；排查农村危旧房9558户，面积98.75万平方米；建档116户，面积1.5万平方米；已鉴定住房113户，面积1.48万平方米，其中C级26户、D级56户，全面落实D级危旧房“五个一律”，完成C、D级危旧房治理改造。共拆除违章建筑面积12.5万平方米。

社会事业 一是借助特色村弘扬传统文化。山坑村村民自立家规家训，提倡孝文化，连续第五年召开“孝文化节”，以“弘家风·传家训”理念获得社会民众和省市各级媒体一致好评。二是积极组织农民参与各种文化运动，举办永嘉县小源片门球二级联赛、大岙社区七村“五一”联合文艺会演、“六一”晚会、“五水共治·美丽乡村”百场宣传文艺晚会、“6·26”国际禁毒日宣传文艺晚会，组队参加县第一届文化礼堂农民合唱团展演、“展巾帼美·庆三八节”永嘉县妇女服装服饰创意展演赛、县第六届中老年门球比赛、乡镇篮球赛等赛事，承办首届永嘉小源武术会演大会、第二届奥创杯门球争霸赛、中国·楠溪江越野车场地赛等重大赛事；依托文化礼堂、市民学校、农家书屋、道德讲堂等，年初至今共开展新春戏剧演出、数字电影下乡、元宵猜灯谜、义诊服务、全民阅读、劳动技能培训、计生、平安、五水共治专场文艺晚会及老年人权益、反家暴、“两癌”预防讲座等各类文体活动60余场，极大地提升了农村精神文明建设水平。三是深入实施教育优先发展战略，巩固省、市级教育强镇成果；扎实推进教育基础设施建设，加强校园周边环境治理和校园安全保护工作。四是加强国防教育，开展拥军优属活动，认真做好兵役登记，圆满完成2016年县定的征兵任务。

民生工作 一是加强低保工作，规范化管理。进一步扩大低保面，严格规范低保申请审查程序，确保把真正困难的群众全部纳入低保范围。对现有低保户严格进行核查，确保应保尽保，不能保的坚决取消。现有低保户2342人，共发放低保金773.19万元。二是全面落实优待抚恤政策。确保各类优抚对象的抚恤补助优待经费及时足额发放，切实保障优抚对象生活水平与居民生活水平同步提高。碧莲镇现有重点优抚对象39人，2016年共发放优抚金3.77万元。三是认真做好老龄工作，广泛深入开展老龄宣传教育活动，大力弘扬尊老、敬老、助老的优良传统，营造良好的社会氛围。共建成新岙、梧町、地湊、下岭根、东庄、应一、金益、应岙、大柏等9家居家养老照料服务中心，为在村老年人提供解决日常生活困难的社会化服务。

平安建设 一是强化综治基础。按照“矛盾联调、治安联防、问题联治、应急联动、事件联处、平安联创”的机制要求推进镇社会服务管理中心建设。二是认真组织开展禁毒工作。落实禁种铲毒责任制和责任追究制，加强禁种宣传，深入开展“无毒村”的创建工作。2016年，共开展禁毒宣传进村45次，以流动课堂，知识讲座等为主分发资料3000份。社区戒毒，社区康复人员共计23名，社区戒毒，社区康复尿检率100%。美沙酮任务数3个，达成率100%。三是有序开展社区矫正工作。截至12月底，在矫社区矫正人员39人，解矫人员22人，新增矫正人员32人，其中被判处缓刑23人、被裁定假释15人，监外执行1人。未发现漏管脱管、重新犯罪现象。四是抓好安全生产工作。严格落实安全生产责任制，联合工商、派出所、供电所、安监进行多部门联合开展安全生产大检查5次，下半年对危化品进行重点排查；深入开展重点区域、出租房消防安全大检查，整治消防隐患，保障居民安全。严格落实食品药品安全监管责任，加强村居食品安全协管员配备，定期开展村内集体聚餐等食品安全排查工作，确保舌尖上的安全。

党的建设 一是落实从严治党责任，夯实党建工作基础。及时把工作重点调整到党的建设上来，明确专人逐村督导，严格落实“三会一课”等规章制度。探索建立“村居议事厅”模式，通过党员联户等方式，推动阳光民主党务，增强了村级党建工作的透明度、公开度。二是依法依章选准选好“两代表”，确保换届选举工作圆满成功。选举产生县党代表11名，镇党代表95名，县人大代表14名，镇人大代表67名。顺利召开党代会及人代会，完满完成换届选举工作。三是深入开展特色党建活动，塑造大抓党建的浓厚氛围。先后筹措资金80余万元用于村级运转和阵地建设，牵头国土、规划部门，为石山村等6个村审批新办公楼用地。四是构建大党建工作格局，推动群众满意度持续提升。大力推动三务公开，统一改建村级公开栏，严格落实村干部坐班、村务、财务、党务定期公开等制度，每周定期督察、定期通报，先后约谈9名村主职干部，通报批评5名村主职干部，查处旷工183人次，对村干部坐值班工作形成长期高压的管理态势，倒逼村干部端正工作态度、改进工作作风、提高服务质量。五是强化监督提升意识，深化农村党风廉政建设。强化党风廉政责任制建设，进一步增强党员干部队伍廉洁从政意识。及时调查处理群众反映的党员干部违规违纪问题。2016年，镇纪委共立案9起，结案9起，其中开除党员7人、撤销党内职务1人、警告1人。其中计生案件数3件、公检法移送案件数6件。

碧莲镇2016年大事记要 2016年11月19日，召开中共碧莲镇第十四次代表大会，选举产生中共碧莲镇第十四届委员会委员9名，纪律检查委员会委员5名。李志旭、刘建群、朱晨霞、陈光旭、陈益丰、谷常有、麻永丰、戴建光、戴晓智等9位同志当选为党委委员。叶新新、邵志龙、张丽丽、麻永丰、薛彬彬等5位同志当选为纪委委员。

2016年11月19日，召开中共碧莲镇第十四届委员会第一次全会。本次全会，朱晨霞当选为党委书记；戴建光、戴晓智等2位同志当选为党委副书记。

2016年11月19日，召开纪律检查委员会第一次全会。本次大会，麻永丰当选为纪委书记，叶新新当选为纪委副书记。

2016年12月16日，召开中共碧莲镇第十四次代表大会第二次会议，选举产生出席中共永嘉县第十三次代表大会代表11人。叶成忠、刘大可等11位同志当选。

2016年12月20日，选举产生碧莲镇第十七届人民代表大会代表，胡晓华、徐志东等67位同志当选；选举产生出席永嘉县第十六届代表大会代表，王汉亮、朱晨霞等14位同志当选。

2016年12月24日，召开碧莲镇第十七届人民代表大会第一次会议，选举产生碧莲镇第十七届人民代表大会主席、副主席。周耀明当选碧莲镇第十七届人民代表大会主席，汪海敏当选碧莲镇第十七届人民代表大会副主席。选举产生碧莲镇人民政府镇长、副镇长，戴晓智当选碧莲镇人民政府镇长，陈文达、陈光旭、胡军勇、董益等4位当选碧莲镇人民政府副镇长。

荣誉 永嘉县G20杭州峰会维稳安保先进集体、永嘉县“六五”普法先进集体、县级文明镇、2016年度五四红旗团委、温州市卫生镇（乡）、永嘉县2016年度工作绩效考核优秀单位、温州市全民健康生活方式行动健康单位、永嘉县第四届聋人运动会组织奖、永嘉县农村文化体育建设深化年象棋比赛三等奖。

（李庆继）

巽宅镇

表36

2016年巽宅镇基本情况统计表

项　目	单　位	合　计
总面积	平方千米	183.4
耕地面积	公顷	1160.9
农作物播种面积	公顷	1603.1
粮食作物播种面积	公顷	977.1
建置村	个	45
居委会	个	1
总户数	户	10873
总人口	个	34676
农业总产值	万元	7092
工业总产值	万元	0
财税收入	万元	656

表37

2016年巽宅镇建置村（居委会）情况统计表

村（居）名	书记	主任	村（居）民小组	人口
巽宅村	孙春祥	孙 建	19	1826
巽一村	孙进华	陈忠实	18	546
小溪村	董如文	董时千	26	1985
下谢村	李玉鸣	李建明	5	397
金溪村	刘杏娥	陈时鑫	8	360
中山村	叶松寿	叶海和	6	346
三里村	吴九全	尤长华	6	342
龟背村	叶纪听	章志才	16	906
小坑村		周吉林	6	558
沙埠村	王九听	毛正和	6	377
进书村	汤建委	汤永杰	6	485
龙前村	吕建多	汤守雷	14	979
麻埠村	麻天国	麻时村	12	929
岭东村	章益芬	麻德华	23	1683
里山村	汤启士	胡宗杰	4	252
麻庄村	叶春雷	叶国芳	9	671
石垟村	郑林好	郑良溪	9	656
邵川村	郑志才	郑建南	5	473
许头垟	张大生	张建川	10	556
下一村	陈光亲	陈仙保	16	1256
下二村	陈建平	陈文彬	19	1078
山下村	胡长青	陈玉雷	15	1466
三里宅	章广东		13	780
外宕村	胡时长	胡建满	6	466
居委会	胡永武	陈时春	1	502
石染	章长生	章胜标	16	1475
木坑口	赵珠定	赵胜龙	7	651
雷付	胡世华	徐进国	10	763
云岩	章国通	章镇托	16	1314
茅山	林秀美	林章巢	7	753
下坑口	赵大华	董胜才	7	416
和平	汤笔听	俞剑鹏	4	594
上横		赵松呈	9	971
墨印	汤光荣	章国听	12	762
珠龙	陈时吉	季永楼	9	395
西岙	董时朴	董建理	12	778
垠坑	董章克	董银袍	11	961
横彭	吕俊微	章胜利	10	860
郭坑	麻九洪	麻仙平	10	681
垠坑口	吕永连	金锡忠	6	617
川岙	金炳希	金 国	4	402
白石垠	麻梅法	徐海梯	6	424
柴皮	麻锡观	王丁基	15	1245
后坑	吴朱良	吴顺宇	4	359
谢山	章九树	章有明	2	226
野骨	麻海平	麻国云	2	154

概况 巽宅，地处永嘉西北部，位居小楠溪上游。溪水东南向而流，东南为巽；古书又云，宅者，宜居也；故名之为巽宅。2016年经过区划调整以后，区域面积183.4平方公里，户籍人口34676人，辖行政村数45个、居委会1个，是温州通往台州、丽水的西北门户和接壤青田、缙云、仙居三县市的边陲重镇。

经济建设 全镇完成有效投资4.9亿元，实现招商选资2.32亿元，出让地块2块，获得土地出让金569万元。完成永缙复线道路附属设施工程、污水处理站工程、镇区灯光工程、上横村至木坑口村道路工程，垃圾中转站工程、小溪村和雷付村的垦造水田项目、进书等村的旱改水项目、14条林间道路工程进展顺利。

城乡整治 城中村综合整治改造项目累计改造76200平方米，旧住宅区改造项目累计改造25200平方米，违章建筑拆除142处，共计10万平方米。“大拆大整”专项行动中房屋排查10500户、“四无”单位排查29家、出租房排查80家，腾空危房37户、“四无”单位29家，出租房6家，腾空人数共计198人，D级危房拆除10处，共计5903平方米。在21个村居深入推进垃圾分类处理工作，提升资源利用率，保持良好生活环境。发动群众积极参与城乡环境卫生工作，全年城区保洁工作在B类乡镇中一直保持第一，城乡市容环境卫生考核保持第二。完成金溪河道治理工程的施工和验收，石染溪河道治理工程进度达到85%。坚决取缔禁养区的养殖场，严厉打击采砂、电鱼等违法行为。全年投入资金70万元，用于“清三河”两岸违章治理、垃圾清理，共清理280处728吨。

社会平安建设 开展3次“信访攻坚月”行动，严格落实信访领导包案制，无一起越级上访事件。自4月起，启动党政领导接访值班制度，处理群众诉求，2016年共受理和答复来信来访46件，按时处理率达100%，处理多年疑难信访积案9件。加强隐患和矛盾纠纷排查化解，全年排查解决矛盾纠纷264起，调解成功率达100%。开展消防安全、安全生产攻坚行动，与基层站所开展联合行动，对辖区内所有企业、店铺、学校、违法建筑、出租房等进行认真排查。G20峰会期间联合派出所、工商所等相关基层站所对开展5次联合行动，共整治无证无照经营场所20处，处罚1处，关停3处，坚决取缔一处违法储存柴油点和一处违法储存烟花爆竹点。多个村庄自发组成巡逻队，全年开展定期巡逻，将群防群治安全网织密、织牢。进一步严格应急机制，加强防汛防台宣传，加强森林防火工作，确保森林防火安全，全年无一起重大森林火情。

民生事业 全年办理低保98人，农村医疗保险报销200余件，建成龟背、岭东等13个村的居家养老照料服务中心，顺利完成巽宅敬老院改制试点工作。以文化礼堂建设为基础，扩大群众文体活动阵地，新建1座文化礼堂，提升2座文化礼堂，完成巽一村的文体样板村建设。以文化体育提升年为抓手，主办社区文化走亲系列活动，组织小嘉年华“皮影戏”巡回演出。2016年共开展各类活动70余场，受众超过2.2万人次，反响强烈、深受好评。积极挖掘上报金溪村和横彭村两个县级文明村和7户县级“十星文明示范户”，完成加快麻庄村的乡风文明示范村创建工作。以设立“民间道德奖”的基础上，深入开展、评选和宣传“道德模范”“最美人物”“最美家庭”等活动，宣传社会温暖人心的善行义举，已在14个村居设立民间道德奖。

政府建设 强化政府建设责任落实，对照年度目标进行量化、细化，确保每项工作都有领导负责和落实，加强镇考绩考核办公室工作力量，对驻村干部实行定期、不定期考核，通过反向计分制度督促干部工作，安排专人负责对慵懒散漫、重大工作任务执行不力等情况进行督促约谈，取得良好成效。坚持凡是重大决策、干部任免、重大项目安排和较大额度资金使用，都必须由镇党政班子会议集体研究决定的民主制度，定期召开民主生活会，深入挖掘存在的问题及制约巽宅发展的突出问题；坚持分工合作，实行领导干部“六联系”制度，开创全镇凝心聚力、齐抓共管的生动局面。

基层党建 顺利完成村级老年协会资金资产专项治理试点工作，为盘活村级资金资产以及理清基层治理体系奠定坚实基础。深入动员和部署，开展党员组织关系集中排查，理顺组织关系，凝聚党员战斗力，共清理和转出25名党员的党组织关系。查问题列清单，推动党员边学边查边改，特别是对46个村（居）的63名党性差、不积极的后进党员进行专题党性教育，收到良好成效。打造党员志愿服务平台，成立拥有1406名志愿者的63支党员专业志愿者服务队，全年开展无偿献血、环境清理、治安巡逻等党员志愿活动1000次，塑造党员先锋形象。制定出台《农村基层党建十项否决制度》，将村级民主议事决策、三务公开、“三会一课”制度等10项内容列入否决事项，从而决定各村能否进行项目申报、资金拨付、个人评优评先等，倒逼村两委补短板、抓党建。抓好制度刚性落实，开展村干部坐值班巡查、“五议两公开”必查、村干部履职清单抽查制度，规范村级组织运行，强化基层党建主体责任落实。全年共扣发村干部报酬241人次计53958元，另暂扣代班不规范的11人计13744元。

荣誉 2016年，巽宅镇黄檀溪水利风景区入选第十六批国家水利风景区，巽宅镇获得浙江省传统戏剧特色镇（永嘉乱弹）荣誉称号。巽宅镇人民政府获得温州G20维稳先进集体、温州市卫生镇、温州市扶贫开发工作先进集体、温州市先进人民调解委员会、2016年度温州市“规范化乡镇（街道）食安办”、2016年度永嘉县“新青年下乡”活动先进集体。

（潘超强）

鹤盛镇

表38

2016年鹤盛镇基本情况统计表

项　目	单　位	合　计
总面积	平方千米	176
耕地面积	公顷	878.82
农作物播种面积	公顷	1960.6
粮食播种面积	公顷	1265.07
建制村	个	41
总人口	人	42993
农业总产值	万元	13311
财税收入	万元	5594
农民人均收入	元	10857

概况 2016年，在县委、县政府的坚强领导下，鹤盛镇全体成员众志成城、砥砺奋进，基本完成了上一年规划的主要目标任务，在全面建设小康社会的道路上迈出了坚实步伐。全体班子成员坚持中共十八大和十八届六中全会重要思想为指导，深入学习“两学一做”教育思想，严格执行上级党委、政府各项工作部署，带领全体干部职工，同心同德、共谋发展，有力地促进了鹤盛事业的又好又快发展。经济指标稳步增长。全力推进有效投资，累计完成投资额4.1亿元，完成率为102%。深入实施招商引资“一号工程”和鹤盛人经济回归工程，完成招商额1.4亿元。坚持以旅游为主线，全力抓好石桅岩AAAAA级旅游景区创建，重点打造以特色农家乐和精品民宿为主的休闲度假品牌。其中龙湾谭、石桅

表39

2016年鹤盛镇建置村（居委会）情况统计表

村（居）名	书记	主任	村（居）民小组	人口
鹤盛村	谢定聚	谢品元	17	2563
鹤垟村	谢纯虎	谢永平	7	914
炉山村	谢美华	谢道南	8	
上埠村	谢寿和	谢清顺	5	864
下岙村	周陈亲	周振洲	6	903
霞岭根村	滕世岩	滕星全	9	1004
谷庄村	谷建胜	谷文龙	4	363
箬袅村	谢招豹	谢志林	9	1213
岩峰村	谷定华	谷海兵	9	1047
大矼村	龚绍港	龚祖勉	6	705
郑源村	叶宝元	汪建华	6	678
黄坑村	盛从领	滕朝龙	11	1507
大山头村	谢晓朋	谢定东	4	559
鹤泉村	谢选春	吴纪社	7	599
岩上村	谢纯益	谢新青	6	799
塘村	赵德月	赵章坤	7	610
罗川村	金林云	金敬道	10	1240
东　皋	周碎静	周星成	18	2824
上日川	周文卫	周送	19	2007
平龙山	郑松琴	周金林	3	246
上塆村	周仁平	周志山	6	746
填垟村	周新华	周友贤	20	2720
西炉村	周益朋	周利法	6	616
东炉村	周秀良	周仙琴	9	696
大山底	谢丐领	谢飞祥	9	516
下家岙	李福有（副）	李海舟	11	1967
蓬一村	谢纯利	谢里一	8	1215
蓬二村	谢裕众	谢修善	7	1146
蓬三村	谢棒平	谢修乾	9	1233
藤家垄村	李松峰	潘统勋	12	1113
梅坦村	谷太昌	谷志法	19	2342
垟京村	谷亨东	谷曲友	5	788
岩舟村	谷建左	谷益明	6	769
西一村	谷明聪	谷寿国	6	727
南岸山村	王章满	周寿远	5	556
西源村	谷小云	谷明林	19	1372
下庄垟村	谢世杰	谢岩金	3	385
谷山村	谷建新	谷建区	5	436
德岙村	周龙久	周福兴	7	712
齐山村	谷岩玉	谷亨利	4	268
鹤塆村	谢福德	谢定文	5	880

岩共接待游客人数24.89万人，门票收入1183.75万元。

民生工程　重点工程顺利推进。完成谷山、鹤泉等8个村的农村生活污水处理工程；持续推进鹤盛溪治理工程、蓬溪玉带溪治理工程、南岸山防洪堤工程和谷庄供水管网工程；完成南岸山供水管网改造工程、鹤盛镇管道灌溉工程和鹤盛灌区改造工程。完成污水管网一期工程建设项目，污水管网二期工程已完成90%，并按照计划启动管网三期、四期建设；截至2016年12月底，三期已完成设计审图；四期已启动招投标施工。稳步推进鹤盛镇滨水公园二期、张园滨水公园等工程。生态保护日益强化。推进“三改一拆”工作，结合大拆大整工作，共开展大型拆除行动16次，共拆除违章98575平方米，有效震慑了一批顶风违建者。完成旧住宅改造22801平方米，完成率791%，完成城中村改造一类任务20户，完成率39%，完成城中村改造二类任务34788平方米，完成率141%。坚持系统污水治理工作，截至2016年10月份，完成谷山、鹤泉等8个村的农村生活污水治理工程，每月县级考核均排名全县前列，B类乡镇排名第一。关停拆除畜禽养殖场5家，完成率为100%，生猪散养整治任务401家，完成率100%。

社会和谐　加大社会救助。注重困难群众生活保障，全年发放贫困户保障金约162万元。鹤盛镇对受台风自然灾害23户申请救济金20万余元。全年共解决困难户“五难”问题27户，医疗救助30人，生活困难救助38人。对2016年上半年中的60户脱贫户取消农村低保，新增符合低保条件的52户的农户加入农村低保。对6名100岁及百岁以上老人按时足额发放补助金，并不定期地进行看望和慰问。强化平安维稳，深入推进平安稳定大环境，不断加大投入，搭建法制宣传载体，在主要道路入口处和集镇区域悬挂宣传横幅达22条，以宣传、培训的形式，向各村发放的宣传资料1000多份。制订下发了本年度综治工作要点，党委、政府与各行政村（社区）及镇属单位签订《综治目标管理责任书》，全年总排查出矛盾纠纷544处，化解矛盾纠纷544处，处置了紧急突发事件7起。接待信访件70件，化解初信初访6件，积案化解14 件。对10名重点稳控对象，采取有效的稳控措施。G20峰会期间，成立G20峰会平安工作领导小组、组建24小时日夜巡逻队伍、稳控化解队伍、消防安全24小巡逻队伍、重点区域巡逻队伍等，突出重点工作，严防死守，圆满完成峰会护航工作。开展安全生产活动，印发了《2016年安全生产目标管理考核办法》，对2016年全镇的安全生产工作进行了安排部署，并签订各类安全生产目标责任书100份。开展消防安全宣传活动，发放宣传资料1800余份。重点检查了烟花爆竹经营户。检查烟花爆竹经营户的经营资质、仓储点、警示标志、消防设备、物品摆放等情况，及时纠正了经营户的不规范行为，在G20期间，关停3家烟花爆竹经营点。全力开展打非治违专项行动，检查农家乐、出租房、小作坊、学校40余次，在县安监局指导下拘留两家卖油漆（可燃性危化品）的店主。全年共出动安全生产综合检查4次，小型检查40次，检查生产经营单位116家次，发现安全隐患16处，已整改安全隐患16处。

基层党建 对照“村级组织建设示范达标基本要求”逐村检查，制订党支部问题清单和党员整改清单，明确整改期限，并结合“两学一做”学习教育提升党员积极性。现已达标33个村，顺利完成任务。落实市、县、镇三级基层党建示范点打造计划，确定下家岙等5村为市级基层范点，蓬二村等4村为县级示范点，谷庄村等7村为镇级示范点。创新出台《鹤盛镇基层党建工作交叉检查工作方案》，通过片组交叉检查、科室抽查、班子领导督查等方式，形成全方位、立体式督促模式。组织全镇党员参与“两学一做”集中测试。创新组建42支党员志愿者服务队，组织志愿者进景区、进社区、进农家开展志愿服务，开展助力美丽乡村、护航G20等志愿活动17次。全年共集中学习17次，参与学习干部达900余人次。

文化建设 着力抓好村民中心、文化礼堂建设，健全“六室两栏一厅一堂一广场”构成，将“红色阵地”打造成为政治中心、精神文化中心、公共服务中心。制订《鹤盛镇实施强村惠民三年行动计划》。借助鹤盛资源优势，通过出租、改造废旧祠堂等集体资产，建设成民宿、农家乐等特色产业的方式，盘活村集体资产。

反腐倡廉 严格换届风气，狠抓五清行动，及时掌握村级组织现状，并顺利完成账目清查、老年协会资金资产专项治理等重点工作。截至2016年12月底，化解了18起历史信访积案，其中涉外1起、涉纪7起，100%实现了换届重难点村整转。建立长效机制。全力构筑纪委、组织、宣传、统战“四位一体”的大党建格局。扎实推进镇街干部联系群众“鱼水情”等行动，深入开展“走村不漏户、户户见干部”活动。邀请县纪检、检察院等上级部门不定期来镇上课，加强干部思想教育，全年累计10余次。全年镇纪委立案查处3人，诫勉谈话2人，党委通报3人，内部通报5起10人次。开展坐值班专项督查39次，查到不在岗人数11人次，每次扣除300元，累计扣除3300元。

荣誉 荣获中国老年宜居名镇、省级G20杭州峰会森林消防安保工作先进单位、省森林养生小镇、浙江省休闲农业与乡村旅游示范镇、浙江春意小镇“绿色生态示范小镇”、省团委先进集体、市人民调解先进单位、市关工委先进集体、市滨水公园建设先进集体、市优质健康农产品示范镇、2016年度创建平安永嘉工作综合先进集体、永嘉县2016年度农村生活污水治理工作先进集体、永嘉县2015—2016年度森林消防工作先进集体、2016年永嘉县信访工作先进集体、2016年度落实党风廉政建设责任制先进集体、2016年度永嘉县重大动物疫病防控和畜牧业污染整治工作先进单位、2016年度乡镇（街道）团（工）委考绩优秀单位、2016年度永嘉县殡葬改革年度考核先进单位、2016年度全县党委系统信息工作先进集体等荣誉称号。

（周聪聪）

金溪镇

表40

2016年金溪镇镇基本情况统计表

项　目	单　位	合　计
总面积	平方千米	86.3
耕地面积	公顷	960.67
农作物播种面积	公顷	2125.07
粮食作物播种面积	公顷	1753.71
建置村	个	38
总人口	人	41276
外来民工	人	273
农业总产值	万元	3880
工业总产值	万元	22000
财税收入	万元	100

概况 金溪镇2016年5月成立，全体干部在县委、县政府的正确领导下，深入实施“三区两美”重大战略举措，坚定信心保增长，立足实际抓转型，在全面建成小康社会的道路上迈出了坚实的步伐。以农业为主导，各项经济发展为辅助，经济发展稳中有序。农作物总播种面积达2124公顷，生产粮食8086吨，总产值3880万元。截至12月底，共完成固定资产投资2.92亿元。6—12月完成工业生产总值2.2亿，实现财政收入658.98万元，完成招商选资金4700万元，较2015年同比增加10%。签订总投资4.88亿元、占地133.33公顷的下庄农光互

表41

2016年金溪镇建置村（居委会）情况统计表

村（居）名	书记	主任	村（居）民小组	人口
下徐	邹建平	邹恩光	19	2089
富垟	鲍秀晨	鲍秀书	4	427
龙口	王定良	王忠宽	4	387
墩头	潘伟东	郑玉树	6	740
山根	邹时南	邹立强	8	758
六龙	李建珍	李光托	19	2976
龙头	郑庆通	李志曼	13	1579
坦头垟	邹步通	邹进龙	26	3030
吴宅	吴进潘	吴进坚	14	1635
潘宅	潘统友	潘继续	16	2184
章一	章国兴	章寿永	7	661
罗徐	林长春	林嵩映	6	638
下庄	李长伦	李谊	14	1198
呈岙	潘长江	潘光斌	6	760
朱坑垟	潘崇林	潘光亮	5	563
瓯山	吴伯琴	吴海勇	16	1384
周山	赵章平	赵建东	4	197
双进	吴建峰	吴洪标	10	987
金园		吴光友	10	973
洋观	吴进福	吴国伏	4	731
瓯渠	吴策	吴祖敢	17	1410
向阳	尤建敏	胡晓滔	6	465
前山	吴黎明	吴国和	17	1879
岭一	尤建勇	尤振谦	7	754
娄川	陈佩施	潘长勇	4	334
湖庄	李松定	李光建	27	2201
济根	赵世蒙	赵世南	5	448
双联	李长仕	赵大仗	6	587
陈岙	潘锦飞	潘松庭	7	820
大阳	李德仓	李乐毅	3	365
黄村	李加行	李春益	8	721
黄山	李云平	罗国忠	11	758
里村	陈永飞	陈克俭	14	1283
茶一	季祥波	季益青	15	1699
上朱山	赵长华	赵建敏	4	518
茶二	赵德秀	赵大金	10	926
朱山	朱大海	朱文明	8	549
阮山	陈顺发	陈光晓	12	797

补光伏发电项目，完成3家规模以上企业工业生产总值1.17亿元，经镇招投标中心对饮用水工程、污水工程、滨水公园、文化中心、老人照料中心、山塘水库修建、旱改水工程等多个项目公开招标，总累计金额约为1300万，金溪民众殷切期盼的218省道经省发改委完成立项，进入下步工作。

环境整治 结合美丽乡村建设，深入推进“五水共治”“三改一拆”“四边三化”“殡葬改革”等工作。以拆促改，强势推进“大拆大整”。6—12月，已完成违法建筑拆除面积9万平方米，共拆除违建192处，其中存量169处、增量23处，13个村居实现无拆违创建调查，超额完成城中村改造“旧房”签约工作，拆旧46户，签约46户。攻克重难点历史违建2处，分别为下徐岙违建厂和墩头村凯泉泵阀有限公司，共计建筑面积24400平方米。完成辖区内基本房屋情况排摸，共排查房屋8088户，完成危旧房建档1755处，其中D级危房50处，清理腾空50处，拆除整改落实25处。促管结合，纵深推进“五水共治”。“四边”区域累计拆除违法建筑共12000余平方米，清理垃圾、废弃物40余吨，河道、公路保洁共计140公里。积极落实河长制，切实履行“管、治、保”的职责，推进“双清”行动。有效推进农村污水整治，共安排污水工程10个，其中集中式6个、分散式4个，增加一体式厌氧池500余个。积极推进畜禽养殖污染整治，拆除水禽场10个，拆除面积13710平方米。关停生猪养殖户205个，治理生猪养殖户217户，关停禁养区养殖场21个。精准发力，梯度推进殡葬改革。发现并强势拆除新建、翻新坟墓134座，制作并发放丧葬改革宣传资料5000余份，制止处理违规办丧2件，骨灰跟踪25例，鼓励新建生态公墓，有效推进青山白化整治工作，移风易俗逐步深入人心。

民生事业 完成社区卫生院升格中心镇卫生院建设，增设卫生服务站所2个、卫生室4个，城乡居民社会养老医疗参保人员达30670人，参保率达95%以上，积极做好“消除4600”工作，新增低保135户185人，医疗救助65人次，临时救助46人次，发放救济被等救济物资870余份，救助补贴263余万元。建成村级居家养老照料中心8个，广大农民因病致贫及时救助问题得到基本解决，农民参合深入人心。精实打造市级“卫生镇”。强化硬件设施，完成道路水毁修复15处；更换建成区主街道垃圾桶130只，开展食品整治检查181户次，责令整改10家，出动340余人次开展环境整治，清除卫生死角陈旧垃圾45处，清除滋生地93处，多举措推进公厕管理，养殖防治、垃圾沤肥池建设等，成功创成金溪镇“市级卫生镇”称号。全力打造民俗涵养文化氛围。积极推进湖庄文化礼堂落成，充分利用龙头文化礼堂，举办金溪镇首届文化艺术晚会、九九重阳节文艺晚会、“平安永嘉、共建共享晚会”等共计5场晚会，开展“新青年下乡”等志愿服务4次，群众性文化体育活动丰富多彩。以民为本，始终走在抗险救灾第一线。成立镇级抢险救灾队伍共35人，做到严部署、身力行，时刻秉持“第一时间”“第一现场”，带领救灾队伍共转移800余人次，确保在“莫兰蒂”“鲇鱼”“海马”期间人员零伤亡。同时做好各项灾后重建、上报工作，保证人民群众财产生命安全。获得温州市委关于2016年度抗险救灾优秀集体称号。

社会管理 金溪镇积极组建成立村级平安建设志愿者队伍38支，共计1290人，组织开展防溺水、禁毒、反邪教知识宣传活动。加强对重点人员教育稳控，对本辖区内71名涉毒人员、社区矫正人员、涉邪教人员设立一人一档，实行定期排查和日常监管。强力推进平安督查。有效开展安全生产和公共安全平安督查工作，成功调处各类社会矛盾纠纷147件，涉及当事人312人，涉案金额达166万元，各类案件均已成功调解，调解成功率达100%，有效维护社会良好治安秩序，确保G20大会战万无一失。全力开展安全专项行动。加强安全生产管理，定期对生产地点，特别是三小场所、易燃易爆场所、老旧房屋等进行“安全生产突击大排查、大整治”行动，共出动综合检查计12次，检查生产经营单位102家，发现安全隐患130处，已完成整改安全隐患51处，将继续加大整改力度，取缔非法生产经营单位12家，发现危化品经营点1处。

基层党建 金溪镇党委结合本镇实际,持续抓好党建工作，夯实基层基础。稳步完成“两代表”选举工作。通过资格审查把关，统筹研判分析，共推出党代表预备人选116名，正式代表74名，取消党代表预备人员资格12名。人民代表大会代表候选人106名，正式人代表62名，取消人民代表大会代表候选人资格10名。严格按照上级精神开展“两代表”回头看工作，确保代表选举程序和代表资格整改到位。逐步推进村级换届前期准备工作。已完成整转重点难点村9个，化解问题18个，完成对软弱涣散村的整治工作。集中排查党员组织关系，深入开展查摸流动党员，查找失联党员，排摸困难党员，健全完善党员档案，完成对全镇1226名党员信息采集。深入开展“两学一做”教育实践活动。将两学一做贯穿全年党建始终，联系实际、融入日常，制作并发放学习资料3000余份，结合镇两代表换届工作开展党性教育活动，组织领导干部深入到各村上党课153次，组织青年党员上党课220余次，组织开展星期六志愿者活动900余次，认领完成微心愿1100余件。统筹规范党员管理。深入开展学习中共十八届六中全会会议精神，49个党支部开展学习《关于新形势下党内政治生活的若干准则》和《中国共产党党内监督条例》，严格根据文件要求，按照党费计算基数，补缴党费共计38500元。全面打造红色阵地，强抓3个县级示范点和3个乡级示范点创建，通过提升组织阵地，规范组织运行，创新活动载体，全面提升示范点党建水平。严格落实村干部坐值班制度。镇组织办联合镇纪委对各村村级财务、村务公开、村主要干部坐值班进行常态化巡查，对发现的问题进行全程跟踪督办，发现干部擅离职守等情况扣除当月坐值班工资金额，针对发现的问题发放整改通知，督促整改落实。2016年，共发放整改通知书10份、警示谈话22人，涉纪信访11件，办结9件。

（潘　敏）

东城街道

表42

2016年东城街道基本情况统计表

项　目	单　位	合　计
总面积	平方公里	109
耕地面积	公顷	885
农作物播种面积	公顷	1565
粮食作物播种面积	公顷	989
建置村	个	41
居委会（城市社区）	个	1
农村新社区	个	3
总人口	个	44252
外来民工	人	2817
农业总产值	万元	8407
工业总产值	万元	28782
财税收入	万元	2837

概况 东城街道位于永嘉县东南部，成立于2011年5月，由县城主城区上塘环城西路以东、县前路以南以及原来的岭口乡、陡门乡等地组成，辖区面积约102平方公里，是温州市区域面积最大的街道。街道下辖41个行政村、1个城市社区，户籍人口4.5万人，常住人口约3.9万人，外来人口约0.2万人。辖区内交通便利,诸永高速、41省道、虹三线等交通主干道贯穿全境，康庄公路覆盖所有行政村。近年来，街道相继获得国家级生态街道、省级体育强镇（街道）、市级卫生街道等一系列荣誉称号，其中国家级荣誉1项、省级荣誉2项、

表43

2016年东城街道建置村（社区）情况统计表

村（居）名	书记	主任	村（居）民小组	人口
浦口	黄天双	黄仁众	8	1166
前村	汪黎接	汪祥恩	5	532
浦东	叶崇甫	汤建香	6	950
嶂岙	金世宗	尤小玉	7	922
渭石	孙建石	孙鹏飞	16	2054
城东社区	李建珍	李光托	50	9705
敬仁	徐培升	陈培元	15	1832
立新	梅永定	梅永开	4	494
绿峰	李炳全	徐建朋	10	1477
河底	潘建国	施小东	3	402
绿嶂	叶宏高	陈贤平	6	807
绿上	陈克行	杨阿靖	8	1097
石介下	杨云和	叶建忠	2	151
峙口	苏文	厉育平	18	2417
焦坑	董建胜	缪春伟	3	366
仁里	陈久旺	汪庆光	4	542
河岙	娄炳远	郑元泽	12	1626
大龙山	邱杨文	刘小龙	5	621
溪头	黄达汉	吴文定	4	456
山仓	王哲忠	王云利	15	1842
河屿	陈建华	陈利贵	12	1402
长源	李仁兄	金胡宽	8	1359
大岙坦	叶丐茂	胡念丰	3	459
高山	高祥荣	黄远	3	695
全安	柯碎华	柯荣靖	7	803
大溪	张建新	陈招仁	8	1132
陡门	陈龙有	陈卫林	13	1449
东坑	陈建华	陈昭仁	3	307
牛伦	翁兴宽	黄金永	2	139
西林垟	李中有	李松飞	14	924
山溪头	高仁德	高金宣	2	223
平坑	黄丐显	林云尧	7	829
绍山	叶圣枢	叶圣博	4	358
翁山	柯永海	柯恩荣	3	354
上庄山	廖克育	廖文榜	2	223
梅岙	陈荣区	陈爱义	5	561
潘垟	陈招益	刘祥玉	6	813
茅竹坑	李忠业	李石	3	279
珠山	陈光泽	卓丐柳	8	1003
林村	林文杰	林日聪	2	167
全山	陈建新	徐少考	2	241
金竹垟	张登文	张恩龙	8	1073

市级荣誉9项、县级荣誉16项。2016年，东城街道党工委、办事处紧紧围绕县委、县政府中心工作，求真务实，克难攻坚，有力地保持了全街道经济稳定发展、社会各项事业全面进步的良好势头。

经济发展 2016年，规模以上工业发展迅猛。至年底有规模以上工业企业5家，规模以上工业增加值5981万元，同比增长78.4%；规模以上工业总产值2.88亿元，同比增长78.1%；增速排名永嘉县第一。2016年，服务业发展稳定，投资7000万元的上塘综合农贸市场于2016年7月正式营业，投资4.5亿元的浦口商业步行街工程顺利结顶，农家乐、乡村会所、休闲观光等农业服务业逐步发展。现有服务业单位238家。2016年限上社会消费品零售总额1.6亿元，同比增长13.2%；规模以上服务业增加值5.3%个百分点。现代化农业发展加速。以市场为导向，以农民增产增收为目标，大力发展现代化农业。积极创建粮食功能区，加大粮食生产扶持力度，建成绿障敬仁片省级粮食生产示范区，恩恩农业专业合作社早稻亩产600公斤，达到省级高丰收基地标准；积极引进新品种、新技术，推进蓝莓、番薯、草莓等特色农产品种植，长源村、河屿村试种植河藕26.67公顷获得成功，继续扶持陡门蓝莓基地、番薯枣基地、绿嶂片草莓基地发展；积极推广新农机农具，2016年新增微机51台、值保机械2台、机动喷雾器5架，报废拖拉机8台、割稻机1台，不断加快农业现代化机械推广应用步伐。

城乡建设 2016年，深入开展创国家卫生城工作。清理影响城区环境卫生的“十乱”现象，督促老的上塘综合农贸市场进行整体拆除搬迁，对环城东路乱堆乱放的废旧木材进行清理搬运转移。组织清理死角垃圾600余吨，搬运转移废旧木材160吨，清理违规种菜1亩，处理家禽200羽，转移家禽500羽，处理旱厕5所，拆除鸡窝30个，拆除违法乱搭棚子20个，拆除上塘综合农贸市场和浦口蔬菜批发市场两个市场周边存量违法建筑21800平方米。硬化浦口村 、浦东村地块10处，面积2000余平方米。街道整体环境卫生面貌明显改观，基础设施日趋完善。群众健康意识、卫生意识增强，满意度提升。2016年，持续深化“五水共治”。深入落实河长工作制，由13名领导担任河长，管理辖区143条河道，河长每月至少开展三次巡查并记录巡河日志。建立河道保洁长效管理制度，由温州市黄河保洁公司负责河道日常保洁，确保辖区河道整洁。重点对山仓河进行治理，拆除沿岸非法生猪养殖场6家，投入30万元对山仓河支流进行应急清淤和生态调水，完成了山仓河的黑臭河治理。逐步推进农村生活污水治理，保障农村生活用水。投资239.3万元新建污水集中处理村1个、分散处理村4个，投资57.8万元建成珠山、翁山、河屿3个村的灌区工程，同时积极推进绍山村饮用水工程建设。2016年，纵深推进“三改一拆”。针对两路两侧、非法养殖场等重点整治区域、对象，组织开展联合执法行动，有效推进了诸永高速沿线、41省道沿线等重点区域的违法建筑拆除工作，成功拆除或关停了一批非法养殖场。截至10月，共拆除违法建筑100多处、97000平方米，拆除或关停非法养殖场24个。紧紧围绕“无违建街道”创建标准，按照试点先行、先易后难、逐步推进的原则，成熟一个上报一个，共建成“无违建村”27个、“无违建河道”1条。2016年，大力推进“大拆大整”专项行动。成立以街道主要领导为组长的专项行动领导小组和六大专项行动小组，制定街道“大拆大整”专项行动方案。针对拆违和城乡危旧房治理改造范围广、任务重、困难多的特点，成立拆违攻坚指挥部，下设城区片、绿峰片、岭口片、农业线4个拆违攻坚小组，按片区和功能分配拆违任务，明确责任，狠抓落实；同时成立城乡危旧房治理改造提升协调工作组，负责城乡危旧房改造治理过程中的群众思想动员和政策处理工作，切实推进城乡危旧房治理改造提升协调工作。截至12月21日，共排查城镇危旧房1673幢，农村危旧房9222户，其中城镇D级危房26幢，全部腾空，农村D级危房25处，腾空16户，拆除9户；排查“四无”生产经营单位511家，整改380家，其中小作坊100家，整治80家；拆除违法建筑47000平方米，任务完成率104%；城中村改造项目累计签约12户，拆除12户；排查流动人口6721人，现在册市外流入人口数3569人，较9月底减少287人，减少7.44%；排查整治居住出租房258户，合格250户，限期整改8户，其中整改完成5户，整治后合格率98.8%，排查整治合用场所80户，合格69户，限期整改11户，其中整改完成6户，整治后合格率93.8%。

社会事业 2016年，加大社会保障力度。新增牛伦村、林村、绿峰村、山溪头村、焦坑村、山仓村、渭石村、溪头村等8家居家照料服务中心，现有享受养老服务补贴247人。1—10月共办理残疾人事项149件，办理护理补贴228人，生活补贴323人，无障碍设施进家庭8户20件。开展红十字会救护培训，共培训100人次。开展助残日活动，走访辖区贫困残疾人家庭，送上慰问金。2016年，深入开展农村体育文化建设年活动，不断加强文体设施建设，创新公共文化体系，开展多元化文体活动，传播先进文化，弘扬社会正气，进一步丰富群众文体生活。举办梅岙村“梅花节”“送戏下乡”“美厨娘”厨艺大赛等各类活动86场次；组织各类讲座、报告会70余场；开办各类文体培训班4期；组队参加市、县举办的各类文体活动12次，获奖10次。新建全安村文化礼堂、东城街道文化活动中心、城东社区文体活动中心，验收通过渭石文化样板村，使街道成为全市乡村精神文明建设暨农村文化体育建设的一个学习参观点。

平安建设 2016年，不断健全综治网格化管理。狠抓综治网络延伸工作，创新完善“网格化管理”体系，根据农村新社区建设的实际，按照“定格、定人、定责、定流程”的要求，多次召开会议，专题研究部署综治“网格化管理”工作，将全街道42个行政村划分为陡门、岭口、望江、城东4个网格社区组，42个网格小区组，44个网格单元，分类分级组建服务团队40支430人。细化工作方案，调整优化常态走访、信息录入、分派处理、流程管理、责任查究等一整套工作机制，确保综治机构能第一时间掌握基础信息、矛盾纠纷、安全隐患和治安问题，及时将问题化解、整治。2016年网格内共上报矛盾纠纷48条，安全隐患474条，调处率与整改率均达100%。深入开展信访维稳工作。化被动为主动，变堵访为疏导，变治标为治本，全力以赴抓好信访稳控，积极化解各类社会矛盾纠纷，加强劳动纠纷调处，预防和妥善处置群体性事件，确保了G20、中共十八届六中全会等期间社会治安形势稳定。共调解各类矛盾纠纷18件，调解成功率在100%；调解重大疑难案件6件，涉案金额270万；受理信访35件，办理答复35件；上报涉稳信息9条。2016年，稳步推进禁毒工作。配备专职禁毒工作人员3人，禁毒社工6人。至年底在册吸毒人员319人，其中实有吸毒人员116人（包括新型毒品帮教对象27人，社区戒毒对象22人，社区康复对象28人，其中6人决定书未开，在押39人）、六类人员203人。2016年复吸29人，新增吸毒对象13人。社区戒毒本年应尿检143次，已检128次，尿检率为90%；社区康复应尿检112次，已检99次，尿检率为88%；帮教对象27人（其中1人不做要求），已建档23人，建档率85%；美沙酮任务数7人，至年底服数8人；就业安置落实人数202人，安置点为永嘉县三联电机制造有限公司，至年底已安置3人。2016年，全面加强安全生产保障。排查生产经营单位166家，排摸出安全隐患197项，开具整改指令书15份，责令当场整改112条，限期整改85条，全部督促整改完毕；张贴宣传画报400余份，发放传单1500余份，悬挂横幅50条、各类挂图和标语135套，下发安全生产培训教材1000余本；组织开展安全生产培训，累计培训特种设备管理人员、生产经营单位安全生产负责人、安全生产管理员150余人，企业员工860余人，村居安管员、网格管理员80余人。无重特大事故发生。

党的建设 2016年，深入落实“两学一做”学习教育。组织学习党章党规和习总书记重要系列讲话，组织讨论四个专题和党性、宗旨、作风“三问三查”，组织观看《做合格党员》《郑义门》等视频纪录片，全面深化党内教育。开展党组织“三张清单”、党员“一张清单”工作，根据问题整改落实。组织成立44支党员志愿者服务队，共650余名党员志愿者，围绕县委、县政府的中心任务，定期开展志愿者服务活动，发挥党员先锋模范作用。2016年，积极推进红色细胞工程建设。全面开展党员联系群众服务民众行动，积极开展走亲连心大走访活动，街道领导干部、驻村干部走遍了全街道42个村和社区、10家重点企业和60户重点困难户；深入贯彻落实“五件宝”制度和“鱼水情”行动，街道干部联系村党员、村民代表、困难户1476户；设立联系干部阳光牌和周行程公示栏，接受群众监督，增强工作透明度；组织开展“点亮微心愿、共筑中国梦”活动；发挥“民情E通”微信平台作用，开展微心愿认领、星期六志愿者活动，解决实际民情困难申诉295条。2016年，强化服务型党组织建设。明确领导分片包村驻企联系点制度，每季度定期召开基层党建例会、协调会，着重解决发展党员、村组织建设、后进村转化等党建工作问题。全面开展党组织五星争创、“先锋指数”考评、党员民主评议和“三个一”管理等工作，共评出五星级基层党组织8个，先锋党员38人次，整改警示信教党员3人，吸收预备党员21人，预备党员转正27人。整顿软弱涣散村党支部，强化村级组织带头人的思想意识和党管意识，三项承诺基本得到落实。严格执行“五议两公开”制度，落实村干部坐班值班制度，有效推进村级组织规范化建设。完成梅岙、焦坑等2个村民中心标识安装，创建峙口等13个党建示范点，河屿、全山、茅竹坑、平坑等4个办公楼未达标村开展审批，全安、焦坑等2个村新建办公楼投入使用。2016年，开展农村作风巡查。组织召开农村基层作风巡查推进会，成立街道作风巡查工作领导小组，由党群副书记担任组长，街道纪工委书记担任常务副组长，下设5个巡查组，开展交叉巡查。巡查5个村，梳理问题19个，办结11个，纪检监察机关立案2起。农村基层作风巡查营造了浓厚的农村基层党风廉政建设氛围，有效化解了农村信访问题，健全完善了农村基层党风廉政机制，夯实了村级党建工作的基础。2016年，筹备村级组织换届工作。通过前期排摸，切实掌握各村基本情况、党员干部群众思想动态和村干部适岗度情况。通过组织开展作风建设五大行动和清风行动双行动，营造风清气正的村级组织换届环境。持续抓作风建设，及时发现和纠正存在的问题，书面检查处理4人，口头批评6人，警示谈话4人，党纪处理和组织处理3人，提醒约谈相关责任人51人次，发放整改通知书15份，对2个村进行重点财务审计。

荣誉 2016年，东城街道荣获市级学前教育达标街道、通过国家卫生县城省级技术评估、县级计划生育考核二等奖等荣誉。

（郑鲁军）

南城街道

工贸 实现规模以上工业产值达18.95亿元；限上社会消费品零售总额2255万元；限上四大行业

表44

2016年南城街道基本情况统计表

项　目	单　位	合　计
总面积	平方千米	64
耕地面积	公顷	596
农作物播种面积	公顷	900
粮食作物播种面积	公顷	592
建制村	个	31
居委会	个	2
总人口	人	55075
外来民工	人	7300
农业总产值	万元	5096
工业总产值	万元	246541
财税收入	万元	2975

表45

2016年南城街道建置村（社区）情况统计表

村（居）名	书记	主任	村（居）民小组	人口
前一村	胡志强	缪 铣	12	1597
麻山村	胡金祥	胡增海	13	816
外山村	尤长光	尤长崇	8	592
中联村	胡成周	胡理考	10	560
中兴村	陈光武（副）	胡明九	10	1676
大了埄村	胡忠平	胡国荣	10	928
应山村	姚建新	胡明达	11	748
桥头村	柯统建	胡建文	10	1113
龙翔村	金信法	胡忠建	12	1052
西前村	吴振亮	李秀忠	9	1268
西后村	张爱华	李海兵	8	1219
李家村	李长恩	李建士	10	923
仁堂村	李本良	李春光	16	1141
栗一村	胡朝献	吴国锋	5	525
金平村	胡恩仁	郑彩珠	6	326
李浦村	陈德义	陈景权	16	2029
前二村	周寿南	周孟猛	24	1659
前三村	胡文平	胡玉兴	22	1792
中西村	胡忠沾	钱云棣	10	1126
溪了头村	施秀仁	施秀建	4	411
郭山村	施云飞	施海勇	8	608
金塘村	—	金吉祥	5	179
下堡村	南晓来	南存候	8	931
黄屿村	厉秀坚	李景池	33	4222
屿门村	何如亮	汤晓光	12	881
观前村	何丏唐	何定康	12	682
新民村	陈进友	陈敏升	24	2193
观下村	李仁赖	李龙进	8	730
芦湾村	陈明忠	郑芝林	6	466
东岸村	陈仁忠	陈云芳	16	1630
东华村	陈龙通	李小曼	10	903
城南社区	黄天芬	黄建飞	—	7576
城西社区	叶占一	柯海生	—	13016

销售额9380万元。

农业 积极稳定粮食生产，始终把粮食生产摆在更突出的位置，辖区粮食作物面积合计591.6公顷。基本完成农村生活垃圾分类处理工程。全面完成动物防疫任务。对农贸市场等农产品集中销售处进行不定期日常检查，全年共对300批次农产品进行农药残留检测，抽检合格率达98.3%以上，顺利完成年初下达的检测任务。落实“河长制”，建立完善的组织机构，建立健全各种制度。全面配齐各级河长，街道所有的河道都按照管理层级、配齐“县、街道、村”三级河长，真正实现河长全覆盖。

城乡建设 南城街道区域内工程建设项目多，固定资产投资占县城的70%。街道全力以赴配合中心城区做好政策处理工作，为区域内工程项目建设和土地出让保驾护航，确保项目建设顺利进行。开展创建国家卫生县城和创建省级园林城市活动，加强县城环境卫生综合整治，以“清洁化、秩序化、优美化”为标准，对城区环境进行彻底清理。市民居住环境发生了巨大变化，卫生综合管理能力再上新水平，2016年7月顺利通过省级验收，下一步还要迎接国家级抽查。11月又顺利通过省级园林城市的考评。深入开展“大拆大整”专项行动。对违章建筑、危旧房拆除始终保持高压态势，全力排查危旧房、“四无”生产经营单位、违法建筑、出租房、合用场所等。新增排查C级危房63间，D级危房38间，已贴封条清空人员38间，转移人员89人，拆除危旧房3幢18000平方米，违法建筑16230平方米。排查“四无”经营单位36家，整治32家，限期整改30家，断水断电30家。大力推进“五水共治”和“四边三化”。基本完成街道辖区等5条垃圾河的整治，进一步治理提升了中塘溪、下堡河这2条黑臭河，实施河道保洁服务外包，保洁长度86公里。加强无违建河道的创建和沿岸绿化，共拆除沿河违章乱搭建37处，面积达13350余平方米。注重生态环境建设，推进“四边三化”工作，在成功创建省级生态街道的基础上，再接再厉，申报创建国家级生态街道，组织拆除“三沿五区”视线范围内的坟墓143座，拆除10家畜禽养殖场，关停2家。深化无违建街道创建，完成拆违251处127512平方米。

社会事业 深入开展农村文化体育建设提升年活动，精神文明生活水平持续提升，街道业余文体队伍发展到60支，创建3个文化礼堂、8家农家书屋建立3支合唱团，组织和参加大型文体活动40多场次，顺利通过省体育强街道复评。卫生计生工作、民政、社会事务等工作取得长足进步，关心社会弱势群体生活制度得到全面落实，创建6个农村居家养老服务中心，新增8个避灾安置场所。

平安建设 积极开展“百日维稳”攻坚行动，深入开展平安创建，不断增强社会治安防控能力，保一方平安。圆满完成中共十八届六中全会、G20杭州峰会、世界互联网大会等重要活动的维稳安保工作，是G20杭州峰会安保先进单位。积极调处矛盾纠纷，排查各类不稳定因素398起，成功调解纠纷案件 386起（其中死人案件 6件），涉案金额达 486万元，在此过程中，也得到了县有关部门的大力支持。加强信访问题化解工作，变被动为主动，认真积极处置各类信访问题，积案化解5起。扎实开展安全生产和消防安全工作，2016年没有发生重大安全事故。

基层党建 深入开展“两学一做”专题教育活动，增强党员干部政治素质。创新开展基层党建“互学互比”活动，将村级干部坐值班、村“三务”公开、三会一课、五议两公开等制度落实情况进行每月评比排名，对工作落后的村支部书记由街道党工委书记进行约谈，并将每月评比情况与换届候选人资格、与街道对村级的资金补助等进行挂钩，倒逼基层党支部书记争先抓好基层党建工作。扎实开展村级组织“示范、整转、提升”工程。根据“整乡推进，整县提升”工作要求，针对示范村，增强补漏，向打造市级样板村逐步推进；针对整转落后村，摸清、摸透存在的问题，抓住问题症结所在，集中力量化解；针对达标村，明确整改措施，确保做到按期有效提升，2个落后涣散村已全部整转完毕，示范村黄屿村还被市委组织部评为全市样板村（全县唯一一个）。全面做好村级组织换届前期工作，逐村分析情况，认真排摸各类可能影响换届的因素，坚决实施“五清”行动，重点集中力量进行问题化解，扫除障碍，不给换届选举留隐患。坚持党要管党、从严治党，扎实推进农村基层党风廉政建设。始终把党的纪律和规矩挺在前面，严格执行党章和《准则》《条例》，强化干部作风督查，建立健全规章制度，促进正风肃纪制度化、常态化。认真开展农村作风巡查工作，做深做细巡查准备、实地巡查、交办督办、监督问责四个环节，直面问题，坚决查处违纪案件，受理涉纪信访案件23件，立案查处16件，开除党籍9人，起到震慑作用。

荣誉 2016年，南城街道荣获“永嘉县G20杭州峰会维稳安保工作先进集体”“2016年度全县政法工作先进集体”“2016年度先进乡镇（街道）党（工）委”“全县三改一拆专项行动先进集体”“永嘉县关心下一代工作先进集体”等荣誉称号。

（潘齐伦）

北城街道

表46

2016年北城街道基本情况统计表

项　目	单　位	合　计
总面积	平方千米	68.2
耕地面积	公顷	443.27
农作物播种面积	公顷	59.47
粮食作物播种面积	公顷	41.33
建制村	个	42
居委会	个	2
总人口	人	34472
外来民工	人	1532
农业总产值	万元	4629
工业总产值	万元	14763

经济建设 街道以农业招商选资工作为主要着力点，引领经济取得全面发展。在2016年内完成山节村、马兰坦村标准化养殖场、大亨村苗木基地等三大重点农业项目，并谋划进一步推动戈田探梅谷项目投资深化。同时，全力配合上塘中心城区，积极做好有关重大项目的政策处理、土地征用等工作，协助城区固定资产投资排名争先。其中对于计划投资1.1亿元上下线道路建设工程，街道采取“路堤景观结合”的方式，整合土地资源对其进行施工，至年底项目已正式启动，进入入场施工阶段。在上下线项目启动的同时，街道学习223省道附近优秀做法，计划在道路沿线大力发展现代观光农业、农家乐等产业，将上下线道路打造成为北城街道的首道商业线；全力推进中后村城中村改造项目进度，做好有关住户的政策处理工作，至年底政策处理所涉及735户居民已有731户签订了合约，签约率达99.5%。

环境整治 街道非常重视城乡综合环境整治工作，做到早安排、早部署、早落实，举全街道之力将违建、高污染等痼疾扫除。一是在拆除违章建筑工作方面。在创成无违建街道的基础上，进一步加强新建违建和未登记违建的管控力度，2016年累计拆违达337处，拆违面积12.7万平方米。深化宅基地确权试点工作，完成下寮社区10个村的土地确权登记工作，农村土地权属问题进一步明确。二是在“大拆大整”工作方面。自10月市里启动“大拆大整”行动后，街道快速响应，第一时间制定街道层面工作方案，举街道之力推动该项工作。截至年底，街道已全面完成全域危房排查，排查出C、D级危房超千处，腾空城区危房32处，农村危房52处；拆除D级危房11处，共计平方面积达11180平方米，有效保护了街道群众的生命财产安全。另

表47

2016年北城街道建置村（社区）情况统计表

村（居）名	书记	主任	村（居）民小组	人口	村（居）名	书记	主任	村（居）民小组	人口	村（居）名	书记	主任	村（居）民小组	人口
中村	柯永前	林卫周	10	573	阮家山	施龙星	施道金	8	482	江山	杨庆梯	王忠平	9	635
后村	陈光省	柯永久	9	599	塘山	金友丰	金云枢	7	428	朱寮	廖克藤	廖守源	12	839
三元堂	蔡永星	叶晓光	3	1181	朱岙	胡连元	胡方成	20	631	八里	钱成统	钱建克	6	543
云加山	谢金松	盛云生	1	112	大亨	叶会道	叶银楣	7	813	芬益	杨世林	杨益忠	6	368
水碓湾	方天顺	方存多	4	435	下庵	虞绍丐	程蒙蒙	4	214	中心	肖锚	杨丐亲	3	271
横溪	谢秀平	谢秀广	3	936	上庵	叶林开	廖祥者	3	471	芬星	温文英	温怀程	5	447
枫树下	廖远锋	廖卫国	6	264	下湾	王力	翁晓微	4	522	山坪	肖士川	肖士楼	3	195
山节	叶会珍	叶祥雷	6	544	中降	廖大宝	杨绵绵	8	209	陈下	刘久林	陈国林	5	289
马兰坦	叶丐开	叶国光	16	343	路口	叶加永	曾忠星	6	449	银场	肖晓建	肖南华	20	1119
金元降	王巧慧	虞世崇	11	256	东山下	杨先念	杨显壁	4	901	江坑	杨庆梯	王忠平	3	195
牛角门	叶瑶瑶	杨建国	12	142	李家坑	虞世恩	虞和平	11	352	城中社区★	汪样本	汪祥		4024
阮家降	蒋珍康	蒋石城	4	552	岭山	杨晓通	杨志练	8	257	城北社区★	盛栋梁	盛定孟		8864
十二盘	王云波	廖大克	7	530	江北田	廖远珍	廖远锋	5	135	戈田(特产场)				521
杭郭	廖光碎	廖爱仲	18	728	底寮	王恩典	王长用	10	841					
柯师湾	虞康日	廖建高	8	990	外寮	王方星	王哲锋	13	877					
岭后	徐小静	徐建仲	8	374	前坪	王启亳	王哲荣	6	395					

说明：带★号为社区居委会

外，街道城中村改造重头戏—中后村改造工程取得实质性进展，将于近期与有关住户签约。三是保洁工作方面。实现街道村居联动整治，指导各村居对各自辖区开展“周清扫、月整治”行动，2016年共开展大型环境集中整治7次；组织街道全体干部、巾帼妇女、党员干部等对城区环境开展大整治共6次，辖区环境得到改善，创卫理念深入人心。

“五水共治” 一是抓好农村生活污水治理项目。2015年北城街道8个任务村均已完成全部工程建设，并已通过工程验收。2016年9个村的污水治理设施建设项目已完工并投入使用；惠及戈田、职业中学及下堡村共3000多名居民的戈田浦截污纳管工程于2016年11月进场施工，完成工程量的25%。二是抓好畜禽污染物整治工作。2016年，街道在完成禁养区拆除工作的基础上，将重心转向了污染管控：成立畜禽养殖污染网格巡查组，每月组织养殖污染网格巡查组对各村及养殖场进行动态巡查，并拆除了多个复养点，源头污染情况得到肃清。同时，街道安排专人对街道内两家规模以上合格养殖场进行规范化管理，严控污染。三是抓好“四边三化”、清三河等工作。街道深入开展“清三河”专项行动，按照“三长一员”的要求实施“河长制”治理，“清三河”治理已进入常态化管理，全域75条河道的保洁均已交付商业化运营，由温州黄河保洁公司承运；根据五水共治热线反映的问题，于7月对鹅浦溪横溪村段进行应急清淤，清淤达6000立方米；全年清运道路旁垃圾170余吨，河道垃圾390余吨；开展辖区内排污口排查行动，在规模以上排污口一律设立监督标志。

社会事业 按照全面建设小康社会的要求，街道党工委、办事处大力推进社会事业发展，铸就“幸福北城”招牌。一是文体建设呈现新面貌。加大文体设施建设投入力度，下湾村文化礼堂于10月份竣工。以“文化体育深化年”活动为载体，举办了“农民排舞展演选拔赛”等文化活动17次，开展“街道全民运动会”等体育活动5场次，通过这系列文体活动，丰富了群众的业余生活，提升了文体素养。并在年内完成了省级体育文化强街道的各项创建工作，等待验收组验收。二是社会保障取得新进步。始终把改善和保障民生作为发展的出发点和落脚点，不断加大投入保障，2016年新增低保106人，累积享受达916人，优抚、“五保”、低保按政策兑现率达100%，2016年城乡居民养老保险和医疗保险参保率均已经达到95%以上，医疗保险覆盖率位居全县第一。三是居家养老服务取得新进展。2016年建设包括下湾、中降等村在内的居家养老服务中心9家，政府养老服务床位128床，并积极争取上级资金，更好提供给农村老年人安享晚年的生活条件。

平安建设 按照“事后处理向事前预防、被动应付向主动化解”的工作思路，全力打好“G20元年”社会稳定攻坚战。一是完善调解网络，化解信访苗头。设立街道调委会，对影响社会稳定的群体性事件、纠纷苗头，超前预测，及时化解。2016年，街道共调解矛盾纠纷44件，调解成功44件，调解成功率100%。二是明确解决思路，完善信访处理机制。制定出台领导接访制，规定每月一天领导接访日，督促班子成员积极持续的下访、接访、约访，调解突出矛盾纠纷，截至2016年12月底，街道信访室共接待信访人员45批次。全年办结上级信访部门交办信访件11件，办结率为100%。三是加大社会治安打击防控力度。全年共联合上塘司法所开展专题普法教育3次，禁毒办开展禁种铲毒行动3次，有效降低街道各类案件数量。四是全力抓好安全生产。建立安全责任体系，检查居住出租房、合用场所共1093家，劝导安装防火栓工作，有效防范和遏制了各类安全事故的发生。2016年全街道社会大局和谐稳定，辖区无火灾、无疫情、无非访、无命案，人民群众的安全感明显提升。

党的建设 2016年，北城街道党工委严格按照县委的工作部署，围绕发展抓党建，把党建工作放在全街道经济社会发展的大局中去考虑、谋划和推进，不断提升党建水平。1.深入推进“两学一做”学习教育活动。街道从“学”“做”“改”三字入手，推动“两学一做”取得成效。一是灵活方式精心“学”。街道党工委及55个下辖党支部相继制订学习教育计划，各支部依托“三会一课”等活动，由街道班子领导、青年党员等为全体党员讲授党课，推动街道党员深入学习党章党规、系列讲话以及十八届六中全会精神，针对外出党员，街道创新利用QQ、微信平台对其开展远程教育学习，使“两学一做”学习教育活动理念进一步深入人心。二是创新载体践行“做”。通过深入开展“扮美家园先锋”等活动，引导党员立足岗位开展志愿工作，全年开展各类志愿活动300多次。不断深化联系服务群众制度和“党员志愿服务日”制度，认领微心愿20多个。三是破解难题从严“改”。把解决问题作为“两学一做”的关键，以改促做。围绕“五个能否”开展大讨论，1200多名党员对照党章党规要求，深入查找自身问题，列出问题清单1960条，现已整改到位1540条；55个党支部对照职能职责，充分征求党员群众意见建议，形成问题清单、整改清单和责任清单，明确整改措施、时间期限和具体责任人，共列出条目式问题清单165条，都已整改到位。2.从严落实“五清”工作要求。为了夯实村级换届基础，街道严格按照县委“五清”工作要求，对可能影响到村级换届的五方面重点问题进行了了解、整治。“清风”方面，加大农村党员干部违纪违法案件查处力度，县纪委联合街道纪委进驻6个村开展巡查，查处11名严重违纪党员，其中开处党籍10名，严重警告1名。“清账”方面，至年底已完成了42个村财务审计工作，群众反映强烈的三元堂村，已通过委托第三方完成审计。“清仓”方面，街道对本辖区信访积案进行全面清理，集中办理，逐案制定化解方案、细化化解措施、确定化解时限，3个信访积案都已办结，化解率达100%。“清障”方面，得到派出所的大力支持，没有发现涉黑涉恶的村干部和干扰破坏换届选举的对象。“清零”方面，对9个重难点村所涉及13个问题，实行挂牌销号制度，由片组人员等组建工作组进行包村销号，各工作组进村入户，先后共下村召开座谈会16次，提出可行措施，逐步化解问题，目前问题都已化解，9个村均已成功销号。3.全面推进村级组织规范化建设。一是全力推进“红色阵地”建设。2016年共新建扩建村办公楼5个，现已全部竣工，等待验收。已完成8个村的村民中心标识安装，共已安装38个村，同时完善了20多个村的党员形象栏建设。按照1：1的要求投入20多万元，按照县委组织部的验收标准打造1个市级党建示范点、6个街道级党建示范点，其中6个村完善提升、1个村整体改造，推进村级组织规范化建设，进一步提升基层组织阵地建设水平。二是重点开展“双整”工作。按照县“整村推进·整县提升”工作要求，对42个村全面开展调查摸底，逐村进行对标检查，确定示范村7个，达标村33个，整转村2个。示范村按照“六个”过硬的要求、达标村按照15项要求，结合各自实际情况，逐村梳理问题清单和整改清单，认真抓好查漏补缺、对标补短板，在11

月的达标验收活动中，7个示范村均通过验收、33个达标村中仅有5个村未通过验收。两个“整转村”暨软弱落后党组织，由县政协主席陈建良和县委常委罗晴军挂钩联系，两位县领导多次到村指导解决问题，按照“分类施策”的原则，逐个制订工作方案，明确工作目标，倒排时限，成功完成整转任务。

荣誉 2016年，北城街道先后荣获了省级城市体育先进街道、市级无违建街道、市级卫生街道、全市消防工作先进单位、县级先进基层人武部、县“大拆大整”工作先进集体、县考绩优秀单位等荣誉称号，街道公路管理站被评为温州市乡级农村公路规范化管理站，街道食安办被评为市级规范化街道食安办。

（徐高迟）

乌牛街道

表48

2016年乌牛街道基本情况统计表

项目	单位	合计
总面积	平方千米	76.6
耕地面积	公顷	929
农作物播种面积	公顷	1609
粮食作物播种面积	公顷	1365
建置村	个	37
社区	个	2
户籍人口	人	42838
外来人口（年终）	人	24165
外来从业人员	人	20548
农业总产值	万元	未统计
规上工业产值	万元	277127
第三产业增加值	万元	55016
财税收入	万元	35882
农民人均收入	元	未统计
企业个数	家	559
产值超1亿元企业数	家	7
产值超2000万企业数	家	40

表49

2016年乌牛街道建置村（居委会）情况统计表

村(居)名	书记	主任	村(居)民小组	人口	村(居)名	书记	主任	村(居)民小组	人口
码道	郑小斌		30	2965	项岙	潘建飞	陈明德	8	334
西湾	徐送国	杨时国	15	1248	杨家山	黄建新	黄荣新	8	737
祥池		徐巧美	39	3914	岳田	吴永胜	黄育清	12	966
吴岙	林晓珍	吴和清	14	1461	仁家垟	林胜乐	黄银星	16	853
岭下	戴文国	戴志钦	17	1837	洪山	杨小龙	杨小龙	15	776
鸭鹅	管长增	周嘉良	12	1357	水对头	叶建光	陈建东	12	859
西垟	徐锦东	徐贤靖	18	1907	上叶	陈胜标	叶建明	8	604
王宅	郑正夫	王安泽	19	944	西岙	夏绍清	陈宋周	36	2599
孙宅	孙建南	孙国贤	8	1010	西叶	叶建秋	孙刚强	6	637
古塘	胡长光	陈云弟	12	1065	东嶂	陈珠玉	陈益银	14	1119
茅楼	潘胜锋	傅玉林	12	1014	乌岩	吴林益	吴恒千	6	663
新庄	何德宝	马明通	13	1042	青塘	钱志程	钱成富	8	652
横岚岙	蔡正畏	蔡正侃	8	731	十八垅	钱云海	钱柏成	8	969
大联	陈正浦	潘忠龙	9	664	横屿	黄祥龙	黄金良	18	1027
泰庄	周作森	周光禄	8	179	上三房	陈丽朋	陈德银	40	2758
荣庄	林献琴	何勤勤	15	1094	马岙	胡德国	胡增荣	16	1332
金合	马忠武	刘云魁	13	983	东坦头	黄仁川	黄洪宣	8	344
河口岙	张荣忠	陈礼业	7	716	大嶂		余国胜	10	630
河口埭	金孝善	金飞达	6	711	居委会				137

概况 2016年，乌牛街道各项工作开展顺利，经济社会呈现平稳健康发展的态势，全街道实现规模以上工业产值27.71亿元，同比增长10.58%；全社会固定资产投资14.2亿元。一是工业转型升级：2016年工业性投资5.72亿元，同比增长60.95%；招商引资到位资金4.03亿元；工业用电量9740万千瓦时，同比增长0.16%。外贸出口形势较为严峻，规模以上出口交货值2.1亿元，同比下降15.31%。财政收入3.58亿元，同比增长56.98%，其中地税收入2.61亿元，同比增长104.96%。2016年，乌牛街道工业企业技术改造逐步推开，辖区企业实施技改项目12个，累计投入6000余万元。海星海事电气集团有限公司和东蒙集团有限公司参评2016年省级企业研究院，并获得通过。浙江三和科教仪器有限公司和温州云洁仓储设备有限公司被列入2016年第一批省科技型中小企业。温州忆捷科技有限公司被列为2016年第一批市科技（创新）型企业。朝瑞电气有限公司和温州华邦安全封条股份有限公司被评为2016年市级科技研发中心企业。浙江顶农有机肥制造有限公司被评为2016浙江省农业科技企业研发中心。二是农业小幅增收：全街道落实粮食复种总面积1364.7公顷，其中早稻实种面积414.07公顷，同比增长7.2%，平均亩产427千克；晚稻实种面积813.9公顷，同比增7.6%，平均亩产510千克，粮食总产量9250吨，超额完成县下达的粮食生产任务；建成粮食示范方8个，计406.7公顷；推

广水稻新品种、新技术面积1333.3公顷；落实茶叶种植总面积达809公顷，茶干产量约98吨，产值7258万元。三是第三产业发展迅速：限上批发、零售、餐饮、住宿四大行业销售额11585万元，同比增长15.88%；限上社会零售品销售总额1440万元，同比增长27.13%。四是工业区建设稳步推进：岭下工业区电力西路建设项目已正式开工建设，工业路、乌园路和其他地块的组件审批手续、吴岙村征地拆迁等各项工作也在顺利推进，海星集团4.8公顷和朝瑞电气1.87公顷等二个地块也将于2016年上半年挂牌出让，河口岙电子元器件小微园一期也将于2016年3月底正式开工建设。

城乡建设 乌牛街道围绕中心工作，立足实际，积极应对挑战，全力深化“三区两美”战略举措和“五优五提”发展重点，深刻实践经济转型、城市转型、社会转型，下大力气解决历史遗留问题，集中精力推进项目建设。一是大拆大整走在前列。荣获永嘉县2016年度“大拆大整”专项行动先进集体称号。城乡危旧住房隐患排查和治理改造：排查城镇危旧住房266幢，排查农村危旧房住房12125户，排查D级危房55户，全部第一时间腾空，并在2016年完成拆除35户。“四无”生产经营单位集中整治促进小微企业：共排查出“四无”生产经营单位1071家，其中小作坊113家、累计完成整治“四无”生产经营单位953家，完成率88.98%，其中小作坊整治101家，完成率89.38%。违法建筑拆除：共拆除违章面积108750平方米，完成率244.34%。城中村改造：累计签约户数79户、累计拆除户数61户。流动人口管理。2016年年底在册人数（限市外流入）22934人，同比减少10.32%。居住出租房、合用场所消防安全整治：出租房排查应整治数1466户，已整治合格数1392户，整治合格率95%；合用场所排摸应治理数435户，已整治合格425户，整治合格率97.7%。二是重点工程推进有力。2016年，温州市监管中心项目、岭下工业园区省级重大产业园建设、甬台温天然气管道、乐清湾货运铁路等省、市、县重点工程顺利推进。乌牛溪治理工程、林曦明艺术馆二期、北汉桥建设项目、乌牛工业路工程、电力路西段等工程政策处理有序启动。同时统筹推进城乡交通基础设施建设，开工建设乌牛交通主动脉乌仁大道，建成通车电力路东段，打通了新宅路断头路，“三纵三横”道路网络基本成型。农村公路提升改造工程陆续上马并完工，提升里程超过20公里，乌牛到上塘联网公路顺利通车。三是五水共治初见成效。黑臭河治理：共投入资金近8000万元，通过截污纳管、河道清淤、打捞水葫芦、河道保洁等手段，治理永乐河、王宅孙宅支河、河口岙支河3条垃圾河及西湾支河、芦池河、新庄支河、黄坑支河4条黑臭河；农村污水治理工程：近3年建设任务共涉及24个村居，2016年已完成20个村，正在建设4个；畜禽养殖治理：拆除非法水禽养殖场4家，关停猪栏20家；河流综合治理工程建设及清淤工作：开工了芦池河、王宅河孙宅段河道、横屿河上三房段等治理工程，并稳步实施岳田河、荣庄河、洪山河、横屿河、吴岙河、鸭鹅河、西垟河等河道清淤工程。

民生事业 一是计生工作强基创优。强化队伍建设，加强依法管理，文明执法，推进计生工作争先进位。配齐配强计生专业队伍，加强业务培训，不断增强计生干部职工以人为本政策的理念。严格依法行政，不搞搭车收费。落实社会抚养费的征收工作，计划外生育对象立案率达到100%，依法申请法院强制执行。全年打击两非1例，实现国免项目检测率100%。加强计生协会建设，健全各村居、企业计生协会运行机制，经常性开展协会活动，全年走访农业独生子女户、两女结扎户、独女户超过6000次，发放慰问金2万余元。积极开展文艺会演，强化政策宣传，2016年6月在西岙村、荣庄村开展“全面实施两孩政策”大型文艺活动，7月在皮服城开展世界人口日宣传活动。二是新居民管理提质增效。紧紧围绕“推进、提升、提效”工作目标，不断加强和改进新居民服务管理工作，寓管理于服务、以服务促管理，积极采取各项措施，有序推进各项工作开展。做实做深“以房管人、以卡管人、以卡管房”管理模式，充分发挥服务站点的作用，积极调动新居民协管员的工作积极性和工作热情，推进新居民管理规范化建设，提升新居民服务管理水平。全年排查登记出租房3272户，新居民登记总数为24165人（包括儿童3710人），注销新居民4273人，登记13744人；排查出租房3272户，新登记出租房235户，注销空置房302户，在册总数为2970户；受理新版“浙江省居住证”283人；开办《流动人口婚育证明》查验和补办单7122份，登记省内育龄妇女怀孕信息292条，出生婴儿信息170条，新登记县内“人户分离”人员574人；列管重点管控人员323人。三是文化事业欣欣向荣。积极落实2016年农村文化体育建设升华年活动，丰富群众生活。建成一批文化阵地，成立乌牛街道文体联合会，包含18个协会，人数达2000多人。2016年建成鸭鹅文化礼堂，5年来共建成文化礼堂5所、农家书屋6家、休闲登山步道6条、灯光篮球场2个、文化廉政书架2个。同时开展一批文化活动，成功举办东蒙山帐篷露营狂欢夜等特色活动，不断营造轻松活泼的文化氛围。同时依托乌牛丰富的人文底蕴，开展每月一主题的文体活动，全年共计20场次，其中《美丽码道，我的家》代表永嘉荣获2016年温州市村歌创作演唱大赛银奖，《封之吻》获永嘉县第二届农民排舞大赛金奖，《崴萨啰》荣获永嘉县第二届农民大合唱金奖。四是民政工作脚踏实地。乌牛街道以改善民生、发展民主为重点，致力完善社会保障制度和社会救助体系，打造公开、公平、公正的社会救助平台,切实保障困难群众的基本生活权益，统筹城乡经济发展、建设和谐社会。做好最低生活保障工作，进一步扩大低保面，严格规范低保申请审查程序，确保把真正困难的群众全部纳入低保范围，2016年新增低保52户、103人，注销及去除低保23户32人，注销重残补助人员74人，现在总保障人口774人，共发放补助金共2501424元；积极做好优抚工作。开展以“办实事、解难题、做贡献”为主要内容的双拥共建活动。认真落实优抚政策，将优抚对象享受的各项抚恤、补助、优待政策落到实处。共发放退伍军人定补金4.03万元，送出“八一”慰问及年终慰问金4.15万元，各类优抚困难对象慰问金与临时救助金6.87万元；加强救灾、救济工作，完善救灾救济预案，加强灾害监测评估建设，提高灾害紧急救助能力，年度补助因灾倒房3户8人共计1.5万元，报送大病救助43人次，兑付大病救助34人次，总计2.72万元，报送医疗临时救助共15人次发放救助金3.5万元；开展“红十字”及慈善工作，全年开展救护培训1次，培训有效人数123人，开展慈善一日捐活动，开展2016年红十字博爱月活动，为4名贫困大、中学生申请办理了慈善助学，并对3户家庭进行慈善临时救助；落实村务公开工作，进一步推进“阳光村务”，乌牛街道全部37个村统一设置规范化的村务公示栏，加强了对村务公开的指导和督查；强化养老服务工作，全街道共有“五保户”14人，均实行街道、村统筹供养，人均供养金达到本街道农村人均生活水平，在2016年共新建7个老人照料中心并成功通过验收；认真履行殡改职责，成立了乌牛街道殡改大队，定期对本辖区内违禁坟墓进行巡查，全年共制止新建坟墓28座、拆除新建及翻新坟墓265座。并对农村丧葬陋习实行现场监管，与家属签订治丧责任书，辖区内火化率保持100%；关注残疾人事业。2016年完成全街道残疾人事业型调查及就业情况的摸底并录入系统，2016年，共为268名残疾人办理护理补贴，为201名残疾人办理困难残疾人补贴，同时上报残疾人就业创业14人发放补助8.1万元，落实贫困残疾人及残疾人家庭子女助学12人发放助学金1.02万元，全年走访慰问残疾人100多人次发放慰问金3.25万元。

平安创建　一是机制建设提早布局。2016年，乌牛街道以创建“平安社区”活动为载体，实施了“组织、制度、责任制、落实、督查、典型示范”六个保障机制，对涉及社会稳定的重大信访矛盾及时召开专题会议，安排专人，限期解决，成立五个工程建设政策处理领导小组，努力化解工程历史遗留问题。建立矛盾排查调处报告制度、领导接待日制度、信访矛盾纠纷调处包案制度、信访调处联席会议制度、信访矛盾形势分析评估制度等机制。坚持每月特别是在重大节日、重大活动前对全街道信访矛盾形势进行分析评估，对可能发生的群体上访苗头提前介入，努力将矛盾纠纷化解在萌芽状态。二是隐患排查不留死角。2016年，开展矛盾纠纷排查，共排查调解矛盾纠纷302起，调处率100%；开展消防安全排查，共排查出租房消防安全隐患1466户，给予24家红色预警，给1442家黄、蓝色预警，排查出合用场所消防安全隐患435户，共发放整改通知单2886份。三是预防教育持续推进。2016年，对机关干部、中小学生、外来务工人员、村居、企业主等五个层面进行普法教育，受教育1万人以上。共举办各类法制宣传、平安宣传、禁毒宣传，发放各类宣传资料2.5万余份，张贴各类横幅标语220余条，举办各类法治讲座及培训共11次，归正人员重新犯罪和青少年犯罪率均为零。四是安全生产常抓不懈。坚持“强化红线意识，促进安全发展”的方针。积极落实安全生产“一岗双责”，实行捆绑式管理。与各部门、各行政村、生产经营单位共签订年度安全生产责任书317份，在各村、企业配备安全生产管理员，形成齐抓共管的安全生产工作网络。积极开展消防安全“双月”攻坚专项行动、三场所两企业一行业专项行动、教育培训专项行动等工作，全力保障群众生命财产安全，检查排摸企业280余家，发放限期整改责令书17份，发现重大安全隐患限期整改2家，立案行政处罚3家。全年街道企业安全生产伤亡数为零。全年街道火灾死亡人数为零。认真开展第十五个“全国安全生产月”活动。普及安全生产法律法规和安全知识、弘扬安全文化，提高广大人民群众的安全意识，采取挂横幅、宣传车、知识竞赛等各种方式进行宣传活动，在全街道重要的地段，醒目的位置悬挂安全生产宣传条幅50条；出动宣传车20余次，分发各类宣传资料1000余份。

基层党建 1.扎实开展两学一做，巩固学习教育成果。一是前期准备未雨绸缪，定方案，设计划，全动员。落实“两学一做”工作职责，部署学习教育任务。二是学习教育如火如荼，开讲座，上党课，学专题。街道共召开推进会议3次，邀请专家讲座4次，班子成员上党课17次，各村党员干部开讲党课111场。三是整改定制收尾有力，看回头，定制度。2016年，街道共修改机关内部制度3项18条，推行村干部相关制度2项。2.规范村级组织运行，全力夯实基层基础。一是开展“示范、达标、整转”三大行动。2016年，共创建县级村样板1个、市级示范村2个，整转软弱落后村1个。二是深化村级组织规范化建设。强化村干部坐值班制度的落实，强力推进村干部言行负面清单、干事清单、支部书记、班子成员履职清单等制度。三是深化村级组织活动场所“达标创建”。2016年，建成“六室两栏一厅一堂一广场”的村民中心5个，建成红色驿站1个。四是深入实施“强村计划”。制定三年强村富民总体规划，逐村制订强村方案，2016年成功转化集体经济薄弱村3个。3.持续开展“五清”行动，提前化解换届难点。一是组织开展各村家境“清底”和难点村问题“清零”行动，全面进行调查摸底工作。2016年，共确定换届重点难点村5个，查摆问题8个，逐一制定了对策方案和责任清单后成功清零。二是组织开展各村账目“清账”和信访“清仓”行动，派出专案组，分期分批清理各村财务账目，共查出问题账目11个，处理村主职干部4人。三是努力化解农村信访积案，全力实现换届“零干扰”。共化解码道、祥池、大联、新庄、仁家垟、上三房等村信访件8件，解决历史遗留问题2个。有力营造了风清气爽的换届环境。4.发挥党员先锋作用，持续助推中心工作。一是深入实施“红色细胞工程”。强化“走村不漏户、户户见干部”、农村党员干部“四必到、四必访”和党员联系农户制度，推动党员干部在服务中心、服务民生、服务群众中发挥先锋模范作用。二是开展“五水共治”党员监督，2016年乌牛街道组建了5支以党员为主的工程监督队，开展工程巡查，共督察治水工程56次，清查工程问题5个，要求返工2次，防止出现重大质量问题1次。

党风廉政 2016年，乌牛街道以严格落实“两个责任”为契机，坚定信念、筑牢防线、扫除积弊，纵深推进党风廉政建设，努力营造风清气正的政治生态，凝聚起共促发展的强大合力。一是责任落实不留余地。根据“一岗双责”的要求，制定《2016年乌牛街道党风廉政建设和反腐败工作组织领导和责任分工》，明确各班子成员按照各自职责分工，在抓好工作的同时，切实落实主体责任，形成一把手负总责，分管领导具体抓，一级抓一级，一级对一级负责。二是廉政教育不走过场。坚持优先将廉政教育纳入党员干部培训教育计划，逢会必讲，反复强调，强化全体党员干部的廉洁自律意识，不断促进机关作风转变，提升服务质量。全年中心组理论学习12次，召开党风廉政专题讨论会5次，上基层党课8次。坚持全面丰富廉政文化，扩大宣传效果,建立“廉政书架”,在岭下、码道、西湾等村显著位置新建廉政文化专题长廊和廉政宣传专栏。在机关大院内开设廉政教育专题宣传栏、悬挂宣传标语，营造活动氛围。并通过微信、短信群发的方式，在“510思廉日”“七一”“十一”、春节等重要节日将廉政教育短信发送给街道党员干部、部门负责人及村主要干部。三是制度建设不留缺口。从抓长效机制建设入手，着力加快推进各项政策的本土化，着力创新监督管理方法，切实有效消灭盲区、查漏补缺。落实《永嘉县村级工程项目管理办法》，加强对村级工程项目招投标管理和检查。2016年，共23个村级工程项目进入街道招投标中心，累计工程招标总额1523万元，累计实际中标价1295万元，节省15%；建立乌牛街道党员干部谈话提醒制度，切实加强对干部的教育、管理和监督，预防和减少违法违纪现象的发生，努力把问题解决在萌芽状态；健全村级巡查机制，乌牛街道于2016年4月20日成立五个巡查组，巡查重点村居，共收集51个问题，给予10名村干部谈心提醒教育处理，挽回村集体损失2.8万元；制定基层站所作风效能建设评议方案，给基层站所带上“紧箍咒”，为打通“最后一公里”扫清障碍；规范“阳光村务”和村务监督质询，实现37个村党务、政务、村务、财务全方位公开，全过程监督，2016年，共召开89次村务监督质询会，村民反映良好，收到了理想效果；开展严肃换届纪律“谈心谈话周”活动，做到教育在先、警示在先、预防在先，提升换届选举纪律知晓度，引导党员干部自觉遵守换届纪律，确保了平稳换届、高质换届。四是执纪问责不讲情面：2016年度党员违纪立案10起，查结10起，其中开除党籍6人、党内严重警告2人、撤销党内职务2人。开展作风建设常态化监督检查30次，处理干部21人次，其中通报批评5人次，谈心提醒、教育谈话14人次。开展不定期效能督查，全年累计开展53次，出动130人次，发现问题29起，处理18人次,并解聘了1名长期脱岗的事业干部。

荣誉录 2016年，乌牛街道荣获温州市电网建设先进集体、永嘉县“大拆大整”专项行动先进集体。

（陈　琦）

黄田街道

经济总情 2016年，规模以上工业产值246013.2万元，增速22.07%，限上社会消费品销售总额515365.2万元，增速13.93%，限上社会消费品零售总额139827.8万元，增速20.86%，电子商务销售总额89463.6万元，增速22.17%，固定资产投资138811万元，完成率115.68%，完成率排名同类镇街第一，其中工业投资45012万元，完成率112.53%，完成率排名同类镇街第一，基础设施投资37929万元，重点工程投资36895万元，房地产投资18975万元。招商引资完成47299万元，进出口38310万元，增速13.87%。

表50

2016年黄田街道基本情况统计表

项　目	单　位	合　计
总面积	平方千米	33.05
耕地面积	公顷	397.45
农作物播种面积	公顷	645
粮食作物播种面积	公顷	346.5
建置村	个	18
居委会（城市社区）	个	3
总人口	人	28411
外来民工	人	28760
农业总产值	万元	4013
工业总产值（规模以上）	万元	246013.2
农民人均纯收入	元	17688

城乡统筹 2016年，城乡环境建设有力推进。一是大力推进“五水共治”。建立了河道保洁长效机制，实行了常态化管理。瓯江治理工程建设、片灌区改造工程、黄田岙水库维修等工程政策均已完成，万寿河改造正在稳步推进。二是大力推进“四边三化”工作。1—12月拆除52287平方米违法建筑物，清理拆后垃圾129吨；拆除大型广告牌128处，合计1541平方米，清理店招牌、牛皮癣等425处，合计1025平方米；清理垃圾废弃物87吨；拆除新建或翻修坟墓78座。三是大力推进环境综合整治。全力推进畜禽规模养殖污染整治,共拆除养猪场10家、存栏总数约8500头、栏舍约1.2万平方米；拆除大型养鸭场3家、蛋鸭2.9万多羽、栏舍面积4500多平方米。持续推进“三改一拆”，完成旧厂房改造3.224万平方米、完成率107%，完成棚户区改造207户，完成率136%，完成城中村改造8.613万平方米、完成率233%，完成旧住宅区3.279万平方米、完成率450%，拆除违章建筑10.1161万平方米、完成率112%，各项指标排名全县前列。

社会事业 大力推进民生事业建设，完成社保工作，卫计事业走在全县前列，千石社区居家养老服务照料中心工作得到上级肯定，扎实开展市级学前教育达标乡镇创建并通过市里验收，大力推进千石三期、东联一期、雅村村安置房建设，基本完成岭下旧村一期改造工作。圆满完成人武国防、工青妇、档案等工作。

平安建设 2016年，全力护航“平安街道”建设，切实维护社会政治稳定，平安建设工作被评为全市先进集体。全力推进护航G20杭州峰会工作，扎实抓好平安综治建设，确保了社会大局稳定。认真做好治安管理工作，辖区共发生刑事案件241起，比上年有所下降。积极开展矛盾纠纷调解，全年共受理种类矛盾纠纷51起，成功调解51起，调解成功率100%，特别是成功解决了5起死人案件，共受理信访件33件，已回复或办理33件。认真做好信访工作，41省道埭下拆迁

表51

2016年黄田街道建置村（社区）情况统计表

村（居）名	书记	主任	村（居）民小组	人口
千石	王圣亮	王振义	32	4424
外窑	柯益平	罗 东	10	1391
下白岩	朱爱义	朱陈龙	12	1256
上白岩	夏晓忠	杨建东	19	1018
夹里	李昌道	李 建	16	1672
新寿湾	李顺法	杨 杰	18	1229
雅村	叶圣姆	包臣东	13	1543
浦边	叶永丰	陈仁道	13	1330
江边	黄志隆	张文成	12	1191
雅林	金陈华	王小平	22	2723
池头	陈伟东	陈伯海	12	1269
岭下	李忠滔	吕建村	8	1019
凤屿	郑田虎	郑春节	16	1627
东联	吕连明	黄信仓	16	1905
黄田岙	李忠进	许周照	11	1192
埭下	李宝勤	包加兴	21	1467
珠江	项建仁	项洪光	10	1201
黄浦	戴艳红	李 坚	12	954

安置信访得到基本解决，金色家园房闹已渐趋平静。持续开展禁毒工作，2016年年底街道有涉毒村18个，在册吸毒人员173人，实有吸毒人员77人，对于涉毒人员情况进行逐一登记，建立档册，加强监控，严格落实尿检帮教机制，各村密切配合街道开展禁毒工作。全力开展夏季消防安全“双月”攻坚专项行动，共整治出租房2722处，合用场所183家，整改率100%。安全生产常抓不懈，深入开展“打非治违”工作，粉尘挂牌整治通过市里验收。

基层党建 2016年，党建工作稳打稳扎，切实加强基层党建工作。一是加强基层组织建设。强化基层基础，党建科学化水平明显提升。坚持党管干部、从严治党的原则，立足抓基层、抓制度。党建科学化水平不断开创新局面。党员干部队伍素质不断提高。深入开展学习实践科学发展观、创先争优、“三思三创”等主题教育实践活动，领导班子和党员干部的综合素质和工作水平显著提高，各级党组织和广大党员的积极性、主动性和创造性得到充分调动，全街道形成上下一股劲、干群一条心的良好工作氛围。二是基层基础不断夯实。大力实施“五议两公开”和“四个一”制度，积极推进“党建进组、服务入户”等工作模式，积极探索农村干部专职化管理，全面实现农村干部工时固定制，切实加强农村社区便民服务中心规范化建设，基层党组织建设得到不断加强，基层党员队伍素质得到明显提升。三是党风廉政建设切实加强。始终把党风廉政建设放在突出位置，坚持惩防并重，积极构建教育、制度、监督三位一体的党风廉政建设机制。通过抓好廉政教育，拒腐防变的防线不断牢固；抓好责任制落实，反腐倡廉持续推进；抓好监督管理，党员干部的廉洁自律意识日益增强。全面推进大党建工作。全力做好村级组织换届前期准备工作，对现任村干部履职情况、村“两委”班子情况等影响村级换届问题进行认真摸底调查，全面完成村级“三资”清产核资，共排查各类问题13个，已解决11个。对村级主要干部进行排摸分析，选取后备干部107名，基本确定18个村的村支部书记和村委会主任人选。二是加强党风廉政建设；一抓机制，健全完善《2016年度黄田街道党建工作目标责任书》，把“软任务”变成“硬指标”。多次召开各类党建工作推进会、座谈会，研究部署党建工作，听取各村党支部书记履行基层党建工作情况汇报。开展“两学一做”工作，深入开展“宣讲党课到基层”“基层党员写感言”“十个难题大化解”三大行动，真正将“两学一做”落到实处。全面开展中共十八届六中全会精神学习，建立了领导干部党建联系点制度，实施了领导班子成员抓党建“三联系”，即每个班子成员挂钩联系1个村党支部、1个两新党组织、1名困难党员，与驻村干部捆绑落实党建工作，保障了基层党建工作的推进。二抓载体；大力开展“敢担当、数标杆”作风建设五大行动，全面查摆本单位的突出问题，共晒出单位问题4个，并认真对照清单整改。1—12月发现违反效能问题一起，辞退1人。加强信访办案，全年共受理信访件2件，已查结2件;查处党员干部违法违纪案件5件，开除党籍5名。加强农村基层党风廉政建设，严格执行《农村基层干部廉洁履行职责若干规定》，严格控制村级非生产性开支，加大村务公开力度，大力推行村务监督质询会制度建设。全面开展村级组织换届“清风”行动，严明村级换届纪律。积极开展农村基层作风巡查，积极配合县巡查组对池头村、凤屿村开展巡查，完成县巡查组交办问题6个，本级巡查解决问题

18个，切实改进基层干部作风，维护社会和谐稳定。三抓党员干部队伍建设；进一步健全完善村干部评价机制，实行村党支部书记向街道党工委述职述廉。加强党员教育管理，落实“三会一课”制度，提高了党员的综合素质。全面落实村主职干部坐班制，对村主职干部坐班实行签到、请销假、考勤等制度。同时，完善《街道机关全员绩效考核实施办法》《中层干部任期制》等一系列文件；落实全员绩效考核，全力推进了街道干部联系群众“五件宝”“民情E通”、干群“鱼水情”和领导干部反向“计分预警、抄告提醒”等制度。四抓两新党建；加强两新组织党组织书记、党建指导员的培训，开展“青春党建”活动。抓好两新组织党建品牌创建，推进两新组织标准化建设，创建了奥康示范党建品牌。

荣誉 2016年,黄田街道获得了市平安建设工作先进集体、县统计工作先进单位、县“四边三化”行动先进集体、县“三改一拆”工作先进集体、县殡葬改革年度考核先进集体等荣誉称号。

（陈鹏鹏）

云岭乡

概况 2016年是“十三五”规划的开局之年，也是云岭乡区划调整后，重新成立的初始之年，云岭乡按照县委、县政府的部署，主动适应经济发展新常态，深入实施“生态立乡、农业强基、旅游富民”三大战略，全力推进“三区两美”建设，加快打造一个集“生态、休闲、养生”互为一体的生态旅游精品乡村。

表52

2016年云岭乡基本情况统计表

项目	单位	合计
总面积	平方千米	42.5
耕地面积	公顷	650
农作物播种面积	公顷	826
粮食播种面积	公顷	630
建制村	个	22
总人口	人	16400
农业总产值	万元	未统计
财税收入	万元	未统计
农民人均收入	元	未统计

经济发展 2016年，抓住县委推动“三区两美”建设的契机，经济发展保持平稳进行。有效投资项目完成37个，完成金额5.1652亿元，完成率258.26%；招商引资项目完成21个，完成金额2.4亿元，完成率120%。开工南陈温泉小镇项目，完成中源、南陈溪流治理工程，农村道路扩宽提升工程等项目。以生态、养生、森林等作为开发点，大力开发农业观光和特色农业项目，推动建立绿色低碳循环发展的农业产业体系。全面完成低产林改造项目，2016年验收总面积24.2公顷的黄家山二期、三期工程。

基础建设 交通规划：坚持以交通拓展为突破口，建成蔡岙至小鸟联网公路，如期完成黄家山村至南正村道路提升工程，落实“一事一议”项目，完成岭南村村级道路扩建工程。五水共治：加快推进“五水共治”项目建设，完成中源、山南等7个村的农村生活污水处理工程，2016年生活污水处理新开工的村已全部验收；完成中源、南陈溪流治理工程；验收半山、小陈等6个村高标准农田建设；完成云岭高效节水灌溉工程二期工程，翻修半山、富源的老旧水渠；全面完善河长制等常态化治理机制，设立公示牌，做到“一河一策”，开展河道保洁分段承包机制，与4支队伍或个人签订河道保洁协议。

环境整治 大拆大整：按照农村“一户一档”的要求全面进行调查排摸，共排查4400处危旧房，其中D级危房21处，已经全部腾空，并拆除了其中7处，共排查出应整治合用场所20处，其中已整

表53

2016年云岭乡建置村（社区）情况统计表

（居）名	书记	主任	村（居）民小组	人口	（居）名	书记	主任	村（居）民小组	人口
茗下	陈建新	陈永朴	9	840	龙外	郑全文	郑金旁	4	353
茗后	胡九灯	邵建义	8	812	乾口	郑建利	郑忠强	4	353
茗中	胡银朝	胡东兴	18	1687	外徐	郑玉秋	郑锡方	4	529
茗上	胡仲奇	胡忠仕	18	1351	徐宅	徐相忠	徐永南	7	750
岩山	钱芹省	钱中贵	13	1259	剩庄	徐成丰	徐宗豹	8	707
平川	潘国海	潘建勇	14	985	马界山	胡耀谊	胡金标	5	551
南山	胡学林	胡立统	4	217	石田坑	胡伯和	吴有千	4	389
章岙	吴松华	胡林龙	9	1055	章当	潘泰合	潘成旦	8	1131
底岙	胡相云	胡祝龙	10	1010	胜山	陈锡进	潘建静	6	483
麻岙	胡安忠	胡明招	6	505	光塘垟	郑九山	胡理迪	8	839
石坑	汤娟娟	邱征西	4	193	坐凳	王忠武	郑光荣	6	497

治到位18处，应整治出租房2处，已全部整治到位。对新增违法建筑要做到“即查即拆”，已累计拆除违章面积32124平方米，完成率160.62%，“大拆大整”专项行动期间，已累计拆除14284平方米，完成率142.84%，拆违进度在四乡中一直处于领先地位。环境整治：实现城区保洁、河道保洁市场化、专业化机制，与5家公司或个人签订了保洁合同。新建垃圾房3座，购置垃圾桶300余个，并在南陈村打造机械式垃圾分类处理点。将南陈村作为美丽乡村精品村打造，将其融入温泉小镇的整体规划，做到相辅相成。在全乡开展大整治行动，以“四头”打造为目的，以整治乱搭乱建为方式，把岭南北沿路的乱搭乱建全部整治到位，并把卫生院到南陈的这条道路，作为精品线路进行打造。狠抓丧葬礼俗整治，拆除整治25座新建或翻新私坟；稳步推进道路洁化工作，拆除路边各类乱搭乱建8处，共2240平方米；2016全年运输生活垃圾960吨。

民生事业 文体建设：打造中源、南陈、岭南3个文化礼堂；积极组织文体活动，开展文艺晚会、送戏下乡等一系列群众喜闻乐见的文体活动，共投入21万元，组织650人次，开展了20次活动；全力建设云岭的特色文化队伍，成立了云岭乡文体联合会，并组建一支排舞队，一支大合唱队。社会保障：优先发挥一次性救助作用，累计医疗救助29户，临时救助68户；实行低保动态化管理机制，累计新增低保45户、退出5户；完善残疾人帮扶措施。上报困难残疾人生活补贴103例，重度残疾人护理补贴34例。持续打造社区养老院，在7个村新建农村居家养老场所。超额完成小额意外人身保险收缴工作，获得县级小额意外人身保险优秀单位称号。社会治安：以村级矛盾调解工作作为突破口，努力将矛盾化解在萌芽中；发挥专职调解员的作用，参与矛盾纠纷调解110件，化解110件，妥善解决中源坟墓等群体性苗头事件。G20期间，全乡保持平稳安定，并获得G20维稳安保先进集体称号。积极开展“四无”生产经营单位大排查。共排查整治24家“四无”生产经营单位，整改合用场所18所，整改消防栓7个，配置灭火器100多个。

基层党建 以“两学一做”为主线。从党委自身做起，发挥排头兵作用，严格落实理论中心组学习制度，每月至少组织一次集中学习，已经召开6次主题学习活动；理论联系实际，精心选择学习主题，每月学习活动结合当前热点题材；紧盯流动党员学习的短板，建立各村党员微信群等方式，上传学习资料，从而及时把最新的学习材料传达到每个党员手里。以党建示范点为村级组织规范化建设新起点。完成中源市级示范村创建，充分挖掘红色基因，在中源文化礼堂设立红色展厅，展示其《温州日报》前身创刊地的红色历史，宣传爱国教育文化，打造爱国主义教育基地；推进红色阵地建设，4个无办公楼的村已经有3个开工（蔡岙、山根、山南）并结顶等待验收，累计已投入资金120余万；全面推进“一室两栏”提质工程建设，17个村的“一室两栏”已焕然一新。抓好新型村级干事创业班子建设。把换届作为优化干部队伍结构、加强干部队伍建设的重要契机，对现有村干部和可能参选的各类人物进行全方位体检，并逐个排摸进行动态记录。对不适任的现任村干部坚决将他们在换届前调整下来，已劝退现任村主职干部7位。圆满完成县、乡两代表选举工作。4名县党代表、6名县人代表人选都高票当选。

2016年，云岭乡获得永嘉县年度考绩优秀奖、永嘉县护航G20先进单位、永嘉县消防安全先进单位。

（杨 熹）

茗岙乡

表54

2016年茗岙乡基本情况统计表

项　目	单　位	合　计
总面积	平方千米	42.5
耕地面积	公顷	650
农作物播种面积	公顷	826
粮食播种面积	公顷	630
建制村	个	22
总人口	人	16400
农业总产值	万元	未统计
财税收入	万元	未统计
农民人均收入	元	未统计

农业发展 茗岙乡属山区乡镇，发展农业生产是全乡经济发展基础。围绕茗岙“三宝”（茶叶、田鱼、番薯枣）大力发展特色农业。2016年，茗岙乡章当村的“五井早茶”品牌在第七届“中绿杯”全国名优绿茶评比中获得金奖，并获浙江省著名商标（全市仅有2个茶叶品牌获此殊荣）。积极推动茗岙梯田申报中国重要农业文化遗产；经过努力，以茗岙梯田为代表的永嘉稻作梯田系统作为全国408项具有潜在保护价值的农业生态系统之一，成功入列全国农业文

表55

2016年茗岙乡建置村（社区）情况统计表

村（居）名	书记	主任	村（居）民小组	人口
茗下村	陈建新	陈永朴	9	840
茗后村	胡九灯	邵建义	8	812
茗中村	胡银朝	胡东兴	18	1687
茗上村	胡伸奇	胡忠仕	18	1351
岩山村	钱芹省	钱中贵	13	1259
平川村	潘国海	潘建勇	14	985
南山村	胡学林	胡立统	4	217
章岙村	吴松华	胡林龙	9	1055
底岙村	胡相云	胡祝龙	10	1010
麻岙村	胡安忠	胡明招	6	505
石坑村	汤娟娟	邱征西	4	193
龙外村	郑金文	郑金旁	4	353
乾口村	郑建利	郑忠强	4	353
外徐村	郑玉秋	郑锡方	4	529
徐宅村	徐相忠	徐永南	7	750
剩庄村	徐成丰	徐宗豹	8	707
马界山村	胡耀谊	胡金标	5	551
石田坑村	胡伯和	吴有千	4	389
章当村	潘泰合	潘成旦	8	1131
胜山村	陈锡进	潘建静	6	483
光塘垟村	郑九山	胡理迪	8	839
坐凳村	王忠武	郑光荣	6	497

化遗产项目库。扎实推进农村土地承包经营权确权登记工作；全面完成22个行政村的土地承包经营权的权属调查，测绘指界工作完成11个村。

基础建设 2016年，茗岙乡在道路交通、文化礼堂、农业开发、旅游、污水治理等领域累计完成投资3.17亿元，进一步完善基础设施建设，提升公共服务能力。完善通村联网工程建设；徐宅至麻岙道路完成路基工程建设，底岙至下石坑道路完成路基80%工程量。加快农村生活污水处理工程建设；启动了6个村的农村生活污水处理工程，其中分散式治理已完工2个村，集中+分散式治理有4个村，至年底已经完成全年的工程建设任务。加强垃圾处理设施建设；全年共建成垃圾收集屋12处、垃圾分类沤肥池11处，同时完成设计一处垃圾分类阳光房。加强农田水利设施建设；完成原桥下片灌区改造工程、麻岙山塘维修项目、岩山供水站、章当铁坑山塘标准化管理项目建设。

环境整治 茗岙乡党委、政府高度重视环境综合整治工作，下决心提升农村环境，成功创成温州市卫生乡。全面推进“大拆大整”工作；全年共计拆违46处3.7万平方米，重点拆除新建违章15处8760平方米，养殖场违章7处12000平方米，公路边、河边违章建筑12处5860平方米，摄影点周围的违章5处2200平方米。开展河道综合整治；关停沿河养殖户2家，组织力量集中清理河道39次，清运垃圾80余车。全力推进美丽乡村建设；完成外徐村外立面改造工程，打造了2个“特色村头”、2个“休闲桥头”、45个“精致门头”和2个“美丽田头”，其中茗后村长坦垅梯田获得县“美丽田头”称号。四是建立长效保洁机制；落实专项经费50余万元、以服务外包的形式，责任落实到人。实行每月考核工作机制，结合每月的党员活动日定期开展环境卫生大扫除工作。投入17万元为各村更新了2300只垃圾桶，环境卫生保洁工作实现常态化。

民生事业 茗岙乡困难群众较多，做好群众保障兜底工作是政府义不容辞的责任。做好农村低保工作；至年底，全乡农村低保家庭补助对象共375户603人，2016年新增农村低保对象35户、61人，新增农村重度残疾对象2人，全年累计发放低保金210多万元。做好养老服务工作；全乡有60岁以上老人2780人，百岁以上老人2人，现有居家养老服务照料中心12个（其中2016年新建有马界山、坐凳、胜山、乾口4个村），全部正常运转。做好农村困难群众建房补助工作；近几年，茗岙乡先后有百余户困难群众得到了1.5万元不等的住房救助，2016年共有29户困难群众获得建房补助。此项工作的开展，减轻了山区困难群众建房负担，改善困难群众的住房条件。做好残疾人服务工作；至年底，全乡持证残疾人共有330人，其中63名重度残疾人纳入永嘉县重度残疾人护理补贴对象中，每人每月发放500元救助金。142名低保残疾人全部纳入到永嘉县困难残疾人生活补贴对象中，每人每月发放100多元救济金。广泛开展困难慰问活动；2016年，茗岙乡文明办、团委、妇联、关工委、卫计办等科室积极联系各类爱心组织，募集物资，走访慰问困难留守儿童、孤寡老人等弱势群体十余次，给他们送去了关爱与帮助，共募集衣物115件、资金5.3万元，慰问102人。

社会事业 茗岙乡把各项社会事业的均衡发展作为一项惠民利民的大事来抓。着力加强新闻宣传工作；2016年，在县级(及县级以上)各类新闻媒体发稿65篇，在永嘉电视台播出专题片1篇（茗岙风光），注册开通微信公众号“中国茗岙”，已推送信息73条。着力加强思想道德工作；向上级推荐身边好人7个，道德模范4个，其中茗下村敬老爱亲模范徐秀珠入围永嘉县第三届道德模范提名奖。着力加强文化体育工作；成立茗岙乡文化体育界联合会，吸收77名会员，组织开展乡级各类文化体育活动7场，村级文化礼堂开展各类活动20多场，新建岩山村文化礼堂。着力加强卫生计生服务；建成“三优”活动中心一处，共开展各类卫生健康讲座7次，对3处村卫生室实行定期坐班制，开展送医到村到户活动20余次；排摸上报计生困难户6户，发放幸福促进资金1.8万元。大力开展移风易俗行动；成立巡逻队，发放倡议书，制作宣传标语，组织力量拆毁新坟、翻新坟墓9座。

平安建设 2016年，茗岙乡以“护航G20杭州峰会”维稳安保工作为中心，顺利完成了重要节庆、重大活动的平安建设工作，为“平安永嘉”建设作做出应有的贡献。茗岙乡被评为永嘉县G20杭州峰会维稳安保工作先进集体，2人分别被评为温州市、永嘉县“G20杭州峰会”维稳安保工作先进个人荣誉称号。实施“4+1”人民调解工作模式；成立乡人民调解委员会和村级联片调解委员会，调解矛盾纠纷124件，调解成功率98%以上，章当村人民调解委员会被评为市级先进人民调解委员会。扎实开展禁毒、反邪教、防溺水宣传活动；全年开展禁毒铲种宣传活动16次，茗上村评为永嘉县二星级“无邪教村”创建单位。树立防溺水警示牌20块，并成功处置大塘水库溺水死亡事故。切实做好信访积案化解工作；截至2016年12月底，已化解涉访矛盾纠纷5件、实体信访积案2件、市、县级清仓交办积案2件。高度重视安全生产工作；排查“四无”生产经营单位14家，关停5家，整治9家。借“大拆大整”之势，共关停6家非法经营场所（其中关停1家非法烟花爆竹经营场所，没收销毁所有烟花爆竹，查封2家非法诊所、3家金属抛光加工场），及时排除安全隐患。切实加强防汛抗旱、森林防火工作；制订《茗岙乡防汛抗旱预案》及各村防汛抗旱工作预案，落实22个行政村的防汛形势图测绘，签订山塘水库管理人员的安全管理协议。经县林业局审批成立永嘉县茗岙森林消防队伍，25名队员均签订村级森林防火员责任书。

基层组织建设 茗岙乡坚持把抓基层党建工作和抓党风廉政建设作为加强干部队伍建设的两个有力“抓手”。深入开展“两学一做”学习教育；全年累计带头讲党课3场。开展“两学一做”专题学习研讨会5场，党委理论中心组集中学习会7次，组织全乡机关干部“夜学”活动14场。严格落实村级组织运行制度；严格执行坐班值班、“五议两公开”等制度，确保村委会“门敞开、人常在、事好办”制度的落实。截至2016年12月底累计突击检查12次，发文通报6次，通报人数50余人。狠抓执纪监督，严明政治纪律；认真组织正风肃纪专项检查，7-12月共检查8次，口头批评2人次；认真开展村级换届组织“清风”行动，共立案5起，党内警告处分2名，开除党籍2名，责令辞职村支部书记1名。

荣誉 永嘉县G20杭州峰会维稳安保工作先进集体，温州市卫生乡。

（朱忠杰 夏靖）

溪下乡

表56

2016年溪下乡基本情况统计表

项　目	单　位	合　计
总面积	平方千米	110.5
耕地面积	公顷	301.73
农作物播种面积	公顷	523.46
粮食播种面积	公顷	359
建制村	个	12
总人口	人	8854
农业总产值	万元	3880
财税收入	万元	267.15
农民人均收入	元	未统计

经济总情 2016年，溪下乡实现农业总产值3880万元。粮食作物获得较大丰收。全乡已规模种植20公顷茭白、20公顷谷精草（中药）、33.3公顷蓝莓和46.7公顷车厘子等，带动全乡人增收入达800余元。坚持以科学发展观为指导，重点发展生态特色种植和旅游业，打造以车厘子基地为依托的农业观光基地，发展本地生态农业观光游、采摘游和源头户外探险游，壮大以茶山惠宝农庄为代表的龙头企业，以此带动农民增收。其中源头户外探险路线吸引了近万人次的游

表57

2016年溪下乡建置村（社区）情况统计表

村（居）名	书记	主任	村（居）民小组	人口	村（居）名	书记	主任	村（居）民小组	人口	村（居）名	书记	主任	村（居）民小组	人口
溪下	金磊	金连宝	13	1388	罗垟	麻付春	麻培方	6	514	茶山	麻官清	麻伯林	6	577
邵坑	麻福财	麻美定	5	391	刘山	刘云海	刘树标	15	1552	马上山	麻岩火	麻洪年	4	461
麻	麻云乾	麻云其	4	364	陈坑	金国钒	金伯林	10	824	黄二	王威华	应必泽	10	754
黄一	金财福	应志灵	8	650	金山	麻西祥	麻光福	5	445	陈山头	麻慧君	麻演君	5	624

客前来观光旅游。2016年，全乡完成招商引资8647.2万元，其中成功引进“欧倩瑞”公司投资4000多万元，完成固定资产投资2.42亿元。

基础设施 完成金山至陈二山自然村机耕路以及陈坑潘山头自然村林区道路路基工程建设，并持续推进刘山桃山自然村至仙居公路建设。

社会事业 完成金盾幼儿园教学楼建设并投入使用，招收幼儿17人，是溪下乡第一所公办幼儿园。积极开展低收入农户排摸，通过结对帮扶、定期走访、项目援助等方式帮助低收入群众减轻生活负担，全面消除4600元以下农户，共完成91户174名人均纯收入4600元以下低收入农户消除工作，完成率达100%。扎实做好城乡居民医疗保险工作，参保率达95%以上。增强对老人、妇女儿童、低保、残疾、“五保”等弱势群体的救济力度，新增低保和重残补助对象13户，同时对原有低保对象进行核查，注销去世低保户6人。2016年，溪下乡对全乡困难群体进行慰问帮扶，共发放低保救助救济金979406元，其中低保金805880元，救济救灾款112000元，发放困难慰问金40000元以上。认真做好老龄工作，广泛深入开展老龄宣传教育和医疗服务活动，累计开展11场次，受惠1205人，大力弘扬敬老、爱老、助老的优良传统，营造良好的社会氛围。按照省、市、县“最多只能跑一次”的工作要求，溪下乡建立了“驻村干部或村干部”为本村群众代办制，使用“便民大篷车”等服务载体，主动到村里接件，实现全程代办。

环境整治 2016年，溪下乡借力全县“大拆大整”“小城镇综合环境整治”“三改一拆”“四边三化”等工作行动，全面开展环境综合整治行动。完成所有12个村房屋的一户一档、一楼一档的摸底调查。对溪下、麻山、茶山等5个村进行了垃圾分类，投入9.54万元，购买了小型分类垃圾桶1120只，其中100升分类垃圾桶120只。投资20余万元建立了20余人的垃圾清理队伍，建立村级、乡级两级反馈机制和驻村保洁联动机制，切实打好保洁攻坚战。2016年全年完成130处违章建筑拆除工作，共拆除违章建筑40800平方米。全面推进殡葬改革，增强群众采取“火葬”、建立生态墓地意识。同时，积极开展“四头”建设，打造了35个精致门头，一个美丽桥头和一个美丽田头，并对各村溪流进行专人负责整治保洁。对溪下、陈坑和麻山3村进行环境综合整治工作，累计投入金额达到9万元。2016年累计投资200多万元，用于陈山头、茶山、黄一、邵坑4个村污水处理工程建设，其中茶山、陈山头2个村已竣工验收，黄一和邵坑2个村正待验收。金山、邵坑2个村的自来水工程顺利进入了施工阶段。

平安建设 2016年，深入开展平安创建活动，积极宣传“平安三率”活动，进一步营造和谐稳定的社会环境。抓好信访维稳工作，以“平安促稳定、和谐共幸福”为主要目标，转变信访工作方法，落实重点信访件领导“包案制”，及时跟进信访对象矛盾化解工作。全年受理信访案件12起，办结7起，化解纠纷案件达79件，为“平安溪下”建设夯实了基础。2016年，乡调解委员会共调解案件78件，调处成功率100%。积极宣传禁毒工作，采取多种形式在各学校、村居开展禁毒教育宣传，累计开展8场，受教育人数达到600人次，增强广大群众特别是青少年的拒毒、防毒意识和能力，并定期巡视辖区，杜绝毒品种植，营造溪下良好的禁毒氛围。狠抓安全生产，重点围绕农村危旧房、民房消防、森林消防、防汛抗台、地质灾害等方面做好检查防范，尽最大努力杜绝安全事故的发生，保障人民群众的生命财产安全。高度重视消防安全工作，借力“大拆大整”专项行动，乡主要领导、分管领导与驻村干部、村主职干部等三个层面的党员干部深入各村进行消防安全排查整治，建立了各村3人以上的巡逻应急队伍和乡25人巡查应急队伍，在重点时间里做到24小时不间断巡逻，彻底消除各类安全漏洞和事故隐患，确保了全乡消防安全。

基层党建 2016年，严格落实党风廉政建设党委主体责任和纪委监督责任，全面推行村级村干部坐值班、村务监督质询会、“五议两公开”等工作制度，不断完善基层组织制度建设。严格村账代理报账制度，严格审批手续，严格控制支出，细化财务公示，切实加强了村级财务规范公开透明管理，保障了村民权益。依托“干部联系群众鱼水情”“红色细胞”等活动载体，深化“走村不漏户、户户见干部”，乡镇干部定时不定时走村入户，集中解决老百姓较为关心的热点难点问题，不断巩固政府的群众基础。加强基层人民武装建设，圆满完成2016年征兵任务。切实发挥妇联、团委、关工委和工会作用，做好法制普及、组织建设、小城镇环境综合治理和卫生计生等工作。

2016年，获得浙江省第三批“传统戏剧特色乡镇”荣誉称号。

（吴素节）

界坑乡

概况 界坑乡位于永嘉县西北部、小楠溪上游，总面积76.6平方公里。北接溪下乡，南联巽宅镇西岙社区，西界缙云县、仙居县，东邻碧莲镇应坑社区，是旧时盐客往来的重要商道。2016年5月区划调整后正式挂牌成立，全乡下辖11个行政村（31个自然村），总户数3266户，全乡面积中耕地面积为347.4公顷（水田281.9公顷，旱地65.5公顷），林地面积为7662公顷。

表58

2016年界坑乡基本情况统计表

项目	单位	合计
总面积	平方千米	76.6
耕地面积	公顷	347.4
农作物播种面积	公顷	592.8
粮食作物播种面积	公顷	400.15
建置村	个	11
总人口	人	10553
农业总产值	万元	829
财税收入	万元	301.8
农民人均收入	元	9100

效益农业 一是抓好生态农业发展。界坑乡紧紧围绕“稳中求进、开拓创新、打造亮点”的特色农业发展基调，立足海拔高，昼夜温差大、病虫害少、无污染的独特地理气候条件优势，大力发展生产稻田养鱼、茅香贡米、姜黄三大新产业，打造高山生态牌，强力探索特色农业发展新举措，力促界坑特色农业多元化、产业化、品牌化；充分利用黄岙头、杨庄等村的高海拔地理优势，做大做强茭白特色农业品牌，利用保鲜、包装技术提高茭白的附加值，通过农产品电商平台，拓展产品销售渠道；开展农业科技培训，加大惠农支农力度和农技服务，做好粮食直补、良种补贴、农机购置补贴发放工作，激发农民的种粮积极性，认真做好春耕备耕工作。2016年农作物播种面积592.8公顷，蔬菜种植面积60.01公顷。加强动物疫病防控，促进畜牧业发展，2016年肉猪存栏106头，出栏590头；牛存栏235头，出栏43头；羊存栏1279头，出栏1329头；家禽存栏3255羽，出栏6651羽；兔存栏502头，出栏605头。二是抓好土地要素保障。加快推进“旱地改水田”工作，利用现有库存耕占指标中的旱地，选择水源充足、土壤肥沃、交通便利的地块水田改造。现已立项兴发村旱改水建设项目2.45公顷、投资201.37万元，坑口村旱改水建设项目3.12公顷、投资33万元，且于12月29日对坑口村旱改水建设项目进行招投标，并计划于2017年对盛山村旱改水建设项目开展前期政策处理工作；扎实推动“垦造耕地”工作，总面积为14.67公顷的盛山村（二期）1号地块低产林改造暨耕地开垦项目，于12月16日已通过竣工验收，并计划新增黄岙头、盛山耕地面积各20公顷，于2017年进行前期政策处理；进一步改善农田基础设施，投资129.4万元，通过修建水渠、增加

表59

2016年界坑乡建置村（社区）情况统计表

(居)名	书记	主任	村(居)民小组	人口
界坑	董军(1–5月)	董文广	10	786
上董	董水通	董仕林	13	1418
盛山	应永泽	应光力	15	1523
界岛	杨贵益	杨进贤	5	486
黄岙头	金水木	金李山	8	736
杨庄	杨黎明	杨路桥	20	1625
美岙	杨九弟	杨汉华	8	750
坑口	麻国华	麻永士	5	468
兴发	金明益	汤裕挑	7	886
信岙	吴长松	章少秋	13	1096
饭盘尖	陈浩	陈建图	10	779

肥力，在杨庄、美岙等村开展地力提升工程，共6.8公顷，下一步进行标准农田质量提升（二等升一等）共50.47公顷，且已通过市专家组会审。

城镇建设 一是全力加快招商选资步伐，稳步推进固定资产投资。努力做好招商选资，2016年招商引资省外资金到位任务0.8亿元，已完成1.07亿元，完成率133.75%，完成率全县前列；做好重点项目投资，扎实做好特色农业发展，立足农业项目助推。二是狠抓生态建设，强化环境综合整治。围绕“五水共治”“三改一拆”“四边三化”等重点工作，按照“生态宜居幸福界坑”的建设要求，重点推进生态建设和卫生乡建设。扎实推进农村生活污水治理，全力保护辖区内水域环境。着力控新拆旧，强化拆改结合，提高拆违成效；依托网格化管理，建立完善日常管控、曝光和处理机制，确保建设、保洁、管护等工作常态化、长效化。自乡成立以来，“三改一拆”拆除违章建筑共25024平方米。加强推进垃圾屋等项目建设和农村生活垃圾分类减量化处理工作，加快推动“四头”打造。三是突出重点，推进“大拆大整”重点工作。广泛动员，全方位推动“拆”“整”工作落实，共开展排查2763户，排查面积223803平方米，其中鉴定C级危房15户，已治理11户；D级危房12户，已均落实“五个一律”要求，并组织国土等部门，对D级户主多次召开协调会，上门办理审批手续，进行拆后联户建设，努力打造危旧房改造样板。排查“四无”生产经营单位家12家，合用场所12家，出租房2家，均已完成整治。此外，借“大拆大整”之力，拆除违章72处，共22175平方米。四是提前谋划，有序推进小城镇建设。以美丽乡村、“四边三化”等工作为载体，对山边、水边、路边的乱堆乱放乱搭进行集中整治，切实保护小楠溪水源地，结合温州百晓新闻与永嘉广播电视台的跟踪报道，取得良好的社会反响；积极开展小城镇环境综合整治，对辖区蓝皮棚进行集中拆除，拆除面积共计3200平方米；狠抓整治畜禽养殖污染，2016年整治散养猪存栏364户，签订不污染环境承诺书，改变养殖模式，加强家禽圈养管理，确保提升村庄环境美化，在2016年被列入省小城镇环境综合整治考核乡镇。

社会事业 2016年界坑乡坚持政府主导、民间主办的原则，成立文化体育联合会、组织开展农村文化体育建设深化年活动，借助民间力量不断深化农村文体工作；组织开展农民摄影巡回展、农民排舞比赛、农民合唱比赛等活动，丰富农民精神文化生活；进一步健全文化礼堂建管用机制，开展“文化礼堂嘉年华”活动，设立文化礼堂健康档案库，抢占农村思想阵地；新建上董村文化礼堂，加强礼堂硬件设施建设，完成坑口村百姓舞台打造。通过不断加强乡村两级文化阵地建设，完善文体基础设施，开展丰富多彩的群体性文化活动，动员群众参加排舞和合唱活动，取得良好的社会反响；积极组织开展元旦大型文艺活动，丰富群众文化生活。深入实施教育优先发展战略，扎实推进教育基础设施建设，加强校园周边环境治理和校园安全保护工作。加强国防教育，开展拥军优属活动，认真做好兵役登记，超额完成2016年县定的征兵任务。发展医疗卫生事业，全面实施“二孩”政策，优生优育，确保人口质量，计生年度考核在全县前列。

民生工程 一是深入实施农民健康工程，不断完善城乡医疗卫生服务体系和城乡居民医疗保险体制。完成2016年度城乡居民合作医疗保险任务，全乡共参保8775人。健全城乡居民社会养老保险制度，完善农村五保和城镇“三无”对象集中供应，完善城乡最低生活保障。二是促进农民增收致富。在黄岙头村发展茭白、国庆桃基地，在盛山村发展高山青椒、西瓜等基地，并在全乡水稻田中套养田鱼，形成了田鱼养殖基地，创办“界坑乡高山蔬菜专业合作社”，通过提高农业产业化组织程度加强对外的市场信息交流，增强农民抵御风险能力；结合垦造改耕地、“旱地改水田”和农业招商选资，打造5个生态农业基地。三是推进社会民生服务。强化技术培训，解决就业问题，拓宽收入渠道，累计开展技术培训3次。完善城乡最低保障制度，扩大社会救助覆盖面，加快发展老龄福利和慈善事业，界坑乡成立以来共新增低保51人；同时加大养老服务工作，完成上董、坑口、黄岙头等3个村居家养老服务照料中心建设。四是推进基础设施建设。强化项目建设各类要素保障，着力解决资金筹措、项目报批、工程建设等方面的突出问题，全力以赴推进交通基础设施建设；全面改善水电路网等基础设施，乡村面貌日益改观；建成界坑村文化礼堂，新建上董村文化礼堂；顺利推进界坑小学的学生宿舍楼拆建工程。

平安建设 一是切实抓好平安信访维稳工作。第一，强化平安志愿者队伍建设，组织平安志愿者开展平安巡查22次，切实有效维护了辖区和谐稳定。第二，开展矛盾纠纷排查化解和“4+1”调解工作，5月份以来共调解80多起纠纷，调处率100%，成功率100%。第三，严格落实重点信访件包案领导责任制，加大对重点疑难信访案件的化解力度，成功化解历时5年的坑口村、饭盘尖村自来水矛盾纠纷。第四，大力落实社区矫正，辖区在矫社区矫正人员9人，其中被判处缓刑7人、被裁定假释2人，未发现漏管脱管、重新犯罪现象。二是抓好消防安全工作。在G20峰会期间，出台《界坑乡G20消防安保工作巡查实施方案》，建立乡消防安保工作领导小组、乡应急救援队伍、村级巡查队伍，制定片组管理落实制度、全方位巡查制度、领导班子核查制度，落实主体责任，全面强化隐患排查整治，有效维护全乡消防安全形势的持续稳定。不断深化“打非治违”专项行动，以交通运输、消防安全、建筑工地等领域为重点开展安全生产大检查，共开展安全生产大检查3次，消防安全演习2次，落实生产安全各个环节防范措施。认真开展安全知识进校园等活动，通过悬挂横幅等方式进行全方位宣传，切实增强不同群体安全防范能力。

基层党建 2016年界坑乡突出党建引领作用，以夯实基层组织基础为工作主线，做到基层党建工作有载体、有侧重、有亮点。一是强化制度管理。坚持问题导向，牢固树立正确的政绩观，把抓好党建作为最大的政绩，层层传导压力，压实责任到位，落实任务到人，全面提升党建工作科学化水平。深入实施乡村干部年度考核、日常管理相结合的考核评价机制，强化考核结果运用，重拳整治干部“慵懒涣散”现象。严格实行全面从严治党，完善了乡各项工作目标管理考核办法、机关干部积分警示制度；严格执行党章规定的干部条件和好干部标准，调整选拔中层干部，新提拔中层副职职位3个，形成能者上、庸者下、劣者汰的选人用人导向；严格村干部绩效考核，建立村干部履职负面清单，加强村干部坐班值班、“五议两公开”“三务公开”等工作的日常巡查，从严从实狠抓工作落实，切实解决制度缺失和执行不到位问题。二是强化学做结合。围绕“两学一做”基础在学、关键在做的要求，因地制宜、分批次的组织村党支部开展特色活动，如界坑村结合家风家训开展“党员干部话家规”讨论活动，自我剖析与家规的距离、上董村在党员中开展“最美门头”建设，坑口村结合古村落修复等工作，开展环境大整治，成立党员环境整治小队，党员带头承诺拆除违章。深入结合“两学一做”和“红色细胞工程”，切实发挥党员先锋模范作用；全面落实“干部联系党员、党员联系群众”，实行网格化管理，推行“民情E通”全覆盖，帮助乡内群众办实事154件，调解社区群众纠纷80余件，党员带头参与“大拆大整”等重点工作，助推重点工作落实。启动党组织“五星争创”评定活动，深入推进“示范、达标、整转”工作，成功申报界坑村市级示范村、上董村县级示范村建设，顺利完成坑口、盛山两村整转工作，村民满意度回升明显。三是强化换届选举。成立换届选举工作领导小组、选举委员会等机构，做到了组织机构健全，责任明确，为换届选举工作的顺利进行提供了坚强有力的组织保障；根据永嘉县换届工作实施意见和日程安排，结合乡情，制定了切实可行的实施方案，使整个换届选举工作有计划、有步骤地进行；紧扣各阶段工作重点，充分利用横幅、宣传报、走访座谈、教育警示片和通告学习会等形式开展换届选举宣传工作；在选举工作中，严格落实换届工作有关政策法规和换届纪律，加强换届规范化建设；全面开展“清零”行动，营造风清气正的换届选举环境，圆满完成界坑乡成立及县“两代表”的换届选举工作。换届工作的纪律工作好做法被中纪委华东之窗录取。

荣誉 2016年，界坑乡被评为创建平安永嘉工作综合先进集体；温州市卫生创建乡；永嘉县文明乡；胡月珍被评为落实党风廉政建设责任制先进个人；金磊被评为温州市G20杭州峰会维稳安保工作先进个人；鲍凌云、徐同昌被评为永嘉县G20杭州峰会维稳安保工作先进个人；邵建妙被评为永嘉县2015—2016年度森林消防工作先进个人；徐同昌被评为永嘉县信访工作先进个人；陈勇被评为扩大有效投资暨重点项目建设工作先进个人；李靖雯被评为重大动物疫病防控和畜牧业污染整治工作先进工作者。

（徐同昌）

异地永嘉商会选介

永嘉人的足迹遍及世界各地，涵盖党政军、文教学、工商农等各条战线。永嘉依靠市场崛起，永嘉人依靠经商起家，当前约有40来万人在外发展，创办了400多家亿元企业，形成了颇具实力的经济规模和市场网络。现有异地永嘉商会12家，由永嘉人担任会长的异地浙江商会18家，温州商会53家，其中担任各级商会副会长以上的永嘉人共计1934名。

北京永嘉商会

北京永嘉商会是温州市永嘉县在京非公有制企业和个体经营者组成的民间社会团体，于2000年6月正式成立。北京永嘉商会是中共永嘉县委、县政府联系在京永嘉籍非公有制企业和经商人士的桥梁和纽带，是北京市工商联合会的团体会员。

北京永嘉商会的宗旨是认真贯彻落实党和国家的路线、方针、政策，坚持改革开放，坚持科学发展观，坚持以人为本，结合自身性质和特点，弘扬永嘉人的传统美德，注重学习，维护权益，互通信息，搞好服务，共谋发展，为繁荣首都市场、促进家乡建设和构建和谐社会做贡献。

永嘉县在京经商、务工人员达5万多人，北京永嘉商会拥有包括从事日用百货、服装鞋帽、常用家具、电器电缆、水泵阀门、餐饮服务、项目开发、金融投资等生产、营销行业的400多家团体企业会员和一批从事营销、务工的个人会员。

北京永嘉商会报经上级党委批准，于2002年6月建立了中共基层支部。成立以来，党支部在商会中较好地发挥政治核心作用。2016年年底有正式党员49名、预备党员16名，广大党员及党外积极分子在商会中能起骨干作用。由于商会重视制度建设，经常开展活动，讲求工作实效，注重为会员办实事；党支部坚持“三会一课”制度，坚持生动活泼抓教育，针对特点搞活动，受到上级好评。商会被永嘉县工商联评为先进商会，党支部被中共温州市委评为先进基层党组织。

广州永嘉商会

广州永嘉商会，也叫广州桥头商会，还叫作广州白云区温州商会。挂牌最早的是广州桥头商会，成立于1998年6月，在当地的影响力很大。白云区温州商会的牌子是2002年增加的。不仅名称多是唯一的，而且以镇命名也是唯一的。

该商会有会员1000多人，几乎都是来自桥头的企业家。这在异地永嘉商会里是罕见的。成员从事行业相当集中，主要从事代理品牌、服装辅料、皮具皮鞋等行业。据不完全统计，在广州、东莞一带桥头人创办了200多家国际品牌代理企业，从事国际品牌代理的桥头人有3000人之多，涉及服装、皮鞋、皮具、珠宝、钟表等行业，营销网络遍及全国各地及世界许多国家和地区，年销售额逾100亿元。广州桥头商会对桥头人“国际品牌代理”产业的发展壮大做出了巨大的贡献，为桥头镇赢得了“国际品牌代理第一镇”的美誉。

上海永嘉商会

上海永嘉商会成立于1998年11月21日，接受浙江省永嘉县人民政府驻上海办事处的指导，是永嘉县驻沪企业经济总部，团结在沪永嘉企业的平台，联结沪永两地经济和政企沟通的纽带。

改革开放以来，到沪经营的永嘉商人日益增多，经营规模也迅速扩大，产生了一批持有“中国驰名商标”、对中国经济影响较大的企业。目前在沪注册的永嘉民营企业和个体私营约3000余家，总注册资金近百亿元人民币，实际运作资本逾千亿元人民币，涉及经济总量过万亿，上海永嘉商会现有300多家注册会员，遍布各行各业，其中有海内外上市公司和行业龙头企业。随着区域经济一体化到来，企业经营集团化、国际化的迅猛发展，对企业既是机遇，也是挑战，在前任会长邵联勤开展的富有成效的工作基础之上，更好地为社会和企业服务，2014年11月26日商会换届，选举产生以飞科集团董事长李丐腾为会长的新一届领导班子；情系永嘉、立足上海、放眼全球；弘扬永嘉人吃苦耐劳、团结奋进、敢为人先的精神；努力把永嘉商会建成能切实维护在沪永嘉人企业的合法权益，引导和推进会员企业做强做大，建成具有影响力和美誉度的品牌商会，为创建和谐社会和振兴上海、永嘉两地的经济做出贡献。

西安市永嘉商会

西安市浙江永嘉商会是由永嘉籍在西安投资、创业的企业家自发组成，于2013年6月2日在西安市民政局依法核准登记成立，具有法人资格的非营利性社团组织。为在西安创业的永嘉籍工商界人士提供一个在异乡共叙乡情的家园，一个交流信息、促进商机的商务平台，一个启迪智慧、共谋事业的拓展平台。

自商会成立以来，勤奋的永嘉人不远千里来到西部开发地西安，借改革开放之风，凭脚踏实地、永不言败的精神，在这片土地上创造了一个又一个奇迹。至2016年年底商会下属企业有：新霸上广告市场、百花陶瓷城、陕西名流家具城、客都、人人家超市等。共有500多家会员单位，在西安经商、创办企业的永嘉籍人士有5万多人，固定资产500多亿元。商会会员在西安主要投资的房地产、陶瓷、五金、家具、广告、超市、贸易服饰、纺织、建材、酒店等行业，都取得了良好的发展，同时也为陕西和浙江两省的建设与发展做出了较大的贡献。

商会宗旨：充分发挥连接政府和企业的桥梁纽带作用，为政府和企业牵线搭桥，做好同乡企业之间的交流平台。强化为会员单位维权和服务，紧紧围绕经济发展，想方设法为会员排忧解难，建立服务平台。最大限度挖掘企业潜力，推动永嘉、西安两地经济发展，带动永嘉人在西安的企业共同发展，为促进陕浙两地经济建设和社会和谐做更大的贡献。

新疆乌鲁木齐永嘉商会

经永嘉籍在疆投资、创业企业家的发起，在永嘉县委、县政府的支持下，由乌鲁木齐民政局、乌鲁木齐招商服务局于2014年11月审批同意成立乌鲁木齐永嘉商会。商会预招收会员企业近三百家，涉及房地产、棉花加工、建筑、能源、粮油食品、投资担保、酒店、商贸等多个行业领域。乌鲁木齐永嘉商会的性质是由永嘉籍人士在乌鲁木齐投资的工商企业、个体工商户等经济组织自愿结成的具有独立法人资格的社会团体。

乌鲁木齐区永嘉商会的宗旨是“发展、维权、交流、服务”，团结凝聚永嘉进疆企业和从商经营者，通过商会的组织功能，内强素质，外塑形象，在自治区主管部门的指导下开展经营活动；为会员企业提供维护合法权益，反映会员意见、要求和建议等服务，在会员与政府之间发挥桥梁作用，为会员和社会提供市场、技术、商品、行业等信息。按有关规定，为会员提供管理、法律、会计、审计、融资、咨询等服务，协助会员引进资金、技术、人才。

乌鲁木齐永嘉商会确立了以“办会为商”的理念，依章办会，依法治会，以党建会，以商养会，以善育会，以和兴会。确定“全心全意地为会员服务，尽心为驻地和家乡政府服务”的宗旨。围绕“把商会办成与会员相濡以沫、共谋大业的服务型和谐商会”的目标。发挥“桥梁”和“纽带”作用，把“面对面、实打实、心连心”贯穿于各项经济活动之中。形成经营互补、资源共享的群体优势；搭建内外交流、信息互通的平台；提供开拓市场、沟通合作的渠道；提供前瞻性、导向性、实用性、可操性的经营指导；维护企业、经营者正当合法的权益，为永嘉驻疆企业和经营者的生存、稳定和发展做好服务工作；为新疆的社会稳定和经济发展做出贡献；为参与丝绸之路经济带的建设发挥积极的作用。

昆明永嘉商会

昆明市工商联永嘉商会（简称：永嘉商会）是由在滇的温州永嘉籍工商界人士季三春、季伟、徐海伟、王昌康、季光亮、叶希琴、潘显燕等七位优秀企业家发起，经昆明市工商业联合会批准，于2010年12月22日正式挂牌成立的社会团体。商会成立的目的，在于为在滇永嘉籍工商界人士提供在异乡共叙乡情的家园，建立交流信息、促进商机的商务平台，谋划启迪智慧、共商事业的创业拓展平台。

商会设有党支部、秘书处、财务部、妇联、超市分会、拓展部和办公室7个部门。现有会员329人。此外，商会还聘有名誉会长、高级顾问、专职副秘书长等工作人员。经上级党委批准，商会于2011年3月29日成立党支部。成立以来，勤奋的永嘉人不远千里来到彩云之南，凭着脚踏实地，永不言败的精神，在这片红色的热土上创造了一个又一个的奇迹。至今，在滇永嘉籍人士在金融、旅游、房地产、超市、园林、五金、服装、鞋帽、印刷、建材、餐饮、娱乐、化工、冶金、生物等行业都取得了良好的发展，同时也为云南和永嘉的经济发展做出了贡献。

杭州永嘉商会

杭州市工商联（总商会）温州永嘉商会，于1998年12月在杭州成立，是杭州市第一家异地商会。由永嘉籍在杭州经商、办企业的非公经济人士为主、其他各界人士自愿组成的社会团体和民间商会，是党和政府联系非公经济人士的桥梁和纽带，是政府管理非公经济人士的助手。

会员分布在杭州市各区、县（市）及周边县、市。会员经营广泛，涉及房产建筑、金融投资、水利工程、软件科技、商贸连锁等。自商会成立以来，先后有上千位经济人士加入，为商会的建设发展做出了重要贡献。

商会于1999年9月，建立了中共永嘉县工商联杭州商会党支部委员会，得到时任中共浙江省委书记张德江的充分肯定。经过十多年努力发展，于2012年6月12日升格为中共杭州永嘉商会总支部委员会。商会党总支下设3个支部委员会，具有60多名正式党员，20多名预备党员，30多名积极分子。党支部及各党员成为商会发展和建设的重要力量。

十多年来，广大会员不断学习、艰苦奋斗，创新创业，互帮互助，共同进步，个人和企业的经济实力不断提升，自我的文化素质及管理能力、社会道德修养水平与时俱进。会员们积极参与各类公益事业，帮困扶贫、抗灾救灾，支持社会主义新农村建设。据不完全统计，会员们捐资、捐物达600多万元。会员单位提供就业岗位3000多个，为国家的经济建设和社会稳定做出了贡献。

十多年来，商会的建设和发展，得到各级政府部门和上级工商联的关怀，商会和商会党支部多次被上级主管部门评为先进商会，先进党支部。

宁波永嘉商会

宁波市永嘉商会，经宁波市民政局批准，于2016年9月8日成立的独立法人的社团组织。目前，宁波市永嘉商会拥有企业会员和个人会员近160多家，商会下设会员部、文宣部、法务援助部、商务协作部等四个部门。宁波市永嘉商会的前身是“宁波市工商业联合会永嘉商会”（以下简称商会），于2003年初，由在甬永嘉籍工商界人士（主要以从事超市行业为主）自发组织，经宁波市工商联批准，挂靠于宁波市工商联，以工商联二级商会的方式成立。作为宁波市成立的第一家异地商会组织，商会自成立以来，大力弘扬和秉承温商“白手起家、艰苦奋斗的创业精神；不等不靠、依靠自己的自主精神；闯荡天下、四海为家的开拓精神；敢于创新、善于创新的创造精神”，积极为在甬的永商提供信息发布、融资对接、交流合作、产品推介、维权服务、形象宣传等服务，为商会成员搭建优良的创业环境，真正使商会成为在甬永商的“娘家”。

经过十多年的发展，至年底在宁波永嘉商人数和经济发展规模不断壮大。从事行业也从原先较为单一的超市行业扩展到商贸、轻纺、五金、家电、建材、房地产、金融、证券、宾馆、旅游、文化、物流、交通运输、现代农业开发等30多个行业。原有的商会架构和组成人员已不适应时代发展的需求，为了更好地服务会员，完善服务体系。商会于2016年换届，于2016年8月上报申请成立“宁波市永嘉商会”。新成立的“宁波市永嘉商会”，将按照民主办会、依法办会、团结办会、节俭办会的思路，秉承“为会员服务、为政府服务、为社会服务”的宗旨，充分发挥服务功能，为企业会员和个人会员提供全方位的服务。

义乌永嘉商会

义乌永嘉商会是经义乌市经济技术协作办公室批准同意，义乌市民政局登记的具有法人资格的异地商会。主要是由永嘉籍在义乌经商办实体的投资者及有关人士自愿结合组成的在义乌区域内从事自律、协作交流、咨询服务、招商引资等非营利性社团组织。商会的业务主管单位为义乌市工商业联合会，业务指导单位为义乌市经济技术协作办公室，登记管理部门为义乌市民政局。商会接受业务主管单位、业务指导单位的业务指导和登记管理部门的监督管理。商会于2011年12月22日成立，累计会员900余人。

改革开放以来，义乌永嘉两地的交流和合作取得显著成绩，随着义乌市场逐渐走向国际化，永嘉商人在义乌投资兴业迅速发展。据统计，2016年年底在义乌经商、创办企业的永嘉籍人士有近8万人、创办各类企业2000余家。永嘉商人以“敢为人先、锐意创新”的精神，牢牢立足于义乌市场，并涌现出了一大批行业精英和商界领军人物。商会以拓展义乌和永嘉经济纵横联系、加强相互协调共同参与区域合作，促进义乌和永嘉两地投资、经贸、文化交流合作，促进两地经济发展和共同进步，以服务义乌、服务永嘉、服务社会、服务企业为主要任务。

商会本着自愿互利，共同发展的原则，办成交流、合作、学习的平台，办成展示、奉献、发展的舞台，办成永嘉商人在义乌的家。

龙泉永嘉商会

龙泉永嘉商会成立于2007年5月19日。2016年年底累计会员300余人。商会的成立目的是倾听乡音，沟通亲情，发挥商会娘家的作用；同时积极为会员打造一个良好的交流和合作的平台，加强与政府的沟通对接，架起永嘉与龙泉两地共同发展的桥梁，真正服务于企业。

香港永嘉同乡会

香港永嘉同乡会于2013年1月成立，2016年年底有会员近200人。至今在香港创业经商的永嘉人共有近3000人，长期以来，在港永嘉人发扬吃苦耐劳、艰苦创业的精神，在积极发展自身事业的同时，也努力为家乡经济社会发展做贡献。同乡会的成立，一方面将为广大旅港永嘉人提供一个交流沟通和合作互动的平台，同时，将联系和团结旅港同乡充分发挥人缘、地缘优势，积极宣传推介永嘉，为推动香港和永嘉合作、促进温州经济社会发展发挥更大作用。

同乡会将秉承以促进在港同乡团结，强化港永两地联系，推进共同发展为宗旨，凝聚在港永嘉人的智慧和力量，致力服务在港永嘉籍同乡。

太原永嘉商会

太原永嘉商会的筹备设想是在2015年5月太原市召开“山西浙江经贸洽谈会”期间，为促进两地经贸合作，搭建交流平台，经太原和永嘉政府共同倡导，而后两地主管部门积极筹备组建，于2015年11月18日正式挂牌成立。

商会从筹划之初的100余家会员企业发展到现在已超过300多家。其中会长1人，执行会长7人，监事长1人，常务副会长20人，副会长21人，理事58人。在山西创业发展的永商代表，产业涉及煤炭开采、阀门、矿山机械、商场超市、服装鞋业、金融投资、地产开发、消防产业、环保产业、酒店餐饮、文化传媒等各个行业和领域。在晋累计投资总额已达800多亿元，吸纳20000余人就业，为山西的发展和中部的崛起做出了卓越的贡献。

太原市永嘉商会的成立，不仅为会员互相沟通、共谋发展搭建了平台，同时也为太原、永嘉两地的经济合作开辟了新的途径。商会将按照“经济兴会、服务立会、文化强会、慈善扬会”四维一体总体布局进行运营。商会遵循永嘉县政府“立足全局，发展永嘉；跳出永嘉，发展永嘉”的战略部署，将永商的精髓与晋商文化有机融合，树立社会认同的价值观，把打造品牌永商、诚信永商作为使命和责任。致力于创建最有价值的、充满魅力的商会。

（王晓忠）